BARRON'S
FOREIGN LANGUAGE GUIDES

501
GERMAN
VERBS

FOURTH EDITION

Fully conjugated in all the tenses in a new,
easy-to-learn format, alphabetically arranged

by

Henry Strutz
Formerly Associate Professor of Languages
S.U.N.Y., Agricultural and Technical College
Alfred, New York

BARRON'S

All inquiries should be addressed to:
Barron's Educational Series, Inc.
250 Wireless Boulevard
Hauppauge, New York 11788
www.barronseduc.com

ISBN-13: 978-0-7641-9393-4
ISBN-10: 0-7641-9393-7
Library of Congress Catalog Card No. 2007011978
Library of Congress Cataloging-in-Publication Data
Strutz, Henry.
  501 German verbs : fully conjugated in all the tenses in a new, easy-to-learn
format, alphabetically arranged / by Henry Strutz. — 4th ed.
    p. cm. (Barron's foreign language guides)
  Includes index.
  ISBN-13: 978-0-7641-9393-4 (alk. paper)
  ISBN-10: 0-7641-9393-7 (alk. paper)
   1. German language—Verb—Tables. I. Title. II. Title: Five hundred one
German verbs.

PF3271.S855 2008
438.2'421—dc22   2007011978

PRINTED IN CANADA
9 8 7 6 5 4 3

Contents

Foreword

The verb is a very important part of speech; it denotes action or state of being. The noted American historian and poet, Carl Sandburg, once declared that the Civil War was fought over a verb, namely, whether it was correct to say "The United States *is*" or "The United States *are*."

For each of the 501 verbs listed in this book, the student will find the principal parts of each verb at the top of the page. The principal parts consist of:

1. the Infinitive
2. the third person singular of the Past Tense
3. the Past Participle (preceded by **ist** for **sein** verbs)
4. the third person singular of the Present Tense

> EXAMPLE: ENGLISH: *to speak, spoke, spoken, speaks*
> GERMAN: **sprechen, sprach, gesprochen, spricht**

These are the basic forms of the verb and should be memorized, especially in the case of the irregular or strong verbs, that is verbs which change the stem vowel of the Infinitive to form the Past Tense and whose Past Participle ends in *en*. More than one-half of the verbs in this book are strong or irregular verbs.

Weak or regular verbs do not change the stem vowel of the Infinitive to form the Past Tense but merely add the ending *te* (plus personal endings in the second person singular and the three persons of the plural). Past Participles of weak verbs end in *t*.

> EXAMPLE: ENGLISH: *to play, played, played, plays*
> GERMAN: **spielen, spielte, gespielt, spielt**

Both English and German have strong and weak verbs.

With the exception of a small group of verbs called irregular weak verbs (in some texts called mixed verbs or "hybrids"—see index), verbs in German are either weak or strong. The strong or irregular verbs are not as difficult to learn as it might seem, if it is remembered that most of them can be classified into seven major groups. For example, the verbs **bleiben, leihen, meiden, preisen, reiben, scheiden, scheinen, schreien, schweigen, steigen, treiben, verzeihen, weisen** all follow the same pattern as **schreiben** in their principal parts:

schreiben, schrieb, geschrieben, schreibt

There are six other major groupings (the "Ablautsreihen") of the strong verbs with which you should familiarize yourself. You will then agree that the English author, H. H. Munro (Saki), exaggerated the difficulty of German verbs when, in his story "Tobermory," he told of a professor who had to flee England after a cat, which he had trained to talk, compromised the weekend guests at an English manor house by revealing their secrets which it (the cat) had overheard. A few weeks thereafter, the newspapers reported that the professor had been found dead in the Dresden Zoo in Germany. Upon hearing this news, one of the guests, who had been embarrassed by the activities of the professor and his remarkable cat, commented that it served the professor right if he was trying to teach the poor animals those horrible German irregular verbs.

Below the principal parts, you will find the Imperative or Command Form. Since there are three ways of saying *you* in German (**du, ihr**, and **Sie**), there are thus three ways of giving commands to people. The first form of the Imperative is the **du** or familiar singular form which ends in *e* in most cases, although this *e* is frequently dropped in colloquial speech. The second form is the **ihr** or Familiar Plural Imperative. It is exactly the same as the **ihr** form (second person plural) of the Present Tense. The polite or *Sie* Imperative (called in some texts the Conventional or Formal Imperative) is simply the infinitive plus **Sie**, except for the imperative of **sein**, which is **seien Sie!**

The fully conjugated forms of the six tenses of the Indicative will be found on the left-hand side of each page. These six tenses state a fact, or, in their interrogative (question) form, ask a question about a fact. You should refer to a grammar for more detailed information concerning the use of these tenses: the idiomatic use of the Present for the Future; the use of the Present Perfect in colloquial speech and in non-connected narratives where English uses the past; the Future and Future Perfect used idiomatically to express probability; the very important matter of *sein* and intransitive verbs. See also "Special Verb Uses," page 15.

The right-hand side of each page is devoted to the tenses of the Subjunctive mood, which is used to denote unreality, possibility, doubt in the mind of the speaker. For information concerning the use of the Subjunctive (indirect discourse; the use of the Past Subjunctive or Present Subjunctive II for the Conditional), you should also consult a grammar and "The Subjunctive Mood," page 24.

There are four "Times" in the Subjunctive: Present, Past, Future, and Future Perfect time. Each of the "Times" has a primary and secondary form (indicated by I and II in many grammars). This more recent classification of the forms of the Subjunctive corresponds better to its actual use. However, since some grammars still use the traditional names for the tenses of the Subjunctive (which parallel the names for the tenses of the Indicative), they have been given in parentheses. The form *ginge*, for example, may be called the Imperfect or Past Subjunctive of *gehen* in some books. In most grammars published today, however, it will be called the Present Subjunctive Secondary (II) or General Subjunctive. The student will find *ginge* listed in this book under Subjunctive, Present Time, Secondary. The alternate designation Imperfect Subjunctive is also given in parentheses.

The Present Participle of the verb (that is, *dancing* dolls, *flying* saucers, *singing* dogs) has been omitted, since in almost all cases it merely adds a *d* to the infinitive. The student should remember that the Present Participle is used only adjectivally (as in the above examples) or adverbially. Verbal nouns are expressed in German by the infinitive: **das Tanzen**—*dancing*; **das Fliegen**—*flying*; **das Singen**—*singing*.

German verbs can often be combined with prefixes. The matter of prefixes is of great importance. The index therefore devotes considerable attention to them, although, of necessity, it is by no means complete in its listings of verbs which can be combined with prefixes. There are three groups of prefixes: the separable, inseparable, and doubtful prefixes.

This new edition of 501 GERMAN VERBS has many features that should be very useful to you in studying German. The new sections "Prefix Verbs" (page 609) and "Word Order" (page 612) will help you to understand and master difficult areas. In addition, you now have a 55-page practice section ("Verb Drills and Tests with Answers Explained," page 614) that provides hands-on instruction in correct verb usage.

This new edition features a listing of 55 essential verbs. For many of those verbs, a sampling of major related prefix verbs is also given, along with sentences illustrating their meaning. Separable prefix verbs are listed first, followed by inseparable prefix verbs. A few verbs have a separable and an inseparable prefix verb that are written similarly, though pronounced differently. See the discussion of doubtful prefixes on page 610. Understanding prefix verbs, their relationship to the main verb, and formal differences in using them is a difficult yet extremely important topic in studying German and essential for vocabulary building. Prefixes often express shades of meaning of the basic verb and can make that meaning more precise. In addition to those cited, many other verbs have prefix verbs related to them. By studying the examples given, you will gain insight into how prefix verbs work in general.

Because this book is a quick reference source for the completely conjugated forms of German verbs, it should assist you considerably in learning and using German verbs.

Henry Strutz

Pronunciation

Anyone unfamiliar with both English and German would find German pronunciation easier. Once the basic German sound system is learned, there are few problems, since, unlike English, German is spoken as it is written. There are few deviations from specific sound values.

Long and Short Vowels

An unstressed e usually in the last syllable of a word, is always pronounced, as in **komme, Rose, Lampe**. In verb forms like the first person singular of the present tense, the e is often dropped in colloquial speech. Both **ich komme** and **ich komm** are possible. The e in inseparable prefixes (**be, emp, ent, er, ge, miss, ver, zer**) and in the combiantions of **el, eln, en, er, et** at the end of a word is unstressed and always short.

EXAMPLES: **begonnen, verrechnet, Bremen, Regel, Lehrer**

As a general rule, a vowel is long if it is:
1. doubled (**Seele, Beethoven, Boot**),
2. followed by an "h" (**Mahler, Brahms, Ohm**),
3. followed by a single consonant (**Schumann, Not, Ton**)

LONG VOWELS	APPROXIMATE ENGLISH EQUIVALENTS	EXAMPLES
a	alms, gods, ah, balm	**baden, Wahn**
e	eight, great, gate	**ehren, ewig**
i or ie	bee, beaver, eagle, glee	**Wien, lieben, wir**
o	so, boat, glow, road	**Rose, Ton, Mohn**
u	boom, bloom, womb, tomb	**ruhen, rufen**

DIPHTHONGS	APPROXIMATE ENGLISH EQUIVALENTS	EXAMPLES
au	chow, house, town, bow	**Maus, braun**
ei, ai	kite, bright, white, light	**Wein, mein, Kaiser**
eu, äu	foil, joint, toil, toy	**freuen, streuen, Häuser**

LONG UMLAUTED VOWELS	APPROXIMATE ENGLISH EQUIVALENTS	EXAMPLES
ä	pale, sacred, grail	**Ähre, Mähren**
ö	early, bird, worm, her (with lips forward and rounded)	**öd, öl, hören**
ü	cream, treat, feel (with lips forward and rounded)	**fühlen, für, trüb**

SHORT VOWELS	APPROXIMATE ENGLISH EQUIVALENTS	EXAMPLES
a	pond, wand, lot	alt, Apfel, <u>A</u>nfang
e	let, help, get	vergessen, Brett, Netz
i	bring, fish, win	ich, will, Fisch
o	love, sub, blood	Loch, noch, trotz
u	bush, good, full	Busch, Butter, Kuss

SHORT UMLAUTED VOWELS	APPROXIMATE ENGLISH EQUIVALENTS	EXAMPLES
ä	when, men, ten	Händel, Äpfel, Bäcker
ö	girl, hurl, twirl (with lips forward and rounded)	Hölle, Köchin, Götter
ü	wish, pin, thin (with lips forward and rounded)	Küsschen, Schüssel, wünschen, Sünde, dünn

Consonants

LETTERS	SOUND IN ENGLISH	EXAMPLES
b	*b* (as in English *boy*)	bin, lieben, beben
	p (between vowel and consonant or at end of word, as in *map*)	liebt, Leib
c	*ts* (before *e*, *i*, *ö*, and *ä*, as in *wits*)	Cäsar
	k (as in *cold*)	Coburg
ch	*kh* (strongly aspirated, breathy sound, as in *hula-hula* or *Hugh*)	durch
chs	*k* (as in *king*, *locks*, *box*)	Lachs, wachsen
d	*d* (as in *dollar*)	Dank, Bruder
	t (between vowel and consonant and at end of word, as in *cat*)	band, Hund
g	*g* (as in *gods*)	tragen, Geist
	k (at end of word, as in *back*)	Tag, trug
h	*h* (as in *hand*)	Hand, Hans
	not sounded between two vowels	gehen, sehen
-ig	sounded like **ich** in North German pronunciation	ewig, König
j	*y* (as in *year*)	Jahr, ja
qu	*kv* (as in *kvass*, a fermented beverage)	Quell, Qualität

r	*r* (rolled in the throat, as in French, or trilled with the tip of the tongue, as in Spanish or Irish)	Reise
s	*z* (preceding vowels or between them, as in *zap*, *is*)	See, sehen, lesen
	sh (at the beginning of a word before *p* or *t*, as in *shell*)	spielen, stellen
	s, *ss* (in all other cases, as in *sing*)	Was ist das?
ß, ss	*s*, *ss* (as in *sell*)	Weiß, wissen
sch	*sh* (as in *show*)	Fisch, Fleisch, Schande
sh	pronounced separately	aushalten (aus + halten)
ti, tz	*ts* (as in *wits*)	Katze, Nation
v	*f* (as in *father*)	Vater, vier
	v (words of non-Germanic origin, as in *violin*)	Violine, violett
w	*v* (as in *vest*)	Wasser, wir
z	*ts* (as in *grits*)	Zeit, kurz, ganz

Tenses and Moods in German, with English Equivalents

German	English
Infinitiv (Nennform)	Infinitive
Imperativ (Befehlsform)	Imperative or Command
Präsens (Gegenwart)	Present Indicative
Imperfekt (Vergangenheit)	Past or Imperfect Indicative
Perfekt (vollendete Gegenwart)	Present Perfect Indicative
Plusquamperfekt (vollendete Vergangenheit)	Pluperfect or Past Perfect Indicative
Futur, I *(Zukunft)*	Future Indicative
Futur, II *(vollendete Zukunft)*	Future Perfect Indicative
Konjunktiv (Möglichkeitsform) Präsens	Present Subjunctive, primary (Pres. Subjunctive)
Konjunktiv Imperfekt	Present Subjunctive, secondary (Past Subjunctive)
Konjunktiv Perfekt	Past Subjunctive, primary (Perfect Subjunctive)
Konjunktiv Plusquamperfekt	Past Subjunctive, secondary (Pluperf. Subjunctive)
Konjunktiv Futur, I	Future Subjunctive, primary (Future Subjunctive)
Konjunktiv Futur, II	Future Perfect Subjunctive, primary (Fut. Perf. Subjunctive)
Konditional (Bedingungsform)	Future Subjunctive, secondary (Pres. Conditional)
Konditional Perfekt	Future Perfect Subjunctive, secondary (Past Conditional)

PRINC. PARTS: **to speak, spoke, spoken, speaks**
IMPERATIVE: **speak**

INDICATIVE	SUBJUNCTIVE	
	PRIMARY	SECONDARY

Present Time

	Present	(*Pres. Subj.*)	(*Imperf. Subj.*)
I	speak (am speaking, do speak)	speak (may speak)	spoke (might or would speak)
you	speak	speak	spoke
he (she, it)	speaks	speak	spoke
we	speak	speak	spoke
you	speak	speak	spoke
they	speak	speak	spoke

	Imperfect
I	spoke (was speaking, did speak)
you	spoke
he (she, it)	spoke
we	spoke
you	spoke
they	spoke

Past Time

	Perfect	(*Perf. Subj.*)	(*Pluperf. Subj.*)
I	have spoken (spoke)	have spoken (may have spoken)	had spoken (might or would have spoken)
you	have spoken	have spoken	had spoken
he (she, it)	has spoken	have spoken	had spoken
we	have spoken	have spoken	had spoken
you	have spoken	have spoken	had spoken
they	have spoken	have spoken	had spoken

	Pluperfect
I	had spoken
you	had spoken
he (she, it)	had spoken
we	had spoken
you	had spoken
they	had spoken

Future Time

	Future	(*Fut. Subj.*)	(*Pres. Conditional*)
I	shall speak	shall speak (may speak)	should speak
you	will speak	will speak	would speak
he (she, it)	will speak	will speak	would speak
we	shall speak	shall speak	should speak
you	will speak	will speak	would speak
they	will speak	will speak	would speak

Future Perfect Time

	Future Perfect	(*Fut. Perf. Subj.*)	(*Past Conditional*)
I	shall have spoken	shall (would, may) have spoken	should have spoken
you	will have spoken	will have spoken	would have spoken
he (she, it)	will have spoken	will have spoken	would have spoken
we	shall have spoken	shall have spoken	should have spoken
you	will have spoken	will have spoken	would have spoken
they	will have spoken	will have spoken	would have spoken

sprechen

to speak, talk

PRINC. PARTS: **sprechen, sprach, gesprochen, spricht**
IMPERATIVE: **sprich!, sprecht!, sprechen Sie!**

INDICATIVE			SUBJUNCTIVE		
			PRIMARY		SECONDARY

Present Time

Present			*(Pres. Subj.)*		*(Imperf. Subj.)*	
ich	sprech	E	sprech	E	spräch	E
du	sprich	ST	sprech	EST	spräch	EST
er	sprich	T	sprech	E	spräch	E
wir	sprech	EN	sprech	EN	spräch	EN
ihr	sprech	T	sprech	ET	spräch	ET
sie	sprech	EN	sprech	EN	spräch	EN

Imperfect		
ich	sprach	
du	sprach	ST
er	sprach	
wir	sprach	EN
ihr	sprach	T
sie	sprach	EN

Past Time

Perfect		*(Perf. Subj.)*	*(Pluperf. Subj.)*
ich	habe gesprochen	habe gesprochen	hätte gesprochen
du	hast gesprochen	habest gesprochen	hättest gesprochen
er	hat gesprochen	habe gesprochen	hätte gesprochen
wir	haben gesprochen	haben gesprochen	hätten gesprochen
ihr	habt gesprochen	habet gesprochen	hättet gesprochen
sie	haben gesprochen	haben gesprochen	hätten gesprochen

Pluperfect	
ich	hatte gesprochen
du	hattest gesprochen
er	hatte gesprochen
wir	hatten gesprochen
ihr	hattet gesprochen
sie	hatten gesprochen

Future Time

Future		*(Fut. Subj.)*	*(Pres. Conditional)*
ich	werde sprechen	werde sprechen	würde sprechen
du	wirst sprechen	werdest sprechen	würdest sprechen
er	wird sprechen	werde sprechen	würde sprechen
wir	werden sprechen	werden sprechen	würden sprechen
ihr	werdet sprechen	werdet sprechen	würdet sprechen
sie	werden sprechen	werden sprechen	würden sprechen

Future Perfect Time

Future Perfect		*(Fut. Perf. Subj.)*	*(Past Conditional)*
ich	werde gesprochen haben	werde gesprochen haben	würde gesprochen haben
du	wirst gesprochen haben	werdest gesprochen haben	würdest gesprochen haben
er	wird gesprochen haben	werde gesprochen haben	würde gesprochen haben
wir	werden gesprochen haben	werden gesprochen haben	würden gesprochen haben
ihr	werdet gesprochen haben	werdet gesprochen haben	würdet gesprochen haben
sie	werden gesprochen haben	werden gesprochen haben	würden gesprochen haben

to be loved

PRINC. PARTS: **to be loved, was loved, has been loved, is loved**
IMPERATIVE: **be loved**

INDICATIVE

SUBJUNCTIVE

PRIMARY   SECONDARY

Present

I	am loved
you	are loved
he (she, it)	is loved
we	are loved
you	are loved
they	are loved

Imperfect

I	was loved
you	were loved
he (she, it)	was loved
we	were loved
you	were loved
they	were loved

Perfect

I	have been loved (was loved)
you	have been loved
he (she, it)	has been loved
we	have been loved
you	have been loved
they	have been loved

Pluperfect

I	had been loved
you	had been loved
he (she, it)	had been loved
we	had been loved
you	had been loved
they	had been loved

Future

I	shall be loved
you	will be loved
he (she, it)	will be loved
we	shall be loved
you	will be loved
they	will be loved

Future Perfect

I	shall have been loved
you	will have been loved
he (she, it)	will have been loved
we	shall have been loved
you	will have been loved
they	will have been loved

Present Time

(Pres. Subj.) — *(Imperf. Subj.)*

may be loved	were loved (might or would be loved)
may be loved	were loved
may be loved	were loved
may be loved	were loved
may be loved	were loved
may be loved	were loved

Past Time

(Perf. Subj.) — *(Pluperf. Subj.)*

may have been loved	had been loved (might or would have been loved)
may have been loved	had been loved
may have been loved	had been loved
may have been loved	had been loved
may have been loved	had been loved
may have been loved	had been loved

Future Time

(Fut. Subj.) — *(Pres. Conditional)*

shall be loved (may be loved)	should be loved
will be loved	would be loved
will be loved	would be loved
shall be loved	should be loved
will be loved	would be loved
will be loved	would be loved

Future Perfect Time

(Fut. Perf. Subj.) — *(Past Conditional)*

shall (may, would) have been loved	should have been loved
will have been loved	would have been loved
will have been loved	would have been loved
shall have been loved	should have been loved
will have been loved	would have been loved
will have been loved	would have been loved

geliebt werden

to be loved

PRINC. PARTS: **geliebt werden, wurde geliebt, ist geliebt worden, wird geliebt**

IMPERATIVE: **werde geliebt!, werdet geliebt!, werden Sie geliebt!**

INDICATIVE		SUBJUNCTIVE	
		PRIMARY	SECONDARY

Present Time

	Present	(*Pres. Subj.*)	(*Imperf. Subj.*)
ich	werde geliebt	werde geliebt	würde geliebt
du	wirst geliebt	werdest geliebt	würdest geliebt
er	wird geliebt	werde geliebt	würde geliebt
wir	werden geliebt	werden geliebt	würden geliebt
ihr	werdet geliebt	werdet geliebt	würdet geliebt
sie	werden geliebt	werden geliebt	würden geliebt

	Imperfect
ich	wurde geliebt
du	wurdest geliebt
er	wurde geliebt
wir	wurden geliebt
ihr	wurdet geliebt
sie	wurden geliebt

Past Time

	Perfect	(*Perf. Subj.*)	(*Pluperf. Subj.*)
ich	bin geliebt worden	sei geliebt worden	wäre geliebt worden
du	bist geliebt worden	seiest geliebt worden	wärest geliebt worden
er	ist geliebt worden	sei geliebt worden	wäre geliebt worden
wir	sind geliebt worden	seien geliebt worden	wären geliebt worden
ihr	seid geliebt worden	seiet geliebt worden	wäret geliebt worden
sie	sind geliebt worden	seien geliebt worden	wären geliebt worden

	Pluperfect
ich	war geliebt worden
du	warst geliebt worden
er	war geliebt worden
wir	waren geliebt worden
ihr	wart geliebt worden
sie	waren geliebt worden

Future Time

	Future	(*Fut. Subj.*)	(*Pres. Conditional*)
ich	werde geliebt werden	werde geliebt werden	würde geliebt werden
du	wirst geliebt werden	werdest geliebt werden	würdest geliebt werden
er	wird geliebt werden	werde geliebt werden	würde geliebt werden
wir	werden geliebt werden	werden geliebt werden	würden geliebt werden
ihr	werdet geliebt werden	werdet geliebt werden	würdet geliebt werden
sie	werden geliebt werden	werden geliebt werden	würden geliebt werden

Future Perfect Time

	Future Perfect	(*Fut. Perf. Subj.*)	(*Past Conditional*)
ich	werde geliebt worden sein	werde geliebt worden sein	würde geliebt worden sein
du	wirst geliebt worden sein	werdest geliebt worden sein	würdest geliebt worden sein
er	wird geliebt worden sein	werde geliebt worden sein	würde geliebt worden sein
wir	werden geliebt worden sein	werden geliebt worden sein	würden geliebt worden sein
ihr	werdet geliebt worden sein	werdet geliebt worden sein	würdet geliebt worden sein
sie	werden geliebt worden sein	werden geliebt worden sein	würden geliebt worden sein

Weak and Strong Verbs

Most verbs, in English and in German, are weak, that is, they do not change their stem vowel but merely add a suffix to form the past tense. In English this suffix is "ed." In German it is "te."

EXAMPLE:

		Infinitive	**Imperfect**	**Past Participle**
English:		*to hope*	*hoped*	*hoped*
German:		**hoffen**	**hoffte**	**gehofft**

Such verbs are called "weak" or regular because the verb itself does not do the "work" of showing the change to past time, but instead relies upon a suffix to do it.

In the case of strong verbs, however, in English and German, the verb itself accomplishes the change to past time by changing its stem vowel.

EXAMPLE:

		Infinitive	**Imperfect**	**Past Participle**
English:		*to write*	*wrote*	*written*
German:		**schreiben**	**schrieb**	**geschrieben**

The **Ablautsreihen** will not be discussed as such, since the subject is fraught with much philology with which the student need not be burdened. It will, nevertheless, aid in the learning of strong verbs to know that most of them can be classified according to their pattern of change.

Principal Parts of Some Strong Verbs
Arranged According to Pattern of Change

I INFINITIVE **ei**	PAST (IMPERFECT) **i**	PAST PARTICIPLE **i**	3RD SINGULAR PRESENT **ei**
A **beißen**—*to bite*	biss	gebissen	beißt
gleichen—*to equal*	glich	geglichen	gleicht
gleiten*—*to glide*	glitt	ist geglitten	gleitet
greifen—*to seize*	griff	gegriffen	grieft
kneifen—*to pinch*	kniff	gekniffen	kneift
leiden—*to suffer*	litt	gelitten	leidet
pfeifen—*to whistle*	pfiff	gepfiffen	pfeift
reißen—*to tear*	riss	gerissen	reißt
schleichen—*to sneak*	schlich	ist geschlichen	schleicht
schleifen—*to polish*	schliff	geschliffen	schleift
schmeißen—*to fling*	schmiss	geschmissen	schmeißt
schneiden—*to cut*	schnitt	geschnitten	schneidet
schreiten—*to stride*	schritt	ist geschritten	schreitet
streichen—*to stroke*	strich	gestrichen	streicht
streiten—*to quarrel*	stritt	gestritten	streitet
weichen—*to yield*	wich	ist gewichen	weicht

*THE WEAK FORMS: gleiten, gleitete, ist gegleitet, gleitet, are less frequently found.

I	INFINITIVE ei	PAST (IMPERFECT) ie	PAST PARTICIPLE ie	3RD SINGULAR PRESENT ei
B	bleiben—*to remain*	blieb	ist geblieben	bleibt
	gedeihen—*to thrive*	gedieh	ist gediehen	gedeiht
	leihen—*to lend*	lieh	geliehen	leiht
	meiden—*to avoid*	mied	gemieden	meidet
	preisen—*to praise*	pries	gepriesen	preist
	reiben—*to rub*	rieb	gerieben	reibt
	scheiden—*to separate*	schied	geschieden	scheidet
	scheinen—*to shine, seem*	schien	geschienen	scheint
	schreiben—*to write*	schrieb	geschrieben	schreibt
	schreien—*to scream*	schrie	geschrieen	schreit
	schweigen—*to be silent*	schwieg	geschwiegen	schweigt
	speien—*to spew*	spie	gespieen	speit
	steigen—*to climb*	stieg	ist gestiegen	steigt
	treiben—*to drive*	trieb	getrieben	treibt
	weisen—*to point out*	wies	gewiesen	weist

II	INFINITIVE ie	PAST (IMPERFECT) o*	PAST PARTICIPLE o*	3RD SINGULAR PRESENT ie
	biegen—*to bend*	bog	gebogen	biegt
	bieten—*to offer*	bot	geboten	bietet
	fliegen—*to fly*	flog	ist geflogen	fliegt
	fliehen—*to flee*	floh	ist geflohen	flieht
	fließen—*to flow*	floss	ist geflossen	fließt
	frieren—*to freeze*	fror	gefroren	friert
	genießen—*to enjoy*	genoss	genossen	genießt
	gießen—*to pour*	goss	gegossen	gießt
	kriechen—*to creep*	kroch	ist gekrochen	kriecht
	riechen—*to smell*	roch	gerochen	riecht
	schieben—*to push*	schob	geschoben	schiebt
	schießen—*to shoot*	schoss	geschossen	schießt
	schließen—*to close*	schloss	geschlossen	schließt
	sieden—*to boil*	sott	gesotten	siedet
	wiegen—*to weigh*	wog	gewogen	wiegt
	ziehen—*to pull*	zog**	gezogen**	zieht

*When one consonant follows *o* in the Past Tense and in the Past Participle, the *o* is a long *o*. When two consonants follow (ß is a double consonant), the *o* is short.
**(Note change to *g* from *h* of infitive in Past Tense and Past Participle.)

Other verbs which follow this pattern but do not have "ie" in the infinitive are:

saufen—*to drink*	soff	gesoffen	säuft
saugen—*to suck*	sog	gesogen	saugt
heben—*to lift*	hob	gehoben	hebt

Exception

liegen—*to lie*	lag	gelegen	liegt

III INFINITIVE	PAST (IMPERFECT)	PAST PARTICIPLE	3RD SINGULAR PRESENT
i	**a**	**u**	**i**
A **binden**—*to bind*	band	gebunden	bindet
dringen—*to urge*	drang	ist gedrungen	dringt
finden—*to find*	fand	gefunden	findet
gelingen—*to succeed*	geland	ist gelungen	gelingt
klingen—*to ring*	klang	geklungen	klingt
ringen—*to struggle*	rang	gerungen	ringt
schwinden—*to dwindle*	schwand	ist geschwunden	schwindet
schwingen—*to swing*	schwang	geschwungen	schwingt
singen—*to sing*	sang	gesungen	singt
springen—*to jump*	sprang	ist gesprungen	springt
stinken—*to stink*	stank	gestunken	stinkt
trinken—*to drink*	trank	getrunken	trinkt
zwingen—*to force*	zwang	gezwungen	zwingt
i	**a**	**o**	**i**
B **beginnen**—*to begin*	begann	begonnen	beginnt
gewinnen—*to win*	gewann	gewonnen	gewinnt
rinnen—*to run*	rann	ist geronnen	rinnt
schwimmen—*to swim*	schwamm	ist geschwommen	schwimmt
sinnen—*to meditate*	sann	gesonnen	sinnt
spinnen—*to spin*	spann	gesponnen	spinnt

IV	INFINITIVE	PAST (IMPERFECT)	PAST PARTICIPLE	3RD SINGULAR PRESENT
	e	a	e	i, ie, e
A	essen—to eat	aß	gegessen	isst
	geben—to give	gab	gegeben	gibt
	genesen—to recover	genas	ist genesen	genest
	geschehen—to happen	geschah	ist geschehen	geschieht
	lesen—to read	las	gelesen	liest
	messen—to measure	maß	gemessen	misst
	sehen—to see	sah	gesehen	sieht
	treten—to step	trat	ist getreten	tritt
	vergessen—to forget	vergaß	vergessen	vergisst
	e	a	o	i, ie
B	befehlen—to order	befahl	befohlen	befiehlt
	bergen—to save	barg	geborgen	birgt
	brechen—to break	brach	gebrochen	bricht
	empfehlen—to recommend	empfahl	empfohlen	empfiehlt
	helfen—to help	half	geholfen	hilft
	nehmen—to take	nahm	genommen	nimmt
	sprechen—to speak	sprach	gesprochen	spricht
	stehlen—to steal	stahl	gestohlen	stiehlt
	sterben—to die	starb	ist gestorben	stirbt
	treffen—to meet, hit	traf	getroffen	trifft
	verderben—to spoil	verdarb	verdorben	verdirbt
	werben—to solicit	warb	geworben	wirbt
	werfen—to throw	warf	geworfen	wirft

V	INFINITIVE	PAST (IMPERFECT)	PAST PARTICIPLE	3RD SINGULAR PRESENT
	a	u	a	ä, a
	backen—to bake	buk	gebacken	bäckt
	fahren—to travel	fuhr	ist gefahren	fährt
	graben—to dig	grub	gegraben	gräbt
	schaffen—to create	schuf	geschaffen	schafft
	schlagen—to beat	schlug	geschlagen	schlägt
	tragen—to carry	trug	getragen	trägt
	wachsen—to grow	wuchs	ist gewachsen	wächst
	waschen—to wash	wusch	gewaschen	wäscht

VI INFINITIVE	PAST (IMPERFECT)	PAST PARTICIPLE	3RD SINGULAR PRESENT
a	ie	a	ä
blasen—to blow	blies	geblasen	bläst
braten—to roast	briet	gebraten	brät
fallen—to fall	fiel	ist gefallen	fällt
halten—to hold	hielt	gehalten	hält
lassen—to let	ließ	gelassen	lässt
raten—to advise	riet	geraten	rät
schlafen—to sleep	schlief	geschlafen	schläft

The folowing verbs, because they have the same change in the Past, and show the same vowel in the Infinitive and Past Participle, are also listed in Group VI:

heißen—to be called	hieß	geheißen	heißt
laufen—to run	lief	ist gelaufen	läuft
rufen—to call	rief	gerufen	ruft
stoßen—to push	stieß	gestoßen	stößt

Irregular Verbs Which Do Not Fit into the Other Patterns

VII INFINITIVE	PAST (IMPERFECT)	PAST PARTICIPLE	3RD SINGULAR PRESENT
gehen—to go	ging	ist gegangen	geht
haben—to have	hatte	gehabt	hat
kommen—to come	kam	ist gekommen	kommt
sein—to be	war	ist gewesen	ist
tun—to do	tat	getan	tut
werden—to become	wurde	ist geworden	wird

Principal Parts of Modal Auxiliaries

dürfen—to be permitted	durfte	gedurft, dürfen*	darf
können—to be able	konnte	gekonnt, können*	kann
mögen—to like	mochte	gemocht, mögen*	mag
müssen—to have to	musste	gemusst, müssen*	muss
sollen—to be supposed to	solte	gesollt, sollen*	soll
wollen—to want	wollte	gewollt, wollen*	will

*When immediately preceded by an infinitive.

These verbs are called "mixed" because they have the characteristics of both weak and strong verbs. Like weak verbs, they add "te" endings to the Past Tense, and their Past Participles end in "t." They also, in the manner of strong verbs, change the stem vowel of the Infinitive in the Past Tense and in the Past Participle.

INFINITIVE	PAST (IMPERFECT)	PAST PARTICIPLE	3RD SINGULAR PRESENT
brennen—*to burn*	brannte	gebrannt	brennt
bringen—*to bring*	brachte	gebracht	bringt
denken—*to think*	dachte	gedacht	denkt
kennen—*to know*	kannte	gekannt	kennt
nennen—*to name*	nannte	genannt	nennt
rennen—*to run*	rannte	gerannt	rennt
senden—*to send*	sandte	gesandt	sendet
wenden—*to turn*	wandte	gewandt	wendet
wissen—*to know* *(a fact)*	wusste	gewusst	weiß

Special Verb Uses

Verbal Nouns

Verbal nouns are identical with the Infinitive. Like all German nouns, they are capitalized. All are neuter. Usually they are translated by "ing" forms in English, although sometimes it is better to use the Infinitive.

Papageno konnte das Plaudern nicht lassen.
Papageno couldn't stop chattering.

Siegfried hatte das Fürchten nicht gelernt.
Siegfried had not learned to fear.

In compound German nouns the verbal noun is second, whereas it appears first in English.

Im Weiterschreiten find' er Qual und Glück. (*Faust, II*)
In striding onward let him find torment and bliss.

„Beim Memoirenschreiben bleiben Sie bei der Wahrheit", riet er dem Präsidenten.
"When writing (your) memoirs, stick to the truth," he advised the President.

Sie sang „Beim Schlafengehen" von Richard Strauß.
She sang "Upon Going To Sleep" by Richard Strauss.

Present Participles

The present participles of **sein** and **tun** are **seiend** and **tuend**. All other verbs merely add a "**d**" to the Infinitive. Present Participles translate into "ing" forms in English. But they are not verbal nouns. They are used only as adjectives, with ending patterns like other adjectives, or as adverbs. Adverbs never take an ending.

Sie erzählte die rührende Geschichte vom Fliegenden Holländer.
She told the touching story of the Flying Dutchman.

Verzweifelnd, aber dennoch suchend, kam er ans Land.
Despairing, yet seeking, he came ashore.

Wählen Sie ein Thema, das Sie brennend interessiert!
Choose a subject that interests you passionately.

Das Innere des Tempels bot uns einen atemberaubenden Anblick.
The interior of the temple presented us with a breaktaking sight.

English Forms of "to be" and "to do"

Do not translate progressive ("to be") and emphatic ("to do") forms of English Present and Past Tenses and of the Imperative (command form).

Ich schreibe einen Brief an Vatti. Haben Sie eine Briefmarke?
I'm writing a letter to daddy. Do you have a stamp?

Wo arbeitet sie? Arbeitete sie nicht für ihren Vater? Arbeitet sie noch für ihn?
Where is she working? Wasn't she working for her father? Does she still work for him?

Regnet es viel hier in Salzburg?
Does it rain much here in Salzburg?

Ja, aber heute regnet es nicht, und gestern regnete es auch nicht.
Yes, but it isn't raining today and it didn't rain yesterday.

Archaic and jocular constructions in English, especially in proverbs, resemble German usage.

Wer den Pfennig nicht ehrt, ist des Thalers nicht wert.
Who honors not the penny deserves not the dollar. (Whoever doesn't respect the penny doesn't deserve the dollar.)

Past Participles

In both English and German, Past or "Perfect" Participles are used to form Compound Tenses. In German the Past Participle is placed at the end of the clause, except in subordinate clauses, when the finite (conjugated auxiliary) verb comes last.

Wir haben es schon gesehen.
We have already seen it.

Sie hat ihm einen Brief geschrieben.
She has written him a letter.

The word order of the two examples above in subordinate clauses is as follows:

Ich weiß nicht, ob wir es schon gesehen haben.
I don't know if we've already seen it.

Ich glaube, dass sie ihm einen Brief geschrieben hat.
I believe that she has written him a letter.

As in English, Past Participles can also be used as adjectives. In German, of course, the rules for adjective endings apply:

in ungemessenen Räumen
in unmeasured areas of space

verlorenes (gesuchtes, gefundenes) Glück
lost (sought, found) happiness

nie geahnte Möglichkeiten
never suspected possibilities

Adjectives placed after the noun they modify (postpositive) have no ending, as in: **Der Stuhl ist gebrochen.** (*The chair is broken.*)

With the exception of most "-**ieren**" verbs and all verbs beginning with an inseparable prefix (**be-, emp-, ent-, er-, ge-, miss-, ver-, zer-**), the past participle begins with **ge**, as in all of the above examples except "**verloren**."

Past Participles of Strong Verbs end in **en**, as in:

gebissen	*bitten*	**gesungen**	*sung*
gegeben	*given*	**getrunken**	*drunk*

Weak, or Regular Verbs, have a participle ending in "**t**," as do the Irregular Mixed Verbs.

gelebt	*lived*	**gebracht**	*brought*
geliebt	*loved*	**gedacht**	*thought*

To help you with Strong (irregular) Verbs, you should study the table of "Principal Parts of Some Strong Verbs—Arranged According to Pattern of Change" on page 9.

Sein **Verbs**

Most verbs used **haben** as the helping verb in the perfect tenses. But verbs that do not generally take a direct object, known as Intransitive Verbs, are conjugated with **sein**.

aufstehen	*to get up*	**laufen**	*to run*
begegnen	*to meet*	**reisen**	*to travel*
bleiben	*to remain*	**schreiten**	*to step*
fahren	*to travel*	**schwimmen**	*to swim*
fallen	*to fall*	**sein**	*to be*
fliegen	*to fly*	**springen**	*to jump*
fliehen	*to flee*	**steigen**	*to climb*
folgen	*to follow*	**sterben**	*to die*
gehen	*to go*	**wandern**	*to wander, hike*
geschehen	*to happen*	**weichen**	*to yield*
kommen	*to come*	**werden**	*to become*

The verbs listed above are among those usually conjugated with **sein**. Nevertheless, some of them can be used transitively (with a direct object), and then the auxiliary is **haben**. Contrast the following:

Ich bin mit der Bahn, nicht mit dem Wagen gefahren. (intransitive)
I traveled by train, not by car.

Ich habe den neuen Wagen noch nicht gefahren. (transitive)
I haven't yet driven the new car.

Meine Freunde haben mich nach Hause gefahren. (transitive)
My friends drove me home.

Remember that the inseparable prefix be- often serves to make intransitive verbs transitive. Thus **kommen** is intransitive, but **bekommen** (*to receive, get*) is transitive.

Wir sind nicht gekommen.
We didn't come.

Wir hatten die Antwort schon bekommen.
We had already received the answer.

Reisen is conjugated with **sein**, but **bereisen** uses **haben** as the auxiliary.

Er ist durch viele Länder gereist.
He traveled through many countries.

Er hat viele Länder bereist.
He traveled (in) many countries.

Sometimes, however, as with **fahren** and **schwimmen**, the verb itself can be used transitively. The form **beschwimmen** does not exist.

Die Rheinmädchen haben den ganzen Rhein von der Schweiz bis zur Nordsee geschwommen.
The Rhine Maidens swam the entire Rhine from Switzerland to the North Sea.

The Rhine is the direct object, and therefore **haben** is the auxiliary. More usually, when a preposition completes the meaning, **schwimmen** is conjugated with **sein**.

Wir sind im Schwimmbad (im Rhein, im See) geschwommen.
We swam in the swimming pool (the Rhine, the lake).

Ein Student kam, zog in den Wald. (kommen, ziehen)
A student came, went to the woods. *(to come, to go)*

Sie fanden. (finden)
They found. *(to find)*

WEAK
Sie suchten, machten, heilten. (suchen, machen, heilen)
They looked for (sought), made, healed. *(to look for, to make, to heal)*

Sie lebten glücklich. (leben)
They lived happily. *(to live)*

Present Perfect

A tense formed with a Past Participle and a helping verb (auxiliary) is called a "Perfect" Tense in both English and German. In German the auxiliary can be either **haben** (*to have*) or **sein** (*to be*).

The German Present Perfect sometimes can be translated as an English Present Perfect. But often an English Imperfect (Past) Tense must be used.

Sie hat es schon gekauft.
She has already bought it.

Sie hat es letzte Woche gekauft.
She bought it last week.

Gestern haben wir Champagner getrunken.
Yesterday we drank champagne.

Goethe hat länger als Schiller gelebt.
Goethe lived longer than Schiller.

Speakers in Bavaria, Austria, and other southern areas have a preference for the Present Perfect and tend to avoid the Imperfect. Nevertheless, the Imperfect of **sein (war)**, **haben (hatte)**, and of the modal auxiliaries (**durfte, konnte, mochte, musste, sollte, wollte**) is quite common in colloquial speech.

Sie war froh, denn sie hatte alles, was sie wollte.
She was content, for she had everything she wanted.

For most verbs, however, the Present Perfect is commonly used for past actions, especially if they are not sequential.

Wir haben den neuen Wagen genommen. Immer sind wir langsam gefahren. Unterwegs haben wir viel Interessantes gesehen und erlebt.
We took the new car. We always drove slowly. Along the way we saw and experienced many interesting things.

If the speaker then went on to relate one of those interesting experiences, she or he might switch to the Imperfect, especially in northern areas.

Past Perfect

The Pluperfect, or Past Perfect Tense is used, as in English, for an action in the past completed before another action or time in the past.

> **Er suchte seine Uhr, aber er hatte sie verloren. Man hatte sie ihm gestohlen.**
> *He looked for his watch but he had lost it. It had been stolen from him.*

Future and Future Perfect

Both English and German use an auxiliary with the Infinitive to form the Future Tense. In English the auxiliaries are *"shall," "will,"* or forms of *"to go."* German uses the Present Tense of **werden** plus the Infinitive.

> **Wir werden es bald tun.**
> *We shall (will) do it soon.*

Note that forms of **gehen** are never used to express the future in German. "We're going to do it soon." would either be expressed in the Future Tense, as above, or colloquially, by the use of the Present Tense with a future implication:

> **Wir tun's bald.**
> *We'll do it soon.*

The Future Perfect also uses the Present Tense of **werden** but with a Perfect Infinitive, that is, the Past Participle of the main verb and the auxiliaries **haben** or **sein**.

> **Bis dann, werden wir es getan haben.**
> *By then, we will have done it.*

Both the Future and Future Perfect are used to express probability; the adverb **wohl** usually accompanies. In the German folk song **"Verständige Liebe"** (*"Sensible Love"*), a young man hears a stirring outside and sings:

> **Wird wohl mein Feinsliebchen sein.**
> *That's probably my little sweetheart.*

But when she passes by and pays him no mind, he declares:

> **Wird's wohl nicht gewesen sein.**
> *It probably wasn't she.*

The Conditional

English forms of *"would"* to express the Conditional are expressed in German by the Imperfect Subjunctive (Subjunctive II) forms of **werden**. These are: **würde würdest, würde, würden, würdet, würden**. Both languages use the auxiliary "would" (**würde**) with the Infinitive.

Würden Sie bitte so lieb sein?
Would you please be so kind?

Was würde sie an meiner Stelle tun?
What would she do in my place?

The Conditional is often combined with the Subjunctive.

Sie würde uns helfen, wenn sie (es) nur könnte.
She would help us if she only could.

For additional examples, see "The Subjunctive Mood" (page 24).

The Subjunctive Mood

The Indicative Mood states, indicates, or questions something factual. Possibility, uncertainty, or contingency are the province of the Subjunctive, a word that means "subjoined," that is, connected to or dependent on some other conditions. Contrast the following:

INDICATIVE	SUBJUNCTIVE
The Force is with you.	The Force be with you.
It pleases the court.	If it please the court.
God helps me.	So help me God.
God saves the Queen.	God save the Queen.
Death does part us.	Till death us do part.
The king lives long.	Long live the king!

In English the Subjunctive form of "*is*" is "*be*"; in German the Subjunctive of **ist** is **sei**. In almost all other instances in English the Present Indicative and Subjunctive are distinguished by the absence of an "*s*" in the Subjunctive forms, as in the examples above. In German, the third person singular of the Present Indicative ends in "**t**"; in the Subjunctive, the ending is "**e**."

Er stehe fest und sehe hier sich um.   (Goethe, *Faust II*)
Let him stand fast and look about him.

Er bringe es sofort!
Let him bring it at once.

The Subjunctive is often used in combination with the Conditional to express conditions contrary to fact.

Wenn wir mehr Geld hätten, würden wir lange Reisen machen.
If we had more money, we would take long trips.

Wenn wir mehr Geld gehabt hätten, würden wir lange Reisen gemacht haben.
If we had had more money, we would have taken long trips.

Imperfect Subjunctive
The Imperfect Subjunctive (also called Secondary or General or Subjunctive II) can substitute for the Conditional (the forms with "*would*" in English or **würde** in German). For weak verbs the Imperfect Indicative and the Imperfect Subjunctive are the same (endings in **te, test**). To form the Imperfect Subjunctive of strong verbs, Subjunctive endings are added to the Past Tense (Imperfect Indicative):

ich	—— e	wir	—— en
du	—— est	ihr	—— et
er, sie, es, man	—— e	sie, Sie	—— en

Strong verbs also add an **umlaut** in the Subjunctive if the vowel in the Past Tense is an "a," "o," or "u."

INDICATIVE	SUBJUNCTIVE
kam	käme
flog	flöge
trug	trüge

Imperfect Subjunctive forms of **kommen, wissen,** the six modals, and especially of **haben (hätte)** and **sein (wäre)** are colloquial and are used frequently.

Wenn er nur könnte!
If he only could!

Hätten wir nur mehr Zeit (Geld, Glück, Liebe, Verständnis) gehabt.
If we had only had more time (money, luck, love, understanding).

The Imperfect Subjunctive forms of many strong verbs often are used in a more literary sense. The Conditional usually substitutes for them. "*If we had more free time, we would read more*" can be expressed in German as, „Wenn wir mehr Freizeit hätten, würden wir mehr lesen." or „Wennn wir mehr Freizeit hätten, läsen wir mehr." The Conditional (**würde**) is more common than the construction with **läsen**.

In addition to strong verbs, the modal auxiliaries, **haben,** and **wissen,** also add an umlaut to the Imperfect Indicative to form the Imperfect Subjunctive. Contrast the Indicative **flog** and the Subjunctive **flöge** in the following excerpt from Eichendorff's famous poem "Mondnacht":

Es war, als hätt' der Himmel	*It was as if the sky had*
Die Erde still geküsst,	*Quietly kissed the earth*
Dass sie . . .	*So that she (earth, Gaia)*
Von ihm nun träumen müsst	*Might dream of him, Sky, . . .*
Und meine Seele . . .	*And my soul . . .*
Flog durch die stillen Lande,	*Flew through the silent countryside*
Als flöge sie nach Haus.	*As if it were flying home.*

Hätte, müsste, and **flöge** are umlauted Subjunctive forms. An umlauted verb form is not a sure sign of the subjunctive. **Küssen** and **träumen** are regular, weak verbs and have an umlaut in all forms. A few strong verbs, such as **fallen, halten, lassen,** and **laufen,** umlaut the second and third person singular forms of the Present Indicative but have no umlauts in any other forms, Indicative or Subjunctive (see "Principal Parts of Some Strong Verbs, Group VI", page 13).

Indirect Discourse

A special use of the subjunctive is for Indirect Discourse, speech not quoted directly but reported or summarized. There is a distinct possiblity that, unwittingly or deliberately, someone recounting another's statement may not cite it exactly as it was uttered. To use the Subjunctive in indirect discourse doesn't necessarily mean that you disbelieve or seek to cast doubt on what you're reporting. It is a formal way of maintaining objectivity, keeping distance, not committing yourself. It is commonly heard in news broadcasts. Because Austria is concerned with safeguarding its nonaligned status, Austrian news media make frequent and scrupulous use of it.

In the following examples, direct and indirect speech are contrasted. Either the Present or Imperfect Subjunctive is used. As in English, Conditional forms often replace the Future. In English and in German "that" may be omitted. Remember, however, that **dass** is a subordinating conjunction. If used, the finite verb will be at the end; if not, normal word order is used.

Der Präsident sagte: „Unser Land hat keine Atomwaffen.“
The President said, "Our country has no atomic weapons."

Der Präsident sagte, sein Land habe (hätte) keine Atomwaffen.
The President said his country has (had) no atomic weapons.

Der Botschafter versicherte: „Meine Regierung arbeitet unermüdlich für den Frieden.“
The ambassador assured, "My government is working tirelessly for peace."

Der Botschafter versicherte, seine Regierung arbeite (arbeitete) undermüdlich für den Frieden.
The ambassador assured that his government was working tirelessly for peace.

Der Minister erklärte: „Unsere Republik ist eine echte Demokratie.“
The minister declared, "Our republic is a genuine democracy."

Der Minister erklärte, seine Republik sei (wäre) eine echte Demokratie.
The minister declared (that) his republic was a genuine democracy.

Of course, it is possible to have the Subjunctive in a direct quote. The President in the first example could have continued his speech in the Subjunctive:

„Selbst wenn wir sie hätten, würden wir sie nur zu friedlichen Zwecken gebrauchen.“
"Even if we had them (atomic weapons), we would use them only for peaceful purposes."

Verbs with a Dative Object

In German the dative case is used to indicate an indirect object. "Dative" derives from the Latin "to give"; one gives (offers, swears, lends) service, trust, allegiance, thanks, orders, advice, congratulations to someone. The words "to" or "for" can be used when translating into English, but they are frequently omitted.

> „Ich kann Ihnen Fisch oder Fleisch bringen (geben, servieren).
> Aber ich empfehle Ihnen den Fisch", sagte der Kellner.
> *"I can bring (give, serve) you (to you) fish or meat.*
> *But I recommend the fish (to you)," said the waiter.*

In the examples above, "you" is the indirect object (dative), and "fish" and "meat" are direct objects.

Some verbs take the dative (indirect object) in German but the accusative (direct object) in English. Some of the more common verbs that take the dative are:

antworten	*to answer*	**gleichen**	*to resemble*
ausweichen	*to avoid, be evasive*	**gratulieren**	*to congratulate*
begegnen	*to meet*	**helfen**	*to help*
danken	*to thank*	**nutzen**	*to be of use, utilize*
dienen	*to serve*	**passen**	*to fit*
drohen	*to threaten*	**raten**	*to advise*
fehlen	*to be lacking*	**schaden**	*to be harmful*
folgen	*to follow*	**trotzen**	*to defy*
gefallen	*to be pleasing*	**vertrauen**	*to trust*
gehorchen	*to obey*	**verzeihen**	*to excuse*
gehören	*to belong*	**weh tun**	*to hurt*
gelingen	*to succeed*	**widersprechen**	*to contradict*
genügen	*to suffice, be enough*	**zustimmen**	*to agree to*

Note the dative objects in the following passage about the Rhine gold legend.

> Die Rheinmädchen vertrauten ihren eigenen Kräften zu sehr. Das schadete ihnen. Es gelang dem Zwerg, ihnen das Gold zu stehlen. Der Ring gehörte den Riesen nicht. Brünnhilde sollte dem Willen ihres Vaters dienen. Er befahl ihr, dem Wälsung nicht zu helfen. Sie aber gehorchte ihm nicht. Sie trotzte seinen Befehlen.
> *The Rhine Maidens trusted their own powers too much. That was harmful to them. The dwarf succeeded in stealing the gold from them. The ring didn't belong to the giants. Brünnhilde was supposed to serve the will of her father. He ordered her not to help the Volsung. But she didn't obey him. She defied his orders.*

Subject Pronouns and Verb Forms in the Imperative Mood

Unlike English, German has three ways to say "you" **du**, **ihr**, and **Sie**. The second person singular **du** and its plural **ihr** are the familiar forms, used to address family members, friends, animals, children, and deities. The formal or polite **Sie** is both singular and plural.

The pronouns **du** and **ihr** are usually omitted in the Imperative. **Sie** is expressed.

Most familiar singular (**du**) Imperatives end in "e." In colloquial German this "e" is dropped. In the following examples **du**, **ihr**, and **Sie** Imperative forms are compared.

Komm(e) Zigan, spiel(e) uns 'was vor! Sing(e) und tanz(e) mit uns!
Come, Gypsy, play something for us. Sing and dance with us.

Kommt, Zigeuner, spielt uns 'was vor! Singt und tanzt mit uns!
Come, Gypsies, play something for us. Sing and dance with us.

Kommen Sie, Zigeuner, spielen Sie uns 'was vor!
Come, Gypsies, play something for us.

Singen Sie und tanzen Sie mit uns!
Sing and dance with us.

If you include yourself in a command, either invert the "we" form of the present or use the **ihr** Imperative of **lassen**.

Singen wir! Tanzen wir! Die ganze Nacht.
Nein! Trinken wir noch eins und dann gehen wir!
Let's sing, let's dance all night!
No! Let's have one more drink and (let's) go.

Lasst uns singen (tanzen, trinken), fröhlich sein!
Let us sing (dance, drink), be happy!

Essential 55 Verb List

Beginning students should pay careful attention to the 55 verbs on this list. They have been chosen because they are useful for learning essential conjugations and common usage. If you study the verbs on this list, you will be able to conjugate just about any verb you come across and you will be able to express yourself in correct idiomatic German.

arbeiten	machen
bekommen	mögen
bleiben	müssen
brauchen	nehmen
bringen	sagen
denken	schlafen
essen	schlagen
fahren	schreiben
finden	sehen
fragen	sein
geben	sitzen
gehen	sollen
gehören	spielen
glauben	sprechen
haben	stehen
halten	stellen
heißen	sterben
helfen	tragen
hören	treffen
kaufen	tun
kennen	warten
kommen	werden
können	werfen
lassen	wissen
laufen	wohnen
leben	wollen
legen	ziehen
liegen	

Subject Pronouns

singular	plural
ich (I)	wir (we)
du (you)	ihr (you)
er (he), sie (she)	sie (they)
es (it), man (one)	*Sie (you)

*The polite form Sie (you) is used to address one person or several. Only a capital S distinguishes it from the sie (they) form. Both, therefore, constitute the third personal plural.

Abbreviations

Abk.	Abkürzung (abbreviation)
Adj.	Adjektiv (adjective)
Adv.	Adverb (adverb)
Akk.	Akkusativ (accusative)
Auspr.	Aussprache (pronunciation)
Dat.	Dativ (dative)
d.h.	das heißt (that is, i.e.)
dt.	deutsch (German)
etw.	etwas (something)
geh.	gehoben (elevated)
Gen.	Genitiv (genitive)
Hilfs.	Hilfsverb (helping/auxiliary verb)
Indik.	Indikativ (indicative)
intr.	intransitiv (intransitive)
jmd.	jemand (someone)
jmdm.	jemandem (to, for someone)
jmdn.	jemanden (someone [direct object])
jmds.	jemandes (of someone)
m.	männlich (masculine)
Part.	Partizip (participle)
Perf.	Perfekt (perfect)
Plur.	Plural (plural)
s.	sächlich (neuter)
Sing.	Singular (singular)
tr.	transitiv (transitive)
ugs.	umgangssprachlich (colloquial)
unr.	unregelmäßig (irregular)
usw.	und so weiter (and so forth, etc.)
w.	weiblich (feminine)
z.B.	zum Beispiel (for example, e.g.)

Alphabetical Listing of
501 German Verbs
Fully Conjugated in
All the Tenses

abholen

PRINC. PARTS: **abholen, holte ab, abgeholt, holt ab**
IMPERATIVE: **hole ab!, holt ab!, holen Sie ab!**

to pick up, call for, collect

A

INDICATIVE	SUBJUNCTIVE	
	PRIMARY	SECONDARY

Present Time

	Present	*(Pres. Subj.)*	*(Imperf. Subj.)*
ich	hole ab	hole ab	holte ab
du	holst ab	holest ab	holtest ab
er	holt ab	hole ab	holte ab
wir	holen ab	holen ab	holen ab
ihr	holt ab	holet ab	holtet ab
sie	holen ab	holen ab	holten ab

	Imperfect
ich	holte ab
du	holtest ab
er	holte ab
wir	holten ab
ihr	holtet ab
sie	holten ab

Past Time

	Perfect	*(Perf. Subj.)*	*(Pluperf. Subj.)*
ich	habe abgeholt	habe abgeholt	hätte abgeholt
du	hast abgeholt	habest abgeholt	hättest abgeholt
er	hat abgeholt	habe abgeholt	hätte abgeholt
wir	haben abgeholt	haben abgeholt	hätten abgeholt
ihr	habt abgeholt	habet abgeholt	hättet abgeholt
sie	haben abgeholt	haben abgeholt	hätten abgeholt

	Pluperfect
ich	hatte abgeholt
du	hattest abgeholt
er	hatte abgeholt
wir	haben abgeholt
ihr	habt abgeholt
sie	haben abgeholt

Future Time

	Future	*(Fut. Subj.)*	*(Pres. Conditional)*
ich	werde abholen	werde abholen	würde abholen
du	wirst abholen	werdest abholen	würdest abholen
er	wird abholen	werde abholen	würde abholen
wir	werden abholen	werden abholen	würden abholen
ihr	werdet abholen	werdet abholen	würdet abholen
sie	werden abholen	werden abholen	würden abholen

Future Perfect Time

	Future Perfect	*(Fut. Perf. Subj.)*	*(Past Conditional)*
ich	werde abgeholt haben	werde abgeholt haben	würde abgeholt haben
du	wirst abgeholt haben	werdest abgeholt haben	würdest abgeholt haben
er	wird abgeholt haben	werde abgeholt haben	würde abgeholt haben
wir	werden abgeholt haben	werden abgeholt haben	würden abgeholt haben
ihr	werdet abgeholt haben	werdet abgeholt haben	würdet abgeholt haben
sie	werden abgeholt haben	werden abgeholt haben	würden abgeholt haben

Examples: „Ich wollte das Paket abholen aber sie hatte es schon abgeholt." *"I wanted to pick up the package but she'd already collected it."* „Unsere Freunde holten uns mit dem Wagen am Flughafen ab." *"Our friends picked us up at the airport by car."* „Gibt's hier ein Internetcafé? Ich möchte meine E-Mails abholen." *"Is there a cybercafé here? I'd like to pick up my e-mails."*

achten

to pay attention;
respect; heed

PRINC. PARTS: **achten, achtete, geachtet, achtet**
IMPERATIVE: **achte!, achtet!, achten! Sie!**

INDICATIVE	SUBJUNCTIVE	
	PRIMARY	SECONDARY

Present Time

	Present	*(Pres. Subj.)*	*(Imperf. Subj.)*
ich	achte	achte	achtete
du	achtest	achtest	achtetest
er	achtet	achte	achtete
wir	achten	achten	achteten
ihr	achtet	achtet	achtetet
sie	achten	achten	achteten

	Imperfect
ich	achtete
du	achtetest
er	achtete
wir	achteten
ihr	achtetet
sie	achteten

Past Time

	Perfect	*(Perf. Subj.)*	*(Pluperf. Subj.)*
ich	habe geachtet	habe geachtet	hätte geachtet
du	hast geachtet	habest geachtet	hättest geachtet
er	hat geachtet	habe geachtet	hätte geachtet
wir	haben geachtet	haben geachtet	hätten geachtet
ihr	habt geachtet	habet geachtet	hättet geachtet
sie	haben geachtet	haben geachtet	hätten geachtet

	Pluperfect
ich	hatte geachtet
du	hattest geachtet
er	hatte geachtet
wir	hatten geachtet
ihr	hattet geachtet
sie	hatten geachtet

Future Time

	Future	*(Fut. Subj.)*	*(Pres. Conditional)*
ich	werde achten	werde achten	würde achten
du	wirst achten	werdest achten	würdest achten
er	wird achten	werde achten	würde achten
wir	werden achten	werden achten	würden achten
ihr	werdet achten	werdet achten	würdet achten
sie	werden achten	werden achten	würden achten

Future Perfect Time

	Future Perfect	*(Fut. Perf. Subj.)*	*(Past Conditional)*
ich	werde geachtet haben	werde geachtet haben	würde geachtet haben
du	wirst geachtet haben	werdest geachtet haben	würdest geachtet haben
er	wird geachtet haben	werde geachtet haben	würde geachtet haben
wir	werden geachtet haben	werden geachtet haben	würden geachtet haben
ihr	werdet geachtet haben	werdet geachtet haben	würdet geachtet haben
sie	werden geachtet haben	werden geachtet haben	würden geachtet haben

Examples: Der Schüler hat auf den Unterschied zwischen, „ich achte" und „ich achtete" nicht geachtet. Er verachtet die Grammatik. *The schoolboy didn't pay attention to the distinction between "I pay attention" and "I paid attention." He scorns grammar.*

ächzen

PRINC. PARTS: ächzen, ächzte, geächzt, ächzt
IMPERATIVE: ächze!, ächzt!, ächzen Sie!

to groan, moan; creak

A

	INDICATIVE	SUBJUNCTIVE	
		PRIMARY	SECONDARY
		Present Time	
	Present	*(Pres. Subj.)*	*(Imperf. Subj.)*
ich	ächze	ächze	ächzte
du	ächzt	ächzest	ächztest
er	ächzt	ächze	ächzte
wir	ächzen	ächzet	ächzten
ihr	ächze	ächzet	ächztet
sie	ächzen	ächzen	ächzten

Imperfect

ich	ächzte
du	ächztest
er	ächzte
wir	ächzten
ihr	ächztet
sie	ächzten

Past Time

	Perfect	*(Perf. Subj.)*	*(Pluperf. Subj.)*
ich	habe geächzt	habe geächzt	hätte geächzt
du	hast geächzt	habest geächzt	hättest geächzt
er	hat geächzt	habe geächzt	hätte geächzt
wir	haben geächzt	haben geächzt	hätten geächzt
ihr	habt geächzt	habet geächzt	hättet geächzt
sie	haben geächzt	haben geächzt	hätten geächzt

Pluperfect

ich	hatte geächzt
du	hattest geächzt
er	hatte geächzt
wir	hatten geächzt
ihr	hattet geächzt
sie	hatten geächzt

Future Time

	Future	*(Fut. Subj.)*	*(Pres. Conditional)*
ich	werde ächzen	werde ächzen	würde ächzen
du	wirst ächzen	werdest ächzen	würdest ächzen
er	wird ächzen	werde ächzen	würde ächzen
wir	werden ächzen	werden ächzen	würden ächzen
ihr	werdet ächzen	werdet ächzen	würdet ächzen
sie	werden ächzen	werden ächzen	würden ächzen

Future Perfect Time

	Future Perfect	*(Fut. Perf. Subj.)*	*(Past Conditional)*
ich	werde geächzt haben	werde geächzt haben	würde geächzt haben
du	wirst geächzt haben	werdest geächzt haben	würdest geächzt haben
er	wird geächzt haben	werde geächzt haben	würde geächzt haben
wir	werden geächzt haben	werden geächzt haben	würden geächzt haben
ihr	werdet geächzt haben	werdet geächzt haben	würdet geächzt haben
sie	werden geächzt haben	werden geächzt haben	würden geächzt haben

Examples: „Lass doch dein ewiges Ächzen und Stöhnen!" „Wenn du meine Schmerzen hättest, würdest du noch lauter ächzen." *"Quit your eternal moaning and groaning! If you had my pain, you'd groan even louder."* Bei starkem Verkehr ächzt die alte Brücke. *When the traffic's heavy, the old bridge creaks.*

ändern

to change, alter

PRINC. PARTS: **ändern, änderte, geändert, ändert**
IMPERATIVE: **ändere!, ändert!, ändern Sie!**

INDICATIVE		SUBJUNCTIVE		
		PRIMARY	SECONDARY	

Present Time

	Present	(Pres. Subj.)	(Imperf. Subj.)
ich	ändere	ändere	änderte
du	änderst	änderest	ändertest
er	ändert	ändere	änderte
wir	ändern	ändern	änderten
ihr	ändert	änderet	ändertet
sie	ändern	ändern	änderten

	Imperfect
ich	änderte
du	ändertest
er	änderte
wir	änderten
ihr	ändertet
sie	änderten

Past Time

	Perfect	(Perf. Subj.)	(Pluperf. Subj.)
ich	habe geändert	habe geändert	hätte geändert
du	hast geändert	habest geändert	hättest geändert
er	hat geändert	habe geändert	hätte geändert
wir	haben geändert	haben geändert	hätten geändert
ihr	habt geändert	habet geändert	hättet geändert
sie	haben geändert	haben geändert	hätten geändert

	Pluperfect
ich	hatte geändert
du	hattest geändert
er	hatte geändert
wir	hatten geändert
ihr	hattet geändert
sie	hatten geändert

Future Time

	Future	(Fut. Subj.)	(Pres. Conditional)
ich	werde ändern	werde ändern	würde ändern
du	wirst ändern	werdest ändern	würdest ändern
er	wird ändern	werde ändern	würde ändern
wir	werden ändern	werden ändern	würden ändern
ihr	werdet ändern	werdet ändern	würdet ändern
sie	werden ändern	werden ändern	würden ändern

Future Perfect Time

	Future Perfect	(Fut. Perf. Subj.)	(Past Conditional)
ich	werde geändert haben	werde geändert haben	würde geändert haben
du	wirst geändert haben	werdest geändert haben	würdest geändert haben
er	wird geändert haben	werde geändert haben	würde geändert haben
wir	werden geändert haben	werden geändert haben	würden geändert haben
ihr	werdet geändert haben	werdet geändert haben	würdet geändert haben
sie	werden geändert haben	werden geändert haben	würden geändert haben

Examples: „Wer hat den Plan geändert? Ich will ihn nicht ändern." „Einige Änderungen müssen aber doch gemacht werden. Die Welt hat sich geändert. Daran kann ich nichts ändern. Du musst anders denken, deine Denkart ändern." *"Who changed the plan? I don't want to change it." "But some changes will have to be made. The world has changed. I can't do anything about that. You'll have to think differently, change your way of thinking."*

anfangen

PRINC. PARTS: **anfangen, fing an, angefangen, fängt an**
IMPERATIVE: **fange an!, fangt an!, fangen Sie an!**

	INDICATIVE	SUBJUNCTIVE	
		PRIMARY	SECONDARY

A

	Present	**Present Time** (*Pres. Subj.*)	(*Imperf. Subj.*)
ich	fange an	fange an	finge an
du	fängst an	fangest an	fingest an
er	fängt an	fange an	finge an
wir	fangen an	fangen an	fingen an
ihr	fangt an	fanget an	finget an
sie	fangen an	fangen an	fingen an

	Imperfect
ich	fing an
du	fingst an
er	fing an
wir	fingen an
ihr	fingt an
sie	fingen an

	Perfect	**Past Time** (*Perf. Subj.*)	(*Pluperf. Subj.*)
ich	habe angefangen	habe angefangen	hätte angefangen
du	hast angefangen	habest angefangen	hättest angefangen
er	hat angefangen	habe angefangen	hätte angefangen
wir	haben angefangen	haben angefangen	hätten angefangen
ihr	habt angefangen	habet angefangen	hättet angefangen
sie	haben angefangen	haben angefangen	hätten angefangen

	Pluperfect
ich	hatte angefangen
du	hattest angefangen
er	hatte angefangen
wir	hatten angefangen
ihr	hattet angefangen
sie	hatten angefangen

	Future	**Future Time** (*Fut. Subj.*)	(*Pres. Conditional*)
ich	werde anfangen	werde anfangen	würde anfangen
du	wirst anfangen	werdest anfangen	würdest anfangen
er	wird anfangen	werde anfangen	würde anfangen
wir	werden anfangen	werden anfangen	würden anfangen
ihr	werdet anfangen	werdet anfangen	würdet anfangen
sie	werden anfangen	werden anfangen	würden anfangen

	Future Perfect	**Future Perfect Time** (*Fut. Perf. Subj.*)	(*Past Conditional*)
ich	werde angefangen haben	werde angefangen haben	würde angefangen haben
du	wirst angefangen haben	werdest angefangen haben	würdest angefangen haben
er	wird angefangen haben	werde angefangen haben	würde angefangen haben
wir	werden angefangen haben	werden angefangen haben	würden angefangen haben
ihr	werdet angefangen haben	werdet angefangen haben	würdet angefangen haben
sie	werden angefangen haben	werden angefangen haben	würden angefangen haben

Examples: „Sie hat schon angefangen. Zuerst konnte sie nichts mit dem neuen Computer anfangen." „Ja, aller Anfang ist schwer." *"She's already started. At first she didn't know what to do with the new computer." "Yes, all beginnings are difficult."* As in sentence 2, **anfangen** is often used idiomatically with modals: **Was soll ich damit anfangen?** *What am I supposed to do with that?*

ankommen

to arrive; succeed;
matter

PRINC. PARTS: **ankommen, kam an, ist angekommen, kommt an**
IMPERATIVE: **komme an!, kommt an!, kommen Sie an!**

INDICATIVE	SUBJUNCTIVE	
	PRIMARY	SECONDARY

Present Time

	Present	(Pres. Subj.)	(Imperf. Subj.)
ich	komme an	komme an	käme an
du	kommst an	kommest an	kämest an
er	kommt an	komme an	käme an
wir	kommen an	kommen an	kämen an
ihr	kommt an	kommet an	kämet an
sie	kommen an	kommen an	kämen an

	Imperfect
ich	kam an
du	kamst an
er	kam an
wir	kamen an
ihr	kamt an
sie	kamen an

Past Time

	Perfect	(Perf. Subj.)	(Pluperf. Subj.)
ich	bin angekommen	sei angekommen	wäre angekommen
du	bist angekommen	seiest angekommen	wärest angekommen
er	ist angekommen	sei angekommen	wäre angekommen
wir	sind angekommen	seien angekommen	wären angekommen
ihr	seid angekommen	seiet angekommen	wäret angekommen
sie	sind angekommen	seien angekommen	wären angekommen

	Pluperfect
ich	war angekommen
du	warst angekommen
er	war angekommen
wir	waren angekommen
ihr	wart angekommen
sie	waren angekommen

Future Time

	Future	(Fut. Subj.)	(Pres. Conditional)
ich	werde ankommen	werde ankommen	würde ankommen
du	wirst ankommen	werdest ankommen	würdest ankommen
er	wird ankommen	werde ankommen	würde ankommen
wir	werden ankommen	werden ankommen	würden ankommen
ihr	werdet ankommen	werdet ankommen	würdet ankommen
sie	werden ankommen	werden ankommen	würden ankommen

Future Perfect Time

	Future Perfect	(Fut. Perf. Subj.)	(Past Conditional)
ich	werde angekommen sein	werde angekommen sein	würde angekommen sein
du	wirst angekommen sein	werdest angekommen sein	würdest angekommen sein
er	wird angekommen sein	werde angekommen sein	würde angekommen sein
wir	werden angekommen sein	werden angekommen sein	würden angekommen sein
ihr	werdet angekommen sein	werdet angekommen sein	würdet angekommen sein
sie	werden angekommen sein	werden angekommen sein	würden angekommen sein

Examples: „Wann soll ihr Zug ankommen?" „Es kommt darauf an, ob sie mit dem IC fährt. Leider kommt er oft spät an." *"When is her train supposed to arrive?" "It depends on whether she's taking the IC (Inter City express). Unfortunately, it often arrives late."* In sentence 1, **ankommen** is the complementary infin. used with the modal **soll. Es kommt darauf an** is a frequent idiomatic use of **ankommen.**

antworten

PRINC. PARTS: **antworten, antworte, antwortet**
IMPERATIVE: **antworte!, antwortet!, antworten sie!**

to answer, reply

A

INDICATIVE	SUBJUNCTIVE	
	PRIMARY	SECONDARY

Present Time

	Present	*(Pres. Subj.)*	*(Imperf. Subj.)*
ich	antworte	antworte	antwortete
du	antwortest	antwortest	antwortetest
er	antwortet	antworte	antwortete
wir	antworten	antworten	antworteten
ihr	antwortet	antwortet	antwortetet
sie	antworten	antworten	antworteten

	Imperfect
ich	antwortete
du	antwortetest
er	antwortete
wir	antworteten
ihr	antwortetet
sie	antworteten

Past Time

	Perfect	*(Perf. Subj.)*	*(Pluperf. Subj.)*
ich	habe geantwortet	habe geantwortet	hätte geantwortet
du	hast geantwortet	habest geantwortet	hättest geantwortet
er	hat geantwortet	habe geantwortet	hätte geantwortet
wir	haben geantwortet	haben geantwortet	hätten geantwortet
ihr	habt geantwortet	habet geantwortet	hättet geantwortet
sie	haben geantwortet	haben geantwortet	hätten geantwortet

	Pluperfect
ich	hatte geantwortet
du	hattest geantwortet
er	hatte geantwortet
wir	hatten geantwortet
ihr	hattet geantwortet
sie	hatten geantwortet

Future Time

	Future	*(Fut. Subj.)*	*(Pres. Conditional)*
ich	werde antworten	werde antworten	würde antworten
du	wirst antworten	werdest antworten	würdest antworten
er	wird antworten	werde antworten	würde antworten
wir	werden antworten	werden antworten	würden antworten
ihr	werdet antworten	werdet antworten	würdet antworten
sie	werden antworten	werden antworten	würden antworten

Future Perfect Time

	Future Perfect	*(Fut. Perf. Subj.)*	*(Past Conditional)*
ich	werde geantwortet haben	werde geantwortet haben	würde geantwortet haben
du	wirst geantwortet haben	werdest geantwortet haben	würdest geantwortet haben
er	wird geantwortet haben	werde geantwortet haben	würde geantwortet haben
wir	werden geantwortet haben	werden geantwortet haben	würden geantwortet haben
ihr	werdet geantwortet haben	werdet geantwortet haben	würdet geantwortet haben
sie	werden geantwortet haben	werden geantwortet haben	würden geantwortet haben

---

Examples: „Wer ist für die Verzögerung verantwortlich? Antworten Sie mir sofort! Sie haben viel zu verantworten." *"Who is responsible for the delay? Answer me right away. You have much to answer for."* **Antworten** is in the imperative in sentence 2. Note the dative (indirect) object **mir**. **Verantworten** (to answer for) is a related verb.

sich anziehen

to get dressed

PRINC. PARTS: sich anziehen, zog sich an, sich angezogen, zieht sich an

IMPERATIVE: ziehe dich an!, zieht euch an!, ziehen Sie sich an!

	INDICATIVE	SUBJUNCTIVE	
		PRIMARY	SECONDARY

Present Time

	Present	*(Pres. Subj.)*	*(Imperf. Subj.)*
ich	ziehe mich an	ziehe mich an	zöge mich an
du	ziehst dich an	ziehest dich an	zögest dich an
er	zieht sich an	ziehe sich an	zöge sich an
wir	ziehen uns an	ziehen uns an	zögen uns an
ihr	zieht euch an	ziehet euch an	zöget euch an
sie	ziehen sich an	ziehen sich an	zögen sich an

	Imperfect
ich	zog mich an
du	zogst dich an
er	zog sich an
wir	zogen uns an
ihr	zogt euch an
sie	zogen sich an

Past Time

	Perfect	*(Perf. Subj.)*	*(Pluperf. Subj.)*
ich	habe mich angezogen	habe mich angezogen	hätte mich angezogen
du	hast dich angezogen	habest dich angezogen	hättest dich angezogen
er	hat sich angezogen	habe sich angezogen	hätte sich angezogen
wir	haben uns angezogen	haben uns angezogen	hätten uns angezogen
ihr	habt euch angezogen	habet euch angezogen	hättet euch angezogen
sie	haben sich angezogen	haben sich angezogen	hätten sich angezogen

	Pluperfect
ich	hatte mich angezogen
du	hattest dich angezogen
er	hatte sich angezogen
wir	hatten uns angezogen
ihr	hattet euch angezogen
sie	hatten sich angezogen

Future Time

	Future	*(Fut. Subj.)*	*(Pres. Conditional)*
ich	werde mich anziehen	werde mich anziehen	würde mich anziehen
du	wirst dich anziehen	werdest dich anziehen	würdest dich anziehen
er	wird sich anziehen	werde sich anziehen	würde sich anziehen
wir	werden uns anziehen	werden uns anziehen	würden uns anziehen
ihr	werdet euch anziehen	werdet euch anziehen	würdet euch anziehen
sie	werden sich anziehen	werden sich anziehen	würden sich anziehen

Future Perfect Time

	Future Perfect	*(Fut. Perf. Subj.)*	*(Past Conditional)*
ich	werde mich angezogen haben	werde mich angezogen haben	würde mich angezogen haben
du	wirst dich angezogen haben	werdest dich angezogen haben	würdest dich angezogen haben
er	wird sich angezogen haben	werde sich angezogen haben	würde sich angezogen haben
wir	werden uns angezogen haben	werden uns angezogen haben	würden uns angezogen haben
ihr	werdet euch angezogen haben	werdet euch angezogen haben	würdet euch angezogen haben
sie	werden sich angezogen haben	werden sich angezogen haben	würden sich angezogen haben

Examples: Dagwald Bumstedt zog sich schnell seinen neuen Anzug an. Nur halb angezogen verließ er sein Haus. *Dagwood Bumstead quickly put on his new suit. Only half-dressed, he left his house.* In the present and imperfect (past) tenses of separable prefix verbs, the prefix is placed at the end. The past participle **angezogen** is used as an adjective here, not as a verb. Therefore there is no auxiliary (helping verb).

PRINC. PARTS: **arbeiten, arbeitete, gearbeitet, arbeitet**
IMPERATIVE: **arbeite!, arbeitet!, arbeiten Sie!**

	INDICATIVE		SUBJUNCTIVE	
			PRIMARY	SECONDARY

A

Present Time

	Present		*(Pres. Subj.)*	*(Imperf. Subj.)*
ich	arbeite		arbeite	arbeitete
du	arbeitest		arbeitest	arbeitetest
er	arbeitet		arbeite	arbeitete
wir	arbeiten		arbeiten	arbeiteten
ihr	arbeitet		arbeitet	arbeitetet
sie	arbeiten		arbeiten	arbeiteten

	Imperfect
ich	arbeitete
du	arbeitetest
er	arbeitete
wir	arbeiteten
ihr	arbeitetet
sie	arbeiteten

Past Time

	Perfect	*(Perf. Subj.)*	*(Pluperf. Subj.)*
ich	habe gearbeitet	habe gearbeitet	hätte gearbeitet
du	hast gearbeitet	habest gearbeitet	hättest gearbeitet
er	hat gearbeitet	habe gearbeitet	hätte gearbeitet
wir	haben gearbeitet	haben gearbeitet	hätten gearbeitet
ihr	habt gearbeitet	habet gearbeitet	hättet gearbeitet
sie	haben gearbeitet	haben gearbeitet	hätten gearbeitet

	Pluperfect
ich	hatte gearbeitet
du	hattest gearbeitet
er	hatte gearbeitet
wir	hatten gearbeitet
ihr	hattet gearbeitet
sie	hatten gearbeitet

Future Time

	Future	*(Fut. Subj.)*	*(Pres. Conditional)*
ich	werde arbeiten	werde arbeiten	würde arbeiten
du	wirst arbeiten	werdest arbeiten	würdest arbeiten
er	wird arbeiten	werde arbeiten	würde arbeiten
wir	werden arbeiten	werden arbeiten	würden arbeiten
ihr	werdet arbeiten	werdet arbeiten	würdet arbeiten
sie	werden arbeiten	werden arbeiten	würden arbeiten

Future Perfect Time

	Future Perfect	*(Fut. Perf. Subj.)*	*(Past Conditional)*
ich	werde gearbeitet haben	werde gearbeitet haben	würde gearbeitet haben
du	wirst gearbeitet haben	werdest gearbeitet haben	würdest gearbeitet haben
er	wird gearbeitet haben	werde gearbeitet haben	würde gearbeitet haben
wir	werden gearbeitet haben	werden gearbeitet haben	würden gearbeitet haben
ihr	werdet gearbeitet haben	werdet gearbeitet haben	würdet gearbeitet haben
sie	werden gearbeitet haben	werden gearbeitet haben	würden gearbeitet haben

AN ESSENTIAL 55 VERB

AN ESSENTIAL
55 VERB

Prefix Verbs

SEPARABLE

abarbeiten—to work off; work down; run (computer)
„Er hat seine Schulden abgearbeitet."
"He's worked off his debts."

„Kann dein Computer dieses Programm abarbeiten?"
"Can your computer run this program?"

aufarbeiten—to process; work up
„Er denkt daran, seine Kriegserlebnisse zu einem Artikel aufzuarbeiten."
"He's thinking of working up his experiences in the war to make an article."

ausarbeiten— to work out; expand; elaborate
„Sie will ihre Novelle zu einem Roman ausarbeiten."
"She wants to expand her short story into a novel."

durcharbeiten—to work through
„Wir arbeiten den Text durch."
"We're working through the text."

kurzarbeiten—to work reduced hours
„Bei schlechter Konjunktur arbeiten wir oft kurz."
"We often work shorter hours when economic conditions are bad."

schwarzarbeiten—to work illicitly; moonlight
Das Finanzamt weiß, dass er jahrelang schwarzarbeitete.
The tax authorities know that he did undeclared work for years.

umarbeiten—to deal with, handle; edit
Am Drehbuch wurde zu viel von zu vielen umgearbeitet.
Too many worked at rewriting the script.

EXAMPLES

„Wir würden vielleicht fleißiger arbeiten, wenn uns die Arbeit mehr interessierte",
behaupteten die Arbeiter.
"Maybe we'd work harder if the work interested us more," declared the workers.

Eva schrieb eine Doktorarbeit über die Arbeitslosigkeit und den heutigen Arbeitsmarkt. Sie arbeitet gern. Sie ist sehr arbeitsam.
Eva wrote a doctoral dissertation on unemployment and today's labor market. She likes to work. She's very industrious.

Sent. 1 is in the conditional, formed by the auxiliary **würde** (would) + the infin. at the end of the clause.

Prefix Verbs

INSEPARABLE

bearbeiten—to deal with, handle; edit
Das Material muss neu bearbeitet werden.
The material has to be revised.

erarbeiten—to work hard for
„Wenn du den Preis willst, musst du ihn erarbeiten."
"If you want the prize you'll have to work for it."

verarbeiten—to work out; process
Eva versucht, ihre schreckliche Vergangenheit zu verarbeiten.
Eva is trying to work out her terrible past.

Sie haben die Daten beleglos verarbeitet.
They processed the data without vouchers.
Note: **EDV** = elektronische Datenverarbeitung (electronic data processing).

atmen

PRINC. PARTS: **atmen, atmete, geatmet, atmet**
IMPERATIVE: **atme!, atmet!, atmen Sie!**

A

	INDICATIVE	SUBJUNCTIVE	
		PRIMARY	SECONDARY

Present Time

	Present	(*Pres. Subj.*)	(*Imperf. Subj.*)
ich	atme	atme	atmete
du	atmest	atmest	atmetest
er	atmet	atme	atmete
wir	atmen	atmen	atmeten
ihr	atmet	atmet	atmetet
sie	atmen	atmen	atmeten

	Imperfect
ich	atmete
du	atmetest
er	atmete
wir	atmeten
ihr	atmetet
sie	atmeten

Past Time

	Perfect	(*Perf. Subj.*)	(*Pluperf. Subj.*)
ich	habe geatmet	habe geatmet	hätte geatmet
du	hast geatmet	habest geatmet	hättest geatmet
er	hat geatmet	habe geatmet	hätte geatmet
wir	haben geatmet	haben geatmet	hätten geatmet
ihr	habt geatmet	habet geatmet	hättet geatmet
sie	haben geatmet	haben geatmet	hätten geatmet

	Pluperfect
ich	hatte geatmet
du	hattest geatmet
er	hatte geatmet
wir	hatten geatmet
ihr	hattet geatmet
sie	hatten geatmet

Future Time

	Future	(*Fut. Subj.*)	(*Pres. Conditional*)
ich	werde atmen	werde atmen	würde atmen
du	wirst atmen	werdest atmen	würdest atmen
er	wird atmen	werde atmen	würde atmen
wir	werden atmen	werden atmen	würden atmen
ihr	werdet atmen	werdet atmen	würdet atmen
sie	werden atmen	werden atmen	würden atmen

Future Perfect Time

	Future Perfect	(*Fut. Perf. Subj.*)	(*Past Conditional*)
ich	werde geatmet haben	werde geatmet haben	würde geatmet haben
du	wirst geatmet haben	werdest geatmet haben	würdest geatmet haben
er	wird geatmet haben	werde geatmet haben	würde geatmet haben
wir	werden geatmet haben	werden geatmet haben	würden geatmet haben
ihr	werdet geatmet haben	werdet geatmet haben	würdet geatmet haben
sie	werden geatmet haben	werden geatmet haben	würden geatmet haben

Examples: Wir atmeten tief auf, als wir den Gipfel erreichten und die atemberaubende Aussicht genießen konnten. Unsere Joga Lehrerin atmete tief und begann ihre Atemübungen. *We breathed a sigh of relief when we reached the summit and could enjoy the breathtaking view. Our yoga instructor breathed deeply and began her breathing exercises.* Since the stem ends in **-m, e** is added in some forms. **Aufatmen** (sentence 1) is separable. So are **einatmen** (to inhale) and **ausatmen** (to exhale).

aufhalten

to stop, delay, arrest

PRINC. PARTS: **aufhalten, hielt auf, aufgehalten, hält auf**
IMPERATIVE: **halte auf!, haltet auf!, halten Sie auf!**

INDICATIVE		SUBJUNCTIVE	
		PRIMARY	SECONDARY
		Present Time	
	Present	*(Pres. Subj.)*	*(Imperf. Subj.)*
ich	halte auf	halte auf	hielte auf
du	hältst auf	haltest auf	hieltest auf
er	hält auf	halte auf	hielte auf
wir	halten auf	halten auf	hielten auf
ihr	haltet auf	haltet auf	hieltet auf
sie	halten auf	halten auf	hielten auf
	Imperfect		
ich	hielt auf		
du	hieltst auf		
er	hielt auf		
wir	hielten auf		
ihr	hieltet auf		
sie	hielten auf		
		Past Time	
	Perfect	*(Perf. Subj.)*	*(Pluperf. Subj.)*
ich	habe aufgehalten	habe aufgehalten	hätte aufgehalten
du	hast aufgehalten	habest aufgehalten	hättest aufgehalten
er	hat aufgehalten	habe aufgehalten	hätte aufgehalten
wir	haben aufgehalten	haben aufgehalten	hätten aufgehalten
ihr	habt aufgehalten	habet aufgehalten	hättet aufgehalten
sie	haben aufgehalten	haben aufgehalten	hätten aufgehalten
	Pluperfect		
ich	hatte aufgehalten		
du	hattest aufgehalten		
er	hatte aufgehalten		
wir	hatten aufgehalten		
ihr	hattet aufgehalten		
sie	hatten aufgehalten		
		Future Time	
	Future	*(Fut. Subj.)*	*(Pres. Conditional)*
ich	werde aufhalten	werde aufhalten	würde aufhalten
du	wirst aufhalten	werdest aufhalten	würdest aufhalten
er	wird aufhalten	werde aufhalten	würde aufhalten
wir	werden aufhalten	werden aufhalten	würden aufhalten
ihr	werdet aufhalten	werdet aufhalten	würdet aufhalten
sie	werden aufhalten	werden aufhalten	würden aufhalten
		Future Perfect Time	
	Future Perfect	*(Fut. Perf. Subj.)*	*(Past Conditional)*
ich	werde aufgehalten haben	werde aufgehalten haben	würde aufgehalten haben
du	wirst aufgehalten haben	werdest aufgehalten haben	würdest aufgehalten haben
er	wird aufgehalten haben	werde aufgehalten haben	würde aufgehalten haben
wir	werden aufgehalten haben	werden aufgehalten haben	würden aufgehalten haben
ihr	werdet aufgehalten haben	werdet aufgehalten haben	würdet aufgehalten haben
sie	werden aufgehalten haben	werden aufgehalten haben	würden aufgehalten haben

Examples: „Sie halten sich immer bei Kleinigkeiten auf", klagte er. *"You're always dwelling on (hung up on) trifles," he complained.* Ich will dich nicht länger aufhalten. *I don't want to hold you up any longer.* Aufhalten is separable. The reflexive sich aufhalten + mit or bei means *"to dwell on something."*

aufmachen

PRINC. PARTS: **aufmachen, machte auf, aufgemacht, macht auf**
IMPERATIVE: **mache auf!, macht auf!, machen Sie auf!**

to open; present, feature

A

INDICATIVE	SUBJUNCTIVE	
	PRIMARY	SECONDARY

Present Time

	Present	*(Pres. Subj.)*	*(Imperf. Subj.)*
ich	mache auf	mache auf	machte auf
du	machst auf	machest auf	machtest auf
er	macht auf	mache auf	machte auf
wir	machen auf	machen auf	machten auf
ihr	macht auf	machet auf	machtet auf
sie	machen auf	machen auf	machten auf

	Imperfect
ich	machte auf
du	machtest auf
er	machte auf
wir	machten auf
ihr	machtet auf
sie	machten auf

Past Time

	Perfect	*(Perf. Subj.)*	*(Pluperf. Subj.)*
ich	habe aufgemacht	habe aufgemacht	hätte aufgemacht
du	hast aufgemacht	habest aufgemacht	hättest aufgemacht
er	hat aufgemacht	habe aufgemacht	hätte aufgemacht
wir	haben aufgemacht	haben aufgemacht	hätten aufgemacht
ihr	habt aufgemacht	habet aufgemacht	hättet aufgemacht
sie	haben aufgemacht	haben aufgemacht	hätten aufgemacht

	Pluperfect
ich	hatte aufgemacht
du	hattest aufgemacht
er	hatte aufgemacht
wir	hatten aufgemacht
ihr	hattet aufgemacht
sie	hatten aufgemacht

Future Time

	Future	*(Fut. Subj.)*	*(Pres. Conditional)*
ich	werde aufmachen	werde aufmachen	würde aufmachen
du	wirst aufmachen	werdest aufmachen	würdest aufmachen
er	wird aufmachen	werde aufmachen	würde aufmachen
wir	werden aufmachen	werden aufmachen	würden aufmachen
ihr	werdet aufmachen	werdet aufmachen	würdet aufmachen
sie	werden aufmachen	werden aufmachen	würden aufmachen

Future Perfect Time

	Future Perfect	*(Fut. Perf. Subj.)*	*(Past Conditional)*
ich	werde aufgemacht haben	werde aufgemacht haben	würde aufgemacht haben
du	wirst aufgemacht haben	werdest aufgemacht haben	würdest aufgemacht haben
er	wird aufgemacht haben	werde aufgemacht haben	würde aufgemacht haben
wir	werden aufgemacht haben	werden aufgemacht haben	würden aufgemacht haben
ihr	werdet aufgemacht haben	werdet aufgemacht haben	würdet aufgemacht haben
sie	werden aufgemacht haben	werden aufgemacht haben	würden aufgemacht haben

Examples: „Wenn die Sonne scheint, muss ich die Fenster aufmachen. Ich habe sie alle weit aufgemacht." „Es ist mir kalt. Mach sie jetzt zu. Wenn ich fort bin, kannst du sie wieder aufmachen." *"When the sun shines I have to open the windows. I opened them all wide." "I feel cold. Close them now. After I've left you can open them again."* **Der Prozess wurde in den Medien groß aufgemacht.** *The trial got wide media coverage.*

ausgeben

to spend; to deal (cards);
to treat to drinks

PRINC. PARTS: **ausgeben, gab aus, ausgegeben, gibt aus**
IMPERATIVE: **gib aus!, gebt aus!, geben Sie aus!**

	INDICATIVE	SUBJUNCTIVE PRIMARY	SECONDARY
	Present	**Present Time** (*Pres. Subj.*)	(*Imperf. Subj.*)
ich	gebe aus	gebe aus	gäbe aus
du	gibst aus	gebest aus	gäbest aus
er	gibt aus	gebe aus	gäbe aus
wir	geben aus	geben aus	gäben aus
ihr	gebt aus	gebet aus	gäbet aus
sie	geben aus	geben aus	gäben aus
	Imperfect		
ich	gab aus		
du	gabst aus		
er	gab aus		
wir	gaben aus		
ihr	gabt aus		
sie	gaben aus		
	Perfect	**Past Time** (*Perf. Subj.*)	(*Pluperf. Subj.*)
ich	habe ausgegeben	habe ausgegeben	hätte ausgegeben
du	hast ausgegeben	habest ausgegeben	hättest ausgegeben
er	hat ausgegeben	habe ausgegeben	hätte ausgegeben
wir	haben ausgegeben	haben ausgegeben	hätten ausgegeben
ihr	habt ausgegeben	habet ausgegeben	hättet ausgegeben
sie	haben ausgegeben	haben ausgegeben	hätten ausgegeben
	Pluperfect		
ich	hatte ausgegeben		
du	hattest ausgegeben		
er	hatte ausgegeben		
wir	haben ausgegeben		
ihr	habt ausgegeben		
sie	haben ausgegeben		
	Future	**Future Time** (*Fut. Subj.*)	(*Pres. Conditional*)
ich	werde ausgeben	werde ausgeben	würde ausgeben
du	wirst ausgeben	werdest ausgeben	würdest ausgeben
er	wird ausgeben	werde ausgeben	würde ausgeben
wir	werden ausgeben	werden ausgeben	würden ausgeben
ihr	werdet ausgeben	werdet ausgeben	würdet ausgeben
sie	werden ausgeben	werden ausgeben	würden ausgeben
	Future Perfect	**Future Perfect Time** (*Fut. Perf. Subj.*)	(*Past Conditional*)
ich	werde ausgegeben haben	werde ausgegeben haben	würde ausgegeben haben
du	wirst ausgegeben haben	werdest ausgegeben haben	würdest ausgegeben haben
er	wird ausgegeben haben	werde ausgegeben haben	würde ausgegeben haben
wir	werden ausgegeben haben	werden ausgegeben haben	würden ausgegeben haben
ihr	werdet ausgegeben haben	werdet ausgegeben haben	würdet ausgegeben haben
sie	werden ausgegeben haben	werden ausgegeben haben	würden ausgegeben haben

Examples: „Warum habt ihr so viel Geld ausgegeben?" „Wir hatten viele unvermeidliche Ausgaben." *"Why did you spend so much money?" "We had many unavoidable expenses."* „Wer gab die Karten aus?" *"Who dealt the cards?"* **Ich gab allen eine Runde aus aber hat keiner mir einen ausgegeben.** *I treated everyone to a round of drinks, but nobody bought me a drink.* **Die Schwindler gaben sich für reiche Unternehmer aus.** *The con men pretended to be rich entrepreneurs.*

PRINC. PARTS: **auskommen, kam aus, ist ausgekommen, kommt aus**

IMPERATIVE: **komme aus!, kommt aus!, kommen Sie aus!**

to come out; have enough of, make do; get along with

A

INDICATIVE	SUBJUNCTIVE	
	PRIMARY	SECONDARY

Present Time

Present	*(Pres. Subj.)*	*(Imperf. Subj.)*
ich	komme aus	komme aus	käme aus
du	kommst aus	kommest aus	kämest aus
er	kommt aus	komme aus	käme aus
wir	kommen aus	kommen aus	kämen aus
ihr	kommt aus	kommet aus	kämet aus
sie	kommen aus	kommen aus	kämen aus

Imperfect
ich	kam aus
du	kamst aus
er	kam aus
wir	kamen aus
ihr	kamt aus
sie	kamen aus

Past Time

Perfect	*(Perf. Subj.)*	*(Pluperf. Subj.)*
ich	bin ausgekommen	sei ausgekommen	wäre ausgekommen
du	bist ausgekommen	seiest ausgekommen	wärest ausgekommen
er	ist ausgekommen	sei ausgekommen	wäre ausgekommen
wir	sind ausgekommen	seien ausgekommen	wären ausgekommen
ihr	seid ausgekommen	seiet ausgekommen	wäret ausgekommen
sie	sind ausgekommen	seien ausgekommen	wären ausgekommen

Pluperfect
ich	war ausgekommen
du	warst ausgekommen
er	war ausgekommen
wir	waren ausgekommen
ihr	wart ausgekommen
sie	waren ausgekommen

Future Time

Future	*(Fut. Subj.)*	*(Pres. Conditional)*
ich	werde auskommen	werde auskommen	würde auskommen
du	wirst auskommen	werdest auskommen	würdest auskommen
er	wird auskommen	werde auskommen	würde auskommen
wir	werden auskommen	werden auskommen	würden auskommen
ihr	werdet auskommen	werdet auskommen	würdet auskommen
sie	werden auskommen	werden auskommen	würden auskommen

Future Perfect Time

Future Perfect	*(Fut. Perf. Subj.)*	*(Past Conditional)*
ich	werde ausgekommen sein	werde ausgekommen sein	würde ausgekommen sein
du	wirst ausgekommen sein	werdest ausgekommen sein	würdest ausgekommen sein
er	wird ausgekommen sein	werde ausgekommen sein	würde ausgekommen sein
wir	werden ausgekommen sein	werden ausgekommen sein	würden ausgekommen sein
ihr	werdet ausgekommen sein	werdet ausgekommen sein	würdet ausgekommen sein
sie	werden ausgekommen sein	werden ausgekommen sein	würden ausgekommen sein

Examples: „Wir kommen selten aus unserem Dorf heraus. Mit meinem Gehalt allein kommen wir nicht mehr aus. Es ist aber unmöglich mit unseren reichen Verwandten auszukommen." *"We rarely leave our village. We can't get along on my salary anymore. But it's impossible to get along with our rich relatives."*

ausstellen

to exhibit, expose;
write out

PRINC. PARTS: **ausstellen, stellte aus, ausgestellt, stellt aus**
IMPERATIVE: **stelle aus!, stellt aus!, stellen Sie aus!**

	INDICATIVE		SUBJUNCTIVE	
			PRIMARY	SECONDARY
			Present Time	
	Present		*(Pres. Subj.)*	*(Imperf. Subj.)*
ich	stelle aus		stelle aus	stellte aus
du	stellst aus		stellest aus	stelltest aus
er	stellt aus		stelle aus	stellte aus
wir	stellen aus		stellen aus	stellten aus
ihr	stellt aus		stellet aus	stelltet aus
sie	stellen aus		stellen aus	stellten aus
	Imperfect			
ich	stellte aus			
du	stelltest aus			
er	stellte aus			
wir	stellten aus			
ihr	stelltet aus			
sie	stellten aus			
			Past Time	
	Perfect		*(Perf. Subj.)*	*(Pluperf. Subj.)*
ich	habe ausgestellt		habe ausgestellt	hätte ausgestellt
du	hast ausgestellt		habest ausgestellt	hättest ausgestellt
er	hat ausgestellt		habe ausgestellt	hätte ausgestellt
wir	haben ausgestellt		haben ausgestellt	hätten ausgestellt
ihr	habt ausgestellt		habet ausgestellt	hättet ausgestellt
sie	haben ausgestellt		haben ausgestellt	hätten ausgestellt
	Pluperfect			
ich	hatte ausgestellt			
du	hattest ausgestellt			
er	hatte ausgestellt			
wir	hatten ausgestellt			
ihr	hattet ausgestellt			
sie	hatten ausgestellt			
			Future Time	
	Future		*(Fut. Subj.)*	*(Pres. Conditional)*
ich	werde ausstellen		werde ausstellen	würde ausstellen
du	wirst ausstellen		werdest ausstellen	würdest ausstellen
er	wird ausstellen		werde ausstellen	würde ausstellen
wir	werden ausstellen		werden ausstellen	würden ausstellen
ihr	werdet ausstellen		werdet ausstellen	würdet ausstellen
sie	werden ausstellen		werden ausstellen	würden ausstellen
			Future Perfect Time	
	Future Perfect		*(Fut. Perf. Subj.)*	*(Past Conditional)*
ich	werde ausgestellt haben		werde ausgestellt haben	würde ausgestellt haben
du	wirst ausgestellt haben		werdest ausgestellt haben	würdest ausgestellt haben
er	wird ausgestellt haben		werde ausgestellt haben	würde ausgestellt haben
wir	werden ausgestellt haben		werden ausgestellt haben	würden ausgestellt haben
ihr	werdet ausgestellt haben		werdet ausgestellt haben	würdet ausgestellt haben
sie	werden ausgestellt haben		werden ausgestellt haben	würden ausgestellt haben

Examples: **Suzanne hat ihre Gemälde in vielen Galerien ausgestellt. Sie hofft, ihre Werke bei der nächsten Weltausstellung auszustellen.** *Suzanne has exhibited her paintings in many galleries. She hopes to exhibit her works at the next World's Fair.* When used with an auxiliary to form the perfect tenses, as in sentence 1, the past participle never changes.

sich ausziehen, zog sich aus,
hat sich ausgezogen, zieht sich aus
IMPERATIVE: ziehe dich aus!, zieht euch aus!,
ziehen Sie sich aus!

sich ausziehen

to get undressed

A

	INDICATIVE	SUBJUNCTIVE	
		PRIMARY	SECONDARY

Present Time

	Present	*(Pres. Subj.)*	*(Imperf. Subj.)*
ich	ziehe mich aus	ziehe mich aus	zöge mich aus
du	ziehst dich aus	ziehest dich aus	zögest dich aus
er	zieht sich aus	ziehe sich aus	zöge sich aus
wir	ziehen uns aus	ziehen uns aus	zögen uns aus
ihr	zieht euch aus	ziehet euch aus	zöget euch aus
sie	ziehen sich aus	ziehen sich aus	zögen sich aus

	Imperfect
ich	zog mich aus
du	zogst dich aus
er	zog sich aus
wir	zogen uns aus
ihr	zogt euch aus
sie	zogen sich aus

Past Time

	Perfect	*(Perf. Subj.)*	*(Pluperf. Subj.)*
ich	habe mich ausgezogen	habe mich ausgezogen	hätte mich ausgezogen
du	hast dich ausgezogen	habest dich ausgezogen	hättest dich ausgezogen
er	hat sich ausgezogen	habe sich ausgezogen	hätte sich ausgezogen
wir	haben uns ausgezogen	haben uns ausgezogen	hätten uns ausgezogen
ihr	habt euch ausgezogen	habet euch ausgezogen	hättet euch ausgezogen
sie	haben sich ausgezogen	haben sich ausgezogen	hätten sich ausgezogen

	Pluperfect
ich	hatte mich ausgezogen
du	hattest dich ausgezogen
er	hatte sich ausgezogen
wir	hatten uns ausgezogen
ihr	hattet euch ausgezogen
sie	hatten sich ausgezogen

Future Time

	Future	*(Fut. Subj.)*	*(Pres. Conditional)*
ich	werde mich ausziehen	werde mich ausziehen	würde mich ausziehen
du	wirst dich ausziehen	werdest dich ausziehen	würdest dich ausziehen
er	wird sich ausziehen	werde sich ausziehen	würde sich ausziehen
wir	werden uns ausziehen	werden uns ausziehen	würden uns ausziehen
ihr	werdet euch ausziehen	werdet euch ausziehen	würdet euch ausziehen
sie	werden sich ausziehen	werden sich ausziehen	würden sich ausziehen

Future Perfect Time

	Future Perfect	*(Fut. Perf. Subj.)*	*(Past Conditional)*
ich	werde mich ausgezogen haben	werde mich ausgezogen haben	würde mich ausgezogen haben
du	wirst dich ausgezogen haben	werdest dich ausgezogen haben	würdest dich ausgezogen haben
er	wird sich ausgezogen haben	werde sich ausgezogen haben	würde sich ausgezogen haben
wir	werden uns ausgezogen haben	werden uns ausgezogen haben	würden uns ausgezogen haben
ihr	werdet euch ausgezogen haben	werdet euch ausgezogen haben	würdet euch ausgezogen haben
sie	werden sich ausgezogen haben	werden sich ausgezogen haben	würden sich ausgezogen haben

Examples: Die Tänzer zogen sich langsam aus. Aber sie weigerten sich, sich ganz auszuziehen.
The dancers undressed slowly. But they refused to undress completely. Hier wird man wirklich
ausgezogen. *They really fleece you here.* Note the prefix at the end in the past in sentence 1. In the
second example, **man** is a substitute for the passive. **Ausziehen** is separable.

backen

to bake

PRINC. PARTS: **backen, buk (backte), gebacken, bäckt**
IMPERATIVE: **backe!, backt!, backen Sie!**

INDICATIVE		SUBJUNCTIVE		
		PRIMARY	SECONDARY	
		Present Time		
Present		(*Pres. Subj.*)	(*Imperf. Subj.*)	
ich	backe	backe	büke	backte
du	bäckst *or* backst	backest	bükest	backtest
er	bäckt backt	backe	büke *or*	backte
wir	backen	backen	büken	backten
ihr	backt	backet	büket	backtet
sie	backen	backen	büken	backten

	Imperfect	
ich	buk	backte
du	bukst	backtest
er	buk *or*	backte
wir	buken	backten
ihr	bukt	backtet
sie	buken	backten

			Past Time	
	Perfect	(*Perf. Subj.*)	(*Pluperf. Subj.*)	
ich	habe gebacken	habe gebacken	hätte gebacken
du	hast gebacken	habest gebacken	hättest gebacken
er	hat gebacken	habe gebacken	hätte gebacken
wir	haben gebacken	haben gebacken	hätten gebacken
ihr	habt gebacken	habet gebacken	hättet gebacken
sie	haben gebacken	haben gebacken	hätten gebacken

	Pluperfect
ich	hatte gebacken
du	hattest gebacken
er	hatte gebacken
wir	hatten gebacken
ihr	hattet gebacken
sie	hatten gebacken

			Future Time	
	Future	(*Fut. Subj.*)	(*Pres. Conditional*)	
ich	werde backen	werde backen	würde backen
du	wirst backen	werdest backen	würdest backen
er	wird backen	werde backen	würde backen
wir	werden backen	werden backen	würden backen
ihr	werdet backen	werdet backen	würdet backen
sie	werden backen	werden backen	würden backen

			Future Perfect Time	
	Future Perfect	(*Fut. Perf. Subj.*)	(*Past Conditional*)	
ich	werde gebacken haben	werde gebacken haben	würde gebacken haben
du	wirst gebacken haben	werdest gebacken haben	würdest gebacken haben
er	wird gebacken haben	werde gebacken haben	würde gebacken haben
wir	werden gebacken haben	werden gebacken haben	würden gebacken haben
ihr	werdet gebacken haben	werdet gebacken haben	würdet gebacken haben
sie	werden gebacken haben	werden gebacken haben	würden gebacken haben

Examples: „Alles, was in unserer Bäckerei gebacken wird, ist hervorragend. Heute Morgen backte ich schmackhafte Brötchen", sagte der Bäcker. *"Everything baked in our bakery is outstanding. This morning I baked tasty rolls," said the baker.* The weak imperfect forms **backte**, etc. are more common nowadays. Our baker uses **backte**.

50

baden

PRINC. PARTS: **baden, badete, gebadet, badet**
IMPERATIVE: **bade!, badet!, baden Sie!**

B

	INDICATIVE	SUBJUNCTIVE	
		PRIMARY	SECONDARY
		Present Time	
	Present	*(Pres. Subj.)*	*(Imperf. Subj.)*
ich	bade	bade	badete
du	badest	badest	badetest
er	badet	bade	badete
wir	baden	baden	badeten
ihr	badet	badet	badetet
sie	baden	baden	badeten

	Imperfect
ich	badete
du	badetest
er	badete
wir	badeten
ihr	badetet
sie	badeten

		Past Time	
	Perfect	*(Perf. Subj.)*	*(Pluperf. Subj.)*
ich	habe gebadet	habe gebadet	hätte gebadet
du	hast gebadet	habest gebadet	hättest gebadet
er	hat gebadet	habe gebadet	hätte gebadet
wir	haben gebadet	haben gebadet	hätten gebadet
ihr	habt gebadet	habet gebadet	hättet gebadet
sie	haben gebadet	haben gebadet	hätten gebadet

	Pluperfect
ich	hatte gebadet
du	hattest gebadet
er	hatte gebadet
wir	hatten gebadet
ihr	hattet gebadet
sie	hatten gebadet

		Future Time	
	Future	*(Fut. Subj.)*	*(Pres. Conditional)*
ich	werde baden	werde baden	würde baden
du	wirst baden	werdest baden	würdest baden
er	wird baden	werde baden	würde baden
wir	werden baden	werden baden	würden baden
ihr	werdet baden	werdet baden	würdet baden
sie	werden baden	werden baden	würden baden

		Future Perfect Time	
	Future Perfect	*(Fut. Perf. Subj.)*	*(Past Conditional)*
ich	werde gebadet haben	werde gebadet haben	würde gebadet haben
du	wirst gebadet haben	werdest gebadet haben	würdest gebadet haben
er	wird gebadet haben	werde gebadet haben	würde gebadet haben
wir	werden gebadet haben	werden gebadet haben	würden gebadet haben
ihr	werdet gebadet haben	werdet gebadet haben	würdet gebadet haben
sie	werden gebadet haben	werden gebadet haben	würden gebadet haben

Examples: Unsere Tochter Klärchen badet gern ihre Puppe. Manchmal badet sie sich mit der Puppe. *Our daughter Klärchen likes to bathe her doll. Sometimes she bathes with the doll.* Verbs whose stem ends in -d add an -e in some forms. The example contrasts reflexive/nonreflexive use. In English we usually omit the reflexive pronoun and say "I wash," not "I wash myself."

bauen

to build, construct;
cultivate, mine

PRINC. PARTS: **bauen, baute, gebaut, baut**
IMPERATIVE: **baue!, baut!, bauen Sie!**

	INDICATIVE	PRIMARY SUBJUNCTIVE	SECONDARY
		Present Time	
	Present	*(Pres. Subj.)*	*(Imperf. Subj.)*
ich	baue	baue	baute
du	baust	bauest	bautest
er	baut	baue	baute
wir	bauen	bauen	bauten
ihr	baut	bauet	bautet
sie	bauen	bauen	bauten

	Imperfect
ich	baute
du	bautest
er	baute
wir	bauten
ihr	bautet
sie	bauten

		Past Time	
	Perfect	*(Perf. Subj.)*	*(Pluperf. Subj.)*
ich	habe gebaut	habe gebaut	hätte gebaut
du	hast gebaut	habest gebaut	hättest gebaut
er	hat gebaut	habe gebaut	hätte gebaut
wir	haben gebaut	haben gebaut	hätten gebaut
ihr	habt gebaut	habet gebaut	hättet gebaut
sie	haben gebaut	haben gebaut	hätten gebaut

	Pluperfect
ich	hatte gebaut
du	hattest gebaut
er	hatte gebaut
wir	hatten gebaut
ihr	hattet gebaut
sie	hatten gebaut

		Future Time	
	Future	*(Fut. Subj.)*	*(Pres. Conditional)*
ich	werde bauen	werde bauen	würde bauen
du	wirst bauen	werdest bauen	würdest bauen
er	wird bauen	werde bauen	würde bauen
wir	werden bauen	werden bauen	würden bauen
ihr	werdet bauen	werdet bauen	würdet bauen
sie	werden bauen	werden bauen	würden bauen

		Future Perfect Time	
	Future Perfect	*(Fut. Perf. Subj.)*	*(Past Conditional)*
ich	werde gebaut haben	werde gebaut haben	würde gebaut haben
du	wirst gebaut haben	werdest gebaut haben	würdest gebaut haben
er	wird gebaut haben	werde gebaut haben	würde gebaut haben
wir	werden gebaut haben	werden gebaut haben	würden gebaut haben
ihr	werdet gebaut haben	werdet gebaut haben	würdet gebaut haben
sie	werden gebaut haben	werden gebaut haben	würden gebaut haben

Examples: Der Architekt hat viele Neubauten gebaut. Wir wollen uns von ihm ein schönes Haus bauen lassen. Auf ihn und seine Firma können wir bauen. *The architect built many new buildings. We want to have him build us a nice new house. We can count on him and his firm.* **Lassen,** here used with **bauen,** can be used with any verb meaning *"to have (something) done."* The idiom **bauen auf** means *"to count on."*

52

beben

PRINC. PARTS: **beben, bebte, gebebt, bebt**
IMPERATIVE: **bebe!, bebt!, beben Sie!**

to tremble, quake

B

INDICATIVE	SUBJUNCTIVE	
	PRIMARY	SECONDARY
	Present Time	
Present	*(Pres. Subj.)*	*(Imperf. Subj.)*
ich bebe	bebe	bebte
du bebst	bebest	bebtest
er bebt	bebe	bebte
wir beben	beben	bebten
ihr bebt	bebet	bebtet
sie beben	beben	bebten

Imperfect
ich bebte
du bebtest
er bebte
wir bebten
ihr bebtet
sie bebten

	Past Time	
Perfect	*(Perf. Subj.)*	*(Pluperf. Subj.)*
ich habe gebebt	habe gebebt	hätte gebebt
du hast gebebt	habest gebebt	hättest gebebt
er hat gebebt	habe gebebt	hätte gebebt
wir haben gebebt	haben gebebt	hätten gebebt
ihr habt gebebt	habet gebebt	hättet gebebt
sie haben gebebt	haben gebebt	hätten gebebt

Pluperfect
ich hatte gebebt
du hattest gebebt
er hatte gebebt
wir hatten gebebt
ihr hattet gebebt
sie hatten gebebt

	Future Time	
Future	*(Fut. Subj.)*	*(Pres. Conditional)*
ich werde beben	werde beben	würde beben
du wirst beben	werdest beben	würdest beben
er wird beben	werde beben	würde beben
wir werden beben	werden beben	würden beben
ihr werdet beben	werdet beben	würdet beben
sie werden beben	werden beben	würden beben

	Future Perfect Time	
Future Perfect	*(Fut. Perf. Subj.)*	*(Past Conditional)*
ich werde gebebt haben	werde gebebt haben	würde gebebt haben
du wirst gebebt haben	werdest gebebt haben	würdest gebebt haben
er wird gebebt haben	werde gebebt haben	würde gebebt haben
wir werden gebebt haben	werden gebebt haben	würden gebebt haben
ihr werdet gebebt haben	werdet gebebt haben	würdet gebebt haben
sie werden gebebt haben	werden gebebt haben	würden gebebt haben

Examples: Beim letzten Erdbeben hat die Erde wenig gebebt. Aber die Menschen bebten vor Furcht. *During the last earthquake the earth trembled only a little. But people trembled in fright.* Sentence 1 is in the present perfect, colloquially used for past time. The imperfect, however, is used for narratives, for relating connected events in the past. The speaker switched to the imperfect to recount details of the earthquake.

bedeuten

to mean, signify

PRINC. PARTS: **bedeuten, bedeutete, bedeutet, bedeutet**
IMPERATIVE: **bedeute!, bedeute!, bedeuten Sie!**

INDICATIVE	SUBJUNCTIVE	
	PRIMARY	SECONDARY

Present Time

	Present	*(Pres. Subj.)*	*(Imperf. Subj.)*
ich	bedeute	bedeute	bedeutete
du	bedeutest	bedeutest	bedeutetest
er	bedeutet	bedeute	bedeutete
wir	bedeuten	bedeuten	bedeuteten
ihr	bedeutet	bedeutet	bedeutetet
sie	bedeuten	bedeuten	bedeuteten

	Imperfect
ich	bedeutete
du	bedeutetest
er	bedeutete
wir	bedeuteten
ihr	bedeutetet
sie	bedeuteten

Past Time

	Perfect	*(Perf. Subj.)*	*(Pluperf. Subj.)*
ich	habe bedeutet	habe bedeutet	hätte bedeutet
du	hast bedeutet	habest bedeutet	hättest bedeutet
er	hat bedeutet	habe bedeutet	hätte bedeutet
wir	haben bedeutet	haben bedeutet	hätten bedeutet
ihr	habt bedeutet	habet bedeutet	hättet bedeutet
sie	haben bedeutet	haben bedeutet	hätten bedeutet

	Pluperfect
ich	hatte bedeutet
du	hattest bedeutet
er	hatte bedeutet
wir	hatten bedeutet
ihr	hattet bedeutet
sie	hatten bedeutet

Future Time

	Future	*(Fut. Subj.)*	*(Pres. Conditional)*
ich	werde bedeuten	werde bedeuten	würde bedeuten
du	wirst bedeuten	werdest bedeuten	würdest bedeuten
er	wird bedeuten	werde bedeuten	würde bedeuten
wir	werden bedeuten	werden bedeuten	würden bedeuten
ihr	werdet bedeuten	werdet bedeuten	würdet bedeuten
sie	werden bedeuten	werden bedeuten	würden bedeuten

Future Perfect Time

	Future Perfect	*(Fut. Perf. Subj.)*	*(Past Conditional)*
ich	werde bedeutet haben	werde bedeutet haben	würde bedeutet haben
du	wirst bedeutet haben	werdest bedeutet haben	würdest bedeutet haben
er	wird bedeutet haben	werde bedeutet haben	würde bedeutet haben
wir	werden bedeutet haben	werden bedeutet haben	würden bedeutet haben
ihr	werdet bedeutet haben	werdet bedeutet haben	würdet bedeutet haben
sie	werden bedeutet haben	werden bedeutet haben	würden bedeutet haben

Examples: Der Dichter sagte, er wüsste nicht, was es bedeuten sollte. *The poet said he didn't know what it meant.* **Was bedeutet eigentlich Materialismus?** *What does materialism really mean?* The stem ends in -**t** and therefore an extra **e** is added in some forms. Inseparable **bedeuten** is used more often than the basic verb **deuten**.

PRINC. PARTS: **sich bedienen, bediente sich, hat sich bedient, bedient sich**

IMPERATIVE: **bediene dich!, bedient euch!, bedienen Sie sich!**

sich bedienen

to help oneself; make use of something

	INDICATIVE	SUBJUNCTIVE PRIMARY	SECONDARY

Present Time

	Present	*(Pres. Subj.)*	*(Imperf. Subj.)*
ich	bediene mich	bediene mich	bediente mich
du	bedienst dich	bedienest dich	bedientest dich
er	bedient sich	bediene sich	bediente sich
wir	bedienen uns	bedienen uns	bedienten uns
ihr	bedient euch	bedienet euch	bedientet euch
sie	bedienen sich	bedienen sich	bedienten sich

	Imperfect
ich	bediente mich
du	bedientest dich
er	bediente sich
wir	bedienten uns
ihr	bedientet euch
sie	bedienten sich

Past Time

	Perfect	*(Perf. Subj.)*	*(Pluperf. Subj.)*
ich	habe mich bedient	habe mich bedient	hätte mich bedient
du	hast dich bedient	habest dich bedient	hättest dich bedient
er	hat sich bedient	habe sich bedient	hätte sich bedient
wir	haben uns bedient	haben uns bedient	hätten uns bedient
ihr	habt euch bedient	habet euch bedient	hättet euch bedient
sie	haben sich bedient	haben sich bedient	hätten sich bedient

	Pluperfect
ich	hatte mich bedient
du	hattest dich bedient
er	hatte sich bedient
wir	hatten uns bedient
ihr	hattet euch bedient
sie	hatten sich bedient

Future Time

	Future	*(Fut. Subj.)*	*(Pres. Conditional)*
ich	werde mich bedienen	werde mich bedienen	würde mich bedienen
du	wirst dich bedienen	werdest dich bedienen	würdest dich bedienen
er	wird sich bedienen	werde sich bedienen	würde sich bedienen
wir	werden uns bedienen	werden uns bedienen	würden uns bedienen
ihr	werdet euch bedienen	werdet euch bedienen	würdet euch bedienen
sie	werden sich bedienen	werden sich bedienen	würden sich bedienen

Future Perfect Time

	Future Perfect	*(Fut. Perf. Subj.)*	*(Past Conditional)*
ich	werde mich bedient haben	werde mich bedient haben	würde mich bedient haben
du	wirst dich bedient haben	werdest dich bedient haben	würdest dich bedient haben
er	wird sich bedient haben	werde sich bedient haben	würde sich bedient haben
wir	werden uns bedient haben	werden uns bedient haben	würden uns bedient haben
ihr	werdet euch bedient haben	werdet euch bedient haben	würdet euch bedient haben
sie	werden sich bedient haben	werden sich bedient haben	würden sich bedient haben

Examples: „Du hast dich am Büfett reichlich bedient. Heute bist du krank und brauchst jemand, der dich bedient." *"You helped yourself copiously at the buffet. Today you're sick and need somebody to wait on you."* **Sich bedienen** is reflexive; note the reflexive pronoun **dich**. Nonreflexive **bedienen** also means *"to make use of something; to operate."*

sich beeilen

to hurry

PRINC. PARTS: **sich beeilen, beeilte sich, hat sich beeilt, beeilt sich**

IMPERATIVE: **beeile dich!, beeilt euch!, beeilen Sie sich!**

INDICATIVE	SUBJUNCTIVE	
	PRIMARY	SECONDARY

Present Time

	Present	*(Pres. Subj.)*	*(Imperf. Subj.)*
ich	beeile mich	beeile mich	beeilte mich
du	beeilst dich	beeilest dich	beeiltest dich
er	beeilt sich	beeile sich	beeilte sich
wir	beeilen uns	beeilen uns	beeilten uns
ihr	beeilt euch	beeilet euch	beeiltet euch
sie	beeilen sich	beeilen sich	beeilten sich

	Imperfect
ich	beeilte mich
du	beeiltest dich
er	beeilte sich
wir	beeilten uns
ihr	beeiltet euch
sie	beeilten sich

Past Time

	Perfect	*(Perf. Subj.)*	*(Pluperf. Subj.)*
ich	habe mich beeilt	habe mich beeilt	hätte mich beeilt
du	hast dich beeilt	habest dich beeilt	hättest dich beeilt
er	hat sich beeilt	habe sich beeilt	hätte sich beeilt
wir	haben uns beeilt	haben uns beeilt	hätten uns beeilt
ihr	habt euch beeilt	habet euch beeilt	hättet euch beeilt
sie	haben sich beeilt	haben sich beeilt	hätten sich beeilt

	Pluperfect
ich	hatte mich beeilt
du	hattest dich beeilt
er	hatte sich beeilt
wir	hatten uns beeilt
ihr	hattet euch beeilt
sie	hatten sich beeilt

Future Time

	Future	*(Fut. Subj.)*	*(Pres. Conditional)*
ich	werde mich beeilen	werde mich beeilen	würde mich beeilen
du	wirst dich beeilen	werdest dich beeilen	würdest dich beeilen
er	wird sich beeilen	werde sich beeilen	würde sich beeilen
wir	werden uns beeilen	werden uns beeilen	würden uns beeilen
ihr	werdet euch beeilen	werdet euch beeilen	würdet euch beeilen
sie	werden sich beeilen	werden sich beeilen	würden sich beeilen

Future Perfect Time

	Future Perfect	*(Fut. Perf. Subj.)*	*(Past Conditional)*
ich	werde mich beeilt haben	werde mich beeilt haben	würde mich beeilt haben
du	wirst dich beeilt haben	werdest dich beeilt haben	würdest dich beeilt haben
er	wird sich beeilt haben	werde sich beeilt haben	würde sich beeilt haben
wir	werden uns beeilt haben	werden uns beeilt haben	würden uns beeilt haben
ihr	werdet euch beeilt haben	werdet euch beeilt haben	würdet euch beeilt haben
sie	werden sich beeilt haben	werden sich beeilt haben	würden sich beeilt haben

Examples: Wir beeilen uns, Ihren Brief zu beantworten. *We hasten to reply to your letter.* **Sie beeilte sich, rechtzeitig nach Hause zu kommen.** *She hurried to get home on time.* Be careful to sound the e of the prefix **be** when pronouncing **beeilen**.

beeindrucken

to impress

B

	INDICATIVE	SUBJUNCTIVE	
		PRIMARY	SECONDARY
		Present Time	
	Present	*(Pres. Subj.)*	*(Imperf. Subj.)*
ich	beeindrucke	beeindrucke	beeindruckte
du	beeindruckst	beeindruckest	beeindruckte
er	beeindruckt	beeindrucke	beeindruckte
wir	beeindrucken	beeindrucken	beeindruckten
ihr	beeindruckt	beeindrucket	beeindruckten
sie	beeindrucken	beeindrucken	beeindruckten

	Imperfect
ich	beeindruckte
du	beeindrucktest
er	beeindruckte
wir	beeindruckten
ihr	beeindrucktet
sie	beeindruckten

			Past Time	
	Perfect	*(Perf. Subj.)*	*(Pluperf. Subj.)*
ich	habe beeindruckt	habe beeindruckt	hätte beeindruckt
du	hast beeindruckt	habest beeindruckt	hättest beeindruckt
er	hat beeindruckt	habe beeindruckt	hätte beeindruckt
wir	haben beeindruckt	haben beeindruckt	hätten beeindruckt
ihr	habt beeindruckt	habet beeindruckt	hättet beeindruckt
sie	haben beeindruckt	haben beeindruckt	hätten beeindruckt

	Pluperfect
ich	hatte beeindruckt
du	hattest beeindruckt
er	hatte beeindruckt
wir	hatten beeindruckt
ihr	hattet beeindruckt
sie	hatten beeindruckt

		Future Time	
	Future	*(Fut. Subj.)*	*(Pres. Conditional)*
ich	werde beeindrucken	werde beeindrucken	würde beeindrucken
du	wirst beeindrucken	werdest beeindrucken	würdest beeindrucken
er	wird beeindrucken	werde beeindrucken	würde beeindrucken
wir	werden beeindrucken	werden beeindrucken	würden beeindrucken
ihr	werdet beeindrucken	werdet beeindrucken	würdet beeindrucken
sie	werden beeindrucken	werden beeindrucken	würden beeindrucken

		Future Perfect Time	
	Future Perfect	*(Fut. Perf. Subj.)*	*(Past Conditional)*
ich	werde beeindruckt haben	werde beeindruckt haben	würde beeindruckt haben
du	wirst beeindruckt haben	werdest beeindruckt haben	würdest beeindruckt haben
er	wird beeindruckt haben	werde beeindruckt haben	würde beeindruckt haben
wir	werden beeindruckt haben	werden beeindruckt haben	würden beeindruckt haben
ihr	werdet beeindruckt haben	werdet beeindruckt haben	würdet beeindruckt haben
sie	werden beeindruckt haben	werden beeindruckt haben	würden beeindruckt haben

*More common for the imperative is: **Machen Sie einen guten Eindruck!** (Make a good impression.)

Examples: „Sie hat mich sehr beeindruckt." „Auf uns hat sie keinen guten Eindruck gemacht. Du lässt dich zu leicht beeindrucken." *"She impressed me very much." "She didn't make a good impression on us. You're too easily impressed."*

57

beeinflussen

to influence

PRINC. PARTS: **beeinflussen, beeinflusste, beeinflusst, beeinflusst**
IMPERATIVE: **beeinflusse!, beeinflusst!, beeinflussen Sie!**

INDICATIVE	SUBJUNCTIVE	
	PRIMARY	SECONDARY
	Present Time	
Present	*(Pres. Subj.)*	*(Imperf. Subj.)*
ich beeinflusse	beeinflusse	beeinflusste
du beeinflusst	beeinflussest	beeinflusstest
er beeinflusst	beeinflusse	beeinflusste
wir beeinflussen	beeinflussen	beeinflussten
ihr beeinflusst	beeinflusset	beeinflusstet
sie beeinflussen	beeinflussen	beeinflussten

Imperfect
ich beeinflusste
du beeinflusstest
er beeinflusste
wir beeinflussten
ihr beeinflusstet
sie beeinflussten

	Past Time	
Perfect	*(Perf. Subj.)*	*(Pluperf. Subj.)*
ich habe beeinflusst	habe beeinflusst	hätte beeinflusst
du hast beeinflusst	habest beeinflusst	hättest beeinflusst
er hat beeinflusst	habe beeinflusst	hätte beeinflusst
wir haben beeinflusst	haben beeinflusst	hätten beeinflusst
ihr habt beeinflusst	habet beeinflusst	hättet beeinflusst
sie haben beeinflusst	haben beeinflusst	hätten beeinflusst

Pluperfect
ich hatte beeinflusst
du hattest beeinflusst
er hatte beeinflusst
wir hatten beeinflusst
ihr hattet beeinflusst
sie hatten beeinflusst

	Future Time	
Future	*(Fut. Subj.)*	*(Pres. Conditional)*
ich werde beeinflussen	werde beeinflussen	würde beeinflussen
du wirst beeinflussen	werdest beeinflussen	würdest beeinflussen
er wird beeinflussen	werde beeinflussen	würde beeinflussen
wir werden beeinflussen	werden beeinflussen	würden beeinflussen
ihr werdet beeinflussen	werdet beeinflussen	würdet beeinflussen
sie werden beeinflussen	werden beeinflussen	würden beeinflussen

	Future Perfect Time	
Future Perfect	*(Fut. Perf. Subj.)*	*(Past Conditional)*
ich werde beeinflusst haben	werde beeinflusst haben	würde beeinflusst haben
du wirst beeinflusst haben	werdest beeinflusst haben	würdest beeinflusst haben
er wird beeinflusst haben	werde beeinflusst haben	würde beeinflusst haben
wir werden beeinflusst haben	werden beeinflusst haben	würden beeinflusst haben
ihr werdet beeinflusst haben	werdet beeinflusst haben	würdet beeinflusst haben
sie werden beeinflusst haben	werden beeinflusst haben	würden beeinflusst haben

Examples: „Herr Magnus ist der einflussreichste Mann der Stadt. Könntest du ihn vielleicht **beeinflussen, seine Entscheidung zu ändern?"** „Er ist nicht leicht zu beeinflussen. Ich habe keinen Einfluss auf ihn." *"Mr. Magnus is the most influential man in town. Could you perhaps influence him to change his decision?" "He's not easily influenced. I have no influence on him."* **Ihr Vater hat sie mehr beeinflusst als ihre Mutter.** *Her father influenced her more than her mother.*

befehlen

PRINC. PARTS: **befehlen, befahl, befohlen, befiehlt**
IMPERATIVE: **befiehl!, befehlt!, befehlen Sie!**

to order, command

B

	INDICATIVE	SUBJUNCTIVE PRIMARY	SECONDARY
	Present	**Present Time** *(Pres. Subj.)*	*(Imperf. Subj.)*
ich	befehle	befehle	beföhle*
du	befiehlst	befehlest	beföhlest
er	befiehlt	befehle	beföhle
wir	befehlen	befehlen	beföhlen
ihr	befehlt	befehlet	beföhlet
sie	befehlen	befehlen	beföhlen
	Imperfect		
ich	befahl		
du	befahlst		
er	befahl		
wir	befahlen		
ihr	befahlt		
sie	befahlen		
	Perfect	**Past Time** *(Perf. Subj.)*	*(Pluperf. Subj.)*
ich	habe befohlen	habe befohlen	hätte befohlen
du	hast befohlen	habest befohlen	hättest befohlen
er	hat befohlen	habe befohlen	hätte befohlen
wir	haben befohlen	haben befohlen	hätten befohlen
ihr	habt befohlen	habet befohlen	hättet befohlen
sie	haben befohlen	haben befohlen	hätten befohlen
	Pluperfect		
ich	hatte befohlen		
du	hattest befohlen		
er	hatte befohlen		
wir	hatten befohlen		
ihr	hattet befohlen		
sie	hatten befohlen		
	Future	**Future Time** *(Fut. Subj.)*	*(Pres. Conditional)*
ich	werde befehlen	werde befehlen	würde befehlen
du	wirst befehlen	werdest befehlen	würdest befehlen
er	wird befehlen	werde befehlen	würde befehlen
wir	werden befehlen	werden befehlen	würden befehlen
ihr	werdet befehlen	werdet befehlen	würdet befehlen
sie	werden befehlen	werden befehlen	würden befehlen
	Future Perfect	**Future Perfect Time** *(Fut. Perf. Subj.)*	*(Past Conditional)*
ich	werde befohlen haben	werde befohlen haben	würde befohlen haben
du	wirst befohlen haben	werdest befohlen haben	würdest befohlen haben
er	wird befohlen haben	werde befohlen haben	würde befohlen haben
wir	werden befohlen haben	werden befohlen haben	würden befohlen haben
ihr	werdet befohlen haben	werdet befohlen haben	würdet befohlen haben
sie	werden befohlen haben	werden befohlen haben	würden befohlen haben

*The forms **befähle, befählest**, etc. are also acceptable.

Examples: **Der Oberbefehlshaber befahl den Soldaten, auf den Feind zu schießen, aber sie gehorchten ihm nicht. Er befahl sich Gott und erschoss sich.** *The Commander in Chief ordered the soldiers to shoot at the enemy, but they didn't obey him. He commended himself to God and shot himself.* The imperfect (past) is used here to recount connected events in the past.

sich befinden

to be, find oneself; feel

PRINC. PARTS: **sich befinden, befand sich, hat sich befunden, befindet sich**

IMPERATIVE: **befinde dich!, befindet euch!, befinden Sie sich!**

	INDICATIVE	SUBJUNCTIVE	
		PRIMARY	SECONDARY
		Present Time	
	Present	*(Pres. Subj.)*	*(Imperf. Subj.)*
ich	befinde mich	befinde mich	befände mich
du	befindest dich	befindest dich	befändest dich
er	befindet sich	befinde sich	befände sich
wir	befinden uns	befinden uns	befänden uns
ihr	befindet euch	befindet euch	befändet euch
sie	befinden sich	befinden sich	befänden sich

	Imperfect
ich	befand mich
du	befandest dich
er	befand sich
wir	befanden uns
ihr	befandet euch
sie	befanden sich

		Past Time	
	Perfect	*(Perf. Subj.)*	*(Pluperf. Subj.)*
ich	habe mich befunden	habe mich befunden	hätte mich befunden
du	hast dich befunden	habest dich befunden	hättest dich befunden
er	hat sich befunden	habe sich befunden	hätte sich befunden
wir	haben uns befunden	haben uns befunden	hätten uns befunden
ihr	habt euch befunden	habet euch befunden	hättet euch befunden
sie	haben sich befunden	haben sich befunden	hätten sich befunden

	Pluperfect
ich	hatte mich befunden
du	hattest dich befunden
er	hatte sich befunden
wir	hatten uns befunden
ihr	hattet euch befunden
sie	hatten sich befunden

		Future Time	
	Future	*(Fut. Subj.)*	*(Pres. Conditional)*
ich	werde mich befinden	werde mich befinden	würde mich befinden
du	wirst dich befinden	werdest dich befinden	würdest dich befinden
er	wird sich befinden	werde sich befinden	würde sich befinden
wir	werden uns befinden	werden uns befinden	würden uns befinden
ihr	werdet euch befinden	werdet euch befinden	würdet euch befinden
sie	werden sich befinden	werden sich befinden	würden sich befinden

		Future Perfect Time	
	Future Perfect	*(Fut. Perf. Subj.)*	*(Past Conditional)*
ich	werde mich befunden haben	werde mich befunden haben	würde mich befunden haben
du	wirst dich befunden haben	werdest dich befunden haben	würdest dich befunden haben
er	wird sich befunden haben	werde sich befunden haben	würde sich befunden haben
wir	werden uns befunden haben	werden uns befunden haben	würden uns befunden haben
ihr	werdet euch befunden haben	werdet euch befunden haben	würdet euch befunden haben
sie	werden sich befunden haben	werden sich befunden haben	würden sich befunden haben

---

Examples: **Die Chefin befindet sich jetzt auf einer Asienreise.** *The boss is away on a trip to Asia now.* **Wie befinden sich Ihre Eltern?** *How are your parents feeling (doing)?* Verbs whose stem ends in d insert an e in some forms. The past participle of **finden**, the basic verb, is **gefunden**. Be-, however, is an inseparable prefix.

PRINC. PARTS: **befreien, befreite, befreit, befreit**
IMPERATIVE: **befreie!, befreit!, befreien Sie!**

to liberate, set free; exempt

B

	INDICATIVE	SUBJUNCTIVE	
		PRIMARY	SECONDARY

Present Time

	Present	*(Pres. Subj.)*	*(Imperf. Subj.)*
ich	befreie	befreie	befreite
du	befreist	befreiest	befreitest
er	befreit	befreie	befreite
wir	befreien	befreien	befreiten
ihr	befreit	befreiet	befreitet
sie	befreien	befreien	befreiten

	Imperfect
ich	befreite
du	befreitest
er	befreite
wir	befreiten
ihr	befreitet
sie	befreiten

Past Time

	Perfect	*(Perf. Subj.)*	*(Pluperf. Subj.)*
ich	habe befreit	habe befreit	hätte befreit
du	hast befreit	habest befreit	hättest befreit
er	hat befreit	habe befreit	hätte befreit
wir	haben befreit	haben befreit	hätten befreit
ihr	habt befreit	habet befreit	hättet befreit
sie	haben befreit	haben befreit	hätten befreit

	Pluperfect
ich	hatte befreit
du	hattest befreit
er	hatte befreit
wir	hatten befreit
ihr	hattet befreit
sie	hatten befreit

Future Time

	Future	*(Fut. Subj.)*	*(Pres. Conditional)*
ich	werde befreien	werde befreien	würde befreien
du	wirst befreien	werdest befreien	würdest befreien
er	wird befreien	werde befreien	würde befreien
wir	werden befreien	werden befreien	würden befreien
ihr	werdet befreien	werdet befreien	würdet befreien
sie	werden befreien	werden befreien	würden befreien

Future Perfect Time

	Future Perfect	*(Fut. Perf. Subj.)*	*(Past Conditional)*
ich	werde befreit haben	werde befreit haben	würde befreit haben
du	wirst befreit haben	werdest befreit haben	würdest befreit haben
er	wird befreit haben	werde befreit haben	würde befreit haben
wir	werden befreit haben	werden befreit haben	würden befreit haben
ihr	werdet befreit haben	werdet befreit haben	würdet befreit haben
sie	werden befreit haben	werden befreit haben	würden befreit haben

Examples: Sie sind zu oft von zu vielen Armeen befreit worden. Sie möchten sich gerne von ihren „Befreiern" befreien. *They've been liberated too often by too many armies. They would like to free themselves from their "liberators."* Sentence 1: In the perfect tenses of the passive, the past participle of the helping verb **werden** loses its **ge-** when used with another past participle.

begegnen

to meet

PRINC. PARTS: **begegnen, begegnete, ist begegnet, begegnet**
IMPERATIVE: **begegne!, begegnet!, begegnen Sie!**

INDICATIVE	SUBJUNCTIVE	
	PRIMARY	SECONDARY

Present Time

	Present	(*Pres. Subj.*)	(*Imperf. Subj.*)
ich	begegne	begegne	begegnete
du	begegnest	begegnest	begegnetest
er	begegnet	begegne	begegnete
wir	begegnen	begegnen	begegneten
ihr	begegnet	begegnet	begegnetet
sie	begegnen	begegnen	begegneten

	Imperfect
ich	begegnete
du	begegnetest
er	begegnete
wir	begegneten
ihr	begegnetet
sie	begegneten

Past Time

	Perfect	(*Perf. Subj.*)	(*Pluperf. Subj.*)
ich	bin begegnet	sei begegnet	wäre begegnet
du	bist begegnet	seiest begegnet	wärest begegnet
er	ist begegnet	sei begegnet	wäre begegnet
wir	sind begegnet	seien begegnet	wären begegnet
ihr	seid begegnet	seiet begegnet	wäret begegnet
sie	sind begegnet	seien begegnet	wären begegnet

	Pluperfect
ich	war begegnet
du	warst begegnet
er	war begegnet
wir	waren begegnet
ihr	wart begegnet
sie	waren begegnet

Future Time

	Future	(*Fut. Subj.*)	(*Pres. Conditional*)
ich	werde begegnen	werde begegnen	würde begegnen
du	wirst begegnen	werdest begegnen	würdest begegnen
er	wird begegnen	werde begegnen	würde begegnen
wir	werden begegnen	werden begegnen	würden begegnen
ihr	werdet begegnen	werdet begegnen	würdet begegnen
sie	werden begegnen	werden begegnen	würden begegnen

Future Perfect Time

	Future Perfect	(*Fut. Perf. Subj.*)	(*Past Conditional*)
ich	werde begegnet sein	werde begegnet sein	würde begegnet sein
du	wirst begegnet sein	werdest begegnet sein	würdest begegnet sein
er	wird begegnet sein	werde begegnet sein	würde begegnet sein
wir	werden begegnet sein	werden begegnet sein	würden begegnet sein
ihr	werdet begegnet sein	werdet begegnet sein	würdet begegnet sein
sie	werden begegnet sein	werden begegnet sein	würden begegnet sein

Examples: „Gestern bin ich unserer alten Lehrerin Frau Weber begegnet." „Erna hat mir erzählt, dass sie ihr auch neulich begegnet ist." *"Yesterday I met our old teacher Ms. Weber."*
"Erna told me that she also met her recently." **Begegnen** takes a dative object (see page 27). It is also a **sein** verb, that is, it uses **sein** (to be) not **haben** (to have) to form the perfect tenses.

beginnen

to begin

PRINC. PARTS: **beginnen, begann, begonnen, beginnt**
IMPERATIVE: **beginne!, beginnt!, beginnen Sie!**

INDICATIVE	SUBJUNCTIVE	
	PRIMARY	SECONDARY

Present Time

	Present	(*Pres. Subj.*)	(*Imperf. Subj.*)
ich	beginne	beginne	begönne*
du	beginnst	beginnest	begönnest
er	beginnt	beginne	begönne
wir	beginnen	beginnen	begönnen
ihr	beginnt	beginnet	begönnet
sie	beginnen	beginnen	begönnen

	Imperfect
ich	begann
du	begannst
er	begann
wir	begannen
ihr	begannt
sie	begannen

Past Time

	Perfect	(*Perf. Subj.*)	(*Pluperf. Subj.*)
ich	habe begonnen	habe begonnen	hätte begonnen
du	hast begonnen	habest begonnen	hättest begonnen
er	hat begonnen	habe begonnen	hätte begonnen
wir	haben begonnen	haben begonnen	hätten begonnen
ihr	habt begonnen	habet begonnen	hättet begonnen
sie	haben begonnen	haben begonnen	hätten begonnen

	Pluperfect
ich	hatte begonnen
du	hattest begonnen
er	hatte begonnen
wir	hatten begonnen
ihr	hattet begonnen
sie	hatten begonnen

Future Time

	Future	(*Fut. Subj.*)	(*Pres. Conditional*)
ich	werde beginnen	werde beginnen	würde beginnen
du	wirst beginnen	werdest beginnen	würdest beginnen
er	wird beginnen	werde beginnen	würde beginnen
wir	werden beginnen	werden beginnen	würden beginnen
ihr	werdet beginnen	werdet beginnen	würdet beginnen
sie	werden beginnen	werden beginnen	würden beginnen

Future Perfect Time

	Future Perfect	(*Fut. Perf. Subj.*)	(*Past Conditional*)
ich	werde begonnen haben	werde begonnen haben	würde begonnen haben
du	wirst begonnen haben	werdest begonnen haben	würdest begonnen haben
er	wird begonnen haben	werde begonnen haben	würde begonnen haben
wir	werden begonnen haben	werden begonnen haben	würden begonnen haben
ihr	werdet begonnen haben	werdet begonnen haben	würdet begonnen haben
sie	werden begonnen haben	werden begonnen haben	würden begonnen haben

*The forms begänne, begännest, etc. are also acceptable.

Examples: Die Lehrerin hatte begonnen, ein Märchen vorzulesen. „Es war einmal", so beginnen die Märchen. *The teacher had begun to read a fairy tale aloud. "Once upon a time" is how fairy tales begin.* The pluperfect (past perfect) in sentence 1 is used for an action in the past that started before another action. The **be-** of **beginnen** is never separated.

begleiten

to accompany

PRINC. PARTS: **begleiten, begleitete, begleitet, begleitet**
IMPERATIVE: **begleite!, begleitet!, begleiten! Sie!**

	INDICATIVE	SUBJUNCTIVE	
		PRIMARY	SECONDARY
		Present Time	
	Present	*(Pres. Subj.)*	*(Imperf. Subj.)*
ich	begleite	begleite	begleitete
du	begleitest	begleitest	begleitetest
er	begleitet	begleite	begleitete
wir	begleiten	begleiten	begleiteten
ihr	begleitet	begleitet	begleitetet
sie	begleiten	begleiten	begleiteten

	Imperfect
ich	begleitete
du	begleitetest
er	begleitete
wir	begleiteten
ihr	begleitetet
sie	begleiteten

		Past Time	
	Perfect	*(Perf. Subj.)*	*(Pluperf. Subj.)*
ich	habe begleitet	habe begleitet	hätte begleitet
du	hast begleitet	habest begleitet	hättest begleitet
er	hat begleitet	habe begleitet	hätte begleitet
wir	haben begleitet	haben begleitet	hätten begleitet
ihr	habt begleitet	habet begleitet	hättet begleitet
sie	haben begleitet	haben begleitet	hätten begleitet

	Pluperfect
ich	hatte begleitet
du	hattest begleitet
er	hatte begleitet
wir	hatten begleitet
ihr	hattet begleitet
sie	hatten begleitet

		Future Time	
	Future	*(Fut. Subj.)*	*(Pres. Conditional)*
ich	werde begleiten	werde begleiten	würde begleiten
du	wirst begleiten	werdest begleiten	würdest begleiten
er	wird begleiten	werde begleiten	würde begleiten
wir	werden begleiten	werden begleiten	würden begleiten
ihr	werdet begleiten	werdet begleiten	würdet begleiten
sie	werden begleiten	werden begleiten	würden begleiten

		Future Perfect Time	
	Future Perfect	*(Fut. Perf. Subj.)*	*(Past Conditional)*
ich	werde begleitet haben	werde begleitet haben	würde begleitet haben
du	wirst begleitet haben	werdest begleitet haben	würdest begleitet haben
er	wird begleitet haben	werde begleitet haben	würde begleitet haben
wir	werden begleitet haben	werden begleitet haben	würden begleitet haben
ihr	werdet begleitet haben	werdet begleitet haben	würdet begleitet haben
sie	werden begleitet haben	werden begleitet haben	würden begleitet haben

Examples: Lola sang und er begleitete sie am Flügel. Nach dem Konzert wollte er sie nach Hause begleiten. *Lola sang and he accompanied her at the piano. After the concert he wanted to see her home.* The stem of **begleiten** ends in **-t**. An **e** is added in some forms, such as the imperfect here. In sentence 2, **begleiten** is the complementary infinitive of the modal, **wollte**, and is therefore at the end of the sentence.

behalten

PRINC. PARTS: **behalten, behielt, behalten, behält**
IMPERATIVE: **behalte!, behaltet!, behalten Sie!**

	INDICATIVE	SUBJUNCTIVE	
		PRIMARY	SECONDARY
	Present	**Present Time**	
		(Pres. Subj.)	*(Imperf. Subj.)*
ich	behalte	behalte	behielte
du	behältst	behaltest	behieltest
er	behält	behalte	behielte
wir	behalten	behalten	behielten
ihr	behaltet	behaltet	behieltet
sie	behalten	behalten	behielten

	Imperfect
ich	behielt
du	behieltst
er	behielt
wir	behielten
ihr	behieltet
sie	behielten

	Perfect	**Past Time**	
		(Perf. Subj.)	*(Pluperf. Subj.)*
ich	habe behalten	habe behalten	hätte behalten
du	hast behalten	habest behalten	hättest behalten
er	hat behalten	habe behalten	hätte behalten
wir	haben behalten	haben behalten	hätten behalten
ihr	habt behalten	habet behalten	hättet behalten
sie	haben behalten	haben behalten	hätten behalten

	Pluperfect
ich	hatte behalten
du	hattest behalten
er	hatte behalten
wir	hatten behalten
ihr	hattet behalten
sie	hatten behalten

	Future	**Future Time**	
		(Fut. Subj.)	*(Pres. Conditional)*
ich	werde behalten	werde behalten	würde behalten
du	wirst behalten	werdest behalten	würdest behalten
er	wird behalten	werde behalten	würde behalten
wir	werden behalten	werden behalten	würden behalten
ihr	werdet behalten	werdet behalten	würdet behalten
sie	werden behalten	werden behalten	würden behalten

	Future Perfect	**Future Perfect Time**	
		(Fut. Perf. Subj.)	*(Past Conditional)*
ich	werde behalten haben	werde behalten haben	würde behalten haben
du	wirst behalten haben	werdest behalten haben	würdest behalten haben
er	wird behalten haben	werde behalten haben	würde behalten haben
wir	werden behalten haben	werden behalten haben	würden behalten haben
ihr	werdet behalten haben	werdet behalten haben	würdet behalten haben
sie	werden behalten haben	werden behalten haben	würden behalten haben

Examples: „Wenn Sie das Endziel stets im Auge behalten, werden wir die Oberhand behalten. Behalten Sie Ihre Fassung! Dann behalten wir recht", verlangte der Chef. *"If you always keep the final goal in sight, then we'll continue to have the upper hand. Keep your composure. Then we'll be proven right," demanded the boss.* The **Sie** and **wir** forms of the present resemble the infinitive in most verbs.

beißen

to bite

PRINC. PARTS: **beißen, biss, gebissen, beißt**
IMPERATIVE: **beiße!, beißt!, beißen Sie!**

INDICATIVE	SUBJUNCTIVE	
	PRIMARY	SECONDARY

Present Time

	Present	*(Pres. Subj.)*	*(Imperf. Subj.)*
ich	beiße	beiße	bisse
du	beißt	beißest	bissest
er	beißt	beiße	bisse
wir	beißen	beißen	bissen
ihr	beißt	beißet	bisset
sie	beißen	beißen	bissen

	Imperfect
ich	biss
du	bissest
er	biss
wir	bissen
ihr	bisst
sie	bissen

Past Time

	Perfect	*(Perf. Subj.)*	*(Pluperf. Subj.)*
ich	habe gebissen	habe gebissen	hätte gebissen
du	hast gebissen	habest gebissen	hättest gebissen
er	hat gebissen	habe gebissen	hätte gebissen
wir	haben gebissen	haben gebissen	hätten gebissen
ihr	habt gebissen	habet gebissen	hättct gcbisscn
sie	haben gebissen	haben gebissen	hätten gebissen

	Pluperfect
ich	hatte gebissen
du	hattest gebissen
er	hatte gebissen
wir	hatten gebissen
ihr	hattet gebissen
sie	hatten gebissen

Future Time

	Future	*(Fut. Subj.)*	*(Pres. Conditional)*
Ich	werde beißen	werde beißen	würde beißen
du	wirst beißen	werdest beißen	würdest beißen
er	wird beißen	werde beißen	würde beißen
wir	werden beißen	werden beißen	würden beißen
ihr	werdet beißen	werdet beißen	würdet beißen
sie	werden beißen	werden beißen	würden beißen

Future Perfect Time

	Future Perfect	*(Fut. Perf. Subj.)*	*(Past Conditional)*
ich	werde gebissen haben	werde gebissen haben	würde gebissen haben
du	wirst gebissen haben	werdest gebissen haben	würdest gebissen haben
er	wird gebissen haben	werde gebissen haben	würde gebissen haben
wir	werden gebissen haben	werden gebissen haben	würden gebissen haben
ihr	werdet gebissen haben	werdet gebissen haben	würdet gebissen haben
sie	werden gebissen haben	werden gebissen haben	würden gebissen haben

---

Examples: Der Chef machte der Konkurrenz ein Angebot. Sie aber bissen nicht an. Er machte bissige Bermerkingen; musste aber trotzdem in den sauren Apfel beißen. *The boss made an offer to the competition. But they didn't take the bait. He made nasty remarks, but had to swallow the bitter pill.* **Anbeißen** in sentence 2 is used idiomatically.

bejahen

PRINC. PARTS: **bejahen, bejahte, bejaht, bejaht**
IMPERATIVE: **bejahe!, bejaht!, bejahen Sie!**

to answer in the affirmative,
agree, assent

B

INDICATIVE	SUBJUNCTIVE	
	PRIMARY	SECONDARY
	Present Time	
Present	*(Pres. Subj.)*	*(Imperf. Subj.)*
ich bejahe	bejahe	bejahte
du bejahst	bejahest	bejahtest
er bejaht	bejahe	bejahte
wir bejahen	bejahen	bejahten
ihr bejaht	bejahet	bejahtet
sie bejahen	bejahen	bejahten

Imperfect
ich bejahte
du bejahtest
er bejahte
wir bejahten
ihr bejahtet
sie bejahten

	Past Time	
Perfect	*(Perf. Subj.)*	*(Pluperf. Subj.)*
ich habe bejaht	habe bejaht	hätte bejaht
du hast bejaht	habest bejaht	hättest bejaht
er hat bejaht	habe bejaht	hätte bejaht
wir haben bejaht	haben bejaht	hätten bejaht
ihr habt bejaht	habet bejaht	hättet bejaht
sie haben bejaht	haben bejaht	hätten bejaht

Pluperfect
ich hatte bejaht
du hattest bejaht
er hatte bejaht
wir hatten bejaht
ihr hattet bejaht
sie hatten bejaht

	Future Time	
Future	*(Fut. Subj.)*	*(Pres. Conditional)*
ich werde bejahen	werde bejahen	würde bejahen
du wirst bejahen	werdest bejahen	würdest bejahen
er wird bejahen	werde bejahen	würde bejahen
wir werden bejahen	werden bejahen	würden bejahen
ihr werdet bejahen	werdet bejahen	würdet bejahen
sie werden bejahen	werden bejahen	würden bejahen

	Future Perfect Time	
Future Perfect	*(Fut. Perf. Subj.)*	*(Past Conditional)*
ich werde bejaht haben	werde bejaht haben	würde bejaht haben
du wirst bejaht haben	werdest bejaht haben	würdest bejaht haben
er wird bejaht haben	werde bejaht haben	würde bejaht haben
wir werden bejaht haben	werden bejaht haben	würden bejaht haben
ihr werdet bejaht haben	werdet bejaht haben	würdet bejaht haben
sie werden bejaht haben	werden bejaht haben	würden bejaht haben

Examples: Die meisten bejahten alles, was der Chef vorlegte, aber einige sagten nichts. „Wer schweigt, bejaht", folgerte er. *Most agreed with everything the boss proposed. But a few said nothing. "Silence gives consent," he concluded.* Here the inseparable prefix **be-** makes a verb out of another part of speech: the word **ja** (plus the letter **h**).

67

bekehren

to convert

PRINC. PARTS: **bekehren, bekehrte, bekehrt, bekehrt**
IMPERATIVE: **bekehre!, bekehrt!, bekehren Sie!**

	INDICATIVE	SUBJUNCTIVE	
		PRIMARY	SECONDARY
		Present Time	
	Present	*(Pres. Subj.)*	*(Imperf. Subj.)*
ich	bekehre	bekehre	bekehrte
du	bekehrst	bekehrest	bekehrest
er	bekehrt	bekehre	bekehrte
wir	bekehren	bekehren	bekehrten
ihr	bekehrt	bekehret	bekehrtet
sie	bekehren	bekehren	bekehrten
	Imperfect		
ich	bekehrte		
du	bekehrest		
er	bekehrte		
wir	bekehrten		
ihr	bekehrtet		
sie	bekehrten		
		Past Time	
	Perfect	*(Perf. Subj.)*	*(Pluperf. Subj.)*
ich	habe bekehrt	habe bekehrt	hätte bekehrt
du	hast bekehrt	habest bekehrt	hättest bekehrt
er	hat bekehrt	habe bekehrt	hätte bekehrt
wir	haben bekehrt	haben bekehrt	hätten bekehrt
ihr	habt bekehrt	habet bekehrt	hättet bekehrt
sie	haben bekehrt	haben bekehrt	hätten bekehrt
	Pluperfect		
ich	hatte bekehrt		
du	hattest bekehrt		
er	hatte bekehrt		
wir	hatten bekehrt		
ihr	hattet bekehrt		
sie	hatten bekehrt		
		Future Time	
	Future	*(Fut. Subj.)*	*(Pres. Conditional)*
ich	werde bekehren	werde bekehren	würde bekehren
du	wirst bekehren	werdest bekehren	würdest bekehren
er	wird bekehren	werde bekehren	würde bekehren
wir	werden bekehren	werden bekehren	würden bekehren
ihr	werdet bekehren	werdet bekehren	würdet bekehren
sie	werden bekehren	werden bekehren	würden bekehren
		Future Perfect Time	
	Future Perfect	*(Fut. Perf. Subj.)*	*(Past Conditional)*
ich	werde bekehrt haben	werde bekehrt haben	würde bekehrt haben
du	wirst bekehrt haben	werdest bekehrt haben	würdest bekehrt haben
er	wird bekehrt haben	werde bekehrt haben	würde bekehrt haben
wir	werden bekehrt haben	werden bekehrt haben	würden bekehrt haben
ihr	werdet bekehrt haben	werdet bekehrt haben	würdet bekehrt haben
sie	werden bekehrt haben	werden bekehrt haben	würden bekehrt haben

Examples: Der berühmte Bekehrer konnte viele zum neuen Glauben bekehren, nur nicht sich selbst. Er war wirklich nicht vom Alkohol bekehrt. *The famous missionary was able to convert many to the new faith, but not himself. He really hadn't turned his back on alcohol.* The basic verb is **kehren** (to sweep; turn). **Bekehren** is used for an inner turning. It is often used with "to" (**zu**), but note the idiom **bekehrt von**.

bekommen

PRINC. PARTS: **bekommen, bekam, bekommen, bekommt**
IMPERATIVE: **bekomme!, bekommt!, bekommen Sie!**

1. to get, receive;
2. to agree with, suit*

INDICATIVE	SUBJUNCTIVE	
	PRIMARY	SECONDARY

Present Time

Present	*(Pres. Subj.)*	*(Imperf. Subj.)*
ich bekomme	bekomme	bekäme
du bekommst	bekommest	bekämest
er bekommt	bekomme	bekäme
wir bekommen	bekommen	bekämen
ihr bekommt	bekommet	bekämet
sie bekommen	bekommen	bekämen

Imperfect

ich bekam
du bekamst
er bekam
wir bekamen
ihr bekamt
sie bekamen

Past Time

Perfect	*(Perf. Subj.)*	*(Pluperf. Subj.)*
ich habe bekommen	habe bekommen	hätte bekommen
du hast bekommen	habest bekommen	hättest bekommen
er hat bekommen	habe bekommen	hätte bekommen
wir haben bekommen	haben bekommen	hätten bekommen
ihr habt bekommen	habet bekommen	hättet bekommen
sie haben bekommen	haben bekommen	hätten bekommen

Pluperfect

ich hatte bekommen
du hattest bekommen
er hatte bekommen
wir hatten bekommen
ihr hattet bekommen
sie hatten bekommen

Future Time

Future	*(Fut. Subj.)*	*(Pres. Conditional)*
ich werde bekommen	werde bekommen	würde bekommen
du wirst bekommen	werdest bekommen	würdest bekommen
er wird bekommen	werde bekommen	würde bekommen
wir werden bekommen	werden bekommen	würden bekommen
ihr werdet bekommen	werdet bekommen	würdet bekommen
sie werden bekommen	werden bekommen	würden bekommen

Future Perfect Time

Future Perfect	*(Fut. Perf. Subj.)*	*(Past Conditional)*
ich werde bekommen haben	werde bekommen haben	würde bekommen haben
du wirst bekommen haben	werdest bekommen haben	würdest bekommen haben
er wird bekommen haben	werde bekommen haben	würde bekommen haben
wir werden bekommen haben	werden bekommen haben	würden bekommen haben
ihr werdet bekommen haben	werdet bekommen haben	würdet bekommen haben
sie werden bekommen haben	werden bekommen haben	würden bekommen haben

*In this meaning **bekommen** is conjugated
with **sein**, usually impersonally.
EXAMPLE: **Das ist ihm gut bekommen.**

AN ESSENTIAL 55 VERB

69

Bekommen

EXAMPLES

In der ganzen Stadt war kein Zimmer zu
bekommen. Da bekam ich Hunger. Ich
war auch nahe daran, einen Schnupfen zu
bekommen. Endlich gelang es mir, in einem
Gasthof im Nachbardorf ein Zimmer zu
bekommen. Die Wirtin fragte mich, „Was
bekommen Sie bitte?" „Zuerst bekomme
ich ein Glas Wein", antwortete ich. Das
Essen war sehr bekömmlich. Alles ist mir
dort wohl bekommen. „Was bekommen Sie
von mir?" fragte ich.

*In the whole city no room was to be had. Then
I got hungry. I was also close to catching a
cold. Finally, I succeeded in getting a room
at an inn in a nearby village. The innkeeper
asked me, "What will you have, please?"
"First I'll have a glass of wine," I replied.
The meal was very wholesome. Everything
agreed with me. "How much do I owe you?"
I asked.*

„Ich habe eine E-mail von Erna bekommen.
Sie sagt, sie habe den Scheck noch nicht
bekommen." „Bisjetzt wird sie ihn wohl
bekommen haben."
*"I got an e-mail from Erna. She says she hasn't
received the check yet." "By now she's probably received it."*

In the last example, the speaker reports on
what Erna wrote and doesn't quote her
directly. Therefore the "Subjunctive in Indirect
Discourse" (page 26) is used. In the last
sentence the future perfect is used to express
probability. See "Future and Future Perfect,"
page 22.

Prefix Verbs

SEPARABLE

abbekommen—to get part of something
Vom Bombenkrieg hat Heidelberg
  wenig abbekommen.
*Heidelberg was largely spared bombing
during the war.*

freibekommen—to get time off; to get
  someone released
Kannst du morgen Nachmittag
  freibekommen?
Can you get tomorrow afternoon off?
Die Regierung bezahlte ein Lösegeld,
  um die Geiseln freizubekommen.
*The government paid a ransom to get the
hostages released.*

mitbekommen—to get; understand
  ("catch," "get")
Hast du was davon mitbekommen?
Did you get any of that?

zurückbekommen—to get back
Wann bekomme ich das Buch zurück?
When will I get the book back?

beleben

PRINC. PARTS: **beleben, belebte, belebt, belebt**
IMPERATIVE: **belebe!, belebt!, beleben Sie!**

to enliven, animate; cheer, brighten

B

	INDICATIVE	SUBJUNCTIVE	
		PRIMARY	SECONDARY
		Present Time	
	Present	*(Pres. Subj.)*	*(Imperf. Subj.)*
ich	belebe	belebe	belebte
du	belebst	belebest	belebtest
er	belebt	belebe	belebte
wir	beleben	beleben	belebten
ihr	belebt	belebet	belebtet
sie	beleben	beleben	belebten

	Imperfect
ich	belebte
du	belebtest
er	belebte
wir	belebten
ihr	belebtet
sie	belebten

		Past Time	
	Perfect	*(Perf. Subj.)*	*(Pluperf. Subj.)*
ich	habe belebt	habe belebt	hätte belebt
du	hast belebt	habest belebt	hättest belebt
er	hat belebt	habe belebt	hätte belebt
wir	haben belebt	haben belebt	hätten belebt
ihr	habt belebt	habet belebt	hättet belebt
sie	haben belebt	haben belebt	hätten belebt

	Pluperfect
ich	hatte belebt
du	hattest belebt
er	hatte belebt
wir	hatten belebt
ihr	hattet belebt
sie	hatten belebt

		Future Time	
	Future	*(Fut. Subj.)*	*(Pres. Conditional)*
ich	werde beleben	werde beleben	würde beleben
du	wirst beleben	werdest beleben	würdest beleben
er	wird beleben	werde beleben	würde beleben
wir	werden beleben	werden beleben	würden beleben
ihr	werdet beleben	werdet beleben	würdet beleben
sie	werden beleben	werden beleben	würden beleben

		Future Perfect Time	
	Future Perfect	*(Fut. Perf. Subj.)*	*(Past Conditional)*
ich	werde belebt haben	werde belebt haben	würde belebt haben
du	wirst belebt haben	werdest belebt haben	würdest belebt haben
er	wird belebt haben	werde belebt haben	würde belebt haben
wir	werden belebt haben	werden belebt haben	würden belebt haben
ihr	werdet belebt haben	werdet belebt haben	würdet belebt haben
sie	werden belebt haben	werden belebt haben	würden belebt haben

Examples: Endlich gelang es Dr. Frankenstein, sein Geschöpf zu beleben. *Dr. Frankenstein finally succeeded in bringing his creature to life.* Nach einem Operettenbesuch in Wien fühlte sich Graf Dracula neu belebt. „Wiener Blut, du belebst uns, erhebst uns den Mut", sang er. *After going to an operetta in Vienna, Count Dracula felt reinvigorated. "Vienna blood, you cheer us, you raise our spirits," he sang.*

71

beleidigen

to insult, offend

PRINC. PARTS: **beleidigen, beleidigte, beleidigt, beleidigt**
IMPERATIVE: **beleidige!, beleidigt!, beleidigen Sie!**

	INDICATIVE	SUBJUNCTIVE	
		PRIMARY	SECONDARY
		Present Time	
	Present	*(Pres. Subj.)*	*(Imperf. Subj.)*
ich	beleidige	beleidige	beleidigte
du	beleidigst	beleidiglest	beleidigtest
er	beleidigt	beleidigle	beleidigte
wir	beleidigen	beleidigen	beleidigten
ihr	beleidigt	beleidiglet	beleidigtet
sie	beleidigen	beleidigen	beleidigten
	Imperfect		
ich	beleidigte		
du	beleidigtest		
er	beleidigte		
wir	beleidigten		
ihr	beleidigtet		
sie	beleidigten		
		Past Time	
	Perfect	*(Perf. Subj.)*	*(Pluperf. Subj.)*
ich	habe beleidigt	habe beleidigt	hätte beleidigt
du	hast beleidigt	habest beleidigt	hättest beleidigt
er	hat beleidigt	habe beleidigt	hätte beleidigt
wir	haben beleidigt	haben beleidigt	hätten beleidigt
ihr	habt beleidigt	habet beleidigt	hättet beleidigt
sie	haben beleidigt	haben beleidigt	hätten beleidigt
	Pluperfect		
ich	hatte beleidigt		
du	hattest beleidigt		
er	hattc bclcidigt		
wir	hatten beleidigt		
ihr	hattet beleidigt		
sie	hatten beleidigt		
		Future Time	
	Future	*(Fut. Subj.)*	*(Pres. Conditional)*
ich	werde beleidigen	werde beleidigen	würde beleidigen
du	wirst beleidigen	werdest beleidigen	würdest beleidigen
er	wird beleidigen	werde beleidigen	würde beleidigen
wir	werden beleidigen	werden beleidigen	würden beleidigen
ihr	werdet beleidigen	werdet belcidigen	würdet beleidigen
sie	werden beleidigen	werden beleidigen	würden beleidigen
		Future Perfect Time	
	Future Perfect	*(Fut. Perf. Subj.)*	*(Past Conditional)*
ich	werde beleidigt haben	werde beleidigt haben	würde beleidigt haben
du	wirst beleidigt haben	werdest beleidigt haben	würdest beleidigt haben
er	wird beleidigt haben	werde beleidigt haben	würde beleidigt haben
wir	werden beleidigt haben	werden beleidigt haben	würden beleidigt haben
ihr	werdet beleidigt haben	werdet beleidigt haben	würdet beleidigt haben
sie	werden beleidigt haben	werden beleidigt haben	würden beleidigt haben

Examples: Es war nicht meine Absicht, Ernst zu beleidigen, aber er fühlt sich leicht beleidigt.
Er spielt oft die beleidigte Leberwurst. *It wasn't my intention to insult Ernst, but he's easily offended.*
He's often in a huff. **Beleidigt** is the past participle used as an adjective, with no ending in sentence 1
because it follows the noun it modifies. In the last sentence it precedes **die Leberwurst** and therefore
has an ending.

72

bellen

PRINC. PARTS: **bellen, bellte, gebellt, bellt**
IMPERATIVE: **belle!, bellt!, bellen Sie!**

to bark, bay

B

	INDICATIVE	SUBJUNCTIVE	
		PRIMARY	SECONDARY

Present Time

	Present	*(Pres. Subj.)*	*(Imperf. Subj.)*
ich	belle	belle	bellte
du	bellst	bellest	belltest
er	bellt	belle	bellte
wir	bellen	bellen	bellten
ihr	bellt	bellet	belltest
sie	bellen	bellen	bellten

	Imperfect
ich	bellte
du	belltest
er	bellte
wir	bellten
ihr	belltet
sie	bellten

Past Time

	Perfect	*(Perf. Subj.)*	*(Pluperf. Subj.)*
ich	habe gebellt	habe gebellt	hätte gebellt
du	hast gebellt	habest gebellt	hättest gebellt
er	hat gebellt	habe gebellt	hätte gebellt
wir	haben gebellt	haben gebellt	hätten gebellt
ihr	habt gebellt	habet gebellt	hättet gebellt
sie	haben gebellt	haben gebellt	hätten gebellt

	Pluperfect
ich	hatte gebellt
du	hattest gebellt
er	hatte gebellt
wir	hatten gebellt
ihr	hattet gebellt
sie	hatten gebellt

Future Time

	Future	*(Fut. Subj.)*	*(Pres. Conditional)*
ich	werde bellen	werde bellen	würde bellen
du	wirst bellen	werdest bellen	würdest bellen
er	wird bellen	werde bellen	würde bellen
wir	werden bellen	werden bellen	würden bellen
ihr	werdet bellen	werdet bellen	würdet bellen
sie	werden bellen	werden bellen	würden bellen

Future Perfect Time

	Future Perfect	*(Fut. Perf. Subj.)*	*(Past Conditional)*
ich	werde gebellt haben	werde gebellt haben	würde gebellt haben
du	wirst gebellt haben	werdest gebellt haben	würdest gebellt haben
er	wird gebellt haben	werde gebellt haben	würde gebellt haben
wir	werden gebellt haben	werden gebellt haben	würden gebellt haben
ihr	werdet gebellt haben	werdet gebellt haben	würdet gebellt haben
sie	werden gebellt haben	werden gebellt haben	würden gebellt haben

Examples: „Das andauernde Bellen Ihres Hundes kann ich nicht mehr aushalten", sagte der Nachbar. „Bellende Hunde beißen nicht. Gestern hat er alle angebellt, aber heute ist er ausgebellt", sagte die Nachbarin." *"I can't put up with your dog's barking anymore," said the neighbor (male). "Barking dogs don't bite. Yesterday he barked at everybody. But today he's all barked out," said the neighbor (female).*

bergen

to recover; conceal

PRINC. PARTS: bergen, barg, geborgen, birgt
IMPERATIVE: birg!, bergt!, bergen Sie!

INDICATIVE		SUBJUNCTIVE	
		PRIMARY	SECONDARY
		Present Time	
Present		*(Pres. Subj.)*	*(Imperf. Subj.)*
ich	berge	berge	bärge
du	birgst	bergest	bärgest
er	birgt	berge	bärge
wir	bergen	bergen	bärgen
ihr	bergt	berget	bärget
sie	bergen	bergen	bärgen

Imperfect

ich	barg
du	bargst
er	barg
wir	bargen
ihr	bargt
sie	bargen

		Past Time	
Perfect		*(Perf. Subj.)*	*(Pluperf. Subj.)*
ich	habe geborgen	habe geborgen	hätte geborgen
du	hast geborgen	habest geborgen	hättest geborgen
er	hat geborgen	habe geborgen	hätte geborgen
wir	haben geborgen	haben geborgen	hätten geborgen
ihr	habt geborgen	habet geborgen	hättet geborgen
sie	haben geborgen	haben geborgen	hätten geborgen

Pluperfect

ich	hatte geborgen
du	hattest geborgen
er	hatte geborgen
wir	hatten geborgen
ihr	hattet geborgen
sie	hatten geborgen

		Future Time	
Future		*(Fut. Subj.)*	*(Pres. Conditional)*
ich	werde bergen	werde bergen	würde bergen
du	wirst bergen	werdest bergen	würdest bergen
er	wird bergen	werde bergen	würde bergen
wir	werden bergen	werden bergen	würden bergen
ihr	werdet bergen	werdet bergen	würdet bergen
sie	werden bergen	werden bergen	würden bergen

		Future Perfect Time	
Future Perfect		*(Fut. Perf. Subj.)*	*(Past Conditional)*
ich	werde geborgen haben	werde geborgen haben	würde geborgen haben
du	wirst geborgen haben	werdest geborgen haben	würdest geborgen haben
er	wird geborgen haben	werde geborgen haben	würde geborgen haben
wir	werden geborgen haben	werden geborgen haben	würden geborgen haben
ihr	werdet geborgen haben	werdet geborgen haben	würdet geborgen haben
sie	werden geborgen haben	werden geborgen haben	würden geborgen haben

Examples: Die Mannschaft ist geborgen, aber man hat das Schiff nicht bergen können. *The crew is safe, but they couldn't save the ship.* „Mein Sohn, was birgst du so bang dein Gesicht?" *"My son, why do you hide your face so?"* In sentence 1 the past participle **geborgen** is used as an adjective. In sentence 2, **bergen** means "to conceal." More usual now in this sense is **verbergen**.

berichten

PRINC. PARTS: **berichten, berichtete, berichtet, berichtet**
IMPERATIVE: **berichte!, berichtet!, berichten Sie!**

to report

B

INDICATIVE	SUBJUNCTIVE	
	PRIMARY	SECONDARY

Present Time

	Present	*(Pres. Subj.)*	*(Imperf. Subj.)*
ich	berichte	berichte	berichtete
du	berichtest	berichtest	berichtetest
er	berichtet	berichte	berichtete
wir	berichten	berichten	berichteten
ihr	berichtet	berichtet	berichtetet
sie	berichten	berichten	berichteten

	Imperfect
ich	berichtete
du	berichtetest
er	berichtete
wir	berichteten
ihr	berichtetet
sie	berichteten

Past Time

	Perfect	*(Perf. Subj.)*	*(Pluperf. Subj.)*
ich	habe berichtet	habe berichtet	hätte berichtet
du	hast berichtet	habest berichtet	hättest berichtet
er	hat berichtet	habe berichtet	hätte berichtet
wir	haben berichtet	haben berichtet	hätten berichtet
ihr	habt berichtet	habet berichtet	hättet berichtet
sie	haben berichtet	haben berichtet	hätten berichtet

	Pluperfect
ich	hatte berichtet
du	hattest berichtet
er	hatte berichtet
wir	hatten berichtet
ihr	hattet berichtet
sie	hatten berichtet

Future Time

	Future	*(Fut. Subj.)*	*(Pres. Conditional)*
ich	werde berichten	werde berichten	würde berichten
du	wirst berichten	werdest berichten	würdest berichten
er	wird berichten	werde berichten	würde berichten
wir	werden berichten	werden berichten	würden berichten
ihr	werdet berichten	werdet berichten	würdet berichten
sie	werden berichten	werden berichten	würden berichten

Future Perfect Time

	Future Perfect	*(Fut. Perf. Subj.)*	*(Past Conditional)*
ich	werde berichtet haben	werde berichtet haben	würde berichtet haben
du	wirst berichtet haben	werdest berichtet haben	würdest berichtet haben
er	wird berichtet haben	werde berichtet haben	würde berichtet haben
wir	werden berichtet haben	werden berichtet haben	würden berichtet haben
ihr	werdet berichtet haben	werdet berichtet haben	würdet berichtet haben
sie	werden berichtet haben	werden berichtet haben	würden berichtet haben

---

Examples: Lange hatte unsere Berichterstatterin wenig Erfreuliches zu berichten. Es wird aber soeben berichtet, dass die Lage besser wird. *For a long time our correspondent had little good news to report. But reports now say that the situation is improving.* The literal translation of **wird soeben berichtet** (is just being reported) is awkward. It is best to translate freely.

bersten

to burst

PRINC. PARTS: **bersten,* barst, ist geborsten, birst**
IMPERATIVE: **birst!, berstet!, bersten Sie!****

	INDICATIVE	SUBJUNCTIVE	
		PRIMARY	SECONDARY
		Present Time	
	Present	*(Pres. Subj.)*	*(Imperf. Subj.)*
ich	berste	berste	bärste
du	birst	berstest	bärstest
er	birst	berste	bärste
wir	bersten	bersten	bärsten
ihr	berstet	berstet	bärtet
sie	bersten	bersten	bärsten
	Imperfect		
ich	barst		
du	barstest		
er	barst		
wir	barsten		
ihr	barstet		
sie	barsten		
		Past Time	
	Perfect	*(Perf. Subj.)*	*(Pluperf. Subj.)*
ich	bin geborsten	sei geborsten	wäre geborsten
du	bist geborsten	seiest geborsten	wärest geborsten
er	ist geborsten	sei geborsten	wäre geborsten
wir	sind geborsten	seien geborsten	wären geborsten
ihr	seid geborsten	seiet geborsten	wäret geborsten
sie	sind geborsten	seien geborsten	wären geborsten
	Pluperfect		
ich	war geborsten		
du	warst geborsten		
er	war geborsten		
wir	waren geborsten		
ihr	wart geborsten		
sie	waren geborsten		
		Future Time	
	Future	*(Fut. Subj.)*	*(Pres. Conditional)*
ich	werde bersten	werde bersten	würde bersten
du	wirst bersten	werdest bersten	würdest bersten
er	wird bersten	werde bersten	würde bersten
wir	werden bersten	werden bersten	würden bersten
ihr	werdet bersten	werdet bersten	würdet bersten
sie	werden bersten	werden bersten	würden bersten
		Future Perfect Time	
	Future Perfect	*(Fut. Perf. Subj.)*	*(Past Conditional)*
ich	werde geborsten sein	werde geborsten sein	würde geborsten sein
du	wirst geborsten sein	werdest geborsten sein	würdest geborsten sein
er	wird geborsten sein	werde geborsten sein	würde geborsten sein
wir	werden geborsten sein	werden geborsten sein	würden geborsten sein
ihr	werdet geborsten sein	werdet geborsten sein	würdet geborsten sein
sie	werden geborsten sein	werden geborsten sein	würden geborsten sein

*Forms other than the third person are infrequently found. **The imperative is unusual.

Examples: „Die Wasserleitungen sind geborsten. Mein Mann versucht, sie zu reparieren, aber er macht alles nur schlimmer. Wenn Sie nicht sofort kommen, werde ich vor Wut bersten," sagte Blondchen dem Klempner. *"The water pipes have burst. My husband is trying to repair them, but he's just making everything worse. If you don't come right away, I'll burst with rage," Blondie said to the plumber.*

beschäftigen

PRINC. PARTS: **beschäftigen, beschäftigte, beschäftigt, beschäftigt**
IMPERATIVE: **beschäftige!, beschäftigt!, beschäftigen Sie!**

to occupy; preoccupy;
busy; employ

B

	INDICATIVE	SUBJUNCTIVE	
		PRIMARY	SECONDARY
		Present Time	
	Present	*(Pres. Subj.)*	*(Imperf. Subj.)*
ich	beschäftige	beschäftige	beschäftigte
du	beschäftigst	beschäftigest	beschäftigtest
er	beschäftigt	beschäftige	beschäftigte
wir	beschäftigen	beschäftigen	beschäftigten
ihr	beschäftigt	beschäftiget	beschäftigtet
sie	beschäftigen	beschäftigen	beschäftigten

	Imperfect
ich	beschäftigte
du	beschäftigtest
er	beschäftigte
wir	beschäftigten
ihr	beschäftigtet
sie	beschäftigten

			Past Time	
	Perfect	*(Perf. Subj.)*	*(Pluperf. Subj.)*
ich	habe beschäftigt	habe beschäftigt	hätte beschäftigt
du	hast beschäftigt	habest beschäftigt	hättest beschäftigt
er	hat beschäftigt	habe beschäftigt	hätte beschäftigt
wir	haben beschäftigt	haben beschäftigt	hätten beschäftigt
ihr	habt beschäftigt	habet beschäftigt	hättet beschäftigt
sie	haben beschäftigt	haben beschäftigt	hätten beschäftigt

	Pluperfect
ich	hatte beschäftigt
du	hattest beschäftigt
er	hatte beschäftigt
wir	hatten beschäftigt
ihr	hattet beschäftigt
sie	hatten beschäftigt

		Future Time	
	Future	*(Fut. Subj.)*	*(Pres. Conditional)*
ich	werde beschäftigen	werde beschäftigen	würde beschäftigen
du	wirst beschäftigen	werdest beschäftigen	würdest beschäftigen
er	wird beschäftigen	werde beschäftigen	würde beschäftigen
wir	werden beschäftigen	werden beschäftigen	würden beschäftigen
ihr	werdet beschäftigen	werdet beschäftigen	würdet beschäftigen
sie	werden beschäftigen	werden beschäftigen	würden beschäftigen

		Future Perfect Time	
	Future Perfect	*(Fut. Perf. Subj.)*	*(Past Conditional)*
ich	werde beschäftigt haben	werde beschäftigt haben	würde beschäftigt haben
du	wirst beschäftigt haben	werdest beschäftigt haben	würdest beschäftigt haben
er	wird beschäftigt haben	werde beschäftigt haben	würde beschäftigt haben
wir	werden beschäftigt haben	werden beschäftigt haben	würden beschäftigt haben
ihr	werdet beschäftigt haben	werdet beschäftigt haben	würdet beschäftigt haben
sie	werden beschäftigt haben	werden beschäftigt haben	würden beschäftigt haben

---

Examples: Wie soll ich die Kinder beschäftigen? *How am I supposed to keep the kids busy?* **Im Augenblick ist sie zu sehr mit ihren eigenen Problemen beschäftigt.** *At the moment she's too preoccupied with her own problems.* **Der Betrieb beschäftigt viele in der Gegend.** *The company employs many in the area.* „**Ich habe mich lange genug mit der Sache beschäftigt, und will jetzt anderen Geschäften nachgehen.**" „**Leider müssen Sie sich wieder damit beschäftigen.**" *"I've devoted enough time to that matter and want to pursue other business now." "Unfortunately, you'll have to concern yourself with it again."*

beschuldigen

to accuse, charge (with)

PRINC. PARTS: **beschuldigen, beschuldigte, beschuldigt, beschuldigt**
IMPERATIVE: **beschuldige!, beschuldigt!, beschuldigen Sie!**

	INDICATIVE	SUBJUNCTIVE	
		PRIMARY	SECONDARY
		Present Time	
	Present	*(Pres. Subj.)*	*(Imperf. Subj.)*
ich	beschuldige	beschuldige	beschuldigte
du	beschuldigst	beschuldigest	beschuldigtest
er	beschuldigt	beschuldige	beschuldigte
wir	beschuldigen	beschuldigen	beschuldigten
ihr	beschuldigt	beschuldiget	beschuldigtet
sie	beschuldigen	beschuldigen	beschuldigten
	Imperfect		
ich	beschuldigte		
du	beschuldigtest		
er	beschuldigte		
wir	beschuldigten		
ihr	beschuldigtet		
sie	beschuldigten		
		Past Time	
	Perfect	*(Perf. Subj.)*	*(Pluperf. Subj.)*
ich	habe beschuldigt	habe beschuldigt	hätte beschuldigt
du	hast beschuldigt	habest beschuldigt	hättest beschuldigt
er	hat beschuldigt	habe beschuldigt	hätte beschuldigt
wir	haben beschuldigt	haben beschuldigt	hätten beschuldigt
ihr	habt beschuldigt	habet beschuldigt	hättet beschuldigt
sie	haben beschuldigt	haben beschuldigt	hätten beschuldigt
	Pluperfect		
ich	hatte beschuldigt		
du	hattest beschuldigt		
er	hatte beschuldigt		
wir	hatten beschuldigt		
ihr	hattet beschuldigt		
sie	hatten beschuldigt		
		Future Time	
	Future	*(Fut. Subj.)*	*(Pres. Conditional)*
ich	werde beschuldigen	werde beschuldigen	würde beschuldigen
du	wirst beschuldigen	werdest beschuldigen	würdest beschuldigen
er	wird beschuldigen	werde beschuldigen	würde beschuldigen
wir	werden beschuldigen	werden beschuldigen	würden beschuldigen
ihr	werdet beschuldigen	werdet beschuldigen	würdet beschuldigen
sie	werden beschuldigen	werden beschuldigen	würden beschuldigen
		Future Perfect Time	
	Future Perfect	*(Fut. Perf. Subj.)*	*(Past Conditional)*
ich	werde beschuldigt haben	werde beschuldigt haben	würde beschuldigt haben
du	wirst beschuldigt haben	werdest beschuldigt haben	würdest beschuldigt haben
er	wird beschuldigt haben	werde beschuldigt haben	würde beschuldigt haben
wir	werden beschuldigt haben	werden beschuldigt haben	würden beschuldigt haben
ihr	werdet beschuldigt haben	werdet beschuldigt haben	würdet beschuldigt haben
sie	werden beschuldigt haben	werden beschuldigt haben	würden beschuldigt haben

Examples: „Man hat Fritz des Diebstahls beschuldigt. Er behauptet, er sei nicht schuldig. Glauben Sie, dass er schuldig oder unschuldig ist?" *"They've accused Fritz of theft. He claims he's not guilty. Do you think he's guilty or innocent?"* **Beschuldigen** takes a genitive object. It is often used in a legal context.

besitzen

PRINC. PARTS: **besitzen, besaß, besessen, besitzt**
IMPERATIVE: **besitze!, besitzt!, besitzen Sie!**

to possess, own

B

INDICATIVE	SUBJUNCTIVE	
	PRIMARY	SECONDARY
	Present Time	
Present	*(Pres. Subj.)*	*(Imperf. Subj.)*
ich besitze	besitze	besäße
du besitzt	besitzest	besäßest
er besitzt	besitze	besäße
wir besitzen	besitzen	besäßen
ihr besitzt	besitzet	besäßet
sie besitzen	besitzen	besäßen

Imperfect
ich besaß
du besaßest
er besaß
wir besaßen
ihr besaßt
sie besaßen

	Past Time	
Perfect	*(Perf. Subj.)*	*(Pluperf. Subj.)*
ich habe besessen	habe besessen	hätte besessen
du hast besessen	habest besessen	hättest besessen
er hat besessen	habe besessen	hätte besessen
wir haben besessen	haben besessen	hätten besessen
ihr habt besessen	habet besessen	hättet besessen
sie haben besessen	haben besessen	hätten besessen

Pluperfect
ich hatte besessen
du hattest besessen
er hatte besessen
wir hatten besessen
ihr hattet besessen
sie hatten besessen

	Future Time	
Future	*(Fut. Subj.)*	*(Pres. Conditional)*
ich werde besitzen	werde besitzen	würde besitzen
du wirst besitzen	werdest besitzen	würdest besitzen
er wird besitzen	werde besitzen	würde besitzen
wir werden besitzen	werden besitzen	würden besitzen
ihr werdet besitzen	werdet besitzen	würdet besitzen
sie werden besitzen	werden besitzen	würden besitzen

	Future Perfect Time	
Future Perfect	*(Fut. Perf. Subj.)*	*(Past Conditional)*
ich werde besessen haben	werde besessen haben	würde besessen haben
du wirst besessen haben	werdest besessen haben	würdest besessen haben
er wird besessen haben	werde besessen haben	würde besessen haben
wir werden besessen haben	werden besessen haben	würden besessen haben
ihr werdet besessen haben	werdet besessen haben	würdet besessen haben
sie werden besessen haben	werden besessen haben	würden besessen haben

Examples: Der Drache wollte nur liegen, besitzen und schlafen. *All the dragon wanted to do was stay put, possess, and sleep.* „Was du vererbt von deinen Vätern hast, erwirb es, um es zu besitzen!" (Goethe) *"Earn what you've inherited from your ancestors, so that you (truly) own it."* In sentence 1, the infinitives are dependent on the modal; no **zu** is used. In sentence 2, an infinitive phrase with **um . . . zu** is used.

bestehen

to pass (an exam); exist;
endure; withstand

PRINC. PARTS: **bestehen, bestand, bestanden, besteht**
IMPERATIVE: **bestehe!, besteht!, bestehen Sie!**

	INDICATIVE		SUBJUNCTIVE	
			PRIMARY	SECONDARY
			Present Time	
	Present		*(Pres. Subj.)*	*(Imperf. Subj.)*
ich	bestehe	bestehe	bestände	bestünde
du	bestehst	bestehest	beständest	bestündest
er	besteht	bestehe	bestände *or*	bestünde
wir	bestehen	bestehen	beständen	bestünden
ihr	besteht	bestehet	beständet	bestündet
sie	bestehen	bestehen	beständen	bestünden

	Imperfect
ich	bestand
du	bestandst
er	bestand
wir	bestanden
ihr	bestandet
sie	bestanden

			Past Time	
	Perfect		*(Perf. Subj.)*	*(Pluperf. Subj.)*
ich	habe bestanden	habe bestanden	hätte bestanden
du	hast bestanden	habest bestanden	hättest bestanden
er	hat bestanden	habe bestanden	hätte bestanden
wir	haben bestanden	haben bestanden	hätten bestanden
ihr	habt bestanden	habet bestanden	hättet bestanden
sie	haben bestanden	haben bestanden	hätten bestanden

	Pluperfect
ich	hatte bestanden
du	hattest bestanden
er	hatte bestanden
wir	hatten bestanden
ihr	hattet bestanden
sie	hatten bestanden

			Future Time	
	Future		*(Fut. Subj.)*	*(Pres. Conditional)*
ich	werde bestehen	werde bestehen	würde bestehen
du	wirst bestehen	werdest bestehen	würdest bestehen
er	wird bestehen	werde bestehen	würde bestehen
wir	werden bestehen	werden bestehen	würden bestehen
ihr	werdet bestehen	werdet bestehen	würdet bestehen
sie	werden bestehen	werden bestehen	würden bestehen

			Future Perfect Time	
	Future Perfect		*(Fut. Perf. Subj.)*	*(Past Conditional)*
ich	werde bestanden haben	werde bestanden haben	würde bestanden haben
du	wirst bestanden haben	werdest bestanden haben	würdest bestanden haben
er	wird bestanden haben	werde bestanden haben	würde bestanden haben
wir	werden bestanden haben	werden bestanden haben	würden bestanden haben
ihr	werdet bestanden haben	werdet bestanden haben	würdet bestanden haben
sie	werden bestanden haben	werden bestanden haben	würden bestanden haben

Examples: Die Prüfung hat er wieder nicht bestanden. Besteht die Hoffnung, dass er sie je bestehen wird? *He failed the exam again. Is there any hope that he'll ever pass it?* **Gegen die Konkurrenz aus dem Ausland konnte die Firma nicht bestehen.** *The firm couldn't hold up to foreign competition.* **Bestehen aus = "to consist of." Der Roman besteht aus 10 Kapiteln.** *The novel consists of 10 chapters.* **Bestehen auf = "to insist on." „Ich bestehe auf einer Nachzählung."** **„Na ja, wenn du darauf bestehst."** *"I insist on a recount." "Oh well, if you insist."*

bestellen

PRINC. PARTS: **bestellen, bestellte, bestellt, bestellt**
IMPERATIVE: **bestelle!, bestellt!, bestellen Sie!**

to order (goods); arrange;
deliver (regards, message)

B

INDICATIVE	SUBJUNCTIVE	
	PRIMARY	SECONDARY

Present Time

	Present	*(Pres. Subj.)*	*(Imperf. Subj.)*
ich	bestelle	bestelle	bestellte
du	bestellst	bestellest	bestelltest
er	bestellt	bestelle	bestellte
wir	bestellen	bestellen	bestellten
ihr	bestellt	bestellet	bestelltet
sie	bestellen	bestellen	bestellten

	Imperfect
ich	bestellte
du	bestelltest
er	bestellte
wir	bestellten
ihr	bestelltet
sie	bestellten

Past Time

	Perfect	*(Perf. Subj.)*	*(Pluperf. Subj.)*
ich	habe bestellt	habe bestellt	hätte bestellt
du	hast bestellt	habest bestellt	hättest bestellt
er	hat bestellt	habe bestellt	hätte bestellt
wir	haben bestellt	haben bestellt	hätten bestellt
ihr	habt bestellt	habet bestellt	hättet bestellt
sie	haben bestellt	haben bestellt	hätten bestellt

	Pluperfect
ich	hatte bestellt
du	hattest bestellt
er	hatte bestellt
wir	hatten bestellt
ihr	hattet bestellt
sie	hatten bestellt

Future Time

	Future	*(Fut. Subj.)*	*(Pres. Conditional)*
ich	werde bestellen	werde bestellen	würde bestellen
du	wirst bestellen	werdest bestellen	würdest bestellen
er	wird bestellen	werde bestellen	würde bestellen
wir	werden bestellen	werden bestellen	würden bestellen
ihr	werdet bestellen	werdet bestellen	würdet bestellen
sie	werden bestellen	werden bestellen	würden bestellen

Future Perfect Time

	Future Perfect	*(Fut. Perf. Subj.)*	*(Past Conditional)*
ich	werde bestellt haben	werde bestellt haben	würde bestellt haben
du	wirst bestellt haben	werdest bestellt haben	würdest bestellt haben
er	wird bestellt haben	werde bestellt haben	würde bestellt haben
wir	werden bestellt haben	werden bestellt haben	würden bestellt haben
ihr	werdet bestellt haben	werdet bestellt haben	würdet bestellt haben
sie	werden bestellt haben	werden bestellt haben	würden bestellt haben

Examples: **Im Restaurant bestellen Klaus und Trude immer nur die teuersten Gerichte.** *At the restaurant Klaus and Trude always order only the most expensive dishes.* **Bestellen Sie ihnen einen schönen Gruß von uns!** *Give them our best regards.* In simple, declarative sentences, the verb is the second unit. In sentence 1, the prepositional phrase "at the restaurant" is the first unit; the verb is the second.

besuchen

to visit, attend

PRINC. PARTS: **besuchen, besuchte, besucht, besucht**
IMPERATIVE: **besuche!, besucht!, besuchen Sie!**

	INDICATIVE	SUBJUNCTIVE	
		PRIMARY	SECONDARY

Present Time

	Present	(*Pres. Subj.*)	(*Imperf. Subj.*)
ich	besuche	besuche	besuchte
du	besuchst	besuchest	besuchtest
er	besucht	besuche	besuchte
wir	besuchen	besuchen	besuchten
ihr	besucht	besuchet	besuchtet
sie	besuchen	besuchen	besuchten

	Imperfect
ich	besuchte
du	besuchtest
er	besuchte
wir	besuchten
ihr	besuchtet
sie	besuchten

Past Time

	Perfect	(*Perf. Subj.*)	(*Pluperf. Subj.*)
ich	habe besucht	habe besucht	hätte besucht
du	hast besucht	habest besucht	hättest besucht
er	hat besucht	habe besucht	hätte besucht
wir	haben besucht	haben besucht	hätten besucht
ihr	habt besucht	habet besucht	hättet besucht
sie	haben besucht	haben besucht	hätten besucht

	Pluperfect
ich	hatte besucht
du	hattest besucht
er	hatte besucht
wir	hatten besucht
ihr	hattet besucht
sie	hatten besucht

Future Time

	Future	(*Fut. Subj.*)	(*Pres. Conditional*)
ich	werde besuchen	werde besuchen	würde besuchen
du	wirst besuchen	werdest besuchen	würdest besuchen
er	wird besuchen	werde besuchen	würde besuchen
wir	werden besuchen	werden besuchen	würden besuchen
ihr	werdet besuchen	werdet besuchen	würdet besuchen
sie	werden besuchen	werden besuchen	würden besuchen

Future Perfect Time

	Future Perfect	(*Fut. Perf. Subj.*)	(*Past Conditional*)
ich	werde besucht haben	werde besucht haben	würde besucht haben
du	wirst besucht haben	werdest besucht haben	würdest besucht haben
er	wird besucht haben	werde besucht haben	würde besucht haben
wir	werden besucht haben	werden besucht haben	würden besucht haben
ihr	werdet besucht haben	werdet besucht haben	würdet besucht haben
sie	werden besucht haben	werden besucht haben	würden besucht haben

Examples: **Letztes Jahr haben wir unsere Freunde in Wien besucht. Wir besuchten oft das Theater und haben Dürrenmatts *Der Besuch der alten Dame* gesehen.** *Last year we visited our friends in Vienna. We went to the theater a lot and saw Dürrenmatt's* The Visit of the Old Lady. **Rotkäppchen besuchte oft ihre Großmutter.** *Little Red Riding Hood often visited her grandmother.*

beten

PRINC. PARTS: **beten, betete, gebetet, betet**
IMPERATIVE: **bete!, betet!, beten Sie!**

B

INDICATIVE	SUBJUNCTIVE PRIMARY	SECONDARY
	Present Time	
Present	*(Pres. Subj.)*	*(Imperf. Subj.)*
ich bete	bete	betete
du betest	betest	betetest
er betet	bete	betete
wir beten	beten	beteten
ihr betet	betet	betetet
sie beten	beten	beteten

Imperfect
ich betete
du betetest
er betete
wir beteten
ihr betetet
sie beteten

	Past Time	
Perfect	*(Perf. Subj.)*	*(Pluperf. Subj.)*
ich habe gebetet	habe gebetet	hätte gebetet
du hast gebetet	habest gebetet	hättest gebetet
er hat gebetet	habe gebetet	hätte gebetet
wir haben gebetet	haben gebetet	hätten gebetet
ihr habet gebetet	habet gebetet	hättet gebetet
sie haben gebetet	haben gebetet	hätten gebetet

Pluperfect
ich hatte gebetet
du hattest gebetet
er hatte gebetet
wir hatten gebetet
ihr hattet gebetet
sie hatten gebetet

	Future Time	
Future	*(Fut. Subj.)*	*(Pres. Conditional)*
ich werde beten	werde beten	würde beten
du wirst beten	werdest beten	würdest beten
er wird beten	werde beten	würde beten
wir werden beten	werden beten	würden beten
ihr werdet beten	werdet beten	würdet beten
sie werden beten	werden beten	würden beten

	Future Perfect Time	
Future Perfect	*(Fut. Perf. Subj.)*	*(Past Conditional)*
ich werde gebetet haben	werde gebetet haben	würde gebetet haben
du wirst gebetet haben	werdest gebetet haben	würdest gebetet haben
er wird gebetet haben	werde gebetet haben	würde gebetet haben
wir werden gebetet haben	werden gebetet haben	würden gebetet haben
ihr werdet gebetet haben	werdet gebetet haben	würdet gebetet haben
sie werden gebetet haben	werden gebetet haben	würden gebetet haben

Examples: Diese Forschungsreisende hat in vielen Tempeln, Kirchen und Moscheen gebetet. „Erfindet neue Gebete und betet auch an die noch werdenden Götter und Göttinnen!" riet sie. *This explorer has prayed in many temples, churches, and mosques. "Devise new prayers and pray to the developing gods and goddesses, too," she advised.* Ali betet fünfmal am Tage. Er sagt, er bete auch für mich. *Ali prays five times a day. He says he's also praying for me.*

83

betrügen

to deceive, cheat

PRINC. PARTS: **betrügen, betrog, betrogen, betrügt**
IMPERATIVE: **betrüge!, betrügt! betrügen Sie!**

INDICATIVE	SUBJUNCTIVE	
	PRIMARY	SECONDARY

Present Time

	Present	(*Pres. Subj.*)	(*Imperf. Subj.*)
ich	betrüge	betrüge	betröge
du	betrügst	betrügest	betrögest
er	betrügt	betrüge	betröge
wir	betrügen	betrügen	betrögen
ihr	betrügt	betrüget	betröget
sie	betrügen	betrügen	betrögen

	Imperfect
ich	betrog
du	betrogst
er	betrog
wir	betrogen
ihr	betrogt
sie	betrogen

Past Time

	Perfect	(*Perf. Subj.*)	(*Pluperf. Subj.*)
ich	habe betrogen	habe betrogen	hätte betrogen
du	hast betrogen	habest betrogen	hättest betrogen
er	hat betrogen	habe betrogen	hätte betrogen
wir	haben betrogen	haben betrogen	hätten betrogen
ihr	habt betrogen	habet betrogen	hättet betrogen
sie	haben betrogen	haben betrogen	hätten betrogen

	Pluperfect
ich	hatte betrogen
du	hattest betrogen
er	hatte betrogen
wir	hatten betrogen
ihr	hattet betrogen
sie	hatten betrogen

Future Time

	Future	(*Fut. Subj.*)	(*Pres. Conditional*)
ich	werde betrügen	werde betrügen	würde betrügen
du	wirst betrügen	werdest betrügen	würdest betrügen
er	wird betrügen	werde betrügen	würde betrügen
wir	werden betrügen	werden betrügen	würden betrügen
ihr	werdet betrügen	werdet betrügen	würdet betrügen
sie	werden betrügen	werden betrügen	würden betrügen

Future Perfect Time

	Future Perfect	(*Fut. Perf. Subj.*)	(*Past Conditional*)
ich	werde betrogen haben	werde betrogen haben	würde betrogen haben
du	wirst betrogen haben	werdest betrogen haben	würdest betrogen haben
er	wird betrogen haben	werde betrogen haben	würde betrogen haben
wir	werden betrogen haben	werden betrogen haben	würden betrogen haben
ihr	werdet betrogen haben	werdet betrogen haben	würdet betrogen haben
sie	werden betrogen haben	werden betrogen haben	würden betrogen haben

Examples: Der Betrüger hat die Aktionäre um ihr Geld betrogen. Er hat sie belogen und betrogen. „Du wirst auch mich einmal betrügen", seufzte seine Frau. Er hat sie aber niemals betrogen. *The swindler defrauded the stockholders of their money. He lied to them and deceived them. "You'll betray me too, one day," sighed his wife. But he never cheated on her.*

bewegen

PRINC. PARTS: **bewegen, bewegte, bewegt, bewegt**
IMPERATIVE: **bewege!, bewegt!, bewegen Sie!**

to move, agitate, shake

	INDICATIVE	SUBJUNCTIVE	
		PRIMARY	SECONDARY
		Present Time	
	Present	*(Pres. Subj.)*	*(Imperf. Subj.)*
ich	bewege	bewege	bewegte
du	bewegst	bewegest	bewegtest
er	bewegt	bewege	bewegte
wir	bewegen	bewegen	bewegten
ihr	bewegt	beweget	bewegtet
sie	bewegen	bewegen	bewegten

	Imperfect
ich	bewegte
du	bewegtest
er	bewegte
wir	bewegten
ihr	bewegtet
sie	bewegten

		Past Time	
	Perfect	*(Perf. Subj.)*	*(Pluperf. Subj.)*
ich	habe bewegt	habe bewegt	hätte bewegt
du	hast bewegt	habest bewegt	hättest bewegt
er	hat bewegt	habe bewegt	hätte bewegt
wir	haben bewegt	haben bewegt	hätten bewegt
ihr	habt bewegt	habet bewegt	hättet bewegt
sie	haben bewegt	haben bewegt	hätten bewegt

	Pluperfect
ich	hatte bewegt
du	hattest bewegt
er	hatte bewegt
wir	hatten bewegt
ihr	hattet bewegt
sie	hatten bewegt

		Future Time	
	Future	*(Fut. Subj.)*	*(Pres. Conditional)*
ich	werde bewegen	werde bewegen	würde bewegen
du	wirst bewegen	werdest bewegen	würdest bewegen
er	wird bewegen	werde bewegen	würde bewegen
wir	werden bewegen	werden bewegen	würden bewegen
ihr	werdet bewegen	werdet bewegen	würdet bewegen
sie	werden bewegen	werden bewegen	würden bewegen

		Future Perfect Time	
	Future Perfect	*(Fut. Perf. Subj.)*	*(Past Conditional)*
ich	werde bewegt haben	werde bewegt haben	würde bewegt haben
du	wirst bewegt haben	werdest bewegt haben	würdest bewegt haben
er	wird bewegt haben	werde bewegt haben	würde bewegt haben
wir	werden bewegt haben	werden bewegt haben	würden bewegt haben
ihr	werdet bewegt haben	werdet bewegt haben	würdet bewegt haben
sie	werden bewegt haben	werden bewegt haben	würden bewegt haben

Examples: **Gestern war ich so schwach, dass ich meinen Koffer nicht von der Stelle bewegen konnte.** *Yesterday I was so weak I couldn't budge my suitcase from the spot.* **Kopernikus behauptete, die Erde bewege sich um die Sonne.** *Copernicus asserted that the earth moves around the sun.* The subjunctive **bewege** in example 2 is an example of indirect discourse.

bewegen

to induce, persuade,
prevail upon

PRINC. PARTS: **bewegen, bewog, bewogen, bewegt**
IMPERATIVE: **bewege!, bewegt!, bewegen Sie!**

	INDICATIVE	PRIMARY SUBJUNCTIVE	SECONDARY
		Present Time	
	Present	(*Pres. Subj.*)	(*Imperf. Subj.*)
ich	bewege	bewege	bewöge
du	bewegst	bewegest	bewögest
er	bewegt	bewege	bewöge
wir	bewegen	bewegen	bewögen
ihr	bewegt	beweget	bewöget
sie	bewegen	bewegen	bewögen
	Imperfect		
ich	bewog		
du	bewogst		
er	bewog		
wir	bewogen		
ihr	bewogt		
sie	bewogen		
		Past Time	
	Perfect	(*Perf. Subj.*)	(*Pluperf. Subj.*)
ich	habe bewogen	habe bewogen	hätte bewogen
du	hast bewogen	habest bewogen	hättest bewogen
er	hat bewogen	habe bewogen	hätte bewogen
wir	haben bewogen	haben bewogen	hätten bewogen
ihr	habt bewogen	habet bewogen	hättet bewogen
sie	haben bewogen	haben bewogen	hätten bewogen
	Pluperfect		
ich	hatte bewogen		
du	hattest bewogen		
er	hatte bewogen		
wir	hatten bewogen		
ihr	hattet bewogen		
sie	hatten bewogen		
		Future Time	
	Future	(*Fut. Subj.*)	(*Pres. Conditional*)
ich	werde bewegen	werde bewegen	würde bewegen
du	wirst bewegen	werdest bewegen	würdest bewegen
er	wird bewegen	werde bewegen	würde bewegen
wir	werden bewegen	werden bewegen	würden bewegen
ihr	werdet bewegen	werdet bewegen	würdet bewegen
sic	werden bewegen	werden bewegen	würden bewegen
		Future Perfect Time	
	Future Perfect	(*Fut. Perf. Subj.*)	(*Past Conditional*)
ich	werde bewogen haben	werde bewogen haben	würde bewogen haben
du	wirst bewogen haben	werdest bewogen haben	würdest bewogen haben
er	wird bewogen haben	werde bewogen haben	würde bewogen haben
wir	werden bewogen haben	werden bewogen haben	würden bewogen haben
ihr	werdet bewogen haben	werdet bewogen haben	würdet bewogen haben
sie	werden bewogen haben	werden bewogen haben	würden bewogen haben

Examples: **Was hat ihn dazu bewogen?** *What made him do that?* **Er wurde von seinen Freunden dazu bewogen. Von falschem Idealismus bewogen, richteten sie viel Unheil an.** *He was led into it by his friends. Motivated by false idealism, they caused much misfortune.* Contrast this strong verb with the preceding weak one. Both are inseparable prefix verbs.

beweisen

PRINC. PARTS: **beweisen, bewies, bewiesen, beweist**
IMPERATIVE: **beweise!, beweist!, beweisen Sie!**

to prove

B

	INDICATIVE		SUBJUNCTIVE	
			PRIMARY	SECONDARY
			Present Time	
	Present		*(Pres. Subj.)*	*(Imperf. Subj.)*
ich	beweise		beweise	bewiese
du	beweist		beweisest	bewiesest
er	beweist		beweise	bewiese
wir	beweisen		beweisen	bewiesen
ihr	beweist		beweiset	bewieset
sie	beweisen		beweisen	bewiesen
	Imperfect			
ich	bewies			
du	bewiesest			
er	bewies			
wir	bewiesen			
ihr	bewiest			
sie	bewiesen			
			Past Time	
	Perfect		*(Perf. Subj.)*	*(Pluperf. Subj.)*
ich	habe bewiesen		habe bewiesen	hätte bewiesen
du	hast bewiesen		habest bewiesen	hättest bewiesen
er	hat bewiesen		habe bewiesen	hätte bewiesen
wir	haben bewiesen		haben bewiesen	hätten bewiesen
ihr	habt bewiesen		habet bewiesen	hättet bewiesen
sie	haben bewiesen		haben bewiesen	hätten bewiesen
	Pluperfect			
ich	hatte bewiesen			
du	hattest bewiesen			
er	hatte bewiesen			
wir	hatten bewiesen			
ihr	hattet bewiesen			
sie	hatten bewiesen			
			Future Time	
	Future		*(Fut. Subj.)*	*(Pres. Conditional)*
ich	werde beweisen		werde beweisen	würde beweisen
du	wirst beweisen		werdest beweisen	würdest beweisen
er	wird beweisen		werde beweisen	würde beweisen
wir	werden beweisen		werden beweisen	würden beweisen
ihr	werdet beweisen		werdet beweisen	würdet beweisen
sie	werden beweisen		werden beweisen	würden beweisen
			Future Perfect Time	
	Future Perfect		*(Fut. Perf. Subj.)*	*(Past Conditional)*
ich	werde bewiesen haben		werde bewiesen haben	würde bewiesen haben
du	wirst bewiesen haben		werdest bewiesen haben	würdest bewiesen haben
er	wird bewiesen haben		werde bewiesen haben	würde bewiesen haben
wir	werden bewiesen haben		werden bewiesen haben	würden bewiesen haben
ihr	werdet bewiesen haben		werdet bewiesen haben	würdet bewiesen haben
sie	werden bewiesen haben		werden bewiesen haben	würden bewiesen haben

Examples: „Bisjetzt hast du nichts bewiesen. Wirst du die Unschuld deiner Mandantin je beweisen können? Gibt es Beweise dafür?" „Ich sammle noch Beweismaterial." *"So far, you haven't proven anything. Will you ever be able to prove your client's innocence? Is there any proof of that?" "I'm still gathering evidence."* **Diese Pflanzen haben sich als wirksame Heilmittel bewiesen.** *These plants have proven themselves as effective therapeutic agents.* See also **weisen.**

bezahlen

to pay

PRINC. PARTS: **bezahlen, bezahlte, bezahlt, bezahlt**
IMPERATIVE: **bezahle!, bezahlt!, bezahlen Sie!**

INDICATIVE	SUBJUNCTIVE	
	PRIMARY	SECONDARY

Present Time

	Present	*(Pres. Subj.)*	*(Imperf. Subj.)*
ich	bezahle	bezahle	bezahlte
du	bezahlst	bezahlest	bezahltest
er	bezahlt	bezahle	bezahlte
wir	bezahlen	bezahlen	bezahlten
ihr	bezahlt	bezahlet	bezahltet
sie	bezahlen	bezahlen	bezahlten

	Imperfect
ich	bezahlte
du	bezahltest
er	bezahlte
wir	bezahlten
ihr	bezahltet
sie	bezahlten

Past Time

	Perfect	*(Perf. Subj.)*	*(Pluperf. Subj.)*
ich	habe bezahlt	habe bezahlt	hätte bezahlt
du	hast bezahlt	habest bezahlt	hättest bezahlt
er	hat bezahlt	habe bezahlt	hätte bezahlt
wir	haben bezahlt	haben bezahlt	hätten bezahlt
ihr	habt bezahlt	habet bezahlt	hättet bezahlt
sie	haben bezahlt	haben bezahlt	hätten bezahlt

	Pluperfect
ich	hatte bezahlt
du	hattest bezahlt
er	hatte bezahlt
wir	hatten bezahlt
ihr	hattet bezahlt
sie	hatten bezahlt

Future Time

	Future	*(Fut. Subj.)*	*(Pres. Conditional)*
ich	werde bezahlen	werde bezahlen	würde bezahlen
du	wirst bezahlen	werdest bezahlen	würdest bezahlen
er	wird bezahlen	werde bezahlen	würde bezahlen
wir	werden bezahlen	werden bezahlen	würden bezahlen
ihr	werdet bezahlen	werdet bezahlen	würdet bezahlen
sie	werden bezahlen	werden bezahlen	würden bezahlen

Future Perfect Time

	Future Perfect	*(Fut. Perf. Subj.)*	*(Past Conditional)*
ich	werde bezahlt haben	werde bezahlt haben	würde bezahlt haben
du	wirst bezahlt haben	werdest bezahlt haben	würdest bezahlt haben
er	wird bezahlt haben	werde bezahlt haben	würde bezahlt haben
wir	werden bezahlt haben	werden bezahlt haben	würden bezahlt haben
ihr	werdet bezahlt haben	werdet bezahlt haben	würdet bezahlt haben
sie	werden bezahlt haben	werden bezahlt haben	würden bezahlt haben

Examples: „Das kann ich nicht bezahlen." „Ihr Freund hat schon bezahlt." *"I can't pay for that." "Your friend has already paid."* Möchten Sie per Scheck, Kreditkarte oder Überweisung bezahlen? *Do you want to pay by check, credit card, or electronic bank transfer?* Für die ganze schwere Arbeit habe ich bisher nichts bezahlt bekommen. *So far I haven't been paid for all that hard work.* Ihre Anlage wird sich schnell bezahlt machen. Investieren Sie jetzt! *Your investment will pay off fast. Invest now!*

bezeichnen

PRINC. PARTS: **bezeichnen, bezeichnete, bezeichnet, bezeichnet**
IMPERATIVE: **bezeichne!, bezeichnet!, bezeichnen Sie!**

to designate,
mark, label

B

INDICATIVE		SUBJUNCTIVE	
		PRIMARY	SECONDARY
Present		***Present Time***	
		(*Pres. Subj.*)	(*Imperf. Subj.*)
ich	bezeichne	bezeichne	bezeichnete
du	bezeichnest	bezeichnest	bezeichnetest
er	bezeichnet	bezeichne	bezeichnete
wir	bezeichnen	bezeichnen	bezeichneten
ihr	bezeichnet	bezeichnet	bezeichnetet
sie	bezeichnen	bezeichnen	bezeichneten

Imperfect

ich	bezeichnete
du	bezeichnetest
er	bezeichnete
wir	bezeichneten
ihr	bezeichnetet
sie	bezeichneten

Perfect		***Past Time***	
		(*Perf. Subj.*)	(*Pluperf. Subj.*)
ich	habe bezeichnet	habe bezeichnet	hätte bezeichnet
du	hast bezeichnet	habest bezeichnet	hättest bezeichnet
er	hat bezeichnet	habe bezeichnet	hätte bezeichnet
wir	haben bezeichnet	haben bezeichnet	hätten bezeichnet
ihr	habt bezeichnet	habet bezeichnet	hättet bezeichnet
sie	haben bezeichnet	haben bezeichnet	hätten bezeichnet

Pluperfect

ich	hatte bezeichnet
du	hattest bezeichnet
er	hatte bezeichnet
wir	hatten bezeichnet
ihr	hattet bezeichnet
sie	hatten bezeichnet

Future		***Future Time***	
		(*Fut. Subj.*)	(*Pres. Conditional*)
ich	werde bezeichnen	werde bezeichnen	würde bezeichnen
du	wirst bezeichnen	werdest bezeichnen	würdest bezeichnen
er	wird bezeichnen	werde bezeichnen	würde bezeichnen
wir	werden bezeichnen	werden bezeichnen	würden bezeichnen
ihr	werdet bezeichnen	werdet bezeichnen	würdet bezeichnen
sie	werden bezeichnen	werden bezeichnen	würden bezeichnen

Future Perfect		***Future Perfect Time***	
		(*Fut. Perf. Subj.*)	(*Past Conditional*)
ich	werde bezeichnet haben	werde bezeichnet haben	würde bezeichnet haben
du	wirst bezeichnet haben	werdest bezeichnet haben	würdest bezeichnet haben
er	wird bezeichnet haben	werde bezeichnet haben	würde bezeichnet haben
wir	werden bezeichnet haben	werden bezeichnet haben	würden bezeichnet haben
ihr	werdet bezeichnet haben	werdet bezeichnet haben	würdet bezeichnet haben
sie	werden bezeichnet haben	werden bezeichnet haben	würden bezeichnet haben

Examples: Die Soldaten betraten ein Minenfeld, das auf ihrer Landkarte nicht bezeichnet war. Den Überlebenden wurde das Verwundetenabzeichen verliehen. Die Presse bezeichnete sie als Helden. *The soldiers walked into a mine field that wasn't indicated on their map. The survivors were awarded the Wound Badge ("Purple Heart"). The press characterized them as heroes.*

89

biegen

to bend; turn*

PRINC. PARTS: **biegen, bog, gebogen, biegt**
IMPERATIVE: **biege!, biegt!, biegen Sie!**

	INDICATIVE	SUBJUNCTIVE	
		PRIMARY	SECONDARY
	Present	**Present Time**	
		(Pres. Subj.)	*(Imperf. Subj.)*
ich	biege	biege	böge
du	biegst	biegest	bögest
er	biegt	biege	böge
wir	biegen	biegen	bögen
ihr	biegt	bieget	böget
sie	biegen	biegen	bögen

	Imperfect
ich	bog
du	bogst
er	bog
wir	bogen
ihr	bogt
sie	bogen

	Perfect	**Past Time**	
		(Perf. Subj.)	*(Pluperf. Subj.)*
ich	habe gebogen	habe gebogen	hätte gebogen
du	hast gebogen	habest gebogen	hättest gebogen
er	hat gebogen	habe gebogen	hätte gebogen
wir	haben gebogen	haben gebogen	hätten gebogen
ihr	habt gebogen	habet gebogen	hättet gebogen
sie	haben gebogen	haben gebogen	hätten gebogen

	Pluperfect
ich	hatte gebogen
du	hattest gebogen
er	hatte gebogen
wir	hatten gebogen
ihr	hattet gebogen
sie	hatten gebogen

	Future	**Future Time**	
		(Fut. Subj.)	*(Pres. Conditional)*
ich	werde biegen	werde biegen	würde biegen
du	wirst biegen	werdest biegen	würdest biegen
er	wird biegen	werde biegen	würde biegen
wir	werden biegen	werden biegen	würden biegen
ihr	werdet biegen	werdet biegen	würdet biegen
sie	werden biegen	werden biegen	würden biegen

	Future Perfect	**Future Perfect Time**	
		(Fut. Perf. Subj.)	*(Past Conditional)*
ich	werde gebogen haben	werde gebogen haben	würde gebogen haben
du	wirst gebogen haben	werdest gebogen haben	würdest gebogen haben
er	wird gebogen haben	werde gebogen haben	würde gebogen haben
wir	werden gebogen haben	werden gebogen haben	würden gebogen haben
ihr	werdet gebogen haben	werdet gebogen haben	würdet gebogen haben
sie	werden gebogen haben	werden gebogen haben	würden gebogen haben

*In this meaning **biegen** is conjugated with **sein**.

Examples: Der strenge alte Grammatiker war ganz unbiegsam. Alle um ihn mussten sich vor seiner Unbiegsamkeit schmiegen und biegen. *The stern old grammarian was quite unyielding. All those around him had to cringe and kowtow to his inflexibility.* Sich schmiegen und biegen is an idiom.

bieten

to offer, bid

PRINC. PARTS: **bieten, bot, geboten, bietet**
IMPERATIVE: **biete!, bietet!, bieten Sie!**

B

INDICATIVE	PRIMARY	SECONDARY
	SUBJUNCTIVE	
	Present Time	
Present	*(Pres. Subj.)*	*(Imperf. Subj.)*
ich biete	biete	böte
du bietest	bietest	bötest
er bietet	biete	bötet
wir bieten	bieten	böten
ihr bietet	bietet	bötet
sie bieten	bieten	böten

Imperfect
ich bot
du botest
er bot
wir boten
ihr botet
sie boten

	Past Time	
Perfect	*(Perf. Subj.)*	*(Pluperf. Subj.)*
ich habe geboten	habe geboten	hätte geboten
du hast geboten	habest geboten	hättest geboten
er hat geboten	habe geboten	hätte geboten
wir haben geboten	haben geboten	hätten geboten
ihr habt geboten	habet geboten	hättet geboten
sie haben geboten	haben geboten	hätten geboten

Pluperfect
ich hatte geboten
du hattest geboten
er hatte geboten
wir hatten geboten
ihr hattet geboten
sie hatten geboten

	Future Time	
Future	*(Fut. Subj.)*	*(Pres. Conditional)*
ich werde bieten	werde bieten	würde bieten
du wirst bieten	werdest bieten	würdest bieten
er wird bieten	werde bieten	würde bieten
wir werden bieten	werden bieten	würden bieten
ihr werdet bieten	werdet bieten	würdet bieten
sie werden bieten	werden bieten	würden bieten

	Future Perfect Time	
Future Perfect	*(Fut. Perf. Subj.)*	*(Past Conditional)*
ich werde geboten haben	werde geboten haben	würde geboten haben
du wirst geboten haben	werdest geboten haben	würdest geboten haben
er wird geboten haben	werde geboten haben	würde geboten haben
wir werden geboten haben	werden geboten haben	würden geboten haben
ihr werdet geboten haben	werdet geboten haben	würdet geboten haben
sie werden geboten haben	werden geboten haben	würden geboten haben

Examples: Auf der Versteigerung hatte sie viel Geld auf das Gemälde geboten. Aber ihr Gebot wurde überboten. *At the auction she had bid a lot of money for the painting. But she was outbid.* Von dieser verbotenen Frucht hat man uns nichts angeboten. *They didn't offer us any of that forbidden fruit.* Bieten is cognate with "bid." Don't confuse this verb with the inseparable prefix verb gebieten (*to command*).

bilden

to form, mold; educate

PRINC. PARTS: **bilden, bildete, gebildet, bildet**
IMPERATIVE: **bilde!, bildet!, bilden Sie!**

INDICATIVE	SUBJUNCTIVE	
	PRIMARY	SECONDARY

Present Time

	Present		(*Pres. Subj.*)	(*Imperf. Subj.*)
ich	bilde		bilde	bildete
du	bildest		bildest	bildetest
er	bildet		bilde	bildete
wir	bilden		bilden	bildeten
ihr	bildet		bildet	bildetet
sie	bilden		bilden	bildeten

	Imperfect
ich	bildete
du	bildetest
er	bildete
wir	bildeten
ihr	bildetet
sie	bildeten

Past Time

	Perfect	(*Perf. Subj.*)	(*Pluperf. Subj.*)
ich	habe gebildet	habe gebildet	hätte gebildet
du	hast gebildet	habest gebildet	hättest gebildet
er	hat gebildet	habe gebildet	hätte gebildet
wir	haben gebildet	haben gebildet	hätten gebildet
ihr	habt gebildet	habet gebildet	hättet gebildet
sie	haben gebildet	haben gebildet	hätten gebildet

	Pluperfect
ich	hatte gebildet
du	hattest gebildet
er	hatte gebildet
wir	hatten gebildet
ihr	hattet gebildet
sie	hatten gebildet

Future Time

	Future	(*Fut. Subj.*)	(*Pres. Conditional*)
ich	werde bilden	werde bilden	würde bilden
du	wirst bilden	werdest bilden	würdest bilden
er	wird bilden	werde bilden	würde bilden
wir	werden bilden	werden bilden	würden bilden
ihr	werdet bilden	werdet bilden	würdet bilden
sie	werden bilden	werden bilden	würden bilden

Future Perfect Time

	Future Perfect	(*Fut. Perf. Subj.*)	(*Past Conditional*)
ich	werde gebildet haben	werde gebildet haben	würde gebildet haben
du	wirst gebildet haben	werdest gebildet haben	würdest gebildet haben
er	wird gebildet haben	werde gebildet haben	würde gebildet haben
wir	werden gebildet haben	werden gebildet haben	würden gebildet haben
ihr	werdet gebildet haben	werdet gebildet haben	würdet gebildet haben
sie	werden gebildet haben	werden gebildet haben	würden gebildet haben

Examples: Die neue Präsidentin hat ihr Kabinett noch nicht gebildet. Daher kann ich mir keine Meinung über die Regierung bilden. *The new president hasn't formed her cabinet yet. Therefore I can't form any opinion about the government.* **Lili ist sehr gebildet. Sie wurde in einer Kunstschule ausgebildet, wo sie die bildenden Künste studierte. Auch reist sie viel. Reisen bildet den Geist.** *Lili is very cultivated. She was educated in an art school where she studied the plastic arts. She also travels a lot. Travel broadens the mind.*

binden

PRINC. PARTS:	**binden, band, gebunden, bindet**
IMPERATIVE:	**binde!, bindet!, binden Sie!**

to bind, tie

INDICATIVE	SUBJUNCTIVE	
	PRIMARY	SECONDARY

Present Time

Present	*(Pres. Subj.)*	*(Imperf. Subj.)*
ich binde	binde	bände
du bindest	bindest	bändest
er bindet	binde	bände
wir binden	binden	bänden
ihr bindet	bindet	bändet
sie binden	binden	bänden

Imperfect
ich band
du bandest
er band
wir banden
ihr bandet
sie banden

Past Time

Perfect	*(Perf. Subj.)*	*(Pluperf. Subj.)*
ich habe gebunden	habe gebunden	hätte gebunden
du hast gebunden	habest gebunden	hättest gebunden
er hat gebunden	habe gebunden	hätte gebunden
wir haben gebunden	haben gebunden	hätten gebunden
ihr habt gebunden	habet gebunden	hättet gebunden
sie haben gebunden	haben gebunden	hätten gebunden

Pluperfect
ich hatte gebunden
du hattest gebunden
er hatte gebunden
wir hatten gebunden
ihr hattet gebunden
sie hatten gebunden

Future Time

Future	*(Fut. Subj.)*	*(Pres. Conditional)*
ich werde binden	werde binden	würde binden
du wirst binden	werdest binden	würdest binden
er wird binden	werde binden	würde binden
wir werden binden	werden binden	würden binden
ihr werdet binden	werdet binden	würdet binden
sie werden binden	werden binden	würden binden

Future Perfect Time

Future Perfect	*(Fut. Perf. Subj.)*	*(Past Conditional)*
ich werde gebunden haben	werde gebunden haben	würde gebunden haben
du wirst gebunden haben	werdest gebunden haben	würdest gebunden haben
er wird gebunden haben	werde gebunden haben	würde gebunden haben
wir werden gebunden haben	werden gebunden haben	würden gebunden haben
ihr werdet gebunden haben	werdet gebunden haben	würdet gebunden haben
sie werden gebunden haben	werden gebunden haben	würden gebunden haben

Examples: **Odysseus ließ sich an den Mast binden.** *Ulysses had himself tied to the mast.* **Jetzt halten wir den Vertrag für nicht mehr bindend.** *Now we no longer consider the contract binding.* **Lassen** + an infinitive (1) means *"to have something done."* Because it follows the noun it modifies (**Vertrag**), **bindend** has no ending here.

bitten

to ask (for), request,
beg, intercede

PRINC. PARTS: **bitten, bat, gebeten, bittet**
IMPERATIVE: **bitte!, bittet!, bitten Sie!**

INDICATIVE	SUBJUNCTIVE	
	PRIMARY	SECONDARY

Present Time

	Present	(Pres. Subj.)	(Imperf. Subj.)
ich	bitte	bitte	bäte
du	bittest	bittest	bätest
er	bittet	bitte	bäte
wir	bitten	bitten	bäten
ihr	bittet	bittet	bätet
sie	bitten	bitten	bäten

	Imperfect
ich	bat
du	batest
er	bat
wir	baten
ihr	batet
sie	baten

Past Time

	Perfect	(Perf. Subj.)	(Pluperf. Subj.)
ich	habe gebeten	habe gebeten	hätte gebeten
du	hast gebeten	habest gebeten	hättest gebeten
er	hat gebeten	habe gebeten	hätte gebeten
wir	haben gebeten	haben gebeten	hätten gebeten
ihr	habt gebeten	habet gebeten	hättet gebeten
sie	haben gebeten	haben gebeten	hätten gebeten

	Pluperfect
ich	hatte gebeten
du	hattest gebeten
er	hatte gebeten
wir	hatten gebeten
ihr	hattet gebeten
sie	hatten gebeten

Future Time

	Future	(Fut. Subj.)	(Pres. Conditional)
ich	werde bitten	werde bitten	würde bitten
du	wirst bitten	werdest bitten	würdest bitten
er	wird bitten	werde bitten	würde bitten
wir	werden bitten	werden bitten	würden bitten
ihr	werdet bitten	werdet bitten	würdet bitten
sie	werden bitten	werden bitten	würden bitten

Future Perfect Time

	Future Perfect	(Fut. Perf. Subj.)	(Past Conditional)
ich	werde gebeten haben	werde gebeten haben	würde gebeten haben
du	wirst gebeten haben	werdest gebeten haben	würdest gebeten haben
er	wird gebeten haben	werde gebeten haben	würde gebeten haben
wir	werden gebeten haben	werden gebeten haben	würden gebeten haben
ihr	werdet gebeten haben	werdet gebeten haben	würdet gebeten haben
sie	werden gebeten haben	werden gebeten haben	würden gebeten haben

Examples: Man bittet um Erlaubnis. *One asks for permission.* **Bitte schön.** *You're welcome.* **Elisabeth hat für Tannhäuser gebeten und auch für ihn gebetet.** *Elisabeth interceded for Tannhäuser and also prayed for him.* Don't confuse **bitten** (*to ask for*) and **fragen** (*to ask a question*). **Bitten** should also not be confused with **beten** (*to pray*).

blasen

PRINC. PARTS: **blasen, blies, geblasen, bläst**
IMPERATIVE: **blase!, blast!, blasen Sie!**

to blow; to play a wind or brass instrument

INDICATIVE	SUBJUNCTIVE	
	PRIMARY	SECONDARY
Present	**Present Time**	
	(Pres. Subj.)	*(Imperf. Subj.)*
ich blase	blase	bliese
du bläst	blasest	bliesest
er bläst	blase	bliese
wir blasen	blasen	bliesen
ihr blast	blaset	blieset
sie blasen	blasen	bliesen
Imperfect		
ich blies		
du bliesest		
er blies		
wir bliesen		
ihr bliest		
sie bliesen		
Perfect	**Past Time**	
	(Perf. Subj.)	*(Pluperf. Subj.)*
ich habe geblasen	habe geblasen	hätte geblasen
du hast geblasen	habest geblasen	hättest geblasen
er hat geblasen	habe geblasen	hätte geblasen
wir haben geblasen	haben geblasen	hätten geblasen
ihr habt geblasen	habet geblasen	hättet geblasen
sie haben geblasen	haben geblasen	hätten geblasen
Pluperfect		
ich hatte geblasen		
du hattest geblasen		
er hatte geblasen		
wir hatten geblasen		
ihr hattet geblasen		
sie hatten geblasen		
Future	**Future Time**	
	(Fut. Subj.)	*(Pres. Conditional)*
ich werde blasen	werde blasen	würde blasen
du wirst blasen	werdest blasen	würdest blasen
er wird blasen	werde blasen	würde blasen
wir werden blasen	werden blasen	würden blasen
ihr werdet blasen	werdet blasen	würdet blasen
sie werden blasen	werden blasen	würden blasen
Future Perfect	**Future Perfect Time**	
	(Fut. Perf. Subj.)	*(Past Conditional)*
ich werde geblasen haben	werde geblasen haben	würde geblasen haben
du wirst geblasen haben	werdest geblasen haben	würdest geblasen haben
er wird geblasen haben	werde geblasen haben	würde geblasen haben
wir werden geblasen haben	werden geblasen haben	würden geblasen haben
ihr werdet geblasen haben	werdet geblasen haben	würdet geblasen haben
sie werden geblasen haben	werden geblasen haben	würden geblasen haben

Examples: Roland blies zum letzten Mal in sein Horn. *Roland blew his horn for the last time.* Kalt bläst der Wind. *There's a cold wind blowing.* Sie nannte Baron Ochs einen aufgeblasenen schlechten Kerl. *She called Baron Ochs a puffed-up, bad fellow.* The 2nd and 3rd person singular of the present have an umlaut, as in bläst.

bleiben

to remain, stay;
keep; be

PRINC. PARTS: **bleiben, blieb, ist geblieben, bleibt**
IMPERATIVE: **bleibe!, bleibt!, bleiben Sie!**

	INDICATIVE	SUBJUNCTIVE	
		PRIMARY	SECONDARY
	Present	**Present Time**	
		(Pres. Subj.)	*(Imperf. Subj.)*
ich	bleibe	bleibe	bliebe
du	bleibst	bleibest	bliebest
er	bleibt	bleibe	bliebe
wir	bleiben	bleiben	blieben
ihr	bleibt	bleibet	bliebet
sie	bleiben	bleiben	blieben
	Imperfect		
ich	blieb		
du	bliebst		
er	blieb		
wir	blieben		
ihr	bliebt		
sie	blieben		
	Perfect	**Past Time**	
		(Perf. Subj.)	*(Pluperf. Subj.)*
ich	bin geblieben	sei geblieben	wäre geblieben
du	bist geblieben	seiest geblieben	wärest geblieben
er	ist geblieben	sei geblieben	wäre geblieben
wir	sind geblieben	seien geblieben	wären geblieben
ihr	seid geblieben	seiet geblieben	wäret geblieben
sie	sind geblieben	seien geblieben	wären geblieben
	Pluperfect		
ich	war geblieben		
du	warst geblieben		
er	war geblieben		
wir	waren geblieben		
ihr	wart geblieben		
sie	waren geblieben		
	Future	**Future Time**	
		(Fut. Subj.)	*(Pres. Conditional)*
ich	werde bleiben	werde bleiben	würde bleiben
du	wirst bleiben	werdest bleiben	würdest bleiben
er	wird bleiben	werde bleiben	würde bleiben
wir	werden bleiben	werden bleiben	würden bleiben
ihr	werdet bleiben	werdet bleiben	würdet bleiben
sie	werden bleiben	werden bleiben	würden bleiben
	Future Perfect	**Future Perfect Time**	
		(Fut. Perf. Subj.)	*(Past Conditional)*
ich	werde geblieben sein	werde geblieben sein	würde geblieben sein
du	wirst geblieben sein	werdest geblieben sein	würdest geblieben sein
er	wird geblieben sein	werde geblieben sein	würde geblieben sein
wir	werden geblieben sein	werden geblieben sein	würden geblieben sein
ihr	werdet geblieben sein	werdet geblieben sein	würdet geblieben sein
sie	werden geblieben sein	werden geblieben sein	würden geblieben sein

AN ESSENTIAL
55 VERB

AN ESSENTIAL 55 VERB

EXAMPLES

Er blieb nur kurze Zeit bei uns, aber wir bleiben noch in Verbindung.
He stayed with us for just a short time, but we stay in touch.

„Du willst bei deiner Entscheidung bleiben? Es soll alles beim Alten bleiben?" „Ja, ich bleibe dabei. Dabei bleibt es!"
"You want to stick with your decision? Everything is to stay the same old same old? "Yes, I won't budge. That's the end of it!"

Bleiben is often translated by forms of "to be."

Wo bleibt das Essen?
Where's the food?

Das Geschäft bleibt heute geschlossen.
The store is closed today.

Es blieb keine andere Wahl.
There was no other choice.

Bis zur Abreise bleibt uns wenig Zeit.
There isn't much time before our departure.

Idioms

bei etwas bleiben—to stick to something
Bleiben Sie bei der Sache!
Stick to the point!

Bleiben Sie dran!—Hold the line (telephone). Stay tuned (radio, TV).
im Feld/im Krieg/auf See bleiben— euphemistic for "to die in action/ in the war/at sea"
Die beiden Brüder blieben im Krieg— der eine auf See.
Both brothers died in the war—one died at sea.

etwas bleiben lassen—to stop doing something
Lass doch endlich das Nägelkauen bleiben!
It's high time you stopped chewing your nails.

Prefix Verbs

SEPARABLE

aufbleiben—to stay up
Ich bin die ganze Nacht aufgeblieben.
I stayed up all night.

ausbleiben—to fail to occur; be absent
Trotz aller Anstrengungen blieb der Sieg aus.
Despite all efforts there was no victory.

dabeibleiben—to stick with
Er begann, Diät zu leben; ist aber nicht dabeigeblieben.
He went on a diet, but he didn't stick to it.

dabeibleiben—to remain as before
Es bleibt dabei! Basta!
That's how it's gonna stay. Case closed!

fernbleiben—to stay away from; be absent
Wir bleiben ihnen fern.
We stay away from them.

steckenbleiben—to get stuck
Die Armee ist im Schlamm steckengeblieben.
The army got stuck in the mud.

INSEPARABLE

unterbleiben—to stop; not occur
Künftig hat das zu unterbleiben.
In the future that's got to stop.

verbleiben—to remain; continue
Mein Onkel ist nicht lange im Beruf verblieben.
My uncle didn't continue long in the profession.

blicken

to look, glance

PRINC. PARTS: **blicken, blickte, geblickt, blickt**
IMPERATIVE: **blicke!, blickt!, blicken Sie!**

	INDICATIVE	SUBJUNCTIVE	
		PRIMARY	SECONDARY
		Present Time	
	Present	*(Pres. Subj.)*	*(Imperf. Subj.)*
ich	blicke	blicke	blickte
du	blickst	blickest	blicktest
er	blickt	blicke	blickte
wir	blicken	blicken	blickten
ihr	blickt	blicket	blicktet
sie	blicken	blicken	blickten

	Imperfect
ich	blickte
du	blicktest
er	blickte
wir	blickten
ihr	blicktet
sie	blickten

			Past Time	
	Perfect	*(Perf. Subj.)*	*(Pluperf. Subj.)*
ich	habe geblickt	habe geblickt	hätte geblickt
du	hast geblickt	habest geblickt	hättest geblickt
er	hat geblickt	habe geblickt	hätte geblickt
wir	haben geblickt	haben geblickt	hätten geblickt
ihr	habt geblickt	habet geblickt	hättet geblickt
sie	haben geblickt	haben geblickt	hätten geblickt

	Pluperfect
ich	hatte geblickt
du	hattest geblickt
er	hatte geblickt
wir	hatten geblickt
ihr	hattet geblickt
sie	hatten geblickt

			Future Time	
	Future	*(Fut. Subj.)*	*(Pres. Conditional)*
ich	werde blicken	werde blicken	würde blicken
du	wirst blicken	werdest blicken	würdest blicken
er	wird blicken	werde blicken	würde blicken
wir	werden blicken	werden blicken	würden blicken
ihr	werdet blicken	werdet blicken	würdet blicken
sie	werden blicken	werden blicken	würden blicken

			Future Perfect Time	
	Future Perfect	*(Fut. Perf. Subj.)*	*(Past Conditional)*
ich	werde geblickt haben	werde geblickt haben	würde geblickt haben
du	wirst geblickt haben	werdest geblickt haben	würdest geblickt haben
er	wird geblickt haben	werde geblickt haben	würde geblickt haben
wir	werden geblickt haben	werden geblickt haben	würden geblickt haben
ihr	werdet geblickt haben	werdet geblickt haben	würdet geblickt haben
sie	werden geblickt haben	werden geblickt haben	würden geblickt haben

Examples: Sie haben sich seit zwanzig Minuten nicht blicken lassen. *You haven't put in an appearance for 20 minutes.* Augenblick mal! Warum blicken Sie mich so gehässig an? *Just a minute now. Why are you giving me such a nasty look?* **Blicken** is used for a short look, for glancing. An **Augenblick** (*moment, second*) is shorter still. For "to look at," the separable **anblicken** is used.

blitzen

PRINC. PARTS: **blitzen*, blitzte, geblitzt, blitzt**
IMPERATIVE: **blitze!, blitzt!, blitzen Sie!**

to emit lightning;
flash; take flash photos

B

INDICATIVE	SUBJUNCTIVE	
	PRIMARY	SECONDARY

Present Time

Present	*(Pres. Subj.)*	*(Imperf. Subj.)*
ich blitze	blitze	blitzte
du blitzt	blitzest	blitztest
er blitzt	blitze	blitzte
wir blitzen	blitzen	blitzten
ihr blitzt	blitzet	blitztet
sie blitzen	blitzen	blitzten

Imperfect
ich	blitzte
du	blitztest
er	blitzte
wir	blitzten
ihr	blitztet
sie	blitzten

Past Time

Perfect	*(Perf. Subj.)*	*(Pluperf. Subj.)*
ich habe geblitzt	habe geblitzt	hätte geblitzt
du hast geblitzt	habest geblitzt	hättest geblitzt
er hat geblitzt	habe geblitzt	hätte geblitzt
wir haben geblitzt	haben geblitzt	hätten geblitzt
ihr habt geblitzt	habet geblitzt	hättet geblitzt
sie haben geblitzt	haben geblitzt	hätten geblitzt

Pluperfect
ich	hatte geblitzt
du	hattest geblitzt
er	hatte geblitzt
wir	hatten geblitzt
ihr	hattet geblitzt
sie	hatten geblitzt

Future Time

Future	*(Fut. Subj.)*	*(Pres. Conditional)*
ich werde blitzen	werde blitzen	würde blitzen
du wirst blitzen	werdest blitzen	würdest blitzen
er wird blitzen	werde blitzen	würde blitzen
wir werden blitzen	werden blitzen	würden blitzen
ihr werdet blitzen	werdet blitzen	würdet blitzen
sie werden blitzen	werden blitzen	würden blitzen

Future Perfect Time

Future Perfect	*(Fut. Perf. Subj.)*	*(Past Conditional)*
ich werde geblitzt haben	werde geblitzt haben	würde geblitzt haben
du wirst geblitzt haben	werdest geblitzt haben	würdest geblitzt haben
er wird geblitzt haben	werde geblitzt haben	würde geblitzt haben
wir werden geblitzt haben	werden geblitzt haben	würden geblitzt haben
ihr werdet geblitzt haben	werdet geblitzt haben	würdet geblitzt haben
sie werden geblitzt haben	werden geblitzt haben	würden geblitzt haben

*Third person forms are most frequently found. EXAMPLE: **Es blitzt.** *There is lightning.*

Examples: Draußen donnerte und blitzte es, als man die Polka *Donner und Blitz* **spielte.**
Outside there was thunder and lightning when they played the polka Thunder and Lightning.
Except for the slang meaning "*to flash; to moon,*" **blitzen** is used impersonally.

blühen

to bloom, flower, flourish

PRINC. PARTS: **blühen, blühte, geblüht, blüht**
IMPERATIVE: **blühe!, blüht!, blühen Sie!**

INDICATIVE	SUBJUNCTIVE	
	PRIMARY	SECONDARY

Present Time

	Present	(*Pres. Subj.*)	(*Imperf. Subj.*)
ich	blühe	blühe	blühte
du	blühst	blühest	blühtest
er	blüht	blühe	blühte
wir	blühen	blühen	blühten
ihr	blüht	blühet	blühtet
sie	blühen	blühen	blühten

	Imperfect
ich	blühte
du	blühtest
er	blühte
wir	blühten
ihr	blühtet
sie	blühten

Past Time

	Perfect	(*Perf. Subj.*)	(*Pluperf. Subj.*)
ich	habe geblüht	habe geblüht	hätte geblüht
du	hast geblüht	habest geblüht	hättest geblüht
er	hat geblüht	habe geblüht	hätte geblüht
wir	haben geblüht	haben geblüht	hätten geblüht
ihr	habt geblüht	habet geblüht	hättet geblüht
sie	haben geblüht	haben geblüht	hätten geblüht

	Pluperfect
ich	hatte geblüht
du	hattest geblüht
er	hatte geblüht
wir	hatten geblüht
ihr	hattet geblüht
sie	hatten geblüht

Future Time

	Future	(*Fut. Subj.*)	(*Pres. Conditional*)
ich	werde blühen	werde blühen	würde blühen
du	wirst blühen	werdest blühen	würdest blühen
er	wird blühen	werde blühen	würde blühen
wir	werden blühen	werden blühen	würden blühen
ihr	werdet blühen	werdet blühen	würdet blühen
sie	werden blühen	werden blühen	würden blühen

Future Perfect Time

	Future Perfect	(*Fut. Perf. Subj.*)	(*Past Conditional*)
ich	werde geblüht haben	werde geblüht haben	würde geblüht haben
du	wirst geblüht haben	werdest geblüht haben	würdest geblüht haben
er	wird geblüht haben	werde geblüht haben	würde geblüht haben
wir	werden geblüht haben	werden geblüht haben	würden geblüht haben
ihr	werdet geblüht haben	werdet geblüht haben	würdet geblüht haben
sie	werden geblüht haben	werden geblüht haben	würden geblüht haben

Examples: Vor dem Krieg blühten der Handel und die Künste. *Before the war, commerce and the arts flourished.* **Das blühend schöne Mädchen pflückte Blumen und legte sie auf das Grab.** *The vital, beautiful girl picked flowers and placed them on the grave.* **Blühen** is a regular (weak) verb. Every form has an umlaut, so you need not be concerned about when or where to add one.

PRINC. PARTS: **bluten, blutete, geblutet, blutet**
IMPERATIVE: **blute!, blutet!, bluten Sie!**

to bleed

B

INDICATIVE	SUBJUNCTIVE	
	PRIMARY	SECONDARY

Present Time

	Present	*(Pres. Subj.)*	*(Imperf. Subj.)*
ich	blute	blute	blutete
du	blutest	blutest	blutetest
er	blutet	blute	blutete
wir	bluten	bluten	bluteten
ihr	blutet	blutet	blutetet
sie	bluten	bluten	bluteten

	Imperfect
ich	blutete
du	blutetest
er	blutete
wir	bluteten
ihr	blutetet
sie	bluteten

Past Time

	Perfect	*(Perf. Subj.)*	*(Pluperf. Subj.)*
ich	habe geblutet	habe geblutet	hätte geblutet
du	hast geblutet	habest geblutet	hättest geblutet
er	hat geblutet	habe geblutet	hätte geblutet
wir	haben geblutet	haben geblutet	hätten geblutet
ihr	habt geblutet	habet geblutet	hättet geblutet
sie	haben geblutet	haben geblutet	hätten geblutet

	Pluperfect
ich	hatte geblutet
du	hattest geblutet
er	hatte geblutet
wir	hatten geblutet
ihr	hattet geblutet
sie	hatten geblutet

Future Time

	Future	*(Fut. Subj.)*	*(Pres. Conditional)*
ich	werde bluten	werde bluten	würde bluten
du	wirst bluten	werdest bluten	würdest bluten
er	wird bluten	werde bluten	würde bluten
wir	werden bluten	werden bluten	würden bluten
ihr	werdet bluten	werdet bluten	würdet bluten
sie	werden bluten	werden bluten	würden bluten

Future Perfect Time

	Future Perfect	*(Fut. Perf. Subj.)*	*(Past Conditional)*
ich	werde geblutet haben	werde geblutet haben	würde geblutet haben
du	wirst geblutet haben	werdest geblutet haben	würdest geblutet haben
er	wird geblutet haben	werde geblutet haben	würde geblutet haben
wir	werden geblutet haben	werden geblutet haben	würden geblutet haben
ihr	werdet geblutet haben	werdet geblutet haben	würdet geblutet haben
sie	werden geblutet haben	werden geblutet haben	würden geblutet haben

Examples: Der Zarewitsch war Bluter und blutete oft. Rasputin wusste, dieses Bluten aufzuhalten. Er versuchte auch, das Blutvergießen des Krieges zu verhindern. Aber Millionen verbluteten auf den blutigen Schlachtfeldern. *The Tsarevitch was a haemophiliac and bled often. Rasputin knew how to stop this bleeding. He also tried to prevent the bloodshed of the war. But millions bled to death on the bloody battlefields.*

braten

to roast; broil; fry; grill

PRINC. PARTS: **braten, briet, gebraten, brät**
IMPERATIVE: **brate!, bratet!, braten Sie!**

INDICATIVE	SUBJUNCTIVE	
	PRIMARY	SECONDARY

Present Time

	Present	(*Pres. Subj.*)	(*Imperf. Subj.*)
ich	brate	brate	briete
du	brätst	bratest	brietest
er	brät	brate	briete
wir	braten	braten	brieten
ihr	bratet	bratet	brietet
sie	braten	braten	brieten

	Imperfect
ich	briet
du	brietst
er	briet
wir	brieten
ihr	brietet
sie	brieten

Past Time

	Perfect	(*Perf. Subj.*)	(*Pluperf. Subj.*)
ich	habe gebraten	habe gebraten	hätte gebraten
du	hast gebraten	habest gebraten	hättest gebraten
er	hat gebraten	habe gebraten	hätte gebraten
wir	haben gebraten	haben gebraten	hätten gebraten
ihr	habt gebraten	habet gebraten	hättet gebraten
sie	haben gebraten	haben gebraten	hätten gebraten

	Pluperfect
ich	hatte gebraten
du	hattest gebraten
er	hatte gebraten
wir	hatten gebraten
ihr	hattet gebraten
sie	hatten gebraten

Future Time

	Future	(*Fut. Subj.*)	(*Pres. Conditional*)
ich	werde braten	werde braten	würde braten
du	wirst braten	werdest braten	würdest braten
er	wird braten	werde braten	würde braten
wir	werden braten	werden braten	würden braten
ihr	werdet braten	werdet braten	würdet braten
sie	werden braten	werden braten	würden braten

Future Perfect Time

	Future Perfect	(*Fut. Perf. Subj.*)	(*Past Conditional*)
ich	werde gebraten haben	werde gebraten haben	würde gebraten haben
du	wirst gebraten haben	werdest gebraten haben	würdest gebraten haben
er	wird gebraten haben	werde gebraten haben	würde gebraten haben
wir	werden gebraten haben	werden gebraten haben	würden gebraten haben
ihr	werdet gebraten haben	werdet gebraten haben	würdet gebraten haben
sie	werden gebraten haben	werden gebraten haben	würden gebraten haben

---

Examples: „Soll ich dir das Fleisch am Spieß braten?" „Nein, lieber in der Bratpfanne. Aber nicht zu scharf braten. Nur leicht anbraten. Meistens brätst du mein Steak zu lange. Du weißt, ich lieb's blutig, nicht durchgebraten. „Brat's dir selber." *"Shall I roast the meat on the spit for you?" "No, better the frying pan. But don't fry it too hard. Just sear it lightly. You usually cook my steak too long. You know I like it rare, not well-done. "Roast it yourself."*

brauchen

PRINC. PARTS: **brauchen, brauchte, gebraucht, braucht**
IMPERATIVE: **brauche!, braucht!, brauchen Sie!**

to need, require;
take (for periods of time)

B

INDICATIVE	SUBJUNCTIVE	
	PRIMARY	SECONDARY
	Present Time	
Present	*(Pres. Subj.)*	*(Imperf. Subj.)*
ich brauche	brauche	brauchte*
du brauchst	brauchest	brauchtest
er braucht	brauche	brauchte
wir brauchen	brauchen	brauchten
ihr braucht	brauchet	brauchtet
sie brauchen	brauchen	brauchten
Imperfect		
ich brauchte		
du brauchtest		
er brauchte		
wir brauchten		
ihr brauchtet		
sie brauchten		
	Past Time	
Perfect	*(Perf. Subj.)*	*(Pluperf. Subj.)*
ich habe gebraucht	habe gebraucht	hätte gebraucht
du hast gebraucht	habest gebraucht	hättest gebraucht
er hat gebraucht	habe gebraucht	hätte gebraucht
wir haben gebraucht	haben gebraucht	hätten gebraucht
ihr habt gebraucht	habet gebraucht	hättet gebraucht
sie haben gebraucht	haben gebraucht	hätten gebraucht
Pluperfect		
ich hatte gebraucht		
du hattest gebraucht		
er hatte gebraucht		
wir hatten gebraucht		
ihr hattet gebraucht		
sie hatten gebraucht		
	Future Time	
Future	*(Fut. Subj.)*	*(Pres. Conditional)*
ich werde brauchen	werde brauchen	würde brauchen
du wirst brauchen	werdest brauchen	würdest brauchen
er wird brauchen	werde brauchen	würde brauchen
wir werden brauchen	werden brauchen	würden brauchen
ihr werdet brauchen	werdet brauchen	würdet brauchen
sie werden brauchen	werden brauchen	würden brauchen
	Future Perfect Time	
Future Perfect	*(Fut. Perf. Subj.)*	*(Past Conditional)*
ich werde gebraucht haben	werde gebraucht haben	würde gebraucht haben
du wirst gebraucht haben	werdest gebraucht haben	würdest gebraucht haben
er wird gebraucht haben	werde gebraucht haben	würde gebraucht haben
wir werden gebraucht haben	werden gebraucht haben	würden gebraucht haben
ihr werdet gebraucht haben	werdet gebraucht haben	würdet gebraucht haben
sie werden gebraucht haben	werden gebraucht haben	würden gebraucht haben

*The umlauted forms: **bräuchte**, etc.,
are also found.

AN ESSENTIAL 55 VERB

103

EXAMPLES

„Brauchst du wirklich so viel Geld?" „Ja, ich brauch's. Und bald werde ich noch mehr brauchen."
"Do you really need that much money?" "Yes, I need it. And soon I'll need even more."

Wir brauchen einen neuen Wagen, wollen aber keinen Gebrauchtwagen.
We need a new car but don't want a used car.

„Sie brauchen diese Ware dringend." „Wozu brauchen sie wieder so viel? Ist das alles ihnen wirklich brauchbar?" „Sie verbrauchen immer schnell ihre Vorräte."
"They urgently need the merchandise." "Why do they need so much again? Can they really use that much?" "They always use up their supplies fast."

Damals brauchte ich wirklich deine Unterstützung. Ich brauche dir nicht zu sagen, dass du mir nicht geholfen hast.
At that time I really needed your support. I don't have to tell you that you didn't help me.

Um das alles aufzubauen, haben wir Jahre gebraucht.
It took us years to build up all that.

Zu Fuß ist es ziemlich weit, aber mit dem Auto braucht man nur zehn Minuten.
It's rather far on foot, but it takes only ten minutes by car.

Don't confuse brauchen with gebrauchen (*to use*). The past participle of both is gebraucht. The context will tell you which is which.

Prefix Verbs

SEPARABLE
aufbrauchen—to deplete; use up
Mit seinem Saufen und Zocken hat mein Mann unsere ganzen Ersparnisse aufgebraucht.
With his drinking and gambling, my husband's gone through all our savings.

INSEPARABLE
gebrauchen—to use
Das kann ich gut gebrauchen.
I can make good use of that.

missbrauchen—to abuse
Du hast mein Vertrauen missbraucht.
You abused my confidence.

verbrauchen— to use up; consume
Der alte Wagen verbrauchte zu viel Sprit.
The old car used too much gas.

Idiom

Otto Normalverbraucher—the average consumer/John Q. Public
Wird das aber bei Otto Normalverbraucher gut ankommen?
But will that catch on with the average consumer?

brauen

PRINC. PARTS: **brauen, braute, gebraut, braut**
IMPERATIVE: **braue!, braut!, brauen Sie!**

INDICATIVE	SUBJUNCTIVE	
	PRIMARY	SECONDARY

B

Present Time

	Present	*(Pres. Subj.)*	*(Imperf. Subj.)*
ich	braue	braue	braute
du	braust	brauest	brautest
er	braut	braue	braute
wir	brauen	brauen	brauten
ihr	braut	brauet	brautet
sie	brauen	brauen	brauten

	Imperfect
ich	braute
du	brautest
er	braute
wir	brauten
ihr	brautet
sie	brauten

Past Time

	Perfect	*(Perf. Subj.)*	*(Pluperf. Subj.)*
ich	habe gebraut	habe gebraut	hätte gebraut
du	hast gebraut	habest gebraut	hättest gebraut
er	hat gebraut	habe gebraut	hätte gebraut
wir	haben gebraut	haben gebraut	hätten gebraut
ihr	habt gebraut	habet gebraut	hättet gebraut
sie	haben gebraut	haben gebraut	hätten gebraut

	Pluperfect
ich	hatte gebraut
du	hattest gebraut
er	hatte gebraut
wir	hatten gebraut
ihr	hattet gebraut
sie	hatten gebraut

Future Time

	Future	*(Fut. Subj.)*	*(Pres. Conditional)*
ich	werde brauen	werde brauen	würde brauen
du	wirst brauen	werdest brauen	würdest brauen
er	wird brauen	werde brauen	würde brauen
wir	werden brauen	werden brauen	würden brauen
ihr	werdet brauen	werdet brauen	würdet brauen
sie	werden brauen	werden brauen	würden brauen

Future Perfect Time

	Future Perfect	*(Fut. Perf. Subj.)*	*(Past Conditional)*
ich	werde gebraut haben	werde gebraut haben	würde gebraut haben
du	wirst gebraut haben	werdest gebraut haben	würdest gebraut haben
er	wird gebraut haben	werde gebraut haben	würde gebraut haben
wir	werden gebraut haben	werden gebraut haben	würden gebraut haben
ihr	werdet gebraut haben	werdet gebraut haben	würdet gebraut haben
sie	werden gebraut haben	werden gebraut haben	würden gebraut haben

Examples: Einst braute der Braumeister ein besseres Bier. Damals hielt er das Bierbrauen für eine große Kunst. Später aber betrank er sich oft im Brauhaus. Bald musste der Brauer seine Brauerei schließen. *Once the brew master brewed a better beer. Then he considered beer brewing a great art. But later he often got drunk in the brew house. Soon the brewer had to close his brewery.*

brausen

to storm, roar;
take a shower

PRINC. PARTS: **brausen, brauste, gebraust, braust**
IMPERATIVE: **brause!, braust!, brausen Sie!**

	INDICATIVE	SUBJUNCTIVE	
		PRIMARY	SECONDARY

Present Time

	Present	(*Pres. Subj.*)	(*Imperf. Subj.*)
ich	brause	brause	brauste
du	braust	brausest	braustest
er	braust	brause	brauste
wir	brausen	brausen	brausten
ihr	braust	brauset	braustet
sie	brausen	brausen	brausten

	Imperfect
ich	brauste
du	braustest
er	brauste
wir	brausten
ihr	braustet
sie	brausten

Past Time

	Perfect	(*Perf. Subj.*)	(*Pluperf. Subj.*)
ich	habe gebraust	habe gebraust	hätte gebraust
du	hast gebraust	habest gebraust	hättest gebraust
er	hat gebraust	habe gebraust	hätte gebraust
wir	haben gebraust	haben gebraust	hätten gebraust
ihr	habt gebraust	habet gebraust	hättet gebraust
sie	haben gebraust	haben gebraust	hätten gebraust

	Pluperfect
ich	hatte gebraust
du	hattest gebraust
er	hatte gebraust
wir	hatten gebraust
ihr	hattet gebraust
sie	hatten gebraust

Future Time

	Future	(*Fut. Subj.*)	(*Pres. Conditional*)
ich	werde brausen	werde brausen	würde brausen
du	wirst brausen	werdest brausen	würdest brausen
er	wird brausen	werde brausen	würde brausen
wir	werden brausen	werden brausen	würden brausen
ihr	werdet brausen	werdet brausen	würdet brausen
sie	werden brausen	werden brausen	würden brausen

Future Perfect Time

	Future Perfect	(*Fut. Perf. Subj.*)	(*Past Conditional*)
ich	werde gebraust haben	werde gebraust haben	würde gebraust haben
du	wirst gebraust haben	werdest gebraust haben	würdest gebraust haben
er	wird gebraust haben	werde gebraust haben	würde gebraust haben
wir	werden gebraust haben	werden gebraust haben	würden gebraust haben
ihr	werdet gebraust haben	werdet gebraust haben	würdet gebraust haben
sie	werden gebraust haben	werden gebraust haben	würden gebraust haben

Examples: Wollen wir brausen, bevor wir ins Schwimbad gehen? *Shall we take a shower before going into the swimming pool?* Man sagt, du wärest so ein Brausekopf. Die Leute sprechen noch von deinen tollen Brausejahren. *They say you're such a hothead. People still talk about your wild, impetuous youth.* Note that the 2nd and 3rd person singular present of **brausen** are identical.

brechen

PRINC. PARTS: **brechen, brach, gebrochen, bricht**
IMPERATIVE: **brich!, brecht!, brechen Sie!**

B

	INDICATIVE	SUBJUNCTIVE	
		PRIMARY	SECONDARY

Present Time

	Present	(*Pres. Subj.*)	(*Imperf. Subj.*)
ich	breche	breche	bräche
du	brichst	brechest	brächest
er	bricht	breche	bräche
wir	brechen	brechen	brächen
ihr	brecht	brechet	brächet
sie	brechen	brechen	brächen

	Imperfect
ich	brach
du	brachst
er	brach
wir	brachen
ihr	bracht
sie	brachen

Past Time

	Perfect	(*Perf. Subj.*)	(*Pluperf. Subj.*)
ich	habe gebrochen	habe gebrochen	hätte gebrochen
du	hast gebrochen	habest gebrochen	hättest gebrochen
er	hat gebrochen	habe gebrochen	hätte gebrochen
wir	haben gebrochen	haben gebrochen	hätten gebrochen
ihr	habt gebrochen	habet gebrochen	hättet gebrochen
sie	haben gebrochen	haben gebrochen	hätten gebrochen

	Pluperfect
ich	hatte gebrochen
du	hattest gebrochen
er	hatte gebrochen
wir	hatten gebrochen
ihr	hattet gebrochen
sie	hatten gebrochen

Future Time

	Future	(*Fut. Subj.*)	(*Pres. Conditional*)
ich	werde brechen	werde brechen	würde brechen
du	wirst brechen	werdest brechen	würdest brechen
er	wird brechen	werde brechen	würde brechen
wir	werden brechen	werden brechen	würden brechen
ihr	werdet brechen	werdet brechen	würdet brechen
sie	werden brechen	werden brechen	würden brechen

Future Perfect Time

	Future Perfect	(*Fut. Perf. Subj.*)	(*Past Conditional*)
ich	werde gebrochen haben	werde gebrochen haben	würde gebrochen haben
du	wirst gebrochen haben	werdest gebrochen haben	würdest gebrochen haben
er	wird gebrochen haben	werde gebrochen haben	würde gebrochen haben
wir	werden gebrochen haben	werden gebrochen haben	würden gebrochen haben
ihr	werdet gebrochen haben	werdet gebrochen haben	würdet gebrochen haben
sie	werden gebrochen haben	werden gebrochen haben	würden gebrochen haben

Examples: Wir haben die Verhandlungen abgebrochen, weil der Vorsitzende sein Wort gebrochen hat. *We broke off negotiations because the chairman broke his word.* **Bei einbrechender Nacht versuchten die Einbrecher ins Geschäft einzubrechen.** *At nightfall the burglars attempted to break into the store.* **Du brichst ja immer alles übers Knie.** *You always rush things.*

107

brennen

to burn; distill

PRINC. PARTS: **brennen, brannte, gebrannt, brennt**
IMPERATIVE: **brenne!, brennt!, brennen Sie!**

INDICATIVE	SUBJUNCTIVE	
	PRIMARY	SECONDARY

Present Time

	Present	(*Pres. Subj.*)	(*Imperf. Subj.*)
ich	brenne	brenne	brennte
du	brennst	brennest	brenntest
er	brennt	brenne	brennte
wir	brennen	brennen	brennten
ihr	brennt	brennet	brenntet
sie	brennen	brennen	brennten

	Imperfect
ich	brannte
du	branntest
er	brannte
wir	brannten
ihr	branntet
sie	brannten

Past Time

	Perfect	(*Perf. Subj.*)	(*Pluperf. Subj.*)
ich	habe gebrannt	habe gebrannt	hätte gebrannt
du	hast gebrannt	habest gebrannt	hättest gebrannt
er	hat gebrannt	habe gebrannt	hätte gebrannt
wir	haben gebrannt	haben gebrannt	hätten gebrannt
ihr	habt gebrannt	habet gebrannt	hättet gebrannt
sie	haben gebrannt	haben gebrannt	hätten gebrannt

	Pluperfect
ich	hatte gebrannt
du	hattest gebrannt
er	hatte gebrannt
wir	hatten gebrannt
ihr	hattet gebrannt
sie	hatten gebrannt

Future Time

	Future	(*Fut. Subj.*)	(*Pres. Conditional*)
ich	werde brennen	werde brennen	würde brennen
du	wirst brennen	werdest brennen	würdest brennen
er	wird brennen	werde brennen	würde brennen
wir	werden brennen	werden brennen	würden brennen
ihr	werdet brennen	werdet brennen	würdet brennen
sie	werden brennen	werden brennen	würden brennen

Future Perfect Time

	Future Perfect	(*Fut. Perf. Subj.*)	(*Past Conditional*)
ich	werde gebrannt haben	werde gebrannt haben	würde gebrannt haben
du	wirst gebrannt haben	werdest gebrannt haben	würdest gebrannt haben
er	wird gebrannt haben	werde gebrannt haben	würde gebrannt haben
wir	werden gebrannt haben	werden gebrannt haben	würden gebrannt haben
ihr	werdet gebrannt haben	werdet gebrannt haben	würdet gebrannt haben
sie	werden gebrannt haben	werden gebrannt haben	würden gebrannt haben

Examples: In Silkes Zimmer brannte noch Licht. Erich brannte darauf, ihr seine Liebe zu erklären. *There was still a light on in Silke's room. Erich ardently longed to declare his love to her.* **Brennen** belongs to a special group of "irregular mixed verbs" with characteristics of both weak and strong verbs (see page 14).

bringen

PRINC. PARTS:	**bringen, brachte, gebracht, bringt**	to bring; present; take (convey);
IMPERATIVE:	**bringe!, bringt!, bringen Sie!**	put; achieve, accomplish

INDICATIVE		SUBJUNCTIVE	
		PRIMARY	SECONDARY

Present Time

	Present	*(Pres. Subj.)*	*(Imperf. Subj.)*
ich	bringe	bringe	brächte
du	bringst	bringest	brächtest
er	bringt	bringe	brächte
wir	bringen	bringen	brächten
ihr	bringt	bringet	brächtet
sie	bringen	bringen	brächten

	Imperfect
ich	brachte
du	brachtest
er	brachte
wir	brachten
ihr	brachtet
sie	brachten

Past Time

	Perfect	*(Perf. Subj.)*	*(Pluperf. Subj.)*
ich	habe gebracht	habe gebracht	hätte gebracht
du	hast gebracht	habest gebracht	hättest gebracht
er	hat gebracht	habe gebracht	hätte gebracht
wir	haben gebracht	haben gebracht	hätten gebracht
ihr	habt gebracht	habet gebracht	hättet gebracht
sie	haben gebracht	haben gebracht	hätten gebracht

	Pluperfect
ich	hatte gebracht
du	hattest gebracht
er	hatte gebracht
wir	hatten gebracht
ihr	hattet gebracht
sie	hatten gebracht

Future Time

	Future	*(Fut. Subj.)*	*(Pres. Conditional)*
ich	werde bringen	werde bringen	würde bringen
du	wirst bringen	werdest bringen	würdest bringen
er	wird bringen	werde bringen	würde bringen
wir	werden bringen	werden bringen	würden bringen
ihr	werdet bringen	werdet bringen	würdet bringen
sie	werden bringen	werden bringen	würden bringen

Future Perfect Time

	Future Perfect	*(Fut. Perf. Subj.)*	*(Past Conditional)*
ich	werde gebracht haben	werde gebracht haben	würde gebracht haben
du	wirst gebracht haben	werdest gebracht haben	würdest gebracht haben
er	wird gebracht haben	werde gebracht haben	würde gebracht haben
wir	werden gebracht haben	werden gebracht haben	würden gebracht haben
ihr	werdet gebracht haben	werdet gebracht haben	würdet gebracht haben
sie	werden gebracht haben	werden gebracht haben	würden gebracht haben

AN ESSENTIAL 55 VERB

AN ESSENTIAL 55 VERB

EXAMPLES

„Herr Ober, bringen Sie uns bitte die Weinkarte wieder!" „Nichts kann mich dazu bringen, noch mehr Wein zu trinken", sagte Karls Frau. „Aber wir müssen doch unserer Freundin eine Gesundheit bringen, denn sie hat es zu Ruhm und Reichtum gebracht." „Ja, sie hat es weit gebracht."
"Waiter, please bring us the wine list again." "Nothing can bring me to drink more wine," said Karl's wife. "But we must toast our friend since she's now achieved fame and fortune." "Yes, she's gone far in the world."

Kannst du mich morgen früh zum Bahnhof bringen, und dann am Abend mich abholen und wieder nach Hause bringen?
Can you take me to the station tomorrow morning and then pick me up and bring me home again in the evening?

Die Kinder schreien und bringen mich um den Verstand. Bringen wir sie jetzt ins Bett.
The kids are screaming and driving me crazy. Let's put them to bed now.

Prefix Verbs

INSEPARABLE

erbringen—to produce; supply
Sie haben noch keine Beweise dafür erbracht.
They still haven't produced any evidence for it.

hinterbringen—to mention; inform
Das hättest du mir eher hinterbringen können.
You could have told me about that earlier.

verbringen—to spend time
Wo haben Sie Ihre Ferien verbracht?
Where'd you spend your vacation?

Prefix Verbs

SEPARABLE

abbringen—to dissuade
Wir haben ihn endlich von der Schnapsidee abgebracht.
We finally argued him out of that crackpot idea.

anbringen—to apply, fix, attach
Der Apotheke hat das falsche Etikett angebracht.
The pharmacist attached the wrong label.

aufbringen—to raise funds; infuriate
Sie versucht jetzt, das dafür nötige Geld aufzubringen.
She's now trying to raise the necessary funds for it.

Die Nachricht hat ihn sehr aufgebracht.
The news infuriated him.

beibringen—to teach
Aldo bringt mir jetzt Italienisch bei.
Aldo's now teaching me Italian.

einbringen—to bring in; yield
Der Verkauf der Briefmarkensammlung brachte ihnen viel Geld ein.
The stamp collection sale brought in a lot of money for them.

umbringen—to kill, do in
Wenn du so weitermachst, bringst du mich noch um.
If you keep on like that, you'll be the death of me.

unterbringen—to place; accommodate, lodge
Im Kofferraum können wir nichts mehr unterbringen.
We can't put anything more in the (car) trunk.

Seid ihr da gut untergebracht?
Are you comfortably lodged there?

brüllen

PRINC. PARTS: **brüllen, brüllte, gebrüllt, brüllt**
IMPERATIVE: **brülle!, brüllt!, brüllen Sie!**

to roar, shout

B

	INDICATIVE	SUBJUNCTIVE	
		PRIMARY	SECONDARY
		Present Time	
	Present	*(Pres. Subj.)*	*(Imperf. Subj.)*
ich	brülle	brülle	brüllte
du	brüllst	brüllest	brülltest
er	brüllt	brülle	brüllte
wir	brüllen	brüllen	brüllten
ihr	brüllt	brüllet	brülltet
sie	brüllen	brüllen	brüllten
	Imperfect		
ich	brüllte		
du	brülltest		
er	brüllte		
wir	brüllten		
ihr	brülltet		
sie	brüllten		
		Past Time	
	Perfect	*(Perf. Subj.)*	*(Pluperf. Subj.)*
ich	habe gebrüllt	habe gebrüllt	hätte gebrüllt
du	hast gebrüllt	habest gebrüllt	hättest gebrüllt
er	hat gebrüllt	habe gebrüllt	hätte gebrüllt
wir	haben gebrüllt	haben gebrüllt	hätten gebrüllt
ihr	habt gebrüllt	habet gebrüllt	hättet gebrüllt
sie	haben gebrüllt	haben gebrüllt	hätten gebrüllt
	Pluperfect		
ich	hatte gebrüllt		
du	hattest gebrüllt		
er	hatte gebrüllt		
wir	hatten gebrüllt		
ihr	hattet gebrüllt		
sie	hatten gebrüllt		
		Future Time	
	Future	*(Fut. Subj.)*	*(Pres. Conditional)*
ich	werde brüllen	werde brüllen	würde brüllen
du	wirst brüllen	werdest brüllen	würdest brüllen
er	wird brüllen	werde brüllen	würde brüllen
wir	werden brüllen	werden brüllen	würden brüllen
ihr	werdet brüllen	werdet brüllen	würdet brüllen
sie	werden brüllen	werden brüllen	würden brüllen
		Future Perfect Time	
	Future Perfect	*(Fut. Perf. Subj.)*	*(Past Conditional)*
ich	werde gebrüllt haben	werde gebrüllt haben	würde gebrüllt haben
du	wirst gebrüllt haben	werdest gebrüllt haben	würdest gebrüllt haben
er	wird gebrüllt haben	werde gebrüllt haben	würde gebrüllt haben
wir	werden gebrüllt haben	werden gebrüllt haben	würden gebrüllt haben
ihr	werdet gebrüllt haben	werdet gebrüllt haben	würdet gebrüllt haben
sie	werden gebrüllt haben	werden gebrüllt haben	würden gebrüllt haben

Examples: Die Zuschauer brüllten dem Fußballspieler Beifall. Später, zu Hause, brüllte er seine Frau zornig an. „Gut gebrüllt, Löwe. Statt mir deine Wut ins Gesicht zu brüllen, solltest du's mit der Zärtlichkeit versuchen." *The spectators roared their cheers for the soccer player. Later, at home, he angrily yelled at his wife. "Nicely roared, lion. Instead of raging at me, you should try a little tenderness."*

buchen

to book; enter

PRINC. PARTS: **buchen, buchte, gebucht, bucht**
IMPERATIVE: **buche!, bucht!, buchen Sie!**

INDICATIVE		SUBJUNCTIVE	
		PRIMARY	SECONDARY
		Present Time	
Present		*(Pres. Subj.)*	*(Imperf. Subj.)*
ich	buche	buche	buchte
du	buchst	buchest	buchtest
er	bucht	buche	buchte
wir	buchen	buchen	buchten
ihr	bucht	buchet	buchtet
sie	buchen	buchen	buchten

Imperfect	
ich	buchte
du	buchtest
er	buchte
wir	buchten
ihr	buchtet
sie	buchten

		Past Time	
Perfect		*(Perf. Subj.)*	*(Pluperf. Subj.)*
ich	habe gebucht	habe gebucht	hätte gebucht
du	hast gebucht	habest gebucht	hättest gebucht
er	hat gebucht	habe gebucht	hätte gebucht
wir	haben gebucht	haben gebucht	hätten gebucht
ihr	habt gebucht	habet gebucht	hättet gebucht
sie	haben gebucht	haben gebucht	hätten gebucht

Pluperfect	
ich	hatte gebucht
du	hattest gebucht
er	hatte gebucht
wir	hatten gebucht
ihr	hattet gebucht
sie	hatten gebucht

		Future Time	
Future		*(Fut. Subj.)*	*(Pres. Conditional)*
ich	werde buchen	werde buchen	würde buchen
du	wirst buchen	werdest buchen	würdest buchen
er	wird buchen	werde buchen	würde buchen
wir	werden buchen	werden buchen	würden buchen
ihr	werdet buchen	werdet buchen	würdet buchen
sie	werden buchen	werden buchen	würden buchen

		Future Perfect Time	
Future Perfect		*(Fut. Perf. Subj.)*	*(Past Conditional)*
ich	werde gebucht haben	werde gebucht haben	würde gebucht haben
du	wirst gebucht haben	werdest gebucht haben	würdest gebucht haben
er	wird gebucht haben	werde gebucht haben	würde gebucht haben
wir	werden gebucht haben	werden gebucht haben	würden gebucht haben
ihr	werdet gebucht haben	werdet gebucht haben	würdet gebucht haben
sie	werden gebucht haben	werden gebucht haben	würden gebucht haben

---

Examples: „Haben Sie schon Ihre Hochzeitsreise gebucht?" fragte der Reiseberater. „Buchen Sie sofort, bevor alle Plätze ausgebucht sind." *"Have you booked your wedding trip yet?" asked the travel agent. "Book right away before all the seats are booked up."* The use is largely as in English, in the senses "to make a reservation" and in business language "to enter into the books."

bürsten

to brush

PRINC. PARTS: **bürsten, bürstete, gebürstet, bürstet**
IMPERATIVE: **bürste!, bürstet!, bürsten Sie!**

B

INDICATIVE	SUBJUNCTIVE	
	PRIMARY	SECONDARY

Present Time

	Present	**(Pres. Subj.)**	**(Imperf. Subj.)**
ich	bürste	bürste	bürstete
du	bürstest	bürstest	bürstetest
er	bürstet	bürste	bürstete
wir	bürsten	bürsten	bürsteten
ihr	bürstet	bürstet	bürstetet
sie	bürsten	bürsten	bürsteten

	Imperfect
ich	bürstete
du	bürstetest
er	bürstete
wir	bürsteten
ihr	bürstetet
sie	bürsteten

Past Time

	Perfect	**(Perf. Subj.)**	**(Pluperf. Subj.)**
ich	habe gebürstet	habe gebürstet	hätte gebürstet
du	hast gebürstet	habest gebürstet	hättest gebürstet
er	hat gebürstet	habe gebürstet	hätte gebürstet
wir	haben gebürstet	haben gebürstet	hätten gebürstet
ihr	habt gebürstet	habet gebürstet	hättet gebürstet
sie	haben gebürstet	haben gebürstet	hätten gebürstet

	Pluperfect
ich	hatte gebürstet
du	hattest gebürstet
er	hatte gebürstet
wir	hatten gebürstet
ihr	hattet gebürstet
sie	hatten gebürstet

Future Time

	Future	**(Fut. Subj.)**	**(Pres. Conditional)**
ich	werde bürsten	werde bürsten	würde bürsten
du	wirst bürsten	werdest bürsten	würdest bürsten
er	wird bürsten	werde bürsten	würde bürsten
wir	werden bürsten	werden bürsten	würden bürsten
ihr	werdet bürsten	werdet bürsten	würdet bürsten
sie	werden bürsten	werden bürsten	würden bürsten

Future Perfect Time

	Future Perfect	**(Fut. Perf. Subj.)**	**(Past Conditional)**
ich	werde gebürstet haben	werde gebürstet haben	würde gebürstet haben
du	wirst gebürstet haben	werdest gebürstet haben	würdest gebürstet haben
er	wird gebürstet haben	werde gebürstet haben	würde gebürstet haben
wir	werden gebürstet haben	werden gebürstet haben	würden gebürstet haben
ihr	werdet gebürstet haben	werdet gebürstet haben	würdet gebürstet haben
sie	werden gebürstet haben	werden gebürstet haben	würden gebürstet haben

Examples: Klara bürstete sich die Haare und die Schuhe. Am Nachmittag bürstete sie den Hund. Danach musste sie ihre Kleidung abbürsten. *Klara brushed her hair and her shoes. In the afternoon she brushed the dog. After that she had to brush off her clothes.* In the above examples, the verb is used both reflexively and nonreflexively. Sound the umlaut correctly so **bürsten** doesn't sound like **bersten**.

dämpfen*

to muffle, damp, quench,
attenuate, smother

PRINC. PARTS: **dämpfen, dämpfte, gedämpft, dämpft,**
IMPERATIVE: **dämpfe!, dämpft!, dämpfen Sie!**

	INDICATIVE	SUBJUNCTIVE	
		PRIMARY	SECONDARY
		Present Time	
	Present	*(Pres. Subj.)*	*(Imperf. Subj.)*
ich	dämpfe	dämpfe	dämpfte
du	dämpfst	dämpfest	dämpftest
er	dämpft	dämpfe	dämpfte
wir	dämpfen	dämpfen	dämpften
ihr	dämpft	dämpfet	dämpftet
sie	dämpfen	dämpfen	dämpften

	Imperfect
ich	dämpfte
du	dämpftest
er	dämpfte
wir	dämpften
ihr	dämpftet
sie	dämpften

			Past Time	
	Perfect		*(Perf. Subj.)*	*(Pluperf. Subj.)*
ich	habe gedämpft		habe gedämpft	hätte gedämpft
du	hast gedämpft		habest gedämpft	hättest gedämpft
er	hat gedämpft		habe gedämpft	hätte gedämpft
wir	haben gedämpft		haben gedämpft	hätten gedämpft
ihr	habt gedämpft		habet gedämpft	hättet gedämpft
sie	haben gedämpft		haben gedämpft	hätten gedämpft

	Pluperfect
ich	hatte gedämpft
du	hattest gedämpft
er	hatte gedämpft
wir	hatten gedämpft
ihr	hattet gedämpft
sie	hatten gedämpft

		Future Time	
	Future	*(Fut. Subj.)*	*(Pres. Conditional)*
ich	werde dämpfen	werde dämpfen	würde dämpfen
du	wirst dämpfen	werdest dämpfen	würdest dämpfen
er	wird dämpfen	werde dämpfen	würde dämpfen
wir	werden dämpfen	werden dämpfen	würden dämpfen
ihr	werdet dämpfen	werdet dämpfen	würdet dämpfen
sie	werden dämpfen	werden dämpfen	würden dämpfen

		Future Perfect Time	
	Future Perfect	*(Fut. Perf. Subj.)*	*(Past Conditional)*
ich	werde gedämpft haben	werde gedämpft haben	würde gedämpft haben
du	wirst gedämpft haben	werdest gedämpft haben	würdest gedämpft haben
er	wird gedämpft haben	werde gedämpft haben	würde gedämpft haben
wir	werden gedämpft haben	werden gedämpft haben	würden gedämpft haben
ihr	werdet gedämpft haben	werdet gedämpft haben	würdet gedämpft haben
sie	werden gedämpft haben	werden gedämpft haben	würden gedämpft haben

*The verb **dampfen** (no umlaut in any form) means *"to steam; fume; reek."*

Examples: Oft versuchte er, die Lebensfreude seiner Frau zu dämpfen. „Du solltest die Farben in deinem Gemälde etwas abdämpfen". riet er. *Often he tried to dampen his wife's enthusiasm for life. "You should tone down (soften) the colors in your painting," he advised.* **Dämpfen** is used transitively (with a direct object), as in "to dampen musical instruments, colors" or "to muffle the voice."

114

danken

to thank

PRINC. PARTS: **danken, dankte, gedankt, dankt**
IMPERATIVE: **danke!, dankt!, danken Sie!**

D

	INDICATIVE		SUBJUNCTIVE	
			PRIMARY	SECONDARY
	Present		**Present Time**	
			(Pres. Subj.)	*(Imperf. Subj.)*
ich	danke		danke	dankte
du	dankst		dankest	danktest
er	dankt		danke	dankte
wir	danken		danken	dankten
ihr	dankt		danket	danktet
sie	danken		danken	dankten

	Imperfect
ich	dankte
du	danktest
er	dankte
wir	dankten
ihr	danktet
sie	dankten

	Perfect		**Past Time**	
			(Perf. Subj.)	*(Pluperf. Subj.)*
ich	habe gedankt		habe gedankt	hätte gedankt
du	hast gedankt		habest gedankt	hättest gedankt
er	hat gedankt		habe gedankt	hätte gedankt
wir	haben gedankt		haben gedankt	hätten gedankt
ihr	habt gedankt		habet gedankt	hättet gedankt
sie	haben gedankt		haben gedankt	hätten gedankt

	Pluperfect
ich	hatte gedankt
du	hattest gedankt
er	hatte gedankt
wir	hatten gedankt
ihr	hattet gedankt
sie	hatten gedankt

	Future		**Future Time**	
			(Fut. Subj.)	*(Pres. Conditional)*
ich	werde danken		werde danken	würde danken
du	wirst danken		werdest danken	würdest danken
er	wird danken		werde danken	würde danken
wir	werden danken		werden danken	würden danken
ihr	werdet danken		werdet danken	würdet danken
sie	werden danken		werden danken	würden danken

	Future Perfect		**Future Perfect Time**	
			(Fut. Perf. Subj.)	*(Past Conditional)*
ich	werde gedankt haben		werde gedankt haben	würde gedankt haben
du	wirst gedankt haben		werdest gedankt haben	würdest gedankt haben
er	wird gedankt haben		werde gedankt haben	würde gedankt haben
wir	werden gedankt haben		werden gedankt haben	würden gedankt haben
ihr	werdet gedankt haben		werdet gedankt haben	würdet gedankt haben
sie	werden gedankt haben		werden gedankt haben	würden gedankt haben

Examples: Die Dame wollte dem Ritter danken. *The lady wanted to thank the knight.* Die letzten Kaiser von Deutschland und Österreich haben 1918 abgedankt. „Wir haben ihnen viel zu verdanken", behaupteten die Monarchisten. *The last emperors of Germany and Austria abdicated in 1918. "We have much to be grateful to them for," asserted the monarchists.*

115

decken

to cover; set (a table)

PRINC. PARTS: **decken, deckte, gedeckt, deckt**
IMPERATIVE: **decke!, deckt!, decken Sie!**

INDICATIVE		SUBJUNCTIVE	
		PRIMARY	SECONDARY
		Present Time	
	Present	*(Pres. Subj.)*	*(Imperf. Subj.)*
ich	decke	decke	deckte
du	deckst	deckest	decktest
er	deckt	decke	deckte
wir	decken	decken	deckten
ihr	deckt	decket	decktet
sie	decken	decken	deckten
	Imperfect		
ich	deckte		
du	decktest		
er	deckte		
wir	deckten		
ihr	decktet		
sie	deckten		
		Past Time	
	Perfect	*(Perf. Subj.)*	*(Pluperf. Subj.)*
ich	habe gedeckt	habe gedeckt	hätte gedeckt
du	hast gedeckt	habest gedeckt	hättest gedeckt
er	hat gedeckt	habe gedeckt	hätte gedeckt
wir	haben gedeckt	haben gedeckt	hätten gedeckt
ihr	habt gedeckt	habet gedeckt	hättet gedeckt
sie	haben gedeckt	haben gedeckt	hätten gedeckt
	Pluperfect		
ich	hatte gedeckt		
du	hattest gedeckt		
er	hatte gedeckt		
wir	hatten gedeckt		
ihr	hattet gedeckt		
sie	hatten gedeckt		
		Future Time	
	Future	*(Fut. Subj.)*	*(Pres. Conditional)*
ich	werde decken	werde decken	würde decken
du	wirst decken	werdest decken	würdest decken
er	wird decken	werde decken	würde decken
wir	werden decken	werden decken	würden decken
ihr	werdet decken	werdet decken	würdet decken
sie	werden decken	werden decken	würden decken
		Future Perfect Time	
	Future Perfect	*(Fut. Perf. Subj.)*	*(Past Conditional)*
ich	werde gedeckt haben	werde gedeckt haben	würde gedeckt haben
du	wirst gedeckt haben	werdest gedeckt haben	würdest gedeckt haben
er	wird gedeckt haben	werde gedeckt haben	würde gedeckt haben
wir	werden gedeckt haben	werden gedeckt haben	würden gedeckt haben
ihr	werdet gedeckt haben	werdet gedeckt haben	würdet gedeckt haben
sie	werden gedeckt haben	werden gedeckt haben	würden gedeckt haben

Examples: Unser Tisch wurde immer reichlich gedeckt. Alle dachten an das Märchen, *Tischlein Deck Dich*! Aber schließlich konnten wir die Kosten nicht mehr decken. *Our table was always abundantly set. All thought of the fairy tale,* Little Table, Set Yourself. *But finally we couldn't meet expenses anymore.* It is very common to drop the -e ending of the du imperative, as in sentence 2.

denken

PRINC. PARTS: **denken, dachte, gedacht, denkt**
IMPERATIVE: **denke!, denkt!, denken Sie!**

to think; have in mind

	INDICATIVE	SUBJUNCTIVE	
		PRIMARY	SECONDARY
		Present Time	
	Present	*(Pres. Subj.)*	*(Imperf. Subj.)*
ich	denke	denke	dächte
du	denkst	denkest	dächtest
er	denkt	denke	dächte
wir	denken	denken	dächten
ihr	denkt	denket	dächtet
sie	denken	denken	dächten

	Imperfect
ich	dachte
du	dachtest
er	dachte
wir	dachten
ihr	dachtet
sie	dachten

		Past Time	
	Perfect	*(Perf. Subj.)*	*(Pluperf. Subj.)*
ich	habe gedacht	habe gedacht	hätte gedacht
du	hast gedacht	habest gedacht	hättest gedacht
er	hat gedacht	habe gedacht	hätte gedacht
wir	haben gedacht	haben gedacht	hätten gedacht
ihr	habt gedacht	habet gedacht	hättet gedacht
sie	haben gedacht	haben gedacht	hätten gedacht

	Pluperfect
ich	hatte gedacht
du	hattest gedacht
er	hatte gedacht
wir	hatten gedacht
ihr	hattet gedacht
sie	hatten gedacht

		Future Time	
	Future	*(Fut. Subj.)*	*(Pres. Conditional)*
ich	werde denken	werde denken	würde denken
du	wirst denken	werdest denken	würdest denken
er	wird denken	werde denken	würde denken
wir	werden denken	werden denken	würden denken
ihr	werdet denken	werdet denken	würdet denken
sie	werden denken	werden denken	würden denken

		Future Perfect Time	
	Future Perfect	*(Fut. Perf. Subj.)*	*(Past Conditional)*
ich	werde gedacht haben	werde gedacht haben	würde gedacht haben
du	wirst gedacht haben	werdest gedacht haben	würdest gedacht haben
er	wird gedacht haben	werde gedacht haben	würde gedacht haben
wir	werden gedacht haben	werden gedacht haben	würden gedacht haben
ihr	werdet gedacht haben	werdet gedacht haben	würdet gedacht haben
sie	werden gedacht haben	werden gedacht haben	würden gedacht haben

**AN ESSENTIAL
55 VERB**

AN ESSENTIAL 55 VERB

EXAMPLES

„Ich denke, morgen nach Paris zu reisen. Da werde ich mich gut amüsieren, denke ich." „Denken Sie an uns und bringen Sie uns ein kleines Andenken mit zurück, vielleicht eine Kopie von Rodins *Der Denker*! Was denken Sie von Rodins Werken?" „Ich habe nicht darüber nachgedacht. Ich habe mir nie viele Gedanken über die Kunst gemacht."

"I plan to go to Paris tomorrow. I'll have a good time there, I think." "Think of us and bring us back a little souvenir, maybe a copy of Rodin's The Thinker. *What do you think of Rodin's work?" "I haven't thought about it. I've never given much thought to art."*

In the passage above, note the uses of **denken an** in the meaning "to think of someone/something," and **denken von** "to think of (have an opinion about)." **Nachdenken** is "to reflect on, ponder." The idiom **sich Gedanken machen** (literally "to make oneself thoughts"), also means "to ponder" or "to worry about."

Er predigt immer positives Denken. Im Grunde ist er aber ein Fanatiker. Den Fanatikern ist der Gedanke der Toleranz fremd. Das Denken der Aufklärung, die Denkweise der großen Philosophen lehnen sie ab.

He's always preaching positive thinking. But fundamentally he's a fanatic. The idea of tolerance is alien to fanatics. They reject the thinking of the Englightenment, the way of thinking of the great philosophers.

Mit ihrem Geld denkt sich die Milliardärin, uns alle kaufen zu können. Sie will, dass wir ihr ein Denkmal setzen. Aber daran ist nicht zu denken! Wir denken gar nicht daran!

The billionairess thinks she can buy us all with her money. She wants us to build a monument to her. But that's out of the question! No way!

Prefix Verbs

SEPARABLE

ausdenken—to excogitate; conceive, think up
Was hat sich der verrückte Professor wieder ausgedacht?
What's that nutty professor thought up now?

durchdenken—to think through; deliberate
Er hat den Plan gründlich durchgedacht.
He considered the plan very carefully.

Note: The inseparable form **durchdacht** is used adjectivally.

Der Plan ist gut durchdacht.
The plan is well thought-out.

nachdenken—to reflect, deliberate, cogitate
Ich habe lange darüber nachgedacht.
I've thought about it for a long time.

umdenken—to rethink
Das Verfahren muss umgedacht werden.
The process has to be rethought.

wegdenken—to ignore; exclude; dismiss (usually used in the phrase **nicht wegzudenken**—unimaginable without)
Der Computer ist aus dem modernen Leben nicht wegzudenken.
Life today is inconceivable without the computer.

zudenken—to intend for
Ursprünglich war das Geschenk mir zugedacht.
The gift was originally intended for me.

zurückdenken—to think back on; recall
Denkst du noch an die glücklichen Zeiten zurück?
Do you still recall those happy times?

Prefix Verbs

INSEPARABLE

bedenken—to consider, ponder
Die Sache muss ich mir erst bedenken.
I'll have to reflect on the matter first.

erdenken—to devise, conceive
„Was hast du erdacht, dass ich erdulde?" fragt Brünnhilde ihren Vater Wotan.
"What have you devised that I must endure?" Brünnhilde asked her father Wotan.

Das hat der Professor erdacht.
The professor thought that up.

Note the adjective erdenklich (*conceivable*). The phrase: **Ich wünsche Ihnen alles erdenklich Gute** (*I wish you all the best*) is frequently used in letters.

gedenken (elevated)—to remember, be mindful of; commemorate
„Gedenke deiner Taten" rät Brünnhilde Siegfried.
"Be mindful of your deeds," Brünnhilde advises Siegfried.

überdenken—to think over
„Ich möchte die Sache noch einmal überdenken."

„Aber du hast sie schon lange überdacht."
"I'd like to think the matter over once again."
"But you've already thought about it a lot."

verdenken—to think ill of; blame, hold against
Das können Sie mir bitte doch nicht verdenken.
Please, you can't really blame me for that.

IDIOMS

edel/kleinlich/fortschrittlich/großzügig denken—to be noble-minded, of a progressive, generous disposition
Der Bürgermeister denkt immer fortschrittlich sogar edel und großzügig. Die Bürger denken eher kleinlich.
The mayor is always of a progressive, even noble and generous state of mind. The citizens, however, are petty-minded.
Es lässt sich denken, dass sie ihm bei seiner Flucht geholfen hat.
It's quite likely that she helped him in his escape.
Die neuesten Skandale haben uns zu denken gegeben.
The latest scandals have given us pause for thought.

D

119

dichten

to write poetry; invent;
to tighten; caulk

PRINC. PARTS: **dichten, dichtete, gedichtet, dichtet**
IMPERATIVE: **dichte!, dichtet!, dichten Sie!**

INDICATIVE	SUBJUNCTIVE	
	PRIMARY	SECONDARY

Present Time

	Present	(Pres. Subj.)	(Imperf. Subj.)
ich	dichte	dichte	dichtete
du	dichtest	dichtest	dichtetest
er	dichtet	dichte	dichtete
wir	dichten	dichten	dichteten
ihr	dichtet	dichtet	dichtetet
sie	dichten	dichten	dichteten

	Imperfect
ich	dichtete
du	dichtetest
er	dichtete
wir	dichteten
ihr	dichtetet
sie	dichteten

Past Time

	Perfect	(Perf. Subj.)	(Pluperf. Subj.)
ich	habe gedichtet	habe gedichtet	hätte gedichtet
du	hast gedichtet	habest gedichtet	hättest gedichtet
er	hat gedichtet	habe gedichtet	hätte gedichtet
wir	haben gedichtet	haben gedichtet	hätten gedichtet
ihr	habt gedichtet	habet gedichtet	hättet gedichtet
sie	haben gedichtet	haben gedichtet	hätten gedichtet

	Pluperfect
ich	hatte gedichtet
du	hattest gedichtet
er	hatte gedichtet
wir	hatten gedichtet
ihr	hattet gedichtet
sie	hatten gedichtet

Future Time

	Future	(Fut. Subj.)	(Pres. Conditional)
ich	werde dichten	werde dichten	würde dichten
du	wirst dichten	werdest dichten	würdest dichten
er	wird dichten	werde dichten	würde dichten
wir	werden dichten	werden dichten	würden dichten
ihr	werdet dichten	werdet dichten	würdet dichten
sie	werden dichten	werden dichten	würden dichten

Future Perfect Time

	Future Perfect	(Fut. Perf. Subj.)	(Past Conditional)
ich	werde gedichtet haben	werde gedichtet haben	würde gedichtet haben
du	wirst gedichtet haben	werdest gedichtet haben	würdest gedichtet haben
er	wird gedichtet haben	werde gedichtet haben	würde gedichtet haben
wir	werden gedichtet haben	werden gedichtet haben	würden gedichtet haben
ihr	werdet gedichtet haben	werdet gedichtet haben	würdet gedichtet haben
sie	werden gedichtet haben	werden gedichtet haben	würden gedichtet haben

Examples: Goethe hat als Kind schon gedichtet. *Goethe already wrote poetry when he was a child.* **„Das Schiff muss gedichtet werden. Auch ich muss zum Schuster, denn meine Schuhe sind nicht mehr dicht", sagte der alte Kapitän zur See.** *"The ship must be caulked. I've also got to go to the shoemaker because my shoes are no longer watertight," said the old sea captain.*

dienen

PRINC. PARTS: **dienen, diente, gedient, dient**
IMPERATIVE: **diene!, dient!, dienen Sie!**

	INDICATIVE	SUBJUNCTIVE	
		PRIMARY	SECONDARY

Present Time

	Present	*(Pres. Subj.)*	*(Imperf. Subj.)*
ich	diene	diene	diente
du	dienst	dienest	dientest
er	dient	diene	diente
wir	dienen	dienen	dienten
ihr	dient	dienet	dientet
sie	dienen	dienen	dienten

	Imperfect
ich	diente
du	dientest
er	diente
wir	dienten
ihr	dientet
sie	dienten

Past Time

	Perfect	*(Perf. Subj.)*	*(Pluperf. Subj.)*
ich	habe gedient	habe gedient	hätte gedient
du	hast gedient	habest gedient	hättest gedient
er	hat gedient	habe gedient	hätte gedient
wir	haben gedient	haben gedient	hätten gedient
ihr	habt gedient	habet gedient	hättet gedient
sie	haben gedient	haben gedient	hätten gedient

	Pluperfect
ich	hatte gedient
du	hattest gedient
er	hatte gedient
wir	hatten gedient
ihr	hattet gedient
sie	hatten gedient

Future Time

	Future	*(Fut. Subj.)*	*(Pres. Conditional)*
ich	werde dienen	werde dienen	würde dienen
du	wirst dienen	werdest dienen	würdest dienen
er	wird dienen	werde dienen	würde dienen
wir	werden dienen	werden dienen	würden dienen
ihr	werdet dienen	werdet dienen	würdet dienen
sie	werden dienen	werden dienen	würden dienen

Future Perfect Time

	Future Perfect	*(Fut. Perf. Subj.)*	*(Past Conditional)*
ich	werde gedient haben	werde gedient haben	würde gedient haben
du	wirst gedient haben	werdest gedient haben	würdest gedient haben
er	wird gedient haben	werde gedient haben	würde gedient haben
wir	werden gedient haben	werden gedient haben	würden gedient haben
ihr	werdet gedient haben	werdet gedient haben	würdet gedient haben
sie	werden gedient haben	werden gedient haben	würden gedient haben

Examples: „Ich dien" ist die Devise des Prinzen von Wales. „Ich bin der erste Diener meines Staates" soll Friedrich der Große gesagt haben. *"I serve" is the motto of the Prince of Wales. "I am the first servant of my state," Frederick the Great is supposed to have said.* The **-e** ending on the 1st person singular (**ich** form) present is frequently omitted in colloquial speech.

donnern

to thunder

PRINC. PARTS: **donnern, donnerte, gedonnert, donnert**
IMPERATIVE: **donnere!, donnert!, donnern Sie!**

INDICATIVE		SUBJUNCTIVE	
		PRIMARY	SECONDARY
		Present Time	
Present		(*Pres. Subj.*)	(*Imperf. Subj.*)
ich			
du			
er	donnert	donnere	donnerte
wir			
ihr			
sie			
Imperfect			
ich			
du			
er	donnerte		
wir			
ihr			
sie			
		Past Time	
Perfect		(*Perf. Subj.*)	(*Pluperf. Subj.*)
ich			
du			
er	hat gedonnert	habe gedonnert	hätte gedonnert
wir			
ihr			
sie			
Pluperfect			
ich			
du			
er	hatte gedonnert		
wir			
ihr			
sie			
		Future Time	
Future		(*Fut. Subj.*)	(*Pres. Conditional*)
ich			
du			
er	wird donnern	werde donnern	würde donnern
wir			
ihr			
sie			
		Future Perfect Time	
Future Perfect		(*Fut. Perf. Subj.*)	(*Past Conditional*)
ich			
du			
er	wird gedonnert haben	werde gedonnert haben	würde gedonnert haben
wir			
ihr			
sie			

Examples: Es donnerte oft aber trotz Donner und Blitz tanzten wir weiter. *There was often thunder but despite thunder and lightning we kept on dancing.* Mit seiner Donnerstimme verkündete er mir die Nachricht, die mich wie ein Donnerschlag traf. *In his thunderous voice he announced the news that left me thunderstruck.* sich aufdonnern—*to get all dressed/dolled up* Donnerstagabend hat sie sich für ihn toll aufgedonnert. *Thursday evening she got all dressed up for him.* abdonnern—*to roar/ zoom off* Fritz ist dann schnell wieder abgedonnert. *Then Fritz quickly roared off again.*

dringen

PRINC. PARTS: **dringen, drang, ist gedrungen, dringt**
IMPERATIVE: **dringe!, dringt!, dringen Sie!**

to urge; press forward;
rush; pierce; penetrate

D

INDICATIVE	SUBJUNCTIVE	
	PRIMARY	SECONDARY

Present Time

	Present	*(Pres. Subj.)*	*(Imperf. Subj.)*
ich	dringe	dringe	dränge
du	dringst	dringest	drängest
er	dringt	dringe	dränge
wir	dringen	dringen	drängen
ihr	dringt	dringet	dränget
sie	dringen	dringen	drängen

	Imperfect
ich	drang
du	drangst
er	drang
wir	drangen
ihr	drangt
sie	drangen

Past Time

	Perfect	*(Perf. Subj.)*	*(Pluperf. Subj.)*
ich	bin gedrungen	sei gedrungen	wäre gedrungen
du	bist gedrungen	seiest gedrungen	wärest gedrungen
er	ist gedrungen	sei gedrungen	wäre gedrungen
wir	sind gedrungen	seien gedrungen	wären gedrungen
ihr	seid gedrungen	seiet gedrungen	wäret gedrungen
sie	sind gedrungen	seien gedrungen	wären gedrungen

	Pluperfect
ich	war gedrungen
du	warst gedrungen
er	war gedrungen
wir	waren gedrungen
ihr	wart gedrungen
sie	waren gedrungen

Future Time

	Future	*(Fut. Subj.)*	*(Pres. Conditional)*
ich	werde dringen	werde dringen	würde dringen
du	wirst dringen	werdest dringen	würdest dringen
er	wird dringen	werde dringen	würde dringen
wir	werden dringen	werden dringen	würden dringen
ihr	werdet dringen	werdet dringen	würdet dringen
sie	werden dringen	werden dringen	würden dringen

Future Perfect Time

	Future Perfect	*(Fut. Perf. Subj.)*	*(Past Conditional)*
ich	werde gedrungen sein	werde gedrungen sein	würde gedrungen sein
du	wirst gedrungen sein	werdest gedrungen sein	würdest gedrungen sein
er	wird gedrungen sein	werde gedrungen sein	würde gedrungen sein
wir	werden gedrungen sein	werden gedrungen sein	würden gedrungen sein
ihr	werdet gedrungen sein	werdet gedrungen sein	würdet gedrungen sein
sie	werden gedrungen sein	werden gedrungen sein	würden gedrungen sein

Examples: Ich dringe auf mein Recht und dringe in Sie, mir zu helfen. *I insist on my right and I'm urging you to help me.* Es ist aber dringend. Die Zeit dringt. Ich bin auch vor Kälte und Nässe durchdrungen. *But it's urgent. Time is pressing. I'm also cold and wet through.* Notice the different prepositions in **dringen auf** and **dringen in**.

123

drucken

to print

PRINC. PARTS: **drucken, druckte, gedruckt, druckt**
IMPERATIVE: **drucke!, druckt!, drucken Sie!**

INDICATIVE	SUBJUNCTIVE	
	PRIMARY	SECONDARY

Present Time

	Present	(*Pres. Subj.*)	(*Imperf. Subj.*)
ich	drucke	drucke	druckte
du	druckst	druckest	drucktest
er	druckt	drucke	druckte
wir	drucken	drucken	druckten
ihr	druckt	drucket	drucktet
sie	drucken	drucken	druckten

	Imperfect
ich	druckte
du	drucktest
er	druckte
wir	druckten
ihr	drucktet
sie	druckten

Past Time

	Perfect	(*Perf. Subj.*)	(*Pluperf. Subj.*)
ich	habe gedruckt	habe gedruckt	hätte gedruckt
du	hast gedruckt	habest gedruckt	hättest gedruckt
er	hat gedruckt	habe gedruckt	hätte gedruckt
wir	haben gedruckt	haben gedruckt	hätten gedruckt
ihr	habt gedruckt	habet gedruckt	hättet gedruckt
sie	haben gedruckt	haben gedruckt	hätten gedruckt

	Pluperfect
ich	hatte gedruckt
du	hattest gedruckt
er	hatte gedruckt
wir	hatten gedruckt
ihr	hattet gedruckt
sie	hatten gedruckt

Future Time

	Future	(*Fut. Subj.*)	(*Pres. Conditional*)
ich	werde drucken	werde drucken	würde drucken
du	wirst drucken	werdest drucken	würdest drucken
er	wird drucken	werde drucken	würde drucken
wir	werden drucken	werden drucken	würden drucken
ihr	werdet drucken	werdet drucken	würdet drucken
sie	werden drucken	werden drucken	würden drucken

Future Perfect Time

	Future Perfect	(*Fut. Perf. Subj.*)	(*Past Conditional*)
ich	werde gedruckt haben	werde gedruckt haben	würde gedruckt haben
du	wirst gedruckt haben	werdest gedruckt haben	würdest gedruckt haben
er	wird gedruckt haben	werde gedruckt haben	würde gedruckt haben
wir	werden gedruckt haben	werden gedruckt haben	würden gedruckt haben
ihr	werdet gedruckt haben	werdet gedruckt haben	würdet gedruckt haben
sie	werden gedruckt haben	werden gedruckt haben	würden gedruckt haben

Examples: Berühmte Druckereien in Mainz, Straßburg und Venedig haben die „Wiegendrucke" gedruckt. *Famous printing presses in Mainz, Strasbourg, and Venice printed the "Incunabula."* **Wiege** means *"cradle."* **Wiegendrucke** are works printed in the infancy of printing, before 1501.

drücken

to squeeze, push,
press; oppress

D

	INDICATIVE	SUBJUNCTIVE	
		PRIMARY	SECONDARY
		Present Time	
	Present	*(Pres. Subj.)*	*(Imperf. Subj.)*
ich	drücke	drücke	drückte
du	drückst	drückest	drücktest
er	drückt	drücke	drückte
wir	drücken	drücken	drückten
ihr	drückt	drücket	drücktet
sie	drücken	drücken	drückten

	Imperfect
ich	drückte
du	drücktest
er	drückte
wir	drückten
ihr	drücktet
sie	drückten

		Past Time	
	Perfect	*(Perf. Subj.)*	*(Pluperf. Subj.)*
ich	habe gedrückt	habe gedrückt	hätte gedrückt
du	hast gedrückt	habest gedrückt	hättest gedrückt
er	hat gedrückt	habe gedrückt	hätte gedrückt
wir	haben gedrückt	haben gedrückt	hätten gedrückt
ihr	habt gedrückt	habet gedrückt	hättet gedrückt
sie	haben gedrückt	haben gedrückt	hätten gedrückt

	Pluperfect
ich	hatte gedrückt
du	hattest gedrückt
er	hatte gedrückt
wir	hatten gedrückt
ihr	hattet gedrückt
sie	hatten gedrückt

		Future Time	
	Future	*(Fut. Subj.)*	*(Pres. Conditional)*
ich	werde drücken	werde drücken	würde drücken
du	wirst drücken	werdest drücken	würdest drücken
er	wird drücken	werde drücken	würde drücken
wir	werden drücken	werden drücken	würden drücken
ihr	werdet drücken	werdet drücken	würdet drücken
sie	werden drücken	werden drücken	würden drücken

		Future Perfect Time	
	Future Perfect	*(Fut. Perf. Subj.)*	*(Past Conditional)*
ich	werde gedrückt haben	werde gedrückt haben	würde gedrückt haben
du	wirst gedrückt haben	werdest gedrückt haben	würdest gedrückt haben
er	wird gedrückt haben	werde gedrückt haben	würde gedrückt haben
wir	werden gedrückt haben	werden gedrückt haben	würden gedrückt haben
ihr	werdet gedrückt haben	werdet gedrückt haben	würdet gedrückt haben
sie	werden gedrückt haben	werden gedrückt haben	würden gedrückt haben

Examples: Die Zensur hätte ein Auge zudrücken können. *The censors could have closed an eye.*
Wir drücken die Daumen für Sie. *We'll keep our fingers crossed for you.* Goethe drückte sich
kräftig aus. *Goethe expressed himself strongly.* Don't confuse **drucken** with **drücken**. The idiom
die Daumen drücken is literally "*to press the thumbs.*"

dürfen

to be permitted,
be allowed, may

PRINC. PARTS: **dürfen, durfte, gedurft,* darf**
IMPERATIVE: **not used**

	INDICATIVE		SUBJUNCTIVE	
			PRIMARY	SECONDARY
			Present Time	
	Present		*(Pres. Subj.)*	*(Imperf. Subj.)*
ich	darf		dürfe	dürfte
du	darfst		dürfest	dürftest
er	darf		dürfe	dürfte
wir	dürfen		dürfen	dürften
ihr	dürft		dürfet	dürftet
sie	dürfen		dürfen	dürften

	Imperfect
ich	durfte
du	durftest
er	durfte
wir	durften
ihr	durftet
sie	durften

	Perfect		**Past Time**	
			(Perf. Subj.)	*(Pluperf. Subj.)*
ich	habe gedurft		habe gedurft	hätte gedurft
du	hast gedurft		habest gedurft	hättest gedurft
er	hat gedurft		habe gedurft	hätte gedurft
wir	haben gedurft		haben gedurft	hätten gedurft
ihr	habt gedurft		habet gedurft	hättet gedurft
sie	haben gedurft		haben gedurft	hätten gedurft

	Pluperfect
ich	hatte gedurft
du	hattest gedurft
er	hatte gedurft
wir	hatten gedurft
ihr	hattet gedurft
sie	hatten gedurft

	Future		**Future Time**	
			(Fut. Subj.)	*(Pres. Conditional)*
ich	werde dürfen		werde dürfen	würde dürfen
du	wirst dürfen		werdest dürfen	würdest dürfen
er	wird dürfen		werde dürfen	würde dürfen
wir	werden dürfen		werden dürfen	würden dürfen
ihr	werdet dürfen		werdet dürfen	würdet dürfen
sie	werden dürfen		werden dürfen	würden dürfen

	Future Perfect		**Future Perfect Time**	
			(Fut. Perf. Subj.)	*(Past Conditional)*
ich	werde gedurft haben		werde gedurft haben	würde gedurft haben
du	wirst gedurft haben		werdest gedurft haben	würdest gedurft haben
er	wird gedurft haben		werde gedurft haben	würde gedurft haben
wir	werden gedurft haben		werden gedurft haben	würden gedurft haben
ihr	werdet gedurft haben		werdet gedurft haben	würdet gedurft haben
sie	werden gedurft haben		werden gedurft haben	würden gedurft haben

*Dürfen when preceded by an infinitive.

Examples: In der Stadt Mahagonny durfte man fast alles. Heutzutage darf man alles, heißt es in einem Lied von Cole Porter. *In the city of Mahagonny almost everything was permitted. Today, anything goes, maintains Cole Porter in a song.* Modals take complementary (completing) infinitives. But verbs like **tun** are sometimes understood and therefore not expressed.

126

ehren

INDICATIVE	SUBJUNCTIVE	
	PRIMARY	SECONDARY
	Present Time	
Present	*(Pres. Subj.)*	*(Imperf. Subj.)*
ich ehre	ehre	ehrte
du ehrst	ehrest	ehrtest
er ehrt	ehre	ehrte
wir ehren	ehren	ehrten
ihr ehrt	ehret	ehrtet
sie ehren	ehren	ehrten

E

Imperfect
ich ehrte
du ehrtest
er ehrte
wir ehrten
ihr ehrtet
sie ehrten

	Past Time	
Perfect	*(Perf. Subj.)*	*(Pluperf. Subj.)*
ich habe geehrt	habe geehrt	hätte geehrt
du hast geehrt	habest geehrt	hättest geehrt
er hat geehrt	habe geehrt	hätte geehrt
wir haben geehrt	haben geehrt	hätten geehrt
ihr habt geehrt	habet geehrt	hättet geehrt
sie haben geehrt	haben geehrt	hätten geehrt

Pluperfect
ich hatte geehrt
du hattest geehrt
er hatte geehrt
wir hatten geehrt
ihr hattet geehrt
sie hatten geehrt

	Future Time	
Future	*(Fut. Subj.)*	*(Pres. Conditional)*
ich werde ehren	werde ehren	würde ehren
du wirst ehren	werdest ehren	würdest ehren
er wird ehren	werde ehren	würde ehren
wir werden ehren	werden ehren	würden ehren
ihr werdet ehren	werdet ehren	würdet ehren
sie werden ehren	werden ehren	würden ehren

	Future Perfect Time	
Future Perfect	*(Fut. Perf. Subj.)*	*(Past Conditional)*
ich werde geehrt haben	werde geehrt haben	würde geehrt haben
du wirst geehrt haben	werdest geehrt haben	würdest geehrt haben
er wird geehrt haben	werde geehrt haben	würde geehrt haben
wir werden geehrt haben	werden geehrt haben	würden geehrt haben
ihr werdet geehrt haben	werdet geehrt haben	würdet geehrt haben
sie werden geehrt haben	werden geehrt haben	würden geehrt haben

Examples: Sehr geehrte Damen und Herren, Ihr Vertrauen ehrt mich. Ganz ehrlich muss ich Ihnen aber sagen, dass ich grundsätzlich alle Ehrenämter ablehne. *Dear Ladies and Gentlemen: Your confidence honors me. I must tell you quite frankly, however, that as a matter of principle I refuse all honorary offices.* The past participle, **geehrt**, is used as an adjective in the salutation.

einkaufen

to shop, buy

PRINC. PARTS: **einkaufen, kaufte ein, eingekauft, kauft ein**
IMPERATIVE: **kaufe ein!, kauft ein!, kaufen Sie ein!**

	INDICATIVE	PRIMARY SUBJUNCTIVE	SECONDARY

Present Time

	Present	(Pres. Subj.)	(Imperf. Subj.)
ich	kaufe ein	kaufe ein	kaufte ein
du	kaufst ein	kaufest ein	kauftest ein
er	kauft ein	kaufe ein	kaufte ein
wir	kaufen ein	kaufen ein	kauften ein
ihr	kauft ein	kaufet ein	kauftet ein
sie	kaufen ein	kaufen ein	kauften ein

	Imperfect
ich	kaufte ein
du	kauftest ein
er	kaufte ein
wir	kauften ein
ihr	kauftet ein
sie	kauften ein

Past Time

	Perfect	(Perf. Subj.)	(Pluperf. Subj.)
ich	habe eingekauft	habe eingekauft	hätte eingekauft
du	hast eingekauft	habest eingekauft	hättest eingekauft
er	hat eingekauft	habe eingekauft	hätte eingekauft
wir	haben eingekauft	haben eingekauft	hätten eingekauft
ihr	habt eingekauft	habet eingekauft	hättet eingekauft
sie	haben eingekauft	haben eingekauft	hätten eingekauft

	Pluperfect
ich	hatte eingekauft
du	hattest eingekauft
er	hatte eingekauft
wir	hatten eingekauft
ihr	hattet eingekauft
sie	hatten eingekauft

Future Time

	Future	(Fut. Subj.)	(Pres. Conditional)
ich	werde eingekaufen	werde eingekaufen	würde eingekaufen
du	wirst eingekaufen	werdest eingekaufen	würdest eingekaufen
er	wird eingekaufen	werde eingekaufen	würde eingekaufen
wir	werden eingekaufen	werden eingekaufen	würden eingekaufen
ihr	werdet eingekaufen	werdet eingekaufen	würdet eingekaufen
sie	werden eingekaufen	werden eingekaufen	würden eingekaufen

Future Perfect Time

	Future Perfect	(Fut. Perf. Subj.)	(Past Conditional)
ich	werde eingekauft haben	werde eingekauft haben	würde eingekauft haben
du	wirst eingekauft haben	werdest eingekauft haben	würdest eingekauft haben
er	wird eingekauft haben	werde eingekauft haben	würde eingekauft haben
wir	werden eingekauft haben	werden eingekauft haben	würden eingekauft haben
ihr	werdet eingekauft haben	werdet eingekauft haben	würdet eingekauft haben
sie	werden eingekauft haben	werden eingekauft haben	würden eingekauft haben

Examples: „Warum kaufen Sie nicht mehr bei mir ein? Ihre Mutter hat immer bei mir eingekauft. Was macht Ihre Mutter jetzt?" „Sie geht nicht mehr einkaufen. Sie hat sich in ein Seniorenheim eingekauft. Ich habe bessere Einkaufsquellen gefunden und kaufe jetzt billiger ein." *"Why don't you shop at my store anymore? Your mother always bought from me. What's your mother doing now?" "She doesn't go shopping anymore. She's bought a share in an old people's home. I've found better places to buy and shop for less now."*

empfangen

PRINC. PARTS: **empfangen, empfing, empfangen, empfängt**
IMPERATIVE: **empfange!, empfangt!, empfangen Sie!**

	INDICATIVE		SUBJUNCTIVE

		PRIMARY	SECONDARY
		Present Time	
	Present	*(Pres. Subj.)*	*(Imperf. Subj.)*
ich	empfange	empfange	empfinge
du	empfängst	empfangest	empfingest
er	empfängt	empfange	empfinge
wir	empfangen	empfangen	empfingen
ihr	empfangt	empfanget	empfinget
sie	empfangen	empfangen	empfingen

E

Imperfect
ich	empfing
du	empfingst
er	empfing
wir	empfingen
ihr	empfingt
sie	empfingen

		Past Time	
	Perfect	*(Perf. Subj.)*	*(Pluperf. Subj.)*
ich	habe empfangen	habe empfangen	hätte empfangen
du	hast empfangen	habest empfangen	hättest empfangen
er	hat empfangen	habe empfangen	hätte empfangen
wir	haben empfangen	haben empfangen	hätten empfangen
ihr	habt empfangen	habet empfangen	hättet empfangen
sie	haben empfangen	haben empfangen	hätten empfangen

Pluperfect
ich	hatte empfangen
du	hattest empfangen
er	hatte empfangen
wir	hatten empfangen
ihr	hattet empfangen
sie	hatten empfangen

		Future Time	
	Future	*(Fut. Subj.)*	*(Pres. Conditional)*
ich	werde empfangen	werde empfangen	würde empfangen
du	wirst empfangen	werdest empfangen	würdest empfangen
er	wird empfangen	werde empfangen	würde empfangen
wir	werden empfangen	werden empfangen	würden empfangen
ihr	werdet empfangen	werdet empfangen	würdet empfangen
sie	werden empfangen	werden empfangen	würden empfangen

		Future Perfect Time	
	Future Perfect	*(Fut. Perf. Subj.)*	*(Past Conditional)*
ich	werde empfangen haben	werde empfangen haben	würde empfangen haben
du	wirst empfangen haben	werdest empfangen haben	würdest empfangen haben
er	wird empfangen haben	werde empfangen haben	würde empfangen haben
wir	werden empfangen haben	werden empfangen haben	würden empfangen haben
ihr	werdet empfangen haben	werdet empfangen haben	würdet empfangen haben
sie	werden empfangen haben	werden empfangen haben	würden empfangen haben

Examples: Wir haben die Sendung noch nicht empfangen. *We haven't received the shipment yet.* Beim Empfang will die Botschafterin alle Gäste persönlich empfangen. Sie empfängt alle immer sehr herzlich. *At the reception the ambassador wants to receive all the guests personally. She always receives everyone very cordially.*

129

empfehlen

to recommend

PRINC. PARTS: **empfehlen, empfahl, empfohlen, empfiehlt**
IMPERATIVE: **empfiehl!, empfehlt!, empfehlen Sie!**

	INDICATIVE	SUBJUNCTIVE		
		PRIMARY	**SECONDARY**	
		Present Time		
	Present	**(Pres. Subj.)**	**(Imperf. Subj.)**	
ich	empfehle	empfehle	empföhle	empfähle
du	empfiehlst	empfehlest	empföhlest	empfählest
er	empfiehlt	empfehle	empföhle *or* empfähle	
wir	empfehlen	empfehlen	empföhlen	empfählen
ihr	empfehlt	empfehlet	empföhlet	empfählet
sie	empfehlen	empfehlen	empföhlen	empfählen

	Imperfect
ich	empfahl
du	empfahlst
er	empfahl
wir	empfahlen
ihr	empfahlt
sie	empfahlen

		Past Time	
	Perfect	**(Perf. Subj.)**	**(Pluperf. Subj.)**
ich	habe empfohlen	habe empfohlen	hätte empfohlen
du	hast empfohlen	habest empfohlen	hättest empfohlen
er	hat empfohlen	habe empfohlen	hätte empfohlen
wir	haben empfohlen	haben empfohlen	hätten empfohlen
ihr	habt empfohlen	habet empfohlen	hättet empfohlen
sie	haben empfohlen	haben empfohlen	hätten empfohlen

	Pluperfect
ich	hatte empfohlen
du	hattest empfohlen
er	hatte empfohlen
wir	hatten empfohlen
ihr	hattet empfohlen
sie	hatten empfohlen

		Future Time	
	Future	**(Fut. Subj.)**	**(Pres. Conditional)**
ich	werde empfehlen	werde empfehlen	würde empfehlen
du	wirst empfehlen	werdest empfehlen	würdest empfehlen
er	wird empfehlen	werde empfehlen	würde empfehlen
wir	werden empfehlen	werden empfehlen	würden empfehlen
ihr	werdet empfehlen	werdet empfehlen	würdet empfehlen
sie	werden empfehlen	werden empfehlen	würden empfehlen

		Future Perfect Time	
	Future Perfect	**(Fut. Perf. Subj.)**	**(Past Conditional)**
ich	werde empfohlen haben	werde empfohlen haben	würde empfohlen haben
du	wirst empfohlen haben	werdest empfohlen haben	würdest empfohlen haben
er	wird empfohlen haben	werde empfohlen haben	würde empfohlen haben
wir	werden empfohlen haben	werden empfohlen haben	würden empfohlen haben
ihr	werdet empfohlen haben	werdet empfohlen haben	würdet empfohlen haben
sie	werden empfohlen haben	werden empfohlen haben	würden empfohlen haben

Examples: „Herr Ober, gibt es heute etwas Besonderes zu empfehlen?" fragte der Feinschmecker. „Der Inhaber will, dass ich den Fisch empfehle. Aber bei diestem Wetter empfiehlt es sich nicht, Fisch zu essen." *"Waiter, can you recommend anything special today?" asked the gourmet. "The proprietor wants me to recommend the fish. But in this weather it's not advisable to eat fish."*

entbehren

PRINC. PARTS: **entbehren, entbehrt, entbehrt, entbehrt**
IMPERATIVE: **entbehre!, entbehrt!, entbehren Sie!**

to do without; lack, miss

E

INDICATIVE	SUBJUNCTIVE	
	PRIMARY	SECONDARY

Present Time

	Present	*(Pres. Subj.)*	*(Imperf. Subj.)*
ich	entbehre	entbehre	entbehrte
du	entbehrst	entbehrest	entbehrtest
er	entbehrt	entbehre	entbehrte
wir	entbehren	entbehren	entbehrten
ihr	entbehrt	entbehret	entbehrtet
sie	entbehren	entbehren	entbehrten

	Imperfect
ich	entbehrte
du	entbehrtest
er	entbehrte
wir	entbehrten
ihr	entbehrtet
sie	entbehrten

Past Time

	Perfect	*(Perf. Subj.)*	*(Pluperf. Subj.)*
ich	habe entbehrt	habe entbehrt	hätte entbehrt
du	hast entbehrt	habest entbehrt	hättest entbehrt
er	hat entbehrt	habe entbehrt	hätte entbehrt
wir	haben entbehrt	haben entbehrt	hätten entbehrt
ihr	habt entbehrt	habet entbehrt	hättet entbehrt
sie	haben entbehrt	haben entbehrt	hätten entbehrt

	Pluperfect
ich	hatte entbehrt
du	hattest entbehrt
er	hatte entbehrt
wir	hatten entbehrt
ihr	hattet entbehrt
sie	hatten entbehrt

Future Time

	Future	*(Fut. Subj.)*	*(Pres. Conditional)*
ich	werde entbehren	werde entbehren	würde entbehren
du	wirst entbehren	werdest entbehren	würdest entbehren
er	wird entbehren	werde entbehren	würde entbehren
wir	werden entbehren	werden entbehren	würden entbehren
ihr	werdet entbehren	werdet entbehren	würdet entbehren
sie	werden entbehren	werden entbehren	würden entbehren

Future Perfect Time

	Future Perfect	*(Fut. Perf. Subj.)*	*(Past Conditional)*
ich	werde entbehrt haben	werde entbehrt haben	würde entbehrt haben
du	wirst entbehrt haben	werdest entbehrt haben	würdest entbehrt haben
er	wird entbehrt haben	werde entbehrt haben	würde entbehrt haben
wir	werden entbehrt haben	werden entbehrt haben	würden entbehrt haben
ihr	werdet entbehrt haben	werdet entbehrt haben	würdet entbehrt haben
sie	werden entbehrt haben	werden entbehrt haben	würden entbehrt haben

Examples: „Entbehren sollst du, sollst entbehren", klagte Faust. Auch wir haben im Krieg große Entbehrungen auf uns genommen. Wir mussten vieles entbehren lernen, was wir früher für unentbehrlich gehalten hatten. *Do without, you've got to do without," complained Faust. We, too, had to make many sacrifices in the war. We had to learn how to do without many things that we formerly thought indispensable.*

entfernen

to remove, make distant

PRINC. PARTS: **entfernen, entfernte, entfernt, entfernt**
IMPERATIVE: **entferne!, entfernt!, entfernen Sie!**

	INDICATIVE	SUBJUNCTIVE	
		PRIMARY	SECONDARY
		Present Time	
	Present	*(Pres. Subj.)*	*(Imperf. Subj.)*
ich	entferne	entferne	entfernte
du	entfernst	entfernest	entferntest
er	entfernt	entferne	entfernte
wir	entfernen	entfernen	entfernten
ihr	entfernt	entfernet	entferntet
sie	entfernen	entfernen	entfernten
	Imperfect		
ich	entfernte		
du	entferntest		
er	entfernte		
wir	entfernten		
ihr	entferntet		
sie	entfernten		
		Past Time	
	Perfect	*(Perf. Subj.)*	*(Pluperf. Subj.)*
ich	habe entfernt	habe entfernt	hätte entfernt
du	hast entfernt	habest entfernt	hättest entfernt
er	hat entfernt	habe entfernt	hätte entfernt
wir	haben entfernt	haben entfernt	hätten entfernt
ihr	habt entfernt	habet entfernt	hättet entfernt
sie	haben entfernt	haben entfernt	hätten entfernt
	Pluperfect		
ich	hatte entfernt		
du	hattest entfernt		
er	hatte entfernt		
wir	hatten entfernt		
ihr	hattet entfernt		
sie	hatten entfernt		
		Future Time	
	Future	*(Fut. Subj.)*	*(Pres. Conditional)*
ich	werde entfernen	werde entfernen	würde entfernen
du	wirst entfernen	werdest entfernen	würdest entfernen
er	wird entfernen	werde entfernen	würde entfernen
wir	werden entfernen	werden entfernen	würden entfernen
ihr	werdet entfernen	werdet entfernen	würdet entfernen
sie	werden entfernen	werden entfernen	würden entfernen
		Future Perfect Time	
	Future Perfect	*(Fut. Perf. Subj.)*	*(Past Conditional)*
ich	werde entfernt haben	werde entfernt haben	würde entfernt haben
du	wirst entfernt haben	werdest entfernt haben	würdest entfernt haben
er	wird entfernt haben	werde entfernt haben	würde entfernt haben
wir	werden entfernt haben	werden entfernt haben	würden entfernt haben
ihr	werdet entfernt haben	werdet entfernt haben	würdet entfernt haben
sie	werden entfernt haben	werden entfernt haben	würden entfernt haben

Examples: Der Taugenichts entfernte das Gemüse und pflanzte Blumen. *The good-for-nothing removed the vegetables and planted flowers.* „Entfernen Sie sich", sagte zornig die Herzogin. *"Remove yourself (go away),"* said the duchess angrily. **Fern** means *"distant."* **Entfernen** is thus *"to make distant."* **Sich entfernen** is *"to make oneself distant."*

entführen

PRINC. PARTS: **entführen, entführte, entführt, entführt,**
IMPERATIVE: **entführe!, entführt!, entführen Sie!**

to carry off, abduct, kidnap

INDICATIVE	SUBJUNCTIVE	
	PRIMARY	SECONDARY

Present Time

	Present	*(Pres. Subj.)*	*(Imperf. Subj.)*
ich	entführe	entführe	entführte
du	entführst	entführest	entführtest
er	entführt	entführe	entführte
wir	entführen	entführen	entführten
ihr	entführt	entführet	entführtet
sie	entführen	entführen	entführten

	Imperfect
ich	entführte
du	entführtest
er	entführte
wir	entführten
ihr	entführtet
sie	entführten

Past Time

	Perfect	*(Perf. Subj.)*	*(Pluperf. Subj.)*
ich	habe entführt	habe entführt	hätte entführt
du	hast entführt	habest entführt	hättest entführt
er	hat entführt	habe entführt	hätte entführt
wir	haben entführt	haben entführt	hätten entführt
ihr	habt entführt	habet entführt	hättet entführt
sie	haben entführt	haben entführt	hätten entführt

	Pluperfect
ich	hatte entführt
du	hattest entführt
er	hatte entführt
wir	hatten entführt
ihr	hattet entführt
sie	hatten entführt

Future Time

	Future	*(Fut. Subj.)*	*(Pres. Conditional)*
ich	werde entführen	werde entführen	würde entführen
du	wirst entführen	werdest entführen	würdest entführen
er	wird entführen	werde entführen	würde entführen
wir	werden entführen	werden entführen	würden entführen
ihr	werdet entführen	werdet entführen	würdet entführen
sie	werden entführen	werden entführen	würden entführen

Future Perfect Time

	Future Perfect	*(Fut. Perf. Subj.)*	*(Past Conditional)*
ich	werde entführt haben	werde entführt haben	würde entführt haben
du	wirst entführt haben	werdest entführt haben	würdest entführt haben
er	wird entführt haben	werde entführt haben	würde entführt haben
wir	werden entführt haben	werden entführt haben	würden entführt haben
ihr	werdet entführt haben	werdet entführt haben	würdet entführt haben
sie	werden entführt haben	werden entführt haben	würden entführt haben

Examples: In Tolstoys *Krieg und Frieden* wird Natascha nicht entführt, obwohl sie sich gerne entführen lassen wollte. *In Tolstoy's* War and Peace *Natasha is not abducted, although she was very willing to elope.* Die Terroristen entführten den General. Als er befreit wurde, sagten sie, dass sie andere entführen würden. *The terrorists kidnapped the general. When he was liberated, they said they'd kidnap others.*

entgegnen

to reply, retort, answer

PRINC. PARTS: **entgegnen, entgegnete, entgegnet, entgegnet,**
IMPERATIVE: **entgegne!, cntgegnet!, entgegnen Sie!**

	INDICATIVE	SUBJUNCTIVE	
		PRIMARY	SECONDARY
		Present Time	
	Present	*(Pres. Subj.)*	*(Imperf. Subj.)*
ich	entgegne	entgegne	entgegnete
du	entgegnest	entgegnest	entgegnetest
er	entgegnet	entgegne	entgegnete
wir	entgegnen	entgegnen	entgegneten
ihr	entgegnet	entgegnet	entgegnetet
sie	entgegnen	entgegnen	entgegneten
	Imperfect		
ich	entgegnete		
du	entgegnetest		
er	entgegnete		
wir	entgegneten		
ihr	entgegnetet		
sie	entgegneten		
		Past Time	
	Perfect	*(Perf. Subj.)*	*(Pluperf. Subj.)*
ich	habe entgegnet	habe entgegnet	hätte entgegnet
du	hast entgegnet	habest entgegnet	hättest entgegnet
er	hat entgegnet	habe entgegnet	hätte entgegnet
wir	haben entgegnet	haben entgegnet	hätten cntegnet
ihr	habt entgegnet	habet entgegnet	hättet entgegnet
sie	haben entgegnet	haben entgegnet	hätten entgegnet
	Pluperfect		
ich	hatte entgegnet		
du	hattest entgegnet		
er	hatle entgcgnet		
wir	hatten entgegnet		
ihr	hattet entgegnet		
sie	hatten entgcgnet		
		Future Time	
	Future	*(Fut. Subj.)*	*(Pres. Conditional)*
ich	werde entgegnen	werde entgegnen	würde entgcgnen
du	wirst cntegnen	werdest entgegnen	würdest entgegnen
er	wird entgegnen	werde entgegnen	würde entgegnen
wir	werden entgegnen	werden entgegnen	würden entgegnen
ihr	werdet entgegnen	werdet entgegnen	würdct entgegnen
sie	werden entgegnen	werden entgegnen	würden entgegnen
		Future Perfect Time	
	Future Perfect	*(Fut. Perf. Subj.)*	*(Past Conditional)*
ich	werde entgegnet haben	werde entgegnet haben	würde entgegnet haben
du	wirst entgegnet haben	werdest entgegnet haben	würdest entgegnet haben
er	wird entgegnet haben	werde entgegnet haben	würde entgegnet haben
wir	werden entgegnet haben	werden entgegnet haben	würden entgegnet haben
ihr	werdet entgegnet haben	werdet entgegnet haben	würdet entgegnet haben
sie	werden entgegnet haben	werden entgegnet haben	würden entgegnet haben

Examples: Er konnte mir nichts entgegnen. *He could give me no answer.* „Unsere Gegner haben eine so schlagende Entgegnung nicht erwartet", sagte die Rechtsanwältin ihrem Mandanten. *"Our opponents weren't expecting a snappy retort like that," said the lawyer to her client.* Entgegnen is often literary or legal.

enthalten

PRINC. PARTS: **enthalten,* enthielt, enthalten, enthält**
IMPERATIVE: **enthalte!, enthaltet!, enthalten Sie!**

INDICATIVE	SUBJUNCTIVE	
	PRIMARY	SECONDARY

E

Present Time

Present	*(Pres. Subj.)*	*(Imperf. Subj.)*
ich enthalte	enthalte	enthielte
du enthältst	enthaltest	enthieltest
er enthält	enthalte	enthielte
wir enthalten	enthalten	enthielten
ihr enthaltet	enthaltet	enthieltet
sie enthalten	enthalten	enthielten

Imperfect
ich enthielt
du enthieltest
er enthielt
wir enthielten
ihr enthieltet
sie enthielten

Past Time

Perfect	*(Perf. Subj.)*	*(Pluperf. Subj.)*
ich habe enthalten	habe enthalten	hätte enthalten
du hast enthalten	habest enthalten	hättest enthalten
er hat enthalten	habe enthalten	hätte enthalten
wir haben enthalten	haben enthalten	hätten enthalten
ihr habt enthalten	habet enthalten	hättet enthalten
sie haben enthalten	haben enthalten	hätten enthalten

Pluperfect
ich hatte enthalten
du hattest enthalten
er hatte enthalten
wir hatten enthalten
ihr hattet enthalten
sie hatten enthalten

Future Time

Future	*(Fut. Subj.)*	*(Pres. Conditional)*
ich werde enthalten	werde enthalten	würde enthalten
du wirst enthalten	werdest enthalten	würdest enthalten
er wird enthalten	werde enthalten	würde enthalten
wir werden enthalten	werden enthalten	würden enthalten
ihr werdet enthalten	werdet enthalten	würdet enthalten
sie werden enthalten	werden enthalten	würden enthalten

Future Perfect Time

Future Perfect	*(Fut. Perf. Subj.)*	*(Past Conditional)*
ich werde enthalten haben	werde enthalten haben	würde enthalten haben
du wirst enthalten haben	werdest enthalten haben	würdest enthalten haben
er wird enthalten haben	werde enthalten haben	würde enthalten haben
wir werden enthalten haben	werden enthalten haben	würden enthalten haben
ihr werdet enthalten haben	werdet enthalten haben	würdet enthalten haben
sie werden enthalten haben	werden enthalten haben	würden enthalten haben

*The reflexive verb **sich enthalten, enthielt sich, hat sich enthalten, enthält sich,** means *to abstain from.*

Examples: Ernst braute Karl einen Tee, der wunderbare Kräuter enthält. Karl konnte sich nicht enthalten, seinem Bruder zu sagen: „Du kannst ihn behalten, deinen Tee." Manchmal kann er seinen Bruder Ernst nicht aushalten. *Ernst brewed a tea containing marvelous herbs for Karl. Karl couldn't restrain himself from telling his brother, "You can keep it yourself." Sometimes he can't stand his brother Ernst.*

entkommen

to escape, get away

PRINC. PARTS: **entkommen, entkam, ist entkommen, entkommt**
IMPERATIVE: **entkomme!, entkommt!, entkommen Sie!**

	INDICATIVE		SUBJUNCTIVE	
			PRIMARY	SECONDARY
			Present Time	
	Present		*(Pres. Subj.)*	*(Imperf. Subj.)*
ich	entkomme		entkomme	entkäme
du	entkommst		entkommest	entkämest
er	entkommt		entkomme	entkäme
wir	entkommen		entkommen	entkämen
ihr	entkommt		entkommet	entkämet
sie	entkommen		entkommen	entkämen
	Imperfect			
ich	entkam			
du	entkamst			
er	entkam			
wir	entkamen			
ihr	entkamt			
sie	entkamen			
			Past Time	
	Perfect		*(Perf. Subj.)*	*(Pluperf. Subj.)*
ich	bin entkommen		sei entkommen	wäre entkommen
du	bist entkommen		seiest entkommen	wärest entkommen
er	ist entkommen		sei entkommen	wäre entkommen
wir	sind entkommen		seien entkommen	wären entkommen
ihr	seid entkommen		seiet entkommen	wäret entkommen
sie	sind entkommen		seien entkommen	wären entkommen
	Pluperfect			
ich	war entkommen			
du	warst entkommen			
er	war entkommen			
wir	waren entkommen			
ihr	wart entkommen			
sie	waren entkommen			
			Future Time	
	Future		*(Fut. Subj.)*	*(Pres. Conditional)*
ich	werde entkommen		werde entkommen	würde entkommen
du	wirst entkommen		werdest entkommen	würdest entkommen
er	wird entkommen		werde entkommen	würde entkommen
wir	werden entkommen		werden entkommen	würden entkommen
ihr	werdet entkommen		werdet entkommen	würdet entkommen
sie	werden entkommen		werden entkommen	würden entkommen
			Future Perfect Time	
	Future Perfect		*(Fut. Perf. Subj.)*	*(Past Conditional)*
ich	werde entkommen sein		werde entkommen sein	würde entkommen sein
du	wirst entkommen sein		werdest entkommen sein	würdest entkommen sein
er	wird entkommen sein		werde entkommen sein	würde entkommen sein
wir	werden entkommen sein		werden entkommen sein	würden entkommen sein
ihr	werdet entkommen sein		werdet entkommen sein	würdet entkommen sein
sie	werden entkommen sein		werden entkommen sein	würden entkommen sein

Examples: Mehrmals versuchte Uwe, Grete ins Wasser zu ziehen, aber sie entkam ihm immer wieder. „Diesmal entkommst du mir nicht", sagte er ihr lächelnd. *Uwe repeatedly tried to pull Grete into the water, but she always got away from him. "This time you won't escape from me," he said to her smiling.* **Ent-** often conveys the idea of "away from" and takes a dative object.

entscheiden

PRINC. PARTS: **entscheiden, entschied, entschieden, entscheidet**
IMPERATIVE: **entscheide!, entscheidet!, entscheiden Sie!**

to decide; rule

INDICATIVE	SUBJUNCTIVE	
	PRIMARY	SECONDARY

Present Time

Present	**(Pres. Subj.)**	**(Imperf. Subj.)**
ich entscheide	entscheide	entschiede
du entscheidest	entscheidest	entschiedest
er entscheidet	entscheide	entschiede
wir entscheiden	entscheiden	entschieden
ihr entscheidet	entscheidet	entschiedet
sie entscheiden	entscheiden	entschieden

E

Imperfect

ich	entschied
du	entschiedst
er	entschied
wir	entschieden
ihr	entschiedet
sie	entschieden

Past Time

Perfect	**(Perf. Subj.)**	**(Pluperf. Subj.)**
ich habe entschieden	habe entschieden	hätte entschieden
du hast entschieden	habest entschieden	hättest entschieden
er hat entschieden	habe entschieden	hätte entschieden
wir haben entschieden	haben entschieden	hätten entschieden
ihr habt entschieden	habet entschieden	hättet entschieden
sie haben entschieden	haben entschieden	hätten entschieden

Pluperfect

ich	hatte entschieden
du	hattest entschieden
er	hatte entschieden
wir	hatten entschieden
ihr	hattet entschieden
sie	hatten entschieden

Future Time

Future	**(Fut. Subj.)**	**(Pres. Conditional)**
ich werde entscheiden	werde entscheiden	würde entscheiden
du wirst entscheiden	werdest entscheiden	würdest entscheiden
er wird entscheiden	werde entscheiden	würde entscheiden
wir werden entscheiden	werden entscheiden	würden entscheiden
ihr werdet entscheiden	werdet entscheiden	würdet entscheiden
sie werden entscheiden	werden entscheiden	würden entscheiden

Future Perfect Time

Future Perfect	**(Fut. Perf. Subj.)**	**(Past Conditional)**
ich werde entschieden haben	werde entschieden haben	würde entschieden haben
du wirst entschieden haben	werdest entschieden haben	würdest entschieden haben
er wird entschieden haben	werde entschieden haben	würde entschieden haben
wir werden entschieden haben	werden entschieden haben	würden entschieden haben
ihr werdet entschieden haben	werdet entschieden haben	würdet entschieden haben
sie werden entschieden haben	werden entschieden haben	würden entschieden haben

Examples: Es ist noch nichts entschieden. Vielleicht wird das Gericht entscheiden müssen. *Nothing's been decided yet. Maybe the court will have to settle it.* Der Schiedsrichter hat das Spiel zu unseren Gunsten entschieden. *The umpire ruled the game in our favor.* sich entscheiden—*to decide, make up one's mind* „Wirst du dich für oder gegen den Plan entscheiden?" „Ich weiß nicht. Ich kann mich nicht entscheiden." *"Will you decide for or against the plan?" "I don't know. I can't make up my mind."*

137

entschuldigen

to excuse; apologize

PRINC. PARTS: **entschuldigen, entschuldigte, entschuldigt, entschuldigt**

IMPERATIVE: **entschuldige!, entschuldigt!, entschuldigen Sie!**

	INDICATIVE	SUBJUNCTIVE	
		PRIMARY	SECONDARY
		Present Time	
	Present	*(Pres. Subj.)*	*(Imperf. Subj.)*
ich	entschuldige	entschuldige	entschuldigte
du	entschuldigst	entschuldigest	entschuldigtest
er	entschuldigt	entschuldige	entschuldigte
wir	entschuldigen	entschuldigen	entschuldigten
ihr	entschuldigt	entschuldiget	entschuldigtet
sie	entschuldigen	entschuldigen	entschuldigten
	Imperfect		
ich	entschuldigte		
du	entschuldigtest		
er	entschuldigte		
wir	entschuldigten		
ihr	entschuldigtet		
sie	entschuldigten		
		Past Time	
	Perfect	*(Perf. Subj.)*	*(Pluperf. Subj.)*
ich	habe entschuldigt	habe entschuldigt	hätte entschuldigt
du	hast entschuldigt	habest entschuldigt	hättest entschuldigt
er	hat entschuldigt	habe entschuldigt	hätte entschuldigt
wir	haben entschuldigt	haben entschuldigt	hätten entschuldigt
ihr	habt entschuldigt	habet entschuldigt	hättet entschuldigt
sie	haben entschuldigt	haben entschuldigt	hätten entschuldigt
	Pluperfect		
ich	hatte entschuldigt		
du	hattest entschuldigt		
er	hatte entschuldigt		
wir	hatten entschuldigt		
ihr	hattet entschuldigt		
sie	hatten entschuldigt		
		Future Time	
	Future	*(Fut. Subj.)*	*(Pres. Conditional)*
ich	werde entschuldigen	werde entschuldigen	würde entschuldigen
du	wirst entschuldigen	werdest entschuldigen	würdest entschuldigen
er	wird entschuldigen	werde entschuldigen	würde entschuldigen
wir	werden entschuldigen	werden entschuldigen	würden entschuldigen
ihr	werdet entschuldigen	werdet entschuldigen	würdet entschuldigen
sie	werden entschuldigen	werden entschuldigen	würden entschuldigen
		Future Perfect Time	
	Future Perfect	*(Fut. Perf. Subj.)*	*(Past Conditional)*
ich	werde entschuldigt haben	werde entschuldigt haben	würde entschuldigt haben
du	wirst entschuldigt haben	werdest entschuldigt haben	würdest entschuldigt haben
er	wird entschuldigt haben	werde entschuldigt haben	würde entschuldigt haben
wir	werden entschuldigt haben	werden entschuldigt haben	würden entschuldigt haben
ihr	werdet entschuldigt haben	werdet entschuldigt haben	würdet entschuldigt haben
sie	werden entschuldigt haben	werden entschuldigt haben	würden entschuldigt haben

Examples: Karl versuchte sich wegen seines schlechten Benehmens bei seiner Frau zu entschuldigen. Sie aber antwortete ihm: „So etwas lässt sich nicht entschuldigen." *Karl tried to apologize to his wife for his bad behavior. But she answered him, "A thing like that can't be excused."* The inseparable prefix **ent-** often denotes separation, as in the previous verb.

entstellen

PRINC. PARTS: **entstellen, entstellte, entstellt, entstellt**
IMPERATIVE: **entstelle!, entstellt!, entstellen Sie!**

to disfigure, deform

INDICATIVE	SUBJUNCTIVE	
	PRIMARY	SECONDARY
	Present Time	
Present	*(Pres. Subj.)*	*(Imperf. Subj.)*
ich entstelle	entstelle	entstellte
du entstellst	entstellest	entstelltest
er entstellt	entstelle	entstellte
wir entstellen	entstellen	entstellten
ihr entstellt	entstellet	entstelltet
sie entstellen	entstellen	entstellten

Imperfect
ich entstellte
du entstelltest
er entstellte
wir entstellten
ihr entstelltet
sie entstellten

	Past Time	
Perfect	*(Perf. Subj.)*	*(Pluperf. Subj.)*
ich habe entstellt	habe entstellt	hätte entstellt
du hast entstellt	habest entstellt	hättest entstellt
er hat entstellt	habe entstellt	hätte entstellt
wir haben entstellt	haben entstellt	hätten entstellt
ihr habt entstellt	habet entstellt	hättet entstellt
sie haben entstellt	haben entstellt	hätten entstellt

Pluperfect
ich hatte entstellt
du hattest entstellt
er hatte entstellt
wir hatten entstellt
ihr hattet entstellt
sie hatten entstellt

	Future Time	
Future	*(Fut. Subj.)*	*(Pres. Conditional)*
ich werde entstellen	werde entstellen	würde entstellen
du wirst entstellen	werdest entstellen	würdest entstellen
er wird entstellen	werde entstellen	würde entstellen
wir werden entstellen	werden entstellen	würden entstellen
ihr werdet entstellen	werdet entstellen	würdet entstellen
sie werden entstellen	werden entstellen	würden entstellen

	Future Perfect Time	
Future Perfect	*(Fut. Perf. Subj.)*	*(Past Conditional)*
ich werde entstellt haben	werde entstellt haben	würde entstellt haben
du wirst entstellt haben	werdest entstellt haben	würdest entstellt haben
er wird entstellt haben	werde entstellt haben	würde entstellt haben
wir werden entstellt haben	werden entstellt haben	würden entstellt haben
ihr werdet entstellt haben	werdet entstellt haben	würdet entstellt haben
sie werden entstellt haben	werden entstellt haben	würden entstellt haben

Examples: Viele Statuen aus dem klassischen Altertum sind leider durch Verstümmelung entstellt worden. *Many statues from classical antiquity have unfortunately been disfigured by mutilation.* „Warum versuchen Sie immer wieder, die Wahrheit zu entstellen?" fragte der Rechtsanwalt. *"Why do you repeatedly try to distort the truth?" asked the lawyer.*

erfahren

to find out, learn;
undergo, experience

PRINC. PARTS: **erfahren, erfuhr, erfahren, erfährt**
IMPERATIVE: **erfahre!, erfahrt!, erfahren Sie!**

INDICATIVE	PRIMARY	SECONDARY
	SUBJUNCTIVE	
	Present Time	
Present	*(Pres. Subj.)*	*(Imperf. Subj.)*
ich erfahre	erfahre	erführe
du erfährst	erfahrest	erführest
er erfährt	erfahre	erführe
wir erfahren	erfahren	erführen
ihr erfahrt	erfahret	erführet
sie erfahren	erfahren	erführen
Imperfect		
ich erfuhr		
du erfuhrst		
er erfuhr		
wir erfuhren		
ihr erfuhrt		
sie erfuhren		
	Past Time	
Perfect	*(Perf. Subj.)*	*(Pluperf. Subj.)*
ich habe erfahren	habe erfahren	hätte erfahren
du hast erfahren	habest erfahren	hättest erfahren
er hat erfahren	habe erfahren	hätte erfahren
wir haben erfahren	haben erfahren	hätten erfahren
ihr habt erfahren	habet erfahren	hättet erfahren
sie haben erfahren	haben erfahren	hätten erfahren
Pluperfect		
ich hatte erfahren		
du hattest erfahren		
er hatte erfahren		
wir hatten erfahren		
ihr hattet erfahren		
sie hatten erfahren		
	Future Time	
Future	*(Fut. Subj.)*	*(Pres. Conditional)*
ich werde erfahren	werde erfahren	würde erfahren
du wirst erfahren	werdest erfahren	würdest erfahren
er wird erfahren	werde erfahren	würde erfahren
wir werden erfahren	werden erfahren	würden erfahren
ihr werdet erfahren	werdet erfahren	würdet erfahren
sie werden erfahren	werden erfahren	würden erfahren
	Future Perfect Time	
Future Perfect	*(Fut. Perf. Subj.)*	*(Past Conditional)*
ich werde erfahren haben	werde erfahren haben	würde erfahren haben
du wirst erfahren haben	werdest erfahren haben	würdest erfahren haben
er wird erfahren haben	werde erfahren haben	würde erfahren haben
wir werden erfahren haben	werden erfahren haben	würden erfahren haben
ihr werdet erfahren haben	werdet erfahren haben	würdet erfahren haben
sie werden erfahren haben	werden erfahren haben	würden erfahren haben

Examples: „Sie wissen wohl, dass sie einen Rückschlag erfahren hat. „Nein, davon erfahre ich erst jetzt." *"You probably know she experienced (suffered) a relapse." "No, I'm just hearing about it now."* „Wir haben viel Leid erfahren. Aber diese Erfahrungen haben uns nur bereichert. Wir würden jetzt gerne Liebe und Verständnis erfahren." *"We've experienced much sorrow. But these experiences have only enriched us. We'd gladly experience love and understanding now."*

erfinden

PRINC. PARTS: **erfinden, erfand, erfunden, erfindet**
IMPERATIVE: **erfinde!, erfindet!, erfinden Sie!**

to invent; discover;
find out

INDICATIVE		SUBJUNCTIVE	
		PRIMARY	SECONDARY

Present Time

Present		*(Pres. Subj.)*	*(Imperf. Subj.)*
ich	erfinde	erfinde	erfände
du	erfindest	erfindest	erfändest
er	erfindet	erfinde	erfände
wir	erfinden	erfinden	erfänden
ihr	erfindet	erfindet	erfändet
sie	erfinden	erfinden	erfänden

Imperfect	
ich	erfand
du	erfandst
er	erfand
wir	erfanden
ihr	erfandet
sie	erfanden

Past Time

Perfect		*(Perf. Subj.)*	*(Pluperf. Subj.)*
ich	habe erfunden	habe erfunden	hätte erfunden
du	hast erfunden	habest erfunden	hättest erfunden
er	hat erfunden	habe erfunden	hätte erfunden
wir	haben erfunden	haben erfunden	hätten erfunden
ihr	habt erfunden	habet erfunden	hättet erfunden
sie	haben erfunden	haben erfunden	hätten erfunden

Pluperfect	
ich	hatte erfunden
du	hattest erfunden
er	hatte erfunden
wir	hatten erfunden
ihr	hattet erfunden
sie	hatten erfunden

Future Time

Future		*(Fut. Subj.)*	*(Pres. Conditional)*
ich	werde erfinden	werde erfinden	würde erfinden
du	wirst erfinden	werdest erfinden	würdest erfinden
er	wird erfinden	werde erfinden	würde erfinden
wir	werden erfinden	werden erfinden	würden erfinden
ihr	werdet erfinden	werdet erfinden	würdet erfinden
sie	werden erfinden	werden erfinden	würden erfinden

Future Perfect Time

Future Perfect		*(Fut. Perf. Subj.)*	*(Past Conditional)*
ich	werde erfunden haben	werde erfunden haben	würde erfunden haben
du	wirst erfunden haben	werdest erfunden haben	würdest erfunden haben
er	wird erfunden haben	werde erfunden haben	würde erfunden haben
wir	werden erfunden haben	werden erfunden haben	würden erfunden haben
ihr	werdet erfunden haben	werdet erfunden haben	würdet erfunden haben
sie	werden erfunden haben	werden erfunden haben	würden erfunden haben

Examples: Paul ist sehr erfinderisch, und ich bewundere seine Erfindungsgabe. Ich glaube aber, dass er die Geschichte von seiner Jupiterreise erfunden hat. *Paul is very inventive and I admire his talent for invention. But I think he invented the story of his trip to Jupiter.* **Er-** is an inseparable prefix. Therefore the past participle does not begin with **ge-**.

erhalten

to obtain, receive;
preserve

PRINC. PARTS: **erhalten, erhielt, erhalten, erhält**
IMPERATIVE: **erhalte!, erhaltet!, erhalten Sie!**

	INDICATIVE	SUBJUNCTIVE	
		PRIMARY	SECONDARY
		Present Time	
	Present	*(Pres. Subj.)*	*(Imperf. Subj.)*
ich	erhalte	erhalte	erhielte
du	erhältst	erhaltest	erhieltest
er	erhält	erhalte	erhielte
wir	erhalten	erhalten	erhielten
ihr	erhaltet	erhaltet	erhieltet
sie	erhalten	erhalten	erhielten

	Imperfect
ich	erhielt
du	erhieltest
er	erhielt
wir	erhielten
ihr	erhieltet
sie	erhielten

		Past Time	
	Perfect	*(Perf. Subj.)*	*(Pluperf. Subj.)*
ich	habe erhalten	habe erhalten	hätte erhalten
du	hast erhalten	habest erhalten	hättest erhalten
er	hat erhalten	habe erhalten	hätte erhalten
wir	haben erhalten	haben erhalten	hätten erhalten
ihr	habt erhalten	habet erhalten	hättet erhalten
sie	haben erhalten	haben erhalten	hätten erhalten

	Pluperfect
Ich	hatte erhalten
du	hattest erhalten
er	hatte erhalten
wir	hatten erhalten
ihr	hattet erhalten
sie	hatten erhalten

		Future Time	
	Future	*(Fut. Subj.)*	*(Pres. Conditional)*
ich	werde erhalten	werde erhalten	würde erhalten
du	wirst erhalten	werdest erhalten	würdest erhalten
er	wird erhalten	werde erhalten	würde erhalten
wir	werden erhalten	werden erhalten	würden erhalten
ihr	werdet erhalten	werdet erhalten	würdet erhalten
sie	werden erhalten	werden erhalten	würden erhalten

		Future Perfect Time	
	Future Perfect	*(Fut. Perf. Subj.)*	*(Past Conditional)*
ich	werde erhalten haben	werde erhalten haben	würde erhalten haben
du	wirst erhalten haben	werdest erhalten haben	würdest erhalten haben
er	wird erhalten haben	werde erhalten haben	würde erhalten haben
wir	werden erhalten haben	werden erhalten haben	würden erhalten haben
ihr	werdet erhalten haben	werdet erhalten haben	würdet erhalten haben
sie	werden erhalten haben	werden erhalten haben	würden erhalten haben

---

Examples: Wir haben Ihre Anfrage dankend erhalten. Alle Kunstwerke, die wir verkaufen, sind gut erhalten. *We received your inquiry and thank you for it. All the artworks we sell are in a good state of preservation.* **Kennen Sie Haydns Hymne: „Gott Erhalte Franz, den Kaiser"?** *Do you know Haydn's hymn,* May God Maintain Franz, the Emperor? Because of the inseparable prefix **er-**, the past participle does not begin with **ge-**.

erinnern

PRINC. PARTS: **erinnern, erinnerte, erinnert, erinnert**
IMPERATIVE: **erinnere!, erinnert!, erinnern Sie!**

to remind

INDICATIVE	SUBJUNCTIVE	
	PRIMARY	SECONDARY

Present Time

	Present	*(Pres. Subj.)*	*(Imperf. Subj.)*
ich	erinnere	erinnere	erinnerte
du	erinnerst	erinnerest	erinnertest
er	erinnert	erinnere	erinnerte
wir	erinnern	erinnern	erinnerten
ihr	erinnert	erinneret	erinnertet
sie	erinnern	erinnern	erinnerten

	Imperfect
ich	erinnerte
du	erinnertest
er	erinnerte
wir	erinnerten
ihr	erinnertet
sie	erinnerten

Past Time

	Perfect	*(Perf. Subj.)*	*(Pluperf. Subj.)*
ich	habe erinnert	habe erinnert	hätte erinnert
du	hast erinnert	habest erinnert	hättest erinnert
er	hat erinnert	habe erinnert	hätte erinnert
wir	haben erinnert	haben erinnert	hätten erinnert
ihr	habt erinnert	habet erinnert	hättet erinnert
sie	haben erinnert	haben erinnert	hätten erinnert

	Pluperfect
ich	hatte erinnert
du	hattest erinnert
er	hatte erinnert
wir	hatten erinnert
ihr	hattet erinnert
sie	hatten erinnert

Future Time

	Future	*(Fut. Subj.)*	*(Pres. Conditional)*
ich	werde erinnern	werde erinnern	würde erinnern
du	wirst erinnern	werdest erinnern	würdest erinnern
er	wird erinnern	werde erinnern	würde erinnern
wir	werden erinnern	werden erinnern	würden erinnern
ihr	werdet erinnern	werdet erinnern	würdet erinnern
sie	werden erinnern	werden erinnern	würden erinnern

Future Perfect Time

	Future Perfect	*(Fut. Perf. Subj.)*	*(Past Conditional)*
ich	werde erinnert haben	werde erinnert haben	würde erinnert haben
du	wirst erinnert haben	werdest erinnert haben	würdest erinnert haben
er	wird erinnert haben	werde erinnert haben	würde erinnert haben
wir	werden erinnert haben	werden erinnert haben	würden erinnert haben
ihr	werdet erinnert haben	werdet erinnert haben	würdet erinnert haben
sie	werden erinnert haben	werden erinnert haben	würden erinnert haben

Examples: „Wir müssen Sie leider wieder daran erinnern, dass Sie unsere Rechnung noch nicht bezahlt haben." „Wenn Sie mich wieder daran erinnern, breche ich alle Beziehungen zu Ihrer Firma ab. Ich möchte Sie daran erinnern, dass Sie jahrelang gewinnbringende Geschäfte mit uns gemacht haben." *"Unfortunately, we must again remind you that you haven't paid our bill yet." "If you remind me again, I'll break off all dealings with your firm. I'd like to remind you that for years you've done profitable business with us."*

sich erkälten

to catch a cold

PRINC. PARTS: **sich erkälten, erkältete sich, hat sich erkältet, erkältet sich**

IMPERATIVE: **erkälte dich!, erkältet euch!, erkälten Sie sich!**

	INDICATIVE	SUBJUNCTIVE	
		PRIMARY	SECONDARY
		Present Time	
	Present	*(Pres. Subj.)*	*(Imperf. Subj.)*
ich	erkälte mich	erkälte mich	erkältete mich
du	erkältest dich	erkältest dich	erkältetest dich
er	erkältet sich	erkälte sich	erkältete sich
wir	erkälten uns	erkälten uns	erkälteten uns
ihr	erkältet euch	erkältet euch	erkältetet euch
sie	erkälten sich	erkälten sich	erkälteten sich

	Imperfect
ich	erkältete mich
du	erkältetest dich
er	erkältete sich
wir	erkälteten uns
ihr	erkältetet euch
sie	erkälteten sich

			Past Time	
	Perfect	*(Perf. Subj.)*	*(Pluperf. Subj.)*
ich	habe mich erkältet	habe mich erkältet	hätte mich erkältet
du	hast dich erkältet	habest dich erkältet	hättest dich erkältet
er	hat sich erkältet	habe sich erkältet	hätte sich erkältet
wir	haben uns erkältet	haben uns erkältet	hätten uns erkältet
ihr	habt euch erkältet	habet euch erkältet	hättet euch erkältet
sie	haben sich erkältet	haben sich erkältet	hätten sich erkältet

	Pluperfect
ich	hatte mich erkältet
du	hattest dich erkältet
er	hatte sich erkältet
wir	hatten uns erkältet
ihr	hattet euch erkältet
sie	hatten sich erkältet

			Future Time	
	Future	*(Fut. Subj.)*	*(Pres. Conditional)*
ich	werde mich erkälten	werde mich erkälten	würde mich erkälten
du	wirst dich erkälten	werdest dich erkälten	würdest dich erkälten
er	wird sich erkälten	werde sich erkälten	würde sich erkälten
wir	werden uns erkälten	werden uns erkälten	würden uns erkälten
ihr	werdet euch erkälten	werdet euch erkälten	würdet euch erkälten
sie	werden sich erkälten	werden sich erkälten	würden sich erkälten

			Future Perfect Time	
	Future Perfect	*(Fut. Perf. Subj.)*	*(Past Conditional)*
ich	werde mich erkältet haben	werde mich erkältet haben	würde mich erkältet haben
du	wirst dich erkältet haben	werdest dich erkältet haben	würdest dich erkältet haben
er	wird sich erkältet haben	werde sich erkältet haben	würde sich erkältet haben
wir	werden uns erkältet haben	werden uns erkältet haben	würden uns erkältet haben
ihr	werdet euch erkältet haben	werdet euch erkältet haben	würdet euch erkältet haben
sie	werden sich erkältet haben	werden sich erkältet haben	würden sich erkältet haben

Examples: „Ich bin wieder erkältet", klagte Karl seiner Frau. „Zieh dich wärmer an, wenn's kalt ist. Dann wirst du dich weniger erkälten", sagte sie. Später fragte sie den Apotheker: „Was empfehlen Sie mir gegen eine Erkältung?" *"I've got a cold again." Karl complained to his wife. "Dress warmer when it's cold. Then you'll catch cold less often," she said. Later she asked the pharmacist, "What do you recommend for a cold?"*

144

erklären

PRINC. PARTS:

PRINC. PARTS: **erklären, erklärte, erklärt, erklärt**   *to explain, declare, announce*
IMPERATIVE: **erkläre!, erklärt!, erklären Sie!**

INDICATIVE	SUBJUNCTIVE	
	PRIMARY	SECONDARY
	Present Time	
Present	*(Pres. Subj.)*	*(Imperf. Subj.)*
ich erkläre	erkläre	erklärte
du erklärst	erklärest	erklärtest
er erklärt	erkläre	erklärte
wir erklären	erklären	erklärten
ihr erklärt	erkläret	erklärtet
sie erklären	erklären	erklärten

E

Imperfect
ich erklärte
du erklärtest
er erklärte
wir erklärten
ihr erklärtet
sie erklärten

	Past Time	
Perfect	*(Perf. Subj.)*	*(Pluperf. Subj.)*
ich habe erklärt	habe erklärt	hätte erklärt
du hast erklärt	habest erklärt	hättest erklärt
er hat erklärt	habe erklärt	hätte erklärt
wir haben erklärt	haben erklärt	hätten erklärt
ihr habt erklärt	habet erklärt	hättet erklärt
sie haben erklärt	haben erklärt	hätten erklärt

Pluperfect
ich hatte erklärt
du hattest erklärt
er hatte erklärt
wir hatten erklärt
ihr hattet erklärt
sie hatten erklärt

	Future Time	
Future	*(Fut. Subj.)*	*(Pres. Conditional)*
ich werde erklären	werde erklären	würde erklären
du wirst erklären	werdest erklären	würdest erklären
er wird erklären	werde erklären	würde erklären
wir werden erklären	werden erklären	würden erklären
ihr werdet erklären	werdet erklären	würdet erklären
sie werden erklären	werden erklären	würden erklären

	Future Perfect Time	
Future Perfect	*(Fut. Perf. Subj.)*	*(Past Conditional)*
ich werde erklärt haben	werde erklärt haben	würde erklärt haben
du wirst erklärt haben	werdest erklärt haben	würdest erklärt haben
er wird erklärt haben	werde erklärt haben	würde erklärt haben
wir werden erklärt haben	werden erklärt haben	würden erklärt haben
ihr werdet erklärt haben	werdet erklärt haben	würdet erklärt haben
sie werden erklärt haben	werden erklärt haben	würden erklärt haben

Examples: „Warum hat man den Krieg erklärt? Das kann ich mir gar nicht erklären. Gibt es eine vernünftige Erklärung dafür? Wir hätten uns deutlicher für den Frieden erklären sollen", erklärte der Historiker. *"Why was war declared? I can't account for that at all. Is there a rational explanation for it? We should have come out more strongly for peace," declared the historian.*

145

erlauben

to permit

PRINC. PARTS: **erlauben, erlaubte, erlaubt, erlaubt**
IMPERATIVE: **erlaube!, erlaubt!, erlauben Sie!**

INDICATIVE		SUBJUNCTIVE	
		PRIMARY	SECONDARY
		Present Time	
Present		*(Pres. Subj.)*	*(Imperf. Subj.)*
ich	erlaube	erlaube	erlaubte
du	erlaubst	erlaubest	erlaubtest
er	erlaubt	erlaube	erlaubte
wir	erlauben	erlauben	erlaubten
ihr	erlaubt	erlaubet	erlaubtet
sie	erlauben	erlauben	erlaubten
Imperfect			
ich	erlaubte		
du	erlaubtest		
er	erlaubte		
wir	erlaubten		
ihr	erlaubtet		
sie	erlaubten		
		Past Time	
Perfect		*(Perf. Subj.)*	*(Pluperf. Subj.)*
ich	habe erlaubt	habe erlaubt	hätte erlaubt
du	hast erlaubt	habest erlaubt	hättest erlaubt
er	hat erlaubt	habe erlaubt	hätte erlaubt
wir	haben erlaubt	haben erlaubt	hätten erlaubt
ihr	habt erlaubt	habet erlaubt	hättet erlaubt
sie	haben erlaubt	haben erlaubt	hätten erlaubt
Pluperfect			
ich	hatte erlaubt		
du	hattest erlaubt		
er	hatte erlaubt		
wir	hatten erlaubt		
ihr	hattet erlaubt		
sie	hatten erlaubt		
		Future Time	
Future		*(Fut. Subj.)*	*(Pres. Conditional)*
ich	werde erlauben	werde erlauben	würde erlauben
du	wirst erlauben	werdest erlauben	würdest erlauben
er	wird erlauben	werde erlauben	würde erlauben
wir	werden erlauben	werden erlauben	würden erlauben
ihr	werdet erlauben	werdet erlauben	würdet erlauben
sie	werden erlauben	werden erlauben	würden erlauben
		Future Perfect Time	
Future Perfect		*(Fut. Perf. Subj.)*	*(Past Conditional)*
ich	werde erlaubt haben	werde erlaubt haben	würde erlaubt haben
du	wirst erlaubt haben	werdest erlaubt haben	würdest erlaubt haben
er	wird erlaubt haben	werde erlaubt haben	würde erlaubt haben
wir	werden erlaubt haben	werden erlaubt haben	würden erlaubt haben
ihr	werdet erlaubt haben	werdet erlaubt haben	würdet erlaubt haben
sie	werden erlaubt haben	werden erlaubt haben	würden erlaubt haben

Examples: „Ich habe es ihm nicht erlaubt und die Erlaubnis verweigert. Er hat's aber trotzdem getan. Er erlaubt sich alles. Er glaubt, seine Mittel erlauben ihm alles." *"I didn't allow him to do it and refused permission. He did it anyway. He does just as he pleases. He thinks his means permit him everything."*

erlöschen

PRINC. PARTS: **erlöschen,* erlosch, ist erloschen, erlischt**
IMPERATIVE: **erlisch!, erlöscht!, erlöschen Sie!****

to become extinguished,
dim, go out

INDICATIVE	SUBJUNCTIVE	
	PRIMARY	SECONDARY

Present Time

	Present	(*Pres. Subj.*)	(*Imperf. Subj.*)
ich	erlösche	erlösche	erlösche
du	erlischst	erlöschest	erlöschest
er	erlischt	erlösche	erlösche
wir	erlöschen	erlöschen	erlöschen
ihr	erlöscht	erlöschet	erlöschet
sie	erlöschen	erlöschen	erlöschen

E

	Imperfect
ich	erlosch
du	erloschest
er	erlosch
wir	erloschen
ihr	erloscht
sie	erloschen

Past Time

	Perfect	(*Perf. Subj.*)	(*Pluperf. Subj.*)
ich	bin erloschen	sei erloschen	wäre erloschen
du	bist erloschen	seiest erloschen	wärest erloschen
er	ist erloschen	sei erloschen	wäre erloschen
wir	sind erloschen	seien erloschen	wären erloschen
ihr	seid erloschen	seiet erloschen	wäret erloschen
sie	sind erloschen	seien erloschen	wären erloschen

	Pluperfect
ich	war erloschen
du	warst erloschen
er	war erloschen
wir	waren erloschen
ihr	wart erloschen
sie	waren erloschen

Future Time

	Future	(*Fut. Subj.*)	(*Pres. Conditional*)
ich	werde erlöschen	werde erlöschen	würde erlöschen
du	wirst erlöschen	werdest erlöschen	würdest erlöschen
er	wird erlöschen	werde erlöschen	würde erlöschen
wir	werden erlöschen	werden erlöschen	würden erlöschen
ihr	werdet erlöschen	werdet erlöschen	würdet erlöschen
sie	werden erlöschen	werden erlöschen	würden erlöschen

Future Perfect Time

	Future Perfect	(*Fut. Perf. Subj.*)	(*Past Conditional*)
ich	werde erloschen sein	werde erloschen sein	würde erloschen sein
du	wirst erloschen sein	werdest erloschen sein	würdest erloschen sein
er	wird erloschen sein	werde erloschen sein	würde erloschen sein
wir	werden erloschen sein	werden erloschen sein	würden erloschen sein
ihr	werdet erloschen sein	werdet erloschen sein	würdet erloschen sein
sie	werden erloschen sein	werden erloschen sein	würden erloschen sein

*Forms other than the third person are infrequently found. **The imperative is unusual.

Examples: In einem Lied von Brahms behauptet ein Junge, dass seine Liebe erlöschen wird, wenn er draußen in der Kälte bleiben muss. „Lass sie löschen nur", antwortet das Mädchen. *In a song by Brahms, a boy declares that his love will grow dim if he has to stay outside in the cold. "Let it go out," answers the girl.* **Erlöschen** is inseparable and is conjugated with **sein** in the perfect tenses.

erreichen

to reach; attain, achieve;
arrive at

PRINC. PARTS: **erreichen, erreichte, erreicht, erreicht**
IMPERATIVE: **erreiche!, erreicht!, erreichen Sie!**

	INDICATIVE	SUBJUNCTIVE PRIMARY	SECONDARY
	Present	**Present Time** (*Pres. Subj.*)	(*Imperf. Subj.*)
ich	erreiche	erreiche	erreichte
du	erreichst	erreichest	erreichtest
er	erreicht	erreiche	erreichte
wir	erreichen	erreichen	erreichten
ihr	erreicht	erreichet	erreichtet
sie	erreichen	erreichen	erreichten
	Imperfect		
ich	erreichte		
du	erreichtest		
er	erreichte		
wir	erreichten		
ihr	erreichtet		
sie	erreichten		
	Perfect	**Past Time** (*Perf. Subj.*)	(*Pluperf. Subj.*)
ich	habe erreicht	habe erreicht	hätte erreicht
du	hast erreicht	habest erreicht	hättest erreicht
er	hat erreicht	habe erreicht	hätte erreicht
wir	haben erreicht	haben erreicht	hätten erreicht
ihr	habt erreicht	habet erreicht	hättet erreicht
sie	haben erreicht	haben erreicht	hätten erreicht
	Pluperfect		
ich	hatte erreicht		
du	hattest erreicht		
er	hatte erreicht		
wir	hatten erreicht		
ihr	hattet erreicht		
sie	hatten erreicht		
	Future	**Future Time** (*Fut. Subj.*)	(*Pres. Conditional*)
ich	werde erreichen	werde erreichen	würde erreichen
du	wirst erreichen	werdest erreichen	würdest erreichen
er	wird erreichen	werde erreichen	würde erreichen
wir	werden erreichen	werden erreichen	würden erreichen
ihr	werdet erreichen	werdet erreichen	würdet erreichen
sie	werden erreichen	werden erreichen	würden erreichen
	Future Perfect	**Future Perfect Time** (*Fut. Perf. Subj.*)	(*Past Conditional*)
ich	werde erreicht haben	werde erreicht haben	würde erreicht haben
du	wirst erreicht haben	werdest erreicht haben	würdest erreicht haben
er	wird erreicht haben	werde erreicht haben	würde erreicht haben
wir	werden erreicht haben	werden erreicht haben	würden erreicht haben
ihr	werdet erreicht haben	werdet erreicht haben	würdet erreicht haben
sie	werden erreicht haben	werden erreicht haben	würden erreicht haben

Examples: Telefonisch kann ich ihn nicht mehr erreichen. Ich fürchte, bei ihm ist jetzt nichts zu erreichen. *I can't reach him by telephone anymore. I'm afraid we won't be able to get anywhere with him now.* Immer wieder Staus—ich dachte, ich würde ihr Haus nie erreichen. Leider ist ihr Dorf mit dem Zug nicht erreichbar. *Frequent traffic backups—I thought I'd never get to their house. Unfortunately, their village can't be reached by train.*

148

errichten

to erect, establish

INDICATIVE	SUBJUNCTIVE	
	PRIMARY	SECONDARY

Present Time

	Present	*(Pres. Subj.)*	*(Imperf. Subj.)*
ich	errichte	errichte	errichtete
du	errichtest	errichtest	errichtetest
er	errichtet	errichte	errichtete
wir	errichten	errichten	errichteten
ihr	errichtet	errichtet	errichtetet
sie	errichten	errichten	errichteten

	Imperfect
ich	errichtete
du	errichtetest
er	errichtete
wir	errichteten
ihr	errichtetet
sie	errichteten

Past Time

	Perfect	*(Perf. Subj.)*	*(Pluperf. Subj.)*
ich	habe errichtet	habe errichtet	hätte errichtet
du	hast errichtet	habest errichtet	hättest errichtet
er	hat errichtet	habe errichtet	hätte errichtet
wir	haben errichtet	haben errichtet	hätten errichtet
ihr	habt errichtet	habet errichtet	hättet errichtet
sie	haben errichtet	haben errichtet	hätten errichtet

	Pluperfect
ich	hatte errichtet
du	hattest errichtet
er	hatte errichtet
wir	hatten errichtet
ihr	hattet errichtet
sie	hatten errichtet

Future Time

	Future	*(Fut. Subj.)*	*(Pres. Conditional)*
ich	werde errichten	werde errichten	würde errichten
du	wirst errichten	werdest errichten	würdest errichten
er	wird errichten	werde errichten	würde errichten
wir	werden errichten	werden errichten	würden errichten
ihr	werdet errichten	werdet errichten	würdet errichten
sie	werden errichten	werden errichten	würden errichten

Future Perfect Time

	Future Perfect	*(Fut. Perf. Subj.)*	*(Past Conditional)*
ich	werde errichtet haben	werde errichtet haben	würde errichtet haben
du	wirst errichtet haben	werdest errichtet haben	würdest errichtet haben
er	wird errichtet haben	werde errichtet haben	würde errichtet haben
wir	werden errichtet haben	werden errichtet haben	würden errichtet haben
ihr	werdet errichtet haben	werdet errichtet haben	würdet errichtet haben
sie	werden errichtet haben	werden errichtet haben	würden errichtet haben

Examples: Der Soziologe errichtete ein Institut, um seine Pläne zu verwirklichen. Aber alles, was er errichtet hatte, wurde durch den Krieg zerstört. Nach seinem Tod ließen ihm seine Anhänger ein Denkmal errichten. *The sociologist established an institute to put his plans into practice. But everything he had built was destroyed by the war. After his death his disciples had a monument built to him.*

erschöpfen

to exhaust, drain

PRINC. PARTS: **erschöpfen, erschöpfte, erschöpft, erschöpft**
IMPERATIVE: **erschöpfe!, erschöpft!, erschöpfen Sie!**

	INDICATIVE	PRIMARY	SECONDARY
		SUBJUNCTIVE	
		Present Time	
	Present	*(Pres. Subj.)*	*(Imperf. Subj.)*
ich	erschöpfe	erschöpfe	erschöpfte
du	erschöpfst	erschöpfest	erschöpftest
er	erschöpft	erschöpfe	erschöpfte
wir	erschöpfen	erschöpfen	erschöpften
ihr	erschöpft	erschöpfet	erschöpftet
sie	erschöpfen	erschöpfen	erschöpften

	Imperfect
ich	erschöpfte
du	erschöpftest
er	erschöpfte
wir	erschöpften
ihr	erschöpftet
sie	erschöpften

			Past Time	
	Perfect	*(Perf. Subj.)*	*(Pluperf. Subj.)*
ich	habe erschöpft	habe erschöpft	hätte erschöpft
du	hast erschöpft	habest erschöpft	hättest erschöpft
er	hat erschöpft	habe erschöpft	hätte erschöpft
wir	haben erschöpft	haben erschöpft	hätten erschöpft
ihr	habt erschöpft	habet erschöpft	hättet erschöpft
sie	haben erschöpft	haben erschöpft	hätten erschöpft

	Pluperfect
ich	hatte erschöpft
du	hattest erschöpft
er	hatte erschöpft
wir	hatten erschöpft
ihr	hattet erschöpft
sie	hatten erschöpft

		Future Time	
	Future	*(Fut. Subj.)*	*(Pres. Conditional)*
ich	werde erschöpfen	werde erschöpfen	würde erschöpfen
du	wirst erschöpfen	werdest erschöpfen	würdest erschöpfen
er	wird erschöpfen	werde erschöpfen	würde erschöpfen
wir	werden erschöpfen	werden erschöpfen	würden erschöpfen
ihr	werdet erschöpfen	werdet erschöpfen	würdet erschöpfen
sie	werden erschöpfen	werden erschöpfen	würden erschöpfen

		Future Perfect Time	
	Future Perfect	*(Fut. Perf. Subj.)*	*(Past Conditional)*
ich	werde erschöpft haben	werde erschöpft haben	würde erschöpft haben
du	wirst erschöpft haben	werdest erschöpft haben	würdest erschöpft haben
er	wird erschöpft haben	werde erschöpft haben	würde erschöpft haben
wir	werden erschöpft haben	werden erschöpft haben	würden erschöpft haben
ihr	werdet erschöpft haben	werdet erschöpft haben	würdet erschöpft haben
sie	werden erschöpft haben	werden erschöpft haben	würden erschöpft haben

Examples: „War der Schöpfer vielleicht am 8. Tag erschöpft?" fragte die Professorin den Theologen. **Er fand ihre Fragen erschöpfend.** *"Was the creator exhausted on the 8th day?" the professor asked the theologian. He found her questions exhausting.* "To scoop" in the sense "to drain, draw off" is related to **schöpfen** and **erschöpfen**. Er- sometimes intensifies the action of the basic verb.

erschrecken

to be startled/frightened

PRINC. PARTS: **erschrecken,* erschrak, ist erschrocken, erschrickt**

IMPERATIVE: **erschrick!, erschreckt!, erschrecken Sie!**

	INDICATIVE	PRIMARY SUBJUNCTIVE	SECONDARY
		Present Time	
	Present	*(Pres. Subj.)*	*(Imperf. Subj.)*
ich	erschrecke	erschrecke	erschräcke
du	erschrickst	erschreckest	erschräckest
er	erschrickt	erschrecke	erschräcke
wir	erschrecken	erschrecken	erschräcken
ihr	erschreckt	erschrecket	erschräcket
sie	erschrecken	erschrecken	erschräcken

E

	Imperfect
ich	erschrak
du	erschrakst
er	erschrak
wir	erschraken
ihr	erschrakt
sie	erschraken

		Past Time	
	Perfect	*(Perf. Subj.)*	*(Pluperf. Subj.)*
ich	bin erschrocken	sei erschrocken	wäre erschrocken
du	bist erschrocken	seiest erschrocken	wärest erschrocken
er	ist erschrocken	sei erschrocken	wäre erschrocken
wir	sind erschrocken	seien erschrocken	wären erschrocken
ihr	seid erschrocken	seiet erschrocken	wäret erschrocken
sie	sind erschrocken	seien erschrocken	wären erschrocken

	Pluperfect
ich	war erschrocken
du	warst erschrocken
er	war erschrocken
wir	waren erschrocken
ihr	wart erschrocken
sie	waren erschrocken

		Future Time	
	Future	*(Fut. Subj.)*	*(Pres. Conditional)*
ich	werde erschrecken	werde erschrecken	würde erschrecken
du	wirst erschrecken	werdest erschrecken	würdest erschrecken
er	wird erschrecken	werde erschrecken	würde erschrecken
wir	werden erschrecken	werden erschrecken	würden erschrecken
ihr	werdet erschrecken	werdet erschrecken	würdet erschrecken
sie	werden erschrecken	werden erschrecken	würden erschrecken

		Future Perfect Time	
	Future Perfect	*(Fut. Perf. Subj.)*	*(Past Conditional)*
ich	werde erschrocken sein	werde erschrocken sein	würde erschrocken sein
du	wirst erschrocken sein	werdest erschrocken sein	würdest erschrocken sein
er	wird erschrocken sein	werde erschrocken sein	würde erschrocken sein
wir	werden erschrocken sein	werden erschrocken sein	würden erschrocken sein
ihr	werdet erschrocken sein	werdet erschrocken sein	würdet erschrocken sein
sie	werden erschrocken sein	werden erschrocken sein	würden erschrocken sein

*Erschrecken meaning *"to frighten"* is a weak verb. PRIINC. PARTS: **erschrecken, erschreckte, erschreckt, erschreckt.**

Examples: „Erschrick nicht, wenn du meinen Mann siehst", sagte Irma. „Sein Zustand ist erschreckend. Er erschrickt sich vor allem." *"Don't be startled when you see my husband,"* said *Irma. "His condition is alarming. He is frightened of everything."* When **erschrecken** is transitive (takes a direct object), it is weak and conjugated with **haben.**

ersticken

to choke, stifle

PRINC. PARTS: **ersticken, erstickte, erstickt, erstickt**
IMPERATIVE: **ersticke!, erstickt!, ersticken Sie!**

INDICATIVE	SUBJUNCTIVE	
	PRIMARY	SECONDARY

Present Time

	Present	*(Pres. Subj.)*	*(Imperf. Subj.)*
ich	ersticke	ersticke	erstickte
du	erstickst	erstickest	ersticktest
er	erstickt	ersticke	erstickte
wir	ersticken	ersticken	erstickten
ihr	erstickt	ersticket	ersticktet
sie	ersticken	erstickcn	erstickten

	Imperfect
ich	erstickte
du	ersticktest
er	erstickte
wir	erstickten
ihr	ersticktet
sie	erstickten

Past Time

	Perfect	*(Perf. Subj.)*	*(Pluperf. Subj.)*
ich	habe erstickt	habe erstickt	hätte erstickt
du	hast erstickt	habest erstickt	hättest erstickt
er	hat erstickt	habe erstickt	hätte erstickt
wir	haben erstickt	haben erstickt	hätten erstickt
ihr	habt erstickt	habet erstickt	hättet erstickt
sie	haben erstickt	haben erstickt	hätten erstickt

	Pluperfect
ich	hatte erstickt
du	hattest erstickt
er	hatte erstickt
wir	hatten erstickt
ihr	hattet erstickt
sie	hatten erstickt

Future Time

	Future	*(Fut. Subj.)*	*(Pres. Conditional)*
ich	werde ersticken	werde erstickcn	würde ersticken
du	wirst ersticken	werdest ersticken	würdest ersticken
er	wird ersticken	werde ersticken	würde ersticken
wir	werden ersticken	werden ersticken	würden ersticken
ihr	werdet ersticken	werdet ersticken	würdet ersticken
sie	werden ersticken	werden ersticken	würdcn ersticken

Future Perfect Time

	Future Perfect	*(Fut. Perf. Subj.)*	*(Past Conditional)*
ich	werde erstickt haben	werde erstickt haben	würde erstickt haben
du	wirst erstickt haben	werdest erstickt haben	würdest erstickt haben
er	wird erstickt haben	werde erstickt haben	würde erstickt haben
wir	werden erstickt haben	werden erstickt haben	würden erstickt haben
ihr	werdet erstickt haben	werdet erstickt haben	würdet erstickt haben
sie	werden erstickt haben	werden erstickt haben	würden erstickt haben

Examples: „Es ist erstickend heiß hier und wir ersticken in der Arbeit. Warum streiken wir nicht?" „Diese Revolte muss im Keim erstickt werden", dachte sich der Chef. *"It's stifling hot here and we're swamped with work. Why don't we go on strike?" "This revolt has to be nipped in the bud," thought the boss to himself.*

erwägen

to consider, ponder

INDICATIVE	SUBJUNCTIVE	
	PRIMARY	SECONDARY

Present Time

	Present	(Pres. Subj.)	(Imperf. Subj.)
ich	erwäge	erwäge	erwöge
du	erwägst	erwägest	erwögest
er	erwägt	erwäge	erwöge
wir	erwägen	erwägen	erwögen
ihr	erwägt	erwäget	erwöget
sie	erwägen	erwägen	erwögen

	Imperfect
ich	erwog
du	erwogst
er	erwog
wir	erwogen
ihr	erwogt
sie	erwogen

Past Time

	Perfect	(Perf. Subj.)	(Pluperf. Subj.)
ich	habe erwogen	habe erwogen	hätte erwogen
du	hast erwogen	habest erwogen	hättest erwogen
er	hat erwogen	habe erwogen	hätte erwogen
wir	haben erwogen	haben erwogen	hätten erwogen
ihr	habt erwogen	habet erwogen	hättet erwogen
sie	haben erwogen	haben erwogen	hätten erwogen

	Pluperfect
ich	hatte erwogen
du	hattest erwogen
er	hatte erwogen
wir	hatten erwogen
ihr	hattet erwogen
sie	hatten erwogen

Future Time

	Future	(Fut. Subj.)	(Pres. Conditional)
ich	werde erwägen	werde erwägen	würde erwägen
du	wirst erwägen	werdest erwägen	würdest erwägen
er	wird erwägen	werde erwägen	würde erwägen
wir	werden erwägen	werden erwägen	würden erwägen
ihr	werdet erwägen	werdet erwägen	würdet erwägen
sie	werden erwägen	werden erwägen	würden erwägen

Future Perfect Time

	Future Perfect	(Fut. Perf. Subj.)	(Past Conditional)
ich	werde erwogen haben	werde erwogen haben	würde erwogen haben
du	wirst erwogen haben	werdest erwogen haben	würdest erwogen haben
er	wird erwogen haben	werde erwogen haben	würde erwogen haben
wir	werden erwogen haben	werden erwogen haben	würden erwogen haben
ihr	werdet erwogen haben	werdet erwogen haben	würdet erwogen haben
sie	werden erwogen haben	werden erwogen haben	würden erwogen haben

Examples: Die Chefin will es erwägen. Bei einer so wichtigen Entscheidung wird sie alle Umstände in Erwägung ziehen. Wir müssen warten, bis sie alles wohl erwogen hat. *The boss wants to ponder it. In such an important decision she will take all circumstances into consideration. We must wait until she's weighed (considered) everything carefully.*

E

erwähnen

to mention

PRINC. PARTS: **erwähnen, erwähnte, erwähnt, erwähnt**
IMPERATIVE: **erwähne!, erwähnt!, erwähnen Sie!**

	INDICATIVE	SUBJUNCTIVE	
		PRIMARY	SECONDARY
	Present	**Present Time**	
		(Pres. Subj.)	*(Imperf. Subj.)*
ich	erwähne	erwähne	erwähnte
du	erwähnst	erwähnest	erwähntest
er	erwähnt	erwähne	erwähnte
wir	erwähnen	erwähnen	erwähnten
ihr	erwähnt	erwähnet	erwähntet
sie	erwähnen	erwähnen	erwähnten
	Imperfect		
ich	erwähnte		
du	erwähntest		
er	erwähnte		
wir	erwähnten		
ihr	erwähntet		
sie	erwähnten		
		Past Time	
	Perfect	*(Perf. Subj.)*	*(Pluperf. Subj.)*
ich	habe erwähnt	habe erwähnt	hätte erwähnt
du	hast erwähnt	habest erwähnt	hättest erwähnt
er	hat erwähnt	habe erwähnt	hätte erwähnt
wir	haben erwähnt	haben erwähnt	hätten erwähnt
ihr	habt erwähnt	habet erwähnt	hättet erwähnt
sie	haben erwähnt	haben erwähnt	hätten erwähnt
	Pluperfect		
ich	hatte erwähnt		
du	hattest erwähnt		
er	hatte erwähnt		
wir	hatten erwähnt		
ihr	hattet erwähnt		
sie	hatten erwähnt		
		Future Time	
	Future	*(Fut. Subj.)*	*(Pres. Conditional)*
ich	werde erwähnen	werde erwähnen	würde erwähnen
du	wirst erwähnen	werdest erwähnen	würdest erwähnen
er	wird erwähnen	werde erwähnen	würde erwähnen
wir	werden erwähnen	werden erwähnen	würden erwähnen
ihr	werdet erwähnen	werdet erwähnen	würdet erwähnen
sie	werden erwähnen	werden erwähnen	würden erwähnen
		Future Perfect Time	
	Future Perfect	*(Fut. Perf. Subj.)*	*(Past Conditional)*
ich	werde erwähnt haben	werde erwähnt haben	würde erwähnt haben
du	wirst erwähnt haben	werdest erwähnt haben	würdest erwähnt haben
er	wird erwähnt haben	werde erwähnt haben	würde erwähnt haben
wir	werden erwähnt haben	werden erwähnt haben	würden erwähnt haben
ihr	werdet erwähnt haben	werdet erwähnt haben	würdet erwähnt haben
sie	werden erwähnt haben	werden erwähnt haben	würden erwähnt haben

Examples: „Könnten Sie vielleicht meinen Namen beim Präsidenten erwähnen? Ich erwarte nicht, dass Sie mich lobend erwähnen. Aber bisjetzt haben Sie mich mit keinem Wort erwähnt", sagte der Streber. *"Could you maybe mention my name to the president? I don't expect you to speak in praise of me. But so far you haven't said a word about me," said the pushy person.*

154

erzählen

PRINC. PARTS: **erzählen, erzählte, erzählt, erzählt**
IMPERATIVE: **erzähle!, erzählt!, erzählen Sie!**

to tell, relate

	INDICATIVE	SUBJUNCTIVE	
		PRIMARY	SECONDARY
		Present Time	
	Present	*(Pres. Subj.)*	*(Imperf. Subj.)*
ich	erzähle	erzähle	erzählte
du	erzählst	erzählest	erzähltest
er	erzählt	erzähle	erzählte
wir	erzählen	erzählen	erzählten
ihr	erzählt	erzählet	erzähltet
sie	erzählen	erzählen	erzählten

	Imperfect
ich	erzählte
du	erzähltest
er	erzählte
wir	erzählten
ihr	erzähltet
sie	erzählten

		Past Time	
	Perfect	*(Perf. Subj.)*	*(Pluperf. Subj.)*
ich	habe erzählt	habe erzählt	hätte erzählt
du	hast erzählt	habest erzählt	hättest erzählt
er	hat erzählt	habe erzählt	hätte erzählt
wir	haben erzählt	haben erzählt	hätten erzählt
ihr	habt erzählt	habet erzählt	hättet erzählt
sie	haben erzählt	haben erzählt	hätten erzählt

	Pluperfect
ich	hatte erzählt
du	hattest erzählt
er	hatte erzählt
wir	hatten erzählt
ihr	hattet erzählt
sie	hatten erzählt

		Future Time	
	Future	*(Fut. Subj.)*	*(Pres. Conditional)*
ich	werde erzählen	werde erzählen	würde erzählen
du	wirst erzählen	werdest erzählen	würdest erzählen
er	wird erzählen	werde erzählen	würde erzählen
wir	werden erzählen	werden erzählen	würden erzählen
ihr	werdet erzählen	werdet erzählen	würdet erzählen
sie	werden erzählen	werden erzählen	würden erzählen

		Future Perfect Time	
	Future Perfect	*(Fut. Perf. Subj.)*	*(Past Conditional)*
ich	werde erzählt haben	werde erzählt haben	würde erzählt haben
du	wirst erzählt haben	werdest erzählt haben	würdest erzählt haben
er	wird erzählt haben	werde erzählt haben	würde erzählt haben
wir	werden erzählt haben	werden erzählt haben	würden erzählt haben
ihr	werdet erzählt haben	werdet erzählt haben	würdet erzählt haben
sie	werden erzählt haben	werden erzählt haben	würden erzählt haben

Examples: Der alte Schiffskapitän hatte viele lustige Geschichten erzählt. Die meisten bewunderten seine Erzählkunst. Aber Herr Meckbesser fand sie nicht erzählbar. *The old sea captain told many amusing stories. Most admired his narrative art. But Mr. Meckbesser didn't find them suitable (for telling).* **Erzählen** is weak (regular) and every form has an umlaut.

essen

to eat

PRINC. PARTS: **essen, aß, gegessen, isst**
IMPERATIVE: **iss!, esst!, essen Sie!**

INDICATIVE	SUBJUNCTIVE	
	PRIMARY	SECONDARY

Present Time

Present	*(Pres. Subj.)*	*(Imperf. Subj.)*
ich esse	esse	äße
du isst	essest	äßest
er isst	esse	äße
wir essen	essen	äßen
ihr esst	esset	äßet
sie essen	essen	äßen

Imperfect
ich aß
du aßest
er aß
wir aßen
ihr aßt
sie aßen

Past Time

Perfect	*(Perf. Subj.)*	*(Pluperf. Subj.)*
ich habe gegessen	habe gegessen	hätte gegessen
du hast gegessen	habest gegessen	hättest gegessen
er hat gegessen	habe gegessen	hätte gegessen
wir haben gegessen	haben gegessen	hätten gegessen
ihr habt gegessen	habet gegessen	hättet gegessen
sie haben gegessen	haben gegessen	hätten gegessen

Pluperfect
ich hatte gegessen
du hattest gegessen
er hatte gegessen
wir hatten gegessen
ihr hattet gegessen
sie hatten gegessen

Future Time

Future	*(Fut. Subj.)*	*(Pres. Conditional)*
ich werde essen	werde essen	würde essen
du wirst essen	werdest essen	würdest essen
er wird essen	werde essen	würde essen
wir werden essen	werden essen	würden essen
ihr werdet essen	werdet essen	würdet essen
sie werden essen	werden essen	würden essen

Future Perfect Time

Future Perfect	*(Fut. Perf. Subj.)*	*(Past Conditional)*
ich werde gegessen haben	werde gegessen haben	würde gegessen haben
du wirst gegessen haben	werdest gegessen haben	würdest gegessen haben
er wird gegessen haben	werde gegessen haben	würde gegessen haben
wir werden gegessen haben	werden gegessen haben	würden gegessen haben
ihr werdet gegessen haben	werdet gegessen haben	würdet gegessen haben
sie werden gegessen haben	werden gegessen haben	würden gegessen haben

AN ESSENTIAL 55 VERB

AN ESSENTIAL 55 VERB

Prefix Verbs

SEPARABLE

abessen—to finish eating, clean one's plate

Esst ab, sonst kriegt ihr keinen Nachtisch.

Clean your plates or you'll get no dessert.

aufessen—to eat up

Das leckere Essen haben wir schnell aufgegessen.

We ate up the delicious meal fast.

überessen—to eat a large amount, eat too much

Normalerweise kann ich mir Schokolade nicht überessen, aber heute am Valentinstag hab ich mir die vielen Schokoladenherzen übergegessen.

Normally I can't get enough chocolate, but today, on Valentine's Day, I gorged on too many chocolate hearts.

wegessen—to eat, devour

Du hast mir den ganzen Apfelstrudel weggegessen.

You finished off all my apple strudel.

INSEPARABLE

überessen—to overeat

Du bist krank, weil du dich wieder übergessen hast.

You're ill, because you overate again.

Note that überessen is both a separable and inseparable prefix verb. See "Doubtful Prefixes," page 610.

EXAMPLES

„Warum hast du mich nicht zum Festessen eingeladen? Ich aß ganz allein zu Hause." „Das Essen war kaum essbar, und alle stritten sich um die Natur des Menschen. <Der Mensch ist, was er isst> behauptete einer. <Der Mensch ist was er frisst> entgegnete ein anderer. Ich hätte lieber mir dir zu Hause gegessen." „So uninteressant scheint mir das nicht. Beim Abendessen reden wir wieder davon."

"Why didn't you invite me to the banquet? I ate at home all alone." "The meal was barely edible, and everybody argued about the nature of humans. "Humans are what they eat," declared someone. "Humans are what they devour," countered another. I would rather have eaten at home with you." "It doesn't seem that uninteresting to me. Let's talk about it again at dinner."

Note the distinction between essen and fressen (see fressen).

Idioms

gut/schlecht essen—to eat well/badly
Bei Oma essen wir immer gut.
We always eat well at grandma's.

kalt/warm essen—to eat cold/hot food
Zu Abend haben wir kalt gegessen.
We had a cold meal for dinner.

scharf essen—to eat spicy food
Sie isst gern scharf.
She likes spicy food.

sich satt essen—to eat one's fill
Hast du dich noch nicht satt gegessen?
Aren't you full yet?

fahren

to travel; drive; ride; go   PRINC. PARTS: **fahren, fuhr, ist gefahren, fährt**
                                     IMPERATIVE: **fahre!, fahrt!, fahren Sie!**

	INDICATIVE	SUBJUNCTIVE	
		PRIMARY	SECONDARY
		Present Time	
	Present	*(Pres. Subj.)*	*(Imperf. Subj.)*
ich	fahre	fahre	führe
du	fährst	fahrest	führest
er	fährt	fahre	führe
wir	fahren	fahren	führen
ihr	fahrt	fahret	führet
sie	fahren	fahren	führen
	Imperfect		
ich	fuhr		
du	fuhrst		
er	fuhr		
wir	fuhren		
ihr	fuhrt		
sie	fuhren		
		Past Time	
	Perfect	*(Perf. Subj.)*	*(Pluperf. Subj.)*
ich	bin gefahren	sei gefahren	wäre gefahren
du	bist gefahren	seiest gefahren	wärest gefahren
er	ist gefahren	sei gefahren	wäre gefahren
wir	sind gefahren	seien gefahren	wären gefahren
ihr	seid gefahren	seiet gefahren	wäret gefahren
sie	sind gefahren	seien gefahren	wären gefahren
	Pluperfect		
ich	war gefahren		
du	warst gefahren		
er	war gefahren		
wir	waren gefahren		
ihr	wart gefahren		
sie	waren gefahren		
		Future Time	
	Future	*(Fut. Subj.)*	*(Pres. Conditional)*
ich	werde fahren	werde fahren	würde fahren
du	wirst fahren	werdest fahren	würdest fahren
er	wird fahren	werde fahren	würde fahren
wir	werden fahren	werden fahren	würden fahren
ihr	werdet fahren	werdet fahren	würdet fahren
sie	werden fahren	werden fahren	würden fahren
		Future Perfect Time	
	Future Perfect	*(Fut. Perf. Subj.)*	*(Past Conditional)*
ich	werde gefahren sein	werde gefahren sein	würde gefahren sein
du	wirst gefahren sein	werdest gefahren sein	würdest gefahren sein
er	wird gefahren sein	werde gefahren sein	würde gefahren sein
wir	werden gefahren sein	werden gefahren sein	würden gefahren sein
ihr	werdet gefahren sein	werdet gefahren sein	würdet gefahren sein
sie	werden gefahren sein	werden gefahren sein	würden gefahren sein

AN ESSENTIAL 55 VERB

Fahren

Prefix Verbs

SEPARABLE

abfahren—to depart
Der letzte Zug nach Marienbad ist längst schon abgefahren.
The last train to Marienbad left long ago.

anfahren—to drive up, approach (car); snap at
Da kam er angefahren in seinem Wagen.
Then he came along in his car.

Brauchst mich nicht so gleich anzufahren.
You don't have to snap at me like that.

auffahren—to rise up suddenly
Er hörte ein Geräusch draußen und fuhr plötzlich aus seinem Schlaf auf.
He heard a noise outside and rose up suddenly from his sleep.

ausfahren—to drive out; leave a road
Wir hätten bei der letzten Ausfahrt ausfahren sollen.
We should have taken the last (highway) exit.

einfahren—to drive in; road test, break in (car)
Endlich sind wir in die richtige Autobahneinfahrt eingefahren.
We finally drove into the right highway entry.

festfahren—to get stuck, clogged
Der Wagen ist festgefahren.
The car got stuck.

fortfahren—to drive away; to continue
Fahren Sie mit Ihrer Arbeit fort!
Continue with your work.

schwarzfahren—to ride a train (bus, etc.) without buying a ticket
Er ist stinkreich, fährt aber gern schwarz.
He's filthy rich, but he likes to ride without paying.

EXAMPLES

Die ganze Familie ist mitgefahren. Nur Uwe nicht. Er will immer nur Rad fahren. Wir sind an einem alten Autokino vorbeigefahren. Bevor wir endlich die Autobahneinfahrt gefunden haben, sind wir lange gefahren. Wir hatten uns verfahren.
The whole family came along. But not Uwe. He just wants to ride his bike. We drove past an old drive-in movie. Before we finally found the highway entrance, we drove for a long time. We had lost our way.

F

*überfahren—to travel across, traverse
Pontonbrücken wurden geschlagen, um die Armee überzufahren.
Pontoon bridges were built to get the army across.

zurückfahren—to drive/travel back
Fährst du mit uns zurück?
Are you coming back with us?

INSEPARABLE

befahren—to travel on
Versuchen wir, die viel befahrenen Straßen zu vermeiden.
Let's try to avoid the roads with lots of traffic.

*überfahren—to run over; run a red light
Sie haben die Ampel bei Rot überfahren.
You ran a red light.

(sich) verfahren—to lose one's way driving
Leider hatten wir uns verfahren.
Unfortunately, we lost our way.

*Note that überfahren can be both separable and inseparable. See "Doubtful Prefixes," page 610.

159

fallen

to fall

PRINC. PARTS: **fallen, fiel, ist gefallen, fällt**
IMPERATIVE: **falle!, fallt!, fallen Sie!**

INDICATIVE	SUBJUNCTIVE	
	PRIMARY	SECONDARY

Present Time

	Present	*(Pres. Subj.)*	*(Imperf. Subj.)*
ich	falle	falle	fiele
du	fällst	fallest	fielest
er	fällt	falle	fiele
wir	fallen	fallen	fielen
ihr	fallt	fallet	fielet
sic	fallen	fallen	fielen

	Imperfect
ich	fiel
du	fielst
er	fiel
wir	fielen
ihr	fielt
sie	fielen

Past Time

	Perfect	*(Perf. Subj.)*	*(Pluperf. Subj.)*
ich	bin gefallen	sei gefallen	wäre gefallen
du	bist gefallen	seiest gefallen	wärest gefallen
er	ist gefallen	sei gefallen	wäre gefallen
wir	sind gefallen	seien gefallen	wärcn gefallen
ihr	seid gefallen	seiet gefallen	wäret gefallen
sie	sind gefallen	seien gefallen	wären gefallen

	Pluperfect
ich	war gefallen
du	warst gefallen
er	war gefallen
wir	waren gefallen
ihr	wart gefallen
sie	waren gefallen

Future Time

	Future	*(Fut. Subj.)*	*(Pres. Conditional)*
ich	werde fallen	werde fallen	würde fallen
du	wirst fallen	werdest fallen	würdest fallen
er	wird fallen	werde fallen	würde fallen
wir	werden fallcn	werden fallen	würden fallen
ihr	werdet fallen	wcrdet fallen	würdet fallen
sie	werden fallen	werden fallen	würden fallen

Future Perfect Time

	Future Perfect	*(Fut. Perf. Subj.)*	*(Past Conditional)*
ich	werde gefallen sein	werde gefallen sein	würde gefallen sein
du	wirst gefallen sein	werdest gefallen sein	würdest gefallen sein
er	wird gefallen sein	werde gefallen sein	würde gefallen sein
wir	werden gefallen sein	werden gefallen sein	würden gefallen sein
ihr	werdet gefallen sein	werdet gcfallen sein	würdet gefallen sein
sie	werden gefallen sein	werden gefallen sein	würden gefallen sein

---

Examples: Scharfe Worte fielen. *Harsh words were spoken.* **Ich bin schließlich nicht auf den Kopf gefallen.** *After all, I'm no dummy.* **Die Freundschaft haben wir fallen lassen.** *We abandoned our friendship.* **Die Würfel sind gefallen.** *The die is cast.* **Fallen** and "to fall" are obviously related. But note the various idiomatic uses above.

160

fangen

PRINC. PARTS: **fangen, fing, gefangen, fängt**
IMPERATIVE: **fange!, fangt!, fangen Sie!**

to catch, capture

INDICATIVE	SUBJUNCTIVE	
	PRIMARY	SECONDARY

Present Time

	Present	(*Pres. Subj.*)	(*Imperf. Subj.*)
ich	fange	fange	finge
du	fängst	fangest	fingest
er	fängt	fange	finge
wir	fangen	fangen	fingen
ihr	fangt	fanget	finget
sie	fangen	fangen	fingen

	Imperfect
ich	fing
du	fingst
er	fing
wir	fingen
ihr	fingt
sie	fingen

Past Time

	Perfect	(*Perf. Subj.*)	(*Pluperf. Subj.*)
ich	habe gefangen	habe gefangen	hätte gefangen
du	hast gefangen	habest gefangen	hättest gefangen
er	hat gefangen	habe gefangen	hätte gefangen
wir	haben gefangen	haben gefangen	hätten gefangen
ihr	habt gefangen	habet gefangen	hättet gefangen
sie	haben gefangen	haben gefangen	hätten gefangen

	Pluperfect
ich	hatte gefangen
du	hattest gefangen
er	hatte gefangen
wir	hatten gefangen
ihr	hattet gefangen
sie	hatten gefangen

Future Time

	Future	(*Fut. Subj.*)	(*Pres. Conditional*)
ich	werde fangen	werde fangen	würde fangen
du	wirst fangen	werdest fangen	würdest fangen
er	wird fangen	werde fangen	würde fangen
wir	werden fangen	werden fangen	würden fangen
ihr	werdet fangen	werdet fangen	würdet fangen
sie	werden fangen	werden fangen	würden fangen

Future Perfect Time

	Future Perfect	(*Fut. Perf. Subj.*)	(*Past Conditional*)
ich	werde gefangen haben	werde gefangen haben	würde gefangen haben
du	wirst gefangen haben	werdest gefangen haben	würdest gefangen haben
er	wird gefangen haben	werde gefangen haben	würde gefangen haben
wir	werden gefangen haben	werden gefangen haben	würden gefangen haben
ihr	werdet gefangen haben	werdet gefangen haben	würdet gefangen haben
sie	werden gefangen haben	werden gefangen haben	würden gefangen haben

Examples: Papageno, der Vogelfänger in Mozarts *Zauberflöte*, fing viele Vögel für die Königin der Nacht. *Papageno, the bird catcher in Mozart's* Magic Flute, *caught many birds for the Queen of the Night.* Der Jäger hat sich die Finger in der Falle verfangen. *The hunter caught his fingers in the trap.* Note that the stem vowel changes to i, not ie, in the imperfect.

F

fassen

to grasp, seize, contain,
conceive

PRINC. PARTS: **fassen, fasste, gefasst, fasst**
IMPERATIVE: **fasse!, fasst!, fassen Sie!,**

INDICATIVE	SUBJUNCTIVE	
	PRIMARY	SECONDARY

Present Time

	Present	(*Pres. Subj.*)	(*Imperf. Subj.*)
ich	fasse	fasse	fasste
du	fasst	fassest	fasstest
er	fasst	fasse	fasste
wir	fassen	fassen	fassten
ihr	fasst	fasset	fasstet
sie	fassen	fassen	fassten

	Imperfect
ich	fasste
du	fasstest
er	fasste
wir	fassten
ihr	fasstet
sie	fassten

Past Time

	Perfect	(*Perf. Subj.*)	(*Pluperf. Subj.*)
ich	habe gefasst	habe gefasst	hätte gefasst
du	hast gefasst	habest gefasst	hättest gefasst
er	hat gefasst	habe gefasst	hätte gefasst
wir	haben gefasst	haben gefasst	hätten gefasst
ihr	habt gefasst	habet gefasst	hättet gefasst
sie	haben gefasst	haben gefasst	hätten gefasst

	Pluperfect
ich	hatte gefasst
du	hattest gefasst
er	hatte gefasst
wir	hatten gefasst
ihr	hattet gefasst
sie	hatten gefasst

Future Time

	Future	(*Fut. Subj.*)	(*Pres. Conditional*)
ich	werde fassen	werde fassen	würde fassen
du	wirst fassen	werdest fassen	würdest fassen
er	wird fassen	werde fassen	würde fassen
wir	werden fassen	werden fassen	würden fassen
ihr	werdet fassen	werdet fassen	würdet fassen
sie	werden fassen	werden fassen	würden fassen

Future Perfect Time

	Future Perfect	(*Fut. Perf. Subj.*)	(*Past Conditional*)
ich	werde gefasst haben	werde gefasst haben	würde gefasst haben
du	wirst gefasst haben	werdest gefasst haben	würdest gefasst haben
er	wird gefasst haben	werde gefasst haben	würde gefasst haben
wir	werden gefasst haben	werden gefasst haben	würden gefasst haben
ihr	werdet gefasst haben	werdet gefasst haben	würdet gefasst haben
sie	werden gefasst haben	werden gefasst haben	würden gefasst haben

Examples: Machen Sie sich darauf gefasst! *Prepare yourself.* Er konnte es kaum fassen, dass sie ihn nicht mehr liebte. *He could scarcely grasp that she no longer loved him.* Er verlor seine Fassung, fasste den Goldring mit dem eingefassten Diamanten, und warf ihn weg. *He lost his composure, seized the gold ring with the diamond set in it, and threw it away.*

fechten

PRINC. PARTS: **fechten, focht, gefochten, ficht**
IMPERATIVE: **ficht!, fechtet!, fechten Sie!**

to fight; fence

INDICATIVE		SUBJUNCTIVE	
		PRIMARY	SECONDARY
		Present Time	
Present		*(Pres. Subj.)*	*(Imperf. Subj.)*
ich	fechte	fechte	föchte
du	fichtst	fechtest	föchtest
er	ficht	fechte	föchte
wir	fechten	fechten	föchten
ihr	fechtet	fechtet	föchtet
sie	fechten	fechten	föchten

Imperfect	
ich	focht
du	fochtest
er	focht
wir	fochten
ihr	fochtet
sie	fochten

		Past Time	
Perfect		*(Perf. Subj.)*	*(Pluperf. Subj.)*
ich	habe gefochten	habe gefochten	hätte gefochten
du	hast gefochten	habest gefochten	hättest gefochten
er	hat gefochten	habe gefochten	hätte gefochten
wir	haben gefochten	haben gefochten	hätten gefochten
ihr	habt gefochten	habet gefochten	hättet gefochten
sie	haben gefochten	haben gefochten	hätten gefochten

Pluperfect	
ich	hatte gefochten
du	hattest gefochten
er	hatte gefochten
wir	hatten gefochten
ihr	hattet gefochten
sie	hatten gefochten

		Future Time	
Future		*(Fut. Subj.)*	*(Pres. Conditional)*
ich	werde fechten	werde fechten	würde fechten
du	wirst fechten	werdest fechten	würdest fechten
er	wird fechten	werde fechten	würde fechten
wir	werden fechten	werden fechten	würden fechten
ihr	werdet fechten	werdet fechten	würdet fechten
sie	werden fechten	werden fechten	würden fechten

		Future Perfect Time	
Future Perfect		*(Fut. Perf. Subj.)*	*(Past Conditional)*
ich	werde gefochten haben	werde gefochten haben	würde gefochten haben
du	wirst gefochten haben	werdest gefochten haben	würdest gefochten haben
er	wird gefochten haben	werde gefochten haben	würde gefochten haben
wir	werden gefochten haben	werden gefochten haben	würden gefochten haben
ihr	werdet gefochten haben	werdet gefochten haben	würdet gefochten haben
sie	werden gefochten haben	werden gefochten haben	würden gefochten haben

Examples: In ihren Filmen fochten Schauspieler wie Errol Flynn und Tyrone Power viel. Der junge Schauspieler las über die Fechtkunst, hatte aber Angst vor dem Fechten. Im Film musste ein anderer an seiner Stelle fechten. *Actors like Errol Flynn and Tyrone Power fenced a great deal in their films. The young actor read about the art of fencing, but he was afraid of fencing. In the film, someone else had to fence in his place.*

feststellen

to ascertain, establish

PRINC. PARTS: **festsellen, stellte fest, festgestellt, stellt fest**
IMPERATIVE: **stelle fest!, stellt fest!, stellen Sie fest!**

	INDICATIVE	SUBJUNCTIVE	
		PRIMARY	SECONDARY
		Present Time	
	Present	*(Pres. Subj.)*	*(Imperf. Subj.)*
ich	stelle fest	stelle fest	stellte fest
du	stellst fest	stellest fest	stelltest fest
er	stellt fest	stelle fest	stellte fest
wir	stellen fest	stellen fest	stellten fest
ihr	stellt fest	stellet fest	stelltet fest
sie	stellen fest	stellen fest	stellten fest

	Imperfect
ich	stellte fest
du	stelltest fest
er	stellte fest
wir	stellten fest
ihr	stelltet fest
sie	stellten fest

			Past Time	
	Perfect	*(Perf. Subj.)*	*(Pluperf. Subj.)*
ich	habe festgestellt	habe festgestellt	hätte festgestellt
du	hast festgestellt	habest festgestellt	hättest festgestellt
er	hat festgestellt	habe festgestellt	hätte festgestellt
wir	haben festgestellt	haben festgestellt	hätten festgestellt
ihr	habt festgestellt	habet festgestellt	hättet festgestellt
sie	haben festgestellt	haben festgestellt	hätten festgestellt

	Pluperfect
ich	hatte festgestellt
du	hattest festgestellt
er	hatte festgestellt
wir	hatten festgestellt
ihr	hattet festgestellt
sie	hatten festgestellt

		Future Time	
	Future	*(Fut. Subj.)*	*(Pres. Conditional)*
ich	werde feststellen	werde feststellen	würde feststellen
du	wirst feststellen	werdest feststellen	würdest feststellen
er	wird feststellen	werde feststellen	würde feststellen
wir	werden feststellen	werden feststellen	würden feststellen
ihr	werdet feststellen	werdet feststellen	würdet feststellen
sie	werden feststellen	werden feststellen	würden feststellen

		Future Perfect Time	
	Future Perfect	*(Fut. Perf. Subj.)*	*(Past Conditional)*
ich	werde festgestellt haben	werde festgestellt haben	würde festgestellt haben
du	wirst festgestellt haben	werdest festgestellt haben	würdest festgestellt haben
er	wird festgestellt haben	werde festgestellt haben	würde festgestellt haben
wir	werden festgestellt haben	werden festgestellt haben	würden festgestellt haben
ihr	werdet festgestellt haben	werdet festgestellt haben	würdet festgestellt haben
sie	werden festgestellt haben	werden festgestellt haben	würden festgestellt haben

Examples: „Was hat die Polizei festgestellt?" „Bisjetzt hat sie wenig festellen können. Festgestellt ist nur, dass es sich um einen Mord handelt. Sie versuchen noch, den Mörder festzustellen."
"What have the police found out?" "So far they haven't been able to determine very much. The only thing they've determined is that it's a murder. They're still trying to establish who the murderer is."

finden

PRINC. PARTS: **finden, fand, gefunden, findet**
IMPERATIVE: **finde!, findet!, finden Sie!**

INDICATIVE	SUBJUNCTIVE	
	PRIMARY	SECONDARY

Present Time

Present	*(Pres. Subj.)*	*(Imperf. Subj.)*
ich finde	finde	fände
du findest	findest	fändest
er findet	finde	fände
wir finden	finden	fänden
ihr findet	findet	fändet
sie finden	finden	fänden

Imperfect

ich	fand
du	fandst
er	fand
wir	fanden
ihr	fandet
sie	fanden

Past Time

Perfect	*(Perf. Subj.)*	*(Pluperf. Subj.)*
ich habe gefunden	habe gefunden	hätte gefunden
du hast gefunden	habest gefunden	hättest gefunden
er hat gefunden	habe gefunden	hätte gefunden
wir haben gefunden	haben gefunden	hätten gefunden
ihr habt gefunden	habet gefunden	hättet gefunden
sie haben gefunden	haben gefunden	hätten gefunden

Pluperfect

ich	hatte gefunden
du	hattest gefunden
er	hatte gefunden
wir	hatten gefunden
ihr	hattet gefunden
sie	hatten gefunden

Future Time

Future	*(Fut. Subj.)*	*(Pres. Conditional)*
ich werde finden	werde finden	würde finden
du wirst finden	werdest finden	würdest finden
er wird finden	werde finden	würde finden
wir werden finden	werden finden	würden finden
ihr werdet finden	werdet finden	würdet finden
sie werden finden	werden finden	würden finden

Future Perfect Time

Future Perfect	*(Fut. Perf. Subj.)*	*(Past Conditional)*
ich werde gefunden haben	werde gefunden haben	würde gefunden haben
du wirst gefunden haben	werdest gefunden haben	würdest gefunden haben
er wird gefunden haben	werde gefunden haben	würde gefunden haben
wir werden gefunden haben	werden gefunden haben	würden gefunden haben
ihr werdet gefunden haben	werdet gefunden haben	würdet gefunden haben
sie werden gefunden haben	werden gefunden haben	würden gefunden haben

AN ESSENTIAL 55 VERB

AN ESSENTIAL 55 VERB

Prefix Verbs

SEPARABLE

abfinden—to compensate, indemnify
Er wurde großzügig abgefunden.
He received a generous settlement.

(sich) abfinden mit—to accept grudgingly; put up with; resign oneself
Wir haben uns damit abgefunden.
We've learned to live with it.

auffinden—to locate, discover
Spürhunde halfen der Polizei, die Leiche im Wald aufzufinden.
Tracker dogs helped the police find the corpse in the woods.

(sich) einfinden—to appear; arrive; attend
Er hat sich erst spät bei uns eingefunden.
He didn't arrive at our place till late.

herausfinden—to find out
Haben sie schon was herausgefunden?
Have they already found out anything?

stattfinden—to take place
Um wie viel Uhr findet das Konzert statt?
At what time will the concert take place?

vorfinden—to come across/upon
In der Höhle fanden wir viel Überraschendes vor.
We came upon many surprising things in the cave.

EXAMPLES

Wer meine Aktentasche findet, kriegt einen Finderlohn.
Whoever finds my briefcase will get a finder's reward.

„Wie fanden Sie das Konzert?" „Wir konnten nicht herausfinden, um wie viel Uhr das Konzert stattfand."
"What did you think of the concert?" "We weren't able to find out at what time the concert took place."

Ihr Ring war nicht zu finden. Endlich fand ihn die Zofe.
Her ring couldn't be found. Finally the maid found it.

Prefix Verbs

INSEPARABLE

empfinden —to feel, sense
Was Beethoven in der Natur empfand, drückte er in seiner Symphonie aus. Er war zugleich ein empfindlicher und empfindsamer Mensch.
Beethoven expressed what he felt in nature in his symphony. He was both an irritable and sensitive individual.

mitempfinden/nachempfinden—to sympathize; understand
Mit Ihnen empfinde ich wirklich mit.
I really sympathize with you.

See conjugated: (sich) befinden, erfinden

fliegen

to fly

PRINC. PARTS: **fliegen, flog, ist geflogen, fliegt**
IMPERATIVE: **fliege!, fliegt!, fliegen Sie!**

INDICATIVE	PRIMARY SUBJUNCTIVE	SECONDARY
Present	**Present Time** *(Pres. Subj.)*	*(Imperf. Subj.)*
ich fliege	fliege	flöge
du fliegst	fliegest	flögest
er fliegt	fliege	flöge
wir fliegen	fliegen	flögen
ihr fliegt	flieget	flöget
sie fliegen	fliegen	flögen

Imperfect
ich flog	
du flogst	
er flog	
wir flogen	
ihr flogt	
sie flogen	

Perfect	**Past Time** *(Perf. Subj.)*	*(Pluperf. Subj.)*
ich bin geflogen	sei geflogen	wäre geflogen
du bist geflogen	seiest geflogen	wärest geflogen
er ist geflogen	sei geflogen	wäre geflogen
wir sind geflogen	seien geflogen	wären geflogen
ihr seid geflogen	seiet geflogen	wäret geflogen
sie sind geflogen	seien geflogen	wären geflogen

Pluperfect
ich war geflogen	
du warst geflogen	
er war geflogen	
wir waren geflogen	
ihr wart geflogen	
sie waren geflogen	

Future	**Future Time** *(Fut. Subj.)*	*(Pres. Conditional)*
ich werde fliegen	werde fliegen	würde fliegen
du wirst fliegen	werdest fliegen	würdest fliegen
er wird fliegen	werde fliegen	würde fliegen
wir werden fliegen	werden fliegen	würden fliegen
ihr werdet fliegen	werdet fliegen	würdet fliegen
sie werden fliegen	werden fliegen	würden fliegen

Future Perfect	**Future Perfect Time** *(Fut. Perf. Subj.)*	*(Past Conditional)*
ich werde geflogen sein	werde geflogen sein	würde geflogen sein
du wirst geflogen sein	werdest geflogen sein	würdest geflogen sein
er wird geflogen sein	werde geflogen sein	würde geflogen sein
wir werden geflogen sein	werden geflogen sein	würden geflogen sein
ihr werdet geflogen sein	werdet geflogen sein	würdet geflogen sein
sie werden geflogen sein	werden geflogen sein	würden geflogen seind

Examples: Die Fliegerin hat das neue Flugzeug zum ersten Mal geflogen. Später sind wir darin geflogen. Wir sind mit einer anderen Luftlinie zurückgeflogen. *The aviatrix flew the new aircraft for the first time. Later we flew in it. We flew back with a different carrier.* Der Fliegende Holländer betrachtete die Vögel und die fliegenden Fische. *The Flying Dutchman looked at the birds and the flying fishes.*

fliehen

to flee, shun, avoid

PRINC. PARTS: **fliehen, floh, ist geflohen, flieht**
IMPERATIVE: **fliehe!, flieht!, fliehen Sie!,**

INDICATIVE	SUBJUNCTIVE	
	PRIMARY	SECONDARY

Present Time

	Present	(*Pres. Subj.*)	(*Imperf. Subj.*)
ich	fliehe	fliehe	flöhe
du	fliehst	fliehest	flöhest
er	flieht	fliehe	flöhe
wir	fliehen	fliehen	flöhen
ihr	flieht	fliehet	flöhet
sie	fliehen	fliehen	flöhen

	Imperfect
ich	floh
du	flohst
er	floh
wir	flohen
ihr	floht
sie	flohen

Past Time

	Perfect	(*Perf. Subj.*)	(*Pluperf. Subj.*)
ich	bin geflohen	sei geflohen	wäre geflohen
du	bist geflohen	seiest geflohen	wärest geflohen
er	ist geflohen	sei geflohen	wäre geflohen
wir	sind geflohen	seien geflohen	wären geflohen
ihr	seid geflohen	seiet geflohen	wäret geflohen
sie	sind geflohen	seien geflohen	wären geflohen

	Pluperfect
ich	war geflohen
du	warst geflohen
er	war geflohen
wir	waren geflohen
ihr	wart geflohen
sie	waren geflohen

Future Time

	Future	(*Fut. Subj.*)	(*Pres. Conditional*)
ich	werde fliehen	werde fliehen	würde fliehen
du	wirst fliehen	werdest fliehen	würdest fliehen
er	wird fliehen	werde fliehen	würde fliehen
wir	werden fliehen	werden fliehen	würden fliehen
ihr	werdet fliehen	werdet fliehen	würdet fliehen
sie	werden fliehen	werden fliehen	würden fliehen

Future Perfect Time

	Future Perfect	(*Fut. Perf. Subj.*)	(*Past Conditional*)
ich	werde geflohen sein	werde geflohen sein	würde geflohen sein
du	wirst geflohen sein	werdest geflohen sein	würdest geflohen sein
er	wird geflohen sein	werde geflohen sein	würde geflohen sein
wir	werden geflohen sein	werden geflohen sein	würden geflohen sein
ihr	werdet geflohen sein	werdet geflohen sein	würdet geflohen sein
sie	werden geflohen sein	werden geflohen sein	würden geflohen sein

Examples: Die Flüchtlinge sind vor dem Feind geflohen. Sie sind noch auf der Flucht und versuchen, ins Ausland zu fliehen. *The refugees fled from the enemy. They're still in flight and are trying to flee the country.* Review verbs in Group II, page 10. Also review "*Sein* Verbs," pages 17–18.

fließen

PRINC. PARTS: **fließen,* floss, ist geflossen, fliest**
IMPERATIVE: **fließe!, fließt!, fließen Sie!****

INDICATIVE	SUBJUNCTIVE	
	PRIMARY	SECONDARY
	Present Time	
Present	*(Pres. Subj.)*	*(Imperf. Subj.)*
ich fließe	fließe	flösse
du fließt	fließest	flössest
er fließt	fließe	flösse
wir fließen	fließen	flössen
ihr fließt	fließet	flösset
sie fließen	fließen	flössen

Imperfect
ich	floss
du	flossest
er	floss
wir	flossen
ihr	flosst
sie	flossen

	Past Time	
Perfect	*(Perf. Subj.)*	*(Pluperf. Subj.)*
ich bin geflossen	sei geflossen	wäre geflossen
du bist geflossen	seiest geflossen	wärest geflossen
er ist geflossen	sei geflossen	wäre geflossen
wir sind geflossen	seien geflossen	wären geflossen
ihr seid geflossen	seiet geflossen	wäret geflossen
sie sind geflossen	seien geflossen	wären geflossen

Pluperfect
ich	war geflossen
du	warst geflossen
er	war geflossen
wir	waren geflossen
ihr	wart geflossen
sie	waren geflossen

	Future Time	
Future	*(Fut. Subj.)*	*(Pres. Conditional)*
ich werde fließen	werde fließen	würde fließen
du wirst fließen	werdest fließen	würdest fließen
er wird fließen	werde fließen	würde fließen
wir werden fließen	werden fließen	würden fließen
ihr werdet fließen	werdet fließen	würdet fließen
sie werden fließen	werden fließen	würden fließen

	Future Perfect Time	
Future Perfect	*(Fut. Perf. Subj.)*	*(Past Conditional)*
ich werde geflossen sein	werde geflossen sein	würde geflossen sein
du wirst geflossen sein	werdest geflossen sein	würdest geflossen sein
er wird geflossen sein	werde geflossen sein	würde geflossen sein
wir werden geflossen sein	werden geflossen sein	würden geflossen sein
ihr werdet geflossen sein	werdet geflossen sein	würdet geflossen sein
sie werden geflossen sein	werden geflossen sein	würden geflossen sein

*Forms other than the third person are infrequently found. **The imperative is unusual.

Examples: **Der Nil, die Loire, die Donau und viele Flüsse fließen nicht mehr in Flussbetten, in denen sie jahrtausendelang geflossen waren. Ja, Heraklit hatte recht, „Alles fließt."** *The Nile, the Loire, the Danube, and so many rivers no longer flow in riverbeds in which they (had) flowed for millennia. Yes, Heraclitus was right, "Everything is in a state of flux."*

169

fluchen

to curse, swear

PRINC. PARTS: **fluchen, fluchte, geflucht, flucht**
IMPERATIVE: **fluche!, flucht!, fluchen Sie!**

	INDICATIVE	SUBJUNCTIVE	
		PRIMARY	SECONDARY
		Present Time	
	Present	*(Pres. Subj.)*	*(Imperf. Subj.)*
ich	fluche	fluche	fluchte
du	fluchst	fluchest	fluchtest
er	flucht	fluche	fluchte
wir	fluchen	fluchen	fluchten
ihr	flucht	fluchet	fluchtet
sie	fluchen	fluchen	fluchten

	Imperfect
ich	fluchte
du	fluchtest
er	fluchte
wir	fluchten
ihr	fluchtet
sie	fluchten

		Past Time	
	Perfect	*(Perf. Subj.)*	*(Pluperf. Subj.)*
ich	habe geflucht	habe geflucht	hätte geflucht
du	hast geflucht	habest geflucht	hättest geflucht
er	hat geflucht	habe geflucht	hätte geflucht
wir	haben geflucht	haben geflucht	hätten geflucht
ihr	habt geflucht	habet geflucht	hättet geflucht
sie	haben geflucht	haben geflucht	hätten geflucht

	Pluperfect
ich	hatte geflucht
du	hattest geflucht
er	hatte geflucht
wir	hatten geflucht
ihr	hattet geflucht
sie	hatten geflucht

		Future Time	
	Future	*(Fut. Subj.)*	*(Pres. Conditional)*
ich	werde fluchen	werde fluchen	würde fluchen
du	wirst fluchen	werdest fluchen	würdest fluchen
er	wird fluchen	werde fluchen	würde fluchen
wir	werden fluchen	werden fluchen	würden fluchen
ihr	werdet fluchen	werdet fluchen	würdet fluchen
sie	werden fluchen	werden fluchen	würden fluchen

		Future Perfect Time	
	Future Perfect	*(Fut. Perf. Subj.)*	*(Past Conditional)*
ich	werde geflucht haben	werde geflucht haben	würde geflucht haben
du	wirst geflucht haben	werdest geflucht haben	würdest geflucht haben
er	wird geflucht haben	werde geflucht haben	würde geflucht haben
wir	werden geflucht haben	werden geflucht haben	würden geflucht haben
ihr	werdet geflucht haben	werdet geflucht haben	würdet geflucht haben
sie	werden geflucht haben	werden geflucht haben	würden geflucht haben

Examples: „Du brauchst nicht wie ein Landsknecht zu fluchen", sagte der Vater seinem heranwachsenden Sohn. *"You don't have to swear like a drunken sailor (literally 'mercenary solider')," said the father to his adolescent son.* Als er über die Alpen fuhr, fluchte er auf das schlechte Wetter. *When he crossed the Alps, he cursed the bad weather.*

folgen

PRINC. PARTS: **folgen, folgte, ist gefolgt, folgt**
IMPERATIVE: **folge!, folgt!, folgen Sie!**

INDICATIVE	SUBJUNCTIVE	
	PRIMARY	SECONDARY

Present Time

	Present	*(Pres. Subj.)*	*(Imperf. Subj.)*
ich	folge	folge	folgte
du	folgst	folgest	folgtest
er	folgt	folge	folgte
wir	folgen	folgen	folgten
ihr	folgt	folget	folgtet
sie	folgen	folgen	folgten

	Imperfect
ich	folgte
du	folgtest
er	folgte
wir	folgten
ihr	folgtet
sie	folgten

Past Time

	Perfect	*(Perf. Subj.)*	*(Pluperf. Subj.)*
ich	bin gefolgt	sei gefolgt	wäre gefolgt
du	bist gefolgt	seiest gefolgt	wärest gefolgt
er	ist gefolgt	sei gefolgt	wäre gefolgt
wir	sind gefolgt	seien gefolgt	wären gefolgt
ihr	seid gefolgt	seiet gefolgt	wäret gefolgt
sie	sind gefolgt	seien gefolgt	wären gefolgt

	Pluperfect
ich	war gefolgt
du	warst gefolgt
er	war gefolgt
wir	waren gefolgt
ihr	wart gefolgt
sie	waren gefolgt

Future Time

	Future	*(Fut. Subj.)*	*(Pres. Conditional)*
ich	werde folgen	werde folgen	würde folgen
du	wirst folgen	werdest folgen	würdest folgen
er	wird folgen	werde folgen	würde folgen
wir	werden folgen	werden folgen	würden folgen
ihr	werdet folgen	werdet folgen	würdet folgen
sie	werden folgen	werden folgen	würden folgen

Future Perfect Time

	Future Perfect	*(Fut. Perf. Subj.)*	*(Past Conditional)*
ich	werde gefolgt sein	werde gefolgt sein	würde gefolgt sein
du	wirst gefolgt sein	werdest gefolgt sein	würdest gefolgt sein
er	wird gefolgt sein	werde gefolgt sein	würde gefolgt sein
wir	werden gefolgt sein	werden gefolgt sein	würden gefolgt sein
ihr	werdet gefolgt sein	werdet gefolgt sein	würdet gefolgt sein
sie	werden gefolgt sein	werden gefolgt sein	würden gefolgt sein

Examples: **Viele sind dem Diktator blindlings gefolgt. Das hat üble Folgen gehabt.** *Many followed the dictator blindly. That had bad consequences.* **Ich kann Ihrem Antrag nicht Folge leisten.** *I can't comply with your request.* **Emil folgte dem Dieb. Emil und die Detektive verfolgten den Dieb.** *Emil followed the thief. Emil and the detectives pursued the thief.*

F

fragen

to ask (a question) PRINC. PARTS: **fragen, fragte, gefragt, fragt**
IMPERATIVE: **frage!, fragt!, fragen Sie!**

	INDICATIVE	SUBJUNCTIVE	
		PRIMARY	SECONDARY
		Present Time	
	Present	*(Pres. Subj.)*	*(Imperf. Subj.)*
ich	frage	frage	fragte
du	fragst	fragest	fragtest
er	fragt	frage	fragte
wir	fragen	fragen	fragten
ihr	fragt	fraget	fragtet
sie	fragen	fragen	fragten
	Imperfect		
ich	fragte		
du	fragtest		
er	fragte		
wir	fragten		
ihr	fragtet		
sie	fragten		
		Past Time	
	Perfect	*(Perf. Subj.)*	*(Pluperf. Subj.)*
ich	habe gefragt	habe gefragt	hätte gefragt
du	hast gefragt	habest gefragt	hättest gefragt
er	hat gefragt	habe gefragt	hätte gefragt
wir	haben gefragt	haben gefragt	hätten gefragt
ihr	habt gefragt	habet gefragt	hättet gefragt
sie	haben gefragt	haben gefragt	hätten gefragt
	Pluperfect		
ich	hatte gefragt		
du	hattest gefragt		
er	hatte gefragt		
wir	hatten gefragt		
ihr	hattet gefragt		
sie	hatten gefragt		
		Future Time	
	Future	*(Fut. Subj.)*	*(Pres. Conditional)*
ich	werde fragen	werde fragen	würde fragen
du	wirst fragen	werdest fragen	würdest fragen
er	wird fragen	werde fragen	würde fragen
wir	werden fragen	werden fragen	würden fragen
ihr	werdet fragen	werdet fragen	würdet fragen
sie	werden fragen	werden fragen	würden fragen
		Future Perfect Time	
	Future Perfect	*(Fut. Perf. Subj.)*	*(Past Conditional)*
ich	werde gefragt haben	werde gefragt haben	würde gefragt haben
du	wirst gefragt haben	werdest gefragt haben	würdest gefragt haben
er	wird gefragt haben	werde gefragt haben	würde gefragt haben
wir	werden gefragt haben	werden gefragt haben	würden gefragt haben
ihr	werdet gefragt haben	werdet gefragt haben	würdet gefragt haben
sie	werden gefragt haben	werden gefragt haben	würden gefragt haben

AN ESSENTIAL
55 VERB

Fragen

Prefix Verbs

SEPARABLE
*anfragen—to inquire
Bei den Nachbarn hab ich schon angefragt.
I've already made inquiries at the neighbors'.

ausfragen—to interrogate, pump
Der Detektiv versuchte uns auszufragen.
The detective tried to question us.

*nachfragen—to ask, inquire
Hast du schon nachgefragt?
Have you already inquired?

umfragen—to make inquiries, ask around
Wir haben umgefragt und wissen, dass dieses Produkt bei den Hausfrauen gut ankommen wird.
We've done surveys and know that this product will be popular with housewives.

INSEPARABLE
befragen—to ply with questions
„Nie sollst du mich befragen", mahnte Lohengrin.
"You must never interrogate me," warned Lohengrin.

erfragen—to make thorough inquiries
Das will ich erfragen.
I'll make inquiries about that.

hinterfragen—to question, try to get to the bottom of something
Es lohnt sich, die Sache zu hinterfragen.
The matter is worth investigating.

überfragen—to ask questions one can't answer
Ich soll Ihnen die Relativitätstheorie erklären? Da bin ich überfragt!
You want me to explain the Theory of Relativity to you? You're asking too much!

EXAMPLES
„Frag nicht so dumm! Hör doch auf mit der ewigen Fragerei! Du fragst immer nach den anderen. Du stellst mir zu viele Fragen. Du fragst mir ein Loch in den Bauch. Du willst alles über mich wissen, aber das kommt gar nicht in Frage," behauptete Blaubart.

F

"Don't ask such silly questions. Quit all that interrogating. You're always asking me about the others. You ask too many questions. You're pestering me with your questions. You want to know everything about me. But that's out of the question," declared Bluebeard.

Remember that **fragen** means "to ask (a question)". "To ask for something" is **um etwas bitten**. In the passage above, note the following idioms: **dumm fragen** (to ask a silly question/questions); **fragen nach** (to ask about, make inquiries); **eine Frage stellen** (to ask [pose] a question); **jemandem ein Loch in den Bauch fragen** (to talk someone's head off, pester with questions, literally "to ask a hole in someone's stomach"); **nicht in Frage kommen** (to be out of the question).

Reflexive **sich fragen** is "to wonder."
Wir fragen uns, warum er das getan hat.
We wonder why he did that.

*Note: **anfragen** is to make an initial inquiry. **Nachfragen** is to make a follow-up inquiry, an inquiry subsequent to an earlier one. The noun **die Nachfrage** means "demand" as in: **das Verhältnis von Angebot und Nachfrage** (the relationship between supply and demand).

fressen*

to eat, feed, devour

PRINC. PARTS: **fressen, fraß, gefressen, frisst**
IMPERATIVE: **friss!, fresst!, fressen Sie!**

INDICATIVE	SUBJUNCTIVE	
	PRIMARY	SECONDARY

Present Time

Present	(*Pres. Subj.*)	(*Imperf. Subj.*)
ich fresse	fresse	fräße
du frisst	fressest	fräßest
er frisst	fresse	fräße
wir fressen	fressen	fräßen
ihr fresst	fresset	fräßet
sie fressen	fressen	fräßen

Imperfect		
ich fraß		
du fraßest		
er fraß		
wir fraßen		
ihr fraßt		
sie fraßen		

Past Time

Perfect	(*Perf. Subj.*)	(*Pluperf. Subj.*)
ich habe gefressen	habe gefressen	hätte gefressen
du hast gefressen	habest gefressen	hättest gefressen
er hat gefressen	habe gefressen	hätte gefressen
wir haben gefressen	haben gefressen	hätten gefressen
ihr habt gefressen	habet gefressen	hättet gefressen
sie haben gefressen	haben gefressen	hätten gefressen

Pluperfect		
ich hatte gefressen		
du hattest gefressen		
er hatte gefressen		
wir hatten gefressen		
ihr hattet gefressen		
sie hatten gefressen		

Future Time

Future	(*Fut. Subj.*)	(*Pres. Conditional*)
ich werde fressen	werde fressen	würde fressen
du wirst fressen	werdest fressen	würdest fressen
er wird fressen	werde fressen	würde fressen
wir werden fressen	werden fressen	würden fressen
ihr werdet fressen	werdet fressen	würdet fressen
sie werden fressen	werden fressen	würden fressen

Future Perfect Time

Future Perfect	(*Fut. Perf. Subj.*)	(*Past Conditional*)
ich werde gefressen haben	werde gefressen haben	würde gefressen haben
du wirst gefressen haben	werdest gefressen haben	würdest gefressen haben
er wird gefressen haben	werde gefressen haben	würde gefressen haben
wir werden gefressen haben	werden gefressen haben	würden gefressen haben
ihr werdet gefressen haben	werdet gefressen haben	würdet gefressen haben
sie werden gefressen haben	werden gefressen haben	würden gefressen haben

*Used for animals and humans who eat ravenously.

Examples: „Du frisst ja wie ein Tier! Iss doch wie ein Mensch!" schrie die Mutter ihren Jungen an. „Wenn das kein so elendes Fressen wäre, würde ich vornehm essen." *"You're eating like an animal! Eat like a human being, will you!" the mother yelled at her son. "If the eats weren't so lousy, I'd eat daintily."*

174

PRINC. PARTS:	sich freuen, freute sich, hat sich gefreut, freut sich
IMPERATIVE:	freue dich!, freut euch!, freuen Sie sich!

to be glad or pleased, rejoice

INDICATIVE	SUBJUNCTIVE	
	PRIMARY	SECONDARY

Present Time

	Present	(*Pres. Subj.*)	(*Imperf. Subj.*)
ich	freue mich	freue mich	freute mich
du	freust dich	freuest dich	freuetest dich
er	freut sich	freue sich	freuete sich
wir	freuen uns	freuen uns	freuten uns
ihr	freut euch	freuet euch	freutet euch
sie	freuen sich	freuen sich	freuten sich

F

	Imperfect
ich	freute mich
du	freutest dich
er	freute sich
wir	freuten uns
ihr	freutet euch
sie	freuten sich

Past Time

	Perfect	(*Perf. Subj.*)	(*Pluperf. Subj.*)
ich	habe mich gefreut	habe mich gefreut	hätte mich gefreut
du	hast dich gefreut	habest dich gefreut	hättest dich gefreut
er	hat sich gefreut	habe sich gefreut	hätte sich gefreut
wir	haben uns gefreut	haben uns gefreut	hätten uns gefreut
ihr	habt euch gefreut	habet euch gefreut	hättet euch gefreut
sie	haben sich gefreut	haben sich gefreut	hätten sich gefreut

	Pluperfect
ich	hatte mich gefreut
du	hattest dich gefreut
er	hatte sich gefreut
wir	hatten uns gefreut
ihr	hattet euch gefreut
sie	hatten sich gefreut

Future Time

	Future	(*Fut. Subj.*)	(*Pres. Conditional*)
ich	werde mich freuen	werde mich freuen	würde mich freuen
du	wirst dich freuen	werdest dich freuen	würdest dich freuen
er	wird sich freuen	werde sich freuen	würde sich freuen
wir	werden uns freuen	werden uns freuen	würden uns freuen
ihr	werdet euch freuen	werdet euch freuen	würdet euch freuen
sie	werden sich freuen	werden sich freuen	würden sich freuen

Future Perfect Time

	Future Perfect	(*Fut. Perf. Subj.*)	(*Past Conditional*)
ich	werde mich gefreut haben	werde mich gefreut haben	würde mich gefreut haben
du	wirst dich gefreut haben	werdest dich gefreut haben	würdest dich gefreut haben
er	wird sich gefreut haben	werde sich gefreut haben	würde sich gefreut haben
wir	werden uns gefreut haben	werden uns gefreut haben	würden uns gefreut haben
ihr	werdet euch gefreut haben	werdet euch gefreut haben	würdet euch gefreut haben
sie	werden sich gefreut haben	werden sich gefreut haben	würden sich gefreut haben

*The impersonal construction, es freut mich (dich, etc.) is also frequently used. Thus, the English sentence, "I am glad that you are here," may be rendered into German either as 1. **Ich freue mich, dass Sie hier sind.** or 2. **Es freut mich, dass Sie hier sind.**

Examples: **Es freut mich, dass Sie sich wieder am Leben freuen. Ich freue mich sehr darüber.** *I'm glad you're taking pleasure in life again. I'm pleased about that.* **Darf ich mich auf meine baldige Entlassung freuen?** *May I look forward to my release soon?* Note the different prepositions used above: **an, über,** and **auf.**

175

frieren

to freeze; feel cold

PRINC. PARTS: **frieren, fror, gefroren, friert**
IMPERATIVE: **friere!, friert!, frieren Sie!**

INDICATIVE	SUBJUNCTIVE	
	PRIMARY	SECONDARY

Present Time

	Present	*(Pres. Subj.)*	*(Imperf. Subj.)*
ich	friere	friere	fröre
du	frierst	frierest	frörest
er	friert	friere	fröre
wir	frieren	frieren	frören
ihr	friert	frieret	fröret
sie	frieren	frieren	frören

	Imperfect
ich	fror
du	frorst
er	fror
wir	froren
ihr	frort
sie	froren

Past Time

	Perfect	*(Perf. Subj.)*	*(Pluperf. Subj.)*
ich	habe gefroren	habe gefroren	hätte gefroren
du	hast gefroren	habest gefroren	hättest gefroren
er	hat gefroren	habe gefroren	hätte gefroren
wir	haben gefroren	haben gefroren	hätten gefroren
ihr	habt gefroren	habet gefroren	hättet gefroren
sie	haben gefroren	haben gefroren	hätten gefroren

	Pluperfect
ich	hatte gefroren
du	hattest gefroren
er	hatte gefroren
wir	hatten gefroren
ihr	hattet gefroren
sie	hatten gefroren

Future Time

	Future	*(Fut. Subj.)*	*(Pres. Conditional)*
ich	werde frieren	werde frieren	würde frieren
du	wirst frieren	werdest frieren	würdest frieren
er	wird frieren	werde frieren	würde frieren
wir	werden frieren	werden frieren	würden frieren
ihr	werdet frieren	werdet frieren	würdet frieren
sie	werden frieren	werden frieren	würden frieren

Future Perfect Time

	Future Perfect	*(Fut. Perf. Subj.)*	*(Past Conditional)*
ich	werde gefroren haben	werde gefroren haben	würde gefroren haben
du	wirst gefroren haben	werdest gefroren haben	würdest gefroren haben
er	wird gefroren haben	werde gefroren haben	würde gefroren haben
wir	werden gefroren haben	werden gefroren haben	würden gefroren haben
ihr	werdet gefroren haben	werdet gefroren haben	würdet gefroren haben
sie	werden gefroren haben	werden gefroren haben	würden gefroren haben

Examples: Nach dem Krieg hungerten und froren Millionen. Tausende fand man im Schnee erfroren. *After the war millions were hungry and freezing. Thousands were found frozen in the snow.* **Mich friert. Friert dich auch?** *I'm cold. Are you cold, too?* **Gestern hat es gefroren.** *It froze yesterday.* For "to freeze food" German uses **tiefgefrieren** or **tiefkühlen**.

PRINC. PARTS: **frühstücken, frühstückte, gefrühstückt, frühstückt**
IMPERATIVE: **frühstücke!, frühstückt!, frühstücken Sie!**

INDICATIVE	SUBJUNCTIVE	
	PRIMARY	SECONDARY

Present Time

	Present	(*Pres. Subj.*)	(*Imperf. Subj.*)
ich	frühstücke	frühstücke	frühstückte
du	frühstückst	frühstückest	frühstücktest
er	frühstückt	frühstücke	frühstückte
wir	frühstücken	frühstücken	frühstückten
ihr	frühstückt	frühstücket	frühstücktet
sie	frühstücken	frühstücken	frühstückten

F

	Imperfect
ich	frühstückte
du	frühstücktest
er	frühstückte
wir	frühstückten
ihr	frühstücktet
sie	frühstückten

Past Time

	Perfect	(*Perf. Subj.*)	(*Pluperf. Subj.*)
ich	habe gefrühstückt	habe gefrühstückt	hätte gefrühstückt
du	hast gefrühstückt	habest gefrühstückt	hättest gefrühstückt
er	hat gefrühstückt	habe gefrühstückt	hätte gefrühstückt
wir	haben gefrühstückt	haben gefrühstückt	hätten gefrühstückt
ihr	habt gefrühstückt	habet gefrühstückt	hättet gefrühstückt
sie	haben gefrühstückt	haben gefrühstückt	hätten gefrühstückt

	Pluperfect
ich	hatte gefrühstückt
du	hattest gefrühstückt
er	hatte gefrühstückt
wir	hatten gefrühstückt
ihr	hattet gefrühstückt
sie	hatten gefrühstückt

Future Time

	Future	(*Fut. Subj.*)	(*Pres. Conditional*)
ich	werde frühstücken	werde frühstücken	würde frühstücken
du	wirst frühstücken	werdest frühstücken	würdest frühstücken
er	wird frühstücken	werde frühstücken	würde frühstücken
wir	werden frühstücken	werden frühstücken	würden frühstücken
ihr	werdet frühstücken	werdet frühstücken	würdet frühstücken
sie	werden frühstücken	werden frühstücken	würden frühstücken

Future Perfect Time

	Future Perfect	(*Fut. Perf. Subj.*)	(*Past Conditional*)
ich	werde gefrühstückt haben	werde gefrühstückt haben	würde gefrühstückt haben
du	wirst gefrühstückt haben	werdest gefrühstückt haben	würdest gefrühstückt haben
er	wird gefrühstückt haben	werde gefrühstückt haben	würde gefrühstückt haben
wir	werden gefrühstückt haben	werden gefrühstückt haben	würden gefrühstückt haben
ihr	werdet gefrühstückt haben	werdet gefrühstückt haben	würdet gefrühstückt haben
sie	werden gefrühstückt haben	werden gefrühstückt haben	würden gefrühstückt haben

Examples: „Um wie viel Uhr möchten Sie frühstücken? Nach zehn Uhr wird das Frühstück nicht mehr serviert." „Heute haben wir um 10 gefrühstückt aber morgen früh müssen wir früher frühstücken." *"What time do you want to eat breakfast? After ten o'clock breakfast is no longer served." "Today we ate breakfast at 10 but tomorrow morning we'll have to eat earlier."*

fühlen

to feel; perceive

PRINC. PARTS: **fühlen, fühlte, gefühlt, fühlt**
IMPERATIVE: **fühle!, fühlt!, fühlen Sie!**

	INDICATIVE	SUBJUNCTIVE	
		PRIMARY	SECONDARY
	Present	**Present Time**	
		(Pres. Subj.)	*(Imperf. Subj.)*
ich	fühle	fühle	fühlte
du	fühlst	fühlest	fühltest
er	fühlt	fühle	fühlte
wir	fühlen	fühlen	fühlten
ihr	fühlt	fühlet	fühltet
sie	fühlen	fühlen	fühlten
	Imperfect		
ich	fühlte		
du	fühltest		
er	fühlte		
wir	fühlten		
ihr	fühltet		
sie	fühlten		
	Perfect	**Past Time**	
		(Perf. Subj.)	*(Pluperf. Subj.)*
ich	habe gefühlt	habe gefühlt	hätte gefühlt
du	hast gefühlt	habest gefühlt	hättest gefühlt
er	hat gefühlt	habe gefühlt	hätte gefühlt
wir	haben gefühlt	haben gefühlt	hätten gefühlt
ihr	habt gefühlt	habet gefühlt	hättet gefühlt
sie	haben gefühlt	haben gefühlt	hätten gefühlt
	Pluperfect		
ich	hatte gefühlt		
du	hattest gefühlt		
er	hatte gefühlt		
wir	hatten gefühlt		
ihr	hattet gefühlt		
sie	hatten gefühlt		
	Future	**Future Time**	
		(Fut. Subj.)	*(Pres. Conditional)*
ich	werde fühlen	werde fühlen	würde fühlen
du	wirst fühlen	werdest fühlen	würdest fühlen
er	wird fühlen	werde fühlen	würde fühlen
wir	werden fühlen	werden fühlen	würden fühlen
ihr	werdet fühlen	werdet fühlen	würdet fühlen
sie	werden fühlen	werden fühlen	würden fühlen
	Future Perfect	**Future Perfect Time**	
		(Fut. Perf. Subj.)	*(Past Conditional)*
ich	werde gefühlt haben	werde gefühlt haben	würde gefühlt haben
du	wirst gefühlt haben	werdest gefühlt haben	würdest gefühlt haben
er	wird gefühlt haben	werde gefühlt haben	würde gefühlt haben
wir	werden gefühlt haben	werden gefühlt haben	würden gefühlt haben
ihr	werdet gefühlt haben	werdet gefühlt haben	würdet gefühlt haben
sie	werden gefühlt haben	werden gefühlt haben	würden gefühlt haben

Examples: Renate ist bei der letzten Prüfung durchgefallen, weil sie sich nicht wohl fühlte. Trotz Probleme mit der Grammatik hat sie viel Sprachgefühl. Sie weiß, dass man sich in eine Sprache hineinfühlen muss. *Renate failed the last exam because she wasn't feeling well. Despite problems with grammar, she has a feeling for the language. She knows that one must feel one's way into a language.*

führen

to lead

PRINC. PARTS: **führen, führte, geführt, führt**
IMPERATIVE: **führe!, führt!, führen Sie!**

INDICATIVE	SUBJUNCTIVE	
	PRIMARY	SECONDARY

Present Time

Present	*(Pres. Subj.)*	*(Imperf. Subj.)*
ich führe	führe	führte
du führst	führest	führtest
er führt	führe	führte
wir führen	führen	führten
ihr führt	führet	führtet
sie führen	führen	führten

Imperfect

ich	führte
du	führtest
er	führte
wir	führten
ihr	führtet
sie	führten

Past Time

Perfect	*(Perf. Subj.)*	*(Pluperf. Subj.)*
ich habe geführt	habe geführt	hätte geführt
du hast geführt	habest geführt	hättest geführt
er hat geführt	habe geführt	hätte geführt
wir haben geführt	haben geführt	hätten geführt
ihr habt geführt	habet geführt	hättet geführt
sie haben geführt	haben geführt	hätten geführt

Pluperfect

ich	hatte geführt
du	hattest geführt
er	hatte geführt
wir	hatten geführt
ihr	hattet geführt
sie	hatten geführt

Future Time

Future	*(Fut. Subj.)*	*(Pres. Conditional)*
ich werde führen	werde führen	würde führen
du wirst führen	werdest führen	würdest führen
er wird führen	werde führen	würde führen
wir werden führen	werden führen	würden führen
ihr werdet führen	werdet führen	würdet führen
sie werden führen	werden führen	würden führen

Future Perfect Time

Future Perfect	*(Fut. Perf. Subj.)*	*(Past Conditional)*
ich werde geführt haben	werde geführt haben	würde geführt haben
du wirst geführt haben	werdest geführt haben	würdest geführt haben
er wird geführt haben	werde geführt haben	würde geführt haben
wir werden geführt haben	werden geführt haben	würden geführt haben
ihr werdet geführt haben	werdet geführt haben	würdet geführt haben
sie werden geführt haben	werden geführt haben	würden geführt haben

Examples: Herr Müller führt ein liederliches Leben. Er hat keine Zeit, die Geschäftsbücher zu führen. Auch führt sein Geschäft nicht mehr alles, was es früher geführt hat. Wohin wird das alles führen? *Mr. Müller is leading a disorderly life. He has no time to keep the business's books anymore. Furthermore, his store no longer carries all that it used to carry. What will all that lead to?*

füllen

to fill

PRINC. PARTS: **füllen, füllte, gefüllt, füllt**
IMPERATIVE: **fülle!, füllt!, füllen Sie!**

INDICATIVE		SUBJUNCTIVE	
		PRIMARY	SECONDARY
		Present Time	
Present		*(Pres. Subj.)*	*(Imperf. Subj.)*
ich fülle		fülle	füllte
du füllst		füllest	fülltest
er füllt		fülle	füllte
wir füllen		füllen	füllten
ihr füllt		füllet	fülltet
sie füllen		füllen	füllten
Imperfect			
ich füllte			
du fülltest			
er füllte			
wir füllten			
ihr fülltet			
sie füllten			
		Past Time	
Perfect		*(Perf. Subj.)*	*(Pluperf. Subj.)*
ich habe gefüllt		habe gefüllt	hätte gefüllt
du hast gefüllt		habest gefüllt	hättest gefüllt
er hat gefüllt		habe gefüllt	hätte gefüllt
wir haben gefüllt		haben gefüllt	hätten gefüllt
ihr habt gefüllt		habet gefüllt	hättet gefüllt
sie haben gefüllt		haben gefüllt	hätten gefüllt
Pluperfect			
ich hatte gefüllt			
du hattest gefüllt			
er hatte gefüllt			
wir hatten gefüllt			
ihr hattet gefüllt			
sie hatten gefüllt			
		Future Time	
Future		*(Fut. Subj.)*	*(Pres. Conditional)*
ich werde füllen		werde füllen	würde füllen
du wirst füllen		werdest füllen	würdest füllen
er wird füllen		werde füllen	würde füllen
wir werden füllen		werden füllen	würden füllen
ihr werdet füllen		werdet füllen	würdet füllen
sie werden füllen		werden füllen	würden füllen
		Future Perfect Time	
Future Perfect		*(Fut. Perf. Subj.)*	*(Past Conditional)*
ich werde gefüllt haben		werde gefüllt haben	würde gefüllt haben
du wirst gefüllt haben		werdest gefüllt haben	würdest gefüllt haben
er wird gefüllt haben		werde gefüllt haben	würde gefüllt haben
wir werden gefüllt haben		werden gefüllt haben	würden gefüllt haben
ihr werdet gefüllt haben		werdet gefüllt haben	würdet gefüllt haben
sie werden gefüllt haben		werden gefüllt haben	würden gefüllt haben

Examples: Bei ihrem ersten Konzert füllte sich der Konzertsaal langsam. „In ihrem Spiel gibt es eine wunderbare Fülle", schrieb ein Kritiker. Nach dem Konzert hätten wir lieber Kaviar als gefülltes Pitabrot gegessen. *At her first concert, the concert hall filled up slowly. "There is a wonderful richness in her playing," wrote a critic. After the concert we would rather have eaten caviar than stuffed pita bread.*

180

fürchten

PRINC. PARTS: **fürchten, fürchtete, gefürchtet, fürchtet**
IMPERATIVE: **fürchte!, fürchtet!, fürchten Sie!**

to fear

INDICATIVE	SUBJUNCTIVE	
	PRIMARY	SECONDARY

Present Time

	Present	(*Pres. Subj.*)	(*Imperf. Subj.*)
ich	fürchte	fürchte	fürchtete
du	fürchtest	fürchtest	fürchtetest
er	fürchtet	fürchte	fürchtete
wir	fürchten	fürchten	fürchteten
ihr	fürchtet	fürchtet	fürchtetet
sie	fürchten	fürchten	fürchteten

	Imperfect
ich	fürchtete
du	fürchtetest
er	fürchtete
wir	fürchteten
ihr	fürchtetet
sie	fürchteten

Past Time

	Perfect	(*Perf. Subj.*)	(*Pluperf. Subj.*)
ich	habe gefürchtet	habe gefürchtet	hätte gefürchtet
du	hast gefürchtet	habest gefürchtet	hättest gefürchtet
er	hat gefürchtet	habe gefürchtet	hätte gefürchtet
wir	haben gefürchtet	haben gefürchtet	hätten gefürchtet
ihr	habt gefürchtet	habet gefürchtet	hättet gefürchtet
sie	haben gefürchtet	haben gefürchtet	hätten gefürchtet

	Pluperfect
ich	hatte gefürchtet
du	hattest gefürchtet
er	hatte gefürchtet
wir	hatten gefürchtet
ihr	hattet gefürchtet
sie	hatten gefürchtet

Future Time

	Future	(*Fut. Subj.*)	(*Pres. Conditional*)
ich	werde fürchten	werde fürchten	würde fürchten
du	wirst fürchten	werdest fürchten	würdest fürchten
er	wird fürchten	werde fürchten	würde fürchten
wir	werden fürchten	werden fürchten	würden fürchten
ihr	werdet fürchten	werdet fürchten	würdet fürchten
sie	werden fürchten	werden fürchten	würden fürchten

Future Perfect Time

	Future Perfect	(*Fut. Perf. Subj.*)	(*Past Conditional*)
ich	werde gefürchtet haben	werde gefürchtet haben	würde gefürchtet haben
du	wirst gefürchtet haben	werdest gefürchtet haben	würdest gefürchtet haben
er	wird gefürchtet haben	werde gefürchtet haben	würde gefürchtet haben
wir	werden gefürchtet haben	werden gefürchtet haben	würden gefürchtet haben
ihr	werdet gefürchtet haben	werdet gefürchtet haben	würdet gefürchtet haben
sie	werden gefürchtet haben	werden gefürchtet haben	würden gefürchtet haben

Examples: Hans fürchtet sich vor allem. Er glaubt nicht an die Worte: „Wir haben nur die Furcht und sonst nichts zu fürchten." Seine jüngere Schwester behauptete: „Ich fürchte nichts auf der Welt. Ich bin furchtlos." *Hans is afraid of everything. He doesn't believe in the words, "We have nothing to fear but fear itself." His younger sister declared, "I fear nothing in the world. I am fearless."*

F

gähnen

to yawn; gape

PRINC. PARTS: **gähnen, gähnte, gegähnt, gähnt**
IMPERATIVE: **gähne!, gähnt!, gähnen Sie!**

INDICATIVE	SUBJUNCTIVE	
	PRIMARY	SECONDARY

Present Time

	Present	(*Pres. Subj.*)	(*Imperf. Subj.*)
ich	gähne	gähne	gähnte
du	gähnst	gähnest	gähntest
er	gähnt	gähne	gähnte
wir	gähnen	gähnen	gähnten
ihr	gähnt	gähnet	gähntet
sie	gähnen	gähnen	gähnten

	Imperfect
ich	gähnte
du	gähntest
er	gähnte
wir	gähnten
ihr	gähntet
sie	gähnten

Past Time

	Perfect	(*Perf. Subj.*)	(*Pluperf. Subj.*)
ich	habe gegähnt	habe gegähnt	hätte gegähnt
du	hast gegähnt	habest gegähnt	hättest gegähnt
er	hat gegähnt	habe gegähnt	hätte gegähnt
wir	haben gegähnt	haben gegähnt	hätten gegähnt
ihr	habt gegähnt	habet gegähnt	hättet gegähnt
sie	haben gegähnt	haben gegähnt	hätten gegähnt

	Pluperfect
ich	hatte gegähnt
du	hattest gegähnt
er	hatte gegähnt
wir	hatten gegähnt
ihr	hattet gegähnt
sie	hatten gegähnt

Future Time

	Future	(*Fut. Subj.*)	(*Pres. Conditional*)
ich	werde gähnen	werde gähnen	würde gähnen
du	wirst gähnen	werdest gähnen	würdest gähnen
er	wird gähnen	werde gähnen	würde gähnen
wir	werden gähnen	werden gähnen	würden gähnen
ihr	werdet gähnen	werdet gähnen	würdet gähnen
sie	werden gähnen	werden gähnen	würden gähnen

Future Perfect Time

	Future Perfect	(*Fut. Perf. Subj.*)	(*Past Conditional*)
ich	werde gegähnt haben	werde gegähnt haben	würde gegähnt haben
du	wirst gegähnt haben	werdest gegähnt haben	würdest gegähnt haben
er	wird gegähnt haben	werde gegähnt haben	würde gegähnt haben
wir	werden gegähnt haben	werden gegähnt haben	würden gegähnt haben
ihr	werdet gegähnt haben	werdet gegähnt haben	würdet gegähnt haben
sie	werden gegähnt haben	werden gegähnt haben	würden gegähnt haben

Examples: „Ein gähnender Abgrund wird sich vor uns auftun", sagte er melodramatisch. „Entschuldigen Sie! Ich gähne nicht, weil Sie mich langweilen, sondern wegen Luftmangel hier im Zimmer", erklärte sie höflich. *"A yawning chasm will open before us," he said melodramatically. "Excuse me. I'm not yawning because you bore me, but because of the lack of air here in the room," she explained politely.*

gären

PRINC. PARTS: gären,* gor,** gegoren, gärt
IMPERATIVE: gäre!, gärt! gären Sie!†

to ferment

INDICATIVE	SUBJUNCTIVE	
	PRIMARY	SECONDARY

Present Time

	Present	*(Pres. Subj.)*	*(Imperf. Subj.)*
ich	gäre	gäre	göre
du	gärst	gärest	görest
er	gärt	gäre	göre
wir	gären	gären	gören
ihr	gärt	gäret	göret
sie	gären	gären	gören

	Imperfect
ich	gor
du	gorst
er	gor
wir	goren
ihr	gort
sie	goren

Past Time

	Perfect	*(Perf. Subj.)*	*(Pluperf. Subj.)*
ich	habe gegoren	habe gegoren	hätte gegoren
du	hast gegoren	habest gegoren	hättest gegoren
er	hat gegoren	habe gegoren	hätte gegoren
wir	haben gegoren	haben gegoren	hätten gegoren
ihr	habt gegoren	habet gegoren	hättet gegoren
sie	haben gegoren	haben gegoren	hätten gegoren

	Pluperfect
ich	hatte gegoren
du	hattest gegoren
er	hatte gegoren
wir	hatten gegoren
ihr	hattet gegoren
sie	hatten gegoren

Future Time

	Future	*(Fut. Subj.)*	*(Pres. Conditional)*
ich	werde gären	werde gären	würde gären
du	wirst gären	werdest gären	würdest gären
er	wird gären	werde gären	würde gären
wir	werden gären	werden gären	würden gären
ihr	werdet gären	werdet gären	würdet gären
sie	werden gären	werden gären	würden gären

Future Perfect Time

	Future Perfect	*(Fut. Perf. Subj.)*	*(Past Conditional)*
ich	werde gegoren haben	werde gegoren haben	würde gegoren haben
du	wirst gegoren haben	werdest gegoren haben	würdest gegoren haben
er	wird gegoren haben	werde gegoren haben	würde gegoren haben
wir	werden gegoren haben	werden gegoren haben	würden gegoren haben
ihr	werdet gegoren haben	werdet gegoren haben	würdet gegoren haben
sie	werden gegoren haben	werden gegoren haben	würden gegoren haben

*Forms other than the third person are infrequently found. **When used figuratively, gären is weak.
PRINC.PARTS: gären, gärte, gegärt, gärt. †The imperative is unusual.

Examples: Der alte Wein hat sich zu Essig gegoren. Der neue Wein befindet sich noch im Gärungszustand. *The old wine has turned to vinegar. The new wine is still fermenting.* Die Arbeitslosigkeit wächst und es gärt im Volk. *Unemployment is growing and there is unrest among the people.* Gären can also be conjugated regularly.

gebären

to give birth to

PRINC. PARTS: **gebären, gebar, hat geboren,* gebiert**
IMPERATIVE: **gebier!, gebiert!, gebären Sie!**

	INDICATIVE		SUBJUNCTIVE	
			PRIMARY	SECONDARY
			Present Time	
	Present		(*Pres. Subj.*)	(*Imperf. Subj.*)
ich	gebäre		gebäre	gebäre
du	gebierst		gebärst	gebärest
er	gebiert *or* gebärst		gebäre	gebäre
wir	gebären	gebärt	gebären	gebären
ihr	gebärt		gebäret	gebäret
sie	gebären		gebären	gebären

	Imperfect
ich	gebar
du	gebarst
er	gebar
wir	gebaren
ihr	gebart
sie	gebaren

			Past Time	
	Perfect		(*Perf. Subj.*)	(*Pluperf. Subj.*)
ich	habe geboren		habe geboren	hätte geboren
du	hast geboren		habest geboren	hättest geboren
er	hat geboren		habe geboren	hätte geboren
wir	haben geboren		haben geboren	hätten geboren
ihr	habt geboren		habet geboren	hättet geboren
sie	haben geboren		haben geboren	hätten geboren

	Pluperfect
ich	hatte geboren
du	hattest geboren
er	hatte geboren
wir	hatten geboren
ihr	hattet geboren
sie	hatten geboren

			Future Time	
	Future		(*Fut. Subj.*)	(*Pres. Conditional*)
ich	werde gebären		werde gebären	würde gebären
du	wirst gebären		werdest gebären	würdest gebären
er	wird gebären		werde gebären	würde gebären
wir	werden gebären		werden gebären	würden gebären
ihr	werdet gebären		werdet gebären	würdet gebären
sie	werden gebären		werden gebären	würden gebären

			Future Perfect Time	
	Future Perfect		(*Fut. Perf. Subj.*)	(*Past Conditional*)
ich	werde geboren haben		werde geboren haben	würde geboren haben
du	wirst geboren haben		werdest geboren haben	würdest geboren haben
er	wird geboren haben		werde geboren haben	würde geboren haben
wir	werden geboren haben		werden geboren haben	würden geboren haben
ihr	werdet geboren haben		werdet geboren haben	würdet geboren haben
sie	werden geboren haben		werden geboren haben	würden geboren haben

*The active perfect forms of this verb, which in the first person can only be used by a mother, are given above. The passive forms (I was born, etc.), uses **sein** not **haben**, as the auxiliary verb and are more commonly found.

Examples: Der König von England verschont die Stadt, weil die Königin ihm einen Sohn geboren hatte. *The King of England spares the city because the queen bore him a son.* **Der Missionar war nicht dort geboren.** *The missionary wasn't born there.*

PRINC. PARTS: **geben, gab, gegeben, gibt**
IMPERATIVE: **gib!, gebt!, geben Sie!**

INDICATIVE	SUBJUNCTIVE	
	PRIMARY	SECONDARY

Present Time

	Present	*(Pres. Subj.)*	*(Imperf. Subj.)*
ich	gebe	gebe	gäbe
du	gibst	gebest	gäbest
er	gibt	gebe	gäbe
wir	geben	geben	gäben
ihr	gebt	gebet	gäbet
sie	geben	geben	gäben

	Imperfect
ich	gab
du	gabst
er	gab
wir	gaben
ihr	gabt
sie	gaben

Past Time

	Perfect	*(Perf. Subj.)*	*(Pluperf. Subj.)*
ich	habe gegeben	habe gegeben	hätte gegeben
du	hast gegeben	habest gegeben	hättest gegeben
er	hat gegeben	habe gegeben	hätte gegeben
wir	haben gegeben	haben gegeben	hätten gegeben
ihr	habt gegeben	habet gegeben	hättet gegeben
sie	haben gegeben	haben gegeben	hätten gegeben

	Pluperfect
ich	hatte gegeben
du	hattest gegeben
er	hatte gegeben
wir	hatten gegeben
ihr	hattet gegeben
sie	hatten gegeben

Future Time

	Future	*(Fut. Subj.)*	*(Pres. Conditional)*
ich	werde geben	werde geben	würde geben
du	wirst geben	werdest geben	würdest geben
er	wird geben	werde geben	würde geben
wir	werden geben	werden geben	würden geben
ihr	werdet geben	werdet geben	würdet geben
sie	werden geben	werden geben	würden geben

Future Perfect Time

	Future Perfect	*(Fut. Perf. Subj.)*	*(Past Conditional)*
ich	werde gegeben haben	werde gegeben haben	würde gegeben haben
du	wirst gegeben haben	werdest gegeben haben	würdest gegeben haben
er	wird gegeben haben	werde gegeben haben	würde gegeben haben
wir	werden gegeben haben	werden gegeben haben	würden gegeben haben
ihr	werdet gegeben haben	werdet gegeben haben	würdet gegeben haben
sie	werden gegeben haben	werden gegeben haben	würden gegeben haben

G

AN ESSENTIAL
55 VERB

Geben

Prefix Verbs

INSEPARABLE

(sich) begeben—to betake oneself, adjourn; happen
Begeben wir uns ins Esszimmer.
Let's adjourn to the dining room.

Es begab sich, dass sie sich in einen anderen verliebte.
It turned out that she fell in love with someone else.

ergeben—to yield, produce
Die Ernte ergab weniger als erwartet.
The harvest produced less than expected.

(sich) ergeben—to arise, ensue; surrender
Schlimme Folgen ergaben sich daraus.
Severe consequences resulted from that.

Nach schweren Kämpfen ergab sich die Stadt.
The city surrendered after heavy fighting.

übergeben—to transmit; deliver
An wen wurde das Paket übergeben?
To whom was the package delivered?

(sich) übergeben—to vomit
Die Besoffenen übergaben sich.
The drunks were throwing up.

umgeben—to surround
Der Diktator umgab sich mit Schmeichlern.
The dictator surrounded himself with sycophants.

vergeben—to award, distribute; forgive
Den ersten Preis vergab er an meine Rivalin. Das vergeb ich ihm nie.
He awarded the first prize to my rival. I'll never forgive him for that.

See conjugated separable ausgeben.

EXAMPLES

Im Theater wird heute abend nichts gegeben. Aber wir geben sowieso zu viel Geld fürs Theater aus. Außerdem gibt's nichts Neues im Spielplan.
There's nothing on at the theater tonight. But we spend too much money on the theater anyway. Besides, there's nothing new in the theater's program schedule.

Ich geb dir den Wagen ganze zwei Wochen. Wenn du mir danach 900 Euro dafür gibst, gehört er dir.
I'll let you have the car for two whole weeks. If you give me 900 euros for it after that, it'll be yours.

Note that es gibt, used in the first sentence of the first example, is both "there is" and "there are." Gibt is also used for mathematical operations:

zwei plus zwei gibt vier
two plus two is/makes four

drei mal drei gibt neun
three times three is/makes nine

sich geben—to abate, subside, cool down; to pretend, act; behave
Wir hoffen, ihr Fieber wird sich geben.
We hope her fever will drop.

Zuerst war er ganz Feuer und Flamme, aber bald gab sich seine Begeisterung.
At first he was all for it, but his enthusiasm soon cooled.

Alle gaben sich von der besten Seite.
All were on their best behavior.

Prefix Verbs

SEPARABLE

abgeben—to check; cast a vote
Wir mussten Mantel und Hut abgeben.
We had to check our coats and hats.

Gib deine Stimme für mich ab!
Vote for me.

angeben—to indicate; brag
Hat sie einen Preis dafür angegeben?
Did she indicate a price for it?

Er gibt immer groß an, kann aber wenig.
He always talks big, but he isn't very competent.

aufgeben—to give up
Warum hast du gleich aufgegeben?
Why'd you give up right away?

beigeben—to add; enclose
Gewöhnlich gibt uns der Bäcker einige Brötchen bei.
The baker usually adds a few rolls to our order.

(klein) beigeben—to back down, cave in
Diesmal geben wir nicht klein bei.
This time we're not going to give in humbly.

durchgeben—to broadcast, transmit
Der Sender gefällt mir, aber sie geben die Nachrichten zu oft durch.
I like that station but they give the news too often.

eingeben—to enter, feed a computer
Haben Sie Ihre Geheimzahl in den Computer eingegeben?
Did you enter your PIN into the computer?

freigeben—to decontrol; unblock
Preise und Löhne wurden freigegeben.
Prices and wages were decontrolled.

hergeben—to give; hand over
Gib nur her!
Just give it here!

(sich) hergeben—to lend oneself to; stoop to
Zu so etwas geb ich mich nicht her.
I'm not going to lend myself to anything like that.

nachgeben—to concede, give in
Wenn du jetzt nicht nachgibst, wirst du's später bereuen.
If you don't give in now, you'll regret it later.

vorgeben—to allege; pretend
Er gab vor, nichts davon zu wissen.
He alleged he knew nothing about it.

zugeben—to admit
Bisjetzt hat er nichts zugegeben.
So far he's admitted nothing.

zurückgeben—to give back
Ich gab ihm seinen Ring zurück.
I gave him back his ring.

G

gebrauchen

to use

PRINC. PARTS: **gebrauchten, gebrauchte, gebraucht, gebraucht**
IMPERATIVE: **gebrauche!, gebraucht!, gebrauchen Sie!**

INDICATIVE	SUBJUNCTIVE	
	PRIMARY	SECONDARY

Present Time

Present	(*Pres. Subj.*)	(*Imperf. Subj.*)
ich gebrauche	gebrauche	gebrauchte
du gebrauchst	gebrauchest	gebrauchtest
er gebraucht	gebrauche	gebrauchte
wir gebrauchen	gebrauchen	gebrauchten
ihr gebraucht	gebrauchet	gebrauchtet
sie gebrauchen	gebrauchen	gebrauchten

Imperfect		
ich gebrauchte		
du gebrauchtest		
er gebrauchte		
wir gebrauchten		
ihr gebrauchtet		
sie gebrauchten		

Past Time

Perfect	(*Perf. Subj.*)	(*Pluperf. Subj.*)
ich habe gebraucht	habe gebraucht	hätte gebraucht
du hast gebraucht	habest gebraucht	hättest gebraucht
er hat gebraucht	habe gebraucht	hätte gebraucht
wir haben gebraucht	haben gebraucht	hätten gebraucht
ihr habt gebraucht	habet gebraucht	hättet gebraucht
sie haben gebraucht	haben gebraucht	hätten gebraucht

Pluperfect		
ich hatte gebraucht		
du hattest gebraucht		
er hatte gebraucht		
wir hatten gebraucht		
ihr hattet gebraucht		
sie hatten gebraucht		

Future Time

Future	(*Fut. Subj.*)	(*Pres. Conditional*)
Ich werde gebrauchen	werde gebrauchen	würde gebrauchen
du wirst gebrauchen	werdest gebrauchen	würdest gebrauchen
er wird gebrauchen	werde gebrauchen	würde gebrauchen
wir werden gebrauchen	werden gebrauchen	würden gebrauchen
ihr werdet gebrauchen	werdet gebrauchen	würdet gebrauchen
sie werden gebrauchen	werden gebrauchen	würden gebrauchen

Future Perfect Time

Future Perfect	(*Fut. Perf. Subj.*)	(*Past Conditional*)
ich werde gebraucht haben	werde gebraucht haben	würde gebraucht haben
du wirst gebraucht haben	werdest gebraucht haben	würdest gebraucht haben
er wird gebraucht haben	werde gebraucht haben	würde gebraucht haben
wir werden gebraucht haben	werden gebraucht haben	würden gebraucht haben
ihr werdet gebraucht haben	werdet gebraucht haben	würdet gebraucht haben
sie werden gebraucht haben	werden gebraucht haben	würden gebraucht haben

Examples: Der Schüler hat „brauchen" gebraucht, wo er „gebrauchen" hätte gebrauchen sollen. *The student used* brauchen *where he should have used* gebrauchen. Wie haben Sie sich zu so etwas gebrauchen lassen? *How could you lend yourself to something like that?*

188

gedeihen

to thrive, prosper

PRINC. PARTS: **gedeihen, gedieh, ist gediehen, gedeiht**
IMPERATIVE: **gedeihe!, gedeiht!, gedeihen Sie!**

	INDICATIVE	SUBJUNCTIVE	
		PRIMARY	SECONDARY
		Present Time	
	Present	*(Pres. Subj.)*	*(Imperf. Subj.)*
ich	gedeihe	gedeihe	gediehe
du	gedeihst	gedeihest	gediehest
er	gedeiht	gedeihe	gediehe
wir	gedeihen	gedeihen	gediehen
ihr	gedeiht	gedeihet	gediehet
sie	gedeihen	gedeihen	gediehen

G

	Imperfect
ich	gedieh
du	gediehst
er	gedieh
wir	gediehen
ihr	gedieht
sie	gediehen

		Past Time	
	Perfect	*(Perf. Subj.)*	*(Pluperf. Subj.)*
ich	bin gediehen	sei gediehen	wäre gediehen
du	bist gediehen	seiest gediehen	wärest gediehen
er	ist gediehen	sei gediehen	wäre gediehen
wir	sind gediehen	seien gediehen	wären gediehen
ihr	seid gediehen	seiet gediehen	wäret gediehen
sie	sind gediehen	seien gediehen	wären gediehen

	Pluperfect
ich	war gediehen
du	warst gediehen
er	war gediehen
wir	waren gediehen
ihr	wart gediehen
sie	waren gediehen

		Future Time	
	Future	*(Fut. Subj.)*	*(Pres. Conditional)*
ich	werde gedeihen	werde gedeihen	würde gedeihen
du	wirst gedeihen	werdest gedeihen	würdest gedeihen
er	wird gedeihen	werde gedeihen	würde gedeihen
wir	werden gedeihen	werden gedeihen	würden gedeihen
ihr	werdet gedeihen	werdet gedeihen	würdet gedeihen
sie	werden gedeihen	werden gedeihen	würden gedeihen

		Future Perfect Time	
	Future Perfect	*(Fut. Perf. Subj.)*	*(Past Conditional)*
ich	werde gediehen sein	werde gediehen sein	würde gediehen sein
du	wirst gediehen sein	werdest gediehen sein	würdest gediehen sein
er	wird gediehen sein	werde gediehen sein	würde gediehen sein
wir	werden gediehen sein	werden gediehen sein	würden gediehen sein
ihr	werdet gediehen sein	werdet gediehen sein	würdet gediehen sein
sie	werden gediehen sein	werden gediehen sein	würden gediehen sein

Examples: „Unrecht Gut gedeiht nicht", behauptet ein Sprichwort. *"Ill-gotten goods will not prosper (anyone)," claims a proverb.* **Nichts wollte ihm gedeihen. Daher schloss er sich auf Gedeih und Verderb einer Gangsterbande an.** *Nothing would turn out right for him. Therefore, for better or worse, he joined a gangster mob.* **Gedeihen** is a **sein** verb. Review them on pages 17–18.

189

gefallen

to be pleasing; like

PRINC. PARTS: **gefallen, gefiel, gefallen, gefällt**
IMPERATIVE: **gefalle!, gefallt!, gefallen Sie!**

INDICATIVE		SUBJUNCTIVE	
		PRIMARY	SECONDARY
		Present Time	
Present		*(Pres. Subj.)*	*(Imperf. Subj.)*
ich	gefalle	gefalle	gefiele
du	gefällst	gefallest	gefielest
er	gefällt	gefalle	gefiele
wir	gefallen	gefallen	gefielen
ihr	gefallt	gefallet	gefielet
sie	gefallen	gefallen	gefielen

Imperfect	
ich	gefiel
du	gefielst
er	gefiel
wir	gefielen
ihr	gefielt
sie	gefielen

		Past Time	
Perfect		*(Perf. Subj.)*	*(Pluperf. Subj.)*
ich	habe gefallen	habe gefallen	hätte gefallen
du	hast gefallen	habest gefallen	hättest gefallen
er	hat gefallen	habe gefallen	hätte gefallen
wir	haben gefallen	haben gefallen	hätten gefallen
ihr	habt gefallen	habet gefallen	hättet gefallen
sie	haben gefallen	haben gefallen	hätten gefallen

Pluperfect	
ich	hatte gefallen
du	hattest gefallen
er	hatte gefallen
wir	hatten gefallen
ihr	hattet gefallen
sie	hatten gefallen

		Future Time	
Future		*(Fut. Subj.)*	*(Pres. Conditional)*
ich	werde gefallen	werde gefallen	würde gefallen
du	wirst gefallen	werdest gefallen	würdest gefallen
er	wird gefallen	werde gefallen	würde gefallen
wir	werden gefallen	werden gefallen	würden gefallen
ihr	werdet gefallen	werdet gefallen	würdet gefallen
sie	werden gefallen	werden gefallen	würden gefallen

		Future Perfect Time	
Future Perfect		*(Fut. Perf. Subj.)*	*(Past Conditional)*
ich	werde gefallen haben	werde gefallen haben	würde gefallen haben
du	wirst gefallen haben	werdest gefallen haben	würdest gefallen haben
er	wird gefallen haben	werde gefallen haben	würde gefallen haben
wir	werden gefallen haben	werden gefallen haben	würden gefallen haben
ihr	werdet gefallen haben	werdet gefallen haben	würdet gefallen haben
sie	werden gefallen haben	werden gefallen haben	würden gefallen haben

Examples: Das Stück hat fast allen gefallen. Nur einige Prüde behaupteten: „Es gefällt uns nicht. Wir brauchen uns so etwas nicht gefallen zu lassen." *Almost everyone liked the play. Only a few prudish people declared, "We don't like it. We don't have to put up with anything like that."* **Gefallen** is frequently used impersonally.

gehen

PRINC. PARTS: **gehen, ging, ist gegangen, geht**
IMPERATIVE: **gehe!, geht!, gehen Sie!**

	INDICATIVE	SUBJUNCTIVE	
		PRIMARY	SECONDARY

Present Time

	Present	*(Pres. Subj.)*	*(Imperf. Subj.)*
ich	gehe	gehe	ginge
du	gehst	gehest	gingest
er	geht	gehe	ginge
wir	gehen	gehen	gingen
ihr	geht	gehet	ginget
sie	gehen	gehen	gingen

	Imperfect
ich	ging
du	gingst
er	ging
wir	gingen
ihr	gingt
sie	gingen

Past Time

	Perfect	*(Perf. Subj.)*	*(Pluperf. Subj.)*
ich	bin gegangen	sei gegangen	wäre gegangen
du	bist gegangen	seiest gegangen	wärest gegangen
er	ist gegangen	sei gegangen	wäre gegangen
wir	sind gegangen	seien gegangen	wären gegangen
ihr	seid gegangen	seiet gegangen	wäret gegangen
sie	sind gegangen	seien gegangen	wären gegangen

	Pluperfect
ich	war gegangen
du	warst gegangen
er	war gegangen
wir	waren gegangen
ihr	wart gegangen
sie	waren gegangen

Future Time

	Future	*(Fut. Subj.)*	*(Pres. Conditional)*
ich	werde gehen	werde gehen	würde gehen
du	wirst gehen	werdest gehen	würdest gehen
er	wird gehen	werde gehen	würde gehen
wir	werden gehen	werden gehen	würden gehen
ihr	werdet gehen	werdet gehen	würdet gehen
sie	werden gehen	werden gehen	würden gehen

Future Perfect Time

	Future Perfect	*(Fut. Perf. Subj.)*	*(Past Conditional)*
ich	werde gegangen sein	werde gegangen sein	würde gegangen sein
du	wirst gegangen sein	werdest gegangen sein	würdest gegangen sein
er	wird gegangen sein	werde gegangen sein	würde gegangen sein
wir	werden gegangen sein	werden gegangen sein	würden gegangen sein
ihr	werdet gegangen sein	werdet gegangen sein	würdet gegangen sein
sie	werden gegangen sein	werden gegangen sein	würden gegangen sein

G

AN ESSENTIAL
55 VERB

AN ESSENTIAL 55 VERB

EXAMPLES

„Geht es dir jetzt besser, alter Freund." „Es würde mir noch besser gehen, wenn du mir mehr Schnaps einschenktest, denn es geht nichts über einen guten Tropfen." „Aber das geht doch nicht! Du solltest dich nicht so gehen lassen." Es geht um deine Gesundheit und das Wohl deiner Familie." „Was gehen dich die an? Lass sie betteln gehen, wenn sie hungrig sind."
"I'd feel even better if you poured me some more liquor, for nothing beats a good drop." "But that's impossible! You shouldn't let yourself go like that." Your health and the well-being of your family are at stake." "What business are they of yours? Let them go begging if they're hungry."

Einst ging Opa oft tanzen. Jetzt kann er kaum gehen. Es geht ihm gesundheitlich nicht gut.
Grandpa used to go dancing a lot. Now he can scarcely walk. He's not in good health.

Gestern Abend sind wir ins Kino gegangen. Ich wollte zu Fuß gehen aber wir sind mit dem Bus gefahren.
Last night we went to the movies. I wanted to go on foot, but we took the bus.

Sein Geschäft ging nicht mehr so gut. Daher ging er früh in den Ruhestand.
His business wasn't doing so well anymore. That's why he retired early.

Idioms

Die Fenster im Zimmer der Malerin gehen nach Norden.
The windows in the painter's room face north.

Die Kinder gehen mir auf die Nerven.
The children get on my nerves.

Prefix Verbs

INSEPARABLE

begehen—to commit, perpetrate
Mackie hat viele Verbrechen begangen.
Mackie commited many crimes.

entgehen—avoid, escape
Diesmal entgeht er der Strafe nicht.
This time he's not going to escape punishment.

ergehen—to fare
Wie erging es ihnen in der neuen Heimat?
How did they fare/do in their new homeland?

hintergehen—to deceive
Sein Geschäftspartner hat ihn hintergangen.
His business partner deceived him.

umgehen—to avoid
Im Taoismus versucht man Hindernisse zu umgehen.
In Taoism one tries to avoid obstacles.

vergehen—to die; elapse; pass away
Gretchen wollte an Fausts Küssen vergehen.
Gretchen wanted Faust to kiss her to death.

Altes vergeht. Neues entsteht.
Old things pass away. New ones arise.

Ach wie schnell verging damals die Zeit!
Oh, how quickly time passed then!

zergehen—to melt away; savor
Lass dir diese Bonbons langsam auf der Zunge zergehen.
Savor these candies slowly by letting them melt on your tongue.

Note that umgehen is both a separable and inseparable prefix verb. See "Doubtful Prefixes," page 610.

SEPARABLE

abgehen—to leave, depart, exit
Der Zug ist in Hamburg pünktlich abgegangen.
The train left on time in Hamburg.

Faust geht ab.
Exit Faust.

aufgehen—to rise; be absorbed in
Um wie viel Uhr geht heute die Sonne auf (unter)?
What times does the sun rise (set) today?

Sie geht ganz in ihren Beruf auf.
She's completely absorbed by her work.

ausgehen—to go out, leave; run out; assume
„Nach ihm nur geh ich aus dem Haus",
singt Gretchen.
"I leave the house only (to find) him,"
sings Gretchen.

Unsere Bestände gehen aus.
Our inventory is running out.

Ich gehe davon aus, dass Sie den Bericht gelesen haben.
I assume you've read the report.

hergehen—to happen, go on
Beim Fest ging's hoch her.
All had a high old time at the party.

Mutti ist böse auf dich—da wird's heiß hergehen.
Mom's mad at you—she'll make things hot for you.

hingehen—to go to
Da gehe ich nicht hin.
I won't go there.

losgehen—to get going/started
Wann geht's los?
When will things get going?

nachgehen—to investigate, pursue; be slow (of timepieces)
Lohnt es sich der Sache nachzugehen?
Is it worth investigating the matter?

Im Ruhestand will sie endlich ihren Interessen nachgehen.
In retirement, she finally wants to pursue her own interests.

Seine Uhr ging 25 Minuten nach und wir kamen zu spät.
His watch was 25 minutes slow and we came too late.

umgehen—to go around; deal with
Der alte Gauner geht wieder um.
That old crook is making the rounds again.

Er weiß nicht mit Geld umzugehen.
He doesn't know how to handle money.

untergehen—to perish, go under; set (sun—see aufgehen above)
Das Abendland ist noch nicht untergegangen.
The West hasn't gone under yet.

vorgehen—to proceed, take action; happen, go on; be fast (timepieces)
Sie drohten, gegen uns gerichtlich vorzugehen.
They threatened to take legal action against us.

Was ist denn eigentlich da vorgegangen?
Just what really went on there?

Meine Uhr geht fünf Minuten vor.
My watch is five minutes fast.

zugehen—to approach, go toward
Der Bettler ging auf uns zu.
The beggar approached us.

G

gehören

to belong, own

PRINC. PARTS: **gehören, gehört, gehört, gehört**
IMPERATIVE: **gehöre!, gehört!, gehören Sie!**

	INDICATIVE	SUBJUNCTIVE	
		PRIMARY	SECONDARY
		Present Time	
	Present	*(Pres. Subj.)*	*(Imperf. Subj.)*
ich	gehöre	gehöre	gehörte
du	gehörst	gehörest	gehörtest
er	gehört	gehöre	gehörte
wir	gehören	gehören	gehörten
ihr	gehört	gehöret	gehörtet
sie	gehören	gehören	gehörten
	Imperfect		
ich	gehörte		
du	gehörtest		
er	gehörte		
wir	gehörten		
ihr	gehörtet		
sie	gehörten		
		Past Time	
	Perfect	*(Perf. Subj.)*	*(Pluperf. Subj.)*
ich	habe gehört	habe gehört	hätte gehört
du	hast gehört	habest gehört	hättest gehört
er	hat gehört	habe gehört	hätte gehört
wir	haben gehört	haben gehört	hätten gehört
ihr	habt gehört	habet gehört	hättet gehört
sie	haben gehört	haben gehört	hätten gehört
	Pluperfect		
ich	hatte gehört		
du	hattest gehört		
er	hatte gehört		
wir	hatten gehört		
ihr	hattet gehört		
sie	hatten gehört		
		Future Time	
	Future	*(Fut. Subj.)*	*(Pres. Conditional)*
ich	werde gehören	werde gehören	würde gehören
du	wirst gehören	werdest gehören	würdest gehören
er	wird gehören	werde gehören	würde gehören
wir	werden gehören	werden gehören	würden gehören
ihr	werdet gehören	werdet gehören	würdet gehören
sie	werden gehören	werden gehören	würden gehören
		Future Perfect Time	
	Future Perfect	*(Fut. Perf. Subj.)*	*(Past Conditional)*
ich	werde gehört haben	werde gehört haben	würde gehört haben
du	wirst gehört haben	werdest gehört haben	würdest gehört haben
er	wird gehört haben	werde gehört haben	würde gehört haben
wir	werden gehört haben	werden gehört haben	würden gehört haben
ihr	werdet gehört haben	werdet gehört haben	würdet gehört haben
sie	werden gehört haben	werden gehört haben	würden gehört haben

**AN ESSENTIAL
55 VERB**

Idioms

Zum Fisch gehört nicht immer Weißwein.
White wine doesn't always go with fish.

Sie behandelte uns nicht mit dem gehörigen Respekt. Sie gehört nicht mehr zu unseren Freunden.
She didn't treat us with the proper respect. She's no longer one of our friends.

Das gehört nicht zur Sache!
That's beside the point!

Er gehört nur zur zweiten Garnitur.
He's just a second-string player.

Was heißt hier, wir ziehen um? Dazu gehören zwei!
What do you mean, we're moving? I have something to say about that too.

Auf einen groben Klotz gehört ein grober Keil. (Proverb). *To react appropriately to something gross, give tit for tat. (Literally: A coarse block of wood calls for a rough axe.)*

So eine grobe Unhöflichkeit! Auf einen groben Klotz gehört ein grober Keil.
How crudely impolite! We've got to give them what for.

Vatti hat seinen Posten verloren, aber glaubt nicht, dass er schon zum alten Eisen gehört.
Daddy's lost his job but he doesn't believe that he's ready for the scrap heap.

Ihre Behauptungen gehören ins Reich der Fabel.
Their assertions are sheer fantasies. (Literally: "belong to the realm of fables")

EXAMPLES

„Das Haus hat uns einst gehört, aber es gehört uns nicht mehr und du musst dich benehmen, wie es sich gehört".
(sich gehören = to be suitable, proper)
„Wem gehört es jetzt?"
"The house once belonged to us, but it doesn't belong to us anymore and you'll have to behave properly." "Who owns it now?"

G

Prefix Verbs

SEPARABLE
angehören—to be a member of
Die ehemalige Innenministerin gehört jetzt der Opposition an.
The former Minister of the Interior is now part of the opposition.

dazugehören—to belong to, be a part of
Er versuchte dazuzugehören, aber nicht aus Überzeugung.
He tried to be a part of it, but he didn't really believe in it.

zusammengehören—to belong together
„Wir gehören zusammen wie der Wind und das Meer", sagte der Matrose seiner Geliebten.
"We belong together, like the wind and the sea," said the sailor to his sweetheart.

See also hören.

geliebt werden

to be loved

PRINC. PARTS: **geliebt werden, wurde geliebt, ist geliebt worden, wird geliebt**

IMPERATIVE: **werde geliebt!, werdet geliebt!, werden Sie geliebt!**

	INDICATIVE	SUBJUNCTIVE	
		PRIMARY	SECONDARY

Present Time

	Present	*(Pres. Subj.)*	*(Imperf. Subj.)*
ich	werde geliebt	werde geliebt	würde geliebt
du	wirst geliebt	werdest geliebt	würdest geliebt
er	wird geliebt	werde geliebt	würde geliebt
wir	werden geliebt	werden geliebt	würden geliebt
ihr	werdet geliebt	werdet geliebt	würdet geliebt
sie	werden geliebt	werden geliebt	würden geliebt

	Imperfect
ich	wurde geliebt
du	wurdest geliebt
er	wurde geliebt
wir	wurden geliebt
ihr	wurdet geliebt
sie	wurden geliebt

Past Time

	Perfect	*(Perf. Subj.)*	*(Pluperf. Subj.)*
ich	bin geliebt worden	sei geliebt worden	wäre geliebt worden
du	bist geliebt worden	seiest geliebt worden	wärest geliebt worden
er	ist geliebt worden	sei geliebt worden	wäre geliebt worden
wir	sind geliebt worden	seien geliebt worden	wären geliebt worden
ihr	seid geliebt worden	seiet geliebt worden	wäret geliebt worden
sie	sind geliebt worden	seien geliebt worden	wären geliebt worden

	Pluperfect
ich	war geliebt worden
du	warst geliebt worden
er	war geliebt worden
wir	waren geliebt worden
ihr	wart geliebt worden
sie	waren geliebt worden

Future Time

	Future	*(Fut. Subj.)*	*(Pres. Conditional)*
ich	werde geliebt werden	werde geliebt werden	würde geliebt werden
du	wirst geliebt werden	werdest geliebt werden	würdest geliebt werden
er	wird geliebt werden	werde geliebt werden	würde geliebt werden
wir	werden geliebt werden	werden geliebt werden	würden geliebt werden
ihr	werdet geliebt werden	werdet geliebt werden	würdet geliebt werden
sie	werden geliebt werden	werden geliebt werden	würden geliebt werden

Future Perfect Time

	Future Perfect	*(Fut. Perf. Subj.)*	*(Past Conditional)*
ich	werde geliebt worden sein	werde geliebt worden sein	würde geliebt worden sein
du	wirst geliebt worden sein	werdest geliebt worden sein	würdest geliebt worden sein
er	wird geliebt worden sein	werde geliebt worden sein	würde geliebt worden sein
wir	werden geliebt worden sein	werden geliebt worden sein	würden geliebt worden sein
ihr	werdet geliebt worden sein	werdet geliebt worden sein	würdet geliebt worden sein
sie	werden geliebt worden sein	werden geliebt worden sein	würden geliebt worden sein

Examples: Im Geschäftsleben wurde der Milliardär mehr gefürchtet als geliebt. Er wusste auch nicht, ob er wirklich von allen seinen sieben Frauen geliebt worden war. Er wollte nicht nur wegen seines Geldes geliebt werden. *In busisnsess life the billionaire was more feared than loved. He also didn't know whether he had been truly loved by all his seven wives. He wanted to be loved not just for his money.*

gelingen*

to succeed

PRINC. PARTS: **gelingen, gelang, ist gelungen, gelingt**
IMPERATIVE: **gelinge!, gelingt!, gelingen Sie!**

	INDICATIVE	SUBJUNCTIVE	
		PRIMARY	SECONDARY
		Present Time	
	Present	*(Pres. Subj.)*	*(Imperf. Subj.)*
ich			
du			
es	gelingt (mir, dir, ihm, uns, euch, ihhnen, Ihnen)	gelinge	gelänge
wir			
ihr			
sie	gelingen	gelingen	gelängen
	Imperfect		
ich			
du			
es	gelang		
wir			
ihr			
sie	gelangen		
		Past Time	
	Perfect	*(Perf. Subj.)*	*(Pluperf. Subj.)*
ich			
du			
es	ist gelungen	sei gelungen	wäre gelungen
wir			
ihr			
sie	sind gelungen	seien gelungen	wären gelungen
	Pluperfect		
ich			
du			
es	war gelungen		
wir			
ihr			
sie	waren gelungen		
		Future Time	
	Future	*(Fut. Subj.)*	*(Pres. Conditional)*
ich			
du			
es	wird gelingen	werde gelingen	würde gelingen
wir			
ihr			
sie	werden gelingen	werden gelingen	würden gelingen
		Future Perfect Time	
	Future Perfect	*(Fut. Perf. Subj.)*	*(Past Conditional)*
ich			
du			
es	wird gelungen sein	werde gelungen sein	würde gelungen sein
wir			
ihr			
sie	werden gelungen sein	werden gelungen sein	würden gelungen sein

*Impersonal verb—only third person forms are used.

Examples: „Die Rache gelingt" singt der Gouverneur des Gefängnisses in Beethovens *Fidelio*. **Aber sie gelang ihm nicht.** *"My vengeance is succeeding," sings the commandant of the prison in Beethoven's* Fidelio. *But it didn't succeed.* **Gelingen** is frequently used impersonally, with **es** as the grammatical subject. **Es gelingt mir** = *I succeed.*

gelten

to be valid, be worth,
hold good

PRINC. PARTS: **gelten,* galt, gegolten, gilt**
IMPERATIVE: **gilt!, geltet!, gelten Sie!****

	INDICATIVE		SUBJUNCTIVE	
			PRIMARY	SECONDARY
			Present Time	
	Present		*(Pres. Subj.)*	*(Imperf. Subj.)*
ich	gelte		gelte	gölte	gälte
du	gilst		geltest	göltest	gältest
er	gilt		gelte	gölte *or* gälte	
wir	gelten		gelten	gölten	gälten
ihr	geltet		geltet	göltet	gältet
sie	gelten		gelten	gölten	gälten

	Imperfect
ich	galt
du	galtest
er	galt
wir	galten
ihr	galtet
sie	galten

			Past Time	
	Perfect		*(Perf. Subj.)*	*(Pluperf. Subj.)*
ich	habe gegolten		habe gegolten	hätte gegolten
du	hast gegolten		habest gegolten	hättest gegolten
er	hat gegolten		habe gegolten	hätte gegolten
wir	haben gegolten		haben gegolten	hätten gegolten
ihr	habt gegolten		habet gegolten	hättet gegolten
sie	haben gegolten		haben gegolten	hätten gegolten

	Pluperfect
ich	hatte gegolten
du	hattest gegolten
er	hatte gegolten
wir	hatten gegolten
ihr	hattet gegolten
sie	hatten gegolten

			Future Time	
	Future		*(Fut. Subj.)*	*(Pres. Conditional)*
ich	werde gelten		werde gelten	würde gelten
du	wirst gelten		werdest gelten	würdest gelten
er	wird gelten		werde gelten	würde gelten
wir	werden gelten		werden gelten	würden gelten
ihr	werdet gelten		werdet gelten	würdet gelten
sie	werden gelten		werden gelten	würden gelten

			Future Perfect Time	
	Future Perfect		*(Fut. Perf. Subj.)*	*(Past Conditional)*
ich	werde gegolten haben		werde gegolten haben	würde gegolten haben
du	wirst gegolten haben		werdest gegolten haben	würdest gegolten haben
er	wird gegolten haben		werde gegolten haben	würde gegolten haben
wir	werden gegolten haben		werden gegolten haben	würden gegolten haben
ihr	werdet gegolten haben		werdet gegolten haben	würdet gegolten haben
sie	werden gegolten haben		werden gegolten haben	würden gegolten haben

*Forms other than the third person are infrequently found. **The imperative is unusual.

Examples: „Jetzt gilt es, rasch zu handeln", erklärten die Revolutionäre. *"Now it's imperative to act quickly," declared the revolutionaries.* **Der König galt als klug, aber er wusste nicht, seine Rechte geltend zu machen und musste fliehen.** *The king was considered clever, but he didn't know how to assert his rights and had to flee.*

198

genesen

PRINC. PARTS: genesen, genas, ist genesen, genest
IMPERATIVE: genese!, genest!, genesen Sie!

to recover, convalesce

INDICATIVE	SUBJUNCTIVE	
	PRIMARY	SECONDARY

Present Time

	Present	(Pres. Subj.)	(Imperf. Subj.)
ich	genese	genese	genäse
du	genest	genesest	genäsest
er	genest	genese	genäse
wir	genesen	genesen	genäsen
ihr	genest	geneset	genäset
sie	genesen	genesen	genäsen

	Imperfect
ich	genas
du	genasest
er	genas
wir	genasen
ihr	genast
sie	genasen

Past Time

	Perfect	(Perf. Subj.)	(Pluperf. Subj.)
ich	bin genesen	sei genesen	wäre genesen
du	bist genesen	seiest genesen	wärest genesen
er	ist genesen	sei genesen	wäre genesen
wir	sind genesen	seien genesen	wären genesen
ihr	seid genesen	seiet genesen	wäret genesen
sie	sind genesen	seien genesen	wären genesen

	Pluperfect
ich	war genesen
du	warst genesen
er	war genesen
wir	waren genesen
ihr	wart genesen
sie	waren genesen

Future Time

	Future	(Fut. Subj.)	(Pres. Conditional)
ich	werde genesen	werde genesen	würde genesen
du	wirst genesen	werdest genesen	würdest genesen
er	wird genesen	werde genesen	würde genesen
wir	werden genesen	werden genesen	würden genesen
ihr	werdet genesen	werdet genesen	würdet genesen
sie	werden genesen	werden genesen	würden genesen

Future Perfect Time

	Future Perfect	(Fut. Perf. Subj.)	(Past Conditional)
ich	werde genesen sein	werde genesen sein	würde genesen sein
du	wirst genesen sein	werdest genesen sein	würdest genesen sein
er	wird genesen sein	werde genesen sein	würde genesen sein
wir	werden genesen sein	werden genesen sein	würden genesen sein
ihr	werdet genesen sein	werdet genesen sein	würdet genesen sein
sie	werden genesen sein	werden genesen sein	würden genesen sein

Examples: Hilde wurde einer Tochter genesen. Es war eine schwere Geburt. Aber jetzt ist sie auf dem Wege der Genesung. Sie verbringt ihren Genesungsurlaub in einem Genesungsheim und wird bald genesen sein. *Hilde was delivered of a daughter. It was a difficult birth. But now she's on the road to recovery. She's spending her sick leave in a convalescent home and will soon be recovered.*

sich genieren

to feel embarrassed
or awkward

PRINC. PARTS: **sich genieren, genierte sich, hat sich geniert, geniert sich**

IMPERATIVE: **geniere dich!, geniert euch!, genieren Sie sich!**

INDICATIVE		SUBJUNCTIVE	
		PRIMARY	SECONDARY

Present Time

	Present	*(Pres. Subj.)*	*(Imperf. Subj.)*
ich	geniere mich	geniere mich	genierte mich
du	genierst dich	genierest dich	geniertest dich
er	geniert sich	geniere sich	genierte sich
wir	genieren uns	genieren uns	genierten uns
ihr	geniert euch	genieret euch	geniertet euch
sie	genieren sich	genieren sich	genierten sich

	Imperfect
ich	genierte mich
du	geniertest dich
er	genierte sich
wir	genierten uns
ihr	geniertet euch
sie	genierten sich

Past Time

	Perfect	*(Perf. Subj.)*	*(Pluperf. Subj.)*
ich	habe mich geniert	habe mich geniert	hätte mich geniert
du	hast dich geniert	habest dich geniert	hättest dich geniert
er	hat sich geniert	habe sich geniert	hätte sich geniert
wir	haben uns geniert	haben uns geniert	hätten uns geniert
ihr	habt euch geniert	habet euch geniert	hättet euch geniert
sie	haben sich geniert	haben sich geniert	hätten sich geniert

	Pluperfect
ich	hatte mich geniert
du	hattest dich geniert
er	hatte sich geniert
wir	hatten uns geniert
ihr	hattet euch geniert
sie	hatten sich geniert

Future Time

	Future	*(Fut. Subj.)*	*(Pres. Conditional)*
ich	werde mich genieren	werde mich genieren	würde mich genieren
du	wirst dich genieren	werdest dich genieren	würdest dich genieren
er	wird sich genieren	werde sich genieren	würde sich genieren
wir	werden uns genieren	werden uns genieren	würden uns genieren
ihr	werdet euch genieren	werdet euch genieren	würdet euch genieren
sie	werden sich genieren	werden sich genieren	würden sich genieren

Future Perfect Time

	Future Perfect	*(Fut. Perf. Subj.)*	*(Past Conditional)*
ich	werde mich geniert haben	werde mich geniert haben	würde mich geniert haben
du	wirst dich geniert haben	werdest dich geniert haben	würdest dich geniert haben
er	wird sich geniert haben	werde sich geniert haben	würde sich geniert haben
wir	werden uns geniert haben	werden uns geniert haben	würden uns geniert haben
ihr	werdet euch geniert haben	werdet euch geniert haben	würdet euch geniert haben
sie	werden sich geniert haben	werden sich geniert haben	würden sich geniert haben

---

Examples: **Ralf hat sich gar nicht geniert und begann gleich zu trinken. Mich aber hat sein Benehmen sehr geniert. Ich genierte mich nicht, ihm die Wahrheit zu sagen und ganz ungeniert bat ich ihn, das Haus zu verlassen.** *Ralf made himself right at home and began drinking right away. But his behavior disturbed me a lot. I wasn't shy about telling him the truth and I wasn't at all embarrassed to ask him to leave the house.*

PRINC. PARTS:	**genießen, genoss, genossen, genießt**	*to enjoy*
IMPERATIVE:	**genieße!, genießt!, genießen Sie!**	

	INDICATIVE	SUBJUNCTIVE	
		PRIMARY	SECONDARY

Present Time

	Present	*(Pres. Subj.)*	*(Imperf. Subj.)*
ich	genieße	genieße	genösse
du	genießt	genießest	genössest
er	genießt	genieße	genösse
wir	genießen	genießen	genössen
ihr	genießt	genießet	genösset
sie	genießen	genießen	genössen

	Imperfect
ich	genoss
du	genossest
er	genoss
wir	genossen
ihr	genosst
sie	genossen

Past Time

	Perfect	*(Perf. Subj.)*	*(Pluperf. Subj.)*
ich	habe genossen	habe genossen	hätte genossen
du	hast genossen	habest genossen	hättest genossen
er	hat genossen	habe genossen	hätte genossen
wir	haben genossen	haben genossen	hätten genossen
ihr	habt genossen	habet genossen	hättet genossen
sie	haben genossen	haben genossen	hätten genossen

	Pluperfect
ich	hatte genossen
du	hattest genossen
er	hatte genossen
wir	hatten genossen
ihr	hattet genossen
sie	hatten genossen

Future Time

	Future	*(Fut. Subj.)*	*(Pres. Conditional)*
ich	werde genießen	werde genießen	würde genießen
du	wirst genießen	werdest genießen	würdest genießen
er	wird genießen	werde genießen	würde genießen
wir	werden genießen	werden genießen	würden genießen
ihr	werdet genießen	werdet genießen	würdet genießen
sie	werden genießen	werden genießen	würden genießen

Future Perfect Time

	Future Perfect	*(Fut. Perf. Subj.)*	*(Past Conditional)*
ich	werde genossen haben	werde genossen haben	würde genossen haben
du	wirst genossen haben	werdest genossen haben	würdest genossen haben
er	wird genossen haben	werde genossen haben	würde genossen haben
wir	werden genossen haben	werden genossen haben	würden genossen haben
ihr	werdet genossen haben	werdet genossen haben	würdet genossen haben
sie	werden genossen haben	werden genossen haben	würden genossen haben

Examples: Herr Weintraub ist ein Genießer, ein Genussmensch. „Genieße den Augenblick und denke nicht an morgen" ist sein Leitspruch. Unter Genießern genießt er einen guten Ruf. Aber gestern war er gar nicht zu genießen. *Mr. Weintraub is a hedonist, an epicure. "Enjoy the moment and don't think of tomorrow" is his motto. He enjoys a good reputation among hedonists. But yesterday he was quite unbearable.*

geraten

to get into, fall into or
upon; turn out, prosper

PRINC. PARTS: **geraten, geriet, ist geraten, gerät**
IMPERATIVE: **gerate!, geratet!, geraten Sie!**

INDICATIVE		SUBJUNCTIVE	
		PRIMARY	SECONDARY
		Present Time	
	Present	*(Pres. Subj.)*	*(Imperf. Subj.)*
ich	gerate	gerate	geriete
du	gerätst	geratest	gerietest
er	gerät	gerate	geriete
wir	geraten	geraten	gerieten
ihr	geratet	geratet	gerietet
sie	geraten	geraten	gerieten

	Imperfect
ich	geriet
du	gerietst
er	geriet
wir	gerieten
ihr	gerietet
sie	gerieten

		Past Time	
	Perfect	*(Perf. Subj.)*	*(Pluperf. Subj.)*
ich	bin geraten	sei geraten	wäre geraten
du	bist geraten	seiest geraten	wärest geraten
er	ist geraten	sei geraten	wäre geraten
wir	sind geraten	seien geraten	wären geraten
ihr	seid geraten	seiet geraten	wäret geraten
sie	sind geraten	seien geraten	wären geraten

	Pluperfect
ich	war geraten
du	warst geraten
er	war geraten
wir	waren geraten
ihr	wart geraten
sie	waren geraten

		Future Time	
	Future	*(Fut. Subj.)*	*(Pres. Conditional)*
ich	werde geraten	werde geraten	würde geraten
du	wirst geraten	werdest geraten	würdest geraten
er	wird geraten	werde geraten	würde geraten
wir	werden geraten	werden geraten	würden geraten
ihr	werdet geraten	werdet geraten	würdet geraten
sie	werden geraten	werden geraten	würden geraten

		Future Perfect Time	
	Future Perfect	*(Fut. Perf. Subj.)*	*(Past Conditional)*
ich	werde geraten sein	werde geraten sein	würde geraten sein
du	wirst geraten sein	werdest geraten sein	würdest geraten sein
er	wird geraten sein	werde geraten sein	würde geraten sein
wir	werden geraten sein	werden geraten sein	würden geraten sein
ihr	werdet geraten sein	werdet geraten sein	würdet geraten sein
sie	werden geraten sein	werden geraten sein	würden geraten sein

Examples: Die Eltern glaubten, wohlgeratene Kinder zu haben. Aber die Kinder sind in schlechte Gesellschaft geraten. Die Eltern gerieten sich oft in die Haare. Jeder sagte, „Sie sind nach dir geraten." *The parents thought their children had turned out well. But the children got into bad company. The parents quarreled and each one said, "They take after you."* The past participle of unrelated **raten** and **geraten** are identical.

geschehen*

PRINC. PARTS: **geschehen, geschah, ist geschehen**
IMPERATIVE: **not used**

to happen; to take place;
to come to pass

	INDICATIVE	SUBJUNCTIVE	
		PRIMARY	SECONDARY
	Present	**Present Time**	
		(*Pres. Subj.*)	(*Imperf. Subj.*)
ich			
du			
er	geschieht	geschehe	geschähe
wir			
ihr			
sie	geschehen	geschehen	geschähen
	Imperfect		
ich			
du			
er	geschah		
wir			
ihr			
sie	geschehen		
	Perfect	**Past Time**	
		(*Perf. Subj.*)	(*Pluperf. Subj.*)
ich			
du			
er	ist geschehen	sei geschehen	wäre geschehen
wir			
ihr			
sie	sind geschehen	seien geschehen	wären geschehen
	Pluperfect		
ich			
du			
er	war geschehen		
wir			
ihr			
sie	waren geschehen		
	Future	**Future Time**	
		(*Fut. Subj.*)	(*Pres. Conditional*)
ich			
du			
er	wird geschehen	werde geschehen	würde geschehen
wir			
ihr			
sie	werden geschehen	werden geschehen	würden geschehen
	Future Perfect	**Future Perfect Time**	
		(*Fut. Perf. Subj.*)	(*Past Conditional*)
ich			
du			
er	wird geschehen sein	werde geschehen sein	würde geschehen sein
wir			
ihr			
sie	werden geschehen sein	werden geschehen sein	würden geschehen sein

G

*Impersonal verb—only third person singular and plural are used.

Examples: „Wenn man die Zwangsräumung geschehen lässt, dann ist es um sie geschehen."
„Es ist schon so gut wie geschehen. Es geschieht ihnen recht, würden viele sagen." *"If the eviction is allowed to happen, then they're done for." "It's already as good as done. It serves them right, many would say."* Note the idiom **es geschieht ihnen recht**.

gewinnen

to win, gain

PRINC. PARTS: **gewinnen, gewann, gewonnen, gewinnt**
IMPERATIVE: **gewinne!, gewinnt!, gewinnen Sie!**

INDICATIVE	SUBJUNCTIVE		
	PRIMARY	SECONDARY	
	Present Time		
Present	*(Pres. Subj.)*	*(Imperf. Subj.)*	
ich gewinne	gewinne	gewönne	gewänne
du gewinnst	gewinnest	gewönnest	gewännest
er gewinnt	gewinne	gewönne *or*	gewänne
wir gewinnen	gewinnen	gewönnen	gewännen
ihr gewinnt	gewinnet	gewönnet	gewännet
sie gewinnen	gewinnen	gewönnen	gewännen

Imperfect
ich gewann
du gewannst
er gewann
wir gewannen
ihr gewannt
sie gewannen

	Past Time	
Perfect	*(Perf. Subj.)*	*(Pluperf. Subj.)*
ich habe gewonnen	habe gewonnen	hätte gewonnen
du hast gewonnen	habest gewonnen	hättest gewonnen
er hat gewonnen	habe gewonnen	hätte gewonnen
wir haben gewonnen	haben gewonnen	hätten gewonnen
ihr habt gewonnen	habet gewonnen	hättet gewonnen
sie haben gewonnen	haben gewonnen	hätten gewonnen

Pluperfect
ich hatte gewonnen
du hattest gewonnen
er hatte gewonnen
wir hatten gewonnen
ihr hattet gewonnen
sie hatten gewonnen

	Future Time	
Future	*(Fut. Subj.)*	*(Pres. Conditional)*
ich werde gewinnen	werde gewinnen	würde gewinnen
du wirst gewinnen	werdest gewinnen	würdest gewinnen
er wird gewinnen	werde gewinnen	würde gewinnen
wir werden gewinnen	werden gewinnen	würden gewinnen
ihr werdet gewinnen	werdet gewinnen	würdet gewinnen
sie werden gewinnen	werden gewinnen	würden gewinnen

	Future Perfect Time	
Future Perfect	*(Fut. Perf. Subj.)*	*(Past Conditional)*
ich werde gewonnen haben	werde gewonnen haben	würde gewonnen haben
du wirst gewonnen haben	werdest gewonnen haben	würdest gewonnen haben
er wird gewonnen haben	werde gewonnen haben	würde gewonnen haben
wir werden gewonnen haben	werden gewonnen haben	würden gewonnen haben
ihr werdet gewonnen haben	werdet gewonnen haben	würdet gewonnen haben
sie werden gewonnen haben	werden gewonnen haben	würden gewonnen haben

Examples: **Mit seinem Geld und vielen Geschenken gewann er sich die Prinzessin. Endlich gewann sie ihn ein bisschen lieb.** *With his money and many presents, he won the princess. She finally grew fond of him a bit.* **Der Wein gewinnt, wenn man ihn länger im Mund behält.** *The wine improves if you hold it in your mouth longer.* **Der Computer hat das Schachspiel gegen den Menschen gewonnen, und wird wohl das nächste Spiel gewinnen.** *The computer won the chess game against the human and will probably win the next game.*

PRINC. PARTS: sich gewöhnen, gewöhnte sich,
hat sich gewöhnt, gewöhnt sich
IMPERATIVE: gewöhne dich!, gewöhnt euch!,
gewöhnen Sie sich!

sich gewöhnen

to become accustomed

INDICATIVE	SUBJUNCTIVE	
	PRIMARY	SECONDARY

Present Time

	Present	(Pres. Subj.)	(Imperf. Subj.)
ich	gewöhne mich	gewöhne mich	gewöhnte mich
du	gewöhnst dich	gewöhnest dich	gewöhntest dich
er	gewöhnt sich	gewöhne sich	gewöhnte sich
wir	gewöhnen uns	gewöhnen uns	gewöhnten uns
ihr	gewöhnt euch	gewöhnet euch	gewöhntet euch
sie	gewöhnen sich	gewöhnen sich	gewöhnten sich

	Imperfect
ich	gewöhnte mich
du	gewöhntest dich
er	gewöhnte sich
wir	gewöhnten uns
ihr	gewöhntet euch
sie	gewöhnten sich

G

Past Time

	Perfect	(Perf. Subj.)	(Pluperf. Subj.)
ich	habe mich gewöhnt	habe mich gewöhnt	hätte mich gewöhnt
du	hast dich gewöhnt	habest dich gewöhnt	hättest dich gewöhnt
er	hat sich gewöhnt	habe sich gewöhnt	hätte sich gewöhnt
wir	haben uns gewöhnt	haben uns gewöhnt	hätten uns gewöhnt
ihr	habt euch gewöhnt	habet euch gewöhnt	hättet euch gewöhnt
sie	haben sich gewöhnt	haben sich gewöhnt	hätten sich gewöhnt

	Pluperfect
ich	hatte mich gewöhnt
du	hattest dich gewöhnt
er	hatte sich gewöhnt
wir	hatten uns gewöhnt
ihr	hattet euch gewöhnt
sie	hatten sich gewöhnt

Future Time

	Future	(Fut. Subj.)	(Pres. Conditional)
ich	werde mich gewöhnen	werde mich gewöhnen	würde mich gewöhnen
du	wirst dich gewöhnen	werdest dich gewöhnen	würdest dich gewöhnen
er	wird sich gewöhnen	werde sich gewöhnen	würde sich gewöhnen
wir	werden uns gewöhnen	werden uns gewöhnen	würden uns gewöhnen
ihr	werdet euch gewöhnen	werdet euch gewöhnen	würdet euch gewöhnen
sie	werden sich gewöhnen	werden sich gewöhnen	würden sich gewöhnen

Future Perfect Time

	Future Perfect	(Fut. Perf. Subj.)	(Past Conditional)
ich	werde mich gewöhnt haben	werde mich gewöhnt haben	würde mich gewöhnt haben
du	wirst dich gewöhnt haben	werdest dich gewöhnt haben	würdest dich gewöhnt haben
er	wird sich gewöhnt haben	werde sich gewöhnt haben	würde sich gewöhnt haben
wir	werden uns gewöhnt haben	werden uns gewöhnt haben	würden uns gewöhnt haben
ihr	werdet euch gewöhnt haben	werdet euch gewöhnt haben	würdet euch gewöhnt haben
sie	werden sich gewöhnt haben	werden sich gewöhnt haben	würden sich gewöhnt haben

Examples: „Mit der Zeit gewöhnt man sich an alles", sagte Klaras Mutter. Aber Klara konnte sich an ihr aufgewühltes Leben mit ihrem Mann Karl nicht gewöhnen. Sie konnte ihm das Trinken nicht abgewöhnen. *"In time one gets used to everything." said Klara's mother. But Klara couldn't get used to her turbulent life with her husband Karl. She couldn't break him of his (excessive) drinking habit.*

gießen

to pour; cast (metal)

PRINC. PARTS: **gießen, goss, gegossen, gießt**
IMPERATIVE: **gieße!, gießt!, gießen Sie!**

INDICATIVE		SUBJUNCTIVE	
		PRIMARY	SECONDARY
		Present Time	
Present		*(Pres. Subj.)*	*(Imperf. Subj.)*
ich	gieße	giesse	gösse
du	gießt	giessest	gössest
er	gießt	giesse	gösse
wir	gießen	giessen	gössen
ihr	gießt	giesset	gösset
sie	gießen	giessen	gössen
Imperfect			
ich	goss		
du	gossest		
er	goss		
wir	gossen		
ihr	gosst		
sie	gossen		
		Past Time	
Perfect		*(Perf. Subj.)*	*(Pluperf. Subj.)*
ich	habe gegossen	habe gegossen	hätte gegossen
du	hast gegossen	habest gegossen	hättest gegossen
er	hat gegossen	habe gegossen	hätte gegossen
wir	haben gegossen	haben gegossen	hätten gegossen
ihr	habt gegossen	habet gegossen	hättet gegossen
sie	haben gegossen	haben gegossen	hätten gegossen
Pluperfect			
ich	hatte gegossen		
du	hattest gegossen		
er	hatte gegossen		
wir	hatten gegossen		
ihr	hattet gegossen		
sie	hatten gegossen		
		Future Time	
Future		*(Fut. Subj.)*	*(Pres. Conditional)*
ich	werde gießen	werde gießen	würde gießen
du	wirst gießen	werdest gießen	würdest gießen
er	wird gießen	werde gießen	würde gießen
wir	werden gießen	werden gießen	würden gießen
ihr	werdet gießen	werdet gießen	würdet gießen
sie	werden gießen	werden gießen	würden gießen
		Future Perfect Time	
Future Perfect		*(Fut. Perf. Subj.)*	*(Past Conditional)*
ich	werde gegossen haben	werde gegossen haben	würde gegossen haben
du	wirst gegossen haben	werdest gegossen haben	würdest gegossen haben
er	wird gegossen haben	werde gegossen haben	würde gegossen haben
wir	werden gegossen haben	werden gegossen haben	würden gegossen haben
ihr	werdet gegossen haben	werdet gegossen haben	würdet gegossen haben
sie	werden gegossen haben	werden gegossen haben	würden gegossen haben

Examples: „Es gießt draußen." „Gut, Jetzt brauch ich die Blumen im Garten nicht zu begießen." *"It's pouring outside." "Good. Now I don't need to water the flowers in the garden."* Ich muss leider fort. Aber ich würde mir gern schnell ein Schlückchen hinter die Binde gießen. *Unfortunately I've got to leave. But I would like to belt down a little sip quickly.*

glänzen

*to glitter,
shine; be brilliant*

INDICATIVE	SUBJUNCTIVE	
	PRIMARY	SECONDARY

Present Time

	Present	*(Pres. Subj.)*	*(Imperf. Subj.)*
ich	glänze	glänze	glänzte
du	glänzt	glänzest	glänztest
er	glänzt	glänze	glänzte
wir	glänzen	glänzen	glänzten
ihr	glänzt	glänzet	glänztet
sie	glänzen	glänzen	glänzten

	Imperfect
ich	glänzte
du	glänztest
er	glänzte
wir	glänzten
ihr	glänztet
sie	glänzten

G

Past Time

	Perfect	*(Perf. Subj.)*	*(Pluperf. Subj.)*
ich	habe geglänzt	habe geglänzt	hätte geglänzt
du	hast geglänzt	habest geglänzt	hättest geglänzt
er	hat geglänzt	habe geglänzt	hätte geglänzt
wir	haben geglänzt	haben geglänzt	hätten geglänzt
ihr	habt geglänzt	habet geglänzt	hättet geglänzt
sie	haben geglänzt	haben geglänzt	hätten geglänzt

	Pluperfect
ich	hatte geglänzt
du	hattest geglänzt
er	hatte geglänzt
wir	hatten geglänzt
ihr	hattet geglänzt
sie	hatten geglänzt

Future Time

	Future	*(Fut. Subj.)*	*(Pres. Conditional)*
ich	werde glänzen	werde glänzen	würde glänzen
du	wirst glänzen	werdest glänzen	würdest glänzen
er	wird glänzen	werde glänzen	würde glänzen
wir	werden glänzen	werden glänzen	würden glänzen
ihr	werdet glänzen	werdet glänzen	würdet glänzen
sie	werden glänzen	werden glänzen	würden glänzen

Future Perfect Time

	Future Perfect	*(Fut. Perf. Subj.)*	*(Past Conditional)*
ich	werde geglänzt haben	werde geglänzt haben	würde geglänzt haben
du	wirst geglänzt haben	werdest geglänzt haben	würdest geglänzt haben
er	wird geglänzt haben	werde geglänzt haben	würde geglänzt haben
wir	werden geglänzt haben	werden geglänzt haben	würden geglänzt haben
ihr	werdet geglänzt haben	werdet geglänzt haben	würdet geglänzt haben
sie	werden geglänzt haben	werden geglänzt haben	würden geglänzt haben

Examples: „Es ist nicht alles Gold, was glänzt. Er will gerne glänzen, aber seine bisherigen Leistungen sind alles andere als glänzend", sagten seine Gegner. *"All that glitters is not gold. He loves to show off, yet his prior accomplishments are anything but brilliant," said his enemies.* Note the German form of the well-known proverb.

glauben

to believe

PRINC. PARTS: **glauben, glaubte, geglaubt, glaubt**
IMPERATIVE: **glaube!, glaubt!, glauben Sie!**

	INDICATIVE	SUBJUNCTIVE	
		PRIMARY	SECONDARY
		Present Time	
	Present	*(Pres. Subj.)*	*(Imperf. Subj.)*
ich	glaube	glaube	glaubte
du	glaubst	glaubest	glaubtest
er	glaubt	glaube	glaubte
wir	glauben	glauben	glaubten
ihr	glaubt	glaubet	glaubtet
sie	glauben	glauben	glaubten

	Imperfect
ich	glaubte
du	glaubtest
er	glaubte
wir	glaubten
ihr	glaubtet
sie	glaubten

		Past Time	
	Perfect	*(Perf. Subj.)*	*(Pluperf. Subj.)*
ich	habe geglaubt	habe geglaubt	hätte geglaubt
du	hast geglaubt	habest geglaubt	hättest geglaubt
er	hat geglaubt	habe geglaubt	hätte geglaubt
wir	haben geglaubt	haben geglaubt	hätten geglaubt
ihr	habt geglaubt	habet geglaubt	hättet geglaubt
sie	haben geglaubt	haben geglaubt	hätten geglaubt

	Pluperfect
ich	hatte geglaubt
du	hattest geglaubt
er	hatte geglaubt
wir	hatten geglaubt
ihr	hattet geglaubt
sie	hatten geglaubt

		Future Time	
	Future	*(Fut. Subj.)*	*(Pres. Conditional)*
ich	werde glauben	werde glauben	würde glauben
du	wirst glauben	werdest glauben	würdest glauben
er	wird glauben	werde glauben	würde glauben
wir	werden glauben	werden glauben	würden glauben
ihr	werdet glauben	werdet glauben	würdet glauben
sie	werden glauben	werden glauben	würden glauben

		Future Perfect Time	
	Future Perfect	*(Fut. Perf. Subj.)*	*(Past Conditional)*
ich	werde geglaubt haben	werde geglaubt haben	würde geglaubt haben
du	wirst geglaubt haben	werdest geglaubt haben	würdest geglaubt haben
er	wird geglaubt haben	werde geglaubt haben	würde geglaubt haben
wir	werden geglaubt haben	werden geglaubt haben	würden geglaubt haben
ihr	werdet geglaubt haben	werdet geglaubt haben	würdet geglaubt haben
sie	werden geglaubt haben	werden geglaubt haben	würden geglaubt haben

AN ESSENTIAL
55 VERB

Glauben

Related Words

beglaubigen—to certify, notarize; authenticate
Dieses Formular musst du beglaubigen lassen.
You'll have to have this form notarized.

der Glaube—belief, faith

die Gläubigen—the faithful

die Gläubiger—creditors

glaubenswürdig—believable, credible; reliable

gutgläubig, leichtgläubig—credulous, naïve

unglaublich—unbelievable, incredible

Idioms

Willst du mich glauben machen, du hättest das Geld auf der Straße gefunden?
Are you trying to get me to believe you found the money on the street?

Der Präsident versprach die Steuern zu senken. Wer's glaubt, wird selig!
The president promised to lower taxes. Believe that and you'll go to heaven. (Literally: only the credulous will believe that.)

EXAMPLES

Ernst, gläubiger Pantheist, glaubt an viele Götter. Hans hat keinen Glauben, aber viele Gläubiger. Er findet es unglaublich, dass sie nicht mehr an seine Zahlungsfähigkeit glauben.
Ernst, a devout pantheist, believes in many gods. Hans has no faith, but many creditors. He finds it unbelievable that they no longer believe in his ability to pay.

G

Glaub ihm nicht alles, was er dir erzählt. Seine Geschichten von fliegenden Untertassen sind kaum zu glauben.
Don't believe everything he tells you. His stories about flying saucers are scarcely believable.

"To believe in" is glauben an + accusative (sentences one and three). Glauben can also take a dative personal object (fourth sentence). No form of glauben is ever umlauted. Note, however, that many related words, as used in the example sentences above and as listed below, do add an umlaut. English uses both Germanic "believe" and Latin-derived "credible, creditor."

„Deinen Bericht finde ich unglaubhaft. Niemand wird ihn glauben." „Glaub mir, es alles ist wahr." „Du musst die Aussagen notariell beglaubigen lassen."
"I find your report incredible. No one will believe it." "Believe me, it's all true." "You must have the statements notarized (attested to)."

Jahrelang glaubte sie ihren Mann tot. Als er plötzlich wieder auftauchte, konnte sie es kaum glauben. Sie glaubte ein Gespenst zu sehen.
For years she thought her husband was dead. When he suddenly reappeared, she could scarcely believe it. She thought she was looking at a ghost.

gleichen

to be like, resemble, equal

PRINC. PARTS: **gleichen, glich, geglichen, gleicht**
IMPERATIVE: **gleiche!, gleicht!, gleichen Sie!**

	INDICATIVE	SUBJUNCTIVE	
		PRIMARY	SECONDARY
		Present Time	
	Present	(*Pres. Subj.*)	(*Imperf. Subj.*)
ich	gleiche	gleiche	gliche
du	gleichst	gleichest	glichest
er	gleicht	gleiche	gliche
wir	gleichen	gleichen	glichen
ihr	gleicht	gleichet	glichet
sie	gleichen	gleichen	glichen
	Imperfect		
ich	glich		
du	glichst		
er	glich		
wir	glichen		
ihr	glicht		
sie	glichen		
		Past Time	
	Perfect	(*Perf. Subj.*)	(*Pluperf. Subj.*)
ich	habe geglichen	habe geglichen	hätte geglichen
du	hast geglichen	habest geglichen	hättest geglichen
er	hat geglichen	habe geglichen	hätte geglichen
wir	haben geglichen	haben geglichen	hätten geglichen
ihr	habt geglichen	habet geglichen	hättet geglichen
sie	haben geglichen	haben geglichen	hätten geglichen
	Pluperfect		
ich	hatte geglichen		
du	hattest geglichen		
er	hatte geglichen		
wir	hatten geglichen		
ihr	hattet geglichen		
sie	hatten geglichen		
		Future Time	
	Future	(*Fut. Subj.*)	(*Pres. Conditional*)
ich	werde gleichen	werde gleichen	würde gleichen
du	wirst gleichen	werdest gleichen	würdest gleichen
er	wird gleichen	werde gleichen	würde gleichen
wir	werden gleichen	werden gleichen	würden gleichen
ihr	werdet gleichen	werdet gleichen	würdet gleichen
sie	werden gleichen	werden gleichen	würden gleichen
		Future Perfect Time	
	Future Perfect	(*Fut. Perf. Subj.*)	(*Past Conditional*)
ich	werde geglichen haben	werde geglichen haben	würde geglichen haben
du	wirst geglichen haben	werdest geglichen haben	würdest geglichen haben
er	wird geglichen haben	werde geglichen haben	würde geglichen haben
wir	werden geglichen haben	werden geglichen haben	würden geglichen haben
ihr	werdet geglichen haben	werdet geglichen haben	würdet geglichen haben
sie	werden geglichen haben	werden geglichen haben	würden geglichen haben

Examples: Frau Bohrer verglich ihre Tochter stets mit anderen. *Mrs. Bohrer constantly compared her daughter to others.* Du gleichst deinem Vater mehr als mir. *You're more like your father than me.* Du brauchst dich nicht anderen anzugleichen. *You don't have to be like the others.*

gleiten

PRINC. PARTS: **gleiten, glitt, ist geglitten, gleitet**
IMPERATIVE: **gleite!, gleitet!, gleiten Sie!**

INDICATIVE

	Present
ich	gleite
du	gleitest
er	gleitet
wir	gleiten
ihr	gleitet
sie	gleiten

SUBJUNCTIVE

PRIMARY   SECONDARY

Present Time

	(*Pres. Subj.*)	(*Imperf. Subj.*)
ich	gleite	glitte
du	gleitest	glittest
er	gleite	glitte
wir	gleiten	glitten
ihr	gleitet	glittet
sie	gleiten	glitten

Imperfect

ich	glitt
du	glittst
er	glitt
wir	glitten
ihr	glittet
sie	glitten

Past Time

	Perfect	(*Perf. Subj.*)	(*Pluperf. Subj.*)
ich	bin geglitten	sei geglitten	wäre geglitten
du	bist geglitten	seiest geglitten	wärest geglitten
er	ist geglitten	sei geglitten	wäre geglitten
wir	sind geglitten	seien geglitten	wären geglitten
ihr	seid geglitten	seiet geglitten	wäret geglitten
sie	sind geglitten	seien geglitten	wären geglitten

Pluperfect

ich	war geglitten
du	warst geglitten
er	war geglitten
wir	waren geglitten
ihr	wart geglitten
sie	waren geglitten

Future Time

	Future	(*Fut. Subj.*)	(*Pres. Conditional*)
ich	werde gleiten	werde gleiten	würde gleiten
du	wirst gleiten	werdest gleiten	würdest gleiten
er	wird gleiten	werde gleiten	würde gleiten
wir	werden gleiten	werden gleiten	würden gleiten
ihr	werdet gleiten	werdet gleiten	würdet gleiten
sie	werden gleiten	werden gleiten	würden gleiten

Future Perfect Time

	Future Perfect	(*Fut. Perf. Subj.*)	(*Past Conditional*)
ich	werde geglitten sein	werde geglitten sein	würde geglitten sein
du	wirst geglitten sein	werdest geglitten sein	würdest geglitten sein
er	wird geglitten sein	werde geglitten sein	würde geglitten sein
wir	werden geglitten sein	werden geglitten sein	würden geglitten sein
ihr	werdet geglitten sein	werdet geglitten sein	würdet geglitten sein
sie	werden geglitten sein	werden geglitten sein	würden geglitten sein

Examples: Die Tänzerin glitt leise durch die Gänge des Schlosses. Sie wollte sich auch einen Gleiter kaufen, um durch die Lüfte gleiten zu können. Ihre Schwester hatte gleitende Arbeitszeit und wollte sie besuchen. *The dancer glided softly through the corridors of the castle. She also wanted to buy a glider, to be able to glide through the air. Her sister had flexible working hours and wanted to visit her.*

G

glimmen*

to glimmer, glow;
smolder

PRINC. PARTS: **glimmen, glomm,** ** **geglommen,** ** **glimmt**
IMPERATIVE: **glimme!, glimmt!, glimmen Sie!**

INDICATIVE	SUBJUNCTIVE	
	PRIMARY	SECONDARY

Present Time

	Present	(*Pres. Subj.*)	(*Imperf. Subj.*)
ich	glimme	glimme	glömme
du	glimmst	glimmest	glömmest
er	glimmt	glimme	glömme
wir	glimmen	glimmen	glömmen
ihr	glimmt	glimmet	glömmet
sie	glimmen	glimmen	glömmen

	Imperfect
ich	glomm
du	glommst
er	glomm
wir	glommen
ihr	glommt
sie	glommen

Past Time

	Perfect	(*Perf. Subj.*)	(*Pluperf. Subj.*)
ich	habe geglommen	habe geglommen	hätte geglommen
du	hast geglommen	habest geglommen	hättest geglommen
er	hat geglommen	habe geglommen	hätte geglommen
wir	haben geglommen	haben geglommen	hätten geglommen
ihr	habt geglommen	habet geglommen	hättet geglommen
sie	haben geglommen	haben geglommen	hätten geglommen

	Pluperfect
ich	hatte geglommen
du	hattest geglommen
er	hatte geglommen
wir	hatten geglommen
ihr	hattet geglommen
sie	hatten geglommen

Future Time

	Future	(*Fut. Subj.*)	(*Pres. Conditional*)
ich	werde glimmen	werde glimmen	würde glimmen
du	wirst glimmen	werdest glimmen	würdest glimmen
er	wird glimmen	werde glimmen	würde glimmen
wir	werden glimmen	werden glimmen	würden glimmen
ihr	werdet glimmen	werdet glimmen	würdet glimmen
sie	werden glimmen	werden glimmen	würden glimmen

Future Perfect Time

	Future Perfect	(*Fut. Perf. Subj.*)	(*Past Conditional*)
ich	werde geglommen haben	werde geglommen haben	würde geglommen haben
du	wirst geglommen haben	werdest geglommen haben	würdest geglommen haben
er	wird geglommen haben	werde geglommen haben	würde geglommen haben
wir	werden geglommen haben	werden geglommen haben	würden geglommen haben
ihr	werdet geglommen haben	werdet geglommen haben	würdet geglommen haben
sie	werden geglommen haben	werden geglommen haben	würden geglommen haben

glimmern—"to glisten; glow" is always weak: **glimmern, glimmerte, geglimmert**
The weak forms **glimmte and **geglimmt** are also found.

Examples: Nach der Grillparty glommen lange die heißen Kohlen. Im Dämmerlicht begannen Leuchtkäfer und Glühwürmchen zu glimmen. Am Himmel glommen schon einige Sterne. Kai steckte sich einen Glimmstengel an. *After the barbecue the hot coals smoldered for a long time. At twilight fireflies and glowworms began to glimmer. In the sky a few stars glowed. Kai lit a cigarette.*

212

glotzen

PRINC. PARTS: **glotzen, glotzte, geglotzt, glotzt**
IMPERATIVE: **glotze!, glotzt!, glotzen Sie!**

to gawk, stare

INDICATIVE	SUBJUNCTIVE	
	PRIMARY	SECONDARY

Present Time

	Present	(*Pres. Subj.*)	(*Imperf. Subj.*)
ich	glotze	glotze	glotzte
du	glotzt	glotzest	glotztest
er	glotzt	glotze	glotzte
wir	glotzen	glotzen	glotzten
ihr	glotzt	glotzet	glotztet
sie	glotzen	glotzen	glotzten

	Imperfect
ich	glotzte
du	glotztest
er	glotzte
wir	glotzten
ihr	glotztet
sie	glotzten

Past Time

	Perfect	(*Perf. Subj.*)	(*Pluperf. Subj.*)
ich	habe geglotzt	habe geglotzt	hätte geglotzt
du	hast geglotzt	habest geglotzt	hättest geglotzt
er	hat geglotzt	habe geglotzt	hätte geglotzt
wir	haben geglotzt	haben geglotzt	hätten geglotzt
ihr	habt geglotzt	habet geglotzt	hättet geglotzt
sie	haben geglotzt	haben geglotzt	hätten geglotzt

	Pluperfect
ich	hatte geglotzt
du	hattest geglotzt
er	hatte geglotzt
wir	hatten geglotzt
ihr	hattet geglotzt
sie	hatten geglotzt

Future Time

	Future	(*Fut. Subj.*)	(*Pres. Conditional*)
ich	werde glotzen	werde glotzen	würde glotzen
du	wirst glotzen	werdest glotzen	würdest glotzen
er	wird glotzen	werde glotzen	würde glotzen
wir	werden glotzen	werden glotzen	würden glotzen
ihr	werdet glotzen	werdet glotzen	würdet glotzen
sie	werden glotzen	werden glotzen	würden glotzen

Future Perfect Time

	Future Perfect	(*Fut. Perf. Subj.*)	(*Past Conditional*)
ich	werde geglotzt haben	werde geglotzt haben	würde geglotzt haben
du	wirst geglotzt haben	werdest geglotzt haben	würdest geglotzt haben
er	wird geglotzt haben	werde geglotzt haben	würde geglotzt haben
wir	werden geglotzt haben	werden geglotzt haben	würden geglotzt haben
ihr	werdet geglotzt haben	werdet geglotzt haben	würdet geglotzt haben
sie	werden geglotzt haben	werden geglotzt haben	würden geglotzt haben

Examples: Ganz verblüfft glotzte er uns an. Die Dummheit glotzt ihm aus den Augen. Den ganzen Tag sitzt er vor der Glotze. *Completely dumbfounded, he gawked at us. Stupidity stares out from his eyes (he has a thoroughly stupid face). He sits in front of the boob tube all day.* A synonym for **die Glotze** is **die Glotzkiste**, literally, "*goggle box.*"

glühen

to glow; burn

PRINC. PARTS: **glühen, glühte, geglüht, glüht**
IMPERATIVE: **glühe!, glüht!, glühen Sie!**

INDICATIVE	SUBJUNCTIVE	
	PRIMARY	SECONDARY

Present Time

	Present	(*Pres. Subj.*)	(*Imperf. Subj.*)
ich	glühe	glühe	glühte
du	glühst	glühest	glühtest
er	glüht	glühe	glühte
wir	glühen	glühen	glühten
ihr	glüht	glühet	glühtet
sie	glühen	glühen	glühten

Imperfect

ich	glühte
du	glühtest
er	glühte
wir	glühten
ihr	glühtet
sie	glühten

Past Time

	Perfect	(*Perf. Subj.*)	(*Pluperf. Subj.*)
ich	habe geglüht	habe geglüht	hätte geglüht
du	hast geglüht	habest geglüht	hättest geglüht
er	hat geglüht	habe geglüht	hätte geglüht
wir	haben geglüht	haben geglüht	hätten geglüht
ihr	habt geglüht	habet geglüht	hättet geglüht
sie	haben geglüht	haben geglüht	hätten geglüht

Pluperfect

ich	hatte geglüht
du	hattest geglüht
er	hatte geglüht
wir	hatten geglüht
ihr	hattet geglüht
sie	hatten geglüht

Future Time

	Future	(*Fut. Subj.*)	(*Pres. Conditional*)
ich	werde glühen	werde glühen	würde glühen
du	wirst glühen	werdest glühen	würdest glühen
er	wird glühen	werde glühen	würde glühen
wir	werden glühen	werden glühen	würden glühen
ihr	werdet glühen	werdet glühen	würdet glühen
sie	werden glühen	werden glühen	würden glühen

Future Perfect Time

	Future Perfect	(*Fut. Perf. Subj.*)	(*Past Conditional*)
ich	werde geglüht haben	werde geglüht haben	würde geglüht haben
du	wirst geglüht haben	werdest geglüht haben	würdest geglüht haben
er	wird geglüht haben	werde geglüht haben	würde geglüht haben
wir	werden geglüht haben	werden geglüht haben	würden geglüht haben
ihr	werdet geglüht haben	werdet geglüht haben	würdet geglüht haben
sie	werden geglüht haben	werden geglüht haben	würden geglüht haben

Examples: In der Sommernacht glühten die Glühwürmchen. *In the summer night the glowworms (fireflies) glowed.* Im Winter trinkt Karl gern Glühwein. Danach glüht auch er. *In the winter, Karl likes to drink hot spiced wine with rum. Then he glows, too.* The **h** in **glühen** lengthens the preceding vowel. Do not pronounce it.

graben

PRINC. PARTS: **graben, grub, gegraben, gräbt**
IMPERATIVE: **grabe!, grabt!, graben Sie!**

INDICATIVE	PRIMARY	SECONDARY

SUBJUNCTIVE

Present Time

Present	(*Pres. Subj.*)	(*Imperf. Subj.*)
ich grabe	grabe	grübe
du gräbst	grabest	grübest
er gräbt	grabe	grübe
wir graben	graben	grüben
ihr grabt	grabet	grübet
sie graben	graben	grüben

Imperfect
ich grub
du grubst
er grub
wir gruben
ihr grubt
sie gruben

Past Time

Perfect	(*Perf. Subj.*)	(*Pluperf. Subj.*)
ich habe gegraben	habe gegraben	hätte gegraben
du hast gegraben	habest gegraben	hättest gegraben
er hat gegraben	habe gegraben	hätte gegraben
wir haben gegraben	haben gegraben	hätten gegraben
ihr habt gegraben	habet gegraben	hättet gegraben
sie haben gegraben	haben gegraben	hätten gegraben

Pluperfect
ich hatte gegraben
du hattest gegraben
er hatte gegraben
wir hatten gegraben
ihr hattet gegraben
sie hatten gegraben

Future Time

Future	(*Fut. Subj.*)	(*Pres. Conditional*)
ich werde graben	werde graben	würde graben
du wirst graben	werdest graben	würdest graben
er wird graben	werde graben	würde graben
wir werden graben	werden graben	würden graben
ihr werdet graben	werdet graben	würdet graben
sie werden graben	werden graben	würden graben

Future Perfect Time

Future Perfect	(*Fut. Perf. Subj.*)	(*Past Conditional*)
ich werde gegraben haben	werde gegraben haben	würde gegraben haben
du wirst gegraben haben	werdest gegraben haben	würdest gegraben haben
er wird gegraben haben	werde gegraben haben	würde gegraben haben
wir werden gegraben haben	werden gegraben haben	würden gegraben haben
ihr werdet gegraben haben	werdet gegraben haben	würdet gegraben haben
sie werden gegraben haben	werden gegraben haben	würden gegraben haben

Examples: Wer anderen eine Grube gräbt, fällt selbst hinein. *Who digs a ditch for others will fall in himself.* Die Totengräber gruben viele Gräber, um die Toten zu begraben. *The grave-diggers dug many graves to bury the dead.* Es ist ihr ins Gedächtnis gegraben. *It is engraved in her memory.*

G

greifen

to seize, grasp, grab

PRINC. PARTS: **greifen, griff, gegriffen, greift**
IMPERATIVE: **greife!, greift!, greifen Sie!**

INDICATIVE	SUBJUNCTIVE	
	PRIMARY	SECONDARY

Present Time

	Present	(*Pres. Subj.*)	(*Imperf. Subj.*)
ich	greife	greife	griffe
du	greifst	greifest	griffest
er	greift	greife	griffe
wir	greifen	greifen	griffen
ihr	greift	greife	griffet
sie	greifen	greifen	griffen

	Imperfect
ich	griff
du	griffst
er	griff
wir	griffen
ihr	grifft
sie	griffen

Past Time

	Perfect	(*Perf. Subj.*)	(*Pluperf. Subj.*)
ich	habe gegriffen	habe gegriffen	hätte gegriffen
du	hast gegriffen	habest gegriffen	hättest gegriffen
er	hat gegriffen	habe gegriffen	hätte gegriffen
wir	haben gegriffen	haben gegriffen	hätten gegriffen
ihr	habt gegriffen	habet gegriffen	hättet gegriffen
sie	haben gegriffen	haben gegriffen	hätten gegriffen

	Pluperfect
ich	hatte gegriffen
du	hattest gegriffen
er	hatte gegriffen
wir	hatten gegriffen
ihr	hattet gegriffen
sie	hatten gegriffen

Future Time

	Future	(*Fut. Subj.*)	(*Pres. Conditional*)
ich	werde greifen	werde greifen	würde greifen
du	wirst greifen	werdest greifen	würdest greifen
er	wird greifen	werde greifen	würde greifen
wir	werden greifen	werden greifen	würden greifen
ihr	werdet greifen	werdet greifen	würdet greifen
sie	werden greifen	werden greifen	würden greifen

Future Perfect Time

	Future Perfect	(*Fut. Perf. Subj.*)	(*Past Conditional*)
ich	werde gegriffen haben	werde gegriffen haben	würde gegriffen haben
du	wirst gegriffen haben	werdest gegriffen haben	würdest gegriffen haben
er	wird gegriffen haben	werde gegriffen haben	würde gegriffen haben
wir	werden gegriffen haben	werden gegriffen haben	würden gegriffen haben
ihr	werdet gegriffen haben	werdet gegriffen haben	würdet gegriffen haben
sie	werden gegriffen haben	werden gegriffen haben	würden gegriffen haben

Examples: Unser Professor träumt davon, nach der Macht zu greifen. Sein Buch *Die Angriffslust beim Menschen* ist schwer zu begreifen. Er lehrt, man müsse jede Gelegenheit ergreifen und immer schnell zugreifen. *Our professor dreams of seizing power. His book* Aggressivity in Humans *is difficult to understand. He teaches that one must seize every opportunity and always take hold of things quickly.*

216

grollen

PRINC. PARTS: **grollen, grollte, gegrollt, grollt**
IMPERATIVE: **grolle!, grollt!, grollen Sie!**

to be resentful or angry;
rumble, roll

INDICATIVE	SUBJUNCTIVE	
	PRIMARY	SECONDARY

Present Time

	Present	(*Pres. Subj.*)	(*Imperf. Subj.*)
ich	grolle	grolle	grollte
du	grollst	grollest	grolltest
er	grollt	grolle	grollte
wir	grollen	grollen	grollten
ihr	grollt	grollet	grolltet
sie	grollen	grollen	grollten

	Imperfect
ich	grollte
du	grolltest
er	grollte
wir	grollten
ihr	grolltet
sie	grollten

Past Time

	Perfect	(*Perf. Subj.*)	(*Pluperf. Subj.*)
ich	habe gegrollt	habe gegrollt	hätte gegrollt
du	hast gegrollt	habest gegrollt	hättest gegrollt
er	hat gegrollt	habe gegrollt	hätte gegrollt
wir	haben gegrollt	haben gegrollt	hätten gegrollt
ihr	habt gegrollt	habet gegrollt	hättet gegrollt
sie	haben gegrollt	haben gegrollt	hätten gegrollt

	Pluperfect
ich	hatte gegrollt
du	hattest gegrollt
er	hatte gegrollt
wir	hatten gegrollt
ihr	hattet gegrollt
sie	hatten gegrollt

Future Time

	Future	(*Fut. Subj.*)	(*Pres. Conditional*)
ich	werde grollen	werde grollen	würde grollen
du	wirst grollen	werdest grollen	würdest grollen
er	wird grollen	werde grollen	würde grollen
wir	werden grollen	werden grollen	würden grollen
ihr	werdet grollen	werdet grollen	würdet grollen
sie	werden grollen	werden grollen	würden grollen

Future Perfect Time

	Future Perfect	(*Fut. Perf. Subj.*)	(*Past Conditional*)
ich	werde gegrollt haben	werde gegrollt haben	würde gegrollt haben
du	wirst gegrollt haben	werdest gegrollt haben	würdest gegrollt haben
er	wird gegrollt haben	werde gegrollt haben	würde gegrollt haben
wir	werden gegrollt haben	werden gegrollt haben	würden gegrollt haben
ihr	werdet gegrollt haben	werdet gegrollt haben	würdet gegrollt haben
sie	werden gegrollt haben	werden gegrollt haben	würden gegrollt haben

Examples: Im Grollen des Donners glaubten sie den Zorn ihres grollenden Gottes zu hören. Sie dachten, er hatte einen alten Groll auf sie. „Aber ich grolle euch gar nicht", erklärte er ihnen. *In the thunder's rumbling they believed they heard the anger of their resentful god. They thought he bore them an old grudge. "But I'm not at all put out with you," he explained to them.*

217

gründen

to found; base

PRINC. PARTS: **gründen, gründete, gegründet, gründet**
IMPERATIVE: **gründe!, gründet!, gründen Sie!**

	INDICATIVE	SUBJUNCTIVE	
		PRIMARY	SECONDARY
	Present	**Present Time**	
		(Pres. Subj.)	*(Imperf. Subj.)*
ich	gründe	gründe	gründete
du	gründest	gründest	gründetest
er	gründet	gründe	gründete
wir	gründen	gründen	gründeten
ihr	gründet	gründet	gründetet
sie	gründen	gründen	gründeten
	Imperfect		
ich	gründete		
du	gründetest		
er	gründete		
wir	gründeten		
ihr	gründetet		
sie	gründeten		
	Perfect	**Past Time**	
		(Perf. Subj.)	*(Pluperf. Subj.)*
ich	habe gegründet	habe gegründet	hätte gegründet
du	hast gegründet	habest gegründet	hättest gegründet
er	hat gegründet	habe gegründet	hätte gegründet
wir	haben gegründet	haben gegründet	hätten gegründet
ihr	habt gegründet	habet gegründet	hättet gegründet
sie	haben gegründet	haben gegründet	hätten gegründet
	Pluperfect		
ich	hatte gegründet		
du	hattest gegründet		
er	hatte gegründet		
wir	hatten gegründet		
ihr	hattet gegründet		
sie	hatten gegründet		
	Future	**Future Time**	
		(Fut. Subj.)	*(Pres. Conditional)*
ich	werde gründen	werde gründen	würde gründen
du	wirst gründen	werdest gründen	würdest gründen
er	wird gründen	werde gründen	würde gründen
wir	werden gründen	werden gründen	würden gründen
ihr	werdet gründen	werdet gründen	würdet gründen
sie	werden gründen	werden gründen	würden gründen
	Future Perfect	**Future Perfect Time**	
		(Fut. Perf. Subj.)	*(Past Conditional)*
ich	werde gegründet haben	werde gegründet haben	würde gegründet haben
du	wirst gegründet haben	werdest gegründet haben	würdest gegründet haben
er	wird gegründet haben	werde gegründet haben	würde gegründet haben
wir	werden gegründet haben	werden gegründet haben	würden gegründet haben
ihr	werdet gegründet haben	werdet gegründet haben	würdet gegründet haben
sie	werden gegründet haben	werden gegründet haben	würden gegründet haben

Examples: „Nach gründlicher Vorbereitung wollen sie eine neue Partei gründen. Ihre Ideen gründen sich auf solide Prinzipien." „Trotzdem sehe ich keinen guten Grund dafür, eine neue Partei zu gründen." *"After thorough preparation, they want to found a new party. Their ideas are based on solid principles." "I still don't see any good reason to found a new party."*

PRINC. PARTS: **grüßen, grüßte, gegrüßt, grüßt,**
IMPERATIVE: **grüße!, grüßt!, grüßen Sie!**

to greet, salute, send regards or compliments

	INDICATIVE	SUBJUNCTIVE	
		PRIMARY	SECONDARY

Present Time

	Present	*(Pres. Subj.)*	*(Imperf. Subj.)*
ich	grüße	grüße	grüßte
du	grüßt	grüßest	grüßtest
er	grüßt	grüße	grüßte
wir	grüßen	grüßen	grüßten
ihr	grüßt	grüßet	grüßtet
sie	grüßen	grüßen	grüßten

	Imperfect
ich	grüßte
du	grüßtest
er	grüßte
wir	grüßten
ihr	grüßtet
sie	grüßten

Past Time

	Perfect	*(Perf. Subj.)*	*(Pluperf. Subj.)*
ich	habe gegrüßt	habe gegrüßt	hätte gegrüßt
du	hast gegrüßt	habest gegrüßt	hättest gegrüßt
er	hat gegrüßt	habe gegrüßt	hätte gegrüßt
wir	haben gegrüßt	haben gegrüßt	hätten gegrüßt
ihr	habt gegrüßt	habet gegrüßt	hättet gegrüßt
sie	haben gegrüßt	haben gegrüßt	hätten gegrüßt

	Pluperfect
ich	hatte gegrüßt
du	hattest gegrüßt
er	hatte gegrüßt
wir	hatten gegrüßt
ihr	hattet gegrüßt
sie	hatten gegrüßt

Future Time

	Future	*(Fut. Subj.)*	*(Pres. Conditional)*
ich	werde grüßen	werde grüßen	würde grüßen
du	wirst grüßen	werdest grüßen	würdest grüßen
er	wird grüßen	werde grüßen	würde grüßen
wir	werden grüßen	werden grüßen	würden grüßen
ihr	werdet grüßen	werdet grüßen	würdet grüßen
sie	werden grüßen	werden grüßen	würden grüßen

Future Perfect Time

	Future Perfect	*(Fut. Perf. Subj.)*	*(Past Conditional)*
ich	werde gegrüßt haben	werde gegrüßt haben	würde gegrüßt haben
du	wirst gegrüßt haben	werdest gegrüßt haben	würdest gegrüßt haben
er	wird gegrüßt haben	werde gegrüßt haben	würde gegrüßt haben
wir	werden gegrüßt haben	werden gegrüßt haben	würden gegrüßt haben
ihr	werdet gegrüßt haben	werdet gegrüßt haben	würdet gegrüßt haben
sie	werden gegrüßt haben	werden gegrüßt haben	würden gegrüßt haben

Examples: **Die ganze Familie lässt Sie herzlichst grüßen. Einen schönen Gruß auch an Ihre Frau.** *The whole family asks to be most warmly remembered to you. Best regards to your wife, too.* **Er wurde wahrscheinlich von Helden und Göttern begrüßt.** *He was probably welcomed by heroes and gods.* Every form of the verb has an umlaut. **Begrüßen** is an inseparable prefix verb.

G

gucken

to look; peep

PRINC. PARTS: **gucken, guckte, geguckt, guckt**
IMPERATIVE: **gucke!, guckt!, gucken Sie!**

INDICATIVE		SUBJUNCTIVE	
		PRIMARY	SECONDARY
		Present Time	
	Present	*(Pres. Subj.)*	*(Imperf. Subj.)*
ich	gucke	gucke	guckte
du	guckst	guckest	gucktest
er	guckt	gucke	guckte
wir	gucken	gucken	guckten
ihr	guckt	gucket	gucktest
sie	gucken	gucken	guckten

	Imperfect
ich	guckte
du	gucktest
er	guckte
wir	guckten
ihr	gucktet
sie	guckten

INDICATIVE		PRIMARY	SECONDARY
		Past Time	
	Perfect	*(Perf. Subj.)*	*(Pluperf. Subj.)*
ich	habe geguckt	habe geguckt	hätte geguckt
du	hast geguckt	habest geguckt	hättest geguckt
er	hat geguckt	habe geguckt	hätte geguckt
wir	haben geguckt	haben geguckt	hätten geguckt
ihr	habt geguckt	habet geguckt	hättet geguckt
sie	haben geguckt	haben geguckt	hätten geguckt

	Pluperfect
ich	hatte geguckt
du	hattest geguckt
er	hatte geguckt
wir	hatten geguckt
ihr	hattet geguckt
sie	hatten geguckt

INDICATIVE		PRIMARY	SECONDARY
		Future Time	
	Future	*(Fut. Subj.)*	*(Pres. Conditional)*
ich	werde gucken	werde gucken	würde gucken
du	wirst gucken	werdest gucken	würdest gucken
er	wird gucken	werde gucken	würde gucken
wir	werden gucken	werden gucken	würden gucken
ihr	werdet gucken	werdet gucken	würdet gucken
sie	werden gucken	werden gucken	würden gucken

INDICATIVE		PRIMARY	SECONDARY
		Future Perfect Time	
	Future Perfect	*(Fut. Perf. Subj.)*	*(Past Conditional)*
ich	werde geguckt haben	werde geguckt haben	würde geguckt haben
du	wirst geguckt haben	werdest geguckt haben	würdest geguckt haben
er	wird geguckt haben	werde geguckt haben	würde geguckt haben
wir	werden geguckt haben	werden geguckt haben	würden geguckt haben
ihr	werdet geguckt haben	werdet geguckt haben	würdet geguckt haben
sie	werden geguckt haben	werden geguckt haben	würden geguckt haben

Examples: **Wir guckten Fernsehen, während die Kinder mit einem alten Guckkasten spielten.** „**Lasst uns auch mal gucken**", **sagten wir.** *We watched television while the children played with an old slide show. "Let us have a look, too," we said.* **Die Matrosen guckten nach Haien aus.** *The sailors were on the lookout for sharks.*

haben

to have

PRINC. PARTS: **haben, hatte, gehabt, hat**
IMPERATIVE: **habe!, habt!, haben Sie!**

INDICATIVE	SUBJUNCTIVE	
	PRIMARY	SECONDARY

Present Time

Present	(*Pres. Subj.*)	(*Imperf. Subj.*)
ich habe	habe	hätte
du hast	habest	hättest
er hat	habe	hätte
wir haben	haben	hätten
ihr habt	habet	hättet
sie haben	haben	hätten

Imperfect
ich	hatte
du	hattest
er	hatte
wir	hatten
ihr	hattet
sie	hatten

Past Time

Perfect	(*Perf. Subj.*)	(*Pluperf. Subj.*)
ich habe gehabt	habe gehabt	hätte gehabt
du hast gehabt	habest gehabt	hättest gehabt
er hat gehabt	habe gehabt	hätte gehabt
wir haben gehabt	haben gehabt	hätten gehabt
ihr habt gehabt	habet gehabt	hättet gehabt
sie haben gehabt	haben gehabt	hätten gehabt

Pluperfect
ich	hatte gehabt
du	hattest gehabt
er	hatte gehabt
wir	hatten gehabt
ihr	hattet gehabt
sie	hatten gehabt

Future Time

Future	(*Fut. Subj.*)	(*Pres. Conditional*)
ich werde haben	werde haben	würde haben
du wirst haben	werdest haben	würdest haben
er wird haben	werde haben	würde haben
wir werden haben	werden haben	würden haben
ihr werdet haben	werdet haben	würdet haben
sie werden haben	werden haben	würden haben

Future Perfect Time

Future Perfect	(*Fut. Perf. Subj.*)	(*Past Conditional*)
ich werde gehabt haben	werde gehabt haben	würde gehabt haben
du wirst gehabt haben	werdest gehabt haben	würdest gehabt haben
er wird gehabt haben	werde gehabt haben	würde gehabt haben
wir werden gehabt haben	werden gehabt haben	würden gehabt haben
ihr werdet gehabt haben	werdet gehabt haben	würdet gehabt haben
sie werden gehabt haben	werden gehabt haben	würden gehabt haben

H

**AN ESSENTIAL
55 VERB**

221

Haben

EXAMPLES

„Was hast du denn? „Es hat nichts auf sich. Ich habe nur Angst vor der Zukunft, vor allem." „Hier, trink von meinem haus-gemachten Elixier, meinem Zaubertrank. Dann wirst du nichts mehr zu beklagen haben." „Aber ich habe weder Durst noch Hunger." „Alle, die ihn gekostet haben, haben ihn gern. Er wird auch dir gefallen. Hier hast du's!" „Jawohl! Du hast Recht. Der hat's in sich, dein Zaubertrank. Ist er schon im Handel zu haben?" „Noch nicht. Aber ich habe vor, ihn bald auf den Markt zu bringen."

"What's the matter with you?" "It's of no importance. I'm just afraid of the future, of everything." "Here, drink some of my home-made elixir, my magic potion. Then you'll have nothing more to complain about." "But I'm neither thirsty nor hungry." "All who've tried it, like it. You'll like it too. Here it is (here you have it)." "Yes, indeed! You're right. Your magic drink is potent stuff. Is it already commercially available?" "Not yet. But I'm planning to market it soon."

Haben is often used like English "have" to which it is related. In both English and German it serves as the auxiliary for the perfect tenses. But remember that German also has "Sein Verbs." Haben is used above as an auxiliary to form the pres. perfect of kosten. But the passage consists primarily of important idioms with haben.

Idioms

Angst/Durst/Hunger/recht (or Recht) haben—*to be afraid/thirsty/hungry/right.* Duden rules still affirm that recht and unrecht are preferable, but the capitalized forms are also acceptable. Similar idioms with haben are: unrecht (or Unrecht)/Glück/Unglück haben—*to be wrong/ lucky/unlucky.* A colloquial synonym for Glück haben is Schwein haben, since the pig is associated with prosperity in many cultures. The gern in gernhaben is related to "yearn, yen." Don't translate gernhaben as "to have a yen for." But you can think of the etymology to help you remember the idiom. Gefallen and mögen also mean "to like." In the last sentence vorhaben (to intend) is a separable prefix verb. See below.

Prefix Verbs

SEPARABLE

abhaben—to have off; have a part of
Der Honigkuchen ist frisch gebacken. Willst du ein Stück davon abhaben?
The honey cake is freshly baked. Do you want a piece?

anhaben—to have on, wear
Der Kaiser hatte nichts an—er war nackt.
The emperor had nothing on—he was naked.

innehaben—to hold an office
Er hat schon zu lange sein Amt innege-habt.
He's already held office for too long.

liebhaben—to be fond of, love
Hast du ihn noch lieb?
Do you still love him?

teilhaben—to partake, share
Wir möchten, dass Sie an unserer Freude teilhaben.
We want you to share in our joy.

vorhaben—to plan, intend
Für heute Abend haben wir nichts vor.
We have no plans for tonight.

halten

to hold; stop; keep;
consider

INDICATIVE	SUBJUNCTIVE	
	PRIMARY	SECONDARY

Present Time

	Present	*(Pres. Subj.)*	*(Imperf. Subj.)*
ich	halte	halte	hielte
du	hältst	haltest	hieltest
er	hält	halte	hielte
wir	halten	halten	hielten
ihr	haltet	haltet	hieltet
sie	halten	halten	hielten

Imperfect

ich	hielt
du	hieltest
er	hielt
wir	hielten
ihr	hieltet
sie	hielten

Past Time

	Perfect	*(Perf. Subj.)*	*(Pluperf. Subj.)*
ich	habe gehalten	habe gehalten	hätte gehalten
du	hast gehalten	habest gehalten	hättest gehalten
er	hat gehalten	habe gehalten	hätte gehalten
wir	haben gehalten	haben gehalten	hätten gehalten
ihr	habt gehalten	habet gehalten	hättet gehalten
sie	haben gehalten	haben gehalten	hätten gehalten

Pluperfect

ich	hatte gehalten
du	hattest gehalten
er	hatte gehalten
wir	hatten gehalten
ihr	hattet gehalten
sie	hatten gehalten

Future Time

	Future	*(Fut. Subj.)*	*(Pres. Conditional)*
ich	werde halten	werde halten	würde halten
du	wirst halten	werdest halten	würdest halten
er	wird halten	werde halten	würde halten
wir	werden halten	werden halten	würden halten
ihr	werdet halten	werdet halten	würdet halten
sie	werden halten	werden halten	würden halten

Future Perfect Time

	Future Perfect	*(Fut. Perf. Subj.)*	*(Past Conditional)*
ich	werde gehalten haben	werde gehalten haben	würde gehalten haben
du	wirst gehalten haben	werdest gehalten haben	würdest gehalten haben
er	wird gehalten haben	werde gehalten haben	würde gehalten haben
wir	werden gehalten haben	werden gehalten haben	würden gehalten haben
ihr	werdet gehalten haben	werdet gehalten haben	würdet gehalten haben
sie	werden gehalten haben	werden gehalten haben	würden gehalten haben

AN ESSENTIAL 55 VERB

223

EXAMPLES

„Haltet euch fest!", sagte die Mutter ihren Kindern in der Straßenbahn. Aber sie hielten sich nicht an ihre Weisung.
"Hold on tight," said the mother to her children in the streetcar. But they didn't pay attention to her instruction.

Viele halten ihn für den großen amerikanischen Roman. Der Professor aber, hält ihn für langweilig.
Many consider it the great American novel. But the professor thinks it's boring.

„Dieses Getränk enthält viele Vitamine. Es ist an Vitaminen sehr reichhaltig." „Ach, halte mir keine Reden über deine Vitamine! Ich halte nichts auf Vitamine." „Aber beim Sport wirst du länger aushalten können, wenn du Vitamine nimmst." „Du kannst sie dir behalten."
"This drink contains many vitamins. It's very rich in vitamins." "Don't make any speeches about your vitamins to me. I don't hold with (believe in) vitamins." "But you'll have more endurance in sports if you take vitamins." "You can keep them."

Prefix Verbs

SEPARABLE

abhalten—to keep from, deter
Seine Frau hält ihn vom Trinken ab.
His wife keeps him from drinking.

anhalten—to arrest; continue (weather); hail (taxi)
Wie lange hat man ihn angehalten?
For how long was he detained/arrested?

Das schöne Wetter hält noch an.
The good weather will continue.

Vergebens versuchte ich, ein Taxi anzuhalten.
I tried in vain to hail a taxi.

aushalten—to endure
Bei meinen Eltern halte ich's nicht länger aus.
I can't stand it anymore at my parents' house.

durchhalten—to persevere; bear up, "hang in there"
Trotz der Bombardierungen hielten wir durch.
Despite the bombardments we persevered.

einhalten—to observe (rules, laws, etc.); cease, desist (elevated, old)
Es war schwer, den Termin einzuhalten.
It was difficult to meet the deadline.

Halt ein, du Rasender!
Stop that, you madman!

festhalten—to adhere; cling to; hold on tight
Er hält noch an seiner Aussage fest.
He's still sticking to his statement.

(sich) heraushalten—to stay out of
Ihre Streiterei geht dich nichts an. Halt dich raus!
Their quarreling is no concern of yours. Stay out of it!

herhalten—to serve as
Können diese Argumente als Beweis für die Theorie herhalten?
Can those arguments serve as proof for the theory?

hinhalten—to delay, stall
Ich lasse mich nicht länger von dir hinhalten.
I'm not going to let you stall me anymore.

Idiom: den Kopf hinhalten—to assume a risky responsibility

Dafür soll ich meinen Kopf hinhalten?
You want me to stick my neck out for that?

handeln

to act; trade, traffic, deal
(in goods)

INDICATIVE		SUBJUNCTIVE	
		PRIMARY	SECONDARY

Present Time

	Present	*(Pres. Subj.)*	*(Imperf. Subj.)*
ich	handele*	handele*	handelte
du	handelst	handelest	handeltest
er	handelt	handele*	handelte
wir	handeln	handeln	handelten
ihr	handelt	handelt	handeltet
sie	handeln	handeln	handelten

	Imperfect
ich	handelte
du	handeltest
er	handelte
wir	handelten
ihr	handeltet
sie	handelten

Past Time

	Perfect	*(Perf. Subj.)*	*(Pluperf. Subj.)*
ich	habe gehandelt	habe gehandelt	hätte gehandelt
du	hast gehandelt	habest gehandelt	hättest gehandelt
er	hat gehandelt	habe gehandelt	hätte gehandelt
wir	haben gehandelt	haben gehandelt	hätten gehandelt
ihr	habt gehandelt	habet gehandelt	hättet gehandelt
sie	haben gehandelt	haben gehandelt	hätten gehandelt

	Pluperfect
ich	hatte gehandelt
du	hattest gehandelt
er	hatte gehandelt
wir	hatten gehandelt
ihr	hattet gehandelt
sie	hatten gehandelt

Future Time

	Future	*(Fut. Subj.)*	*(Pres. Conditional)*
ich	werde handeln	werde handeln	würde handeln
du	wirst handeln	werdest handeln	würdest handeln
er	wird handeln	werde handeln	würde handeln
wir	werden handeln	werden handeln	würden handeln
ihr	werdet handeln	werdet handeln	würdet handeln
sie	werden handeln	werden handeln	würden handeln

Future Perfect Time

	Future Perfect	*(Fut. Perf. Subj.)*	*(Past Conditional)*
ich	werde gehandelt haben	werde gehandelt haben	würde gehandelt haben
du	wirst gehandelt haben	werdest gehandelt haben	würdest gehandelt haben
er	wird gehandelt haben	werde gehandelt haben	würde gehandelt haben
wir	werden gehandelt haben	werden gehandelt haben	würden gehandelt haben
ihr	werdet gehandelt haben	werdet gehandelt haben	würdet gehandelt haben
sie	werden gehandelt haben	werden gehandelt haben	würden gehandelt haben

*"e" preceding "l" in these forms is usually omitted in colloquial speech.

Examples: **Wovon handelt diese Abhandlung?** *What is this treatise about?* **„Sie sagen, Sie wollen nicht un den Preis handeln. Aber Ihr Vater ließ immer mit sich handeln", behauptete der Dieb.** *"You say the price isn't open to negotiation. But I could always make a deal with your father," declared the thief.*

hängen*

to hang

PRINC. PARTS: **hängen, hing, gehangen, hängt**
IMPERATIVE: **hänge!, hängt!, hängen Sie!**

INDICATIVE	SUBJUNCTIVE	
	PRIMARY	SECONDARY
	Present Time	
Present	*(Pres. Subj.)*	*(Imperf. Subj.)*
ich hänge	hänge	hinge
du hängst	hängest	hingest
er hängt	hänge	hinge
wir hängen	hängen	hingen
ihr hängt	hänget	hinget
sie hängen	hängen	hingen

Imperfect

ich hing
du hingst
er hing
wir hingen
ihr hingt
sie hingen

	Past Time	
Perfect	*(Perf. Subj.)*	*(Pluperf. Subj.)*
ich habe gehangen	habe gehangen	hätte gehangen
du hast gehangen	habest gehangen	hättest gehangen
er hat gehangen	habe gehangen	hätte gehangen
wir haben gehangen	haben gehangen	hätten gehangen
ihr habt gehangen	habet gehangen	hättet gehangen
sie haben gehangen	haben gehangen	hätten gehangen

Pluperfect

ich hatte gehangen
du hattest gehangen
er hatte gehangen
wir hatten gehangen
ihr hattet gehangen
sie hatten gehangen

	Future Time	
Future	*(Fut. Subj.)*	*(Pres. Conditional)*
ich werde hängen	werde hängen	würde hängen
du wirst hängen	werdest hängen	würdest hängen
er wird hängen	werde hängen	würde hängen
wir werden hängen	werden hängen	würden hängen
ihr werdet hängen	werdet hängen	würdet hängen
sie werden hängen	werden hängen	würden hängen

	Future Perfect Time	
Future Perfect	*(Fut. Perf. Subj.)*	*(Past Conditional)*
ich werde gehangen haben	werde gehangen haben	würde gehangen haben
du wirst gehangen haben	werdest gehangen haben	würdest gehangen haben
er wird gehangen haben	werde gehangen haben	würde gehangen haben
wir werden gehangen haben	werden gehangen haben	würden gehangen haben
ihr werdet gehangen haben	werdet gehangen haben	würdet gehangen haben
sie werden gehangen haben	werden gehangen haben	würden gehangen haben

*When used transitively, **hängen** is weak; ich hängte, **ich habe gehängt**, etc.

Examples: In ihrem Verstck häntgen die Diebe das gestohlene Bild an die Wand. *In their hideout, the thieves hung the stolen picture on the wall.* „Nach Golde drängt, am Golde hängt doch alles", seufzte Gretchen in Goethes *Faust*. *"Everyone's out for money, everything depends on money," sighed Gretchen in Goethe's* Faust.

hassen

to hate

PRINC. PARTS: hassen, hasste, gehasst, hasst
IMPERATIVE: hasse!, hasst!, hassen Sie!

INDICATIVE	SUBJUNCTIVE	
	PRIMARY	SECONDARY
	Present Time	
Present	*(Pres. Subj.)*	*(Imperf. Subj.)*
ich hasse	hasse	hasste
du hasst	hassest	hasstest
er hasst	hasse	hasste
wir hassen	hassen	hassten
ihr hasst	hasset	hasstet
sie hassen	hassen	hassten

Imperfect

ich	hasste
du	hasstest
er	hasste
wir	hassten
ihr	hasstet
sie	hassten

	Past Time	
Perfect	*(Perf. Subj.)*	*(Pluperf. Subj.)*
ich habe gehasst	habe gehasst	hätte gehasst
du hast gehasst	habest gehasst	hättest gehasst
er hat gehasst	habe gehasst	hätte gehasst
wir haben gehasst	haben gehasst	hätten gehasst
ihr habt gehasst	habet gehasst	hättet gehasst
sie haben gehasst	haben gehasst	hätten gehasst

Pluperfect

ich	hatte gehasst
du	hattest gehasst
er	hatte gehasst
wir	hatten gehasst
ihr	hattet gehasst
sie	hatten gehasst

	Future Time	
Future	*(Fut. Subj.)*	*(Pres. Conditional)*
ich werde hassen	werde hassen	würde hassen
du wirst hassen	werdest hassen	würdest hassen
er wird hassen	werde hassen	würde hassen
wir werden hassen	werden hassen	würden hassen
ihr werdet hassen	werdet hassen	würdet hassen
sie werden hassen	werden hassen	würden hassen

	Future Perfect Time	
Future Perfect	*(Fut. Perf. Subj.)*	*(Past Conditional)*
ich werde gehasst haben	werde gehasst haben	würde gehasst haben
du wirst gehasst haben	werdest gehasst haben	würdest gehasst haben
er wird gehasst haben	werde gehasst haben	würde gehasst haben
wir werden gehasst haben	werden gehasst haben	würden gehasst haben
ihr werdet gehasst haben	werdet gehasst haben	würdet gehasst haben
sie werden gehasst haben	werden gehasst haben	würden gehasst haben

---

Examples: **Ich hassse niemand.** *I don't hate anybody.* **Dein Hass wird sich in Liebe verwandeln.** *Your hate will be transformed into love.* German **ss** is often "t" in English, and you have little trouble recognizing **Wasser, essen, besser,** and this verb.

227

hauen

to strike; hew; cut;   PRINC. PARTS: **hauen, hieb,* gehauen, haut**
chop; beat   IMPERATIVE: **haue!, haut!, hauen Sie!**

	INDICATIVE	SUBJUNCTIVE	
		PRIMARY	SECONDARY
		Present Time	
	Present	*(Pres. Subj.)*	*(Imperf. Subj.)*
ich	haue	haue	hiebe
du	haust	hauest	hiebest
er	haut	haue	hiebe
wir	hauen	hauen	hieben
ihr	haut	hauet	hiebet
sie	hauen	haucn	hieben

	Imperfect
ich	hieb
du	hiebst
er	hieb
wir	hieben
ihr	hiebt
sie	hieben

		Past Time	
	Perfect	*(Perf. Subj.)*	*(Pluperf. Subj.)*
ich	habe gehauen	habe gehauen	hätte gehauen
du	hast gehauen	habest gehauen	hättest gehauen
er	hat gehauen	habe gehauen	hätte gehauen
wir	haben gehauen	haben gehauen	hätten gehauen
ihr	habt gehauen	habet gehauen	hättet gehauen
sie	haben gehauen	haben gehauen	hätten gehauen

	Pluperfect
ich	hatte gchauen
du	hattest gehauen
er	hatte gehauen
wir	hatten gehauen
ihr	hattet gehauen
sie	hatten gehauen

		Future Time	
	Future	*(Fut. Subj.)*	*(Pres. Conditional)*
ich	werde hauen	werde hauen	würde hauen
du	wirst hauen	werdest hauen	würdest hauen
er	wird hauen	werde hauen	würde hauen
wir	werden hauen	werden hauen	würden hauen
ihr	werdet hauen	werdet hauen	würdet hauen
sie	werden hauen	werden hauen	würden hauen

		Future Perfect Time	
	Future Perfect	*(Fut. Perf. Subj.)*	*(Past Conditional)*
ich	werde gehauen haben	werde gehauen haben	würde gehauen haben
du	wirst gehauen haben	werdest gehauen haben	würdest gehauen haben
er	wird gehauen haben	werde gehauen haben	würde gehauen haben
wir	werden gehauen haben	werden gehauen haben	würden gehauen haben
ihr	werdet gehauen haben	werdet gehauen haben	würdet gehauen haben
sie	werden gehauen haben	werden gehauen haben	würden gehauen haben

*The weak forms, **haute**, etc., are frequently used in the Imperfect.

Examples: **Er glaubt, seine Worte seien in Stein gehauen und wirft mir vor, sein Drama in die Pfanne gehauen zu haben. Jetzt will er mich verhauen.** *He thinks his words are hewn in stone and blames me for having panned his drama. Now he wants to beat me up.* In the imperfect (past), **haute** is now heard far more than the strong **hieb**. The past participle **gehauen**, however, is a strong form.

228

heben

PRINC. PARTS: **heben, hob, gehoben, hebt**
IMPERATIVE: **hebe!, hebt!, heben Sie!**

to lift; raise; heave

INDICATIVE	SUBJUNCTIVE	
	PRIMARY	SECONDARY

Present Time

	Present	*(Pres. Subj.)*	*(Imperf. Subj.)*
ich	hebe	hebe	höbe
du	hebst	hebest	höbest
er	hebt	hebe	höbe
wir	heben	heben	höben
ihr	hebt	hebet	höbet
sie	heben	heben	höben

Imperfect
ich	hob
du	hobst
er	hob
wir	hoben
ihr	hobt
sie	hoben

Past Time

	Perfect	*(Perf. Subj.)*	*(Pluperf. Subj.)*
ich	habe gehoben	habe gehoben	hätte gehoben
du	hast gehoben	habest gehoben	hättest gehoben
er	hat gehoben	habe gehoben	hätte gehoben
wir	haben gehoben	haben gehoben	hätten gehoben
ihr	habt gehoben	habet gehoben	hättet gehoben
sie	haben gehoben	haben gehoben	hätten gehoben

Pluperfect
ich	hatte gehoben
du	hattest gehoben
er	hatte gehoben
wir	hatten gehoben
ihr	hattet gehoben
sie	hatten gehoben

Future Time

	Future	*(Fut. Subj.)*	*(Pres. Conditional)*
ich	werde heben	werde heben	würde heben
du	wirst heben	werdest heben	würdest heben
er	wird heben	werde heben	würde heben
wir	werden heben	werden heben	würden heben
ihr	werdet heben	werdet heben	würdet heben
sie	werden heben	werden heben	würden heben

Future Perfect Time

	Future Perfect	*(Fut. Perf. Subj.)*	*(Past Conditional)*
ich	werde gehoben haben	werde gehoben haben	würde gehoben haben
du	wirst gehoben haben	werdest gehoben haben	würdest gehoben haben
er	wird gehoben haben	werde gehoben haben	würde gehoben haben
wir	werden gehoben haben	werden gehoben haben	würden gehoben haben
ihr	werdet gehoben haben	werdet gehoben haben	würdet gehoben haben
sie	werden gehoben haben	werden gehoben haben	würden gehoben haben

Examples: Ich hatte die Kellertür verriegelt, aber Karl hob sie aus den Angeln. Mit seinem Saufen wird er die Welt aus den Angeln heben. „Was ist denn so schlimm daran, wenn ich mal einen hebe?" fragte er. *I latched the cellar door, but Karl took it off its hinges. He's putting the world out of joint with his drinking. "What's so terrible about my having a drink once in a while?" he asked.*

heiraten

to marry

PRINC. PARTS: **heiraten, heiratete, geheiratet, heiratet**
IMPERATIVE: **heirate!, heiratet!, heiraten Sie!**

	INDICATIVE	SUBJUNCTIVE	
		PRIMARY	SECONDARY
		Present Time	
	Present	*(Pres. Subj.)*	*(Imperf. Subj.)*
ich	heirate	heirate	heiratete
du	heiratest	heiratest	heiratetest
er	heiratet	heirate	heiratete
wir	heiraten	heiraten	heirateten
ihr	heiratet	heiratet	heiratetet
sie	heiraten	heiraten	heirateten
	Imperfect		
ich	heiratete		
du	heiratetest		
er	heiratete		
wir	heirateten		
ihr	heiratetet		
sie	heirateten		
		Past Time	
	Perfect	*(Perf. Subj.)*	*(Pluperf. Subj.)*
ich	habe geheiratet	habe geheiratet	hätte geheiratet
du	hast geheiratet	habest geheiratet	hättest geheiratet
er	hat geheiratet	habe geheiratet	hätte geheiratet
wir	haben geheiratet	haben geheiratet	hätten geheiratet
ihr	habt geheiratet	habet geheiratet	hättet geheiratet
sie	haben geheiratet	haben geheiratet	hätten geheiratet
	Pluperfect		
ich	hatte geheiratet		
du	hattest geheiratet		
er	hatte geheiratet		
wir	hatten geheiratet		
ihr	hattet geheiratet		
sie	hatten geheiratet		
		Future Time	
	Future	*(Fut. Subj.)*	*(Pres. Conditional)*
ich	werde heiraten	werde heiraten	würde heiraten
du	wirst heiraten	werdest heiraten	würdest heiraten
er	wird heiraten	werde heiraten	würde heiraten
wir	werden heiraten	werden heiraten	würden heiraten
ihr	werdet heiraten	werdet heiraten	würdet heiraten
sie	werden heiraten	werden heiraten	würden heiraten
		Future Perfect Time	
	Future Perfect	*(Fut. Perf. Subj.)*	*(Past Conditional)*
ich	werde geheiratet haben	werde geheiratet haben	würde geheiratet haben
du	wirst geheiratet haben	werdest geheiratet haben	würdest geheiratet haben
er	wird geheiratet haben	werde geheiratet haben	würde geheiratet haben
wir	werden geheiratet haben	werden geheiratet haben	würden geheiratet haben
ihr	werdet geheiratet haben	werdet geheiratet haben	würdet geheiratet haben
sie	werden geheiratet haben	werden geheiratet haben	würden geheiratet haben

Examples: Suse war im Heiratsalter und ihr Vater wollte sie mit einem Millionär verheiraten. Sie wollte aber keinen heiraten. Sie blieb lebenslänglich unverheiratet. *Suse was of marriageable age and her father wanted to marry her off to a millionaire. But she didn't want to marry anyone. She remained single all her life.* "To marry" in the sense "to perform the ceremony" is **trauen** (page 503).

heißen

PRINC. PARTS: **heißen, hieß, geheißen, heißt**
IMPERATIVE: **heiße!, heißt!, heißen Sie!**

to be called or named;
mean; command

INDICATIVE	SUBJUNCTIVE	
	PRIMARY	SECONDARY

Present Time

	Present	*(Pres. Subj.)*	*(Imperf. Subj.)*
ich	heiße	heiße	hieße
du	heißt	heißest	hießest
er	heißt	heiße	hieße
wir	heißen	heißen	hießen
ihr	heißt	heißet	hießet
sie	heißen	heißen	hießet

	Imperfect
ich	hieß
du	hießest
er	hieß
wir	hießen
ihr	hießt
sie	hießen

Past Time

	Perfect	*(Perf. Subj.)*	*(Pluperf. Subj.)*
ich	habe geheißen	habe geheißen	hätte geheißen
du	hast geheißen	habest geheißen	hättest geheißen
er	hat geheißen	habe geheißen	hätte geheißen
wir	haben geheißen	haben geheißen	hätten geheißen
ihr	habt geheißen	habet geheißen	hättet geheißen
sie	haben geheißen	haben geheißen	hätten geheißen

	Pluperfect
ich	hatte geheißen
du	hattest geheißen
er	hatte geheißen
wir	hatten geheißen
ihr	hattet geheißen
sie	hatten geheißen

Future Time

	Future	*(Fut. Subj.)*	*(Pres. Conditional)*
ich	werde heißen	werde heißen	würde heißen
du	wirst heißen	werdest heißen	würdest heißen
er	wird heißen	werde heißen	würde heißen
wir	werden heißen	werden heißen	würden heißen
ihr	werdet heißen	werdet heißen	würdet heißen
sie	werden heißen	werden heißen	würden heißen

Future Perfect Time

	Future Perfect	*(Fut. Perf. Subj.)*	*(Past Conditional)*
ich	werde geheißen haben	werde geheißen haben	würde geheißen haben
du	wirst geheißen haben	werdest geheißen haben	würdest geheißen haben
er	wird geheißen haben	werde geheißen haben	würde geheißen haben
wir	werden geheißen haben	werden geheißen haben	würden geheißen haben
ihr	werdet geheißen haben	werdet geheißen haben	würdet geheißen haben
sie	werden geheißen haben	werden geheißen haben	würden geheißen haben

H

AN ESSENTIAL 55 VERB

Heißen

EXAMPLES

„Wie heißen Sie mit Vornamen? Ich heiße
Fred und heiße Sie herzlichst willkomen in
unserem Sprachverein. Es heißt, Sie sind
Sanskritforcher. Wie heißt [Friede] auf
Sanskrit?" „Ach, was soll das heißen? Ich
kann eigentlich wenig Sanskrit."
„Entschuldigen Sie, ich habe nur getan,
wie man mir geheißen hat."
*"What's your first name? My name is Fred and
I welcome you most cordially to our language
society. They say you're a Sanskrit scholar.
How do you say 'peace' in Sanskrit?" "Just
what does that mean? I really know little
Sanskrit." "Excuse me, I just did as
I was told."*

Of course it's easier for you to say: **Mein
Name ist Fred, Frieda, Karl(a), Paul(a).** But
you need to recognize and use **heißen**, too. It is
awkward to translate **Wie heißt das auf
Sanskrit/Deutsch/Englisch** as "How is that
called in…" "How do you say…" or "What's
the Sanskrit/German/English for…" is more
idiomatic.

Wie heißt sie mit Nachnamen?
*What's her family name (surname)? (Compare
mit Vornamen) in first sentence above.)*

Wie heißt der Titel ihres neuen Romans?
What's the title of her new novel?

Der Richter hieß ihn schweigen.
The judge ordered him to keep silent.

Sie hat ihn einen Lügner geheißen.
She called him a liar.

das heißt (d.h.)—that is, that is to say (i.e.)
**Ich will, dass ihr es bald tut, d.h. in einigen
Tagen.**
I want you to do it soon, i.e. in a few days.

es heißt—it is said, they say, one says
Es heißt, sie war schon verheiratet.
They say she was already married.

Prefix Verbs

SEPARABLE
gutheißen—to approve of
Aber der Chef hat es schon gutgeheißen.
But the boss has already approved of it.

INSEPARABLE
verheißen—to promise; augur
**Diese dunklen Wolken verheißen
schlechtes Wetter.**
These dark clouds promise bad weather.

Idioms

mit sich gehen heißen—to steal
**Im Kaufhaus ließ Hedi alles mit sich
gehen, was nicht niet- und nagelfest
war.**
*In the department store Hedi pinched
everything that wasn't nailed down.*

Jetzt heißt es handeln!
Now is the time for action!

**Ich will Emil/Fridolin/Hans/Meier/Otto
usw. heißen, wenn das stimmt.**
*I'll be a monkey's uncle (you can call me
whatever you want), if that's right.*

**Im Artikel hieß es, dass er den Krieg
eigentlich nicht wollte.**
*It said in the article that he really didn't want
the war.*

**Wie heißt es bei Shakespeare: „Der bessere
Teil der Tapferkeit ist Vorsicht."**
*How does Shakespeare put it: "The better
part of valor is discretion."*

heizen

PRINC. PARTS: **heizen, heizte, geheizt, heizt**
IMPERATIVE: **heize!, heizt!, heizen Sie!**

to heat

	INDICATIVE	SUBJUNCTIVE	
		PRIMARY	SECONDARY

Present Time

	Present	(*Pres. Subj.*)	(*Imperf. Subj.*)
ich	heize	heize	heizte
du	heizt	heizest	heiztest
er	heizt	heize	heizte
wir	heizen	heizen	heizten
ihr	heizt	heizet	heiztet
sie	heizen	heizen	heizten

Imperfect
ich	heizte
du	heiztest
er	heizte
wir	heizten
ihr	heiztet
sie	heizten

Past Time

	Perfect	(*Perf. Subj.*)	(*Pluperf. Subj.*)
ich	habe geheizt	habe geheizt	hätte geheizt
du	hast geheizt	habest geheizt	hättest geheizt
er	hat geheizt	habe geheizt	hätte geheizt
wir	haben geheizt	haben geheizt	hätten geheizt
ihr	habt geheizt	habet geheizt	hättet geheizt
sie	haben geheizt	haben geheizt	hätten geheizt

Pluperfect
ich	hatte geheizt
du	hattest geheizt
er	hatte geheizt
wir	hatten geheizt
ihr	hattet geheizt
sie	hatten geheizt

Future Time

	Future	(*Fut. Subj.*)	(*Pres. Conditional*)
ich	werde heizen	werde heizen	würde heizen
du	wirst heizen	werdest heizen	würdest heizen
er	wird heizen	werde heizen	würde heizen
wir	werden heizen	werden heizen	würden heizen
ihr	werdet heizen	werdet heizen	würdet heizen
sie	werden heizen	werden heizen	würden heizen

Future Perfect Time

	Future Perfect	(*Fut. Perf. Subj.*)	(*Past Conditional*)
ich	werde geheizt haben	werde geheizt haben	würde geheizt haben
du	wirst geheizt haben	werdest geheizt haben	würdest geheizt haben
er	wird geheizt haben	werde geheizt haben	würde geheizt haben
wir	werden geheizt haben	werden geheizt haben	würden geheizt haben
ihr	werdet geheizt haben	werdet geheizt haben	würdet geheizt haben
sie	werden geheizt haben	werden geheizt haben	würden geheizt haben

Examples: „Warum wird nicht geheizt?" „Geheizt wird erst ab Mitte November. Das Heizgas ist teuer und das Hotel ist schwer heizbar." *"Why is there no heat?" "We only begin heating in mid-November. Fuel gas is expensive and the hotel is also difficult to heat."* The 2nd and 3rd person singular in the present are identical because the verb stem ends in a sibilant, here z.

helfen

to help, aid, assist

PRINC. PARTS: **helfen, half, geholfen, hilft**
IMPERATIVE: **hilf!, helft!, helfen Sie!**

INDICATIVE	SUBJUNCTIVE	
	PRIMARY	SECONDARY

Present Time

	Present	*(Pres. Subj.)*	*(Imperf. Subj.)*
ich	helfe	helfe	hülfe
du	hilfst	helfest	hülfest
er	hilft	helfe	hülfe
wir	helfen	helfen	hülfen
ihr	helft	helfet	hülfet
sie	helfen	helfen	hülfen

	Imperfect
ich	half
du	halfst
er	half
wir	halfen
ihr	halft
sie	halfen

Past Time

	Perfect	*(Perf. Subj.)*	*(Pluperf. Subj.)*
ich	habe geholfen	habe geholfen	hätte geholfen
du	hast geholfen	habest geholfen	hättest geholfen
er	hat geholfen	habe geholfen	hätte geholfen
wir	haben geholfen	haben geholfen	hätten geholfen
ihr	habt geholfen	habet geholfen	hättet geholfen
sie	haben geholfen	haben geholfen	hätten geholfen

	Pluperfect
ich	hatte geholfen
du	hattest geholfen
er	hatte geholfen
wir	hatten geholfen
ihr	hattet geholfen
sie	hatten geholfen

Future Time

	Future	*(Fut. Subj.)*	*(Pres. Conditional)*
ich	werde helfen	werde helfen	würde helfen
du	wirst helfen	werdest helfen	würdest helfen
er	wird helfen	werde helfen	würde helfen
wir	werden helfen	werden helfen	würden helfen
ihr	werdet helfen	werdet helfen	würdet helfen
sie	werden helfen	werden helfen	würden helfen

Future Perfect Time

	Future Perfect	*(Fut. Perf. Subj.)*	*(Past Conditional)*
ich	werde geholfen haben	werde geholfen haben	würde geholfen haben
du	wirst geholfen haben	werdest geholfen haben	würdest geholfen haben
er	wird geholfen haben	werde geholfen haben	würde geholfen haben
wir	werden geholfen haben	werden geholfen haben	würden geholfen haben
ihr	werdet geholfen haben	werdet geholfen haben	würdet geholfen haben
sie	werden geholfen haben	werden geholfen haben	würden geholfen haben

AN ESSENTIAL
55 VERB

AN ESSENTIAL 55 VERB

Prefix Verbs

SEPARABLE
abhelfen—to redress, remedy
Dem ist nicht so leicht abzuhelfen.
That's not so easily remedied.

aufhelfen—to help (stand) up; improve
Suzanne half mir wieder auf die Beine.
Suzanne helped me on my feet again.

aushelfen—to help out
Die Eltern haben uns mit Geld
ausgeholfen.
Our parents helped us out with money.

durchhelfen—to help through
Nach der Flutkatastrophe haben sie
uns durchgeholfen.
*After the flood disaster they helped us
(get) through.*

(sich) durchhelfen—to get along, manage
Wir werden uns schon durchhelfen.
We'll get by.

mithelfen—to help along, lend a hand
Beim Wiederaufbau haben wir alle
mitgeholfen.
We all lent a hand in the rebuilding.

nachhelfen—to give a hand to; improve
on
Er wusste, seinem Glück nachzuhelfen.
He knew how to improve on his chances.

weiterhelfen—to help, continue to help
Sie müssen ihnen noch weiterhelfen.
You have to keep on helping them.

INSEPARABLE
behelfen—to manage
Oma weiß sich allein nicht zu behelfen.
Grandma can't manage on her own.

verhelfen—to aid, assist
Sie hat ihm zur Flucht verholfen.
She assisted him in his escape.

EXAMPLES
„Dieser Mensch sagt, er brauche Hilfe. Aber
es hilft nichts, ihm zu helfen, da er nicht
weiß, sich selber zu helfen", behauptete ein
Angestellter unseres Wohltätigkeitsvereins.
*"This individual says he needs help. But there's
no use helping him, since he doesn't know
how to help himself," asserted an employee
of our charitable organization.*

„Wenn er aber hilfsbedürftig ist, müssen
wir unsere Hilfsbereitschaft zeigen",
antwortete die Präsidentin. Sie hilft allen,
den Armen und auch den Reichen. Sie
glaubt an Goethes Worte: „Edel sei der
Mensch, hilfreich und gut."
*"But if he's in need of help we must show
our readiness to help him," answered the
president. She helps all, the poor and also the
rich. She believes in Goethe's words, "Let
humans be noble, helpful, and good."*

Review verbs in Group IV B, page 12. **Helfen**
takes a dative object. For other such verbs, see
"Verbs with a Dative Object," page 27. Note
the subjunctive, in both German and English,
in the formula:

So wahr mir Gott helfe.
So help me God.

Hilf dir selbst, so hilft dir Gott. (Proverb)
*God helps those who help themselves
(Literally: "Help yourself, then God will
help you.")*

Einige Märchen beginnen mit den Worten:
„Zur Zeit, wo das Wünschen noch
geholfen hat ... ."
*Some fairy tales begin with the words: "In an
age when wishing was still of help..."*

Kaffee soll gegen Gicht helfen.
Coffee is supposed to be a remedy for gout.

Wir waren bereit ihnen zu helfen, aber
ihnen konnte nicht geholfen werden.
*We were prepared to help them but they
couldn't be helped.*

H

hetzen

to hunt; rush about; incite

PRINC. PARTS: **hetzen, hetzte, gehetzt, hetzt**
IMPERATIVE: **hetze!, hetzt!, hetzen Sie!**

INDICATIVE	SUBJUNCTIVE	
	PRIMARY	SECONDARY

Present Time

	Present	(*Pres. Subj.*)	(*Imperf. Subj.*)
ich	hetze	hetze	hetzte
du	hetzt	hetzest	hetztest
er	hetzt	hetze	hetzte
wir	hetzen	hetzen	hetzten
ihr	hetzt	hetzet	hetztet
sie	hetzen	hetzen	hetzten

	Imperfect
ich	hetzte
du	hetztest
er	hetzte
wir	hetzten
ihr	hetztet
sie	hetzten

Past Time

	Perfect	(*Perf. Subj.*)	(*Pluperf. Subj.*)
ich	habe gehetzt	habe gehetzt	hätte gehetzt
du	hast gehetzt	habest gehetzt	hättest gehetzt
er	hat gehetzt	habe gehetzt	hätte gehetzt
wir	haben gehetzt	haben gehetzt	hätten gehetzt
ihr	habt gehetzt	habet gehetzt	hättet gehetzt
sie	haben gehetzt	haben gehetzt	hätten gehetzt

	Pluperfect
ich	hatte gehetzt
du	hattest gehetzt
er	hatte gehetzt
wir	hatten gehetzt
ihr	hattet gehetzt
sie	hatten gehetzt

Future Time

	Future	(*Fut. Subj.*)	(*Pres. Conditional*)
ich	werde hetzen	werde hetzen	würde hetzen
du	wirst hetzen	werdest hetzen	würdest hetzen
er	wird hetzen	werde hetzen	würde hetzen
wir	werden hetzen	werden hetzen	würden hetzen
ihr	werdet hetzen	werdet hetzen	würdet hetzen
sie	werden hetzen	werden hetzen	würden hetzen

Future Perfect Time

	Future Perfect	(*Fut. Perf. Subj.*)	(*Past Conditional*)
ich	werde gehetzt haben	werde gehetzt haben	würde gehetzt haben
du	wirst gehetzt haben	werdest gehetzt haben	würdest gehetzt haben
er	wird gehetzt haben	werde gehetzt haben	würde gehetzt haben
wir	werden gehetzt haben	werden gehetzt haben	würden gehetzt haben
ihr	werdet gehetzt haben	werdet gehetzt haben	würdet gehetzt haben
sie	werden gehetzt haben	werden gehetzt haben	würden gehetzt haben

Examples: **Dem gehetzten Fuchs gelang es, den Hunden zu entkommen.** *The hunted fox succeeded in escaping the hounds.* **Das Hetzblatt hetzte das Volk zum Krieg auf.** *The rabble-rousing sheet (newspaper) incited the people to war.* **Den ganzen Tag hab ich gehetzt.** *I've been in a rush all day.*

hoffen

PRINC. PARTS: **hoffen, hoffte, gehofft, hofft**
IMPERATIVE: **hoffe!, hofft!, hoffen Sie!**

to hope; expect

INDICATIVE	SUBJUNCTIVE	
	PRIMARY	SECONDARY
	Present Time	
Present	*(Pres. Subj.)*	*(Imperf. Subj.)*
ich hoffe	hoffe	hoffte
du hoffst	hoffest	hofftest
er hofft	hoffe	hoffte
wir hoffen	hoffen	hofften
ihr hofft	hoffet	hofftet
sie hoffen	hoffen	hofften

Imperfect
ich hoffte
du hofftest
er hoffte
wir hofften
ihr hofftet
sie hofften

H

	Past Time	
Perfect	*(Perf. Subj.)*	*(Pluperf. Subj.)*
ich habe gehofft	habe gehofft	hätte gehofft
du hast gehofft	habest gehofft	hättest gehofft
er hat gehofft	habe gehofft	hätte gehofft
wir haben gehofft	haben gehofft	hätten gehofft
ihr habt gehofft	habet gehofft	hättet gehofft
sie haben gehofft	haben gehofft	hätten gehofft

Pluperfect
ich hatte gehofft
du hattest gehofft
er hatte gehofft
wir hatten gehofft
ihr hattet gehofft
sie hatten gehofft

	Future Time	
Future	*(Fut. Subj.)*	*(Pres. Conditional)*
ich werde hoffen	werde hoffen	würde hoffen
du wirst hoffen	werdest hoffen	würdest hoffen
er wird hoffen	werde hoffen	würde hoffen
wir werden hoffen	werden hoffen	würden hoffen
ihr werdet hoffen	werdet hoffen	würdet hoffen
sie werden hoffen	werden hoffen	würden hoffen

	Future Perfect Time	
Future Perfect	*(Fut. Perf. Subj.)*	*(Past Conditional)*
ich werde gehofft haben	werde gehofft haben	würde gehofft haben
du wirst gehofft haben	werdest gehofft haben	würdest gehofft haben
er wird gehofft haben	werde gehofft haben	würde gehofft haben
wir werden gehofft haben	werden gehofft haben	würden gehofft haben
ihr werdet gehofft haben	werdet gehofft haben	würdet gehofft haben
sie werden gehofft haben	werden gehofft haben	würden gehofft haben

Examples: „Wir hoffen auf bessere Tage." „Hoffentlich werden wir nicht umsonst gehofft haben."
"We're hoping for better days." "Hopefully we won't have hoped in vain." Note that *"to hope for"* is **hoffen auf**, not **für**.

hören

to hear, listen

PRINC. PARTS: **hören, hörte, gehört, hört**
IMPERATIVE: **höre!, hört!, hören Sie!**

INDICATIVE	SUBJUNCTIVE	
	PRIMARY	SECONDARY

Present Time

	Present	(*Pres. Subj.*)	(*Imperf. Subj.*)
ich	höre	höre	hörte
du	hörst	hörest	hörtest
er	hört	höre	hörte
wir	hören	hören	hörten
ihr	hört	höret	hörtet
sie	hören	hören	hörten

	Imperfect
ich	hörte
du	hörtest
er	hörte
wir	hörten
ihr	hörtet
sie	hörten

Past Time

	Perfect	(*Perf. Subj.*)	(*Pluperf. Subj.*)
ich	habe gehört	habe gehört	hätte gehört
du	hast gchört	habcst gchört	hättcst gchört
er	hat gehört	habe gehört	hätte gehört
wir	haben gehört	haben gehört	hätten gehört
ihr	habt gehört	habet gehört	hättet gehört
sie	haben gehört	haben gehört	hätten gehört

	Pluperfect
ich	hatte gehört
du	hattest gehört
er	hatte gehört
wir	hatten gehört
ihr	hattet gehört
sie	hatten gehört

Future Time

	Future	(*Fut. Subj.*)	(*Pres. Conditional*)
ich	werde hören	werde hören	würde hören
du	wirst hören	werdest hören	würdest hören
er	wird hören	werde hören	würde hören
wir	werden hören	werden hören	würden hören
ihr	werdet hören	werdet hören	würdet hören
sie	werden hören	werden hören	würden hören

Future Perfect Time

	Future Perfect	(*Fut. Perf. Subj.*)	(*Past Conditional*)
ich	werde gehört haben	werde gehört haben	würde gehört haben
du	wirst gehört haben	werdest gehört haben	würdest gehört haben
er	wird gehört haben	werde gehört haben	würde gehört haben
wir	werden gehört haben	werden gehört haben	würden gehört haben
ihr	werdet gehört haben	werdet gehört haben	würdet gehört haben
sie	werden gehört haben	werden gehört haben	würden gehört haben

AN ESSENTIAL 55 VERB

AN ESSENTIAL 55 VERB

Prefix Verbs

SEPARABLE

abhören—to bug, listen in on
Ihre Telefone werden von der Polizei abgehört.
The police are tapping their telephones.

anhören—to listen to
Hör mich doch einen Moment an! Du hast mich nicht ganz angehört.
Just listen to me for a minute. You haven't heard me out.

(sich) anhören—to sound
Das hört sich gar nicht schlecht an.
That doesn't sound bad at all.

mithören—to listen in; overhear
Ich glaube, dass mitgehört wird.
I think somebody's listening in.

umhören—to ask around, keep one's ears open
Danach habe ich bei meinen Freunden umgehört.
I've asked around about that among my friends.

zuhören—to listen carefully; eavesdrop
Er kann gut zuhören.
He's a good listener.

INSEPARABLE

erhören—to hear a plea/prayer
Die Göttin erhörte sein Flehen.
The goddess heard his plea.

überhören—to fail to hear
Das habe ich überhört. Wiederholen Sie bitte!
I missed that. Repeat, please.

verhören—to interrogate
Die Verdächtigen wurden scharf verhört.
The suspects were grilled.

See also separable **aufhören** and inseparable **gehören**.

EXAMPLES

Ingo hört gern Rockmusik. Sein Vater schrie: „Dein Geräusch will ich mir nicht länger anhören. Bald brauchst du ein Hörgerät. Ich wollte ein Hörspiel hören, aber es ist kaum hörbar. Hör mir gut zu! Wenn du mit diesem Geräusch nicht aufhörst, geb ich dir gleich eine, dass dir Hören und Sagen vergeht. Wer nicht hört muss fühlen! Unsere Hündin hört auf mich und benimmt sich wie es sich gehört. Sie zeigt mir wenigstens den gehörigen Respekt." „Gut gebrüllt, Löwe. Deine Schimpfreden hören sich schön an. Aber sie nutzen nichts. Kauf dir nur Kopfhörer", antwortete Ingo.

Ingo likes to listen to rock music. His father yelled, "I won't listen to your noise any longer. You'll soon be needing a hearing aid. I wanted to listen to a radio play but it's barely audible. Listen to me good! If you don't stop that noise, I'll give you a whack that'll make you see stars. Those who won't listen need punishing. Our dog listens to me and behaves as she should. At least she shows me the respect due me." "Nicely roared, lion. Your tirades are nice to listen to. But they're of no use. Just buy yourself earphones," answered Ingo.

Der Hund hört Geräusche, die der Mensch nicht hören kann. Aber unser alter Hund hört jetzt schlecht.
Dogs hear noises that humans can't hear. But our old dog is now hard of hearing.

Hören is related to "hear." But some idioms and prefix verbs require effort to master, e.g. a more literal translation of **dass dir Hören und Sagen vergeht** is "so that you'll lose hearing and saying (speech)." **Wer nicht hört, muss fühlen** is literally "who hears not, must feel." Note that English uses Latin-derived "audible" for **hörbar**. **Anhören** and **zuhören** are sep. So is **aufhören** (to stop). **Gehören** (to belong) is inseparable. See "Prefix Verbs" opposite.

H

hüpfen

to hop, jump

PRINC. PARTS: **hüpfen, hüpfte, gehüpft, hüpft**
IMPERATIVE: **hüpfe!, hüpft!, hüpfen Sie!**

	INDICATIVE	PRIMARY	SECONDARY
		SUBJUNCTIVE	
		Present Time	
	Present	*(Pres. Subj.)*	*(Imperf. Subj.)*
ich	hüpfe	hüpfe	hüpfte
du	hüpfst	hüpfest	hüpftest
er	hüpft	hüpfe	hüpfte
wir	hüpfen	hüpfen	hüpften
ihr	hüpft	hüpfet	hüpftet
sie	hüpfen	hüpfen	hüpften

	Imperfect
ich	hüpfte
du	hüpftest
er	hüpfte
wir	hüpften
ihr	hüpftet
sie	hüpften

		Past Time	
	Perfect	*(Perf. Subj.)*	*(Pluperf. Subj.)*
ich	habe gehüpft	habe gehüpft	hätte gehüpft
du	hast gehüpft	habest gehüpft	hättest gehüpft
er	hat gehüpft	habe gehüpft	hätte gehüpft
wir	haben gehüpft	haben gehüpft	hätten gehüpft
ihr	habt gehüpft	habet gehüpft	hättet gehüpft
sie	haben gehüpft	haben gehüpft	hätten gehüpft

	Pluperfect
ich	hatte gehüpft
du	hattest gehüpft
er	hatte gehüpft
wir	hatten gehüpft
ihr	hattet gehüpft
sie	hatten gehüpft

		Future Time	
	Future	*(Fut. Subj.)*	*(Pres. Conditional)*
ich	werde hüpfen	werde hüpfen	würde hüpfen
du	wirst hüpfen	werdest hüpfen	würdest hüpfen
er	wird hüpfen	werde hüpfen	würde hüpfen
wir	werden hüpfen	werden hüpfen	würden hüpfen
ihr	werdet hüpfen	werdet hüpfen	würdet hüpfen
sie	werden hüpfen	werden hüpfen	würden hüpfen

		Future Perfect Time	
	Future Perfect	*(Fut. Perf. Subj.)*	*(Past Conditional)*
ich	werde gehüpft haben	werde gehüpft haben	würde gehüpft haben
du	wirst gehüpft haben	werdest gehüpft haben	würdest gehüpft haben
er	wird gehüpft haben	werde gehüpft haben	würde gehüpft haben
wir	werden gehüpft haben	werden gehüpft haben	würden gehüpft haben
ihr	werdet gehüpft haben	werdet gehüpft haben	würdet gehüpft haben
sie	werden gehüpft haben	werden gehüpft haben	würden gehüpft haben

Examples: Auf dem Film schien er zu hüpfen, aber er hatte eigentlich nicht gehüpft. *He seemed to hop on film, but he didn't really hop.* Aristoteles behauptete, dass es im Ei einen kleinen Punkt gebe, der springe und hüpfe und das Herz des künftigen Vogels sei. *Aristotle maintained that in the egg there was a little dot that jumped and hopped and was the heart of the bird to be.*

PRINC. PARTS:	sich interessieren, interessierte sich, hat sich interessiert, interessiert sich
IMPERATIVE:	interessiere dich!, interessiert euch!, interessieren Sie sich!

INDICATIVE	SUBJUNCTIVE	
	PRIMARY	SECONDARY

Present Time

	Present	(*Pres. Subj.*)	(*Imperf. Subj.*)
ich	interessiere mich	interessiere mich	interessierte mich
du	interessierst dich	interessierest dich	interessiertest dich
er	interessiert sich	interessiere sich	interessierte sich
wir	interessieren uns	interessieren uns	interessierten uns
ihr	interessiert euch	interessieret euch	interessiertet euch
sie	interessieren sich	interessieren sich	interessierten sich

	Imperfect
ich	interessierte mich
du	interessiertest dich
er	interessierte sich
wir	interessierten uns
ihr	interessiertet euch
sie	interessierten sich

Past Time

	Perfect	(*Perf. Subj.*)	(*Pluperf. Subj.*)
ich	habe mich interessiert	habe mich interessiert	hätte mich interessiert
du	hast dich interessiert	habest dich interessiert	hättest dich interessiert
er	hat sich interessiert	habe sich interessiert	hätte sich interessiert
wir	haben uns interessiert	haben uns interessiert	hätten uns interessiert
ihr	habt euch interessiert	habet euch interessiert	hättet euch interessiert
sie	haben sich interessiert	haben sich interessiert	hätten sich interessiert

	Pluperfect
ich	hatte mich interessiert
du	hattest dich interessiert
er	hatte sich interessiert
wir	hatten uns interessiert
ihr	hattet euch interessiert
sie	hatten sich interessiert

Future Time

	Future	(*Fut. Subj.*)	(*Pres. Conditional*)
ich	werde mich interessieren	werde mich interessieren	würde mich interessieren
du	wirst dich interessieren	werdest dich interessieren	würdest dich interessieren
er	wird sich interessieren	werde sich interessieren	würde sich interessieren
wir	werden uns interessieren	werden uns interessieren	würden uns interessieren
ihr	werdet euch interessieren	werdet euch interessieren	würdet euch interessieren
sie	werden sich interessieren	werden sich interessieren	würden sich interessieren

Future Perfect Time

	Future Perfect	(*Fut. Perf. Subj.*)	(*Past Conditional*)
ich	werde mich interessiert haben	werde mich interessiert haben	würde mich interessiert haben
du	wirst dich interessiert haben	werdest dich interessiert haben	würdest dich interessiert haben
er	wird sich interessiert haben	werde sich interessiert haben	würde sich interessiert haben
wir	werden uns interessiert haben	werden uns interessiert haben	würden uns interessiert haben
ihr	werdet euch interessiert haben	werdet euch interessiert haben	würdet euch interessiert haben
sie	werden sich interessiert haben	werden sich interessiert haben	würden sich interessiert haben

Examples: Früher war der Chef ein interessanter Mensch, der sich für vieles interessierte. Jetzt interessiert er sich für wenig, nicht einmal sein Geld. *Once the boss was an interesting person who was interested in many things. Now he's not much interested in anything, not even his money.* Note the use of für.

interpretieren

to interpret

PRINC. PARTS: **interpretieren, interpretierte, interpretiert, interpretiert**

IMPERATIVE: **interpretiere!, interpretiert!, interpretieren Sie!**

	INDICATIVE	SUBJUNCTIVE	
		PRIMARY	SECONDARY

Present Time

	Present	*(Pres. Subj.)*	*(Imperf. Subj.)*
ich	interpretiere	interpretiere	interpretierte
du	interpretierst	interpretierest	interpretiertest
er	interpretiert	interpretiere	interpretierte
wir	interpretieren	interpretieren	interpretierten
ihr	interpretiert	interpretieret	interpretiertet
sie	interpretieren	interpretieren	interpretierten

	Imperfect
ich	interpretierte
du	interpretiertest
er	interpretierte
wir	interpretierten
ihr	interpretiertet
sie	interpretierten

Past Time

	Perfect	*(Perf. Subj.)*	*(Pluperf. Subj.)*
ich	habe interpretiert	habe interpretiert	hätte interpretiert
du	hast interpretiert	habest interpretiert	hättest interpretiert
er	hat interpretiert	habe interpretiert	hätte interpretiert
wir	haben interpretiert	haben interpretiert	hätten interpretiert
ihr	habt interpretiert	habet interpretiert	hättet interpretiert
sie	haben interpretiert	haben interpretiert	hätten interpretiert

	Pluperfect
ich	hatte interpretiert
du	hattest interpretiert
er	hatte interpretiert
wir	hatten interpretiert
ihr	hattet interpretiert
sie	hatten interpretiert

Future Time

	Future	*(Fut. Subj.)*	*(Pres. Conditional)*
ich	werde interpretieren	werde interpretieren	würde interpretieren
du	wirst interpretieren	werdest interpretieren	würdest interpretieren
er	wird interpretieren	werde interpretieren	würde interpretieren
wir	werden interpretieren	werden interpretieren	würden interpretieren
ihr	werdet interpretieren	werdet interpretieren	würdet interpretieren
sie	werden interpretieren	werden interpretieren	würden interpretieren

Future Perfect Time

	Future Perfect	*(Fut. Perf. Subj.)*	*(Past Conditional)*
ich	werde interpretiert haben	werde interpretiert haben	würde interpretiert haben
du	wirst interpretiert haben	werdest interpretiert haben	würdest interpretiert haben
er	wird interpretiert haben	werde interpretiert haben	würde interpretiert haben
wir	werden interpretiert haben	werden interpretiert haben	würden interpretiert haben
ihr	werdet interpretiert haben	werdet interpretiert haben	würdet interpretiert haben
sie	werden interpretiert haben	werden interpretiert haben	würden interpretiert haben

Examples: Die Professorin hat den Roman auf eine ganz neue Art interpretiert. „Man sollte einfach lesen oder ins Kino gehen und nicht immer so viel interpretieren", behauptete ein nicht sehr fleißiger Student. *The professor has interpreted the novel in quite a new way. "One ought to just read or go to the movies and not always interpret so much," asserted a not very diligent student.*

kämpfen

PRINC. PARTS: **kämpfen, kämpfte, gekämpft, kämpft**
IMPERATIVE: **kämpfe!, kämpft!, kämpfen Sie!**

to fight, struggle

INDICATIVE	SUBJUNCTIVE	
	PRIMARY	SECONDARY

Present Time

	Present	*(Pres. Subj.)*	*(Imperf. Subj.)*
ich	kämpfe	kämpfe	kämpfte
du	kämpfst	kämpfest	kämpftest
er	kämpft	kämpfe	kämpfte
wir	kämpfen	kämpfen	kämpften
ihr	kämpft	kämpfet	kämpftet
sie	kämpfen	kämpfen	kämpften

	Imperfect
ich	kämpfte
du	kämpftest
er	kämpfte
wir	kämpften
ihr	kämpftet
sie	kämpften

Past Time

	Perfect	*(Perf. Subj.)*	*(Pluperf. Subj.)*
ich	habe gekämpft	habe gekämpft	hätte gekämpft
du	hast gekämpft	habest gekämpft	hättest gekämpft
er	hat gekämpft	habe gekämpft	hätte gekämpft
wir	haben gekämpft	haben gekämpft	hätten gekämpft
ihr	habt gekämpft	habet gekämpft	hättet gekämpft
sie	haben gekämpft	haben gekämpft	hätten gekämpft

	Pluperfect
ich	hatte gekämpft
du	hattest gekämpft
er	hatte gekämpft
wir	hatten gekämpft
ihr	hattet gekämpft
sie	hatten gekämpft

Future Time

	Future	*(Fut. Subj.)*	*(Pres. Conditional)*
ich	werde kämpfen	werde kämpfen	würde kämpfen
du	wirst kämpfen	werdest kämpfen	würdest kämpfen
er	wird kämpfen	werde kämpfen	würde kämpfen
wir	werden kämpfen	werden kämpfen	würden kämpfen
ihr	werdet kämpfen	werdet kämpfen	würdet kämpfen
sie	werden kämpfen	werden kämpfen	würden kämpfen

Future Perfect Time

	Future Perfect	*(Fut. Perf. Subj.)*	*(Past Conditional)*
ich	werde gekämpft haben	werde gekämpft haben	würde gekämpft haben
du	wirst gekämpft haben	werdest gekämpft haben	würdest gekämpft haben
er	wird gekämpft haben	werde gekämpft haben	würde gekämpft haben
wir	werden gekämpft haben	werden gekämpft haben	würden gekämpft haben
ihr	werdet gekämpft haben	werdet gekämpft haben	würdet gekämpft haben
sie	werden gekämpft haben	werden gekämpft haben	würden gekämpft haben

Examples: Viele Künstler und Wissenschaftler haben um die Wahrheit kämpfen müssen. Oft mussten sie gegen eine geistlose Zensur kämpfen. *Many artists and scientists had to fight for truth. They often had to struggle against mindless censorship.* The modal **müssen** is used in the first two sentences. The first sentence uses the double infinitive construction.

243

kauen

to chew

PRINC. PARTS: **kauen, kauete, gekaut, kaut**
IMPERATIVE: **kaue!, kaute!, kauen Sie!**

INDICATIVE	SUBJUNCTIVE	
	PRIMARY	SECONDARY
	Present Time	
Present	*(Pres. Subj.)*	*(Imperf. Subj.)*
ich kaue	kaue	kaute
du kaust	kauest	kautest
er kaut	kaue	kaute
wir kauen	kauen	kauten
ihr kaut	kauet	kautet
sie kauen	kauen	kauten

Imperfect
ich kaute
du kautest
er kaute
wir kauten
ihr kautet
sie kauten

	Past Time	
Perfect	*(Perf. Subj.)*	*(Pluperf. Subj.)*
ich habe gekaut	habe gekaut	hätte gekaut
du hast gekaut	habest gekaut	hättest gekaut
er hat gekaut	habe gekaut	hätte gekaut
wir haben gekaut	haben gekaut	hätten gekaut
ihr habt gekaut	habet gekaut	hättet gekaut
sie haben gekaut	haben gekaut	hätten gekaut

Pluperfect
ich hatte gekaut
du hattest gekaut
er hatte gekaut
wir hatten gekaut
ihr hattet gekaut
sie hatten gekaut

	Future Time	
Future	*(Fut. Subj.)*	*(Pres. Conditional)*
ich werde kauen	werde kauen	würde kauen
du wirst kauen	werdest kauen	würdest kauen
er wird kauen	werde kauen	würde kauen
wir werden kauen	werden kauen	würden kauen
ihr werdet kauen	werdet kauen	würdet kauen
sie werden kauen	werden kauen	würden kauen

	Future Perfect Time	
Future Perfect	*(Fut. Perf. Subj.)*	*(Past Conditional)*
ich werde gekaut haben	werde gekaut haben	würde gekaut haben
du wirst gekaut haben	werdest gekaut haben	würdest gekaut haben
er wird gekaut haben	werde gekaut haben	würde gekaut haben
wir werden gekaut haben	werden gekaut haben	würden gekaut haben
ihr werdet gekaut haben	werdet gekaut haben	würdet gekaut haben
sie werden gekaut haben	werden gekaut haben	würden gekaut haben

Examples: Die Kuh ist ein Widerkäuer und versteht sich aufs Kauen. Seitdem ich meine Kauzähne verloren habe, kaue ich keinen Kaugummi mehr. Aber mein Kautabak schmeckt mir noch. *The cow is a ruminant and knows all about chewing. Since I lost my molars, I don't chew gum anymore. But I still enjoy chewing tobacco.*

kaufen

PRINC. PARTS: **kaufen, kaufte, gekauft, kauft**
IMPERATIVE: **kaufe!, kauft!, kaufen Sie!**

to buy

INDICATIVE	SUBJUNCTIVE	
	PRIMARY	SECONDARY

Present Time

Present	*(Pres. Subj.)*	*(Imperf. Subj.)*
ich kaufe	kaufe	kaufte
du kaufst	kaufest	kauftest
er kauft	kaufe	kaufte
wir kaufen	kaufen	kauften
ihr kauft	kaufet	kauftet
sie kaufen	kaufen	kauften

Imperfect

ich	kaufte
du	kauftest
er	kaufte
wir	kauften
ihr	kauftet
sie	kauften

Past Time

Perfect	*(Perf. Subj.)*	*(Pluperf. Subj.)*
ich habe gekauft	habe gekauft	hätte gekauft
du hast gekauft	habest gekauft	hättest gekauft
er hat gekauft	habe gekauft	hätte gekauft
wir haben gekauft	haben gekauft	hätten gekauft
ihr habt gekauft	habet gekauft	hättet gekauft
sie haben gekauft	haben gekauft	hätten gekauft

Pluperfect

ich	hatte gekauft
du	hattest gekauft
er	hatte gekauft
wir	hatten gekauft
ihr	hattet gekauft
sie	hatten gekauft

K

Future Time

Future	*(Fut. Subj.)*	*(Pres. Conditional)*
ich werde kaufen	werde kaufen	würde kaufen
du wirst kaufen	werdest kaufen	würdest kaufen
er wird kaufen	werde kaufen	würde kaufen
wir werden kaufen	werden kaufen	würden kaufen
ihr werdet kaufen	werdet kaufen	würdet kaufen
sie werden kaufen	werden kaufen	würden kaufen

Future Perfect Time

Future Perfect	*(Fut. Perf. Subj.)*	*(Past Conditional)*
ich werde gekauft haben	werde gekauft haben	würde gekauft haben
du wirst gekauft haben	werdest gekauft haben	würdest gekauft haben
er wird gekauft haben	werde gekauft haben	würde gekauft haben
wir werden gekauft haben	werden gekauft haben	würden gekauft haben
ihr werdet gekauft haben	werdet gekauft haben	würdet gekauft haben
sie werden gekauft haben	werden gekauft haben	würden gekauft haben

AN ESSENTIAL 55 VERB

Kaufen

Prefix Verbs

abkaufen—to buy
Niemand will mir den alten Wagen abkaufen.
Nobody wants to buy my old car.

(Note: ab means "off." A similar idea in English is: "to take it off your hands," i.e. "buy.")

ankaufen—to acquire, purchase
Bei der Versteigerung haben wir uns das Gemälde angekauft.
We acquired the painting at the auction.

aufkaufen—to buy up; buy out
Sie kauften unseren ganzen Lagerbestand auf.
They bought up our entire inventory.

freikaufen—to ransom
Würdest du mich aus der Gefangenschaft freikaufen?
Would you ransom me from captivity?

hinzukaufen—to make additional purchases
Für die Sammlung haben wir einige neue Gemälde hinzugekauft.
We bought some additional paintings for the collection.

zurückkaufen—to buy back
Kannst du mir helfen, meinen gepfändeten Schmuck zurückzukaufen?
Can you help me to buy back my pawned jewelry?

See also separable **einkaufen** and inseparable **verkaufen**.

EXAMPLES

Die Hightech-Aktien habe ich teuer gekauft und dann billig wieder verkaufen müssen. Jetzt arbeite ich als Verkäuferin in einem Kaufhaus. Fernseher und alle Haushaltsgeräte musste ich auf Raten kaufen. Gute Theaterkarten kann ich mir selten kaufen, und bei ausverkauftem Hause ist es da oben ganz heiß. Aber das muss ich halt in Kauf nehmen.
I bought the high-tech stocks when they were high and then had to sell them when they were low. Now I work as a salesperson in a department store. I had to buy my TV and all household appliances on the installment plan. I can't often buy good seats for the theater, and when the house is sold out it gets very hot, far up. But I just have to put up with that.

No form of **kaufen** or **verkaufen** has an umlaut. But the nouns **Käufer** (*buyer*) and **Verkäufer** (*seller; salesperson*) do. A synonym for **kaufen** is the separable prefix verb **ankaufen** (*to purchase*). In banks, etc., when changing money in a German speaking country, you may see a notice: **An- und Verkauf von Devisen** (*Purchase and Sale of Currency*). Separable prefix verb **ausverkaufen** means "to sell out of something" (theater tickets in the above passage). Figuratively, "to sell out, betray" is **verraten, auspfeifen**. For "to buy out" **auszahlen** and **aufkaufen** are used. **Auf Raten kaufen** (*to buy in installments*) is used above. "To buy on credit" is **auf Kredit kaufen. Auf Pump** is a more colloquial synonym.

kehren

	INDICATIVE	SUBJUNCTIVE	
		PRIMARY	SECONDARY
		Present Time	
	Present	*(Pres. Subj.)*	*(Imperf. Subj.)*
ich	kehre	kehre	kehrte
du	kehrst	kehrest	kehrtest
er	kehrt	kehre	kehrte
wir	kehren	kehren	kehrten
ihr	kehrt	kehret	kehrtet
sie	kehren	kehren	kehrten
	Imperfect		
ich	kehrte		
du	kehrtest		
er	kehrte		
wir	kehrten		
ihr	kehrtet		
sie	kehrten		
		Past Time	
	Perfect	*(Perf. Subj.)*	*(Pluperf. Subj.)*
ich	habe gekehrt	habe gekehrt	hätte gekehrt
du	hast gekehrt	habest gekehrt	hättest gekehrt
er	hat gekehrt	habe gekehrt	hätte gekehrt
wir	haben gekehrt	haben gekehrt	hätten gekehrt
ihr	habt gekehrt	habet gekehrt	hättet gekehrt
sie	haben gekehrt	haben gekehrt	hätten gekehrt
	Pluperfect		
ich	hatte gekehrt		
du	hattest gekehrt		
er	hatte gekehrt		
wir	hatten gekehrt		
ihr	hattet gekehrt		
sie	hatten gekehrt		
		Future Time	
	Future	*(Fut. Subj.)*	*(Pres. Conditional)*
ich	werde kehren	werde kehren	würde kehren
du	wirst kehren	werdest kehren	würdest kehren
er	wird kehren	werde kehren	würde kehren
wir	werden kehren	werden kehren	würden kehren
ihr	werdet kehren	werdet kehren	würdet kehren
sie	werden kehren	werden kehren	würden kehren
		Future Perfect Time	
	Future Perfect	*(Fut. Perf. Subj.)*	*(Past Conditional)*
ich	werde gekehrt haben	werde gekehrt haben	würde gekehrt haben
du	wirst gekehrt haben	werdest gekehrt haben	würdest gekehrt haben
er	wird gekehrt haben	werde gekehrt haben	würde gekehrt haben
wir	werden gekehrt haben	werden gekehrt haben	würden gekehrt haben
ihr	werdet gekehrt haben	werdet gekehrt haben	würdet gekehrt haben
sie	werden gekehrt haben	werden gekehrt haben	würden gekehrt haben

K

Examples: Meine Schwester hat der Familie nicht den Rücken gekehrt, aber sie ist ein in sich gekehrter Mensch. Mit Goethe glaubt sie, dass wenn jeder vor seiner eigenen Tür kehrt, wird die ganze Stadt bald rein. *My sister hasn't turned her back on the family but she is an introverted person. With Goethe, she believes that if all sweep before their own door, the whole town will soon be clean.*

kennen

to know (*by acquaintance*);
be familiar with

PRINC. PARTS: **kennen, kannte, gekannt, kennt**
IMPERATIVE: **kenne!, kennt!, kennen Sie!**

	INDICATIVE	SUBJUNCTIVE	
		PRIMARY	SECONDARY
		Present Time	
	Present	(*Pres. Subj.*)	(*Imperf. Subj.*)
ich	kenne	kenne	kennte
du	kennst	kennest	kenntest
er	kennt	kenne	kennte
wir	kennen	kennen	kennten
ihr	kennt	kennet	kenntet
sie	kennen	kennen	kennten
	Imperfect		
ich	kannte		
du	kanntest		
er	kannte		
wir	kannten		
ihr	kanntet		
sie	kannten		
		Past Time	
	Perfect	(*Perf. Subj.*)	(*Pluperf. Subj.*)
ich	habe gekannt	habe gekannt	hätte gekannt
du	hast gekannt	habest gekannt	hättest gekannt
er	hat gekannt	habe gekannt	hätte gekannt
wir	haben gekannt	haben gekannt	hätten gekannt
ihr	habt gekannt	habet gekannt	hättet gekannt
sie	haben gekannt	haben gekannt	hätten gekannt
	Pluperfect		
ich	hatte gekannt		
du	hattest gekannt		
er	hatte gekannt		
wir	hatten gekannt		
ihr	hattet gekannt		
sie	hatten gekannt		
		Future Time	
	Future	(*Fut. Subj.*)	(*Pres. Conditional*)
ich	werde kennen	werde kennen	würde kennen
du	wirst kennen	werdest kennen	würdest kennen
er	wird kennen	werde kennen	würde kennen
wir	werden kennen	werden kennen	würden kennen
ihr	werdet kennen	werdet kennen	würdet kennen
sie	werden kennen	werden kennen	würden kennen
		Future Perfect Time	
	Future Perfect	(*Fut. Perf. Subj.*)	(*Past Conditional*)
ich	werde gekannt haben	werde gekannt haben	würde gekannt haben
du	wirst gekannt haben	werdest gekannt haben	würdest gekannt haben
er	wird gekannt haben	werde gekannt haben	würde gekannt haben
wir	werden gekannt haben	werden gekannt haben	würden gekannt haben
ihr	werdet gekannt haben	werdet gekannt haben	würdet gekannt haben
sie	werden gekannt haben	werden gekannt haben	würden gekannt haben

AN ESSENTIAL 55 VERB

Kennen

Prefix Verbs

SEPARABLE

aberkennen—to divest; disallow; deprive
Dem Spion wurde die Staatsbürgerschaft aberkannt.
The spy was deprived of his citizenship.

anerkennen—to admit, allow, acknowledge; recognize diplomatically
Endlich erkannte er seine Schuld an.
He finally admitted his guilt.

Zuerst wollten sie das neue Regime nicht anerkennen.
At first they didn't want to recognize the new regime.

(sich) auskennen—to know one's way around
Er kennt sich in Wien aus.
He knows his way around Vienna.

wiedererkennen—to recognize (again)
Als er aus dem Krieg zurückkam, erkannte ich ihn kaum wieder.
When he came back from the war, I scarcely recognized him.

INSEPARABLE

(sich) bekennen—to profess; declare; plead; confess
Gerhart Hauptmann bekannte sich zum neuen Regime.
Gerhart Hauptmann came out for the new regime.

Sie bekannte sich nicht schuldig.
She plead not guilty.

erkennen—to realize; become aware
Da erkannte ich plötzlich, warum er so freundlich tat.
Then I suddenly realized why he was acting so familiar.

verkennen—to misjudge; mistake
Du verkennst meine Absichten.
You misjudge my intentions.

EXAMPLES

„Kennen Sie diesen Weinbrand? Kenner halten viel von ihm, aber ich kenne ihn noch nicht." „Mir auch ist er unbekannt."
"Do you know this brandy? Connoisseurs think much of it, but I'm not familiar with it yet." "I don't know it either."

Ich kenne sie, aber ich weiß nicht, ob sie chinesisch kann.
I know her, but I don't know if she knows Chinese.

K

Kennen Sie hier ein gutes Chinarestaurant?
Do you know a good Chinese restaurant here?

Kennst du „D'ye ken John Peel"?
Do you know "D'ye ken John Peel"?

Sein Größenwahn kennt keine Grenzen.
His megalomania knows no bounds.

Hier kennen wir keine Müdigkeit.
We don't know what tiredness is here.

Wir haben ihn als Freund und Kollegen gekannt.
We knew him as a friend and colleague.

Fritz kennt Berlin in- und auswendig.
Fritz knows Berlin inside out.

Explanations: A **Kenner** is a "connoisseur," a "knower, someone knowledgeable." "D'ye ken John Peel" is an old folk song. In example two all three verbs for "to know" are used. **Kennen** is "to know a person; be familiar with something." **Wissen** is "to know a fact." **Können** means "to know a language/know how to do something."

Kennen is an irregular mixed verb. Study them on page 14.

kennenlernen

to get to know; meet;
become acquainted with

PRINC. PARTS: **kennenlernen, lernte kennen,**
kennengelernt, lernt kennen
IMPERATIVE: **lerne kennen!, lernt kennen!,**
lernen Sie kennen!

	INDICATIVE	SUBJUNCTIVE	
		PRIMARY	SECONDARY

Present Time

	Present	*(Pres. Subj.)*	*(Imperf. Subj.)*
ich	lerne kennen	lerne kennen	lernte kennen
du	lernst kennen	lernest kennen	lerntest kennen
er	lernt kennen	lerne kennen	lernte kennen
wir	lernen kennen	lernen kennen	lernten kennen
ihr	lernt kennen	lernet kennen	lerntet kennen
sie	lernen kennen	lernen kennen	lernten kennen

	Imperfect
ich	lernte kennen
du	lerntest kennen
er	lernte kennen
wir	lernten kennen
ihr	lerntet kennen
sie	lernten kennen

Past Time

	Perfect	*(Perf. Subj.)*	*(Pluperf. Subj.)*
ich	habe kennengelernt	habe kennengelernt	hätte kennengelernt
du	hast kennengelernt	habest kennengelernt	hättest kennengelernt
er	hat kennengelernt	habe kennengelernt	hätte kennengelernt
wir	haben kennengelernt	haben kennengelernt	hätten kennengelernt
ihr	habt kennengelernt	habet kennengelernt	hättet kennengelernt
sie	haben kennengelernt	haben kennengelernt	hätten kennengelernt

	Pluperfect
ich	hatte kennengelernt
du	hattest kennengelernt
er	hatte kennengelernt
wir	hatten kennengelernt
ihr	hattet kennengelernt
sie	hatten kennengelernt

Future Time

	Future	*(Fut. Subj.)*	*(Pres. Conditional)*
ich	werde kennenlernen	werde kennenlernen	würde kennenlernen
du	wirst kennenlernen	werdest kennenlernen	würdest kennenlernen
er	wird kennenlernen	werde kennenlernen	würde kennenlernen
wir	werden kennenlernen	werden kennenlernen	würden kennenlernen
ihr	werdet kennenlernen	werdet kennenlernen	würdet kennenlernen
sie	werden kennenlernen	werden kennenlernen	würden kennenlernen

Future Perfect Time

	Future Perfect	*(Fut. Perf. Subj.)*	*(Past Conditional)*
ich	werde kennengelernt haben	werde kennengelernt haben	würde kennengelernt haben
du	wirst kennengelernt haben	werdest kennengelernt haben	würdest kennengelernt haben
er	wird kennengelernt haben	werde kennengelernt haben	würde kennengelernt haben
wir	werden kennengelernt haben	werden kennengelernt haben	würden kennengelernt haben
ihr	werdet kennengelernt haben	werdet kennengelernt haben	würdet kennengelernt haben
sie	werden kennengelernt haben	werden kennengelernt haben	würden kennengelernt haben

Examples: Lulu hat er zuerst in Paris kennengelernt. In Amsterdam glaubte er, sie erkannt zu haben. Aber sie wollte sich nicht zu erkennen geben. *He met Lulu in Paris first. He thought he recognized her in Amsterdam. But she didn't want to disclose herself.* **Duden** rules now permit **kennen lernen** for the infinitive and **kennen gelernt** for the past participle. Nevertheless, they still prefer the forms **kennenlernen** and **kennengelernt** as printed above.

klagen

PRINC. PARTS: **klagen, klagte, geklagt, klagt**
IMPERATIVE: **klage!, klagt!, klagen Sie!**

to lament; complain of

INDICATIVE	SUBJUNCTIVE	
	PRIMARY	SECONDARY

Present Time

	Present	(*Pres. Subj.*)	(*Imperf. Subj.*)
ich	klage	klage	klagte
du	klagest	klagest	klagtest
er	klagt	klage	klagte
wir	klagen	klagen	klagten
ihr	klagt	klaget	klagtet
sie	klagen	klagen	klagten

	Imperfect
ich	klagte
du	klagtest
er	klagte
wir	klagten
ihr	klagtet
sie	klagten

Past Time

	Perfect	(*Perf. Subj.*)	(*Pluperf. Subj.*)
ich	habe geklagt	habe geklagt	hätte geklagt
du	hast geklagt	habest geklagt	hättest geklagt
er	hat geklagt	habe geklagt	hätte geklagt
wir	haben geklagt	haben geklagt	hätten geklagt
ihr	habt geklagt	habet geklagt	hättet geklagt
sie	haben geklagt	haben geklagt	hätten geklagt

	Pluperfect
ich	hatte geklagt
du	hattest geklagt
er	hatte geklagt
wir	hatten geklagt
ihr	hattet geklagt
sie	hatten geklagt

K

Future Time

	Future	(*Fut. Subj.*)	(*Pres. Conditional*)
ich	werde klagen	werde klagen	würde klagen
du	wirst klagen	werdest klagen	würdest klagen
er	wird klagen	werde klagen	würde klagen
wir	werden klagen	werden klagen	würden klagen
ihr	werdet klagen	werdet klagen	würdet klagen
sie	werden klagen	werden klagen	würden klagen

Future Perfect Time

	Future Perfect	(*Fut. Perf. Subj.*)	(*Past Conditional*)
ich	werde geklagt haben	werde geklagt haben	würde geklagt haben
du	wirst geklagt haben	werdest geklagt haben	würdest geklagt haben
er	wird geklagt haben	werde geklagt haben	würde geklagt haben
wir	werden geklagt haben	werden geklagt haben	würden geklagt haben
ihr	werdet geklagt haben	werdet geklagt haben	würdet geklagt haben
sie	werden geklagt haben	werden geklagt haben	würden geklagt haben

Examples: Ja, du klagst über Rücken- und Kopfschmerzen. Auch wollen die Nachbarn uns auf Schadenersatz klagen. Aber was nutzt das Klagen? *Yes, you complain about back pains and headaches. And the neighbors want to sue us for damages. But what's the use complaining?* Die Mütter klagten über das Schicksal ihrer Söhne. *The mothers lamented the fate of their sons.*

klatschen

to clap; slap; gossip

PRINC. PARTS: **klatschen, klatschte, geklatscht, klatscht**
IMPERATIVE: **klatsche!, klatscht!, klatschen Sie!**

INDICATIVE	SUBJUNCTIVE	
	PRIMARY	SECONDARY
	Present Time	
Present	*(Pres. Subj.)*	*(Imperf. Subj.)*
ich klatsche	klatsche	klatschte
du klatschst	klatschest	klatschtest
er klatscht	klatsche	klatschte
wir klatschen	klatschen	klatschten
ihr klatscht	klatschet	klatschtet
sie klatschen	klatschen	klatschten

Imperfect

ich	klatschte
du	klatschtest
er	klatschte
wir	klatschten
ihr	klatschtet
sie	klatschten

	Past Time	
Perfect	*(Perf. Subj.)*	*(Pluperf. Subj.)*
ich habe geklatscht	habe geklatscht	hätte geklatscht
du hast geklatscht	habest geklatscht	hättest geklatscht
er hat geklatscht	habe geklatscht	hätte geklatscht
wir haben geklatscht	haben geklatscht	hätten geklatscht
ihr habt geklatscht	habet geklatscht	hättet geklatscht
sie haben geklatscht	haben geklatscht	hätten geklatscht

Pluperfect

ich	hatte geklatscht
du	hattest geklatscht
er	hatte geklatscht
wir	hatten geklatscht
ihr	hattet geklatscht
sie	hatten geklatscht

	Future Time	
Future	*(Fut. Subj.)*	*(Pres. Conditional)*
ich werde klatschen	werde klatschen	würde klatschen
du wirst klatschen	werdest klatschen	würdest klatschen
er wird klatschen	werde klatschen	würde klatschen
wir werden klatschen	werden klatschen	würden klatschen
ihr werdet klatschen	werdet klatschen	würdet klatschen
sie werden klatschen	werden klatschen	würden klatschen

	Future Perfect Time	
Future Perfect	*(Fut. Perf. Subj.)*	*(Past Conditional)*
ich werde geklatscht haben	werde geklatscht haben	würde geklatscht haben
du wirst geklatscht haben	werdest geklatscht haben	würdest geklatscht haben
er wird geklatscht haben	werde geklatscht haben	würde geklatscht haben
wir werden geklatscht haben	werden geklatscht haben	würden geklatscht haben
ihr werdet geklatscht haben	werdet geklatscht haben	würdet geklatscht haben
sie werden geklatscht haben	werden geklatscht haben	würden geklatscht haben

Examples: Hör doch auf, oder ich klatsch dir eine! *Quit it now, or I'll whack you!* Man hat viel Böses über sie geklatscht. Trotzdem wird ihr immer noch laut Beifall geklatscht. *There was much malicious gossip about her. But she still appears to loud applause.* Beim Kaffeeklatsch erzählten sich die Klatschtanten Klatschgeschichten. *At the coffee klatch the gossips told each other gossipy stories.*

kleben

PRINC. PARTS: **kleben, klebte, geklebt, klebt**
IMPERATIVE: **klebe!, klebt!, kleben Sie!**

INDICATIVE	SUBJUNCTIVE	
	PRIMARY	SECONDARY

Present Time

	Present	(*Pres. Subj.*)	(*Imperf. Subj.*)
ich	klebe	klebe	klebte
du	klebst	klebest	klebtest
er	klebt	klebe	klebte
wir	kleben	kleben	klebten
ihr	klebt	klebet	klebtet
sie	kleben	kleben	klebten

	Imperfect
ich	klebte
du	klebtest
er	klebte
wir	klebten
ihr	klebtet
sie	klebten

Past Time

	Perfect	(*Perf. Subj.*)	(*Pluperf. Subj.*)
ich	habe geklebt	habe geklebt	hätte geklebt
du	hast geklebt	habest geklebt	hättest geklebt
er	hat geklebt	habe geklebt	hätte geklebt
wir	haben geklebt	haben geklebt	hätten geklebt
ihr	habt geklebt	habet geklebt	hättet geklebt
sie	haben geklebt	haben geklebt	hätten geklebt

	Pluperfect
ich	hatte geklebt
du	hattest geklebt
er	hatte geklebt
wir	hatten geklebt
ihr	hattet geklebt
sie	hatten geklebt

K

Future Time

	Future	(*Fut. Subj.*)	(*Pres. Conditional*)
ich	werde kleben	werde kleben	würde kleben
du	wirst kleben	werdest kleben	würdest kleben
er	wird kleben	werde kleben	würde kleben
wir	werden kleben	werden kleben	würden kleben
ihr	werdet kleben	werdet kleben	würdet kleben
sie	werden kleben	werden kleben	würden kleben

Future Perfect Time

	Future Perfect	(*Fut. Perf. Subj.*)	(*Past Conditional*)
ich	werde geklebt haben	werde geklebt haben	würde geklebt haben
du	wirst geklebt haben	werdest geklebt haben	würdest geklebt haben
er	wird geklebt haben	werde geklebt haben	würde geklebt haben
wir	werden geklebt haben	werden geklebt haben	würden geklebt haben
ihr	werdet geklebt haben	werdet geklebt haben	würdet geklebt haben
sie	werden geklebt haben	werden geklebt haben	würden geklebt haben

Examples: „Menschenblut klebt an den Waffenlieferungen an unsere Feinde. Diese Schande wird an ihnen klebenbleiben", klagte der General. *"There's blood on the arms shipments to our enemies. That disgrace will stick to them," complained the general.* Rocky klebte an der Theke und murmelte, „Wenn ich ihn sehe, klebe ich ihm eine." *Rocky stayed glued to the bar and mumbled. "If I see him, I'll belt him one."*

klingen

to ring; sound

PRINC. PARTS: **klingen,* klang, geklungen, klingt**
IMPERATIVE: **klinge!, klingt!, klingen Sie!****

INDICATIVE	SUBJUNCTIVE	
	PRIMARY	SECONDARY

Present Time

	Present	(*Pres. Subj.*)	(*Imperf. Subj.*)
ich	klinge	klinge	klänge
du	klingst	klingest	klängest
er	klingt	klinge	klänge
wir	klingen	klingen	klängen
ihr	klingt	klinget	klänget
sie	klingen	klingen	klängen

	Imperfect
ich	klang
du	klangst
er	klang
wir	klangen
ihr	klanget
sie	klangen

Past Time

	Perfect	(*Perf. Subj.*)	(*Pluperf. Subj.*)
ich	habe geklungen	habe geklungen	hätte geklungen
du	hast geklungen	habest geklungen	hättest geklungen
er	hat geklungen	habe geklungen	hätte geklungen
wir	haben geklungen	haben geklungen	hätten geklungen
ihr	habt geklungen	habet geklungen	hättet geklungen
sie	haben geklungen	haben geklungen	hätten geklungen

	Pluperfect
ich	hatte geklungen
du	hattest geklungen
er	hatte geklungen
wir	hatten geklungen
ihr	hattet geklungen
sie	hatten geklungen

Future Time

	Future	(*Fut. Subj.*)	(*Pres. Conditional*)
ich	werde klingen	werde klingen	würde klingen
du	wirst klingen	werdest klingen	würdest klingen
er	wird klingen	werde klingen	würde klingen
wir	werden klingen	werden klingen	würden klingen
ihr	werdet klingen	werdet klingen	würdet klingen
sie	werden klingen	werden klingen	würden klingen

Future Perfect Time

	Future Perfect	(*Fut. Perf. Subj.*)	(*Past Conditional*)
ich	werde geklungen haben	werde geklungen haben	würde geklungen haben
du	wirst geklungen haben	werdest geklungen haben	würdest geklungen haben
er	wird geklungen haben	werde geklungen haben	würde geklungen haben
wir	werden geklungen haben	werden geklungen haben	würden geklungen haben
ihr	werdet geklungen haben	werdet geklungen haben	würdet geklungen haben
sie	werden geklungen haben	werden geklungen haben	würden geklungen haben

*Forms other than the third person are infrequently found. **The imperative is unusual.

Examples: „Komm, du schönes Glockenspiel, lass die Glöckchen klingen, dass die Ohren ihnen singen." *"Come, you lovely glockenspiel, let your little bells ring, so that their ears sing."* Danach ließen alle die Gläser klingen. Bald klangen fröhliche Stimmen aus dem Haus. *After that, all clinked glasses in a toast. Soon the sound of merry voices came from the house.*

klopfen

PRINC. PARTS: **klopfen, klopfte, geklopft, klopft,**
IMPERATIVE: **klopfe!, klopft!, klopfen Sie!**

to knock, beat

INDICATIVE		SUBJUNCTIVE	
		PRIMARY	SECONDARY
		Present Time	
Present		*(Pres. Subj.)*	*(Imperf. Subj.)*
ich	klopfe	klopfe	klopfte
du	klopfst	klopfest	klopftest
er	klopft	klopfe	klopfte
wir	klopfen	klopfen	klopften
ihr	klopft	klopfet	klopftet
sie	klopfen	klopfen	klopften

Imperfect	
ich	klopfte
du	klopftest
er	klopfte
wir	klopften
ihr	klopftet
sie	klopften

		Past Time	
Perfect		*(Perf. Subj.)*	*(Pluperf. Subj.)*
ich	habe geklopft	habe geklopft	hätte geklopft
du	hast geklopft	habest geklopft	hättest geklopft
er	hat geklopft	habe geklopft	hätte geklopft
wir	haben geklopft	haben geklopft	hätten geklopft
ihr	habt geklopft	habet geklopft	hättet geklopft
sie	haben geklopft	haben geklopft	hätten geklopft

Pluperfect	
ich	hatte geklopft
du	hattest geklopft
er	hatte geklopft
wir	hatten geklopft
ihr	hattet geklopft
sie	hatten geklopft

		Future Time	
Future		*(Fut. Subj.)*	*(Pres. Conditional)*
ich	werde klopfen	werde klopfen	würde klopfen
du	wirst klopfen	werdest klopfen	würdest klopfen
er	wird klopfen	werde klopfen	würde klopfen
wir	werden klopfen	werden klopfen	würden klopfen
ihr	werdet klopfen	werdet klopfen	würdet klopfen
sie	werden klopfen	werden klopfen	würden klopfen

		Future Perfect Time	
Future Perfect		*(Fut. Perf. Subj.)*	*(Past Conditional)*
ich	werde geklopft haben	werde geklopft haben	würde geklopft haben
du	wirst geklopft haben	werdest geklopft haben	würdest geklopft haben
er	wird geklopft haben	werde geklopft haben	würde geklopft haben
wir	werden geklopft haben	werden geklopft haben	würden geklopft haben
ihr	werdet geklopft haben	werdet geklopft haben	würdet geklopft haben
sie	werden geklopft haben	werden geklopft haben	würden geklopft haben

K

Examples: „Hat jemand an die Tür geklopft?" „Ja, es hat geklopft." *"Did someone knock at the door?" "Yes, there was a knocking."* **Mein Herz klopfte schnell. Ich hatte Herzklopfen, weil ich zu viel Kaffee mit Schnaps getrunken hatte.** *My heart beat fast. I had heart palpitations because I had drunk too much coffee with schnapps.* "Es" (sentence 2) is sometimes used to make narratives more dramatic.

kneifen

to pinch, squeeze; shirk   PRINC. PARTS: **kneifen, kniff, gekniffen, kneift**
                                IMPERATIVE: **kneife!, kneift!, kneifen Sie!**

	INDICATIVE	SUBJUNCTIVE	
		PRIMARY	SECONDARY
		Present Time	
	Present	*(Pres. Subj.)*	*(Imperf. Subj.)*
ich	kneife	kneife	kniffe
du	kneifst	kneifest	kniffest
er	kneift	kneife	kniffe
wir	kneifen	kneifen	kniffen
ihr	kneift	kneifet	kniffet
sie	kneifen	kneifen	kniffen
	Imperfect		
ich	kniff		
du	kniffst		
er	kniff		
wir	kniffen		
ihr	knifft		
sie	kniffen		
		Past Time	
	Perfect	*(Perf. Subj.)*	*(Pluperf. Subj.)*
ich	habe gekniffen	habe gekniffen	hätte gekniffen
du	hast gekniffen	habest gekniffen	hättest gekniffen
er	hat gekniffen	habe gekniffen	hätte gekniffen
wir	haben gekniffen	haben gekniffen	hätten gekniffen
ihr	habt gekniffen	habet gekniffen	hättet gekniffen
sie	haben gekniffen	haben gekniffen	hätten gekniffen
	Pluperfect		
ich	hatte gekniffen		
du	hattest gekniffen		
er	hatte gekniffen		
wir	hatten gekniffen		
ihr	hattet gekniffen		
sie	hatten gekniffen		
		Future Time	
	Future	*(Fut. Subj.)*	*(Pres. Conditional)*
ich	werde kneifen	werde kneifen	würde kneifen
du	wirst kneifen	werdest kneifen	würdest kneifen
er	wird kneifen	werde kneifen	würde kneifen
wir	werden kneifen	werden kneifen	würden kneifen
ihr	werdet kneifen	werdet kneifen	würdet kneifen
sie	werden kneifen	werden kneifen	würden kneifen
		Future Perfect Time	
	Future Perfect	*(Fut. Perf. Subj.)*	*(Past Conditional)*
ich	werde gekniffen haben	werde gekniffen haben	würde gekniffen haben
du	wirst gekniffen haben	werdest gekniffen haben	würdest gekniffen haben
er	wird gekniffen haben	werde gekniffen haben	würde gekniffen haben
wir	werden gekniffen haben	werden gekniffen haben	würden gekniffen haben
ihr	werdet gekniffen haben	werdet gekniffen haben	würdet gekniffen haben
sie	werden gekniffen haben	werden gekniffen haben	würden gekniffen haben

Examples: Die Schuhe kniffen mir zu sehr. Auch hab ich meine Brille gebrochen und meinen Kneifer konnte ich nicht finden. *My shoes pinched me too much. I also broke my glasses and I couldn't find my pince-nez.* **Du kneifst vor jeder Verantwortung.** *You shirk every responsibility.* Note that **vor** + the dative is used in the meaning "to shirk."

knüpfen

PRINC. PARTS: **knüpfen, knüpfte, geknüpft, knüpft**
IMPERATIVE: **knüpfe!, knüpft!, knüpfen Sie!**

to tie; knot;
fasten together

INDICATIVE	SUBJUNCTIVE	
	PRIMARY	SECONDARY
	Present Time	
Present	*(Pres. Subj.)*	*(Imperf. Subj.)*
ich knüpfe	knüpfe	knüpfte
du knüpfst	knüpfest	knüpftest
er knüpft	knüpfe	knüpfte
wir knüpfen	knüpfen	knüpften
ihr knüpft	knüpfet	knüpftet
sie knüpfen	knüpfen	knüpften

Imperfect
ich knüpfte
du knüpftest
er knüpfte
wir knüpften
ihr knüpftet
sie knüpften

	Past Time	
Perfect	*(Perf. Subj.)*	*(Pluperf. Subj.)*
ich habe geknüpft	habe geknüpft	hätte geknüpft
du hast geknüpft	habest geknüpft	hättest geknüpft
er hat geknüpft	habe geknüpft	hätte geknüpft
wir haben geknüpft	haben geknüpft	hätten geknüpft
ihr habt geknüpft	habet geknüpft	hättet geknüpft
sie haben geknüpft	haben geknüpft	hätten geknüpft

K

Pluperfect
ich hatte geknüpft
du hattest geknüpft
er hatte geknüpft
wir hatten geknüpft
ihr hattet geknüpft
sie hatten geknüpft

	Future Time	
Future	*(Fut. Subj.)*	*(Pres. Conditional)*
ich werde knüpfen	werde knüpfen	würde knüpfen
du wirst knüpfen	werdest knüpfen	würdest knüpfen
er wird knüpfen	werde knüpfen	würde knüpfen
wir werden knüpfen	werden knüpfen	würden knüpfen
ihr werdet knüpfen	werdet knüpfen	würdet knüpfen
sie werden knüpfen	werden knüpfen	würden knüpfen

	Future Perfect Time	
Future Perfect	*(Fut. Perf. Subj.)*	*(Past Conditional)*
ich werde geknüpft haben	werde geknüpft haben	würde geknüpft haben
du wirst geknüpft haben	werdest geknüpft haben	würdest geknüpft haben
er wird geknüpft haben	werde geknüpft haben	würde geknüpft haben
wir werden geknüpft haben	werden geknüpft haben	würden geknüpft haben
ihr werdet geknüpft haben	werdet geknüpft haben	würdet geknüpft haben
sie werden geknüpft haben	werden geknüpft haben	würden geknüpft haben

Examples: Ich dachte, wir hatten Bande der Freundschaft geknüpft. Warum wollen Sie jetzt Bedingungen an unser Abkommen knüpfen? Jetzt weiß ich nicht, ob ich mich noch an das Unternehmen knüpfen will. *I thought we had established ties of friendship. Why do you now want to attach conditions to our agreement? Now I don't know whether I still want to be connected with the undertaking.*

kochen

to cook; boil; seethe   PRINC. PARTS: **kochen, kochte, gekocht, kocht**
IMPERATIVE: **koche!, kocht!, kochen Sie!**

INDICATIVE	SUBJUNCTIVE	
	PRIMARY	SECONDARY

Present Time

	Present	*(Pres. Subj.)*	*(Imperf. Subj.)*
ich	koche	koche	kochte
du	kochst	kochest	kochtest
er	kocht	koche	kochte
wir	kochen	kochen	kochten
ihr	kocht	kochet	kochtet
sie	kochen	kochen	kochten

	Imperfect
ich	kochte
du	kochtest
er	kochte
wir	kochten
ihr	kochtet
sie	kochten

Past Time

	Perfect	*(Perf. Subj.)*	*(Pluperf. Subj.)*
ich	habe gekocht	habe gekocht	hätte gekocht
du	hast gekocht	habest gekocht	hättest gekocht
er	hat gekocht	habe gekocht	hätte gekocht
wir	haben gekocht	haben gekocht	hätten gekocht
ihr	habt gekocht	habet gekocht	hättet gekocht
sie	haben gekocht	haben gekocht	hätten gekocht

	Pluperfect
ich	hatte gekocht
du	hattest gekocht
er	hatte gekocht
wir	hatten gekocht
ihr	hattet gekocht
sie	hatten gekocht

Future Time

	Future	*(Fut. Subj.)*	*(Pres. Conditional)*
ich	werde kochen	werde kochen	würde kochen
du	wirst kochen	werdest kochen	würdest kochen
er	wird kochen	werde kochen	würde kochen
wir	werden kochen	werden kochen	würden kochen
ihr	werdet kochen	werdet kochen	würdet kochen
sie	werden kochen	werden kochen	würden kochen

Future Perfect Time

	Future Perfect	*(Fut. Perf. Subj.)*	*(Past Conditional)*
ich	werde gekocht haben	werde gekocht haben	würde gekocht haben
du	wirst gekocht haben	werdest gekocht haben	würdest gekocht haben
er	wird gekocht haben	werde gekocht haben	würde gekocht haben
wir	werden gekocht haben	werden gekocht haben	würden gekocht haben
ihr	werdet gekocht haben	werdet gekocht haben	würdet gekocht haben
sie	werden gekocht haben	werden gekocht haben	würden gekocht haben

Examples: „Heute abend möchte ich dir meine Kochkunst zeigen", sagte Willi. „Niemand außer mir darf in der Küche kochen. Ich versteh mich aufs Kochen", entgegnete Barbara. *"Tonight I'd like to show you my culinary art," said Willi. "Nobody but me can cook in the kitchen. I know something about cooking," countered Barbara.*

kommen

PRINC. PARTS: **kommen, kam, ist gekommen, kommt**
IMPERATIVE: **komme!, kommt!, komme Sie!**

to come

INDICATIVE	SUBJUNCTIVE	
	PRIMARY	SECONDARY

Present Time

	Present	(*Pres. Subj.*)	(*Imperf. Subj.*)
ich	komme	komme	käme
du	kommst	kommest	kämest
er	kommt	komme	käme
wir	kommen	kommen	kämen
ihr	kommt	kommet	kämet
sie	kommen	kommen	kämen

	Imperfect
ich	kam
du	kamst
er	kam
wir	kamen
ihr	kamt
sie	kamen

Past Time

	Perfect	(*Perf. Subj.*)	(*Pluperf. Subj.*)
ich	bin gekommen	sei gekommen	wäre gekommen
du	bist gekommen	seiest gekommen	wärest gekommen
er	ist gekommen	sei gekommen	wäre gekommen
wir	sind gekommen	seien gekommen	wären gekommen
ihr	seid gekommen	seiet gekommen	wäret gekommen
sie	sind gekommen	seien gekommen	wären gekommen

K

	Pluperfect
ich	war gekommen
du	warst gekommen
er	war gekommen
wir	waren gekommen
ihr	wart gekommen
sie	waren gekommen

Future Time

	Future	(*Fut. Subj.*)	(*Pres. Conditional*)
ich	werde kommen	werde kommen	würde kommen
du	wirst kommen	werdest kommen	würdest kommen
er	wird kommen	werde kommen	würde kommen
wir	werden kommen	werden kommen	würden kommen
ihr	werdet kommen	werdet kommen	würdet kommen
sie	werden kommen	werden kommen	würden kommen

Future Perfect Time

	Future Perfect	(*Fut. Perf. Subj.*)	(*Past Conditional*)
ich	werde gekommen sein	werde gekommen sein	würde gekommen sein
du	wirst gekommen sein	werdest gekommen sein	würdest gekommen sein
er	wird gekommen sein	werde gekommen sein	würde gekommen sein
wir	werden gekommen sein	werden gekommen sein	würden gekommen sein
ihr	werdet gekommen sein	werdet gekommen sein	würdet gekommen sein
sie	werden gekommen sein	werden gekommen sein	würden gekommen sein

AN ESSENTIAL
55 VERB

259

EXAMPLES

„Leider konnte ich nicht kommen. Es ist etwas Furchtbares dazwischengekommen." „Komme mir nicht immer mit deinen alten Ausreden!"
"Unfortunately, I couldn't come. Something terrible intervened." "Don't give me your old excuses again."

„Du weißt nicht, was vorgekommen ist. Ein Mörder ist dem Gefängnis entkommen. Er sah ganz verkommen aus. Mit seinem Messer kam er mir nach. Mit knapper Not bin ich davongekommen. Ich konnte kaum zu Atem kommen. Endlich kam ich aber gut nach Hause." „Wie kommst du auf solche Geschichten? Das hast du alles erfunden."
"Unfortunately, I couldn't come. Something terrible intervened." "Don't give me your old excuses again." "You don't know what happened. A murderer escaped from jail. He looked quite desperate. He came at me with his knife. I narrowly got away. I could scarcely get my breath. But at last I arrived home safely." "How do you come up with such stories? You made all that up."

The passage above contains the following prefix verbs.

Separable: davonkommen (*to get away*), dazwischenkommen (*to intervene*), nachkommen (*to go after*), vorkommen (*to occur*)

Inseparable: entkommen (*to escape*; conjugated on page 136), verkommen (*to degenerate*).

For additional prefix verbs, see the list below.

Der Motor kommt nicht in Gang. Wie komme ich zu Fuß zum Bahnhof?
The car won't start. How can I get to the train station on foot?

Wann seid ihr nach Hause gekommen?
When did you get home?

Pauls Freunde kamen ihm zur Hilfe.
Paul's friends came to his aid.

Das Lied von der Loreley kam mir nicht aus dem Sinn.
I couldn't get the Loreley song out of my mind.

Beim Unfall kamen viele ums Leben. Es dauerte lange, bis Uwe wieder zu sich kam.
Many lost their lives in the accident. It took a long time before Uwe came to (regained consciousness).

Erna konnte nicht zu Wort kommen. Ihre Ideen kamen nicht zum Ausdruck.
Erna didn't get a chance to speak. Her ideas remained unexpressed.

Ihr Rechtsanwalt versucht hinter die Wahrheit zu kommen.
Her lawyer is trying to get at the truth.

Ich glaube, wir müssen einen Arzt kommen lassen.
I think we'll have to send for a doctor.

Endlich kamen wir an die Reihe.
It was finally our turn.

Prefix Verbs

INSEPARABLE

überkommen—to come over, befall
Es überkam uns eine große Angst.
We were gripped by great fear.

verkommen—to degenerate, deteriorate
Das Haus sieht ganz verkommen aus.
The house looks really decrepit.

See also separable ankommen, auskommen, and inseparable bekommmen, entkommen.

Prefix Verbs

SEPARABLE

aufkommen—to arise
**Fritz bringt immer Leben in die Bude;
er sorgt dafür, dass keine Langeweile
aufkommt.**
*Fritz always brings life to the joint; he
sees to it that nobody gets bored.*

(für etwas) aufkommen—to come up
with money
Wer soll dafür aufkommen?
Who's going to spring for that?

dazukommen—to come (later); add
**Es sind noch einige Gäste dazugekom-
men.**
A few additional guests arrived.

emporkommen—to rise up; get ahead in
the world
**Es war leicht in die Höhle hinun-
terzusteigen, aber schwer wieder
emporzukommen.**
*Climbing down into the cave was easy,
but coming up again was difficult.*

**Kai ist ein karrierebewusster Yuppie
und denkt nur an sein Emporkommen.**
*Kai's a career conscious yuppie and
thinks only about getting ahead.*

entgegenkommen—to approach;
accommodate
**Das kommt meinen Plänen sehr entge-
gen.**
That fits in nicely with my plans.

gleichkommen—to equal, rival, match
**„Alt Heidelberg, du feine,... kein'
andere kommt dir gleich", heißt es in
einem berühmten Lied.**
*"Old Heidelberg, you fine (city)...no
other equals you," says a famous song.*

hereinkommen—to come in, enter
Kommen Sie doch herein!
Come on in!

herkommen—to come from
Wo kommst du her?
Where do you come from?

hinzukommen—to add; accrue
**Hinzu kommt noch die Provision der
Bank.**
The bank's provision has yet to be added.

klarkommen—to deal with, cope; get
along with
**Du musst versuchen, damit klarzukom-
men.**
You must try to work that out.

nachkommen—to oblige; come later;
follow
**Leider kann ich Ihrem Wunsche nicht
nachkommen.**
*Unfortunately, I can't comply with your
wish.*

übereinkommen—to agree; come to an
agreement
Endlich kamen wir mit ihnen überein.
*We finally came to an agreement with
them.*

umkommen—to die
**Viele sind beim Zugunfall umgekom-
men.**
Many died in the train accident.

vorbeikommen—to drop in on, visit
Ihr könntet öfter vorbeikommen.
You could come see us more often.

vorkommen—to occur
**Hoffentlich kommt so etwas nie wieder
vor.**
*Let's hope something like that will never
happen again.*

zurechtkommen—to get along with;
work things out well
**Es ist unmöglich, mit ihm
zurechtzukommen.**
It's impossible to get along with him.

K

können

to be able (can);
to know (a language
or how to do something)

PRINC. PARTS: **können, konnte, gekonnt (können when**
immediately preceded by an infinitive), kann
IMPERATIVE: **not used**

	INDICATIVE	SUBJUNCTIVE	
		PRIMARY	SECONDARY

Present Time

	Present	*(Pres. Subj.)*	*(Imperf. Subj.)*
ich	kann	könne	könnte
du	kannst	könnest	könntest
er	kann	könne	könnte
wir	können	können	könnten
ihr	könnt	könnet	könntet
sie	können	können	könnten

	Imperfect
ich	konnte
du	konntest
er	konnte
wir	konnten
ihr	konntet
sie	konnten

Past Time

	Perfect	*(Perf. Subj.)*	*(Pluperf. Subj.)*
ich	habe gekonnt	habe gekonnt	hätte gekonnt
du	hast gekonnt	habest gekonnt	hättest gekonnt
er	hat gekonnt	habe gekonnt	hätte gekonnt
wir	haben gekonnt	haben gekonnt	hätten gekonnt
ihr	habt gekonnt	habct gekonnt	hättet gekonnt
sie	haben gekonnt	haben gekonnt	hätten gekonnt

	Pluperfect
ich	hatte gekonnt
du	hattest gekonnt
er	hatte gekonnt
wir	hatten gekonnt
ihr	hattet gekonnt
sie	hatten gekonnt

Future Time

	Future	*(Fut. Subj.)*	*(Pres. Conditional)*
ich	werde können	werde können	würde können
du	wirst können	werdest können	würdest können
er	wird können	wcrde können	würde können
wir	werden können	werden können	würden können
ihr	werdet können	werdet können	würdet können
sie	werden können	werden können	würden können

Future Perfect Time

	Future Perfect	*(Fut. Perf. Subj.)*	*(Past Conditional)*
ich	werde gekonnt haben	werde gekonnt haben	würde gekonnt haben
du	wirst gekonnt haben	werdest gekonnt haben	würdest gekonnt haben
er	wird gekonnt haben	werde gekonnt haben	würde gekonnt haben
wir	werden gekonnt haben	werden gekonnt haben	würden gekonnt haben
ihr	werdet gekonnt haben	werdet gekonnt haben	würdet gekonnt haben
sie	werden gekonnt haben	werden gekonnt haben	würden gekonnt haben

AN ESSENTIAL
55 VERB

262

AN ESSENTIAL 55 VERB

Könne

EXAMPLES

„Wo können wir hier einen guten Mechaniker finden?" „Ich kann es Ihnen gleich sagen. Unser Dorfmechaniker ist ein Fachmann von größtem Können. Er kann alles, sogar viele Fremdsprachen." Ich konnte nicht umhin zu bemerken, dass uns seine Sprachkenntnisse nicht besonders interessierten. „Kann der Wagen noch repariert werden?" fragte ich. „Ja, man kann hoffen. Vielleicht kann ich ihn reparieren. Wahrscheinlich werde ich's nicht können. Einst hätte ich ihn besser reparieren können. Aber vom Gekonnten hab ich viel vergessen. Ich könnte Ihnen viele schöne russische, arabische oder japanische Volkslieder vorsingen, wenn Sie wollen." "Na, wenn Sie nichts als das können ..."
"Where can we find a good mechanic here?" "I can tell you right away. Our village mechanic is a professional of the greatest ability. He can do everything, even speak many foreign languages." I couldn't help remarking that we weren't particularly interested in his linguistic abilities. "Can the car be repaired?" I asked. "Yes, there's hope. Maybe I can repair it. I probably won't be able to. Once I could have repaired it better. But I've forgotten much of what I knew. I could sing you some nice Russian, Arabic, or Japanese folk songs, if you like." "Well, if that's all you can do..."

Lisa kann das Gedicht auswendig.
Lisa knows the poem by heart.

„Sie sind also damit unzufrieden."
"So you're not satisfied with it."

„Das können Sie laut sagen!"
"You can say that again!"

Ich konnte nicht anders, als ihm die Wahrheit zu sagen. Er kann nichts und ich kann ihn nicht leiden.
I couldn't help but tell him the truth. He's totally incapable and I can't stand him.

English "could" can be either the indicative **konnte**, as in **ich konnte nicht umhin** (*I wasn't able*), or the subjunctive **könnte** (*would be able*) as in the last sentence. **Konnte** states a fact (*I could = I was able*). **Könnte** indicates possibility "*I might be able.*" In the meaning "*to know a language,*" a verb like **sprechen** is understood but not expressed. Similarly, in the last sentence, **tun** (*to do*) is understood from the context. The sentence **er kann alles, sogar viele Fremdsprachen** could thus be correctly, but less idiomatically expressed as **er kann alles tun, sogar viele Fremdsprachen sprechen.** Review "Modal Auxiliaries" page 13.

In addition to the separable prefix verb **(nicht) umhinkönnen** used above, there are two other separable prefix verbs: **dafürkönnen/dazukönnen.** Both mean "*to be responsible, at fault for.*" *Was können wir dafür? How can we help that? (How can we be faulted for that?)*

K

kosten

to cost; taste, try

PRINC. PARTS: **kosten, kostete, gekostet, kostet**
IMPERATIVE: **koste!, kostet!, kosten Sie!**

INDICATIVE	SUBJUNCTIVE	
	PRIMARY	SECONDARY

Present Time

	Present	(*Pres. Subj.*)	(*Imperf. Subj.*)
ich	koste	koste	kostete
du	kostest	kostest	kostetest
er	kostet	koste	kostete
wir	kosten	kosten	kosteten
ihr	kostet	kostet	kostetet
sie	kosten	kosten	kosteten

	Imperfect
ich	kostete
du	kostetest
er	kostete
wir	kosteten
ihr	kostetet
sie	kosteten

Past Time

	Perfect	(*Perf. Subj.*)	(*Pluperf. Subj.*)
ich	habe gekostet	habe gekostet	hätte gekostet
du	hast gekostet	habest gekostet	hättest gekostet
er	hat gekostet	habe gekostet	hätte gekostet
wir	haben gekostet	haben gekostet	hätten gekostet
ihr	habt gekostet	habet gekostet	hättet gekostet
sie	haben gekostet	haben gekostet	hätten gekostet

	Pluperfect
ich	hatte gekostet
du	hattest gekostet
er	hatte gekostet
wir	hatten gekostet
ihr	hattet gekostet
sie	hatten gekostet

Future Time

	Future	(*Fut. Subj.*)	(*Pres. Conditional*)
ich	werde kosten	werde kosten	würde kosten
du	wirst kosten	werdest kosten	würdest kosten
er	wird kosten	werde kosten	würde kosten
wir	werden kosten	werden kosten	würden kosten
ihr	werdet kosten	werdet kosten	würdet kosten
sie	werden kosten	werden kosten	würden kosten

Future Perfect Time

	Future Perfect	(*Fut. Perf. Subj.*)	(*Past Conditional*)
ich	werde gekostet haben	werde gekostet haben	würde gekostet haben
du	wirst gekostet haben	werdest gekostet haben	würdest gekostet haben
er	wird gekostet haben	werde gekostet haben	würde gekostet haben
wir	werden gekostet haben	werden gekostet haben	würden gekostet haben
ihr	werdet gekostet haben	werdet gekostet haben	würdet gekostet haben
sie	werden gekostet haben	werden gekostet haben	würden gekostet haben

---

Examples: „Hast du diesen Käse schon gekostet?" fragte Herma ihren Mann. „Er schmeckt gut. Kostet aber zu viel". brummte er. „Ab morgen gibt's nur schmale Kost. Das wird weniger kosten." *Have you tried this cheese yet?" Herma asked her husband. "It taste good. But it costs too much," he grumbled. "Starting tomorrow there'll be scanty fare. That will cost less."*

kotzen

PRINC. PARTS: **kotzen, kotzte, gekotzt, kotzt**
IMPERATIVE: **kotze!, kotzt!, kotzen Sie!**

to vomit, puke

INDICATIVE	SUBJUNCTIVE	
	PRIMARY	SECONDARY

Present Time

	Present	*(Pres. Subj.)*	*(Imperf. Subj.)*
ich	kotze	kotze	kotzte
du	kotzt	kotzest	kotztest
er	kotzt	kotze	kotzte
wir	kotzen	kotzen	kotzten
ihr	kotzt	kotzet	kotztet
sie	kotzen	kotzen	kotzten

Imperfect

ich	kotzte
du	kotztest
er	kotzte
wir	kotzten
ihr	kotztet
sie	kotzten

Past Time

	Perfect	*(Perf. Subj.)*	*(Pluperf. Subj.)*
ich	habe gekotzt	habe gekotzt	hätte gekotzt
du	hast gekotzt	habest gekotzt	hättest gekotzt
er	hat gekotzt	habe gekotzt	hätte gekotzt
wir	haben gekotzt	haben gekotzt	hätten gekotzt
ihr	habt gekotzt	habet gekotzt	hättet gekotzt
sie	haben gekotzt	haben gekotzt	hätten gekotzt

Pluperfect

ich	hatte gekotzt
du	hattest gekotzt
er	hatte gekotzt
wir	hatten gekotzt
ihr	hattet gekotzt
sie	hatten gekotzt

Future Time

	Future	*(Fut. Subj.)*	*(Pres. Conditional)*
ich	werde kotzen	werde kotzen	würde kotzen
du	wirst kotzen	werdest kotzen	würdest kotzen
er	wird kotzen	werde kotzen	würde kotzen
wir	werden kotzen	werden kotzen	würden kotzen
ihr	werdet kotzen	werdet kotzen	würdet kotzen
sie	werden kotzen	werden kotzen	würden kotzen

Future Perfect Time

	Future Perfect	*(Fut. Perf. Subj.)*	*(Past Conditional)*
ich	werde gekotzt haben	werde gekotzt haben	würde gekotzt haben
du	wirst gekotzt haben	werdest gekotzt haben	würdest gekotzt haben
er	wird gekotzt haben	werde gekotzt haben	würde gekotzt haben
wir	werden gekotzt haben	werden gekotzt haben	würden gekotzt haben
ihr	werdet gekotzt haben	werdet gekotzt haben	würdet gekotzt haben
sie	werden gekotzt haben	werden gekotzt haben	würden gekotzt haben

K

Examples: Dieser Kerl kotzt mich an. Er ist ein Kotzbrocken. Alles, was er tut, ist zum Kotzen. Jetzt besäuft er sich nur und kotzt sein Zimmer voll. *That fellow disgusts me. He's a piece of vomit. Everything he does makes me want to throw up. Now he just gets drunk and pukes all over his room.* Less inelegant words for "to vomit" are **sich übergeben** and **erbrechen**.

krächzen

to caw, croak

PRINC. PARTS: **krächzen, krächzte, gekrächzt, krächzt**
IMPERATIVE: **krächze!, krächzt!, krächzen Sie!**

	INDICATIVE	SUBJUNCTIVE	
		PRIMARY	SECONDARY
		Present Time	
	Present	(*Pres. Subj.*)	(*Imperf. Subj.*)
ich	krächze	krächze	krächzte
du	krächzt	krächzest	krächztest
er	krächzt	krächze	krächzte
wir	krächzen	krächzen	krächzten
ihr	krächzt	krächzet	krächztet
sie	krächzen	krächzen	krächzten

	Imperfect
ich	krächzte
du	krächztest
er	krächzte
wir	krächzten
ihr	krächztet
sie	krächzten

		Past Time	
	Perfect	(*Perf. Subj.*)	(*Pluperf. Subj.*)
ich	habe gekrächzt	habe gekrächzt	hätte gekrächzt
du	hast gekrächzt	habest gekrächzt	hättest gekrächzt
er	hat gekrächzt	habe gekrächzt	hätte gekrächzt
wir	haben gekrächzt	haben gekrächzt	hätten gekrächzt
ihr	habt gekrächzt	habet gekrächzt	hättet gekrächzt
sie	haben gekrächzt	haben gekrächzt	hätten gekrächzt

	Pluperfect
ich	hatte gekrächzt
du	hattest gekrächzt
er	hatte gekrächzt
wir	hatten gekrächzt
ihr	hattet gekrächzt
sie	hatten gekrächzt

		Future Time	
	Future	(*Fut. Subj.*)	(*Pres. Conditional*)
ich	werde krächzen	werde krächzen	würde krächzen
du	wirst krächzen	werdest krächzen	würdest krächzen
er	wird krächzen	werde krächzen	würde krächzen
wir	werden krächzen	werden krächzen	würden krächzen
ihr	werdet krächzen	werdet krächzen	würdet krächzen
sie	werden krächzen	werden krächzen	würden krächzen

		Future Perfect Time	
	Future Perfect	(*Fut. Perf. Subj.*)	(*Past Conditional*)
ich	werde gekrächzt haben	werde gekrächzt haben	würde gekrächzt haben
du	wirst gekrächzt haben	werdest gekrächzt haben	würdest gekrächzt haben
er	wird gekrächzt haben	werde gekrächzt haben	würde gekrächzt haben
wir	werden gekrächzt haben	werden gekrächzt haben	würden gekrächzt haben
ihr	werdet gekrächzt haben	werdet gekrächzt haben	würdet gekrächzt haben
sie	werden gekrächzt haben	werden gekrächzt haben	würden gekrächzt haben

Examples: Draußen krächzten Krähen und Raben. Mit krächzender Stimme erzählte die Hexe von ihrer Großmutter und Hänsel und Gretel. *Outside, crows and ravens cawed. In a croaking voice, the witch told of her grandmother and Hänsel and Gretel.* If the verb stem ends in a sibilant, the s is dropped from the ending for du in the present tense. Thus the 2nd and 3rd person singular present are the same.

kratzen

PRINC. PARTS: **kratzen, kratzte, gekratzt, kratzt**
IMPERATIVE: **kratze!, kratzt!, kratzen Sie!**

to scratch, scrape

	INDICATIVE	SUBJUNCTIVE	
		PRIMARY	SECONDARY

Present Time

	Present	(*Pres. Subj.*)	(*Imperf. Subj.*)
ich	kratze	kratze	kratzte
du	kratzt	kratzest	kratztest
er	kratzt	kratze	kratzte
wir	kratzen	kratzen	kratzten
ihr	kratzt	kratzet	kratztet
sie	kratzen	kratzen	kratzten

	Imperfect
ich	kratzte
du	kratztest
er	kratzte
wir	kratzten
ihr	kratztet
sie	kratzten

Past Time

	Perfect	(*Perf. Subj.*)	(*Pluperf. Subj.*)
ich	habe gekratzt	habe gekratzt	hätte gekratzt
du	hast gekratzt	habest gekratzt	hättest gekratzt
er	hat gekratzt	habe gekratzt	hätte gekratzt
wir	haben gekratzt	haben gekratzt	hätten gekratzt
ihr	habt gekratzt	habet gekratzt	hättet gekratzt
sie	haben gekratzt	haben gekratzt	hätten gekratzt

	Pluperfect
ich	hatte gekratzt
du	hattest gekratzt
er	hatte gekratzt
wir	hatten gekratzt
ihr	hattet gekratzt
sie	hatten gekratzt

Future Time

	Future	(*Fut. Subj.*)	(*Pres. Conditional*)
ich	werde kratzen	werde kratzen	würde kratzen
du	wirst kratzen	werdest kratzen	würdest kratzen
er	wird kratzen	werde kratzen	würde kratzen
wir	werden kratzen	werden kratzen	würden kratzen
ihr	werdet kratzen	werdet kratzen	würdet kratzen
sie	werden kratzen	werden kratzen	würden kratzen

Future Perfect Time

	Future Perfect	(*Fut. Perf. Subj.*)	(*Past Conditional*)
ich	werde gekratzt haben	werde gekratzt haben	würde gekratzt haben
du	wirst gekratzt haben	werdest gekratzt haben	würdest gekratzt haben
er	wird gekratzt haben	werde gekratzt haben	würde gekratzt haben
wir	werden gekratzt haben	werden gekratzt haben	würden gekratzt haben
ihr	werdet gekratzt haben	werdet gekratzt haben	würdet gekratzt haben
sie	werden gekratzt haben	werden gekratzt haben	würden gekratzt haben

Examples: „Dieser Schnaps kratzt furchtbar im Hals." „Das kratzt mich wenig. Die Katze hat mir eben den Arm blutig gekratzt. Zum Glück sind es nur Kratzwunden." *"This schapps is a terrible throat scratcher." "That doesn't bother me much. The cat just scratched my arm bloody. Fortunately they're just scratch wounds."* "To bother" (sentence 2) is a figurative use. For more trifling "scratches" use **Kratzer** instead of **Kratzwunden**.

kriechen

to creep, crawl

PRINC. PARTS: **kriechen, kroch, ist gekrochen, kriecht**
IMPERATIVE: **krieche!, kriecht!, kriechen Sie!**

INDICATIVE	SUBJUNCTIVE	
	PRIMARY	SECONDARY

Present Time

	Present	(*Pres. Subj.*)	(*Imperf. Subj.*)
ich	krieche	krieche	kröche
du	kriechst	kriechest	kröchest
er	kriecht	krieche	kröche
wir	kriechen	kriechen	kröchen
ihr	kriecht	kriechet	kröchet
sie	kriechen	kriechen	kröchen

	Imperfect
ich	kroch
du	krochst
er	kroch
wir	krochen
ihr	krocht
sie	krochen

Past Time

	Perfect	(*Perf. Subj.*)	(*Pluperf. Subj.*)
ich	bin gekrochen	sei gekrochen	wäre gekrochen
du	bist gekrochen	seiest gekrochen	wärest gekrochen
er	ist gekrochen	sei gekrochen	wäre gekrochen
wir	sind gekrochen	seien gekrochen	wären gekrochen
ihr	seid gekrochen	seiet gekrochen	wäret gekrochen
sie	sind gekrochen	seien gekrochen	wären gekrochen

	Pluperfect
ich	war gekrochen
du	warst gekrochen
er	war gekrochen
wir	waren gekrochen
ihr	wart gekrochen
sie	waren gekrochen

Future Time

	Future	(*Fut. Subj.*)	(*Pres. Conditional*)
ich	werde kriechen	werde kriechen	würde kriechen
du	wirst kriechen	werdest kriechen	würdest kriechen
er	wird kriechen	werde kriechen	würde kriechen
wir	werden kriechen	werden kriechen	würden kriechen
ihr	werdet kriechen	werdet kriechen	würdet kriechen
sie	werden kriechen	werden kriechen	würden kriechen

Future Perfect Time

	Future Perfect	(*Fut. Perf. Subj.*)	(*Past Conditional*)
ich	werde gekrochen sein	werde gekrochen sein	würde gekrochen sein
du	wirst gekrochen sein	werdest gekrochen sein	würdest gekrochen sein
er	wird gekrochen sein	werde gekrochen sein	würde gekrochen sein
wir	werden gekrochen sein	werden gekrochen sein	würden gekrochen sein
ihr	werdet gekrochen sein	werdet gekrochen sein	würdet gekrochen sein
sie	werden gekrochen sein	werden gekrochen sein	würden gekrochen sein

Examples: „Sie erwarten, dass alle vor Ihnen kriechen. Sie wollen nur Kriecher um Sie. Aber ich will nicht mehr kriecherisch sein. Ich gehe." sagte Karl seinem Chef. *"You expect everyone to grovel before you. You just want toadies around you. But I don't want to be servile anymore. I'm going," said Karl to his boss.*

kriegen

PRINC. PARTS: **kriegen, kriegt, gekriegt, kriegt**
IMPERATIVE: **kriege!, kriegt!, kriegen Sie!**

to get, obtain

INDICATIVE	SUBJUNCTIVE	
	PRIMARY	SECONDARY

Present Time

	Present	(*Pres. Subj.*)	(*Imperf. Subj.*)
ich	kriege	kriege	kriegte
du	kriegst	kriegest	kriegtest
er	kriegt	kriege	kriegte
wir	kriegen	kriegen	kriegten
ihr	kriegt	krieget	kriegtet
sie	kriegen	kriegen	kriegten

	Imperfect
ich	kriegte
du	kriegtest
er	kriegte
wir	kriegten
ihr	kriegtet
sie	kriegten

Past Time

	Perfect	(*Perf. Subj.*)	(*Pluperf. Subj.*)
ich	habe gekriegt	habe gekriegt	hätte gekriegt
du	hast gekriegt	habest gekriegt	hättest gekriegt
er	hat gekriegt	habe gekriegt	hätte gekriegt
wir	haben gekriegt	haben gekriegt	hätten gekriegt
ihr	habt gekriegt	habet gekriegt	hättet gekriegt
sie	haben gekriegt	haben gekriegt	hätten gekriegt

	Pluperfect
ich	hatte gekriegt
du	hattest gekriegt
er	hatte gekriegt
wir	hatten gekriegt
ihr	hattet gekriegt
sie	hatten gekriegt

Future Time

	Future	(*Fut. Subj.*)	(*Pres. Conditional*)
ich	werde kriegen	werde kriegen	würde kriegen
du	wirst kriegen	werdest kriegen	würdest kriegen
er	wird kriegen	werde kriegen	würde kriegen
wir	werden kriegen	werden kriegen	würden kriegen
ihr	werdet kriegen	werdet kriegen	würdet kriegen
sie	werden kriegen	werden kriegen	würden kriegen

Future Perfect Time

	Future Perfect	(*Fut. Perf. Subj.*)	(*Past Conditional*)
ich	werde gekriegt haben	werde gekriegt haben	würde gekriegt haben
du	wirst gekriegt haben	werdest gekriegt haben	würdest gekriegt haben
er	wird gekriegt haben	werde gekriegt haben	würde gekriegt haben
wir	werden gekriegt haben	werden gekriegt haben	würden gekriegt haben
ihr	werdet gekriegt haben	werdet gekriegt haben	würdet gekriegt haben
sie	werden gekriegt haben	werden gekriegt haben	würden gekriegt haben

K

Examples: „Die Katze hat nicht genug zu essen gekriegt. Sie kriegt bald Junge. Tut ihr nicht weh, sonst kriegt ihr gleich ein paar von mir", sagte die Mutter den Kindern. *"The cat didn't get enough to eat. She'll be having kittens soon. Don't hurt her or you'll get a few whacks from me," said the mother to her children.* **Kriegen** is no longer used in the sense "to wage war" (**Krieg führen**).

269

kühlen

to cool; refresh;
refrigerate

PRINC. PARTS: **kühlen, kühlte, gekühlt, kühlt**
IMPERATIVE: **kühle!, kühlt!, kühlen Sie!**

	INDICATIVE	PRIMARY	SECONDARY
		SUBJUNCTIVE	
		Present Time	
	Present	*(Pres. Subj.)*	*(Imperf. Subj.)*
ich	kühle	kühle	kühlte
du	kühlst	kühlest	kühltest
er	kühlt	kühle	kühlte
wir	kühlen	kühlen	kühlten
ihr	kühlt	kühlet	kühltet
sie	kühlen	kühlen	kühlten

	Imperfect
ich	kühlte
du	kühltest
er	kühlte
wir	kühlten
ihr	kühltet
sie	kühlten

			Past Time	
	Perfect	*(Perf. Subj.)*	*(Pluperf. Subj.)*
ich	habe gekühlt	habe gekühlt	hätte gekühlt
du	hast gekühlt	habest gekühlt	hättest gekühlt
er	hat gekühlt	habe gekühlt	hätte gekühlt
wir	haben gekühlt	haben gekühlt	hätten gekühlt
ihr	habt gekühlt	habet gekühlt	hättet gekühlt
sie	haben gekühlt	haben gekühlt	hätten gekühlt

	Pluperfect
ich	hatte gekühlt
du	hattest gekühlt
er	hatte gekühlt
wir	hatten gekühlt
ihr	hattet gekühlt
sie	hatten gekühlt

		Future Time	
	Future	*(Fut. Subj.)*	*(Pres. Conditional)*
ich	werde kühlen	werde kühlen	würde kühlen
du	wirst kühlen	werdest kühlen	würdest kühlen
er	wird kühlen	werde kühlen	würde kühlen
wir	werden kühlen	werden kühlen	würden kühlen
ihr	werdet kühlen	werdet kühlen	würdet kühlen
sie	werden kühlen	werden kühlen	würden kühlen

		Future Perfect Time	
	Future Perfect	*(Fut. Perf. Subj.)*	*(Past Conditional)*
ich	werde gekühlt haben	werde gekühlt haben	würde gekühlt haben
du	wirst gekühlt haben	werdest gekühlt haben	würdest gekühlt haben
er	wird gekühlt haben	werde gekühlt haben	würde gekühlt haben
wir	werden gekühlt haben	werden gekühlt haben	würden gekühlt haben
ihr	werdet gekühlt haben	werdet gekühlt haben	würdet gekühlt haben
sie	werden gekühlt haben	werden gekühlt haben	würden gekühlt haben

Examples: „Du brauchst deinen Zorn nicht an mir zu kühlen, nur weil ich den Kühlschrank nicht reparieren konnte." „Du hast die ganze Kühlung kaputtgemacht." *"You don't have to let your anger out on me just because I couldn't repair the refrigerator." "You busted the whole refrigeration system."*

kürzen

PRINC. PARTS: **kürzen, kürzte, gekürzt, kürzt**
IMPERATIVE: **kürze!, kürzt!, kürzen Sie!**

to shorten, abbreviate

INDICATIVE	SUBJUNCTIVE	
	PRIMARY	SECONDARY

Present Time

Present	*(Pres. Subj.)*	*(Imperf. Subj.)*
ich kürze	kürze	kürzte
du kürzt	kürzest	kürztest
er kürzt	kürze	kürzte
wir kürzen	kürzen	kürzten
ihr kürzt	kürzet	kürztet
sie kürzen	kürzen	kürzten

Imperfect

ich kürzte
du kürztest
er kürzte
wir kürzten
ihr kürztet
sie kürzten

Past Time

Perfect	*(Perf. Subj.)*	*(Pluperf. Subj.)*
ich habe gekürzt	habe gekürzt	hätte gekürzt
du hast gekürzt	habest gekürzt	hättest gekürzt
er hat gekürzt	habe gekürzt	hätte gekürzt
wir haben gekürzt	haben gekürzt	hätten gekürzt
ihr habt gekürzt	habet gekürzt	hättet gekürzt
sie haben gekürzt	haben gekürzt	hätten gekürzt

Pluperfect

ich hatte gekürzt
du hattest gekürzt
er hatte gekürzt
wir hatten gekürzt
ihr hattet gekürzt
sie hatten gekürzt

K

Future Time

Future	*(Fut. Subj.)*	*(Pres. Conditional)*
ich werde kürzen	werde kürzen	würde kürzen
du wirst kürzen	werdest kürzen	würdest kürzen
er wird kürzen	werde kürzen	würde kürzen
wir werden kürzen	werden kürzen	würden kürzen
ihr werdet kürzen	werdet kürzen	würdet kürzen
sie werden kürzen	werden kürzen	würden kürzen

Future Perfect Time

Future Perfect	*(Fut. Perf. Subj.)*	*(Past Conditional)*
ich werde gekürzt haben	werde gekürzt haben	würde gekürzt haben
du wirst gekürzt haben	werdest gekürzt haben	würdest gekürzt haben
er wird gekürzt haben	werde gekürzt haben	würde gekürzt haben
wir werden gekürzt haben	werden gekürzt haben	würden gekürzt haben
ihr werdet gekürzt haben	werdet gekürzt haben	würdet gekürzt haben
sie werden gekürzt haben	werden gekürzt haben	würden gekürzt haben

Examples: Mein Gehalt wurde gekürzt. Wir werden unseren Urlaub kürzen müssen. Auch kann ich den Kurzwellenempfänger nicht kaufen. *My salary was reduced. We'll have to shorten our vacation. I can't buy the shortwave receiver either.* The adjective **kurz** has no umlaut, although it is umlauted in the comparative (**kürzer**) and superlative (**kürzest**). Every form of the verb is umlauted.

küssen

to kiss

PRINC. PARTS: **küssen, küsste, geküsst, küsst**
IMPERATIVE: **küsse!, küsst!, küssen Sie!**

INDICATIVE	SUBJUNCTIVE	
	PRIMARY	SECONDARY

Present Time

	Present	(*Pres. Subj.*)	(*Imperf. Subj.*)
ich	küsse	küsse	küsste
du	küsst	küssest	küsstest
er	küsst	küsse	küsste
wir	küssen	küssen	küssten
ihr	küsst	küsset	küsstet
sie	küssen	küssen	küssten

	Imperfect
ich	küsste
du	küsstest
er	küsste
wir	küssten
ihr	küsstet
sie	küssten

Past Time

	Perfect	(*Perf. Subj.*)	(*Pluperf. Subj.*)
ich	habe geküsst	habe geküsst	hätte geküsst
du	hast geküsst	habest geküsst	hättest geküsst
er	hat geküsst	habe geküsst	hätte geküsst
wir	haben geküsst	haben geküsst	hätten geküsst
ihr	habt geküsst	habet geküsst	hättet geküsst
sie	haben geküsst	haben geküsst	hätten geküsst

	Pluperfect
ich	hatte geküsst
du	hattest geküsst
er	hatte geküsst
wir	hatten geküsst
ihr	hattet geküsst
sie	hatten geküsst

Future Time

	Future	(*Fut. Subj.*)	(*Pres. Conditional*)
ich	werde küssen	werde küssen	würde küssen
du	wirst küssen	werdest küssen	würdest küssen
er	wird küssen	werde küssen	würde küssen
wir	werden küssen	werden küssen	würden küssen
ihr	werdet küssen	werdet küssen	würdet küssen
sie	werden küssen	werden küssen	würden küssen

Future Perfect Time

	Future Perfect	(*Fut. Perf. Subj.*)	(*Past Conditional*)
ich	werde geküsst haben	werde geküsst haben	würde geküsst haben
du	wirst geküsst haben	werdest geküsst haben	würdest geküsst haben
er	wird geküsst haben	werde geküsst haben	würde geküsst haben
wir	werden geküsst haben	werden geküsst haben	würden geküsst haben
ihr	werdet geküsst haben	werdet geküsst haben	würdet geküsst haben
sie	werden geküsst haben	werden geküsst haben	würden geküsst haben

Examples: Ich denke noch an den Abschiedskuss. Wie gerne würde ich Lore wieder küssen und kosen. Im Frühling komm ich wieder. Dann küss ich Lore noch einmal. *I'm still thinking of our parting kiss. How I'd like to kiss and caress Lore again. I'll come back in the spring. Then I'll kiss Lore again.*

lächeln

PRINC. PARTS: lächeln, lächelt, gelächelt, lächelt
IMPERATIVE: lächele!, lächelt!, lächeln Sie!

to smile

| INDICATIVE | SUBJUNCTIVE | |
| | PRIMARY | SECONDARY |

Present Time

Present	(*Pres. Subj.*)	(*Imperf. Subj.*)
ich lächele*	lächlele *	lächelte
du lächelst	lächlest	lächeltest
er lächelt	lächlele *	lächelte
wir lächeln	lächeln	lächelten
ihr lächelt	lächlet	lächeltet
sie lächeln	lächeln	lächelten

Imperfect

ich	lächelte
du	lächeltest
er	lächelte
wir	lächelten
ihr	lächeltet
sie	lächelten

Past Time

Perfect	(*Perf. Subj.*)	(*Pluperf. Subj.*)
ich habe gelächelt	habe gelächelt	hätte gelächelt
du hast gelächelt	habest gelächelt	hättest gelächelt
er hat gelächelt	habe gelächelt	hätte gelächelt
wir haben gelächelt	haben gelächelt	hätten gelächelt
ihr habt gelächelt	habet gelächelt	hättet gelächelt
sie haben gelächelt	haben gelächelt	hätten gelächelt

Pluperfect

ich	hatte gelächelt
du	hattest gelächelt
er	hatte gelächelt
wir	hatten gelächelt
ihr	hattet gelächelt
sie	hatten gelächelt

Future Time

Future	(*Fut. Subj.*)	(*Pres. Conditional*)
ich werde lächeln	werde lächeln	würde lächeln
du wirst lächeln	werdest lächeln	würdest lächeln
er wird lächeln	werde lächeln	würde lächeln
wir werden lächeln	werden lächeln	würden lächeln
ihr werdet lächeln	werdet lächeln	würdet lächeln
sie werden lächeln	werden lächeln	würden lächeln

Future Perfect Time

Future Perfect	(*Fut. Perf. Subj.*)	(*Past Conditional*)
ich werde gelächelt haben	werde gelächelt haben	würde gelächelt haben
du wirst gelächelt haben	werdest gelächelt haben	würdest gelächelt haben
er wird gelächelt haben	werde gelächelt haben	würde gelächelt haben
wir werden gelächelt haben	werden gelächelt haben	würden gelächelt haben
ihr werdet gelächelt haben	werdet gelächelt haben	würdet gelächelt haben
sie werden gelächelt haben	werden gelächelt haben	würden gelächelt haben

*'e' preceding 'l' in these forms is usually omitted in colloquial speech.

Examples: Die Kunsthistorikerin lächelte und sprach weiter von dem inneren Lächeln des Buddhas und der Mona Lisa. *The art historian smiled and continued speaking of the inner smile of the Buddha statue and the Mona Lisa.*

lachen

to laugh

PRINC. PARTS: **lachen, lachte, gelacht, lacht**
IMPERATIVE: **lache!, lacht!, lachen Sie!,**

INDICATIVE	SUBJUNCTIVE	
	PRIMARY	SECONDARY

Present Time

	Present	(*Pres. Subj.*)	(*Imperf. Subj.*)
ich	lache	lache	lachte
du	lachst	lachest	lachtest
er	lacht	lache	lachte
wir	lachen	lachen	lachten
ihr	lacht	lachet	lachtet
sie	lachen	lachen	lachten

Imperfect

ich	lachte
du	lachtest
er	lachte
wir	lachten
ihr	lachtet
sie	lachten

Past Time

	Perfect	(*Perf. Subj.*)	(*Pluperf. Subj.*)
ich	habe gelacht	habe gelacht	hätte gelacht
du	hast gelacht	habest gelacht	hättest gelacht
er	hat gelacht	habe gelacht	hätte gelacht
wir	haben gelacht	haben gelacht	hätten gelacht
ihr	habt gelacht	habet gelacht	hättet gelacht
sie	haben gelacht	haben gelacht	hätten gelacht

Pluperfect

ich	hatte gelacht
du	hattest gelacht
er	hatte gelacht
wir	hatten gelacht
ihr	hattet gelacht
sie	hatten gelacht

Future Time

	Future	(*Fut. Subj.*)	(*Pres. Conditional*)
ich	werde lachen	werde lachen	würde lachen
du	wirst lachen	werdest lachen	würdest lachen
er	wird lachen	werde lachen	würde lachen
wir	werden lachen	werden lachen	würden lachen
ihr	werdet lachen	werdet lachen	würdet lachen
sie	werden lachen	werden lachen	würden lachen

Future Perfect Time

	Future Perfect	(*Fut. Perf. Subj.*)	(*Past Conditional*)
ich	werde gelacht haben	werde gelacht haben	würde gelacht haben
du	wirst gelacht haben	werdest gelacht haben	würdest gelacht haben
er	wird gelacht haben	werde gelacht haben	würde gelacht haben
wir	werden gelacht haben	werden gelacht haben	würden gelacht haben
ihr	werdet gelacht haben	werdet gelacht haben	würdet gelacht haben
sie	werden gelacht haben	werden gelacht haben	würden gelacht haben

Examples: Präsident Kühlitsch wurde oft zum Gelächter gemacht. Seine Gegner sagten: „Er lächelt selten und lacht nie." Aber er hat sie alle ausgelacht und dachte sich: „Wer zuletzt lacht, lacht am besten." *President Kühlitsch was often held up to ridicule. His opponents said, "He rarely smiles and never laughs." But he laughed them all off and thought to himself, "Who laughs last, laughs best."*

laden

PRINC. PARTS: laden, lud (ladete), geladen, lädt
IMPERATIVE: lade!, ladet!, laden Sie!

to invite; cite, summon, load

INDICATIVE	SUBJUNCTIVE	
	PRIMARY	SECONDARY

Present Time

	Present	(*Pres. Subj.*)	(*Imperf. Subj.*)	
ich	lade	lade	lüde	ladete
du	lädst (ladest)	ladest	lüdest	ladetest
er	lädt (ladet)	lade	lüde *or*	ladete
wir	laden	laden	lüden	ladeten
ihr	ladet	ladet	lüdet	ladetet
sie	laden	laden	lüden	ladeten

	Imperfect		
ich	lud		ladete
du	ludst		ladetest
er	lud	*or*	ladete
wir	luden		ladeten
ihr	ludet		ladetet
sie	luden		ladeten

Past Time

	Perfect	(*Perf. Subj.*)	(*Pluperf. Subj.*)
ich	habe geladen	habe geladen	hätte geladen
du	hast geladen	habest geladen	hättest geladen
er	hat geladen	habe geladen	hätte geladen
wir	haben geladen	haben geladen	hätten geladen
ihr	habt geladen	habet geladen	hättet geladen
sie	haben geladen	haben geladen	hätten geladen

	Pluperfect
ich	hatte geladen
du	hattest geladen
er	hatte geladen
wir	hatten geladen
ihr	hattet geladen
sie	hatten geladen

Future Time

	Future	(*Fut. Subj.*)	(*Pres. Conditional*)
ich	werde laden	werde laden	würde laden
du	wirst laden	werdest laden	würdest laden
er	wird laden	werde laden	würde laden
wir	werden laden	werden laden	würden laden
ihr	werdet laden	werdet laden	würdet laden
sie	werden laden	werden laden	würden laden

Future Perfect Time

	Future Perfect	(*Fut. Perf. Subj.*)	(*Past Conditional*)
ich	werde geladen haben	werde geladen haben	würde geladen haben
du	wirst geladen haben	werdest geladen haben	würdest geladen haben
er	wird geladen haben	werde geladen haben	würde geladen haben
wir	werden geladen haben	werden geladen haben	würden geladen haben
ihr	werdet geladen haben	werdet geladen haben	würdet geladen haben
sie	werden geladen haben	werden geladen haben	würden geladen haben

Examples: Meier hat wieder schwer geladen. Ich hätte ihn nicht einladen sollen. Jetzt will ich die Verantwortung nicht auf mich laden, ihn allein nach Hause fahren zu lassen. *Meier has got a load on (is drunk) again. I shouldn't have invited him. Now I don't want to assume the responsibility of letting him drive home alone.* The expression **keine Feier ohne Meier** means *"that guy never misses a party."*

landen

to land; end up; succeed

PRINC. PARTS: **landen, landete, gelandet*, landet**
IMPERATIVE: **lande!, landet!, landen Sie!**

INDICATIVE	PRIMARY	SECONDARY
	SUBJUNCTIVE	

Present Time

	Present	*(Pres. Subj.)*	*(Imperf. Subj.)*
ich	lande	lande	landete
du	landest	landest	landetest
er	landet	lande	landete
wir	landen	landen	landeten
ihr	landet	landet	landetet
sie	landen	landen	landeten

	Imperfect
ich	landete
du	landetest
er	landete
wir	landeten
ihr	landetet
sie	landeten

Past Time

	Perfect	*(Perf. Subj.)*	*(Pluperf. Subj.)*
ich	bin gelandet	sei gelandet	wäre gelandet
du	bist gelandet	seiest gelandet	wärest gelandet
er	ist gelandet	sei gelandet	wäre gelandet
wir	sind gelandet	seien gelandet	wären gelandet
ihr	seid gelandet	seiet gelandet	wäret gelandet
sie	sind gelandet	seien gelandet	wären gelandet

	Pluperfect
ich	war gelandet
du	warst gelandet
er	war gelandet
wir	waren gelandet
ihr	wart gelandet
sie	waren gelandet

Future Time

	Future	*(Fut. Subj.)*	*(Pres. Conditional)*
ich	werde landen	werde landen	würde landen
du	wirst landen	werdest landen	würdest landen
er	wird landen	werde landen	würde landen
wir	werden landen	werden landen	würden landen
ihr	werdet landen	werdet landen	würdet landen
sie	werden landen	werden landen	würden landen

Future Perfect Time

	Future Perfect	*(Fut. Perf. Subj.)*	*(Past Conditional)*
ich	werde gelandet sein	werde gelandet sein	würde gelandet sein
du	wirst gelandet sein	werdest gelandet sein	würdest gelandet sein
er	wird gelandet sein	werde gelandet sein	würde gelandet sein
wir	werden gelandet sein	werden gelandet sein	würden gelandet sein
ihr	werdet gelandet sein	werdet gelandet sein	würdet gelandet sein
sie	werden gelandet sein	werden gelandet sein	würden gelandet sein

*When used transitively (with a direct object) **haben** is the helping verb. **Seine beschädigte Maschine hat der Ass trotzdem sicher gelandet.** *The ace landed his plane safely even though it was damaged. .*

Examples: **All meine Vorschläge landeten im Papierkorb. Bei ihnen konnte ich einfach nicht landen.** *All my suggestions ended up in the waste-basket. I just couldn't get anywhere with them.* **Da sind Sie doch bei uns gelandet.** *So you wound up at our place anyway.* **Das Flugzeug musste notlanden / bruchlanden.** *The aircraft had to make an emergency landing/crash landing.* **Gibt es**
276 **einen direkten Flug, ohne Zwischenlandung?** *Is there a direct flight, without a stopover?*

lassen

PRINC. PARTS: **lassen, ließ, gelassen, lässt**
IMPERATIVE: **lass!, lasst!, lassen Sie!**

to let; leave; allow; abandon; stop;
have something done (with infinitive)

	INDICATIVE	SUBJUNCTIVE	
		PRIMARY	SECONDARY
		Present Time	
	Present	(*Pres. Subj.*)	(*Imperf. Subj.*)
ich	lasse	lasse	ließe
du	lässt	lassest	ließest
er	lässt	lasse	ließe
wir	lassen	lassen	ließen
ihr	lasst	lasset	ließet
sie	lassen	lassen	ließen

	Imperfect
ich	ließ
du	ließest
er	ließ
wir	ließen
ihr	ließt
sie	ließen

		Past Time	
	Perfect	(*Perf. Subj.*)	(*Pluperf. Subj.*)
ich	habe gelassen	habe gelassen	hätte gelassen
du	hast gelassen	habest gelassen	hättest gelassen
er	hat gelassen	habe gelassen	hätte gelassen
wir	haben gelassen	haben gelassen	hätten gelassen
ihr	habt gelassen	habet gelassen	hättet gelassen
sie	haben gelassen	haben gelassen	hätten gelassen

	Pluperfect
ich	hatte gelassen
du	hattest gelassen
er	hatte gelassen
wir	hatten gelassen
ihr	hattet gelassen
sie	hatten gelassen

		Future Time	
	Future	(*Fut. Subj.*)	(*Pres. Conditional*)
ich	werde lassen	werde lassen	würde lassen
du	wirst lassen	werdest lassen	würdest lassen
er	wird lassen	werde lassen	würde lassen
wir	werden lassen	werden lassen	würden lassen
ihr	werdet lassen	werdet lassen	würdet lassen
sie	werden lassen	werden lassen	würden lassen

		Future Perfect Time	
	Future Perfect	(*Fut. Perf. Subj.*)	(*Past Conditional*)
ich	werde gelassen haben	werde gelassen haben	würde gelassen haben
du	wirst gelassen haben	werdest gelassen haben	würdest gelassen haben
er	wird gelassen haben	werde gelassen haben	würde gelassen haben
wir	werden gelassen haben	werden gelassen haben	würden gelassen haben
ihr	werdet gelassen haben	werdet gelassen haben	würdet gelassen haben
sie	werden gelassen haben	werden gelassen haben	würden gelassen haben

AN ESSENTIAL 55 VERB

AN ESSENTIAL 55 VERB

EXAMPLES

Frau Rose Neu schrie, „Das Kind kann ich keinen Augenblick aus den Augen lassen. Es lässt mir keine Ruhe." „Ach, lass ihn doch! Du kannst mal fünf gerade sein lassen. Leben und leben lassen, das ist meine Devise", sagt Herr Neu. „Das lass ich mir nicht gefallen. Du musst mir mit dem Kind freien Lauf lassen." Dann ließ sie ihren Tränen freien Lauf. „Ach, lass das Weinen. Komm, dieser Wein lässt sich gut trinken." „Darüber lässt sich reden", erwiderte sie. „Sei nicht böse. Du weißt, ich überlasse dir alles, auch die Wahl meiner Kleidung. Und die Haare lass ich mir nur von dir schneiden." „Lass das aus dem Spiel", sagte sie schnippisch. Endlich ließ sie sich doch trösten.

Mrs. Rose Neu shouted, "I can't let that child out of my sight for a second. He gives me no peace." "Oh, let him be. You can close an eye to things sometimes. Live and let live, that's my motto," said Mr. Neu. "I won't put up with that. You must give me a free hand with the child." Then she gave free rein to her tears. "Oh, stop crying. Come, this wine is very drinkable." "That's debatable," she replied. "Don't be angry. You know I leave everything to you, even picking out my clothes. And I have my hair cut by you alone. "Leave that out of it," she said snappily. Finally she did allow herself to be comforted.

Rev. verbs in Group VI, page 13. **Lassen** has several meanings and is also often used idiomatically. Note that the idiom **jmdm. freien Lauf lassen** (*to give someone free rein/a free hand*) is used twice above. **Fünf gerade sein lassen** means literally "to allow five to be an even number." Of course, it has to be translated idiomatically. The meaning "stop" as in **lass das Weinen** above, is a more modern translation for "to leave off; to let be." **Lassen** + infinitive expresses "to have something done" as in **sich die Haare schneiden lassen** above. **Lassen** is used reflexively (**sich**) in two idioms above. **Lassen** + **sich** + infinitive is used to express ability ("drinkability" above) and can substitute for the passive voice.

Prefix Verbs

INSEPARABLE

belassen—to leave
„Kann man die Sache so belassen?" „Ja, belassen wir's dabei."
"Can we let the matter rest there?" "Yes, let's leave it at that."

entlassen—to lay off; release, discharge
Er kann das Trinken nicht lassen. Wir müssen ihn entlassen.
He can't stop drinking. We'll have to let him go.

Diesen Bescheuerten hat man als geheilt entlassen.
They said he was cured and released that nut case.

erlassen—to enact; issue
Sie wollen neue Gesetze erlassen.
They want to pass new laws.

Wann wurde der Haftbefehl erlassen?
When was the arrest warrant issued?

hinterlassen—to leave, bequeath
Der Milliardär hat seinen Kindern wenig Geld hinterlassen.
The billionaire didn't leave his children much money.

Nach dem Piepton hinterlassen Sie bitte eine Nachricht.
After the beep please leave a message.

Der Wein hinterlässt einen komischen Nachgeschmack.
The wine leaves a funny aftertaste.

überlassen—to leave to
Das überlass ich dir.
I'll leave that to you.

unterlassen—to refrain from; fail to do
Warum wurde das unterlassen?
Why wasn't that done?

verlassen—to leave; abandon
Gauguin verließ seine Familie.
Gauguin left his family.

Prefix Verbs

SEPARABLE

ablassen—to drain; let out; reduce price
Wir müssen das Schwimmbecken
ablassen.
We have to drain the swimming pool.

Sie haben uns 55 Euro vom Preis
abgelassen.
They reduced the price by 55 euros for us.

anlassen—to start up; keep wearing;
leave on, leave burning/running
Er versuchte vergebens den Motor
anzulassen.
He tried in vain to get the motor going.

Ich ziehe vor, den Hut anzulassen.
I prefer to keep my hat on.

Die Kerze hast du wieder angelassen.
Das ist gefährlich.
*You left the candle burning again. That's
dangerous.*

auflassen—to leave open; close down
Wer hat die Tür wieder aufgelassen?
Who left the door open again?

auslassen—to omit
Du hast einige Posten ausgelassen.
You left out some items.

durchlassen—to let through; show
through
Die Polizei wollte uns nicht durchlassen.
The police wouldn't let us through.

Der Lampenschirm lässt zu viel Licht
durch.
*The lampshade lets too much light
through.*

einlassen—to let in; venture
Lass dich nicht auf so etwas ein!
Don't get involved in something like that!

fortlassen—to allow to go; omit
Lass mich fort. Ich hab's eilig.
Let me go. I'm in a hurry.

Das hättest du nicht fortlassen sollen.
You shouldn't have omitted that.

freilassen—to release
Der ehemalige Terrorist wurde im
Rahmen einer Amnestie freigelassen.
*The former terrorist was released under
an amnesty program.*

loslassen—to let go of; launch; let loose
on
Der Gedanke lässt mich nicht los.
I can't put that thought out of my mind.

Er drohte, die Dobermänner auf uns
loszulassen.
He threated to set the Dobermans on us.

nachlassen—to subside, diminish
Endlich ließ der Schmerz nach.
The pain finally subsided.

(sich) niederlassen—to settle
Viele Hugenotten ließen sich in
Ostpreußen nieder.
Many Huguenots settled in East Prussia.

rauslassen—to let out
Lass die Katze raus!
Let the cat out.

die Sau rauslassen—to let it all hang out,
whoop it up
Heute Abend wollen wir ordentlich die
Sau rauslassen.
We're really going to pig out tonight.

zulassen—to accept, permit; admit
Der Revolver wurde als Beweis nicht
zugelassen, weil der Durchsuchungs-
befehl nicht in Ordnung war.
*The revolver wasn't admitted into evi-
dence because the search warrant
wasn't in order.*

zurücklassen—to leave behind
Sie mussten alles zurücklassen, und
ihre Heimat verlassen.
*They had to leave everything behind and
leave their homeland.*

L

laufen

to run; walk; function

PRINC. PARTS: **laufen, lief, ist gelaufen, läuft**
IMPERATIVE: **laufe!, lauft!, laufe Sie!**

INDICATIVE	SUBJUNCTIVE	
	PRIMARY	SECONDARY
	Present Time	
Present	*(Pres. Subj.)*	*(Imperf. Subj.)*
ich laufe	laufe	liefe
du läufst	laufest	liefest
er läuft	laufe	liefe
wir laufen	laufen	liefen
ihr lauft	laufet	liefet
sie laufen	laufen	liefen
Imperfect		
ich lief		
du liefst		
er lief		
wir liefen		
ihr lieft		
sie liefen		
	Past Time	
Perfect	*(Perf. Subj.)*	*(Pluperf. Subj.)*
ich bin gelaufen	sei gelaufen	wäre gelaufen
du bist gelaufen	seiest gelaufen	wärest gelaufen
er ist gelaufen	sei gelaufen	wäre gelaufen
wir sind gelaufen	seien gelaufen	wären gelaufen
ihr seid gelaufen	seiet gelaufen	wäret gelaufen
sie sind gelaufen	seien gelaufen	wären gelaufen
Pluperfect		
ich war gelaufen		
du warst gelaufen		
er war gelaufen		
wir waren gelaufen		
ihr wart gelaufen		
sie waren gelaufen		
	Future Time	
Future	*(Fut. Subj.)*	*(Pres. Conditional)*
ich werde laufen	werde laufen	würde laufen
du wirst laufen	werdest laufen	würdest laufen
er wird laufen	werde laufen	würde laufen
wir werden laufen	werden laufen	würden laufen
ihr werdet laufen	werdet laufen	würdet laufen
sie werden laufen	werden laufen	würden laufen
	Future Perfect Time	
Future Perfect	*(Fut. Perf. Subj.)*	*(Past Conditional)*
ich werde gelaufen sein	werde gelaufen sein	würde gelaufen sein
du wirst gelaufen sein	werdest gelaufen sein	würdest gelaufen sein
er wird gelaufen sein	werde gelaufen sein	würde gelaufen sein
wir werden gelaufen sein	werden gelaufen sein	würden gelaufen sein
ihr werdet gelaufen sein	werdet gelaufen sein	würdet gelaufen sein
sie werden gelaufen sein	werden gelaufen sein	würden gelaufen sein

AN ESSENTIAL
55 VERB

Prefix Verbs

SEPARABLE

ablaufen—to expire; lapse
Die Frist ist abgelaufen.
The time period has expired.

anlaufen—to start
Der Film läuft jetzt an.
The movie's starting now.

davonlaufen—to run away; walk out on
Sobald er uns sah, lief er uns davon.
As soon as he saw us he ran away.

*durchlaufen—to trickle through, filter;
wear down/through
Warte bis der Kaffee durchgelaufen ist.
Wait till the coffee is filtered.

Du hast deine Schuhsohlen durchgelaufen.
You've worn down your shoe soles.

einlaufen—to come in, enter
Das Schiff lief in den Hafen ein.
The ship entered the harbor.

entgegenlaufen—to run toward, run to
meet
Freudig lief sie ihm entgegen.
Joyously she ran toward him.

entlanglaufen—to walk along
Sie sind am Bach entlanggelaufen.
They walked along the brook.

festlaufen—to founder, run aground
Die Verhandlungen sind festgelaufen.
The negotiations have foundered.

fortlaufen—to run away/off
Der Hund läuft oft fort, aber er kommt
immer zurück.
*The dog often runs off, but he always comes
back.*

EXAMPLES
„Hier läuft es sich schlecht. Wir laufen
Gefahr, uns die Füße wund zu laufen.
Früher konnten wir besser laufen. Jetzt leiden wir an Kreislaufstörungen und konnten
den Marathon nicht zu Ende laufen. Es ist
ja halt der Lauf der Welt." „Ja, Sonne und
Sterne laufen ihre Bahn. Wir auch. Aber
unsere Laufbahn ist noch nicht zu Ende.
Wir sehen uns noch im Laufe des Jahres."
*"The running isn't good here. We run the risk
of getting sore feet. We used to be able to
run better. Now we suffer from circulatory
disorders and we couldn't run the marathon
to the finish line. Oh well, that's the way
of the world." "Yes, the sun and the stars
move in their orbits. We do, too. But our
career isn't over yet. We'll see each other
in the course of the year."*

Endlich läuft der Computer wieder richtig.
The computer's finally working right again.

Review verbs in Group VI, page 13. "Lope"
and the semantically more distant "leap" are
Eng. cognates. The basic idea is motion, as in
the related words used above: **Kreislauf, Lauf,
Laufbahn. Kreislauf** refers to the circulation
of the blood. **Umlauf** is used for currency in
circulation, or for a newspaper or periodcal's
circulation. **Umlaufbahn** is "orbit."
Lebenslauf is "curriculum vitae." In 1869,
Josef Strauss wrote a waltz called *Mein
Lebenslauf ist Lieb' und Lust* (*The Story of
My Life Is Love and Pleasure*) for a students'
ball at the University of Vienna. Such a statement would be too risqué on any résumé, however. "A long run (play)" is: **das Stück hat eine
erfolgreiche Spielzeit gehabt** (*the play had a
long run*). When **laufen** is used transitively, i.e.
when it takes a direct object, such as **Rekord**
or **Marathon** (above), the perfect tenses are
formed with **haben**, not **sein**. A similar construction to **wund laufen** used above is **müde
laufen: Wir haben uns müde gelaufen.** (*We
got tired walking.*)

L

Prefix Verbs

SEPARABLE (continued)

*umlaufen—to knock over; circulate
Der Langstreckenläufer hat mich fast umgelaufen.
The long distance runner almost knocked me over.

Böse Gerüchte laufen um.
Nasty rumors are circulating.

vorbeilaufen—walk/run past
Sie liefen an uns vorbei und grüßten nicht.
They ran past us and didn't say hello.

weiterlaufen—to continue walking/ running
Wir konnten nicht weiterlaufen.
We couldn't walk any further.

weglaufen—to run away; abandon
Die meisten Kunden sind ihnen weggelaufen.
Most of their customers have deserted them.

zurücklaufen—to walk/run back
Statt zurückzulaufen, nahmen wir den Bus.
Instead of walking back, we took the bus.

zusammenlaufen—to converge
Hier laufen viele Straßen zusammen.
Many streets converge here.

zuwiderlaufen—to run counter to
Das läuft meinen Prinzipien zuwider.
That runs counter to my principles.

Prefix Verbs

INSEPARABLE

(sich) belaufen auf—to come/amount to
Das beläuft sich auf 220 Euros.
That comes to 220 euros.

*durchlaufen—to walk through; pass through
Wir haben die ganze Stadt durchlaufen.
We walked through the whole city.

Die Daten durchliefen viele Stadien.
The data changed status several times.

entlaufen—to run away
Aufgepasst hab ich schon, aber der Hund ist mir wieder entlaufen. Es liegt wohl an seiner Rasse.
I did watch out but the dog got away from me again. It's probably due to his breed.

*umlaufen—to orbit
Der Mond umläuft die Erde in 28 Tagen.
The moon orbits the earth in 28 days.

unterlaufen—to occur
Es sind Ihnen einige Fehler unterlaufen.
You made a few mistakes.

verlaufen—to proceed
Jetzt verläuft alles wieder normal.
Everything's proceeding normally again now.

(sich) verlaufen—to lose one's way when walking
Wir haben uns im Wald verlaufen.
We lost our way in the woods.

zerlaufen—to melt, dissolve
Unsere Hoffnungen zerliefen in nichts.
Our hopes melted away.

*Note that durchlaufen and umlaufen can be separable or inseparable. See "Doubtful Prefixes," page 610.

lauschen

PRINC. PARTS: **lauschen, lauschte, gelauscht**
IMPERATIVE: **lausch!, lauscht!, lauschen Sie!**

to listen to; eavesdrop

INDICATIVE	SUBJUNCTIVE	
	PRIMARY	SECONDARY

Present Time

	Present	(*Pres. Subj.*)	(*Imperf. Subj.*)
ich	lausche	lausche	lauschte
du	lauschst	lauschest	lauschtest
er	lauscht	lausche	lauschte
wir	lauschen	lauschen	lauschten
ihr	lauscht	lauschet	lauschtet
sie	lauschen	lauschen	lauschten

	Imperfect
ich	lauschte
du	lauschtest
er	lauschte
wir	lauschten
ihr	lauschtet
sie	lauschten

Past Time

	Perfect	(*Perf. Subj.*)	(*Pluperf. Subj.*)
ich	habe gelauscht	habe gelauscht	hätte gelauscht
du	hast gelauscht	habest gelauscht	hättest gelauscht
er	hat gelauscht	habe gelauscht	hätte gelauscht
wir	haben gelauscht	haben gelauscht	hätten gelauscht
ihr	habt gelauscht	habet gelauscht	hättet gelauscht
sie	haben gelauscht	haben gelauscht	hätten gelauscht

	Pluperfect
ich	hatte gelauscht
du	hattest gelauscht
er	hatte gelauscht
wir	hatten gelauscht
ihr	hattet gelauscht
sie	hatten gelauscht

Future Time

	Future	(*Fut. Subj.*)	(*Pres. Conditional*)
ich	werde lauschen	werde lauschen	würde lauschen
du	wirst lauschen	werdest lauschen	würdest lauschen
er	wird lauschen	werde lauschen	würde lauschen
wir	werden lauschen	werden lauschen	würden lauschen
ihr	werdet lauschen	werdet lauschen	würdet lauschen
sie	werden lauschen	werden lauschen	würden lauschen

Future Perfect Time

	Future Perfect	(*Fut. Perf. Subj.*)	(*Past Conditional*)
ich	werde gelauscht haben	werde gelauscht haben	würde gelauscht haben
du	wirst gelauscht haben	werdest gelauscht haben	würdest gelauscht haben
er	wird gelauscht haben	werde gelauscht haben	würde gelauscht haben
wir	werden gelauscht haben	werden gelauscht haben	würden gelauscht haben
ihr	werdet gelauscht haben	werdet gelauscht haben	würdet gelauscht haben
sie	werden gelauscht haben	werden gelauscht haben	würden gelauscht haben

Examples: „Der Lauscher an der Wand hört seine eigene Schand", sagte der Gangster seiner Frau. *"The eavesdropper at the wall hears his own disgrace (eavesdroppers never hear anything good of themselves),"* said the gangster to his wife. **Wir lauschten Beethovens** *Fidelio. We listened (attentively) to Beethoven's* Fidelio.

leben

to live

PRINC. PARTS: **leben, lebte, gelebt, lebt**
IMPERATIVE: **lebe!, lebt!, leben Sie!**

INDICATIVE	SUBJUNCTIVE	
	PRIMARY	SECONDARY
	Present Time	
Present	*(Pres. Subj.)*	*(Imperf. Subj.)*
ich lebe	lebe	lebte
du lebst	lebest	lebtest
er lebt	lebe	lebte
wir leben	leben	lebten
ihr lebt	lebet	lebtet
sie leben	leben	lebten

Imperfect

ich	lebte
du	lebtest
er	lebte
wir	lebten
ihr	lebtet
sie	lebten

	Past Time	
Perfect	*(Perf. Subj.)*	*(Pluperf. Subj.)*
ich habe gelebt	habe gelebt	hätte gelebt
du hast gelebt	habest gelebt	hättest gelebt
er hat gelebt	habe gelebt	hätte gelebt
wir haben gelebt	haben gelebt	hätten gelebt
ihr habt gelebt	habet gelebt	hättet gelebt
sie haben gelebt	haben gelebt	hätten gelebt

Pluperfect

ich	hatte gelebt
du	hattest gelebt
er	hatte gelebt
wir	hatten gelebt
ihr	hattet gelebt
sie	hatten gelebt

	Future Time	
Future	*(Fut. Subj.)*	*(Pres. Conditional)*
ich werde leben	werde leben	würde leben
du wirst leben	werdest leben	würdest leben
er wird leben	werde leben	würde leben
wir werden leben	werden leben	würden leben
ihr werdet leben	werdet leben	würdet leben
sie werden leben	werden leben	würden leben

	Future Perfect Time	
Future Perfect	*(Fut. Perf. Subj.)*	*(Past Conditional)*
ich werde gelebt haben	werde gelebt haben	würde gelebt haben
du wirst gelebt haben	werdest gelebt haben	würdest gelebt haben
er wird gelebt haben	werde gelebt haben	würde gelebt haben
wir werden gelebt haben	werden gelebt haben	würden gelebt haben
ihr werdet gelebt haben	werdet gelebt haben	würdet gelebt haben
sie werden gelebt haben	werden gelebt haben	würden gelebt haben

AN ESSENTIAL
55 VERB

Prefix Verbs

SEPARABLE
aufleben—to perk up
Im luftgekühlten Restaurant lebten wir wieder auf.
We perked up again in the air-conditioned restaurant.

(sich) einleben—to settle in
Wir haben uns im neuen Haus noch nicht ganz eingelebt.
We haven't quite settled in yet in our new house.

hochleben—to give three cheers
Hoch lebe der Kaiser!
Hooray for the Emperor!

Hoch lebe das Brautpaar! Hoch sollen sie leben! Dreimal hoch!
May the bridal couple flourish. May they prosper. Hooray!

INSEPARABLE
erleben—to experience
Bei unserer Indienreise haben wir viel Schönes erlebt.
We experienced many beautiful things during our trip to India.

überleben—to survive
Sie haben den Krieg nicht überlebt.
They didn't survive the war.

verleben—to spend
Dort haben wir herrliche Tage verlebt.
We spent wonderful days there.

See conjugated inseparable: beleben.

EXAMPLES
Nach der Scheidung lebten sie nicht mehr zusammen. Aber sie wohnten noch in derselben Stadt. Die Leute glaubten, er lebte sich aus. Aber er führte ein einsames Leben. Nach dem Ableben seiner Hündin war er traurig. Während der Flutkatastrophe versuchte er, die Überlebenden mit seinem Galgenhumor zu beleben. Er lebte für sich, ganz allein. Sie aber behielt ihre Lebenslust bis an ihr Lebensende. "Es lebe das Leben. Es lebe die Liebe!" war ihre Devise. Sie wurde eine lustige Witwe und heiratete mehrere Lebemänner. In ihrem langen Leben hat sie viel Freud und Leid erlebt.
After the divorce they didn't live together anymore. But they still lived (resided) in the same town. People thought he was living it up. But he led a lonely life. After the death of his dog, he was sad. He tried to cheer up the survivors with his macabre humor during the flood. He lived for himself, all alone. But she retained her vivacity till the end of her days. "Long live life. Long live love!" was her motto. She became a merry widow and married many high-livers (playboys). In her long life she experienced much joy and sorrow.

L

The first two sentences illustrate the difference between **leben** (*to live, in general*) and **wohnen** (*to reside, dwell*). **Ableben** (*death*) is used above as a noun. **Die Überlebenden** is the present participle used as an adjectival noun. **Ableben** (to die), **(sich) ausleben** (*to live it up*), and **zusammenleben** (*to live together*) are separable prefix verbs. Inseparable prefix verbs used above are: **beleben** (*to animate*), **erleben** (*to experience*), and **überleben** (*to survive*). For other prefix verbs, see the list to the left.

lecken

to lick; leak

PRINC. PARTS: **lecken, leckte, geleckt, leckt**
IMPERATIVE: **lecke!, leckt!, lecken Sie!**

	INDICATIVE	SUBJUNCTIVE	
		PRIMARY	SECONDARY

Present Time

	Present	(Pres. Subj.)	(Imperf. Subj.)
ich	lecke	lecke	leckte
du	leckst	leckest	lecktest
er	leckt	lecke	leckte
wir	lecken	lecken	leckten
ihr	leckt	lecket	lecktet
sie	lecken	lecken	leckten

	Imperfect
ich	leckte
du	lecktest
er	leckte
wir	leckten
ihr	lecktet
sie	leckten

Past Time

	Perfect	(Perf. Subj.)	(Pluperf. Subj.)
ich	habe geleckt	habe geleckt	hätte geleckt
du	hast geleckt	habest geleckt	hättest geleckt
er	hat geleckt	habe geleckt	hätte geleckt
wir	haben geleckt	haben geleckt	hätten geleckt
ihr	habt geleckt	habet geleckt	hättet geleckt
sie	haben geleckt	haben geleckt	hätten geleckt

	Pluperfect
ich	hatte geleckt
du	hattest geleckt
er	hatte geleckt
wir	hatten geleckt
ihr	hattet geleckt
sie	hatten geleckt

Future Time

	Future	(Fut. Subj.)	(Pres. Conditional)
ich	werde lecken	werde lecken	würde lecken
du	wirst lecken	werdest lecken	würdest lecken
er	wird lecken	werde lecken	würde lecken
wir	werden lecken	werden lecken	würden lecken
ihr	werdet lecken	werdet lecken	würdet lecken
sie	werden lecken	werden lecken	würden lecken

Future Perfect Time

	Future Perfect	(Fut. Perf. Subj.)	(Past Conditional)
ich	werde geleckt haben	werde geleckt haben	würde geleckt haben
du	wirst geleckt haben	werdest geleckt haben	würdest geleckt haben
er	wird geleckt haben	werde geleckt haben	würde geleckt haben
wir	werden geleckt haben	werden geleckt haben	würden geleckt haben
ihr	werdet geleckt haben	werdet geleckt haben	würdet geleckt haben
sie	werden geleckt haben	werden geleckt haben	würden geleckt haben

---

Examples: Das Boot leckte und wir mussten Wasser schöpfen. Nachher haben wir im Hafen so lecker gegessen, dass wir uns die Finger geleckt haben. Der Oberst, nachdem er sein Huhn fertiggegessen hatte, leckte sich die Finger. *The boat leaked and we had to scoop water. Afterwards, we ate so well in the port that we licked our fingers. The colonel, after finishing his chicken, licked his fingers.*

legen

PRINC. PARTS: **legen, legte, gelegt, legt**
IMPERATIVE: **lege!, legt!, legen Sie!**

to lay, put, place, deposit

	INDICATIVE		SUBJUNCTIVE	
			PRIMARY	SECONDARY
			Present Time	
	Present		*(Pres. Subj.)*	*(Imperf. Subj.)*
ich	lege		lege	legte
du	legst		legest	legtest
er	legt		lege	legte
wir	legen		legen	legten
ihr	legt		leget	legtet
sie	legen		legen	legten

Imperfect

ich	legte
du	legtest
er	legte
wir	legten
ihr	legtet
sie	legten

			Past Time	
	Perfect		*(Perf. Subj.)*	*(Pluperf. Subj.)*
ich	habe gelegt		habe gelegt	hätte gelegt
du	hast gelegt		habest gelegt	hättest gelegt
er	hat gelegt		habe gelegt	hätte gelegt
wir	haben gelegt		haben gelegt	hätten gelegt
ihr	habt gelegt		habet gelegt	hättet gelegt
sie	haben gelegt		haben gelegt	hätten gelegt

Pluperfect

ich	hatte gelegt
du	hattest gelegt
er	hatte gelegt
wir	hatten gelegt
ihr	hattet gelegt
sie	hatten gelegt

			Future Time	
	Future		*(Fut. Subj.)*	*(Pres. Conditional)*
ich	werde legen		werde legen	würde legen
du	wirst legen		werdest legen	würdest legen
er	wird legen		werde legen	würde legen
wir	werden legen		werden legen	würden legen
ihr	werdet legen		werdet legen	würdet legen
sie	werden legen		werden legen	würden legen

			Future Perfect Time	
	Future Perfect		*(Fut. Perf. Subj.)*	*(Past Conditional)*
ich	werde gelegt haben		werde gelegt haben	würde gelegt haben
du	wirst gelegt haben		werdest gelegt haben	würdest gelegt haben
er	wird gelegt haben		werde gelegt haben	würde gelegt haben
wir	werden gelegt haben		werden gelegt haben	würden gelegt haben
ihr	werdet gelegt haben		werdet gelegt haben	würdet gelegt haben
sie	werden gelegt haben		werden gelegt haben	würden gelegt haben

L

AN ESSENTIAL
55 VERB

287

Legen

EXAMPLES

Im Frühling, wenn unsere Hennen mehr Eier legen, hoffen wir etwas Geld auf die hohe Kante zu legen.

In the spring when our hens lay more eggs, we hope to put some money by.

Die Kartenlegerin legte dem Professor seine Zukunft aus. Er sagte ihr, sie müsse ihre Ansichten belegen. Er war sehr verlegen, weil er seine Geldtasche verlegt hatte. Später sagte er wütend seiner Frau: „Sie hat mir Worte in den Mund gelegt." „Leg deinen Mantel ab und geh leg dich hin. Du bist müde und aufgeregt. Wenn sich der Sturm gelegt hat, besuchen wir den schön angelegten Park."

The fortune-teller interpreted the professor's future. He told her she'd have to support her arguments. He was very embarrassed because he had misplaced his wallet. Later, furious, he said to his wife, "She put words into my mouth." "Take your coat off and go lie down. You are tired and excited. When the storm has subsided, we'll visit that nicely laid out, landscaped park."

English and German distinguish between "to lay" (**legen**) and "to lie, be recumbent" (**liegen**). The past of "to lie" is "lay" which causes confusion in English. **Legen** is a causative, i.e., if you lay something somewhere you cause it to lie there. A **Kartenlegerin** lays, i.e., puts/places cards in different positions. The reflexive **sich hinlegen** used above is to "put oneself someplace," i.e., "to lie down," lit. "to lay oneself down." The prefix **ver** is sometimes used to mean "miss" or "dis." If one is mentally misplaced, destabilized, one is **verlegen** (*embarrased*). The professor above "misplaced" his wallet and is "embarrassed." **Auslegen**,

ablegen, **hinlegen**, and **anlegen** are separable. **Belegen** and **verlegen** are inseparable. For additional prefix verbs see the list below. The idea behind the idiom **auf die hohe Kante legen** (*to set money aside/by*) used in example 1, is that if you put money in a "high" out-of-the-way place, you'll be less tempted to get at it and spend it.

Prefix Verbs

INSEPARABLE

belegen—to substantiate
Sie hat ihre Argumente gut belegt.
She supported her arguments well.

*überlegen—to think over, consider
Ich habe mir das überlegt und muss nein sagen.
I've thought it over and have to say no.

verlegen—to publish; displace; misplace; relocate
Sie verlegen vor allem Kunstbücher.
They publish primarily books on art.

Mein Sekretär muss die Akte verlegt haben.
My secretary must have misplaced the file.

Die Fabrik wurde ins Ausland verlegt.
The factory was relocated in a foreign country.

*Note that **überlegen** can be separable or inseparable. See "Doubtful Prefixes," page 610.

Prefix Verbs

SEPARABLE

ablegen—to take off
Legen Sie bitte Ihren Mantel ab!
Take off your coat, please.

Note: Also used in many idioms: Rechenschaft ablegen (*to give an accounting*); einen Eid ablegen (*to swear an oath*); Zeugnis ablegen (*to bear witness*); eine Prüfung ablegen (*to take an exam*).

anlegen—to put on; invest
Leg den Mantel an, es wird kalt.
Put your coat on, it's getting cold.

Wir hofften, unser Geld gewinnbringend anzulegen.
We hoped to invest our money profitably.

(sich) anlegen mit—to quarrel with, take on
Der Star legte sich oft mit dem Regisseur an.
The star often quarreled with the director.

auflegen—to hang up (telephone); publish, print
Ich muss jetzt auflegen.
I've got to hang up now.

Das Buch soll jetzt neu aufgelegt werden.
The book is to be reprinted now.

auslegen—to interpret
Der Guru legte uns die Wedas aus.
The guru interpreted the Vedas for us.

beilegen—to enclose
Legen Sie bitte Ihren Lebenslauf bei!
Please enclose your CV.

*überlegen—to put on top of
Leg mir bitte noch eine Decke über.
Put another blanket on me, please.

(sich) zulegen—gain, acquire
Ich habe mir wieder Gewicht zugelegt.
I've gained weight again.

(sich) einen Gang/einen Zahn zulegen—to speed up
Wenn du dir keinen Zahn zulegst, kommen wir zu spät an.
If you don't step on it, we'll arrive too late. (**Zahn** is associated here with "cog," not "tooth." The idea is speeding up machinery.)

*Note that überlegen can be separable or inseparable. See "Doubtful Prefixes," page 610.

L

lehren

to teach

PRINC. PARTS: **lehren, lehrte, gelehrt, lehrt**
IMPERATIVE: **lehre!, lehrt!, lehren Sie!**

INDICATIVE		SUBJUNCTIVE	
		PRIMARY	SECONDARY
		Present Time	
Present		*(Pres. Subj.)*	*(Imperf. Subj.)*
ich	lehre	lehre	lehrte
du	lehrst	lehrest	lehrtest
er	lehrt	lehre	lehrte
wir	lehren	lehren	lehrten
ihr	lehrt	lehret	lehrtet
sie	lehren	lehren	lehrten
Imperfect			
ich	lehrte		
du	lehrtest		
er	lehrte		
wir	lehrten		
ihr	lehrtet		
sie	lehrten		
		Past Time	
Perfect		*(Perf. Subj.)*	*(Pluperf. Subj.)*
ich	habe gelehrt	habe gelehrt	hätte gelehrt
du	hast gelehrt	habest gelehrt	hättest gelehrt
er	hat gelehrt	habe gelehrt	hätte gelehrt
wir	haben gelehrt	haben gelehrt	hätten gelehrt
ihr	habt gelehrt	habet gelehrt	hättet gelehrt
sie	haben gelehrt	haben gelehrt	hätten gelehrt
Pluperfect			
ich	hatte gelehrt		
du	hattest gelehrt		
er	hatte gelehrt		
wir	hatten gelehrt		
ihr	hattet gelehrt		
sie	hatten gelehrt		
		Future Time	
Future		*(Fut. Subj.)*	*(Pres. Conditional)*
ich	werde lehren	werde lehren	würde lehren
du	wirst lehren	werdest lehren	würdest lehren
er	wird lehren	werde lehren	würde lehren
wir	werden lehren	werden lehren	würden lehren
ihr	werdet lehren	werdet lehren	würdet lehren
sie	werden lehren	werden lehren	würden lehren
		Future Perfect Time	
Future Perfect		*(Fut. Perf. Subj.)*	*(Past Conditional)*
ich	werde gelehrt haben	werde gelehrt haben	würde gelehrt haben
du	wirst gelehrt haben	werdest gelehrt haben	würdest gelehrt haben
er	wird gelehrt haben	werde gelehrt haben	würde gelehrt haben
wir	werden gelehrt haben	werden gelehrt haben	würden gelehrt haben
ihr	werdet gelehrt haben	werdet gelehrt haben	würdet gelehrt haben
sie	werden gelehrt haben	werden gelehrt haben	würden gelehrt haben

Examples: Der Gelehrte lehrte lange Zeit die Lehre von der Belehrbarkeit des Menschen. Aber die Kriegsereignisse haben ihn eines anderen belehrt. *For a long time, the scholar taught the doctrine of the teachability of humans. But the events in the war taught him otherwise.* **Der Lehrling wird lange bei dem Meister in der Lehre sein.** *The apprentice trainee will have a long apprenticeship with the master.*

leiden
to suffer

INDICATIVE		SUBJUNCTIVE	
		PRIMARY	SECONDARY
		Present Time	
Present		*(Pres. Subj.)*	*(Imperf. Subj.)*
ich	leide	leide	litte
du	leidest	leidest	littest
er	leidet	leide	litte
wir	leiden	leiden	litten
ihr	leidet	leidet	littet
sie	leiden	leiden	litten

Imperfect	
ich	litt
du	littst
er	litt
wir	litten
ihr	littet
sie	litten

		Past Time	
Perfect		*(Perf. Subj.)*	*(Pluperf. Subj.)*
ich	habe gelitten	habe gelitten	hätte gelitten
du	hast gelitten	habest gelitten	hättest gelitten
er	hat gelitten	habe gelitten	hätte gelitten
wir	haben gelitten	haben gelitten	hätten gelitten
ihr	habt gelitten	habet gelitten	hättet gelitten
sie	haben gelitten	haben gelitten	hätten gelitten

Pluperfect	
ich	hatte gelitten
du	hattest gelitten
er	hatte gelitten
wir	hatten gelitten
ihr	hattet gelitten
sie	hatten gelitten

		Future Time	
Future		*(Fut. Subj.)*	*(Pres. Conditional)*
ich	werde leiden	werde leiden	würde leiden
du	wirst leiden	werdest leiden	würdest leiden
er	wird leiden	werde leiden	würde leiden
wir	werden leiden	werden leiden	würden leiden
ihr	werdet leiden	werdet leiden	würdet leiden
sie	werden leiden	werden leiden	würden leiden

		Future Perfect Time	
Future Perfect		*(Fut. Perf. Subj.)*	*(Past Conditional)*
ich	werde gelitten haben	werde gelitten haben	würde gelitten haben
du	wirst gelitten haben	werdest gelitten haben	würdest gelitten haben
er	wird gelitten haben	werde gelitten haben	würde gelitten haben
wir	werden gelitten haben	werden gelitten haben	würden gelitten haben
ihr	werdet gelitten haben	werdet gelitten haben	würdet gelitten haben
sie	werden gelitten haben	werden gelitten haben	würden gelitten haben

Examples: Diese Kranken **leiden an** einer unheilbaren Krankheit. Sie haben schon zu viel **gelitten.** *These sick people are suffering from an incurable disease. They've already suffered too much.* **Zuerst konnte sie ihn nicht leiden, aber später verliebte sie sich in ihn.** *At first she couldn't stand him, but later she fell in love with him.* Note that "from" in "to suffer from" is **an** + dative in German.

291

leihen

to lend; borrow from; hire

PRINC. PARTS: **leihen, lieh, geliehen, leiht**
IMPERATIVE: **leihe!, leiht!, leihen Sie!**

INDICATIVE		SUBJUNCTIVE	
		PRIMARY	SECONDARY
		Present Time	
Present		*(Pres. Subj.)*	*(Imperf. Subj.)*
ich	leihe	leihe	liehe
du	leihst	leihest	liehest
er	leiht	leihe	liehe
wir	leihen	leihen	liehen
ihr	leiht	leihet	liehet
sie	leihen	leihen	liehen

Imperfect	
ich	lieh
du	liehst
er	lieh
wir	liehen
ihr	liehet
sie	liehen

		Past Time	
Perfect		*(Perf. Subj.)*	*(Pluperf. Subj.)*
ich	habe geliehen	habe geliehen	hätte geliehen
du	hast geliehen	habest geliehen	hättest geliehen
er	hat geliehen	habe geliehen	hätte geliehen
wir	haben geliehen	haben geliehen	hätten geliehen
ihr	habt geliehen	habet geliehen	hättet geliehen
sie	haben geliehen	haben geliehen	hätten geliehen

Pluperfect	
ich	hatte geliehen
du	hattest geliehen
er	hatte geliehen
wir	hatten geliehen
ihr	hattet geliehen
sie	hatten geliehen

		Future Time	
Future		*(Fut. Subj.)*	*(Pres. Conditional)*
ich	werde leihen	werde leihen	würde leihen
du	wirst leihen	werdest leihen	würdest leihen
er	wird leihen	werde leihen	würde leihen
wir	werden leihen	werden leihen	würden leihen
ihr	werdet leihen	werdet leihen	würdet leihen
sie	werden leihen	werden leihen	würden leihen

		Future Perfect Time	
Future Perfect		*(Fut. Perf. Subj.)*	*(Past Conditional)*
ich	werde geliehen haben	werde geliehen haben	würde geliehen haben
du	wirst geliehen haben	werdest geliehen haben	würdest geliehen haben
er	wird geliehen haben	werde geliehen haben	würde geliehen haben
wir	werden geliehen haben	werden geliehen haben	würden geliehen haben
ihr	werdet geliehen haben	werdet geliehen haben	würdet geliehen haben
sie	werden geliehen haben	werden geliehen haben	würden geliehen haben

Examples: „Mein Schmuck ist im Leihhaus. Leihst du mir dein schönes Kollier?" fragte Mathilde ihre Freundin. „Das Armband, das du von mir geliehen hast, hast du mir noch nicht zurückgegeben." *"My jewelry is at the pawn broker's. Will you lend me your lovely necklace?" Mathilde asked her friend. "You haven't yet given back the bracelet you borrowed from me."*

lernen

PRINC. PARTS: **lernen, lernte, gelernt, lernt**
IMPERATIVE: **lerne!, lernt!, lernen Sie!**

to learn; study

	INDICATIVE	PRIMARY SUBJUNCTIVE	SECONDARY
	Present	**Present Time** *(Pres. Subj.)*	*(Imperf. Subj.)*
ich	lerne	lerne	lernte
du	lernst	lernest	lerntest
er	lernt	lerne	lernte
wir	lernen	lernen	lernten
ihr	lernt	lernet	lerntet
sie	lernen	lernen	lernten

	Imperfect
ich	lernte
du	lerntest
er	lernte
wir	lernten
ihr	lerntet
sie	lernten

	Perfect	**Past Time** *(Perf. Subj.)*	*(Pluperf. Subj.)*
ich	habe gelernt	habe gelernt	hätte gelernt
du	hast gelernt	habest gelernt	hättest gelernt
er	hat gelernt	habe gelernt	hätte gelernt
wir	haben gelernt	haben gelernt	hätten gelernt
ihr	habt gelernt	habet gelernt	hättet gelernt
sie	haben gelernt	haben gelernt	hätten gelernt

	Pluperfect
ich	hatte gelernt
du	hattest gelernt
er	hatte gelernt
wir	hatten gelernt
ihr	hattet gelernt
sie	hatten gelernt

	Future	**Future Time** *(Fut. Subj.)*	*(Pres. Conditional)*
ich	werde lernen	werde lernen	würde lernen
du	wirst lernen	werdest lernen	würdest lernen
er	wird lernen	werde lernen	würde lernen
wir	werden lernen	werden lernen	würden lernen
ihr	werdet lernen	werdet lernen	würdet lernen
sie	werden lernen	werden lernen	würden lernen

	Future Perfect	**Future Perfect Time** *(Fut. Perf. Subj.)*	*(Past Conditional)*
ich	werde gelernt haben	werde gelernt haben	würde gelernt haben
du	wirst gelernt haben	werdest gelernt haben	würdest gelernt haben
er	wird gelernt haben	werde gelernt haben	würde gelernt haben
wir	werden gelernt haben	werden gelernt haben	würden gelernt haben
ihr	werdet gelernt haben	werdet gelernt haben	würdet gelernt haben
sie	werden gelernt haben	werden gelernt haben	würden gelernt haben

Examples: „Ich freue mich, dass du doch etwas in der Schule gelernt hast." „Das hab ich nicht in der Schule gelernt. Man lernt vom Leben; daher lernt man nie aus." *"I'm glad you learned something in school after all." "I didn't learn that in school. One learns from life; therefore one is never done learning."* **Unser Sohn lernt Klavier spielen.** *Our son is learning to play the piano.*

lesen

to read; gather

PRINC. PARTS: **lesen, las, gelesen, liest**
IMPERATIVE: **lies!, lest!, lesen Sie!**

INDICATIVE	SUBJUNCTIVE	
	PRIMARY	SECONDARY

Present Time

	Present	(*Pres. Subj.*)	(*Imperf. Subj.*)
ich	lese	lese	läse
du	liest	lesest	läsest
er	liest	lese	läse
wir	lesen	lesen	läsen
ihr	lest	lcset	läset
sie	lesen	lesen	läsen

Imperfect

ich	las
du	lasest
er	las
wir	lasen
ihr	last
sie	lasen

Past Time

	Perfect	(*Perf. Subj.*)	(*Pluperf. Subj.*)
ich	habe gelesen	habe gelesen	hätte gelesen
du	hast gelesen	habest gelesen	hättest gelesen
er	hat gelesen	habe gelesen	hätte gelesen
wir	haben gelesen	haben gelesen	hätten gelesen
ihr	habt gelesen	habet gelesen	hättet gelesen
sie	haben gelesen	haben gelesen	hätten gelesen

Pluperfect

ich	hattc gelesen
du	hattest gelesen
er	hattc gelesen
wir	hatten gelesen
ihr	hattet gelesen
sie	hatten gelesen

Future Time

	Future	(*Fut. Subj.*)	(*Pres. Conditional*)
ich	werde lesen	werde lesen	würde lesen
du	wirst lcsen	werdest lesen	würdest lesen
er	wird lesen	werde lescn	würde lesen
wir	werden lesen	werden lesen	würden lcsen
ihr	werdet lesen	werdet lesen	würdet lesen
sie	werden lesen	werden lesen	würden lesen

Future Perfect Time

	Future Perfect	(*Fut. Perf. Subj.*)	(*Past Conditional*)
ich	werde gelesen haben	werde gelesen haben	würde gelesen haben
du	wirst gelesen haben	werdest gelesen haben	würdest gelesen haben
er	wird gelescn haben	werde gelesen haben	würde gelesen haben
wir	werden gelesen haben	werden gelescn haben	würden gelesen haben
ihr	werdet gelesen haben	werdet gelesen haben	würdet gelesen haben
sie	werden gelesen haben	werden gelesen haben	würden gelesen haben

Examples: Die Buchstaben wurden von den Pristern aufgelesen und dann gelesen. *The letters were gathered up and then read by the priests.* Während die Mutter an der schweren Arbeit der Weinlese teilnahm, las ihre Tochter Liebesromane. *While her mother took part in the hard work of grape gathering, her daughter read romance novels.*

leuchten

PRINC. PARTS: **leuchten, lechtete, geleuchtet, leuchtet**
IMPERATIVE: **leuchte!, leuchtet!, leuchten Sie!**

to shine, gleam

INDICATIVE	SUBJUNCTIVE	
	PRIMARY	SECONDARY

Present Time

Present	(*Pres. Subj.*)	(*Imperf. Subj.*)
ich leuchte	leuchte	leuchtete
du leuchtest	leuchtest	leuchtetest
er leuchtet	leuchte	leuchtete
wir leuchten	leuchten	leuchteten
ihr leuchtet	leuchtet	leuchtetet
sie leuchten	leuchten	leuchteten

Imperfect
ich leuchtete
du leuchtetest
er leuchtete
wir leuchteten
ihr leuchtetet
sie leuchteten

Past Time

Perfect	(*Perf. Subj.*)	(*Pluperf. Subj.*)
ich habe geleuchtet	habe geleuchtet	hätte geleuchtet
du hast geleuchtet	habest geleuchtet	hättest geleuchtet
er hat geleuchtet	habe geleuchtet	hätte geleuchtet
wir haben geleuchtet	haben geleuchtet	hätten geleuchtet
ihr habt geleuchtet	habet geleuchtet	hättet geleuchtet
sie haben geleuchtet	haben geleuchtet	hätten geleuchtet

Pluperfect
ich hatte geleuchtet
du hattest geleuchtet
er hatte geleuchtet
wir hatten geleuchtet
ihr hattet geleuchtet
sie hatten geleuchtet

L

Future Time

Future	(*Fut. Subj.*)	(*Pres. Conditional*)
ich werde leuchten	werde leuchten	würde leuchten
du wirst leuchten	werdest leuchten	würdest leuchten
er wird leuchten	werde leuchten	würde leuchten
wir werden leuchten	werden leuchten	würden leuchten
ihr werdet leuchten	werdet leuchten	würdet leuchten
sie werden leuchten	werden leuchten	würden leuchten

Future Perfect Time

Future Perfect	(*Fut. Perf. Subj.*)	(*Past Conditional*)
ich werde geleuchtet haben	werde geleuchtet haben	würde geleuchtet haben
du wirst geleuchtet haben	werdest geleuchtet haben	würdest geleuchtet haben
er wird geleuchtet haben	werde geleuchtet haben	würde geleuchtet haben
wir werden geleuchtet haben	werden geleuchtet haben	würden geleuchtet haben
ihr werdet geleuchtet haben	werdet geleuchtet haben	würdet geleuchtet haben
sie werden geleuchtet haben	werden geleuchtet haben	würden geleuchtet haben

Examples: Ihre Augen leuchteten vor Freude. *Their eyes shone with joy.* Der Elektroringenieur war für die Straßenbeleuchtung vieler Großstädte verantwortlich. Eines Tages leuchtete es ihm ein, dass er sich mehr um die innere Erleuchtung kümmern sollte. *The electrical engineer was responsible for the street lights of many large cities. One day, it dawned on him that he should be more concerned with inner illumination.*

lichten

to thin out, lighten

PRINC. PARTS: **lichten, lichtete, gelichtet, lichtet**
IMPERATIVE: **lichte!, lichtet!, lichten Sie!**

INDICATIVE		SUBJUNCTIVE	
		PRIMARY	SECONDARY
		Present Time	
Present		*(Pres. Subj.)*	*(Imperf. Subj.)*
ich	lichte	lichte	lichtete
du	lichtest	lichtest	lichtetest
er	lichtet	lichte	lichtete
wir	lichten	lichten	lichteten
ihr	lichtet	lichtet	lichtetet
sie	lichten	lichten	lichteten

	Imperfect
ich	lichtete
du	lichtetest
er	lichtete
wir	lichteten
ihr	lichtetet
sie	lichteten

INDICATIVE		SUBJUNCTIVE	
		Past Time	
Perfect		*(Perf. Subj.)*	*(Pluperf. Subj.)*
ich	habe gelichtet	habe gelichtet	hätte gelichtet
du	hast gelichtet	habest gelichtet	hättest gelichtet
er	hat gelichtet	habe gelichtet	hätte gelichtet
wir	haben gelichtet	haben gelichtet	hätten gelichtet
ihr	habt gelichtet	habet gelichtet	hättet gelichtet
sie	haben gelichtet	haben gelichtet	hätten gelichtet

	Pluperfect
ich	hatte gelichtet
du	hattest gelichtet
er	hatte gelichtet
wir	hatten gelichtet
ihr	hattet gelichtet
sie	hatten gelichtet

INDICATIVE		SUBJUNCTIVE	
		Future Time	
Future		*(Fut. Subj.)*	*(Pres. Conditional)*
ich	werde lichten	werde lichten	würde lichten
du	wirst lichten	werdest lichten	würdest lichten
er	wird lichten	werde lichten	würde lichten
wir	werden lichten	werden lichten	würden lichten
ihr	werdet lichten	werdet lichten	würdet lichten
sie	werden lichten	werden lichten	würden lichten

INDICATIVE		SUBJUNCTIVE	
		Future Perfect Time	
Future Perfect		*(Fut. Perf. Subj.)*	*(Past Conditional)*
ich	werde gelichtet haben	werde gelichtet haben	würde gelichtet haben
du	wirst gelichtet haben	werdest gelichtet haben	würdest gelichtet haben
er	wird gelichtet haben	werde gelichtet haben	würde gelichtet haben
wir	werden gelichtet haben	werden gelichtet haben	würden gelichtet haben
ihr	werdet gelichtet haben	werdet gelichtet haben	würdet gelichtet haben
sie	werden gelichtet haben	werden gelichtet haben	würden gelichtet haben

Examples: Es tat dem Holzfäller leid, dass der Wald so sehr gelichtet wurde. Es tat ihm noch mehr leid, dass sich seine Haare dermaßen lichteten. *The lumberjack was sorry that the forest was so thinned out. He was even sorrier that his hair was thinning so much.* **Bald wird sich das Geheimmis um den gestohlenen Schmuck lichten.** *The mystery surrounding the stolen jewels will soon be cleared up.*

lieben

to love

PRINC. PARTS: **lieben, liebte, geliebt, liebt**
IMPERATIVE: **liebe!, liebt!, lieben Sie!**

INDICATIVE	SUBJUNCTIVE	
	PRIMARY	SECONDARY

Present Time

	Present	*(Pres. Subj.)*	*(Imperf. Subj.)*
ich	liebe	liebe	liebte
du	liebst	liebest	liebtest
er	liebt	liebe	liebte
wir	lieben	lieben	liebten
ihr	liebt	liebet	liebtet
sie	lieben	lieben	liebten

	Imperfect
ich	liebte
du	liebtest
er	liebte
wir	liebten
ihr	liebtet
sie	liebten

Past Time

	Perfect	*(Perf. Subj.)*	*(Pluperf. Subj.)*
ich	habe geliebt	habe geliebt	hätte geliebt
du	hast geliebt	habest geliebt	hättest geliebt
er	hat geliebt	habe geliebt	hätte geliebt
wir	haben geliebt	haben geliebt	hätten geliebt
ihr	habt geliebt	habet geliebt	hättet geliebt
sie	haben geliebt	haben geliebt	hätten geliebt

	Pluperfect
ich	hatte geliebt
du	hattest geliebt
er	hatte geliebt
wir	hatten geliebt
ihr	hattet geliebt
sie	hatten geliebt

Future Time

	Future	*(Fut. Subj.)*	*(Pres. Conditional)*
ich	werde lieben	werde lieben	würde lieben
du	wirst lieben	werdest lieben	würdest lieben
er	wird lieben	werde lieben	würde lieben
wir	werden lieben	werden lieben	würden lieben
ihr	werdet lieben	werdet lieben	würdet lieben
sie	werden lieben	werden lieben	würden lieben

Future Perfect Time

	Future Perfect	*(Fut. Perf. Subj.)*	*(Past Conditional)*
ich	werde geliebt haben	werde geliebt haben	würde geliebt haben
du	wirst geliebt haben	werdest geliebt haben	würdest geliebt haben
er	wird geliebt haben	werde geliebt haben	würde geliebt haben
wir	werden geliebt haben	werden geliebt haben	würden geliebt haben
ihr	werdet geliebt haben	werdet geliebt haben	würdet geliebt haben
sie	werden geliebt haben	werden geliebt haben	würden geliebt haben

Examples: „Nur einen Mann hat Grete wirklich geliebt. Sie liebt ihn auch heute noch", sagte Gretes Tante. *"Grete really loved just one man. She still loves him today." said Grete's aunt.* **Hoffentlich machen Sie es mit Liebe. Denn was mit Liebe gemacht wird, wird gut gemacht.** *I hope you'll do it with love. For what is done with love is done well.*

liefern

to deliver; supply

PRINC. PARTS: **liefern, lieferte, geliefert, liefert**
IMPERATIVE: **liefere!, liefert!, liefern Sie!**

	INDICATIVE	SUBJUNCTIVE	
		PRIMARY	SECONDARY
		Present Time	
	Present	*(Pres. Subj.)*	*(Imperf. Subj.)*
ich	liefere	liefere	lieferte
du	lieferst	lieferst	liefertest
er	liefert	liefere	lieferte
wir	liefern	liefern	lieferten
ihr	liefert	liefert	liefertet
sie	liefern	liefern	lieferten

	Imperfect
ich	lieferte
du	liefertest
er	lieferte
wir	lieferten
ihr	liefertet
sie	lieferten

		Past Time	
	Perfect	*(Perf. Subj.)*	*(Pluperf. Subj.)*
ich	habe geliefert	habe geliefert	hätte geliefert
du	hast geliefert	habest geliefert	hättest geliefert
er	hat geliefert	habe geliefert	hätte geliefert
wir	haben geliefert	haben geliefert	hätten geliefert
ihr	habt geliefert	habet geliefert	hättet geliefert
sie	haben geliefert	haben geliefert	hätten geliefert

	Pluperfect
ich	hatte geliefert
du	hattest geliefert
er	hatte geliefert
wir	hatten geliefert
ihr	hattet geliefert
sie	hatten geliefert

		Future Time	
	Future	*(Fut. Subj.)*	*(Pres. Conditional)*
ich	werde liefern	werde liefern	würde liefern
du	wirst liefern	werdest liefern	würdest liefern
er	wird liefern	werde liefern	würde liefern
wir	werden liefern	werden liefern	würden liefern
ihr	werdet liefern	werdet liefern	würdet liefern
sie	werden liefern	werden liefern	würden liefern

		Future Perfect Time	
	Future Perfect	*(Fut. Perf. Subj.)*	*(Past Conditional)*
ich	werde geliefert haben	werde geliefert haben	würde geliefert haben
du	wirst geliefert haben	werdest geliefert haben	würdest geliefert haben
er	wird geliefert haben	werde geliefert haben	würde geliefert haben
wir	werden geliefert haben	werden geliefert haben	würden geliefert haben
ihr	werdet geliefert haben	werdet geliefert haben	würdet geliefert haben
sie	werden geliefert haben	werden geliefert haben	würden geliefert haben

---

Examples: „Warum haben Sie die Waren noch nicht geliefert? Vielleicht ist die Lieferung verloren gegangen." „Ich glaube, wir liefern nicht mehr ins Ausland." *Why haven't you delivered the merchandise yet? Maybe the shipment got lost." "I don't think we deliver to foreign countries anymore."* **Die Kandidaten lieferten sich regelrechte Schlammschlachten.** *The candidates engaged in all-out mudslinging.*

liegen

PRINC. PARTS: **liegen, lag, gelegen, liegt**
IMPERATIVE: **liege!, liegt!, liegen Sie!**

to lie; be situated;
appeal to

INDICATIVE		SUBJUNCTIVE	
		PRIMARY	SECONDARY
		Present Time	
Present		*(Pres. Subj.)*	*(Imperf. Subj.)*
ich	liege	liege	läge
du	liegst	liegest	lägest
er	liegt	liege	läge
wir	liegen	liegen	lägen
ihr	liegt	lieget	läget
sie	liegen	liegen	lägen

Imperfect

ich	lag
du	lagst
er	lag
wir	lagen
ihr	lagt
sie	lagen

		Past Time	
Perfect		*(Perf. Subj.)*	*(Pluperf. Subj.)*
ich	habe gelegen	habe gelegen	hätte gelegen
du	hast gelegen	habest gelegen	hättest gelegen
er	hat gelegen	habe gelegen	hätte gelegen
wir	haben gelegen	haben gelegen	hätten gelegen
ihr	habt gelegen	habet gelegen	hättet gelegen
sie	haben gelegen	haben gelegen	hätten gelegen

Pluperfect

ich	hatte gelegen
du	hattest gelegen
er	hatte gelegen
wir	hatten gelegen
ihr	hattet gelegen
sie	hatten gelegen

		Future Time	
Future		*(Fut. Subj.)*	*(Pres. Conditional)*
ich	werde liegen	werde liegen	würde liegen
du	wirst liegen	werdest liegen	würdest liegen
er	wird liegen	werde liegen	würde liegen
wir	werden liegen	werden liegen	würden liegen
ihr	werdet liegen	werdet liegen	würdet liegen
sie	werden liegen	werden liegen	würden liegen

		Future Perfect Time	
Future Perfect		*(Fut. Perf. Subj.)*	*(Past Conditional)*
ich	werde gelegen haben	werde gelegen haben	würde gelegen haben
du	wirst gelegen haben	werdest gelegen haben	würdest gelegen haben
er	wird gelegen haben	werde gelegen haben	würde gelegen haben
wir	werden gelegen haben	werden gelegen haben	würden gelegen haben
ihr	werdet gelegen haben	werdet gelegen haben	würdet gelegen haben
sie	werden gelegen haben	werden gelegen haben	würden gelegen haben

L

AN ESSENTIAL
55 VERB

EXAMPLES

„Den ganzen Tag liegst du im Liegestuhl, du Faulpelz!" „Gestern wollte ich länger auf dem Sofa liegen, aber es lag dir so viel daran, in die Oper zu gehen. Es lag gewiss an der lauten Musik, dass ich dort kein Nickerchen machen konnte. Unser Haus liegt so ruhig im Wald. Mir liegt es nicht mehr, in die Stadt zu fahren", behauptete er gähnend.

"All day long you lie in the lounge chair, you lazybones." "I wanted to lie on the sofa longer yesterday, but it was so important to you to go to the opera. No doubt because of the loud music I couldn't get any shut-eye there. Our house is situated so peacefully in the woods. Going into town doesn't appeal to me anymore," he declared, yawning.

Compare with legen. Liegen an means "to be due to" as in: Es lag an der lauten Musik above. With place names it means *"to be situated, lie near/on"* as in: unser Haus liegt im Wald above. Berlin liegt an der Spree, München liegt an der Isar, Wien an der Donau (*Berlin lies on the Spree, Munich is on the Isar, Vienna on the Danube*). Liegen an also means *"to depend on."* Es liegt an Ihnen, ob wir Erfolg haben, oder nicht (*It depends on you whether we're successful or not*). Jmdm. daran gelegen sein (*to be of importance to someone*) is used above in: es lag dir viel daran, in die Oper zu gehen. Liegen, meaning *"to appeal to"* is used in the last sentence above. Other examples are:

Die Rolle/Arbeit liegt mir nicht.
That role/job doesn't appeal to me.

Liegen bleiben is *"to remain recumbent; be left behind."*

Fallen ist menschlich. Liegen bleiben ist teuflisch.
To fall is human. Staying down is diabolical.

Prefix Verbs

SEPARABLE

beiliegen—to be enclosed
Die Fotos liegen bei.
The photos are enclosed. (Compare the causative beilegen. See legen.)

brachliegen—to lie fallow
Wie lange lag der Acker brach?
How long did the field lie fallow?

gegenüberliegen—be opposite, face
Ihr Haus liegt der Post gegenüber.
Their house is across from the post office.

herumliegen—to lie around
Bei ihnen liegen wertvolle Sachen nur so herum.
Valuable items are strewn about their place.

stillliegen—to be closed down
Die Fabrik liegt still.
The factory's shut down. (Compare the causative: stilllegen—to close down: Die Fabrik wurde stillgelegt. *The factory was shut down.*)

INSEPARABLE

erliegen—to succumb to
Sie wurden der eigenen Kultur müde und erlagen einer Selbstzerstörungswut.
They grew tired of their own culture and succumbed to a mania for self-destruction.

*obliegen—to be incumbent upon, be someone's responsibility
Es obliegt mir, Ihnen die Wahrheit zu sagen.
I'm obligated to tell you the truth.

*Obliegen is sometimes found in older literature as a separable prefix verb: es liegt mir ob.

unterliegen—to be subject to
Diese Waren unterliegen dem Zoll.
These goods are subject to customs duty.

loben

to praise

PRINC. PARTS: loben, lobte, gelobt, lobt
IMPERATIVE: lobe!, lobt!, loben Sie!

INDICATIVE	SUBJUNCTIVE	
	PRIMARY	SECONDARY

Present Time

Present	(Pres. Subj.)	(Imperf. Subj.)
ich lobe	lobe	lobte
du lobst	lobest	lobtes
er lobt	lobe	lobte
wir loben	loben	lobten
ihr lobt	lobet	lobtet
sie loben	loben	lobten

Imperfect

ich	lobte
du	lobtest
er	lobte
wir	lobten
ihr	lobtet
sie	lobten

Past Time

Perfect	(Perf. Subj.)	(Pluperf. Subj.)
ich habe gelobt	habe gelobt	hätte gelobt
du hast gelobt	habest gelobt	hättest gelobt
er hat gelobt	habe gelobt	hätte gelobt
wir haben gelobt	haben gelobt	hätten gelobt
ihr habt gelobt	habet gelobt	hättet gelobt
sie haben gelobt	haben gelobt	hätten gelobt

Pluperfect

ich	hatte gelobt
du	hattest gelobt
er	hatte gelobt
wir	hatten gelobt
ihr	hattet gelobt
sie	hatten gelobt

Future Time

Future	(Fut. Subj.)	(Pres. Conditional)
ich werde loben	werde loben	würde loben
du wirst loben	werdest loben	würdest loben
er wird loben	werde loben	würde loben
wir werden loben	werden loben	würden loben
ihr werdet loben	werdet loben	würdet loben
sie werden loben	werden loben	würden loben

Future Perfect Time

Future Perfect	(Fut. Perf. Subj.)	(Past Conditional)
ich werde gelobt haben	werde gelobt haben	würde gelobt haben
du wirst gelobt haben	werdest gelobt haben	würdest gelobt haben
er wird gelobt haben	werde gelobt haben	würde gelobt haben
wir werden gelobt haben	werden gelobt haben	würden gelobt haben
ihr werdet gelobt haben	werdet gelobt haben	würdet gelobt haben
sie werden gelobt haben	werden gelobt haben	würden gelobt haben

Examples: Nachdem die anderen Ritter die Keuschheit gelobt hatten, sang Tannhäuser eine Lobeshymne auf Venus. *After the other knights had praised chasity, Tannhäuser sang a hymn of praise to Venus.* „Da lob ich mir ein Glas Wein in meiner Waldhütte", sagte die Dichterin. *"There's nothing like a glass of wine in my cabin in the forest," said the poet.*

301

locken

to entice, allure

PRINC. PARTS: **locken, lockte, gelockt, lockt**
IMPERATIVE: **locke!, lockt!, locken Sie!**

	INDICATIVE	SUBJUNCTIVE	
		PRIMARY	SECONDARY
		Present Time	
	Present	*(Pres. Subj.)*	*(Imperf. Subj.)*
ich	locke	locke	lockte
du	lockst	lockest	locktest
er	lockt	locke	lockte
wir	locken	locken	lockten
ihr	lockt	locket	locktet
sie	locken	locken	lockten

	Imperfect
ich	lockte
du	locktest
er	lockte
wir	lockten
ihr	locktet
sie	lockten

			Past Time	
	Perfect	*(Perf. Subj.)*	*(Pluperf. Subj.)*
ich	habe gelockt	habe gelockt	hätte gelockt
du	hast gelockt	habest gelockt	hättest gelockt
er	hat gelockt	habe gelockt	hätte gelockt
wir	haben gelockt	haben gelockt	hätten gelockt
ihr	habt gelockt	habet gelockt	hättet gelockt
sie	haben gelockt	haben gelockt	hätten gelockt

	Pluperfect
ich	hatte gelockt
du	hattest gelockt
er	hatte gelockt
wir	hatten gelockt
ihr	hattet gelockt
sie	hatten gelockt

			Future Time	
	Future	*(Fut. Subj.)*	*(Pres. Conditional)*
ich	werde locken	werde locken	würde locken
du	wirst locken	werdest locken	würdest locken
er	wird locken	werde locken	würde locken
wir	werden locken	werden locken	würden locken
ihr	werdet locken	werdet locken	würdet locken
sie	werden locken	werden locken	würden locken

			Future Perfect Time	
	Future Perfect	*(Fut. Perf. Subj.)*	*(Past Conditional)*
ich	werde gelockt haben	werde gelockt haben	würde gelockt haben
du	wirst gelockt haben	werdest gelockt haben	würdest gelockt haben
er	wird gelockt haben	werde gelockt haben	würde gelockt haben
wir	werden gelockt haben	werden gelockt haben	würden gelockt haben
ihr	werdet gelockt haben	werdet gelockt haben	würdet gelockt haben
sie	werden gelockt haben	werden gelockt haben	würden gelockt haben

Examples: **Die Sirene hat ihn mit ihrem verlockenden Singen zu sich gelockt.** *The siren lured him to her with her enticing song.* **„Mit solch veralteten Lockmitteln kann man heute keinen Hund vom Ofen locken", sagte höhnisch der Werbeleiter.** *"With old-fashioned bait like that you won't get anybody to go for that nowadays." said the advertising director cynically.*

lohnen

PRINC. PARTS: **lohnen, lohnte, gelohnt, lohnt**
IMPERATIVE: **lohne!, lohnt!, lohnen Sie!**

to reward, recompense

INDICATIVE	SUBJUNCTIVE	
	PRIMARY	SECONDARY

Present Time

	Present	(*Pres. Subj.*)	(*Imperf. Subj.*)
ich	lohne	lohne	lohnte
du	lohnst	lohnest	lohntest
er	lohnt	lohne	lohnte
wir	lohnen	lohnen	lohnten
ihr	lohnt	lohnet	lohntet
sie	lohnen	lohnen	lohnten

	Imperfect
ich	lohnte
du	lohntest
er	lohnte
wir	lohnten
ihr	lohntet
sie	lohnten

Past Time

	Perfect	(*Perf. Subj.*)	(*Pluperf. Subj.*)
ich	habe gelohnt	habe gelohnt	hätte gelohnt
du	hast gelohnt	habest gelohnt	hättest gelohnt
er	hat gelohnt	habe gelohnt	hätte gelohnt
wir	haben gelohnt	haben gelohnt	hätten gelohnt
ihr	habt gelohnt	habet gelohnt	hättet gelohnt
sie	haben gelohnt	haben gelohnt	hätten gelohnt

	Pluperfect
ich	hatte gelohnt
du	hattest gelohnt
er	hatte gelohnt
wir	hatten gelohnt
ihr	hattet gelohnt
sie	hatten gelohnt

Future Time

	Future	(*Fut. Subj.*)	(*Pres. Conditional*)
ich	werde lohnen	werde lohnen	würde lohnen
du	wirst lohnen	werdest lohnen	würdest lohnen
er	wird lohnen	werde lohnen	würde lohnen
wir	werden lohnen	werden lohnen	würden lohnen
ihr	werdet lohnen	werdet lohnen	würdet lohnen
sie	werden lohnen	werden lohnen	würden lohnen

Future Perfect Time

	Future Perfect	(*Fut. Perf. Subj.*)	(*Past Conditional*)
ich	werde gelohnt haben	werde gelohnt haben	würde gelohnt haben
du	wirst gelohnt haben	werdest gelohnt haben	würdest gelohnt haben
er	wird gelohnt haben	werde gelohnt haben	würde gelohnt haben
wir	werden gelohnt haben	werden gelohnt haben	würden gelohnt haben
ihr	werdet gelohnt haben	werdet gelohnt haben	würdet gelohnt haben
sie	werden gelohnt haben	werden gelohnt haben	würden gelohnt haben

Examples: „Man hat dir neulich deinen Lohn erhöht." „Trotzdem lohnt es sich für mich nicht, weiterhin dort zu arbeiten." *"They raised your wages recently." "Despite that, it's not worth my while to continue working there."* Zwei von Lears Töchtern belohnten seine Freigebigkeit mit Undank. *Two of Lear's daughters repaid his generosity with ingratitude.*

lösen

to loosen; solve

PRINC. PARTS: **lösen, löste, gelöst, löst**
IMPERATIVE: **löse!, löst!, lösen Sie!**

INDICATIVE		SUBJUNCTIVE	
		PRIMARY	SECONDARY
		Present Time	
	Present	*(Pres. Subj.)*	*(Imperf. Subj.)*
ich	löse	löse	löste
du	löst	lösest	löstest
er	löst	löse	löste
wir	lösen	lösen	lösten
ihr	löst	löset	löstet
sie	lösen	lösen	lösten

	Imperfect
ich	löste
du	löstest
er	löste
wir	lösten
ihr	löstet
sie	lösten

		Past Time	
	Perfect	*(Perf. Subj.)*	*(Pluperf. Subj.)*
ich	habe gelöst	habe gelöst	hätte gelöst
du	hast gelöst	habest gelöst	hättest gelöst
er	hat gelöst	habe gelöst	hätte gelöst
wir	haben gelöst	haben gelöst	hätten gelöst
ihr	habt gelöst	habet gelöst	hättet gelöst
sie	haben gelöst	haben gelöst	hätten gelöst

	Pluperfect
ich	hatte gelöst
du	hattest gelöst
er	hatte gelöst
wir	hatten gelöst
ihr	hattet gelöst
sie	hatten gelöst

		Future Time	
	Future	*(Fut. Subj.)*	*(Pres. Conditional)*
ich	werde lösen	werde lösen	würde lösen
du	wirst lösen	werdest lösen	würdest lösen
er	wird lösen	werde lösen	würde lösen
wir	werden lösen	werden lösen	würden lösen
ihr	werdet lösen	werdet lösen	würdet lösen
sie	werden lösen	werden lösen	würden lösen

		Future Perfect Time	
	Future Perfect	*(Fut. Perf. Subj.)*	*(Past Conditional)*
ich	werde gelöst haben	werde gelöst haben	würde gelöst haben
du	wirst gelöst haben	werdest gelöst haben	würdest gelöst haben
er	wird gelöst haben	werde gelöst haben	würde gelöst haben
wir	werden gelöst haben	werden gelöst haben	würden gelöst haben
ihr	werdet gelöst haben	werdet gelöst haben	würdet gelöst haben
sie	werden gelöst haben	werden gelöst haben	würden gelöst haben

---

Examples: Der Wein hatte ihm die Zunge gelöst. *The wine had loosened his tongue.* Der Schatzmeister hat den letzten Scheck eingelöst. Dann wurde der Verein aufgelöst. *The treasurer cashed the last check. Then the association was dissolved.* Ödipus löste das Rätsel. *Oedipus solved the riddle.*

lügen

PRINC. PARTS: **lügen, log, gelogen, lügt**
IMPERATIVE: **lüge!, lügt!, lügen Sie!**

INDICATIVE		SUBJUNCTIVE	
		PRIMARY	SECONDARY
		Present Time	
Present		*(Pres. Subj.)*	*(Imperf. Subj.)*
ich	lüge	lüge	löge
du	lügst	lügest	lögest
er	lügt	lüge	löge
wir	lügen	lügen	lögen
ihr	lügt	lüget	lögte
sie	lügen	lügen	lögen

Imperfect

ich	log
du	logst
er	log
wir	logen
ihr	logt
sie	logen

		Past Time	
Perfect		*(Perf. Subj.)*	*(Pluperf. Subj.)*
ich	habe gelogen	habe gelogen	hätte gelogen
du	hast gelogen	habest gelogen	hättest gelogen
er	hat gelogen	habe gelogen	hätte gelogen
wir	haben gelogen	haben gelogen	hätten gelogen
ihr	habt gelogen	habet gelogen	hättet gelogen
sie	haben gelogen	haben gelogen	hätten gelogen

Pluperfect

ich	hatte gelogen
du	hattest gelogen
er	hatte gelogen
wir	hatten gelogen
ihr	hattet gelogen
sie	hatten gelogen

		Future Time	
Future		*(Fut. Subj.)*	*(Pres. Conditional)*
ich	werde lügen	werde lügen	würde lügen
du	wirst lügen	werdest lügen	würdest lügen
er	wird lügen	werde lügen	würde lügen
wir	werden lügen	werden lügen	würden lügen
ihr	werdet lügen	werdet lügen	würdet lügen
sie	werden lügen	werden lügen	würden lügen

		Future Perfect Time	
Future Perfect		*(Fut. Perf. Subj.)*	*(Past Conditional)*
ich	werde gelogen haben	werde gelogen haben	würde gelogen haben
du	wirst gelogen haben	werdest gelogen haben	würdest gelogen haben
er	wird gelogen haben	werde gelogen haben	würde gelogen haben
wir	werden gelogen haben	werden gelogen haben	würden gelogen haben
ihr	werdet gelogen haben	werdet gelogen haben	würdet gelogen haben
sie	werden gelogen haben	werden gelogen haben	würden gelogen haben

Examples: Sie sollten besser lügen lernen, denn man hat Sie mehrmals beim Lügen ertappt. Sie lügen wie gedruckt. Wie lange denken Sie, uns noch zu belügen? *You should learn how to lie better, for you've been caught in many lies. You lie like mad. How long do you intend to continue lying to us?* **Lügen** resembles the verbs in Group II, page 10.

lutschen

to suck

PRINC. PARTS: **lutschen, lutschte, gelutscht, lutscht**
IMPERATIVE: **lutsche!, lutscht!, lutschen Sie!**

INDICATIVE	SUBJUNCTIVE	
	PRIMARY	SECONDARY

Present Time

	Present	*(Pres. Subj.)*	*(Imperf. Subj.)*
ich	lutsche	lutsche	lutschte
du	lutschst	lutschest	lutschtest
er	lutscht	lutsche	lutschte
wir	lutschen	lutschen	lutschten
ihr	lutscht	lutschet	lutschtet
sie	lutschen	lutschen	lutschten

	Imperfect
ich	lutschte
du	lutschtest
er	lutschte
wir	lutschten
ihr	lutschtet
sie	lutschten

Past Time

	Perfect	*(Perf. Subj.)*	*(Pluperf. Subj.)*
ich	habe gelutscht	habe gelutscht	hätte gelutscht
du	hast gelutscht	habest gelutscht	hättest gelutscht
er	hat gelutscht	habe gelutscht	hätte gelutscht
wir	haben gelutscht	haben gelutscht	hätten gelutscht
ihr	habt gelutscht	habet gelutscht	hättet gelutscht
sie	haben gelutscht	haben gelutscht	hätten gelutscht

	Pluperfect
ich	hatte gelutscht
du	hattest gelutscht
er	hatte gelutscht
wir	hatten gelutscht
ihr	hattet gelutscht
sie	hatten gelutscht

Future Time

	Future	*(Fut. Subj.)*	*(Pres. Conditional)*
ich	werde lutschen	werde lutschen	würde lutschen
du	wirst lutschen	werdest lutschen	würdest lutschen
er	wird lutschen	werde lutschen	würde lutschen
wir	werden lutschen	werden lutschen	würden lutschen
ihr	werdet lutschen	werdet lutschen	würdet lutschen
sie	werden lutschen	werden lutschen	würden lutschen

Future Perfect Time

	Future Perfect	*(Fut. Perf. Subj.)*	*(Past Conditional)*
ich	werde gelutscht haben	werde gelutscht haben	würde gelutscht haben
du	wirst gelutscht haben	werdest gelutscht haben	würdest gelutscht haben
er	wird gelutscht haben	werde gelutscht haben	würde gelutscht haben
wir	werden gelutscht haben	werden gelutscht haben	würden gelutscht haben
ihr	werdet gelutscht haben	werdet gelutscht haben	würdet gelutscht haben
sie	werden gelutscht haben	werden gelutscht haben	würden gelutscht haben

---

Examples: **Lucia kann das Lutschen am Daumen nicht lassen. Gib ihr einen Lutscher.** *Lucia can't stop sucking her thumb. Give her a lollipop.* **Jetzt trink ich ein Bier und lutsch das Innere einer Weißwurst aus, wie ein echter Müchner.** *Now I'm going to have a beer and suck out the stuffing of a white sausage, like a genuine citizen of Munich.* Bavarians don't eat the casing of **Weißwurst**, a local sausage of veal and pork.

machen

to make; do

INDICATIVE	SUBJUNCTIVE	
	PRIMARY	SECONDARY

Present Time

	Present	*(Pres. Subj.)*	*(Imperf. Subj.)*
ich	mache	mache	machte
du	machst	machest	machtest
er	macht	mache	machte
wir	machen	machen	machten
ihr	macht	machet	machtet
sie	machen	machen	machten

	Imperfect
ich	machte
du	machtest
er	machte
wir	machten
ihr	machtet
sie	machten

Past Time

	Perfect	*(Perf. Subj.)*	*(Pluperf. Subj.)*
ich	habe gemacht	habe gemacht	hätte gemacht
du	hast gemacht	habest gemacht	hättest gemacht
er	hat gemacht	habe gemacht	hätte gemacht
wir	haben gemacht	haben gemacht	hätten gemacht
ihr	habt gemacht	habet gemacht	hättet gemacht
sie	haben gemacht	haben gemacht	hätten gemacht

	Pluperfect
ich	hatte gemacht
du	hattest gemacht
er	hatte gemacht
wir	hatten gemacht
ihr	hattet gemacht
sie	hatten gemacht

Future Time

	Future	*(Fut. Subj.)*	*(Pres. Conditional)*
ich	werde machen	werde machen	würde machen
du	wirst machen	werdest machen	würdest machen
er	wird machen	werde machen	würde machen
wir	werden machen	werden machen	würden machen
ihr	werdet machen	werdet machen	würdet machen
sie	werden machen	werden machen	würden machen

Future Perfect Time

	Future Perfect	*(Fut. Perf. Subj.)*	*(Past Conditional)*
ich	werde gemacht haben	werde gemacht haben	würde gemacht haben
du	wirst gemacht haben	werdest gemacht haben	würdest gemacht haben
er	wird gemacht haben	werde gemacht haben	würde gemacht haben
wir	werden gemacht haben	werden gemacht haben	würden gemacht haben
ihr	werdet gemacht haben	werdet gemacht haben	würdet gemacht haben
sie	werden gemacht haben	werden gemacht haben	würden gemacht haben

M

AN ESSENTIAL 55 VERB

Machen

„Kannst du dir einen Begriff von unserem jetztigen leben machen? Wir machen keine langen Reisen mehr. Lieber machen wir schöne Spaziergänge im Wald." „Ich mache mir keine Gedanken über das, was ihr macht. Macht was ihr wollt. Mir macht das nichts aus." „Mach, dass du fortkommst. Ich mach dir die Tür auf." „Ach, ich hab doch nur Spaß gemacht."
"Can you get some idea of what our life's like now? We don't go on long trips anymore. We prefer to take nice walks in the woods." "I don't spend any time thinking about what you do. Do what you want. It makes no difference to me." "See that you get on your way. I'll open the door for you." "Oh, I was only kidding."

Machen is a regular verb that presents few formal problems. It has many idioms, however. **Eine Reise/einen Spaziergang machen** (to take a trip/walk) and **Spaß machen** (to joke) are used above. Machen is frequently, some say too frequently, used, e.g., **öffnen** and **schließen** could be used for separable prefix verbs **aufmachen** and **zumachen**.

Prefix Verbs

SEPARABLE

abmachen—to agree; arrange
Könnten wir das nicht unter uns abmachen?
Couldn't we arrange that between us?

anmachen—to turn on; dress (salad)
Mach's Licht an!
Turn the light on.

Den Salat mache ich später an.
I'll dress the salad later.

ausmachen—to extinguish; amount to; matter to
Mach's Licht aus!
Turn the light off.

Das macht 30 Euro aus.
That amounts to 30 euros.

Macht es Ihnen was aus, wenn wir nicht hingehen?
Does it matter to you if we don't go?

einmachen—to preserve, confect
Oma macht viel Obst und Gemüse ein.
Grandma preserves a lot of fruits and vegetables.

festmachen—to fix, fasten; moor (a ship); make definite
Das Geschäft ist noch nicht festgemacht.
The deal hasn't been concluded yet.

mobilmachen—to mobilize
Die Großmächte machten mobil.
The great powers mobilized.

vormachen—to fool
Uns kannst du nichts vormachen.
You can't put anything over on us.

weismachen—to hoax
Erzähl das deiner Großmutter, mir wirst du das nicht weismachen.
Tell that to your grandmother; you're not going to hoodwink me.

weitermachen—to continue
So können wir nicht weitermachen.
We can't go on like this.

zumachen—to close
Mach's Fenster zu!
Close the window.

INSEPARABLE

vermachen—to bequeath
Er hat uns all sein Hab und Gut vermacht.
He left us everything he owned.

See aufmachen.

mahlen

PRINC. PARTS: **mahlen, mahlte, gemahlen, mahlt**
IMPERATIVE: **mahle!, mahlt!, mahlen Sie!**

to mill, grind

INDICATIVE	SUBJUNCTIVE	
	PRIMARY	SECONDARY

Present Time

	Present	*(Pres. Subj.)*	*(Imperf. Subj.)*
ich	mahle	mahle	mahlte
du	mahlst	mahlest	mahltest
er	mahlt	mahle	mahlte
wir	mahlen	mahlen	mahlten
ihr	mahlt	mahlet	mahltet
sie	mahlen	mahlen	mahlten

	Imperfect
ich	mahlte
du	mahltest
er	mahlte
wir	mahlten
ihr	mahltet
sie	mahlten

Past Time

	Perfect	*(Perf. Subj.)*	*(Pluperf. Subj.)*
ich	habe gemahlen	habe gemahlen	hätte gemahlen
du	hast gemahlen	habest gemahlen	hättest gemahlen
er	hat gemahlen	habe gemahlen	hätte gemahlen
wir	haben gemahlen	haben gemahlen	hätten gemahlen
ihr	habt gemahlen	habet gemahlen	hättet gemahlen
sie	haben gemahlen	haben gemahlen	hätten gemahlen

	Pluperfect
ich	hatte gemahlen
du	hattest gemahlen
er	hatte gemahlen
wir	hatten gemahlen
ihr	hattet gemahlen
sie	hatten gemahlen

M

Future Time

	Future	*(Fut. Subj.)*	*(Pres. Conditional)*
ich	werde mahlen	werde mahlen	würde mahlen
du	wirst mahlen	werdest mahlen	würdest mahlen
er	wird mahlen	werde mahlen	würde mahlen
wir	werden mahlen	werden mahlen	würden mahlen
ihr	werdet mahlen	werdet mahlen	würdet mahlen
sie	werden mahlen	werden mahlen	würden mahlen

Future Perfect Time

	Future Perfect	*(Fut. Perf. Subj.)*	*(Past Conditional)*
ich	werde gemahlen haben	werde gemahlen haben	würde gemahlen haben
du	wirst gemahlen haben	werdest gemahlen haben	würdest gemahlen haben
er	wird gemahlen haben	werde gemahlen haben	würde gemahlen haben
wir	werden gemahlen haben	werden gemahlen haben	würden gemahlen haben
ihr	werdet gemahlen haben	werdet gemahlen haben	würdet gemahlen haben
sie	werden gemahlen haben	werden gemahlen haben	würden gemahlen haben

Examples: Die Mühle, in der der Müller einst das Korn gemahlen hatte, hat er verkauft.
The miller sold the mill in which he once ground grain. **Wer zuerst kommt, mahlt zuerst.**
First come, first served (or: The early bird gets the worm). Don't confuse **mahlen** with **malen**.
Although both are pronounced the same way, the context will make the distinction clear.

309

malen

to paint, portray

PRINC. PARTS: **malen, malte, gemalt, malt**
IMPERATIVE: **male!, male!, male Sie!**

	INDICATIVE		SUBJUNCTIVE	
			PRIMARY	SECONDARY
				Present Time
	Present		*(Pres. Subj.)*	*(Imperf. Subj.)*
ich	male		male	malte
du	malst		malest	maltest
er	malt		male	malte
wir	malen		malen	malten
ihr	malt		malet	maltet
sie	malen		malen	malten

	Imperfect
ich	malte
du	maltest
er	malte
wir	malten
ihr	maltet
sie	malten

				Past Time
	Perfect		*(Perf. Subj.)*	*(Pluperf. Subj.)*
ich	habe gemalt		habe gemalt	hätte gemalt
du	hast gemalt		habest gemalt	hättest gemalt
er	hat gemalt		habe gemalt	hätte gemalt
wir	haben gemalt		haben gemalt	hätten gemalt
ihr	habt gemalt		habet gemalt	hättet gemalt
sie	haben gemalt		haben gemalt	hätten gemalt

	Pluperfect
ich	hatte gemalt
du	hattest gemalt
er	hatte gemalt
wir	hatten gemalt
ihr	hattet gemalt
sie	hatten gemalt

				Future Time
	Future		*(Fut. Subj.)*	*(Pres. Conditional)*
ich	werde malen		werde malen	würde malen
du	wirst malen		werdest malen	würdest malen
er	wird malen		werde malen	würde malen
wir	werden malen		werden malen	würden malen
ihr	werdet malen		werdet malen	würdet malen
sie	werden malen		werden malen	würden malen

				Future Perfect Time
	Future Perfect		*(Fut. Perf. Subj.)*	*(Past Conditional)*
ich	werde gemalt haben		werde gemalt haben	würde gemalt haben
du	wirst gemalt haben		werdest gemalt haben	würdest gemalt haben
er	wird gemalt haben		werde gemalt haben	würde gemalt haben
wir	werden gemalt haben		werden gemalt haben	würden gemalt haben
ihr	werdet gemalt haben		werdet gemalt haben	würdet gemalt haben
sie	werden gemalt haben		werden gemalt haben	würden gemalt haben

Examples: Die alten Maler haben herrliche Gemälde gemalt. Susanne, eine hervorragende Malerin, studiert die Technik der alten Malerei. Sei betrachtete die malerische Klosterruine und malte sich ein Leben darin aus. *The old painters painted splendid paintings. Susanne, an outstanding painter, is studying the techniques of traditional painting. She looked at the picturesque cloister ruin and pictured her life in it.*

meiden

PRINC. PARTS: **meiden, mied, gemieden, meidet**
IMPERATIVE: **meide!, meidet! meiden Sie!**

to avoid, shun

INDICATIVE	SUBJUNCTIVE	
	PRIMARY	SECONDARY

Present Time

	Present	(*Pres. Subj.*)	(*Imperf. Subj.*)
ich	meide	meide	miede
du	meidest	meidest	miedest
er	meidet	meide	miede
wir	meiden	meiden	mieden
ihr	meidet	meidet	miedet
sie	meiden	meiden	mieden

	Imperfect
ich	mied
du	miedest
er	mied
wir	mieden
ihr	miedet
sie	mieden

Past Time

	Perfect	(*Perf. Subj.*)	(*Pluperf. Subj.*)
ich	habe gemieden	habe gemieden	hätte gemieden
du	hast gemieden	habest gemieden	hättest gemieden
er	hat gemieden	habe gemieden	hätte gemieden
wir	haben gemieden	haben gemieden	hätten gemieden
ihr	habt gemieden	habet gemieden	hättet gemieden
sie	haben gemieden	haben gemieden	hätten gemieden

	Pluperfect
ich	hatte gemieden
du	hattest gemieden
er	hatte gemieden
wir	hatten gemieden
ihr	hattet gemieden
sie	hatten gemieden

Future Time

	Future	(*Fut. Subj.*)	(*Pres. Conditional*)
ich	werde meiden	werde meiden	würde meiden
du	wirst meiden	werdest meiden	würdest meiden
er	wird meiden	werde meiden	würde meiden
wir	werden meiden	werden meiden	würden meiden
ihr	werdet meiden	werdet meiden	würdet meiden
sie	werden meiden	werden meiden	würden meiden

Future Perfect Time

	Future Perfect	(*Fut. Perf. Subj.*)	(*Past Conditional*)
ich	werde gemieden haben	werde gemieden haben	würde gemieden haben
du	wirst gemieden haben	werdest gemieden haben	würdest gemieden haben
er	wird gemieden haben	werde gemieden haben	würde gemieden haben
wir	werden gemieden haben	werden gemieden haben	würden gemieden haben
ihr	werdet gemieden haben	werdet gemieden haben	würdet gemieden haben
sie	werden gemieden haben	werden gemieden haben	würden gemieden haben

Examples: „Die Luft- und Bodenverschmutzung lässt sich nicht vermeiden", meinte der Fabrikbesitzer. *"Air and soil pollution can't be avoided," asserted the factory owner.* „Meide den Kummer und meide den Schmerz, dann ist das Leben ein Scherz!" *"Avoid troubles, avoid cares, then life is a joke."* Verbs whose stem ends in -d add an e in certain forms.

M

311

meinen

to be of the opinion,
think; mean

PRINC. PARTS: **meinen, meinte, gemeint, meint**
IMPERATIVE: **meine!, meint!, meinen Sie!**

INDICATIVE		SUBJUNCTIVE	
		PRIMARY	SECONDARY

Present Time

	Present	*(Pres. Subj.)*	*(Imperf. Subj.)*
ich	meine	meine	meinte
du	meinst	meinest	meintest
er	meint	meine	meinte
wir	meinen	meinen	meinten
ihr	meint	meinet	meintet
sie	meinen	meinen	meinten

	Imperfect
ich	meinte
du	meintest
er	meinte
wir	meinten
ihr	meintet
sie	meinten

Past Time

	Perfect	*(Perf. Subj.)*	*(Pluperf. Subj.)*
ich	habe gemeint	habe gemeint	hätte gemeint
du	hast gemeint	habest gemeint	hättest gemeint
er	hat gemeint	habe gemeint	hätte gemeint
wir	haben gemeint	haben gemeint	hätten gemeint
ihr	habt gemeint	habet gemeint	hättet gemeint
sie	haben gemeint	haben gemeint	hätten gemeint

	Pluperfect
ich	hatte gemeint
du	hattest gemeint
er	hatte gemeint
wir	hatten gemeint
ihr	hattet gemeint
sie	hatten gemeint

Future Time

	Future	*(Fut. Subj.)*	*(Pres. Conditional)*
ich	werde meinen	werde meinen	würde meinen
du	wirst meinen	werdest meinen	würdest meinen
er	wird meinen	werde meinen	würde meinen
wir	werden meinen	werden meinen	würden meinen
ihr	werdet meinen	werdet meinen	würdet meinen
sie	werden meinen	werden meinen	würden meinen

Future Perfect Time

	Future Perfect	*(Fut. Perf. Subj.)*	*(Past Conditional)*
ich	werde gemeint haben	werde gemeint haben	würde gemeint haben
du	wirst gemeint haben	werdest gemeint haben	würdest gemeint haben
er	wird gemeint haben	werde gemeint haben	würde gemeint haben
wir	werden gemeint haben	werden gemeint haben	würden gemeint haben
ihr	werdet gemeint haben	werdet gemeint haben	würdet gemeint haben
sie	werden gemeint haben	werden gemeint haben	würden gemeint haben

---

Examples: „Seiner Meinung nach ist der Diebstahl nur eine Kleinigkeit. Was meinen Sie dazu?" fragte sie. „So hab ich's nicht gemeint", sagte er. *"In his opinion, the theft is a mere trifle. What is your opinion on the matter?" she asked. "That's not how I meant it," he said.* **Meinen** is used for "to mean" in the sense "to intend," as in the last sentence. Usually, "to mean" is translated by **bedeuten**.

merken

PRINC. PARTS: **merken, merkte, gemerkt, merkt**
IMPERATIVE: **merke!, merke!, merken Sie!**

to notice; note; perceive

INDICATIVE	SUBJUNCTIVE	
	PRIMARY	SECONDARY

Present Time

	Present	*(Pres. Subj.)*	*(Imperf. Subj.)*
ich	merke	merke	merkte
du	merkst	merkest	merktest
er	merkt	merke	merkte
wir	merken	merken	merkten
ihr	merkt	merket	merktet
sie	merken	merken	merkten

	Imperfect
ich	merkte
du	merktest
er	merkte
wir	merkten
ihr	merktet
sie	merkten

Past Time

	Perfect	*(Perf. Subj.)*	*(Pluperf. Subj.)*
ich	habe gemerkt	habe gemerkt	hätte gemerkt
du	hast gemerkt	habest gemerkt	hättest gemerkt
er	hat gemerkt	habe gemerkt	hätte gemerkt
wir	haben gemerkt	haben gemerkt	hätten gemerkt
ihr	habt gemerkt	habet gemerkt	hättet gemerkt
sie	haben gemerkt	haben gemerkt	hätten gemerkt

	Pluperfect
ich	hatte gemerkt
du	hattest gemerkt
er	hatte gemerkt
wir	hatten gemerkt
ihr	hattet gemerkt
sie	hatten gemerkt

Future Time

	Future	*(Fut. Subj.)*	*(Pres. Conditional)*
ich	werde merken	werde merken	würde merken
du	wirst merken	werdest merken	würdest merken
er	wird merken	werde merken	würde merken
wir	werden merken	werden merken	würden merken
ihr	werdet merken	werdet merken	würdet merken
sie	werden merken	werden merken	würden merken

Future Perfect Time

	Future Perfect	*(Fut. Perf. Subj.)*	*(Past Conditional)*
ich	werde gemerkt haben	werde gemerkt haben	würde gemerkt haben
du	wirst gemerkt haben	werdest gemerkt haben	würdest gemerkt haben
er	wird gemerkt haben	werde gemerkt haben	würde gemerkt haben
wir	werden gemerkt haben	werden gemerkt haben	würden gemerkt haben
ihr	werdet gemerkt haben	werdet gemerkt haben	würdet gemerkt haben
sie	werden gemerkt haben	werden gemerkt haben	würden gemerkt haben

M

Examples: Merkwürdigerweise trat die berühmte Schauspielerin ein bisschen spät auf. Der böse Kritiker, Herr Meckbesser, machte bissige Bermerkungen darüber. In ihrem Spiel aber waren wichtigere Merkmale zu merken. *Curiously enough, the famous actress appeared a bit too late. The nasty critic, Mr. Meckbesser, made caustic remarks about it. But there were more important features to be noted in her acting.*

messen

to measure

PRINC. PARTS: **messen, maß, gemessen, misst**
IMPERATIVE: **miss!, messt!, messen Sie!**

INDICATIVE	SUBJUNCTIVE	
	PRIMARY	SECONDARY

Present Time

	Present	(*Pres. Subj.*)	(*Imperf. Subj.*)
ich	messe	messe	mäße
du	misst	messest	mäßest
er	misst	messe	mäße
wir	messen	messen	mäßen
ihr	messt	messet	mäßet
sie	messen	messen	mäßen

	Imperfect
ich	maß
du	maßst
er	maß
wir	maßen
ihr	maßt
sie	maßen

Past Time

	Perfect	(*Perf. Subj.*)	(*Pluperf. Subj.*)
ich	habe gemessen	habe gemessen	hätte gemessen
du	hast gemessen	habest gemessen	hättest gemessen
er	hat gemessen	habe gemessen	hätte gemessen
wir	haben gemessen	haben gemessen	hätten gemessen
ihr	habt gemessen	habet gemessen	hättet gemessen
sie	haben gemessen	haben gemessen	hätten gemessen

	Pluperfect
ich	hatte gemessen
du	hattest gemessen
er	hatte gemessen
wir	hatten gemessen
ihr	hattet gemessen
sie	hatten gemessen

Future Time

	Future	(*Fut. Subj.*)	(*Pres. Conditional*)
ich	werde messen	werde messen	würde messen
du	wirst messen	werdest messen	würdest messen
er	wird messen	werde messen	würde messen
wir	werden messen	werden messen	würden messen
ihr	werdet messen	werdet messen	würdet messen
sie	werden messen	werden messen	würden messen

Future Perfect Time

	Future Perfect	(*Fut. Perf. Subj.*)	(*Past Conditional*)
ich	werde gemessen haben	werde gemessen haben	würde gemessen haben
du	wirst gemessen haben	werdest gemessen haben	würdest gemessen haben
er	wird gemessen haben	werde gemessen haben	würde gemessen haben
wir	werden gemessen haben	werden gemessen haben	würden gemessen haben
ihr	werdet gemessen haben	werdet gemessen haben	würdet gemessen haben
sie	werden gemessen haben	werden gemessen haben	würden gemessen haben

---

Examples: In *Grenzen der Menschheit* behauptet Goethe, dass der Mensch sich nicht mit den Göttern messen soll. *In* Limitations of Humanity, *Goethe asserts that humans shouldn't compete with the gods.* **Miss diesem vermessenen jungen Herrn neue Kleider an!** *Measure this impudent young man for new clothes!* **Anmessen** is separable.

mieten

PRINC. PARTS: **mieten, mietete, gemietet, mietet**
IMPERATIVE: **miete!, mietet!, mieten Sie!**

to rent, hire

	INDICATIVE		SUBJUNCTIVE	
			PRIMARY	SECONDARY

Present Time

	Present		*(Pres. Subj.)*	*(Imperf. Subj.)*
ich	miete		miete	mietete
du	mietest		mietest	mietetest
er	mietet		mietet	mietete
wir	mieten		mieten	mieteten
ihr	mietet		mietet	mieteten
sie	mietet		mietet	mieteten

	Imperfect
ich	mietete
du	mietetest
er	mietete
wir	mieteten
ihr	mietetet
sie	mieteten

Past Time

	Perfect	*(Perf. Subj.)*	*(Pluperf. Subj.)*
ich	habe gemietet	habe gemietet	hätte gemietet
du	hast gemietet	habest gemietet	hättest gemietet
er	hat gemietet	habe gemietet	hätte gemietet
wir	haben gemietet	haben gemietet	hätten gemietet
ihr	habt gemietet	habet gemietet	hättet gemietet
sie	haben gemietet	haben gemietet	hätten gemietet

M

	Pluperfect
ich	hatte gemietet
du	hattest gemietet
er	hatte gemietet
wir	hatten gemietet
ihr	hattet gemietet
sie	hatten gemietet

Future Time

	Future	*(Fut. Subj.)*	*(Pres. Conditional)*
ich	werde mieten	werde mieten	würde mieten
du	wirst mieten	werdest mieten	würdest mieten
er	wird mieten	werde mieten	würde mieten
wir	werden mieten	werden mieten	würden mieten
ihr	werdet mieten	werdet mieten	würdet mieten
sie	werden mieten	werden mieten	würden mieten

Future Perfect Time

	Future Perfect	*(Fut. Perf. Subj.)*	*(Past Conditional)*
ich	werde gemietet haben	werde gemietet haben	würde gemietet haben
du	wirst gemietet haben	werdest gemietet haben	würdest gemietet haben
er	wird gemietet haben	werde gemietet haben	würde gemietet haben
wir	werden gemietet haben	werden gemietet haben	würden gemietet haben
ihr	werdet gemietet haben	werdet gemietet haben	würdet gemietet haben
sie	werden gemietet haben	werden gemietet haben	würden gemietet haben

Examples: In einer großen Mietskaserne mieten wir eine scheußliche Wohnung. Wir wollen ausziehen. Aber der Vermieter will uns nicht freilassen, weil wir einen Mietvertrag unterzeichnet haben. *We're renting an awful apartment in a large block of tenements. We want to move. But the landlord won't release us because we've signed a lease.* German distinguishes between **mieten** (*to rent from*) and **vermieten** (*to rent to*).

315

mögen

to like; want; may

PRINC. PARTS: **mögen, mochte, gemocht (mögen, when immediately preceded by an infinitive), mag not used**

IMPERATIVE:

INDICATIVE	SUBJUNCTIVE	
	PRIMARY	SECONDARY
	Present Time	
Present	*(Pres. Subj.)*	*(Imperf. Subj.)*
ich mag	möge	möchte
du magst	mögest	möchtest
er mag	möge	möchte
wir mögen	mögen	möchten
ihr mögt	möget	möchtet
sie mögen	mögen	möchten

Imperfect

ich	mochte
du	mochtest
er	mochte
wir	mochten
ihr	mochtet
sie	mochten

	Past Time	
Perfect	*(Perf. Subj.)*	*(Pluperf. Subj.)*
ich habe gemocht	habe gemocht	hätte gemocht
du hast gemocht	habest gemocht	hättest gemocht
er hat gemocht	habe gemocht	hätte gemocht
wir haben gemocht	haben gemocht	hätten gemocht
ihr habt gemocht	habet gemocht	hättet gemocht
sie haben gemocht	haben gemocht	hätten gemocht

Pluperfect

ich	hatte gemocht
du	hattest gemocht
er	hatte gemocht
wir	hatten gemocht
ihr	hattet gemocht
sie	hatten gemocht

	Future Time	
Future	*(Fut. Subj.)*	*(Pres. Conditional)*
ich werde mögen	werde mögen	würde mögen
du wirst mögen	werdest mögen	würdest mögen
er wird mögen	werde mögen	würde mögen
wir werden mögen	werden mögen	würden mögen
ihr werdet mögen	werdet mögen	würdet mögen
sie werden mögen	werden mögen	würden mögen

	Future Perfect Time	
Future Perfect	*(Fut. Perf. Subj.)*	*(Past Conditional)*
ich werde gemocht haben	werde gemocht haben	würde gemocht haben
du wirst gemocht haben	werdest gemocht haben	würdest gemocht haben
er wird gemocht haben	werde gemocht haben	würde gemocht haben
wir werden gemocht haben	werden gemocht haben	würden gemocht haben
ihr werdet gemocht haben	werdet gemocht haben	würdet gemocht haben
sie werden gemocht haben	werden gemocht haben	würden gemocht haben

AN ESSENTIAL
55 VERB

EXAMPLES

„Ich glaub, Luise mag dich nicht mehr", sagte Kai seinem Freund Ingo. „Das mag sein. Das ist wohl möglich. Aber ich möchte jetzt nicht darüber sprechen." Kurz danach sagte Ingo: „Ich will nicht länger hier bleiben. Ich möchte nach Amerika auswandern." „Möge es dir in dem Land der relativ unbeschränkten Möglichkeiten gut gehen."

I don't think Louise is fond of you anymore," said Kai to his friend Ingo. "That may be. That's quite possible. But I don't want to talk about it now." A bit later, Ingo said, "I don't want to stay here anymore. I want to emigrate to America." "May things go well for you in the land of relatively unlimited possibilities."

Mögen is less strong for "to want" than **wollen**. Both are modal auxiliaries. The conditional forms **möchte** (would like) are polite and frequently used in stores, restaurants, hotels, etc., as: **Möchten Sie noch etwas?** (*Would you like anything more?*) and **Wir möchten zahlen, bitte** (*We'd like to pay; The check please*). **Mag** and "may" are related, as are **lag** (*lay*), **Tag** (*day*). The "possible" is what "may" be. **Das Land der unbegrenzten/ unbeschränkten Möglichkeiten** is an old reference for the USA.

Vermögen is an elevated style, inseparable prefix verb that means "to be able."

M

Sie vermochte es nicht, mich zu überreden.
She wasn't able to convince me.

The noun **das Vermögen** means "wealth, fortune; assets." The adjective **vermögend** means "wealthy, affluent."

Einst war er ein vermögender Mann, aber er hat sein Vermögen verspielt.
Once he was a man of means, but he squandered his fortune gambling.

Idioms

Du magst sie beide, den Mercedes und auch den BMW, und kannst dich nicht entscheiden. Deine Sorgen möchte ich haben!
You like both of them, the Mercedes and the BMW too, and can't make up your mind. Problems like that I should have! (Literally: "I'd like to have your worries.")

Bei ihnen auf dem Lande? Da möchte ich nicht abgemalt sein.
At their place in the country? I wouldn't be caught dead there! (Literally: "I wouldn't even like a painting/a copy of me there.")

Mancher Journalist möchte Mäuschen sein, wenn der Präsident mit seinen Beratern spricht.
Many a journalist would like to be a fly on the wall (Literally: "a little mouse") when the president speaks with his advisors.

Wie dem auch sein mag, ich bleibe bei meiner Entscheidung.
Be that as it may, I'm sticking with my decision.

Mag kommen was will.
Come what may.

müssen

to have to, must

PRINC. PARTS: **müssen, musste, gemusst (müssen, when immediately preceded by an infinitive), muss**
IMPERATIVE: **not used**

	INDICATIVE	SUBJUNCTIVE	
		PRIMARY	SECONDARY
		Present Time	
	Present	*(Pres. Subj.)*	*(Imperf. Subj.)*
ich	muss	müsse	müsste
du	musst	müssest	müsstest
er	muss	müsse	müsste
wir	müssen	müssen	müssten
ihr	müsst	müsset	müsstet
sie	müssen	müssen	müssten

	Imperfect
ich	musste
du	musstest
er	musste
wir	mussten
ihr	musstet
sie	mussten

		Past Time	
	Perfect	*(Perf. Subj.)*	*(Pluperf. Subj.)*
ich	habe gemusst	habe gemusst	hätte gemusst
du	hast gemusst	habest gemusst	hättest gemusst
er	hat gemusst	habe gemusst	hätte gemusst
wir	haben gemusst	haben gemusst	hätten gemusst
ihr	habt gemusst	habet gemusst	hättet gemusst
sie	haben gemusst	haben gemusst	hätten gemusst

	Pluperfect
ich	hatte gemusst
du	hattest gemusst
er	hatte gemusst
wir	hatten gemusst
ihr	hattet gemusst
sie	hatten gemusst

		Future Time	
	Future	*(Fut. Subj.)*	*(Pres. Conditional)*
ich	werde müssen	werde müssen	würde müssen
du	wirst müssen	werdest müssen	würdest müssen
er	wird müssen	werde müssen	würde müssen
wir	werden müssen	werden müssen	würden müssen
ihr	werdet müssen	werdet müssen	würdet müssen
sie	werden müssen	werden müssen	würden müssen

		Future Perfect Time	
	Future Perfect	*(Fut. Perf. Subj.)*	*(Past Conditional)*
ich	werde gemusst haben	werde gemusst haben	würde gemusst haben
du	wirst gemusst haben	werdest gemusst haben	würdest gemusst haben
er	wird gemusst haben	werde gemusst haben	würde gemusst haben
wir	werden gemusst haben	werden gemusst haben	würden gemusst haben
ihr	werdet gemusst haben	werdet gemusst haben	würdet gemusst haben
sie	werden gemusst haben	werden gemusst haben	würden gemusst haben

AN ESSENTIAL
55 VERB

AN ESSENTIAL 55 VERB

EXAMPLES

Karl hat seine Brauereiaktien verkaufen müssen. Er wird seiner Frau den Erlös geben müssen, denn sie muss sich um den Haushalt kümmern. „Du musst, du magst wollen odern nicht", sagte sie. „Na ja, wenn es sein muss", willigte er ein.
Karl had to sell his brewery stocks. He'll have to give his wife the proceeds, for she has to look after the household budget. "You have to, whether you want to or not," she said. "Oh well, if it has to be," he agreed.

„Ich muss fort." „Ja, es muss schon spät sein. Diese Pakete müssen heute zur Post. Können Sie sie mitnehmen?"
"I have to leave." "Yes, it must be late already. These packages have to go to the post office today. Can you take them along?"

The first sentence does not use the past participle **gemußt** but instead the infinitive **müssen**, which functions grammatically as a past participle here because another infinitive (**verkaufen**) precedes. This is called the double infinitive construction. Modal auxiliaries are often used with a complementary (completing) infinitive. In two sentences in example two, an infinitive is understood, but not expressed. This is more colloquial than saying: **Ich muss fortgehen** or **Diese Pakete müssen … zur Post gebracht werden.**

There are no prefix verbs but note the expression: **sich bemüßigt fühlen/sehen** (to feel obliged to/called upon). **Er fühlte sich bemüßigt, uns seine blöden Ratschläge zu geben.** *He felt obliged to give us his silly advice.*

Note that **nicht müssen** means "to not have to, not need to."

Sie müssen nicht unbedingt mit uns ins Kino gehen.
You don't absolutely have to go to the movies with us.

Du musst ihm nicht immer die ganze Wahrheit sagen.
You're not obliged always to tell him the whole truth.

For "must not," use **nicht dürfen** (not to be permitted), as in the passage below.

„Ich müsste jetzt eigentlich die Klage zurückziehen. Ich muss an meine Familie denken." „Nein! Das dürfen Sie nicht. Wer A sagt, muss auch B sagen."
"I really ought to withdraw the complaint now. I have to think of my family." "No! You mustn't do that. Once you've started something, you've got to finish it." (Literally: "if you say A, you've got to say B," i.e., you must follow through.)

Kant lehrte, die Neigung müsse sich der Pflicht beugen. Er muss wohl an den alten Spruch gedacht haben: „Dein Müssen und dein Mögen, sie stehen dir oft entgegen. Du tust am besten nicht was du magst, sondern was du musst."
Kant taught that inclination should be subordinate to duty. He probably was thinking of the old saying, "You're often conflicted about what you must do and what you want to do. You'll do best if you do not what you want, but what you must."

Ihre Großeltern mussten heiraten. Es war eine Mussheirat.
Their grandparents had to get married. It was a shotgun wedding.

Ramon taugt nicht viel. Aber tanzen kann er gut. Das muss man ihm lassen!
Ramon's not good for much. But he really knows how to dance. You've got to give/grant him that!

„Ich muss jetzt wirklich nach Hause." „Kein Mensch muss müssen."
"I really have to go home now." "There's no such thing as have to (nobody has to do anything)."

M

nagen

to gnaw, nibble

PRINC. PARTS: **nagen, nagte, genagt, nagt**
IMPERATIVE: **nage!, nagt!, nagen Sie!**

INDICATIVE	SUBJUNCTIVE	
	PRIMARY	SECONDARY
	Present Time	
Present	*(Pres. Subj.)*	*(Imperf. Subj.)*
ich nage	nage	nagte
du nagst	nagest	nagtest
er nagt	nage	nagte
wir nagen	nagen	nagten
ihr nagt	naget	nagtet
sie nagen	nagen	nagten

Imperfect

ich	nagte
du	nagtest
er	nagte
wir	nagten
ihr	nagtet
sie	nagten

	Past Time	
Perfect	*(Perf. Subj.)*	*(Pluperf. Subj.)*
ich habe genagt	habe genagt	hätte genagt
du hast genagt	habest genagt	hättest genagt
er hat genagt	habe genagt	hätte genagt
wir haben genagt	haben genagt	hätten genagt
ihr habt genagt	habet genagt	hättet genagt
sie haben genagt	haben genagt	hätten genagt

Pluperfect

ich	hatte genagt
du	hattest genagt
er	hatte genagt
wir	hatten genagt
ihr	hattet genagt
sie	hatten genagt

	Future Time	
Future	*(Fut. Subj.)*	*(Pres. Conditional)*
ich werde nagen	werde nagen	würde nagen
du wirst nagen	werdest nagen	würdest nagen
er wird nagen	werde nagen	würde nagen
wir werden nagen	werden nagen	würden nagen
ihr werdet nagen	werdet nagen	würdet nagen
sie werden nagen	werden nagen	würden nagen

	Future Perfect Time	
Future Perfect	*(Fut. Perf. Subj.)*	*(Past Conditional)*
ich werde genagt haben	werde genagt haben	würde genagt haben
du wirst genagt haben	werdest genagt haben	würdest genagt haben
er wird genagt haben	werde genagt haben	würde genagt haben
wir werden genagt haben	werden genagt haben	würden genagt haben
ihr werdet genagt haben	werdet genagt haben	würdet genagt haben
sie werden genagt haben	werden genagt haben	würden genagt haben

Examples: Der Dichter musste am Hungertuch nagen, weil keiner seine Gedichte kaufte. „In meinem Herzen nagt es!" klagte er. *The poet had to go hungry because no one bought his poems. "In my heart there is a gnawing!" he lamented.* Der Biber ist ein Nagetier und nagt an Bäumen und Büschen. *The beaver is a rodent and gnaws on trees and bushes.*

nähren

to nourish; suckle

PRINC. PARTS: **nähren, nährte, genährt, nährt**
IMPERATIVE: **nähre!, nährt!, nähren Sie!**

	INDICATIVE	SUBJUNCTIVE	
		PRIMARY	SECONDARY

Present Time

	Present	(Pres. Subj.)	(Imperf. Subj.)
ich	nähre	nähre	nährte
du	nährst	nährest	nährtest
er	nährt	nähre	nährte
wir	nähren	nähren	nährten
ihr	nährt	nähret	nährtet
sie	nähren	nähren	nährten

Imperfect

ich	nährte
du	nährtest
er	nährte
wir	nährten
ihr	nährtet
sie	nährten

Past Time

	Perfect	(Perf. Subj.)	(Pluperf. Subj.)
ich	habe genährt	habe genährt	hätte genährt
du	hast genährt	habest genährt	hättest genährt
er	hat genährt	habe genährt	hätte genährt
wir	haben genährt	haben genährt	hätten genährt
ihr	habt genährt	habet genährt	hättet genährt
sie	haben genährt	haben genährt	hätten genährt

Pluperfect

ich	hatte genährt
du	hattest genährt
er	hatte genährt
wir	hatten genährt
ihr	hattet genährt
sie	hatten genährt

N

Future Time

	Future	(Fut. Subj.)	(Pres. Conditional)
ich	werde nähren	werde nähren	würde nähren
du	wirst nähren	werdest nähren	würdest nähren
er	wird nähren	werde nähren	würde nähren
wir	werden nähren	werden nähren	würden nähren
ihr	werdet nähren	werdet nähren	würdet nähren
sie	werden nähren	werden nähren	würden nähren

Future Perfect Time

	Future Perfect	(Fut. Perf. Subj.)	(Past Conditional)
ich	werde genährt haben	werde genährt haben	würde genährt haben
du	wirst genährt haben	werdest genährt haben	würdest genährt haben
er	wird genährt haben	werde genährt haben	würde genährt haben
wir	werden genährt haben	werden genährt haben	würden genährt haben
ihr	werdet genährt haben	werdet genährt haben	würdet genährt haben
sie	werden genährt haben	werden genährt haben	würden genährt haben

Examples: Du nährst die Hoffnung, ein großer Sportler zu werden. Aber deine Nahrung ist nicht nahrhaft genug. Du musst auf den Nährwert aller Nahrungsmittel achtgeben. Auch ernährst du deine Kinder nicht richtig. *You cherish the hope of becoming a great athlete. But your diet isn't nutritious enough. You must pay attention to the nutritional value of all foodstuffs. You don't feed your children properly, either.*

naschen

to nibble, eat sweets
(on the sly), "nosh"

PRINC. PARTS: **naschen, naschte, genascht, nascht**
IMPERATIVE: **nasche!, nascht!, naschen Sie!**

INDICATIVE	SUBJUNCTIVE	
	PRIMARY	SECONDARY
	Present Time	
Present	(*Pres. Subj.*)	(*Imperf. Subj.*)
ich nasche	nasche	naschte
du naschst	naschest	naschtest
er nascht	nasche	naschte
wir naschen	naschen	naschten
ihr nascht	naschet	naschtet
sie naschen	naschen	naschten

Imperfect
ich naschte
du naschtest
er naschte
wir naschten
ihr naschtet
sie naschten

	Past Time	
Perfect	(*Perf. Subj.*)	(*Pluperf. Subj.*)
ich habe genascht	habe genascht	hätte genascht
du hast genascht	habest genascht	hättest genascht
er hat genascht	habe genascht	hätte genascht
wir haben genascht	haben genascht	hätten genascht
ihr habt genascht	habet genascht	hättet genascht
sie haben genascht	haben genascht	hätten genascht

Pluperfect
ich hatte genascht
du hattest genascht
er hatte genascht
wir hatten genascht
ihr hattet genascht
sie hatten genascht

	Future Time	
Future	(*Fut. Subj.*)	(*Pres. Conditional*)
ich werde naschen	werde naschen	würde naschen
du wirst naschen	werdest naschen	würdest naschen
er wird naschen	werde naschen	würde naschen
wir werden naschen	werden naschen	würden naschen
ihr werdet naschen	werdet naschen	würdet naschen
sie werden naschen	werden naschen	würden naschen

	Future Perfect Time	
Future Perfect	(*Fut. Perf. Subj.*)	(*Past Conditional*)
ich werde genascht haben	werde genascht haben	würde genascht haben
du wirst genascht haben	werdest genascht haben	würdest genascht haben
er wird genascht haben	werde genascht haben	würde genascht haben
wir werden genascht haben	werden genascht haben	würden genascht haben
ihr werdet genascht haben	werdet genascht haben	würdet genascht haben
sie werden genascht haben	werden genascht haben	würden genascht haben

Examples: „In der Nacht kam ein Bär aus dem Wald, um an den Äpfeln und Honigwaben zu naschen. Aber du hast gestern Tag und Nacht genascht", sagte Klara ihrem Mann. *"At night a bear came out of the woods to nibble at the apples and honeycombs. But you ate sweets day and night yesterday," said Klara to her husband.*

322

PRINC. PARTS: **necken, neckte, geneckt, neckt**   *to tease*
IMPERATIVE: **necke!, neckt!, necken Sie!**

INDICATIVE	SUBJUNCTIVE	
	PRIMARY	SECONDARY
	Present Time	
Present	*(Pres. Subj.)*	*(Imperf. Subj.)*
ich necke	necke	neckte
du neckst	neckest	necktest
er neckt	necke	neckte
wir necken	necken	neckten
ihr neckt	necket	necktet
sie necken	necken	neckten

Imperfect
ich neckte
du necktest
er neckte
wir neckten
ihr necktet
sie neckten

	Past Time	
Perfect	*(Perf. Subj.)*	*(Pluperf. Subj.)*
ich habe geneckt	habe geneckt	hätte geneckt
du hast geneckt	habest geneckt	hättest geneckt
er hat geneckt	habe geneckt	hätte geneckt
wir haben geneckt	haben geneckt	hätten geneckt
ihr habt geneckt	habet geneckt	hättet geneckt
sie haben geneckt	haben geneckt	hätten geneckt

Pluperfect
ich hatte geneckt
du hattest geneckt
er hatte geneckt
wir hatten geneckt
ihr hattet geneckt
sie hatten geneckt

N

	Future Time	
Future	*(Fut. Subj.)*	*(Pres. Conditional)*
ich werde necken	werde necken	würde necken
du wirst necken	werdest necken	würdest necken
er wird necken	werde necken	würde necken
wir werden necken	werden necken	würden necken
ihr werdet necken	werdet necken	würdet necken
sie werden necken	werden necken	würden necken

	Future Perfect Time	
Future Perfect	*(Fut. Perf. Subj.)*	*(Past Conditional)*
ich werde geneckt haben	werde geneckt haben	würde geneckt haben
du wirst geneckt haben	werdest geneckt haben	würdest geneckt haben
er wird geneckt haben	werde geneckt haben	würde geneckt haben
wir werden geneckt haben	werden geneckt haben	würden geneckt haben
ihr werdet geneckt haben	werdet geneckt haben	würdet geneckt haben
sie werden geneckt haben	werden geneckt haben	würden geneckt haben

Examples: Was sich liebt, neckt sich, wie es im Sprichwort heißt. Aber einige, zum Beispiel die Behinderten, sollte man gar nicht necken. Da ist das Necken fehl am Platz. *Lovers will tease each other, as the saying has it. But some people, for example the handicapped, shouldn't be teased at all. Teasing is then out of place.* Sentence 2 uses **man** as a substitute for a passive.

nehmen

to take

PRINC. PARTS: **nehmen, nahm, genommen, nimmt**
IMPERATIVE: **nimm!, nehmt!, nehmen Sie!**

INDICATIVE	SUBJUNCTIVE	
	PRIMARY	SECONDARY
	Present Time	
Present	*(Pres. Subj.)*	*(Imperf. Subj.)*
ich nehme	nehme	nähme
du nimmst	nehmest	nähmest
er nimmt	nehme	nähme
wir nehmen	nehmen	nähmen
ihr nehmt	nehmet	nähmet
sie nehmen	nehmen	nähmen
Imperfect		
ich nahm		
du nahmst		
er nahm		
wir nahmen		
ihr nahmt		
sie nahmen		
	Past Time	
Perfect	*(Perf. Subj.)*	*(Pluperf. Subj.)*
ich habe genommen	habe genommen	hätte genommen
du hast genommen	habest genommen	hättest genommen
er hat genommen	habe genommen	hätte genommen
wir haben genommen	haben genommen	hätten genommen
ihr habt genommen	habet genommen	hättet genommen
sie haben genommen	haben genommen	hätten genommen
Pluperfect		
ich hatte genommen		
du hattest genommen		
er hatte genommen		
wir hatten genommen		
ihr hattet genommen		
sie hatten genommen		
	Future Time	
Future	*(Fut. Subj.)*	*(Pres. Conditional)*
ich werde nehmen	werde nehmen	würde nehmen
du wirst nehmen	werdest nehmen	würdest nehmen
er wird nehmen	werde nehmen	würde nehmen
wir werden nehmen	werden nehmen	würden nehmen
ihr werdet nehmen	werdet nehmen	würdet nehmen
sie werden nehmen	werden nehmen	würden nehmen
	Future Perfect Time	
Future Perfect	*(Fut. Perf. Subj.)*	*(Past Conditional)*
ich werde genommen haben	werde genommen haben	würde genommen haben
du wirst genommen haben	werdest genommen haben	würdest genommen haben
er wird genommen haben	werde genommen haben	würde genommen haben
wir werden genommen haben	werden genommen haben	würden genommen haben
ihr werdet genommen haben	werdet genommen haben	würdet genommen haben
sie werden genommen haben	werden genommen haben	würden genommen haben

AN ESSENTIAL
55 VERB

Nehmen

Prefix Verbs

INSEPARABLE
(sich) benehmen—to behave
Benimm dich!
Behave yourself!

entnehmen—to take from; gather from
Man entnahm ihm oft Blut.
They took many blood samples from him.

Ihrem Brief entnehme ich, dass Sie bei
uns nicht glücklich waren.
*I gather from your letter that you weren't
happy with us.*

übernehmen—to take over
Sein Sohn will das Geschäft nicht
übernehmen.
*His son doesn't want to take over the
business.*

(sich) übernehmen—to take on too much,
overextend oneself
Mit dieser Aufgabe habe ich mich wirklich übernommen.
*I've really overextended myself with that
task.*

unternehmen—to take, undertake
Man hat schon die nötigen Schritte
unternommen.
*The necessary steps have already been
taken.*

vernehmen—to hear a witness; interrogate
Morgen wird die Hauptzeugin verhört.
The key witness will be heard tomorrow.

EXAMPLES

„Sie sagten, Sie wollten die Verantwortung
auf sich nehmen, und ich habe Sie beim
Wort genommen. Aber sie nehmen immer
alles auf die leichte Schulter. Jetzt müssen
Sie die Folgen auf sich nehmen." „Warum
nehmen Sie immer alles so genau? Meine
Zeit ist zu sehr in Anspruch genommen,
um mich um alles zu bekümmern. Im
Grunde genommen, hab ich mich nicht
schlecht benommen." „Sie sollten mehr
Rücksicht auf mich und andere nehmen."
„Na, wenn Sie mich nur beschimpfen
wollen, nehme ich Reißaus."

*"You said you wanted to assume the responsi-
bility and I took you at your word. But you
always make light of everything. Now you'll
have to take the consequences." "Why are
you always so strict about everything?
My time is too taken up to look after everything. Strictly speaking, I haven't behaved
badly." "You should show me and others
more consideration." "Well, if all you're
going to do is insult me, then I'll clear
out fast."*

N

Review the verbs in Group IV B, page 12. Take
the time to ponder the idioms used below.

Idioms

die Verantwortung auf sich nehmen—to
assume responsibility

jmdn. beim Wort nehmen—to take someone at their word

auf die leichte Schulter nehmen—to make
light of, minimize

die Folgen auf sich nehmen—to take the
consequences

im Grunde genommen—strictly speaking

in Anspruch nehmen—literally "to take in
claim." It means one's time is taken up
because of the many claims on it.

Rücksicht nehmen—to show consideration

Reißaus nehmen—to clear out fast

Prefix Verbs

SEPARABLE

abnehmen—to take off; decrease; lose weight
Nimm den Hut ab!
Take your hat off.

Das Interesse an diesen Autoren hat deutlich abgenommen.
Interest in these authors has declined greatly.

annehmen—to assume
Ich nehme an, es ist zu spät.
I assume it's too late.

aufnehmen—to admit; absorb
Wir haben ihn als Mitglied in unseren Verein aufgenommen.
We admitted him as a member of our association.

ausnehmen—to disembowel, eviscerate; fleece (fig.); except
Sie hatte vergessen, das Huhn auszunehmen.
She forgot to gut the chicken.

Ausgenommen das Huhn, hat alles sehr gut geschmeckt.
Everything was very tasty, except for the chicken.

In dem Nepplokal wird man wirklich ausgenommen.
They really take you to the cleaner's (fleece you) in that clip joint.

einnehmen—to take in; take over, occupy
Wie viel Geld haben wir heute eingenommen?
How much money did we take in today?

Die Aufständischen nahmen die Stadt ein.
The insurgents occupied the city.

festnehmen—to take into custody, arrest
Die Polizei hat ihn heute festgenommen.
The police arrested him today.

hinnehmen—to accept; tolerate
So was nehmen wir nicht hin!
We won't tolerate anything like that.

mitnehmen—to take along
Nimm uns bitte doch mit!
Please take us along.

vornehmen—to undertake, effect
Verhandlungen sollen bald vorgenommen werden.
Negotiations are to be conducted soon.

wahrnehmen—to perceive, realize
Du hättest die Gelegenheit wahrnehmen sollen. Du willst es nur nicht wahrhaben.
You should have taken the opportunity. You just refuse to realize (recognize) that.

zunehmen—to increase; put on weight
Die Arbeitslosigkeit nimmt zu.
Unemployment is increasing.

Du hast wieder zugenommen.
You've gained weight again.

zurücknehmen—to take back; withdraw
Sie hat ihre Klage zurückgenommen.
She withdrew her complaint.

nennen

PRINC. PARTS: **nennen, nannte, genannt, nennt**
IMPERATIVE: **nenne!, nennt!, nennen Sie!**

to name, call

	INDICATIVE	SUBJUNCTIVE	
		PRIMARY	SECONDARY

Present Time

	Present	**(*Pres. Subj.*)**	**(*Imperf. Subj.*)**
ich	nenne	nenne	nennte
du	nennst	nennest	nenntest
er	nennt	nenne	nennte
wir	nennen	nennen	nennten
ihr	nennt	nennet	nenntet
sie	nennen	nennen	nennten

	Imperfect
ich	nannte
du	nanntest
er	nannte
wir	nannten
ihr	nanntet
sie	nannten

Past Time

	Perfect	**(*Perf. Subj.*)**	**(*Pluperf. Subj.*)**
ich	habe genannt	habe genannt	hätte genannt
du	hast genannt	habest genannt	hättest genannt
er	hat genannt	habe genannt	hätte genannt
wir	haben genannt	haben genannt	hätten genannt
ihr	habt genannt	habet genannt	hättet genannt
sie	haben genannt	haben genannt	hätten genannt

	Pluperfect
ich	hatte genannt
du	hattest genannt
er	hatte genannt
wir	hatten genannt
ihr	hattet genannt
sie	hatten genannt

N

Future Time

	Future	**(*Fut. Subj.*)**	**(*Pres. Conditional*)**
ich	werde nennen	werde nennen	würde nennen
du	wirst nennen	werdest nennen	würdest nennen
er	wird nennen	werde nennen	würde nennen
wir	werden nennen	werden nennen	würden nennen
ihr	werdet nennen	werdet nennen	würdet nennen
sie	werden nennen	werden nennen	würden nennen

Future Perfect Time

	Future Perfect	**(*Fut. Perf. Subj.*)**	**(*Past Conditional*)**
ich	werde genannt haben	werde genannt haben	würde genannt haben
du	wirst genannt haben	werdest genannt haben	würdest genannt haben
er	wird genannt haben	werde genannt haben	würde genannt haben
wir	werden genannt haben	werden genannt haben	würden genannt haben
ihr	werdet genannt haben	werdet genannt haben	würdet genannt haben
sie	werden genannt haben	werden genannt haben	würden genannt haben

Examples: Sie nannten ihren letztgeborenen Sohn ‚Benjamin. *They named their last born son Benjamin.* Schillerlocken, Leibniz Kekse, Bismarckhering und Mozartkugeln wurden nach berühmten Personen genannt. *Schillerlocken (cream puffs), Leibniz cookies, Bismarck herring, and Mozartkugeln (a chocolate, almond confection) were named after famous people.* Ich weiß nicht, wie sich die Stadt jetzt nennt. Viele Städte wurden nach dem Krieg umbenannt. *I don't know what the city's name is now. Many cities were renamed after the war.*

nicken

to nod, doze PRINC. PARTS: **nicken, nickte, genickt, nickt**
IMPERATIVE: **nicke!, nickt!, nicken Sie!**

	INDICATIVE	PRIMARY SUBJUNCTIVE	SECONDARY

		Present Time	
	Present	*(Pres. Subj.)*	*(Imperf. Subj.)*
ich	nicke	nicke	nickte
du	nickst	nickest	nicktest
er	nickt	nicke	nickte
wir	nicken	nicken	nickten
ihr	nickt	nicket	nicktet
sie	nicken	nicken	nickten

	Imperfect
ich	nickte
du	nicktest
er	nickte
wir	nickten
ihr	nicktet
sie	nickten

		Past Time	
	Perfect	*(Perf. Subj.)*	*(Pluperf. Subj.)*
ich	habe genickt	habe genickt	hätte genickt
du	hast genickt	habest genickt	hättest genickt
er	hat genickt	habe genickt	hätte genickt
wir	haben genickt	haben genickt	hätten genickt
ihr	habt genickt	habet genickt	hättet genickt
sie	haben genickt	haben genickt	hätten genickt

	Pluperfect
ich	hatte genickt
du	hattest genickt
er	hatte genickt
wir	hatten genickt
ihr	hattet genickt
sie	hatten genickt

		Future Time	
	Future	*(Fut. Subj.)*	*(Pres. Conditional)*
ich	werde nicken	werde nicken	würde nicken
du	wirst nicken	werdest nicken	würdest nicken
er	wird nicken	werde nicken	würde nicken
wir	werden nicken	werden nicken	würden nicken
ihr	werdet nicken	werdet nicken	würdet nicken
sie	werden nicken	werden nicken	würden nicken

		Future Perfect Time	
	Future Perfect	*(Fut. Perf. Subj.)*	*(Past Conditional)*
ich	werde genickt haben	werde genickt haben	würde genickt haben
du	wirst genickt haben	werdest genickt haben	würdest genickt haben
er	wird genickt haben	werde genickt haben	würde genickt haben
wir	werden genickt haben	werden genickt haben	würden genickt haben
ihr	werdet genickt haben	werdet genickt haben	würdet genickt haben
sie	werden genickt haben	werden genickt haben	würden genickt haben

Examples: Als sie in der Kutsche fuhr, nickte die Königin mit dem Kopf. Bei einer Kabinettssitzung nickte sie zustimmend. Später nickte sie ein. Sie hatte Lust, ein Nickerchen zu machen, aber sie musste Diplomaten empfangen. *When she rode in the coach, the queen nodded her head. At the cabinet meeting she nodded in agreement. Later she nodded off. She felt like taking a little nap. But she had to receive diplomats.*

nützen

to use, be profitable

INDICATIVE	SUBJUNCTIVE	
	PRIMARY	SECONDARY

Present Time

	Present	**(Pres. Subj.)**	**(Imperf. Subj.)**
ich	nütze	nütze	nützte
du	nützt	nützest	nütztest
er	nützt	nütze	nützte
wir	nützen	nützen	nützten
ihr	nützt	nützet	nütztet
sie	nützen	nützen	nützten

	Imperfect
ich	nützte
du	nütztest
er	nützte
wir	nützten
ihr	nütztet
sie	nützten

Past Time

	Perfect	**(Perf. Subj.)**	**(Pluperf. Subj.)**
ich	habe genützt	habe genützt	hätte genützt
du	hast genützt	habest genützt	hättest genützt
er	hat genützt	habe genützt	hätte genützt
wir	haben genützt	haben genützt	hätten genützt
ihr	habt genützt	habet genützt	hättet genützt
sie	haben genützt	haben genützt	hätten genützt

	Pluperfect
ich	hatte genützt
du	hattest genützt
er	hatte genützt
wir	hatten genützt
ihr	hattet genützt
sie	hatten genützt

Future Time

	Future	**(Fut. Subj.)**	**(Pres. Conditional)**
ich	werde nützen	werde nützen	würde nützen
du	wirst nützen	werdest nützen	würdest nützen
er	wird nützen	werde nützen	würde nützen
wir	werden nützen	werden nützen	würden nützen
ihr	werdet nützen	werdet nützen	würdet nützen
sie	werden nützen	werden nützen	würden nützen

Future Perfect Time

	Future Perfect	**(Fut. Perf. Subj.)**	**(Past Conditional)**
ich	werde genützt haben	werde genützt haben	würde genützt haben
du	wirst genützt haben	werdest genützt haben	würdest genützt haben
er	wird genützt haben	werde genützt haben	würde genützt haben
wir	werden genützt haben	werden genützt haben	würden genützt haben
ihr	werdet genützt haben	werdet genützt haben	würdet genützt haben
sie	werden genützt haben	werden genützt haben	würden genützt haben

*The unumlauted forms nutzen, nutzte, gennutzt, nutzt are also found.

Examples: Jetzt nützt mir Ihre Hilfe nichts. Sie hätten mir sehr nützlich sein können. *Your help is of no use to me now. You could have been very useful to me.* Du hast die alte Ausgabe oft benutzt. Die neue wird noch nützlicher sein. *You often used the old edition. The new one will be even more useful.* Du nutzt and er nutzt in the present are similar.

öffnen

to open

PRINC. PARTS: öffnen, öffnete, geöffnet, öffnet
IMPERATIVE: öffne!, öffnet!, öffnen Sie!

INDICATIVE	SUBJUNCTIVE	
	PRIMARY	SECONDARY
	Present Time	
Present	*(Pres. Subj.)*	*(Imperf. Subj.)*
ich öffne	öffne	öffnete
du öffnest	öffnest	öffnetest
er öffnet	öffne	öffnete
wir öffnen	öffnen	öffneten
ihr öffnet	öffnet	öffnetet
sie öffnen	öffnen	öffneten

Imperfect

ich	öffnete
du	öffnetest
er	öffnete
wir	öffneten
ihr	öffnetet
sie	öffneten

	Past Time	
Perfect	*(Perf. Subj.)*	*(Pluperf. Subj.)*
ich habe geöffnet	habe geöffnet	hätte geöffnet
du hast geöffnet	habest geöffnet	hättest geöffnet
er hat geöffnet	habe geöffnet	hätte geöffnet
wir haben geöffnet	haben geöffnet	hätten geöffnet
ihr habt geöffnet	habet geöffnet	hättet geöffnet
sie haben geöffnet	haben geöffnet	hätten geöffnet

Pluperfect

Ich	hatte geöffnet
du	hattest geöffnet
er	hatte geöffnet
wir	hatten geöffnet
ihr	hattet geöffnet
sie	hatten geöffnet

	Future Time	
Future	*(Fut. Subj.)*	*(Pres. Conditional)*
ich werde öffnen	werde öffnen	würde öffnen
du wirst öffnen	werdest öffnen	würdest öffnen
er wird öffnen	werde öffnen	würde öffnen
wir werden öffnen	werden öffnen	würden öffnen
ihr werdet öffnen	werdet öffnen	würdet öffnen
sie werden öffnen	werden öffnen	würden öffnen

	Future Perfect Time	
Future Perfect	*(Fut. Perf. Subj.)*	*(Past Conditional)*
ich werde geöffnet haben	werde geöffnet haben	würde geöffnet haben
du wirst geöffnet haben	werdest geöffnet haben	würdest geöffnet haben
er wird geöffnet haben	werde geöffnet haben	würde geöffnet haben
wir werden geöffnet haben	werden geöffnet haben	würden geöffnet haben
ihr werdet geöffnet haben	werdet geöffnet haben	würdet geöffnet haben
sie werden geöffnet haben	werden geöffnet haben	würden geöffnet haben

Examples: „Ich wollte viele offene Weine trinken. Aber du hast mir schon diese Flasche geöffnet. Ich trinke sie alle, die offenen auch", sagte er. *"I wanted to drink many open wines. But you've already opened this bottle for me. I'll drink them all, the open wines too," he said.* Many verbs whose stem ends in -n add an e in certain forms. "Open wines" are sold by the class.

pachten

PRINC. PARTS: **pachten, pachtete, gepachtet, pachtet**
IMPERATIVE: **pachte!, pachtet!, pachten Sie!**

to lease, rent; farm

INDICATIVE	SUBJUNCTIVE	
	PRIMARY	SECONDARY

Present Time

	Present	(*Pres. Subj.*)	(*Imperf. Subj.*)
ich	pachte	pachte	pachtete
du	pachtest	pachtest	pachtetest
er	pachtet	pachte	pachtete
wir	pachten	pachten	pachteten
ihr	pachtet	pachtet	pachtetet
sie	pachten	pachten	pachteten

	Imperfect
ich	pachtete
du	pachtetest
er	pachtete
wir	pachteten
ihr	pachtetet
sie	pachteten

Past Time

	Perfect	(*Perf. Subj.*)	(*Pluperf. Subj.*)
ich	habe gepachtet	habe gepachtet	hätte gepachtet
du	hast gepachtet	habest gepachtet	hättest gepachtet
er	hat gepachtet	habe gepachtet	hätte gepachtet
wir	haben gepachtet	haben gepachtet	hätten gepachtet
ihr	habt gepachtet	habet gepachtet	hättet gepachtet
sie	haben gepachtet	haben gepachtet	hätten gepachtet

	Pluperfect
ich	hatte gepachtet
du	hattest gepachtet
er	hatte gepachtet
wir	hatten gepachtet
ihr	hattet gepachtet
sie	hatten gepachtet

Future Time

	Future	(*Fut. Subj.*)	(*Pres. Conditional*)
ich	werde pachten	werde pachten	würde pachten
du	wirst pachten	werdest pachten	würdest pachten
er	wird pachten	werde pachten	würde pachten
wir	werden pachten	werden pachten	würden pachten
ihr	werdet pachten	werdet pachten	würdet pachten
sie	werden pachten	werden pachten	würden pachten

Future Perfect Time

	Future Perfect	(*Fut. Perf. Subj.*)	(*Past Conditional*)
ich	werde gepachtet haben	werde gepachtet haben	würde gepachtet haben
du	wirst gepachtet haben	werdest gepachtet haben	würdest gepachtet haben
er	wird gepachtet haben	werde gepachtet haben	würde gepachtet haben
wir	werden gepachtet haben	werden gepachtet haben	würden gepachtet haben
ihr	werdet gepachtet haben	werdet gepachtet haben	würdet gepachtet haben
sie	werden gepachtet haben	werden gepachtet haben	würden gepachtet haben

P

Examples: Eine neue Sekte hat den Laden gepachtet. Auch sie glauben, die Wahrheit für sich gepachtet zu haben. *A new sect has leased the store. They, too, think they have a monopoly on truth.* Verbs whose stem end in **-t** add an **e** in certain forms. The 1st sentence uses **pachten** literally, the 2nd uses it as an idiom that can also be translated as "to think one owns."

331

packen

to pack; seize, grab

PRINC. PARTS: **packen, packte, gepackt, packt**
IMPERATIVE: **packe!, packt!, packen Sie!**

INDICATIVE	SUBJUNCTIVE	
	PRIMARY	SECONDARY
	Present Time	
Present	*(Pres. Subj.)*	*(Imperf. Subj.)*
ich packe	packe	packte
du packst	packest	packtest
er packt	packe	packte
wir packen	packen	packten
ihr packt	packet	packtet
sie packen	packen	packten

Imperfect
ich packte
du packtest
er packte
wir packten
ihr packtet
sie packten

	Past Time	
Perfect	*(Perf. Subj.)*	*(Pluperf. Subj.)*
ich habe gepackt	habe gepackt	hätte gepackt
du hast gepackt	habest gepackt	hättest gepackt
er hat gepackt	habe gepackt	hätte gepackt
wir haben gepackt	haben gepackt	hätten gepackt
ihr habt gepackt	habet gepackt	hättet gepackt
sie haben gepackt	haben gepackt	hätten gepackt

Pluperfect
ich hatte gepackt
du hattest gepackt
er hatte gepackt
wir hatten gepackt
ihr hattet gepackt
sie hatten gepackt

	Future Time	
Future	*(Fut. Subj.)*	*(Pres. Conditional)*
ich werde packen	werde packen	würde packen
du wirst packen	werdest packen	würdest packen
er wird packen	werde packen	würde packen
wir werden packen	werden packen	würden packen
ihr werdet packen	werdet packen	würdet packen
sie werden packen	werden packen	würden packen

	Future Perfect Time	
Future Perfect	*(Fut. Perf. Subj.)*	*(Past Conditional)*
ich werde gepackt haben	werde gepackt haben	würde gepackt haben
du wirst gepackt haben	werdest gepackt haben	würdest gepackt haben
er wird gepackt haben	werde gepackt haben	würde gepackt haben
wir werden gepackt haben	werden gepackt haben	würden gepackt haben
ihr werdet gepackt haben	werdet gepackt haben	würdet gepackt haben
sie werden gepackt haben	werden gepackt haben	würden gepackt haben

Examples: Das war eine packende Geschichte. *That was a thrilling story.* Er möchte dich beim Kragen packen und dir eine Tugendlehre erteilen. *He'd like to grab you by the neck and give you a lesson in virtue.* Pack dich fort! *Scram!* Er hat schon seine Koffer gepackt. *He's already packed his bags.* Da kann ich die meinen auspacken. *Then I can unpack mine.*

passen

PRINC. PARTS: **passen, passte, gepasst, passt**
IMPERATIVE: **passe! passt, passen Sie!**

to fit, be suitable

INDICATIVE		SUBJUNCTIVE	
		PRIMARY	SECONDARY

Present Time

	Present	*(Pres. Subj.)*	*(Imperf. Subj.)*
ich	passe	passe	passte
du	passt	passest	passtest
er	passt	passe	passte
wir	passen	passen	passten
ihr	passt	passet	passtet
sie	passen	passen	passten

	Imperfect
ich	passte
du	passtest
er	passte
wir	passten
ihr	passtet
sie	passten

Past Time

	Perfect	*(Perf. Subj.)*	*(Pluperf. Subj.)*
ich	habe gepasst	habe gepasst	hätte gepasst
du	hast gepasst	habest gepasst	hättest gepasst
er	hat gepasst	habe gepasst	hätte gepasst
wir	haben gepasst	haben gepasst	hätten gepasst
ihr	habt gepasst	habet gepasst	hättet gepasst
sie	haben gepasst	haben gepasst	hätten gepasst

	Pluperfect
ich	hatte gepasst
du	hattest gepasst
er	hatte gepasst
wir	hatten gepasst
ihr	hattet gepasst
sie	hatten gepasst

Future Time

	Future	*(Fut. Subj.)*	*(Pres. Conditional)*
ich	werde passen	werde passen	würde passen
du	wirst passen	werdest passen	würdest passen
er	wird passen	werde passen	würde passen
wir	werden passen	werden passen	würden passen
ihr	werdet passen	werdet passen	würdet passen
sie	werden passen	werden passen	würden passen

Future Perfect Time

	Future Perfect	*(Fut. Perf. Subj.)*	*(Past Conditional)*
ich	werde gepasst haben	werde gepasst haben	würde gepasst haben
du	wirst gepasst haben	werdest gepasst haben	würdest gepasst haben
er	wird gepasst haben	werde gepasst haben	würde gepasst haben
wir	werden gepasst haben	werden gepasst haben	würden gepasst haben
ihr	werdet gepasst haben	werdet gepasst haben	würdet gepasst haben
sie	werden gepasst haben	werden gepasst haben	würden gepasst haben

P

Examples: „Pass auf! Du weißt, er findet alle deine Geschichten unpassend." „Das Kleid eines Sittenrichters passt ihm schlecht. Ich will aber versuchen, etwas Passenderes für ihn zu finden. Man muss sich den Umständen anpassen." *"Watch out! You know he finds all your stories unsuitable." "The censor's garb ill fits him. But I'll try to find something more suitable for him. One must adjust to circumstances."*

passieren

to happen, take place;
pass*

PRINC. PARTS: **passieren, passierte, ist passiert, passiert**
IMPERATIVE: **passiere!, passiert!, passieren Sie!**

INDICATIVE	SUBJUNCTIVE	
	PRIMARY	SECONDARY
	Present Time	
Present	*(Pres. Subj.)*	*(Imperf. Subj.)*
ich passiere	passiere	passierte
du passierst	passierest	passiertest
er passiert	passiere	passierte
wir passieren	passieren	passierten
ihr passiert	passieret	passiertet
sie passieren	passieren	passierten

Imperfect
ich passierte
du passiertest
er passierte
wir passierten
ihr passiertet
sie passierten

	Past Time	
Perfect	*(Perf. Subj.)*	*(Pluperf. Subj.)*
ich bin passiert	sei passiert	wäre passiert
du bist passiert	seiest passiert	wärest passiert
er ist passiert	sei passiert	wäre passiert
wir sind passiert	seien passiert	wären passiert
ihr seid passiert	seiet passiert	wäret passiert
sie sind passiert	seien passiert	wären passiert

Pluperfect
ich war passiert
du warst passiert
er war passiert
wir waren passiert
ihr wart passiert
sie waren passiert

	Future Time	
Future	*(Fut. Subj.)*	*(Pres. Conditional)*
ich werde passieren	werde passieren	würde passieren
du wirst passieren	werdest passieren	würdest passieren
er wird passieren	werde passieren	würde passieren
wir werden passieren	werden passieren	würden passieren
ihr werdet passieren	werdet passieren	würdet passieren
sie werden passieren	werden passieren	würden passieren

	Future Perfect Time	
Future Perfect	*(Fut. Perf. Subj.)*	*(Past Conditional)*
ich werde passiert sein	werde passiert sein	würde passiert sein
du wirst passiert sein	werdest passiert sein	würdest passiert sein
er wird passiert sein	werde passiert sein	würde passiert sein
wir werden passiert sein	werden passiert sein	würden passiert sein
ihr werdet passiert sein	werdet passiert sein	würdet passiert sein
sie werden passiert sein	werden passiert sein	würden passiert sein

*In this meaning **passsieren** is conjugated with **haben**.

Examples: „Weißt du, was uns passiert ist? Die Straße war kaum passierbar. Wir konnten den Tunnel nicht passieren, weil uns dort eine Reifenpanne passiert ist." „Das kann jedem mal passieren." *"Do you know what happened to us? The road was barely passable. We couldn't get through the tunnel because we had a flat tire there." "That can happen to anybody."*

334

pfeifen

to whistle

PRINC. PARTS: **pfeifen, pfiff, gepfiffen, pfeift**
IMPERATIVE: **pfeife!, pfeift!, pfeifen Sie!**

	INDICATIVE	SUBJUNCTIVE	
		PRIMARY	SECONDARY

Present Time

	Present	*(Pres. Subj.)*	*(Imperf. Subj.)*
ich	pfeife	pfeife	pfiffe
du	pfeifst	pfeifest	pfiffest
er	pfeift	pfeife	pfiffe
wir	pfeifen	pfeifen	pfiffen
ihr	pfeift	pfeifet	pfiffet
sie	pfeifen	pfeifen	pfiffen

	Imperfect
ich	pfiff
du	pfiffst
er	pfiff
wir	pfiffen
ihr	pfifft
sie	pfiffen

Past Time

	Perfect	*(Perf. Subj.)*	*(Pluperf. Subj.)*
ich	habe gepfiffen	habe gepfiffen	hätte gepfiffen
du	hast gepfiffen	habest gepfiffen	hättest gepfiffen
er	hat gepfiffen	habe gepfiffen	hätte gepfiffen
wir	haben gepfiffen	haben gepfiffen	hätten gepfiffen
ihr	habt gepfiffen	habet gepfiffen	hättet gepfiffen
sie	haben gepfiffen	haben gepfiffen	hätten gepfiffen

	Pluperfect
ich	hatte gepfiffen
du	hattest gepfiffen
er	hatte gepfiffen
wir	hatten gepfiffen
ihr	hattet gepfiffen
sie	hatten gepfiffen

Future Time

	Future	*(Fut. Subj.)*	*(Pres. Conditional)*
ich	werde pfeifen	werde pfeifen	würde pfeifen
du	wirst pfeifen	werdest pfeifen	würdest pfeifen
er	wird pfeifen	werde pfeifen	würde pfeifen
wir	werden pfeifen	werden pfeifen	würden pfeifen
ihr	werdet pfeifen	werdet pfeifen	würdet pfeifen
sie	werden pfeifen	werden pfeifen	würden pfeifen

Future Perfect Time

	Future Perfect	*(Fut. Perf. Subj.)*	*(Past Conditional)*
ich	werde gepfiffen haben	werde gepfiffen haben	würde gepfiffen haben
du	wirst gepfiffen haben	werdest gepfiffen haben	würdest gepfiffen haben
er	wird gepfiffen haben	werde gepfiffen haben	würde gepfiffen haben
wir	werden gepfiffen haben	werden gepfiffen haben	würden gepfiffen haben
ihr	werdet gepfiffen haben	werdet gepfiffen haben	würdet gepfiffen haben
sie	werden gepfiffen haben	werden gepfiffen haben	würden gepfiffen haben

P

Examples: „Wenn Sie die Kritiker und Claqueure nicht bezahlen, werden sie Sie buhen und pfeifen", sagte der Regisseur der Schauspielerin. „Ich pfeife auf dieses Gesinde und werde nie nach ihrer Pfeife tanzen." *"If you don't pay the critics and hired applauders, they'll boo and catcall you," said the director to the actress. "I couldn't care less about the rabble, and I'll never dance to their tune."*

pflanzen

to plant

PRINC. PARTS: **pflanzen, pflanzte, gepflanzt, pflanzt**
IMPERATIVE: **pflanze!, pflanzt!, pflanzen Sie!**

	INDICATIVE	SUBJUNCTIVE	
		PRIMARY	SECONDARY

Present Time

	Present	*(Pres. Subj.)*	*(Imperf. Subj.)*
ich	pflanze	pflanze	pflanzte
du	pflanzt	pflanzest	pflanztest
er	pflanzt	pflanze	pflanzte
wir	pflanzen	pflanzen	pflanzten
ihr	pflanzt	pflanzet	pflanztet
sie	pflanzen	pflanzen	pflanzten

	Imperfect
ich	pflanzte
du	pflanztest
er	pflanzte
wir	pflanzten
ihr	pflanztet
sie	pflanzten

Past Time

	Perfect	*(Perf. Subj.)*	*(Pluperf. Subj.)*
ich	habe gepflanzt	habe gepflanzt	hätte gepflanzt
du	hast gepflanzt	habest gepflanzt	hättest gepflanzt
er	hat gepflanzt	habe gepflanzt	hätte gepflanzt
wir	haben gepflanzt	haben gepflanzt	hätten gepflanzt
ihr	habt gepflanzt	habet gepflanzt	hättet gepflanzt
sie	haben gepflanzt	haben gepflanzt	hätten gepflanzt

	Pluperfect
ich	hatte gepflanzt
du	hattest gepflanzt
er	hatte gepflanzt
wir	hatten gepflanzt
ihr	hattet gepflanzt
sie	hatten gepflanzt

Future Time

	Future	*(Fut. Subj.)*	*(Pres. Conditional)*
ich	werde pflanzen	werde pflanzen	würde pflanzen
du	wirst pflanzen	werdest pflanzen	würdest pflanzen
er	wird pflanzen	werde pflanzen	würde pflanzen
wir	werden pflanzen	werden pflanzen	würden pflanzen
ihr	werdet pflanzen	werdet pflanzen	würdet pflanzen
sie	werden pflanzen	werden pflanzen	würden pflanzen

Future Perfect Time

	Future Perfect	*(Fut. Perf. Subj.)*	*(Past Conditional)*
ich	werde gepflanzt haben	werde gepflanzt haben	würde gepflanzt haben
du	wirst gepflanzt haben	werdest gepflanzt haben	würdest gepflanzt haben
er	wird gepflanzt haben	werde gepflanzt haben	würde gepflanzt haben
wir	werden gepflanzt haben	werden gepflanzt haben	würden gepflanzt haben
ihr	werdet gepflanzt haben	werdet gepflanzt haben	würdet gepflanzt haben
sie	werden gepflanzt haben	werden gepflanzt haben	würden gepflanzt haben

Examples: Der Gärtner hat viele Pflanzen in Pflanzenbeete gepflanzt. Er hat sich mehrmals fortgepflanzt und seine Kinder interessieren sich für die Pflanzenkunde. Bevor er starb, wurde ihm eine Leber verpflanzt. *The gardener planted many plants in plant beds. He had many children, and they are interested in botany. Before he died, he received a liver transplant.*

plagen

PRINC. PARTS: **plagen, plagte, geplagt, plagt**
IMPERATIVE: **plage!, plagt!, plagen Sie!**

	INDICATIVE	SUBJUNCTIVE	
		PRIMARY	SECONDARY
		Present Time	
	Present	*(Pres. Subj.)*	*(Imperf. Subj.)*
ich	plage	plage	plagte
du	plagst	plagest	plagtest
er	plagt	plage	plagte
wir	plagen	plagen	plagten
ihr	plagt	plaget	plagtet
sie	plagen	plagen	plagten
	Imperfect		
ich	plagte		
du	plagtest		
er	plagte		
wir	plagten		
ihr	plagtet		
sie	plagten		
		Past Time	
	Perfect	*(Perf. Subj.)*	*(Pluperf. Subj.)*
ich	habe geplagt	habe geplagt	hätte geplagt
du	hast geplagt	habest geplagt	hättest geplagt
er	hat geplagt	habe geplagt	hätte geplagt
wir	haben geplagt	haben geplagt	hätten geplagt
ihr	habt geplagt	habet geplagt	hättet geplagt
sie	haben geplagt	haben geplagt	hätten geplagt
	Pluperfect		
ich	hatte geplagt		
du	hattest geplagt		
er	hatte geplagt		
wir	hatten geplagt		
ihr	hattet geplagt		
sie	hatten geplagt		
		Future Time	
	Future	*(Fut. Subj.)*	*(Pres. Conditional)*
ich	werde plagen	werde plagen	würde plagen
du	wirst plagen	werdest plagen	würdest plagen
er	wird plagen	werde plagen	würde plagen
wir	werden plagen	werden plagen	würden plagen
ihr	werdet plagen	werdet plagen	würdet plagen
sie	werden plagen	werden plagen	würden plagen
		Future Perfect Time	
	Future Perfect	*(Fut. Perf. Subj.)*	*(Past Conditional)*
ich	werde geplagt haben	werde geplagt haben	würde geplagt haben
du	wirst geplagt haben	werdest geplagt haben	würdest geplagt haben
er	wird geplagt haben	werde geplagt haben	würde geplagt haben
wir	werden geplagt haben	werden geplagt haben	würden geplagt haben
ihr	werdet geplagt haben	werdet geplagt haben	würdet geplagt haben
sie	werden geplagt haben	werden geplagt haben	würden geplagt haben

P

Examples: Ich bin von Kopfschmerzen geplagt und plage mich noch mit einer schweren Arbeit. Plage mich also nicht mit Fragen! Sei kein Plagegeist! *I'm plagued with headaches and I'm still slaving away at a difficult job. Therefore don't annoy me with questions. Don't be a pest.* Sentence 1 uses the past participle as an adjective. The adjective has no ending because it comes after the (pro)noun it modifies (**ich**).

preisen

to praise; consider

PRINC. PARTS: **preisen, pries, gepriesen, preist**
IMPERATIVE: **preise!, preist!, preisen Sie!**

INDICATIVE	SUBJUNCTIVE	
	PRIMARY	SECONDARY

Present Time

	Present	(*Pres. Subj.*)	(*Imperf. Subj.*)
ich	preise	preise	priese
du	preist	preisest	priesest
er	preist	preise	priese
wir	preisen	preisen	priesen
ihr	preist	preiset	prieset
sie	preisen	preisen	priesen

	Imperfect
ich	pries
du	priesest
er	pries
wir	priesen
ihr	priest
sie	priesen

Past Time

	Perfect	(*Perf. Subj.*)	(*Pluperf. Subj.*)
ich	habe gepriesen	habe gepriesen	hätte gepriesen
du	hast gepriesen	habest gepriesen	hättest gepriesen
er	hat gepriesen	habe gepriesen	hätte gepriesen
wir	haben gepriesen	haben gepriesen	hätten gepriesen
ihr	habt gepriesen	habet gepriesen	hättet gepriesen
sie	haben gepriesen	haben gepriesen	hätten gepriesen

	Pluperfect
ich	hatte gepriesen
du	hattest gepriesen
er	hatte gepriesen
wir	hatten gepriesen
ihr	hattet gepriesen
sie	hatten gepriesen

Future Time

	Future	(*Fut. Subj.*)	(*Pres. Conditional*)
ich	werde preisen	werde preisen	würde preisen
du	wirst preisen	werdest preisen	würdest preisen
er	wird preisen	werde preisen	würde preisen
wir	werden preisen	werden preisen	würden preisen
ihr	werdet preisen	werdet preisen	würdet preisen
sie	werden preisen	werden preisen	würden preisen

Future Perfect Time

	Future Perfect	(*Fut. Perf. Subj.*)	(*Past Conditional*)
ich	werde gepriesen haben	werde gepriesen haben	würde gepriesen haben
du	wirst gepriesen haben	werdest gepriesen haben	würdest gepriesen haben
er	wird gepriesen haben	werde gepriesen haben	würde gepriesen haben
wir	werden gepriesen haben	werden gepriesen haben	würden gepriesen haben
ihr	werdet gepriesen haben	werdet gepriesen haben	würdet gepriesen haben
sie	werden gepriesen haben	werden gepriesen haben	würden gepriesen haben

---

Examples: „Du kannst dich glücklich preisen, dass dein Sohn nicht mehr Verbrecher ist." „Ja, die Götter seien gepriesen! Er will jetzt Priester werden." *"You can consider yourself lucky your son's no longer a criminal." "Yes, the gods be praised! He wants to be a priest now."* More common for "to praise" is **loben**.

338

putzen

PRINC. PARTS: **putzen, putzte, geputzt, putzt**
IMPERATIVE: **putze!, putzt!, putzen Sie!**

to clean, groom

INDICATIVE	SUBJUNCTIVE	
	PRIMARY	SECONDARY

Present Time

	Present	(*Pres. Subj.*)	(*Imperf. Subj.*)
ich	putze	putze	putzte
du	putzt	putzest	putztest
er	putzt	putze	putzte
wir	putzen	putzen	putzten
ihr	putzt	putzet	putztet
sie	putzen	putzen	putzten

	Imperfect
ich	putzte
du	putztest
er	putzte
wir	putzten
ihr	putztet
sie	putzten

Past Time

	Perfect	(*Perf. Subj.*)	(*Pluperf. Subj.*)
ich	habe geputzt	habe geputzt	hätte geputzt
du	hast geputzt	habest geputzt	hättest geputzt
er	hat geputzt	habe geputzt	hätte geputzt
wir	haben geputzt	haben geputzt	hätten geputzt
ihr	habt geputzt	habet geputzt	hättet geputzt
sie	haben geputzt	haben geputzt	hätten geputzt

	Pluperfect
ich	hatte geputzt
du	hattest geputzt
er	hatte geputzt
wir	hatten geputzt
ihr	hattet geputzt
sie	hatten geputzt

P

Future Time

	Future	(*Fut. Subj.*)	(*Pres. Conditional*)
ich	werde putzen	werde putzen	würde putzen
du	wirst putzen	werdest putzen	würdest putzen
er	wird putzen	werde putzen	würde putzen
wir	werden putzen	werden putzen	würden putzen
ihr	werdet putzen	werdet putzen	würdet putzen
sie	werden putzen	werden putzen	würden putzen

Future Perfect Time

	Future Perfect	(*Fut. Perf. Subj.*)	(*Past Conditional*)
ich	werde geputzt haben	werde geputzt haben	würde geputzt haben
du	wirst geputzt haben	werdest geputzt haben	würdest geputzt haben
er	wird geputzt haben	werde geputzt haben	würde geputzt haben
wir	werden geputzt haben	werden geputzt haben	würden geputzt haben
ihr	werdet geputzt haben	werdet geputzt haben	würdet geputzt haben
sie	werden geputzt haben	werden geputzt haben	würden geputzt haben

Examples: Jeden Tag muss ich putzen gehen. Dann komm ich nach Hause und putz das Gemüse aus dem Garten. Natürlich müssen die Kinder die Teller blank putzen. Vor dem Schlafengehen müssen sie sich die Zähne putzen. *Every day I have to go out cleaning. Then I come home and wash and prepare the vegetables from the garden. Of course, the children have to clear their plates. Before going to bed they have to brush their teeth.*

quälen

to torture, torment

PRINC. PARTS: **quälen, quälte, gequält, quält**
IMPERATIVE: **quäle!, quält!, quälen Sie!**

INDICATIVE	SUBJUNCTIVE	
	PRIMARY	SECONDARY
	Present Time	
Present	*(Pres. Subj.)*	*(Imperf. Subj.)*
ich quäle	quäle	quälte
du quälst	quälest	quältest
er quält	quäle	quälte
wir quälen	quälen	quälten
ihr quält	quälet	quältet
sie quälen	quälen	quälten

Imperfect

ich	quälte
du	quältest
er	quälte
wir	quälten
ihr	quältet
sie	quälten

	Past Time	
Perfect	*(Perf. Subj.)*	*(Pluperf. Subj.)*
ich habe gequält	habe gequält	hätte gequält
du hast gequält	habest gequält	hättest gequält
er hat gequält	habe gequält	hätte gequält
wir haben gequält	haben gequält	hätten gequält
ihr habt gequält	habet gequält	hättet gequält
sie haben gequält	haben gequält	hätten gequält

Pluperfect

ich	hatte gequält
du	hattest gequält
er	hatte gequält
wir	hatten gequält
ihr	hattet gequält
sie	hatten gequält

	Future Time	
Future	*(Fut. Subj.)*	*(Pres. Conditional)*
ich werde quälen	werde quälen	würde quälen
du wirst quälen	werdest quälen	würdest quälen
er wird quälen	werde quälen	würde quälen
wir werden quälen	werden quälen	würden quälen
ihr werdet quälen	werdet quälen	würdet quälen
sie werden quälen	werden quälen	würden quälen

	Future Perfect Time	
Future Perfect	*(Fut. Perf. Subj.)*	*(Past Conditional)*
ich werde gequält haben	werde gequält haben	würde gequält haben
du wirst gequält haben	werdest gequält haben	würdest gequält haben
er wird gequält haben	werde gequält haben	würde gequält haben
wir werden gequält haben	werden gequält haben	würden gequält haben
ihr werdet gequält haben	werdet gequält haben	würdet gequält haben
sie werden gequält haben	werden gequält haben	würden gequält haben

Examples: Mich quält der Gedanke, dass einige dieser Hunde hier im Tierheim gequält wurden. Tierquälerei ist etwas Schreckliches. *I'm tormented by the thought that some of the dogs here in the animal shelter were tortured. Cruelty to animals is a terrible thing.* „Wer die Wahl hat, hat die Qual." *"The wider the choice, the greater the trouble."*

quellen

	INDICATIVE	SUBJUNCTIVE	
		PRIMARY	SECONDARY

Present Time

	Present	*(Pres. Subj.)*	*(Imperf. Subj.)*
ich	quelle	quelle	quölle
du	quillst	quellest	quöllest
er	quillt	quelle	quölle
wir	quellen	quellen	quöllen
ihr	quellt	quellet	quöllet
sie	quellen	quellen	quöllen

	Imperfect
ich	quoll
du	quollst
er	quoll
wir	quollen
ihr	quollt
sie	quollen

Past Time

	Perfect	*(Perf. Subj.)*	*(Pluperf. Subj.)*
ich	bin gequollen	sei gequollen	wäre gequollen
du	bist gequollen	seiest gequollen	wärest gequollen
er	ist gequollen	sei gequollen	wäre gequollen
wir	sind gequollen	seien gequollen	wären gequollen
ihr	seid gequollen	seiet gequollen	wäret gequollen
sie	sind gequollen	seien gequollen	wären gequollen

	Pluperfect
ich	war gequollen
du	warst gequollen
er	war gequollen
wir	waren gequollen
ihr	wart gequollen
sie	waren gequollen

Q

Future Time

	Future	*(Fut. Subj.)*	*(Pres. Conditional)*
ich	werde quellen	werde quellen	würde quellen
du	wirst quellen	werdest quellen	würdest quellen
er	wird quellen	werde quellen	würde quellen
wir	werden quellen	werden quellen	würden quellen
ihr	werdet quellen	werdet quellen	würdet quellen
sie	werden quellen	werden quellen	würden quellen

Future Perfect Time

	Future Perfect	*(Fut. Perf. Subj.)*	*(Past Conditional)*
ich	werde gequollen sein	werde gequollen sein	würde gequollen sein
du	wirst gequollen sein	werdest gequollen sein	würdest gequollen sein
er	wird gequollen sein	werde gequollen sein	würde gequollen sein
wir	werden gequollen sein	werden gequollen sein	würden gequollen sein
ihr	werdet gequollen sein	werdet gequollen sein	würdet gequollen sein
sie	werden gequollen sein	werden gequollen sein	würden gequollen sein

*Forms other than the third person are infrequently found. **The imperative is unusual.

Examples: Norma Desmond trank Quellwasser und dachte an ihre Ölquelle, die unaufhörlich **quoll.** *Norma Desmond drank spring water and thought of her oil well that kept on gushing.* **Dem Ritter quoll das Herz über. Tränen quollen ihm aus den Augen, als er geheilt aus der heiligen Quelle stieg.** *The knight's heart overflowed. Tears streamed from his eyes when he emerged cured from the holy spring.*

rächen

to avenge

PRINC. PARTS: **rächen, rächte, gerächt, rächt**
IMPERATIVE: **räche!, rächt!, rächen Sie!,**

INDICATIVE		SUBJUNCTIVE	
		PRIMARY	SECONDARY
		Present Time	
	Present	(*Pres. Subj.*)	(*Imperf. Subj.*)
ich	räche	räche	rächte
du	rächst	rächest	rächtest
er	rächt	räche	rächte
wir	rächen	rächen	rächten
ihr	rächt	rächet	rächtet
sie	rächen	rächen	rächten

	Imperfect
ich	rächte
du	rächtest
er	rächte
wir	rächten
ihr	rächtet
sie	rächten

		Past Time	
	Perfect	(*Perf. Subj.*)	(*Pluperf. Subj.*)
ich	habe gerächt	habe gerächt	hätte gerächt
du	hast gerächt	habest gerächt	hättest gerächt
er	hat gerächt	habe gerächt	hätte gerächt
wir	haben gerächt	haben gerächt	hätten gerächt
ihr	habt gerächt	habet gerächt	hättet gerächt
sie	haben gerächt	haben gerächt	hätten gerächt

	Pluperfect
ich	hatte gerächt
du	hattest gerächt
er	hatte gerächt
wir	hatten gerächt
ihr	hattet gerächt
sie	hatten gerächt

		Future Time	
	Future	(*Fut. Subj.*)	(*Pres. Conditional*)
ich	werde rächen	werde rächen	würde rächen
du	wirst rächen	werdest rächen	würdest rächen
er	wird rächen	werde rächen	würde rächen
wir	werden rächen	werden rächen	würden rächen
ihr	werdet rächen	werdet rächen	würdet rächen
sie	werden rächen	werden rächen	würden rächen

		Future Perfect Time	
	Future Perfect	(*Fut. Perf. Subj.*)	(*Past Conditional*)
ich	werde gerächt haben	werde gerächt haben	würde gerächt haben
du	wirst gerächt haben	werdest gerächt haben	würdest gerächt haben
er	wird gerächt haben	werde gerächt haben	würde gerächt haben
wir	werden gerächt haben	werden gerächt haben	würden gerächt haben
ihr	werdet gerächt haben	werdet gerächt haben	würdet gerächt haben
sie	werden gerächt haben	werden gerächt haben	würden gerächt haben

Examples: Elektra wollte den Tod ihres Vaters rächen. *Electra wanted to avenge the death of her father.* **Der Graf von Monte-Cristo rächte sich an seinen Peinigern.** *The Count of Monte Cristo took revenge on his tormentors.* **„Nichts ist so hässlich wie die Rache."** *"Nothing is so ugly as revenge."* In example 1, the verb is used with a direct object. Example 2 uses a reflexive object.

raten

to advise; guess

PRINC. PARTS: **raten, riet, geraten, rät**
IMPERATIVE: **rate!, ratet!, raten Sie!**

	INDICATIVE	SUBJUNCTIVE	
		PRIMARY	SECONDARY
		Present Time	
	Present	*(Pres. Subj.)*	*(Imperf. Subj.)*
ich	rate	rate	riete
du	rätst	ratest	rietest
er	rät	rate	riete
wir	raten	raten	rieten
ihr	ratet	ratet	rietet
sie	raten	raten	rieten

Imperfect

ich	riet
du	rietest
er	riet
wir	rieten
ihr	rietet
sie	rieten

		Past Time	
	Perfect	*(Perf. Subj.)*	*(Pluperf. Subj.)*
ich	habe geraten	habe geraten	hätte geraten
du	hast geraten	habest geraten	hättest geraten
er	hat geraten	habe geraten	hätte geraten
wir	haben geraten	haben geraten	hätten geraten
ihr	habt geraten	habet geraten	hättet geraten
sie	haben geraten	haben geraten	hätten geraten

Pluperfect

ich	hatte geraten
du	hattest geraten
er	hatte geraten
wir	hatten geraten
ihr	hattet geraten
sie	hatten geraten

		Future Time	
	Future	*(Fut. Subj.)*	*(Pres. Conditional)*
ich	werde raten	werde raten	würde raten
du	wirst raten	werdest raten	würdest raten
er	wird raten	werde raten	würde raten
wir	werden raten	werden raten	würden raten
ihr	werdet raten	werdet raten	würdet raten
sie	werden raten	werden raten	würden raten

		Future Perfect Time	
	Future Perfect	*(Fut. Perf. Subj.)*	*(Past Conditional)*
ich	werde geraten haben	werde geraten haben	würde geraten haben
du	wirst geraten haben	werdest geraten haben	würdest geraten haben
er	wird geraten haben	werde geraten haben	würde geraten haben
wir	werden geraten haben	werden geraten haben	würden geraten haben
ihr	werdet geraten haben	werdet geraten haben	würdet geraten haben
sie	werden geraten haben	werden geraten haben	würden geraten haben

R

Examples: Kai ließ sich von niemand raten. *Kai wouldn't listen to anyone.* **Rate mal, wie alt ich bin!** *Take a guess at how old I am.* **Die Ratsherren rieten ihm eine Versteigerung veranstalten zu lassen.** *The city councillors advised him to arrange for an auction.* Review verbs in Group VI, page 13.

rauchen

to smoke

PRINC. PARTS: **rauchen, rauchte, geraucht, raucht**
IMPERATIVE: **rauche!, raucht!, rauchen Sie!**

INDICATIVE	SUBJUNCTIVE	
	PRIMARY	SECONDARY

Present Time

	Present	(*Pres. Subj.*)	(*Imperf. Subj.*)
ich	rauche	rauche	rauchte
du	rauchst	rauchest	rauchtest
er	raucht	rauche	rauchte
wir	rauchen	rauchen	rauchten
ihr	raucht	rauchet	rauchtet
sie	rauchen	rauchen	rauchten

	Imperfect
ich	rauchte
du	rauchtest
er	rauchte
wir	rauchten
ihr	rauchtet
sie	rauchten

Past Time

	Perfect	(*Perf. Subj.*)	(*Pluperf. Subj.*)
ich	habe geraucht	habe geraucht	hätte geraucht
du	hast geraucht	habest geraucht	hättest geraucht
er	hat geraucht	habe geraucht	hätte geraucht
wir	haben geraucht	haben geraucht	hätten geraucht
ihr	habt geraucht	habet geraucht	hättet geraucht
sie	haben geraucht	haben geraucht	hätten geraucht

	Pluperfect
ich	hatte geraucht
du	hattest geraucht
er	hatte geraucht
wir	hatten geraucht
ihr	hattet geraucht
sie	hatten geraucht

Future Time

	Future	(*Fut. Subj.*)	(*Pres. Conditional*)
ich	werde rauchen	werde rauchen	würde rauchen
du	wirst rauchen	werdest rauchen	würdest rauchen
er	wird rauchen	werde rauchen	würde rauchen
wir	werden rauchen	werden rauchen	würden rauchen
ihr	werdet rauchen	werdet rauchen	würdet rauchen
sie	werden rauchen	werden rauchen	würden rauchen

Future Perfect Time

	Future Perfect	(*Fut. Perf. Subj.*)	(*Past Conditional*)
ich	werde geraucht haben	werde geraucht haben	würde geraucht haben
du	wirst geraucht haben	werdest geraucht haben	würdest geraucht haben
er	wird geraucht haben	werde geraucht haben	würde geraucht haben
wir	werden geraucht haben	werden geraucht haben	würden geraucht haben
ihr	werdet geraucht haben	werdet geraucht haben	würdet geraucht haben
sie	werden geraucht haben	werden geraucht haben	würden geraucht haben

Examples: „Sie rauchen wie ein Schlot, und hier ist das Rauchen verboten", sagte Hella dem Herrn im Zug. „Der Zug hat Raucher- und Nichtraucherabteile." „Aber das Rauchen der anderen stört mich." *"You smoke like a chimney and smoking is prohibited here," said Hella to the man in the train. "The train has smoking and nonsmoking compartments." "But other people's smoking bothers me."*

räumen

PRINC. PARTS: **räumen, räumte, geräumt, räumt**
IMPERATIVE: **räume!, räumt!, räumen Sie!**

to clear away, clean;
evacuate

INDICATIVE	SUBJUNCTIVE	
	PRIMARY	SECONDARY

Present Time

	Present	*(Pres. Subj.)*	*(Imperf. Subj.)*
ich	räume	räume	räumte
du	räumst	räumest	räumtest
er	räumt	räume	räumte
wir	räumen	räumen	räumten
ihr	räumt	räumet	räumtet
sie	räumen	räumen	räumten

	Imperfect
ich	räumte
du	räumtest
er	räumte
wir	räumten
ihr	räumtet
sie	räumten

Past Time

	Perfect	*(Perf. Subj.)*	*(Pluperf. Subj.)*
ich	habe geräumt	habe geräumt	hätte geräumt
du	hast geräumt	habest geräumt	hättest geräumt
er	hat geräumt	habe geräumt	hätte geräumt
wir	haben geräumt	haben geräumt	hätten geräumt
ihr	habt geräumt	habet geräumt	hättet geräumt
sie	haben geräumt	haben geräumt	hätten geräumt

	Pluperfect
ich	hatte geräumt
du	hattest geräumt
er	hatte geräumt
wir	hatten geräumt
ihr	hattet geräumt
sie	hatten geräumt

Future Time

	Future	*(Fut. Subj.)*	*(Pres. Conditional)*
ich	werde räumen	werde räumen	würde räumen
du	wirst räumen	werdest räumen	würdest räumen
er	wird räumen	werde räumen	würde räumen
wir	werden räumen	werden räumen	würden räumen
ihr	werdet räumen	werdet räumen	würdet räumen
sie	werden räumen	werden räumen	würden räumen

Future Perfect Time

	Future Perfect	*(Fut. Perf. Subj.)*	*(Past Conditional)*
ich	werde geräumt haben	werde geräumt haben	würde geräumt haben
du	wirst geräumt haben	werdest geräumt haben	würdest geräumt haben
er	wird geräumt haben	werde geräumt haben	würde geräumt haben
wir	werden geräumt haben	werden geräumt haben	würden geräumt haben
ihr	werdet geräumt haben	werdet geräumt haben	würdet geräumt haben
sie	werden geräumt haben	werden geräumt haben	würden geräumt haben

Examples: Ich kann heute nicht kommen, Uli. Den Schnee hat man noch nicht greäumt. Im ganzen Münchener Raum kommt kein Räumfahrzeug durch. Skiläufer in den Alpen wurden schon per Hubschrauber geräumt. *I can't come today, Uli. They haven't cleared the snow yet. No snowplow can get through in the whole Munich area. Skiers in the Alps have already been evacuated by helicopter.*

rauschen

to rush; rustle

PRINC. PARTS: **rauschen, rauscht, gerauscht, rauscht**
IMPERATIVE: **rausche!, rauscht!, rauschen Sie!**

INDICATIVE	SUBJUNCTIVE	
	PRIMARY	SECONDARY
	Present Time	
Present	*(Pres. Subj.)*	*(Imperf. Subj.)*
ich rausche	rausche	rauschte
du rauschst	rauschest	rauschtest
er rauscht	rausche	rauschte
wir rauschen	rauschen	rauschten
ihr rauscht	rauschet	rauschtet
sie rauschen	rauschen	rauschten

Imperfect

ich rauschte
du rauschtest
er rauschte
wir rauschten
ihr rauschtet
sie rauschten

	Past Time	
Perfect	*(Perf. Subj.)*	*(Pluperf. Subj.)*
ich habe gerauscht	habe gerauscht	hätte gerauscht
du hast gerauscht	habest gerauscht	hättest gerauscht
er hat gerauscht	habe gerauscht	hätte gerauscht
wir haben gerauscht	haben gerauscht	hätten gerauscht
ihr habt gerauscht	habet gerauscht	hättet gerauscht
sie haben gerauscht	haben gerauscht	hätten gerauscht

Pluperfect

ich hatte gerauscht
du hattest gerauscht
er hatte gerauscht
wir hatten gerauscht
ihr hattet gerauscht
sie hatten gerauscht

	Future Time	
Future	*(Fut. Subj.)*	*(Pres. Conditional)*
ich werde rauschen	werde rauschen	würde rauschen
du wirst rauschen	werdest rauschen	würdest rauschen
er wird rauschen	werde rauschen	würde rauschen
wir werden rauschen	werden rauschen	würden rauschen
ihr werdet rauschen	werdet rauschen	würdet rauschen
sie werden rauschen	werden rauschen	würden rauschen

	Future Perfect Time	
Future Perfect	*(Fut. Perf. Subj.)*	*(Past Conditional)*
ich werde gerauscht haben	werde gerauscht haben	würde gerauscht haben
du wirst gerauscht haben	werdest gerauscht haben	würdest gerauscht haben
er wird gerauscht haben	werde gerauscht haben	würde gerauscht haben
wir werden gerauscht haben	werden gerauscht haben	würden gerauscht haben
ihr werdet gerauscht haben	werdet gerauscht haben	würdet gerauscht haben
sie werden gerauscht haben	werden gerauscht haben	würden gerauscht haben

Examples: Vorbei die rauschenden Feste in der Stadt! Auch will Nina nichts mehr mit Rauschgift zu tun haben. Sie berauscht sich jetzt an der Natur. Andächtig lauscht sie dem Rauschen des Waldes und der Bächlein. *The swinging parties in the city are all over. Nina also wants nothing more to do with drugs. She now gets high on nature. Reverently, she listens to the rustling of the forest and the rushing of the little brooks.*

rechnen

PRINC. PARTS: **rechnen, rechnete, gerechnet, rechnet**
IMPERATIVE: **rechne!, rechnet!, rechnen Sie!**

to count, calculate, reckon

INDICATIVE	SUBJUNCTIVE	
	PRIMARY	SECONDARY

Present Time

	Present	*(Pres. Subj.)*	*(Imperf. Subj.)*
ich	rechne	rechne	rechnete
du	rechnest	rechnest	rechnetest
er	rechnet	rechne	rechnete
wir	rechnen	rechnen	rechneten
ihr	rechnet	rechnet	rechnetet
sie	rechnen	rechnen	rechneten

	Imperfect
ich	rechnete
du	rechnetest
er	rechnete
wir	rechneten
ihr	rechnetet
sie	rechneten

Past Time

	Perfect	*(Perf. Subj.)*	*(Pluperf. Subj.)*
ich	habe gerechnet	habe gerechnet	hätte gerechnet
du	hast gerechnet	habest gerechnet	hättest gerechnet
er	hat gerechnet	habe gerechnet	hätte gerechnet
wir	haben gerechnet	haben gerechnet	hätten gerechnet
ihr	habt gerechnet	habet gerechnet	hättet gerechnet
sie	haben gerechnet	haben gerechnet	hätten gerechnet

	Pluperfect
ich	hatte gerechnet
du	hattest gerechnet
er	hatte gerechnet
wir	hatten gerechnet
ihr	hattet gerechnet
sie	hatten gerechnet

Future Time

	Future	*(Fut. Subj.)*	*(Pres. Conditional)*
ich	werde rechnen	werde rechnen	würde rechnen
du	wirst rechnen	werdest rechnen	würdest rechnen
er	wird rechnen	werde rechnen	würde rechnen
wir	werden rechnen	werden rechnen	würden rechnen
ihr	werdet rechnen	werdet rechnen	würdet rechnen
sie	werden rechnen	werden rechnen	würden rechnen

Future Perfect Time

	Future Perfect	*(Fut. Perf. Subj.)*	*(Past Conditional)*
ich	werde gerechnet haben	werde gerechnet haben	würde gerechnet haben
du	wirst gerechnet haben	werdest gerechnet haben	würdest gerechnet haben
er	wird gerechnet haben	werde gerechnet haben	würde gerechnet haben
wir	werden gerechnet haben	werden gerechnet haben	würden gerechnet haben
ihr	werdet gerechnet haben	werdet gerechnet haben	würdet gerechnet haben
sie	werden gerechnet haben	werden gerechnet haben	würden gerechnet haben

Examples: Ich hatte mir alles genau ausgerechnet. Aber der Betriebsleiter hat mir einen Strich durch die Rechnung gemacht. Mit dem ist nie zu rechnen. Diesmal aber hat er sich verrechnet.
I had calculated everything precisely. But the managing director frustrated my plans. You can never count on him. But this time he miscalculated. **Ausrechnen** (*to figure out; calculate*) is separable. **Verrechnen** is inseparable.

regnen

to rain

PRINC. PARTS: **regnen,* regnete, geregnet, regnet**
IMPERATIVE: **regne!, regnet!, regnen Sie!****

	INDICATIVE	SUBJUNCTIVE	
		PRIMARY	SECONDARY

Present Time

	Present	*(Pres. Subj.)*	*(Imperf. Subj.)*
ich			
du			
es	regnet	regne	regnete
wir			
ihr			
sie			

	Imperfect		
ich			
du			
es	regnete		
wir			
ihr			
sie			

Past Time

	Perfect	*(Perf. Subj.)*	*(Pluperf. Subj.)*
ich			
du			
es	hat geregnet	habe geregnet	hätte geregnet
wir			
ihr			
sie			

	Pluperfect		
ich			
du			
es	hatte geregnet		
wir			
ihr			
sie			

Future Time

	Future	*(Fut. Subj.)*	*(Pres. Conditional)*
ich			
du			
es	wird regnen	werde regnen	würden regnen
wir			
ihr			
sie			

Future Perfect Time

	Future Perfect	*(Fut. Perf. Subj.)*	*(Past Conditional)*
ich			
du			
es	wird geregnet haben	werde geregnet haben	würde geregnet haben
wir			
ihr			
sie			

*Impersonal verb. Forms other than the third person singular will not be found, except perhaps in poetry. The same is true of the English verb "to rain." **The imperative of this verb is as unusual as in English.

Examples: **Es regnet schon den ganzen Tag. Gestern regnete es auch. Die ganze Woche soll es regnen. „Regen bringt Segen" ist ein alter Bauernspruch.** *It's been raining all day. It rained yesterday, too. It's supposed to rain all week. "The rain is a blessing" is an old farmer's saying.* Review "Weather Expressions and Impersonal Verbs," page 675.

reiben

PRINC. PARTS: **reiben, rieb, gerieben, reibt**
IMPERATIVE: **reibe! reibt!, reiben Sie!**

INDICATIVE	SUBJUNCTIVE	
	PRIMARY	SECONDARY

Present Time

Present	*(Pres. Subj.)*	*(Imperf. Subj.)*
ich reibe	reibe	riebe
du reibst	reibest	riebest
er reibt	reibe	riebe
wir reiben	reiben	rieben
ihr reibt	reibet	riebet
sie reiben	reiben	rieben

Imperfect

ich	rieb
du	riebst
er	rieb
wir	rieben
ihr	riebt
sie	rieben

Past Time

Perfect	*(Perf. Subj.)*	*(Pluperf. Subj.)*
ich habe gerieben	habe gerieben	hätte gerieben
du hast gerieben	habest gerieben	hättest gerieben
er hat gerieben	habe gerieben	hätte gerieben
wir haben gerieben	haben gerieben	hätten gerieben
ihr habt gerieben	habet gerieben	hättet gerieben
sie haben gerieben	haben gerieben	hätten gerieben

Pluperfect

ich	hatte gerieben
du	hattest gerieben
er	hatte gerieben
wir	hatten gerieben
ihr	hattet gerieben
sie	hatten gerieben

Future Time

Future	*(Fut. Subj.)*	*(Pres. Conditional)*
ich werde reiben	werde reiben	würde reiben
du wirst reiben	werdest reiben	würdest reiben
er wird reiben	werde reiben	würde reiben
wir werden reiben	werden reiben	würden reiben
ihr werdet reiben	werdet reiben	würdet reiben
sie werden reiben	werden reiben	würden reiben

Future Perfect Time

Future Perfect	*(Fut. Perf. Subj.)*	*(Past Conditional)*
ich werde gerieben haben	werde gerieben haben	würde gerieben haben
du wirst gerieben haben	werdest gerieben haben	würdest gerieben haben
er wird gerieben haben	werde gerieben haben	würde gerieben haben
wir werden gerieben haben	werden gerieben haben	würden gerieben haben
ihr werdet gerieben haben	werdet gerieben haben	würdet gerieben haben
sie werden gerieben haben	werden gerieben haben	würden gerieben haben

R

Examples: „Reibt ihr euch diese Salben gründlich ein! Dann verläuft alles reibungslos. Dann habt ihr die totale Harmonie und ihr reibt euch an nichts mehr", riet der Quacksalber. Er war ein ganz geriebener Kerl. *"Rub in these salves thoroughly. Then everything will go without a hitch. Then you'll have total harmony and nothing will rub you the wrong way anymore," advised the quack. He was a smooth customer.*

reichen

to reach; pass; extend;
be enough

PRINC. PARTS: **reichen, reichte, gereicht, reicht**
IMPERATIVE: **reiche!, reicht!, reichen Sie!**

INDICATIVE	SUBJUNCTIVE	
	PRIMARY	SECONDARY

Present Time

	Present	*(Pres. Subj.)*	*(Imperf. Subj.)*
ich	reiche	reiche	reichte
du	reichst	reichest	reichtest
er	reicht	reiche	reichte
wir	reichen	riechen	reichten
ihr	reicht	reichet	reichtet
sie	reichen	reichen	reichten

	Imperfect
ich	reichte
du	reichtest
er	reichte
wir	reichten
ihr	reichtet
sie	reichten

Past Time

	Perfect	*(Perf. Subj.)*	*(Pluperf. Subj.)*
ich	habe gereicht	habe gereicht	hätte gereicht
du	hast gereicht	habest gereicht	hättest gereicht
er	hat gereicht	habe gereicht	hätte gereicht
wir	haben gereicht	haben gereicht	hätten gereicht
ihr	habt gereicht	habet gereicht	hättet gereicht
sie	haben gereicht	haben gereicht	hätten gereicht

	Pluperfect
ich	hatte gereicht
du	hattest gereicht
er	hatte gereicht
wir	hatten gereicht
ihr	hattet gereicht
sie	hatten gereicht

Future Time

	Future	*(Fut. Subj.)*	*(Pres. Conditional)*
ich	werde reichen	werde reichen	würde reichen
du	wirst reichen	werdest reichen	würdest reichen
er	wird reichen	werde reichen	würde reichen
wir	werden reichen	werden reichen	würden reichen
ihr	werdet reichen	werdet reichen	würdet reichen
sie	werden reichen	werden reichen	würden reichen

Future Perfect Time

	Future Perfect	*(Fut. Perf. Subj.)*	*(Past Conditional)*
ich	werde gereicht haben	werde gereicht haben	würde gereicht haben
du	wirst gereicht haben	werdest gereicht haben	würdest gereicht haben
er	wird gereicht haben	werde gereicht haben	würde gereicht haben
wir	werden gereicht haben	werden gereicht haben	würden gereicht haben
ihr	werdet gereicht haben	werdet gereicht haben	würdet gereicht haben
sie	werden gereicht haben	werden gereicht haben	würden gereicht haben

Examples: „Reich mir noch ein Stück Fleisch, bitte!" „Nein! Der Braten muss noch bis Donnerstag reichen." „Jetzt reicht's mir aber. Ich esse nie wieder hier." *"Pass me another piece of meat, please." "No! The roast has to last till Thursday." "That's it—I've had enough now! I'll never eat here again!"*

350

reinigen

PRINC. PARTS: **reinigen, reinigte, gereinigt, reinigt**
IMPERATIVE: **reinige!, reinigt!, reinigen Sie!**

to clean; refine; clarify

INDICATIVE	SUBJUNCTIVE	
	PRIMARY	SECONDARY
	Present Time	
Present	*(Pres. Subj.)*	*(Imperf. Subj.)*
ich reinige	reinige	reinigte
du reinigst	reinigest	reinigtest
er reinigt	reinige	reinigte
wir reinigen	reinigen	reinigten
ihr reinigt	reiniget	reinigtet
sie reinigen	reinigen	reinigten

Imperfect

ich reinigte
du reinigtest
er reinigte
wir reinigten
ihr reinigtet
sie reinigten

	Past Time	
Perfect	*(Perf. Subj.)*	*(Pluperf. Subj.)*
ich habe gereinigt	habe gereinigt	hätte gereinigt
du hast gereinigt	habest gereinigt	hättest gereinigt
er hat gereinigt	habe gereinigt	hätte gereinigt
wir haben gereinigt	haben gereinigt	hätten gereinigt
ihr habt gereinigt	habet gereinigt	hättet gereinigt
sie haben gereinigt	haben gereinigt	hätten gereinigt

Pluperfect

ich hatte gereinigt
du hattest gereinigt
er hatte gereinigt
wir hatten gereinigt
ihr hattet gereinigt
sie hatten gereinigt

	Future Time	
Future	*(Fut. Subj.)*	*(Pres. Conditional)*
ich werde reinigen	werde reinigen	würde reinigen
du wirst reinigen	werdest reinigen	würdest reinigen
er wird reinigen	werde reinigen	würde reinigen
wir werden reinigen	werden reinigen	würden reinigen
ihr werdet reinigen	werdet reinigen	würdet reinigen
sie werden reinigen	werden reinigen	würden reinigen

	Future Perfect Time	
Future Perfect	*(Fut. Perf. Subj.)*	*(Past Conditional)*
ich werde gereinigt haben	werde gereinigt haben	würde gereinigt haben
du wirst gereinigt haben	werdest gereinigt haben	würdest gereinigt haben
er wird gereinigt haben	werde gereinigt haben	würde gereinigt haben
wir werden gereinigt haben	werden gereinigt haben	würden gereinigt haben
ihr werdet gereinigt haben	werdet gereinigt haben	würdet gereinigt haben
sie werden gereinigt haben	werden gereinigt haben	würden gereinigt haben

Examples: Die Reinigung sagt, sie könne meinen Anzug nicht reinigen. Ich glaube, er kann doch gereinigt werden. *The dry cleaners say they can't clean my suit. But I think it can be cleaned.* „Das Feuer, das mich verbrennt, reinige den Ring vom Fluch." *"May the fire that will burn me cleanse the ring from the curse."* Both examples use the subjunctive. See "Indirect Discourse," page 26.

reisen

to travel

PRINC. PARTS: **reisen, reiste, ist gereist, reist**
IMPERATIVE: **reise!, reist!, reisen Sie!**

INDICATIVE		SUBJUNCTIVE	
		PRIMARY	SECONDARY

Present Time

Present		*(Pres. Subj.)*	*(Imperf. Subj.)*
ich	reise	reise	reiste
du	reist	reisest	reistest
er	reist	reise	reiste
wir	reisen	reisen	reisten
ihr	reist	reiset	reistet
sie	reisen	reisen	reisten

Imperfect	
ich	reiste
du	reistest
er	reiste
wir	reisten
ihr	reistet
sie	reisten

Past Time

Perfect		*(Perf. Subj.)*	*(Pluperf. Subj.)*
ich	bin gereist	sei gereist	wäre gereist
du	bist gereist	seiest gereist	wärest gereist
er	ist gereist	sei gereist	wäre gereist
wir	sind gereist	seien gereist	wären gereist
ihr	seid gereist	seiet gereist	wäret gereist
sie	sind gereist	seien gereist	wären gereist

Pluperfect	
ich	war gereist
du	warst gereist
er	war gereist
wir	waren gereist
ihr	wart gereist
sie	waren gereist

Future Time

Future		*(Fut. Subj.)*	*(Pres. Conditional)*
ich	werde reisen	werde reisen	würde reisen
du	wirst reisen	werdest reisen	würdest reisen
er	wird reisen	werde reisen	würde reisen
wir	werden reisen	werden reisen	würden reisen
ihr	werdet reisen	werdet reisen	würdet reisen
sie	werden reisen	werden reisen	würden reisen

Future Perfect Time

Future Perfect		*(Fut. Perf. Subj.)*	*(Past Conditional)*
ich	werde gereist sein	werde gereist sein	würde gereist sein
du	wirst gereist sein	werdest gereist sein	würdest gereist sein
er	wird gereist sein	werde gereist sein	würde gereist sein
wir	werden gereist sein	werden gereist sein	würden gereist sein
ihr	werdet gereist sein	werdet gereist sein	würdet gereist sein
sie	werden gereist sein	werden gereist sein	würden gereist sein

---

Examples: Mit dem Reisebus haben wir viele Länder bereist. Manchmal mussten wir lange bei der Ein- oder Ausreise warten. Einige Reisende in der Gruppe sagten: „Das Reisen ist keine Freude mehr." *We traveled to many countries with the tour bus. Sometimes we had long waits upon entering or leaving. Some travelers in the group said, "Traveling is no pleasure anymore."*

reißen

PRINC. PARTS: **reißen, riss, gerissen, reißt**
IMPERATIVE: **reiße!, reißt!, reißen Sie!**

INDICATIVE		SUBJUNCTIVE	
		PRIMARY	SECONDARY

Present Time

Present		*(Pres. Subj.)*	*(Imperf. Subj.)*
ich	reiße	reiße	risse
du	reißt	reißest	rissest
er	reißt	reiße	risse
wir	reißen	reißen	rissen
ihr	reißt	reißet	risset
sie	reißen	reißen	rissen

Imperfect	
ich	riss
du	rissest
er	riss
wir	rissen
ihr	risst
sie	rissen

Past Time

Perfect		*(Perf. Subj.)*	*(Pluperf. Subj.)*
ich	habe gerissen	habe gerissen	hätte gerissen
du	hast gerissen	habest gerissen	hättest gerissen
er	hat gerissen	habe gerissen	hätte gerissen
wir	haben gerissen	haben gerissen	hätten gerissen
ihr	habt gerissen	habet gerissen	hättet gerissen
sie	haben gerissen	haben gerissen	hätten gerissen

Pluperfect	
ich	hatte gerissen
du	hattest gerissen
er	hatte gerissen
wir	hatten gerissen
ihr	hattet gerissen
sie	hatten gerissen

Future Time

Future		*(Fut. Subj.)*	*(Pres. Conditional)*
ich	werde reißen	werde reißen	würde reißen
du	wirst reißen	werdest reißen	würdest reißen
er	wird reißen	werde reißen	würde reißen
wir	werden reißen	werden reißen	würden reißen
ihr	werdet reißen	werdet reißen	würdet reißen
sie	werden reißen	werden reißen	würden reißen

Future Perfect Time

Future Perfect		*(Fut. Perf. Subj.)*	*(Past Conditional)*
ich	werde gerissen haben	werde gerissen haben	würde gerissen haben
du	wirst gerissen haben	werdest gerissen haben	würdest gerissen haben
er	wird gerissen haben	werde gerissen haben	würde gerissen haben
wir	werden gerissen haben	werden gerissen haben	würden gerissen haben
ihr	werdet gerissen haben	werdet gerissen haben	würdet gerissen haben
sie	werden gerissen haben	werden gerissen haben	würden gerissen haben

R

Examples: **Der böse Kritiker verriss ihr Buch. Bevor sie zu Ende las, riss ihr die Geduld und sie verriss die Zeitung.** *The nasty critic gave her book a bad review. Before she finished reading, her patience ran out and she tore up the newspaper.* **Der Junge versuchte, der Puppe seiner Schwester die Haare auszureißen.** *The boy tried to rip out the hair of his sister's doll.*

reiten

to ride (on horse)

PRINC. PARTS: **reite, ritt, ist geritten, reitet**
IMPERATIVE: **reite!, reitet!, reiten Sie!**

INDICATIVE		SUBJUNCTIVE	
		PRIMARY	SECONDARY
		Present Time	
Present		*(Pres. Subj.)*	*(Imperf. Subj.)*
ich	reite	reite	ritte
du	reitest	reitest	rittest
er	reitet	reite	ritte
wir	reiten	reiten	ritten
ihr	reitet	reitet	rittet
sie	reiten	reiten	ritten

Imperfect	
ich	ritt
du	rittst
er	ritt
wir	ritten
ihr	rittet
sie	ritten

		Past Time	
Perfect		*(Perf. Subj.)*	*(Pluperf. Subj.)*
ich	bin geritten	sei geritten	wäre geritten
du	bist geritten	seiest geritten	wärest geritten
er	ist geritten	sei geritten	wäre geritten
wir	sind geritten	seien geritten	wären geritten
ihr	seid geritten	seiet geritten	wäret geritten
sie	sind geritten	seien geritten	wären geritten

Pluperfect	
ich	war geritten
du	warst geritten
er	war geritten
wir	waren geritten
ihr	wart geritten
sie	waren geritten

		Future Time	
Future		*(Fut. Subj.)*	*(Pres. Conditional)*
ich	werde reiten	werde reiten	würde reiten
du	wirst reiten	werdest reiten	würdest reiten
er	wird reiten	werde reiten	würde reiten
wir	werden reiten	werden reiten	würden reiten
ihr	werdet reiten	werdet reiten	würdet reiten
sie	werden reiten	werden reiten	würden reiten

		Future Perfect Time	
Future Perfect		*(Fut. Perf. Subj.)*	*(Past Conditional)*
ich	werde geritten sein	werde geritten sein	würde geritten sein
du	wirst geritten sein	werdest geritten sein	würdest geritten sein
er	wird geritten sein	werde geritten sein	würde geritten sein
wir	werden geritten sein	werden geritten sein	würden geritten sein
ihr	werdet geritten sein	werdet geritten sein	würdet geritten sein
sie	werden geritten sein	werden geritten sein	würden geritten sein

Examples: Wotans neun Töchter singen beim Reiten. Er reitet auf Sleipnir, seinem Zauberross. Auf ihrem Ross ritt Brünnhilde in die Flammen. *Wotan's nine daughters sing as they ride. He rides on Sleipnir, his magic horse. On her steed, Brünnhilde rode into the flames.* **Mittelalterliche Ritter ritten auf ihren Pferden.** *Medieval knights rode on their horses.*

reizen

PRINC. PARTS: **reizen, reizte, gereizt, reizt**
IMPERATIVE: **reize!, reizt!, reizen Sie!**

to excite; irritate; charm

INDICATIVE	SUBJUNCTIVE	
	PRIMARY	SECONDARY

Present Time

	Present	(*Pres. Subj.*)	(*Imperf. Subj.*)
ich	reize	reize	reizte
du	reizt	reizest	reiztest
er	reizt	reize	reizte
wir	reizen	reizen	reizten
ihr	reizt	reizet	reiztet
sie	reizen	reizen	reizten

	Imperfect
ich	reizte
du	reiztest
er	reizte
wir	reizten
ihr	reiztet
sie	reizten

Past Time

	Perfect	(*Perf. Subj.*)	(*Pluperf. Subj.*)
ich	habe gereizt	habe gereizt	hätte gereizt
du	hast gereizt	habest gereizt	hättest gereizt
er	hat gereizt	habe gereizt	hätte gereizt
wir	haben gereizt	haben gereizt	hätten gereizt
ihr	habt gereizt	habet gereizt	hättet gereizt
sie	haben gereizt	haben gereizt	hätten gereizt

	Pluperfect
ich	hatte gereizt
du	hattest gereizt
er	hatte gereizt
wir	hatten gereizt
ihr	hattet gereizt
sie	hatten gereizt

Future Time

	Future	(*Fut. Subj.*)	(*Pres. Conditional*)
ich	werde reizen	werde reizen	würde reizen
du	wirst reizen	werdest reizen	würdest reizen
er	wird reizen	werde reizen	würde reizen
wir	werden reizen	werden reizen	würden reizen
ihr	werdet reizen	werdet reizen	würdet reizen
sie	werden reizen	werden reizen	würden reizen

Future Perfect Time

	Future Perfect	(*Fut. Perf. Subj.*)	(*Past Conditional*)
ich	werde gereizt haben	werde gereizt haben	würde gereizt haben
du	wirst gereizt haben	werdest gereizt haben	würdest gereizt haben
er	wird gereizt haben	werde gereizt haben	würde gereizt haben
wir	werden gereizt haben	werden gereizt haben	würden gereizt haben
ihr	werdet gereizt haben	werdet gereizt haben	würdet gereizt haben
sie	werden gereizt haben	werden gereizt haben	würden gereizt haben

R

Examples: „Trude ist ein reizendes Mädchen." „Ja, aber sie ist auch manchmal äußerst reizbar."
„Gerade darin besteht ihr Reiz. Das reizt mich an ihr." „Eine solche Ansicht reizt zum
Widerspruch." *"Trude is a charming girl." "Yes, but sometimes she's also extremely irritable."*
"That's just what makes her charming. That's what appeals to me about her." "Such an opinion
invites contradiction."

rennen

to run; race

PRINC. PARTS: **rennen, rannte, ist gerannt, rennt**
IMPERATIVE: **renne!, rennt!, rennen Sie!**

INDICATIVE	SUBJUNCTIVE	
	PRIMARY	SECONDARY

Present Time

	Present	*(Pres. Subj.)*	*(Imperf. Subj.)*
ich	renne	renne	rennte
du	rennst	rennest	renntest
er	rennt	renne	rennte
wir	rennen	rennen	rennten
ihr	rennt	rennet	renntet
sie	rennen	rennen	rennten

	Imperfect
ich	rannte
du	ranntest
er	rannte
wir	rannten
ihr	ranntet
sie	rannten

Past Time

	Perfect	*(Perf. Subj.)*	*(Pluperf. Subj.)*
ich	bin gerannt	sei gerannt	wäre gerannt
du	bist gerannt	seiest gerannt	wärest gerannt
er	ist gerannt	sei gerannt	wäre gerannt
wir	sind gerannt	seien gerannt	wären gerannt
ihr	seid gerannt	seiet gerannt	wäret gerannt
sie	sind gerannt	seien gerannt	wären gerannt

	Pluperfect
ich	war gerannt
du	warst gerannt
er	war gerannt
wir	waren gerannt
ihr	wart gerannt
sie	waren gerannt

Future Time

	Future	*(Fut. Subj.)*	*(Pres. Conditional)*
ich	werde rennen	werde rennen	würde rennen
du	wirst rennen	werdest rennen	würdest rennen
er	wird rennen	werde rennen	würde rennen
wir	werden rennen	werden rennen	würden rennen
ihr	werdet rennen	werdet rennen	würdet rennen
sie	werden rennen	werden rennen	würden rennen

Future Perfect Time

	Future Perfect	*(Fut. Perf. Subj.)*	*(Past Conditional)*
ich	werde gerannt sein	werde gerannt sein	würde gerannt sein
du	wirst gerannt sein	werdest gerannt sein	würdest gerannt sein
er	wird gerannt sein	werde gerannt sein	würde gerannt sein
wir	werden gerannt sein	werden gerannt sein	würden gerannt sein
ihr	werdet gerannt sein	werdet gerannt sein	würdet gerannt sein
sie	werden gerannt sein	werden gerannt sein	würden gerannt sein

Examples: Das Rennen zu machen sollte uns nicht so wichtig sein. Das Leben ist mehr als eine Rennbahn. Wir wollen nicht ins Verderben rennen. *Winning the race shouldn't be so important to us. After all, life is more than a racetrack. We don't want to rush headlong into disaster.* Das Kind hat ein Rentier gesehen. Beide sind schnell weggeronnen. *The child saw a reindeer. Both ran away fast.*

retten

INDICATIVE	SUBJUNCTIVE	
	PRIMARY	SECONDARY

Present Time

	Present	*(Pres. Subj.)*	*(Imperf. Subj.)*
ich	rette	rette	rettete
du	rettest	rettest	rettetest
er	rettet	rettet	rettetet
wir	retten	retten	retteten
ihr	rettet	rettet	rettetet
sie	retten	retten	retteten

	Imperfect
ich	rettete
du	rettetest
er	rettete
wir	retteten
ihr	rettetet
sie	retteten

Past Time

	Perfect	*(Perf. Subj.)*	*(Pluperf. Subj.)*
ich	habe gerettet	habe gerettet	hätte gerettet
du	hast gerettet	habest gerettet	hättest gerettet
er	hat gerettet	habe gerettet	hätte gerettet
wir	haben gerettet	haben gerettet	hätten gerettet
ihr	habt gerettet	habet gerettet	hättet gerettet
sie	haben gerettet	haben gerettet	hätten gerettet

	Pluperfect
ich	hatte gerettet
du	hattest gerettet
er	hatte gerettet
wir	hatten gerettet
ihr	hattet gerettet
sie	hatten gerettet

Future Time

	Future	*(Fut. Subj.)*	*(Pres. Conditional)*
ich	werde retten	werde retten	würde retten
du	wirst retten	werdest retten	würdest retten
er	wird retten	werde retten	würde retten
wir	werden retten	werden retten	würden retten
ihr	werdet retten	werdet retten	würdet retten
sie	werden retten	werden retten	würden retten

Future Perfect Time

	Future Perfect	*(Fut. Perf. Subj.)*	*(Past Conditional)*
ich	werde gerettet haben	werde gerettet haben	würde gerettet haben
du	wirst gerettet haben	werdest gerettet haben	würdest gerettet haben
er	wird gerettet haben	werde gerettet haben	würde gerettet haben
wir	werden gerettet haben	werden gerettet haben	würden gerettet haben
ihr	werdet gerettet haben	werdet gerettet haben	würdet gerettet haben
sie	werden gerettet haben	werden gerettet haben	würden gerettet haben

R

Examples: Im Film retten Männer oft Frauen aus physischer Gefahr. *In the movies, men often save women from physical danger.* **Man hat nicht alle Passagiere auf der Titanic retten können.** *They couldn't save all the passengers on the* Titanic. **Der Boxer wurde durch das Glockenzeichen gerettet.** *The boxer was saved by the bell.*

richten

to set right; adjust; prepare (meals, etc.); point; judge

PRINC. PARTS: **richten, richtete, gerichtet, richtet**
IMPERATIVE: **richte!, richtet!, richten Sie!**

	INDICATIVE	SUBJUNCTIVE	
		PRIMARY	SECONDARY
		Present Time	
	Present	*(Pres. Subj.)*	*(Imperf. Subj.)*
ich	richte	richte	richtete
du	richtest	richtest	richtete
er	richtet	richte	richtete
wir	richten	richten	richteten
ihr	richtet	richtet	richtetet
sie	richten	richten	richteten
	Imperfect		
ich	richtete		
du	richtetest		
er	richtete		
wir	richteten		
ihr	richtetet		
sie	richteten		
		Past Time	
	Perfect	*(Perf. Subj.)*	*(Pluperf. Subj.)*
ich	habe gerichtet	habe gerichtet	hätte gerichtet
du	hast gerichtet	habest gerichtet	hättest gerichtet
er	hat gerichtet	habe gerichtet	hätte gerichtet
wir	haben gerichtet	haben gerichtet	hätten gerichtet
ihr	habt gerichtet	habet gerichtet	hättet gerichtet
sie	haben gerichtet	haben gerichtet	hätten gerichtet
	Pluperfect		
ich	hatte gerichtet		
du	hattest gerichtet		
er	hatte gerichtet		
wir	hatten gerichtet		
ihr	hattet gerichtet		
sie	hatten gerichtet		
		Future Time	
	Future	*(Fut. Subj.)*	*(Pres. Conditional)*
ich	werde richten	werde richten	würde richten
du	wirst richten	werdest richten	würdest richten
er	wird richten	werde richten	würde richten
wir	werden richten	werden richten	würden richten
ihr	werdet richten	werdet richten	würdet richten
sie	werden richten	werden richten	würden richten
		Future Perfect Time	
	Future Perfect	*(Fut. Perf. Subj.)*	*(Past Conditional)*
ich	werde gerichtet haben	werde gerichtet haben	würde gerichtet haben
du	wirst gerichtet haben	werdest gerichtet haben	würdest gerichtet haben
er	wird gerichtet haben	werde gerichtet haben	würde gerichtet haben
wir	werden gerichtet haben	werden gerichtet haben	würden gerichtet haben
ihr	werdet gerichtet haben	werdet gerichtet haben	würdet gerichtet haben
sie	werden gerichtet haben	werden gerichtet haben	würden gerichtet haben

Examples: Die Rechtsanwälte richteten viele Fragen an den Angeklagten. „Die Leidenschaft hat meinen Mandanten zugrunde gerichtet", plädierte seine Verteidigerin. „Das Urteil muss sich nach dem Verbrechen richten", sprach der Richter. *The lawyers put many questions to the accused. "Passion drove my client to his ruin," pleaded his defense counsel. "The punishment must fit the crime," said the judge.*

riechen

PRINC. PARTS: **riechen, roch, gerochen, riecht**
IMPERATIVE: **rieche!, riecht!, riechen Sie!**

to smell

	INDICATIVE	SUBJUNCTIVE	
		PRIMARY	SECONDARY

Present Time

	Present	*(Pres. Subj.)*	*(Imperf. Subj.)*
ich	rieche	rieche	röche
du	riechst	riechest	röchest
er	riecht	rieche	röche
wir	riechen	riechen	röchen
ihr	riecht	riechet	röchet
sie	riechen	riechen	röchen

	Imperfect
ich	roch
du	rochst
er	roch
wir	rochen
ihr	rocht
sie	rochen

Past Time

	Perfect	*(Perf. Subj.)*	*(Pluperf. Subj.)*
ich	habe gerochen	habe gerochen	hätte gerochen
du	hast gerochen	habest gerochen	hättest gerochen
er	hat gerochen	habe gerochen	hätte gerochen
wir	haben gerochen	haben gerochen	hätten gerochen
ihr	habt gerochen	habet gerochen	hättet gerochen
sie	haben gerochen	haben gerochen	hätten gerochen

	Pluperfect
ich	hatte gerochen
du	hattest gerochen
er	hatte gerochen
wir	hatten gerochen
ihr	hattet gerochen
sie	hatten gerochen

Future Time

	Future	*(Fut. Subj.)*	*(Pres. Conditional)*
ich	werde riechen	werde riechen	würde riechen
du	wirst riechen	werdest riechen	würdest riechen
er	wird riechen	werde riechen	würde riechen
wir	werden riechen	werden riechen	würden riechen
ihr	werdet riechen	werdet riechen	würdet riechen
sie	werden riechen	werden riechen	würden riechen

Future Perfect Time

	Future Perfect	*(Fut. Perf. Subj.)*	*(Past Conditional)*
ich	werde gerochen haben	werde gerochen haben	würde gerochen haben
du	wirst gerochen haben	werdest gerochen haben	würdest gerochen haben
er	wird gerochen haben	werde gerochen haben	würde gerochen haben
wir	werden gerochen haben	werden gerochen haben	würden gerochen haben
ihr	werdet gerochen haben	werdet gerochen haben	würdet gerochen haben
sie	werden gerochen haben	werden gerochen haben	würden gerochen haben

R

Examples: Es riecht stark nach Fisch und geräuchertem Fisch in Dänemark. Hamlet roch ungern diesen Geruch. Er konnte auch seinen Onkel nicht riechen. *It reeks of fish and smoked fish in Denmark. Hamlet didn't like smelling that odor. He also couldn't stand his uncle.* Related are **rauchen**, page 344 and "reek" (**stark riechen**).

ringen

to struggle;
wrestle; wring

PRINC. PARTS: **ringen, rang, gerungen, ringt**
IMPERATIVE: **ringe!, ringt!, ringen Sie!**

INDICATIVE	SUBJUNCTIVE	
	PRIMARY	SECONDARY

Present Time

	Present	*(Pres. Subj.)*	*(Imperf. Subj.)*
ich	ringe	ringe	ränge
du	ringst	ringest	rängest
er	ringt	ringe	ränge
wir	ringen	ringen	rängen
ihr	ringt	ringet	ränget
sie	ringen	ringen	rängen

	Imperfect
ich	rang
du	rangst
er	rang
wir	rangen
ihr	rangt
sie	rangen

Past Time

	Perfect	*(Perf. Subj.)*	*(Pluperf. Subj.)*
ich	habe gerungen	habe gerungen	hätte gerungen
du	hast gerungen	habest gerungen	hättest gerungen
er	hat gerungen	habe gerungen	hätte gerungen
wir	haben gerungen	haben gerungen	hätten gerungen
ihr	habt gerungen	habet gerungen	hättet gerungen
sie	haben gerungen	haben gerungen	hätten gerungen

	Pluperfect
ich	hatte gerungen
du	hattest gerungen
er	hatte gerungen
wir	hatten gerungen
ihr	hattet gerungen
sie	hatten gerungen

Future Time

	Future	*(Fut. Subj.)*	*(Pres. Conditional)*
ich	werde ringen	werde ringen	würde ringen
du	wirst ringen	werdest ringen	würdest ringen
er	wird ringen	werde ringen	würde ringen
wir	werden ringen	werden ringen	würden ringen
ihr	werdet ringen	werdet ringen	würdet ringen
sie	werden ringen	werden ringen	würden ringen

Future Perfect Time

	Future Perfect	*(Fut. Perf. Subj.)*	*(Past Conditional)*
ich	werde gerungen haben	werde gerungen haben	würde gerungen haben
du	wirst gerungen haben	werdest gerungen haben	würdest gerungen haben
er	wird gerungen haben	werde gerungen haben	würde gerungen haben
wir	werden gerungen haben	werden gerungen haben	würden gerungen haben
ihr	werdet gerungen haben	werdet gerungen haben	würdet gerungen haben
sie	werden gerungen haben	werden gerungen haben	würden gerungen haben

Examples: Die Ringkämpfer rangen um die Meisterschaft. Einer der Ringer rang nach Atem. Sein Gegner rang ihn zu Boden. Seine Frau sah zu und rang verzweifelt die Hände. *The wrestlers in the ring contended for the championship. One of them gasped for breath. His opponent wrestled him to the floor. His wife looked on and wrung her hands in despair.*

rinnen

PRINC. PARTS: **rinnen,* rann, ist geronnen,** rinnt**
IMPERATIVE: **rinne!, rinnt!, rinne Sie!**

to run (of liquids); flow; drip

INDICATIVE		SUBJUNCTIVE	
		PRIMARY	SECONDARY
		Present Time	
Present		*(Pres. Subj.)*	*(Imperf. Subj.)*
ich	rinne	rinne	rönne
du	rinnst	rinnest	rönnest
er	rinnt	rinne	rönne
wir	rinnen	rinnen	rönnen
ihr	rinnt	rinnet	rönnet
sie	rinnen	rinnen	rönnen
Imperfect			
ich	rann		
du	rannst		
er	rann		
wir	rannen		
ihr	rannt		
sie	rannen		
		Past Time	
Perfect		*(Perf. Subj.)*	*(Pluperf. Subj.)*
ich	bin geronnen	sei geronnen	wäre geronnen
du	bist geronnen	seiest geronnen	wärest geronnen
er	ist geronnen	sei geronnen	wäre geronnen
wir	sind geronnen	seien geronnen	wären geronnen
ihr	seid geronnen	seiet geronnen	wäret geronnen
sie	sind geronnen	seien geronnen	wären geronnen
Pluperfect			
ich	war geronnen		
du	warst geronnen		
er	war geronnen		
wir	waren geronnen		
ihr	wart geronnen		
sie	waren geronnen		
		Future Time	
Future		*(Fut. Subj.)*	*(Pres. Conditional)*
ich	werde rinnen	werde rinnen	würde rinnen
du	wirst rinnen	werdest rinnen	würdest rinnen
er	wird rinnen	werde rinnen	würde rinnen
wir	werden rinnen	werden rinnen	würden rinnen
ihr	werdet rinnen	werdet rinnen	würdet rinnen
sie	werden rinnen	werden rinnen	würden rinnen
		Future Perfect Time	
Future Perfect		*(Fut. Perf. Subj.)*	*(Past Conditional)*
ich	werde geronnen sein	werde geronnen sein	würde geronnen sein
du	wirst geronnen sein	werdest geronnen sein	würdest geronnen sein
er	wird geronnen sein	werde geronnen sein	würde geronnen sein
wir	werden geronnen sein	werden geronnen sein	würden geronnen sein
ihr	werdet geronnen sein	werdet geronnen sein	würdet geronnen sein
sie	werden geronnen sein	werden geronnen sein	würden geronnen sein

*Forms other than the third person are infrequently used. **The perfect tenses use **haben** as the auxiliary verb when **rinnen** means *to leak.*

Examples: „Die Rinnen sind kaputt. Es rinnt überall im Haus und wir können uns die Reparatur nicht leisten, weil dir das Geld durch die Finger rinnt. Du wirst noch im Rinnstein enden!" *"The gutters are busted. It's leaking everywhere in the house and we can't afford repairs because money slips through your fingers. You'll wind up in the gutter yet!"* Do not confuse with **rennen** (page 356).

rollen

to roll

PRINC. PARTS: **rollen, rollte, gerollt, rollt**
IMPERATIVE: **rolle!, rollt!, rollen Sie!**

INDICATIVE		SUBJUNCTIVE	
		PRIMARY	SECONDARY
		Present Time	
Present		*(Pres. Subj.)*	*(Imperf. Subj.)*
ich	rolle	rolle	rollte
du	rollst	rollest	rolltest
er	rollt	rolle	rollte
wir	rollen	rollen	rollten
ihr	rollt	rollet	rolltet
sie	rollen	rollen	rollten

	Imperfect
ich	rollte
du	rolltest
er	rollte
wir	rollten
ihr	rolltet
sie	rollten

		Past Time	
Perfect		*(Perf. Subj.)*	*(Pluperf. Subj.)*
ich	habe gerollt	habe gerollt	hätte gerollt
du	hast gerollt	habest gerollt	hättest gerollt
er	hat gerollt	habe gerollt	hätte gerollt
wir	haben gerollt	haben gerollt	hätten gerollt
ihr	habt gerollt	habet gerollt	hättet gerollt
sie	haben gerollt	haben gerollt	hätten gerollt

	Pluperfect
ich	hatte gerollt
du	hattest gerollt
er	hatte gerollt
wir	hatten gerollt
ihr	hattet gerollt
sie	hatten gerollt

		Future Time	
Future		*(Fut. Subj.)*	*(Pres. Conditional)*
ich	werde rollen	werde rollen	würde rollen
du	wirst rollen	werdest rollen	würdest rollen
er	wird rollen	werde rollen	würde rollen
wir	werden rollen	werden rollen	würden rollen
ihr	werdet rollen	werdet rollen	würdet rollen
sie	werden rollen	werden rollen	würden rollen

		Future Perfect Time	
Future Perfect		*(Fut. Perf. Subj.)*	*(Past Conditional)*
ich	werde gerollt haben	werde gerollt haben	würde gerollt haben
du	wirst gerollt haben	werdest gerollt haben	würdest gerollt haben
er	wird gerollt haben	werde gerollt haben	würde gerollt haben
wir	werden gerollt haben	werden gerollt haben	würden gerollt haben
ihr	werdet gerollt haben	werdet gerollt haben	würdet gerollt haben
sie	werden gerollt haben	werden gerollt haben	würden gerollt haben

Examples: Der Diktator rollte die Augen und schrie: „Es werden Köpfe rollen, wenn die Arbeit an den neuen Waffen nicht bald ins Rollen kommt. Räder müssen rollen für den Sieg!" *The dictator rolled his eyes and screamed, "Heads will roll if work on the new weapons doesn't get going soon. Wheels must turn for victory."*

rösten

to roast

PRINC. PARTS: **rösten, röstete, geröstet, röstet**
IMPERATIVE: **röste!, röstet!, rösten Sie!**

INDICATIVE	SUBJUNCTIVE	
	PRIMARY	SECONDARY

Present Time

	Present	(*Pres. Subj.*)	(*Imperf. Subj.*)
ich	röste	röste	röstete
du	röstest	röstest	röstetest
er	röstet	röstet	röstete
wir	rösten	rösten	rösteten
ihr	röstet	röstet	röstetet
sie	rösten	rösten	rösteten

	Imperfect
ich	röstete
du	röstetest
er	röstete
wir	rösteten
ihr	röstetet
sie	rösteten

Past Time

	Perfect	(*Perf. Subj.*)	(*Pluperf. Subj.*)
ich	habe geröstet	habe geröstet	hätte geröstet
du	hast geröstet	habest geröstet	hättest geröstet
er	hat geröstet	habe geröstet	hätte geröstet
wir	haben geröstet	haben geröstet	hätten geröstet
ihr	habt geröstet	habet geröstet	hättet geröstet
sie	haben geröstet	haben geröstet	hätten geröstet

	Pluperfect
ich	hatte geröstet
du	hattest geröstet
er	hatte geröstet
wir	hatten geröstet
ihr	hattet geröstet
sie	hatten geröstet

Future Time

	Future	(*Fut. Subj.*)	(*Pres. Conditional*)
ich	werde rösten	werde rösten	würde rösten
du	wirst rösten	werdest rösten	würdest rösten
er	wird rösten	werde rösten	würde rösten
wir	werden rösten	werden rösten	würden rösten
ihr	werdet rösten	werdet rösten	würdet rösten
sie	werden rösten	werden rösten	würden rösten

Future Perfect Time

	Future Perfect	(*Fut. Perf. Subj.*)	(*Past Conditional*)
ich	werde geröstet haben	werde geröstet haben	würde geröstet haben
du	wirst geröstet haben	werdest geröstet haben	würdest geröstet haben
er	wird geröstet haben	werde geröstet haben	würde geröstet haben
wir	werden geröstet haben	werden geröstet haben	würden geröstet haben
ihr	werdet geröstet haben	werdet geröstet haben	würdet geröstet haben
sie	werden geröstet haben	werden geröstet haben	würden geröstet haben

Examples: **Er trank sein Bier, ließ sich in der Sonne rösten und sah zu, während sie auf dem Grill die Würste röstete. Er wollte wenigstens das Brot rösten, aber er blieb bei seinem Bier.** *He drank his beer, roasted himself in the sun, and looked on while she roasted the sausage on the grill. He wanted to at least toast the bread, but he stayed with his beer.* Don't confuse this verb with **rosten** (*to rust*).

rücken

to move; bring nearer

PRINC. PARTS: **rücken, rückte, gerückt, rückt**
IMPERATIVE: **rücke!, rückt!, rücken Sie!**

INDICATIVE		SUBJUNCTIVE	
		PRIMARY	SECONDARY
		Present Time	
	Present	(*Pres. Subj.*)	(*Imperf. Subj.*)
ich	rücke	rücke	rückte
du	rückst	rückest	rücktest
er	rückt	rücke	rückte
wir	rücken	rücken	rückten
ihr	rückt	rücket	rücktet
sie	rücken	rücken	rückten
	Imperfect		
ich	rückte		
du	rücktest		
er	rückte		
wir	rückten		
ihr	rücktet		
sie	rückten		
		Past Time	
	Perfect	(*Perf. Subj.*)	(*Pluperf. Subj.*)
ich	habe gerückt	habe gerückt	hätte gerückt
du	hast gerückt	habest gerückt	hättest gerückt
er	hat gerückt	habe gerückt	hätte gerückt
wir	haben gerückt	haben gerückt	hätten gerückt
ihr	habt gerückt	habet gerückt	hättet gerückt
sie	haben gerückt	haben gerückt	hätten gerückt
	Pluperfect		
ich	hatte gerückt		
du	hattest gerückt		
er	hatte gerückt		
wir	hatten gerückt		
ihr	hattet gerückt		
sie	hatten gerückt		
		Future Time	
	Future	(*Fut. Subj.*)	(*Pres. Conditional*)
ich	werde rücken	werde rücken	würde rücken
du	wirst rücken	werdest rücken	würdest rücken
er	wird rücken	werde rücken	würde rücken
wir	werden rücken	werden rücken	würden rücken
ihr	werdet rücken	werdet rücken	würdet rücken
sie	werden rücken	werden rücken	würden rücken
		Future Perfect Time	
	Future Perfect	(*Fut. Perf. Subj.*)	(*Past Conditional*)
ich	werde gerückt haben	werde gerückt haben	würde gerückt haben
du	wirst gerückt haben	werdest gerückt haben	würdest gerückt haben
er	wird gerückt haben	werde gerückt haben	würde gerückt haben
wir	werden gerückt haben	werden gerückt haben	würden gerückt haben
ihr	werdet gerückt haben	werdet gerückt haben	würdet gerückt haben
sie	werden gerückt haben	werden gerückt haben	würden gerückt haben

Examples: „Rück nur mit dem Geld heraus! Das neue Auto brauch ich unbedingt." „Rück mit deinem Stuhl näher an den Tisch und ich zeig dir, wie's um unsere Finanzen steht. Das wird alles in ein neues Licht für dich rücken." *"Just cough up the money. I absolutely have to have the new car." "Move your chair closer to the table and I'll show you how things stand with our finances. That will put everything in a new light for you."*

rufen

to call; shout

PRINC. PARTS: **rufen, rief, gerufen, ruft**
IMPERATIVE: **rufe!, ruft!, rufen Sie!**

INDICATIVE	SUBJUNCTIVE	
	PRIMARY	SECONDARY
Present Time		
Present	*(Pres. Subj.)*	*(Imperf. Subj.)*
ich rufe	rufe	riefe
du rufst	rufest	riefest
er ruft	rufe	riefe
wir rufen	rufen	riefen
ihr ruft	rufet	riefet
sie rufen	rufen	riefen

Imperfect
ich rief
du riefst
er rief
wir riefen
ihr rieft
sie riefen

Past Time		
Perfect	*(Perf. Subj.)*	*(Pluperf. Subj.)*
ich habe gerufen	habe gerufen	hätte gerufen
du hast gerufen	habest gerufen	hättest gerufen
er hat gerufen	habe gerufen	hätte gerufen
wir haben gerufen	haben gerufen	hätten gerufen
ihr habt gerufen	habet gerufen	hättet gerufen
sie haben gerufen	haben gerufen	hätten gerufen

Pluperfect
ich hatte gerufen
du hattest gerufen
er hatte gerufen
wir hatten gerufen
ihr hattet gerufen
sie hatten gerufen

Future Time		
Future	*(Fut. Subj.)*	*(Pres. Conditional)*
ich werde rufen	werde rufen	würde rufen
du wirst rufen	werdest rufen	würdest rufen
er wird rufen	werde rufen	würde rufen
wir werden rufen	werden rufen	würden rufen
ihr werdet rufen	werdet rufen	würdet rufen
sie werden rufen	werden rufen	würden rufen

Future Perfect Time		
Future Perfect	*(Fut. Perf. Subj.)*	*(Past Conditional)*
ich werde gerufen haben	werde gerufen haben	würde gerufen haben
du wirst gerufen haben	werdest gerufen haben	würdest gerufen haben
er wird gerufen haben	werde gerufen haben	würde gerufen haben
wir werden gerufen haben	werden gerufen haben	würden gerufen haben
ihr werdet gerufen haben	werdet gerufen haben	würdet gerufen haben
sie werden gerufen haben	werden gerufen haben	würden gerufen haben

R

Examples: „Leo hat gestern wieder angerufen." „Er hat einen schlechten Ruf und ich will keine Anrufe von ihm", rief Nina zornig aus. „Aber wenn er dich um Hilfe rufen sollte?" „Da kann er sich heiser rufen." *"Leo called again yesterday." "He has a bad reputation and I don't want any calls from him," Nina exclaimed angrily. "But if he called you for help?" "He can call till he's hoarse."*

365

ruhen

to rest

PRINC. PARTS: **ruhen, ruhte, geruht, ruht**
IMPERATIVE: **ruhe!, ruht!, ruhen Sie!**

INDICATIVE	SUBJUNCTIVE	
	PRIMARY	SECONDARY

Present Time

	Present	*(Pres. Subj.)*	*(Imperf. Subj.)*
ich	ruhe	ruhe	ruhte
du	ruhst	ruhest	ruhtest
er	ruht	ruhe	ruhte
wir	ruhen	ruhen	ruhten
ihr	ruht	ruhet	ruhtet
sie	ruhen	ruhen	ruhten

	Imperfect
ich	ruhte
du	ruhtest
er	ruhte
wir	ruhten
ihr	ruhtet
sie	ruhten

Past Time

	Perfect	*(Perf. Subj.)*	*(Pluperf. Subj.)*
ich	habe geruht	habe geruht	hätte geruht
du	hast geruht	habest geruht	hättest geruht
er	hat geruht	habe geruht	hätte geruht
wir	haben geruht	haben geruht	hätten geruht
ihr	habt geruht	habet geruht	hättet geruht
sie	haben geruht	haben geruht	hatten geruht

	Pluperfect
ich	hatte geruht
du	hattest geruht
er	hatte geruht
wir	hatten geruht
ihr	hattet geruht
sie	hatten geruht

Future Time

	Future	*(Fut. Subj.)*	*(Pres. Conditional)*
ich	werde ruhen	werde ruhen	würde ruhen
du	wirst ruhen	werdest ruhen	würdest ruhen
er	wird ruhen	werde ruhen	würde ruhen
wir	werden ruhen	werden ruhen	würden ruhen
ihr	werdet ruhen	werdet ruhen	würdet ruhen
sie	werden ruhen	werden ruhen	würden ruhen

Future Perfect Time

	Future Perfect	*(Fut. Perf. Subj.)*	*(Past Conditional)*
ich	werde geruht haben	werde geruht haben	würde geruht haben
du	wirst geruht haben	werdest geruht haben	würdest geruht haben
er	wird geruht haben	werde geruht haben	würde geruht haben
wir	werden geruht haben	werden geruht haben	würden geruht haben
ihr	werdet geruht haben	werdet geruht haben	würdet geruht haben
sie	werden geruht haben	werden geruht haben	würden geruht haben

Examples: Als wir den Grabstein mit „Hier ruht Hans Grün" gesehen haben, waren wir ganz erstaunt. Nur vor einem Jahr hat er sich zur Ruhe gesetzt. *When we saw the tombstone with "Here lies Hans Grün" we were quite astonished. It was only a year ago that he retired.* **Die Kinder lassen mir keine Ruhe.** *The children give me no peace.* Never pronounce the **h** in **ruhen**, or any **h** between vowels, as in **gehen**.

PRINC. PARTS:	rühmen, rühmte, gerühmt, rühmt	*to praise, glorify*
IMPERATIVE:	rühme!, rühmt!, rühmen Sie!	

INDICATIVE	SUBJUNCTIVE	
	PRIMARY	SECONDARY

Present Time

	Present	*(Pres. Subj.)*	*(Imperf. Subj.)*
ich	rühme	rühme	rühmte
du	rühmst	rühmest	rühmtest
er	rühmt	rühme	rühmte
wir	rühmen	rühmen	rühmten
ihr	rühmt	rühmet	rühmtet
sie	rühmen	rühmen	rühmten

	Imperfect
ich	rühmte
du	rühmtest
er	rühmte
wir	rühmten
ihr	rühmtet
sie	rühmten

Past Time

	Perfect	*(Perf. Subj.)*	*(Pluperf. Subj.)*
ich	habe gerühmt	habe gerühmt	hätte gerühmt
du	hast gerühmt	habest gerühmt	hättest gerühmt
er	hat gerühmt	habe gerühmt	hätte gerühmt
wir	haben gerühmt	haben gerühmt	hätten gerühmt
ihr	habt gerühmt	habet gerühmt	hättet gerühmt
sie	haben gerühmt	haben gerühmt	hätten gerühmt

	Pluperfect
ich	hatte gerühmt
du	hattest gerühmt
er	hatte gerühmt
wir	hatten gerühmt
ihr	hattet gerühmt
sie	hatten gerühmt

Future Time

	Future	*(Fut. Subj.)*	*(Pres. Conditional)*
ich	werde rühmen	werde rühmen	würde rühmen
du	wirst rühmen	werdest rühmen	würdest rühmen
er	wird rühmen	werde rühmen	würde rühmen
wir	werden rühmen	werden rühmen	würden rühmen
ihr	werdet rühmen	werdet rühmen	würdet rühmen
sie	werden rühmen	werden rühmen	würden rühmen

Future Perfect Time

	Future Perfect	*(Fut. Perf. Subj.)*	*(Past Conditional)*
ich	werde gerühmt haben	werde gerühmt haben	würde gerühmt haben
du	wirst gerühmt haben	werdest gerühmt haben	würdest gerühmt haben
er	wird gerühmt haben	werde gerühmt haben	würde gerühmt haben
wir	werden gerühmt haben	werden gerühmt haben	würden gerühmt haben
ihr	werdet gerühmt haben	werdet gerühmt haben	würdet gerühmt haben
sie	werden gerühmt haben	werden gerühmt haben	würden gerühmt haben

R

Examples: Wenige dürfen sich rühmen, eine Offenbarung erhalten zu haben, wie unsere Priesterin. Sie rühmt nicht nur die Götter, die sie kennt, sondern auch die aller Völker. Das ist sehr rühmenswert. *Few can claim to have received a revelation, as has our priestess. She praises not only the gods she knows, but other peoples' too. That is most laudable.* Every form has an umlaut. But the related noun **Ruhm** does not.

rühren

to stir; touch

PRINC. PARTS: **rühren, rührte, gerührt, rührt**
IMPERATIVE: **rühre!, rührt!, rühren Sie!**

INDICATIVE	SUBJUNCTIVE	
	PRIMARY	SECONDARY

Present Time

Present	(*Pres. Subj.*)	(*Imperf. Subj.*)
ich rühre	rühre	rührte
du rührst	rührest	rührtest
er rührt	rühre	rührte
wir rühren	rühren	rührten
ihr rührt	rühret	rührtet
sie rühren	rühren	rührten

Imperfect

ich	rührte
du	rührtest
er	rührte
wir	rührten
ihr	rührtet
sie	rührten

Past Time

Perfect	(*Perf. Subj.*)	(*Pluperf. Subj.*)
ich habe gerührt	habe gerührt	hätte gerührt
du hast gerührt	habest gerührt	hättest gerührt
er hat gerührt	habe gerührt	hätte gerührt
wir haben gerührt	haben gerührt	hätten gerührt
ihr habt gerührt	habet gerührt	hättet gerührt
sie haben gerührt	haben gerührt	hätten gerührt

Pluperfect

ich	hatte gerührt
du	hattest gerührt
er	hatte gerührt
wir	hatten gerührt
ihr	hattet gerührt
sie	hatten gerührt

Future Time

Future	(*Fut. Subj.*)	(*Pres. Conditional*)
ich werde rühren	werde rühren	würde rühren
du wirst rühren	werdest rühren	würdest rühren
er wird rühren	werde rühren	würde rühren
wir werden rühren	werden rühren	würden rühren
ihr werdet rühren	werdet rühren	würdet rühren
sie werden rühren	werden rühren	würden rühren

Future Perfect Time

Future Perfect	(*Fut. Perf. Subj.*)	(*Past Conditional*)
ich werde gerührt haben	werde gerührt haben	würde gerührt haben
du wirst gerührt haben	werdest gerührt haben	würdest gerührt haben
er wird gerührt haben	werde gerührt haben	würde gerührt haben
wir werden gerührt haben	werden gerührt haben	würden gerührt haben
ihr werdet gerührt haben	werdet gerührt haben	würdet gerührt haben
sie werden gerührt haben	werden gerührt haben	würden gerührt haben

Examples: Keiner im Dorf blieb von der Überschwemmung unberührt. Im Nachbardorf rührte sich keiner, den Überlebenden zu helfen. Aber Frau Moll war von ihrer rührenden Geschichte gerührt und machte ihnen Rühreier. *No one in the village was left untouched by the flood. In the neighboring village no one did anything to help the survivors. But Mrs. Moll was moved by their touching story and made them scrambled eggs.*

rüsten

to arm; mobilize; prepare

INDICATIVE	SUBJUNCTIVE	
	PRIMARY	SECONDARY
	Present Time	
Present	*(Pres. Subj.)*	*(Imperf. Subj.)*
ich rüste	rüste	rüstete
du rüstest	rüstest	rüstetest
er rüstet	rüste	rüstete
wir rüsten	rüsten	rüsteten
ihr rüstet	rüstet	rüstetet
sie rüsten	rüsten	rüsteten

Imperfect

ich	rüstete
du	rüstetest
er	rüstete
wir	rüsteten
ihr	rüstetet
sie	rüsteten

	Past Time	
Perfect	*(Perf. Subj.)*	*(Pluperf. Subj.)*
ich habe gerüstet	habe gerüstet	hätte gerüstet
du hast gerüstet	habest gerüstet	hättest gerüstet
er hat gerüstet	habe gerüstet	hätte gerüstet
wir haben gerüstet	haben gerüstet	hätten gerüstet
ihr habt gerüstet	habet gerüstet	hättet gerüstet
sie haben gerüstet	haben gerüstet	hätten gerüstet

Pluperfect

ich	hatte gerüstet
du	hattest gerüstet
er	hatte gerüstet
wir	hatten gerüstet
ihr	hattet gerüstet
sie	hatten gerüstet

	Future Time	
Future	*(Fut. Subj.)*	*(Pres. Conditional)*
ich werde rüsten	werde rüsten	würde rüsten
du wirst rüsten	werdest rüsten	würdest rüsten
er wird rüsten	werde rüsten	würde rüsten
wir werden rüsten	werden rüsten	würden rüsten
ihr werdet rüsten	werdet rüsten	würdet rüsten
sie werden rüsten	werden rüsten	würden rüsten

	Future Perfect Time	
Future Perfect	*(Fut. Perf. Subj.)*	*(Past Conditional)*
ich werde gerüstet haben	werde gerüstet haben	würde gerüstet haben
du wirst gerüstet haben	werdest gerüstet haben	würdest gerüstet haben
er wird gerüstet haben	werde gerüstet haben	würde gerüstet haben
wir werden gerüstet haben	werden gerüstet haben	würden gerüstet haben
ihr werdet gerüstet haben	werdet gerüstet haben	würdet gerüstet haben
sie werden gerüstet haben	werden gerüstet haben	würden gerüstet haben

R

Examples: „Die Nationen rüsten sich noch zum Krieg. Die Rüstungsindustrie versucht, die Abrüstung zu verhindern", behauptete entrüstet die Pazifistin. *"The nations are still arming themselves for war. The arms industry is trying to prevent disarmament," asserted the pacifist angrily.* Verbs whose stem ends in **-t** sometimes add an **e**.

369

sagen

to say; tell; speak

PRINC. PARTS: **sagen, sagte, gesagt, sagt**
IMPERATIVE: **sage!, sagt!, sagen Sie!**

	INDICATIVE	SUBJUNCTIVE	
		PRIMARY	SECONDARY
		Present Time	
	Present	*(Pres. Subj.)*	*(Imperf. Subj.)*
ich	sage	sage	sagte
du	sagst	sagest	sagtest
er	sagt	sage	sagte
wir	sagen	sagen	sagten
ihr	sagt	saget	sagtet
sie	sagen	sagen	sagten
	Imperfect		
ich	sagte		
du	sagtest		
er	sagte		
wir	sagten		
ihr	sagtet		
sie	sagten		
		Past Time	
	Perfect	*(Perf. Subj.)*	*(Pluperf. Subj.)*
ich	habe gesagt	habe gesagt	hätte gesagt
du	hast gesagt	habest gesagt	hättest gesagt
er	hat gesagt	habe gesagt	hätte gesagt
wir	haben gesagt	haben gesagt	hätten gesagt
ihr	habt gesagt	habet gesagt	hättet gesagt
sie	haben gesagt	haben gesagt	hätten gesagt
	Pluperfect		
ich	hatte gesagt		
du	hattest gesagt		
er	hatte gesagt		
wir	hatten gesagt		
ihr	hattet gesagt		
sie	hatten gesagt		
		Future Time	
	Future	*(Fut. Subj.)*	*(Pres. Conditional)*
ich	werde sagen	werde sagen	würde sagen
du	wirst sagen	werdest sagen	würdest sagen
er	wird sagen	werde sagen	würde sagen
wir	werden sagen	werden sagen	würden sagen
ihr	werdet sagen	werdet sagen	würdet sagen
sie	werden sagen	werden sagen	würden sagen
		Future Perfect Time	
	Future Perfect	*(Fut. Perf. Subj.)*	*(Past Conditional)*
ich	werde gesagt haben	werde gesagt haben	würde gesagt haben
du	wirst gesagt haben	werdest gesagt haben	würdest gesagt haben
er	wird gesagt haben	werde gesagt haben	würde gesagt haben
wir	werden gesagt haben	werden gesagt haben	würden gesagt haben
ihr	werdet gesagt haben	werdet gesagt haben	würdet gesagt haben
sie	werden gesagt haben	werden gesagt haben	würden gesagt haben

AN ESSENTIAL
55 VERB

AN ESSENTIAL 55 VERB

Sagen

Prefix Verbs

SEPARABLE
absagen—to cancel
Die Veranstaltung wurde abgesagt.
The event was cancelled.

aussagen—to testify; declare; state
Morgen sagt der Augenzeuge aus.
The eyewitness testifies tomorrow.

weitersagen—to repeat, pass on
Sagen Sie es nicht weiter!
Don't tell anyone.

zusagen—to accept, agree; appeal; be suitable
Viele haben schon zugesagt.
Many have already accepted.

Ihre Preise sagen uns nicht zu.
Your prices don't suit us.

INSEPARABLE
besagen—to signify; prove; indicate
Das besagt nichts!
That doesn't prove anything.

entsagen—to renounce, forgo
Er hat der Welt entsagt und lebt im Himalaja.
He's renounced the world and lives in the Himalayas.

versagen—to fail
Der Motor versagte.
The motor gave out.

(sich) versagen—to deny oneself, refrain
Ich konnte es mir nicht versagen, ihm die Wahrheit zu sagen.
I couldn't keep myself from telling him the truth.

weissagen—to prophesy, foretell
Was hat sie uns fürs kommende Jahr geweissagt?
What has she prophesied for us for next year?

wahrsagen (to predict the future) is a special case. It can be used separately or inseparately with the same meaning.
Die Wahrsagerin hat mir aus den Handlinien die Zukunft gewahrsagt.
or
Die Wahrsagerin hat mir aus den Handlinien die Zukunft wahrgesagt.
Both mean: *The fortune-teller read my palm and predicted my future.*

EXAMPLES

„Ich sage nicht, dass Ihr Gemälde mir gefällt. Aber es sagt mir doch etwas. Nur ist mir der Preis zu hoch. Vielleicht will das aber nichts sagen. Unter uns gesagt, verkaufen sie nicht manchmal Ihre Gemälde zu verbilligten Preisen?" „Offen gesagt, ich feilsche nie." „Dann ist mir das Glückt versagt, ein Gemälde von Ihnen zu besitzen. Außerdem sage ich meinen Besuch morgen bei Ihnen im Atelier ab." „Was Sie nicht sagen!"
"I'm not saying that I like your painting. But it does appeal to me in some way. The price is too high though. But maybe that's not important. Just between us, don't you sometimes sell your paintings at reduced prices?" "Quite frankly, I never haggle." "Then the good fortune of owning one of your paintings will be denied me. What's more, I'm canceling my visit to your studio tomorrow." "You don't say!"

S

Sagen has many idioms. Study those above and remember that idioms often can't be translated word for word. Versagen is inseparable. Absagen is separable.

saufen

to drink (of animals); PRINC. PARTS: **saufen, soff, gesoffen, säuft**
drink to excess IMPERATIVE: **saufe!, sauft!, saufen Sie!**

INDICATIVE	SUBJUNCTIVE	
	PRIMARY	SECONDARY
	Present Time	
Present	*(Pres. Subj.)*	*(Imperf. Subj.)*
ich saufe	saufe	söffe
du säufst	saufest	söffest
er säuft	saufe	söffe
wir saufen	saufen	söffen
ihr sauft	saufet	söffet
sie saufen	saufen	söffen

Imperfect

ich	soff
du	soffst
er	soff
wir	soffen
ihr	sofft
sie	soffen

	Past Time	
Perfect	*(Perf. Subj.)*	*(Pluperf. Subj.)*
ich habe gesoffen	habe gesoffen	hätte gesoffen
du hast gesoffen	habest gesoffen	hättest gesoffen
er hat gesoffen	habe gesoffen	hätte gesoffen
wir haben gesoffen	haben gesoffen	hätten gesoffen
ihr habt gesoffen	habet gesoffen	hättet gesoffen
sie haben gesoffen	haben gesoffen	hätten gesoffen

Pluperfect

ich	hatte gesoffen
du	hattest gesoffen
er	hatte gesoffen
wir	hatten gesoffen
ihr	hattet gesoffen
sie	hatten gesoffen

	Future Time	
Future	*(Fut. Subj.)*	*(Pres. Conditional)*
ich werde saufen	werde saufen	würde saufen
du wirst saufen	werdest saufen	würdest saufen
er wird saufen	werde saufen	würde saufen
wir werden saufen	werden saufen	würden saufen
ihr werdet saufen	werdet saufen	würdet saufen
sie werden saufen	werden saufen	würden saufen

	Future Perfect Time	
Future Perfect	*(Fut. Perf. Subj.)*	*(Past Conditional)*
ich werde gesoffen haben	werde gesoffen haben	würde gesoffen haben
du wirst gesoffen haben	werdest gesoffen haben	würdest gesoffen haben
er wird gesoffen haben	werde gesoffen haben	würde gesoffen haben
wir werden gesoffen haben	werden gesoffen haben	würden gesoffen haben
ihr werdet gesoffen haben	werdet gesoffen haben	würdet gesoffen haben
sie werden gesoffen haben	werden gesoffen haben	würden gesoffen haben

Examples: „Udo hat sich jeden Abend an der Bar vollgesoffen. Jetzt leidet er an Säuferwahn. Wenn du so weitersäufst, geht's dir so ähnlich. Diesen Wein sollst du nippen, nicht saufen, hörst du?" befahl Klara. *"Every night Udo got soused at the bar. Now he's suffering from delirium tremens. That's going to happen to you if you keep on guzzling like that. You are to sip this wine, not guzzle it, do you hear me?" ordered Klara.*

saugen

PRINC. PARTS: **saugen,* sog, gesogen, saugt**
IMPERATIVE: **sauge!, saugt!, saugen Sie!**

to suck; absorb

INDICATIVE	SUBJUNCTIVE	
	PRIMARY	SECONDARY
	Present Time	
Present	*(Pres. Subj.)*	*(Imperf. Subj.)*
ich sauge	sauge	söge
du saugst	saugest	sögest
er saugt	sauge	söge
wir saugen	saugen	sögen
ihr saugt	sauget	söget
sie saugen	saugen	sögen

Imperfect
ich   sog
du   sogst
er   sog
wir   sogen
ihr   sogt
sie   sogen

	Past Time	
Perfect	*(Perf. Subj.)*	*(Pluperf. Subj.)*
ich habe gesogen	habe gesogen	hätte gesogen
du hast gesogen	habest gesogen	hättest gesogen
er hat gesogen	habe gesogen	hätte gesogen
wir haben gesogen	haben gesogen	hätten gesogen
ihr habt gesogen	habet gesogen	hättet gesogen
sie haben gesogen	haben gesogen	hätten gesogen

Pluperfect
ich   hatte gesogen
du   hattest gesogen
er   hatte gesogen
wir   hatten gesogen
ihr   hattet gesogen
sie   hatten gesogen

	Future Time	
Future	*(Fut. Subj.)*	*(Pres. Conditional)*
ich werde saugen	werde saugen	würde saugen
du wirst saugen	werdest saugen	würdest saugen
er wird saugen	werde saugen	würde saugen
wir werden saugen	werden saugen	würden saugen
ihr werdet saugen	werdet saugen	würdet saugen
sie werden saugen	werden saugen	würden saugen

	Future Perfect Time	
Future Perfect	*(Fut. Perf. Subj.)*	*(Past Conditional)*
ich werde gesogen haben	werde gesogen haben	würde gesogen haben
du wirst gesogen haben	werdest gesogen haben	würdest gesogen haben
er wird gesogen haben	werde gesogen haben	würde gesogen haben
wir werden gesogen haben	werden gesogen haben	würden gesogen haben
ihr werdet gesogen haben	werdet gesogen haben	würdet gesogen haben
sie werden gesogen haben	werden gesogen haben	würden gesogen haben

S

*The weak forms of **saugen** are sometimes found. PRINC. PARTS: **saugen, saugte, gesaugt, saugt**.

Examples: „Du hättest mir beim Staubsaugen helfen könne. Aber nein! Da sitzt du gelassen und saugst an deiner Pfeife." *"You could have helped me vacuum. But no! You sit there calmly and suck at your pipe."* With this verb you can also use the easier weak forms.

säumen

to delay, hesitate;
hem; line

PRINC. PARTS: **säumen, säumte, gesäumt, säumt**
IMPERATIVE: **säume!, säume!, säumen Sie!**

INDICATIVE	SUBJUNCTIVE	
	PRIMARY	SECONDARY

Present Time

	Present	(*Pres. Subj.*)	(*Imperf. Subj.*)
ich	säume	säume	säumte
du	säumst	säumest	säumtest
er	säumt	säume	säumte
wir	säumen	säumen	säumten
ihr	säumt	säumet	säumtet
sie	säumen	säumen	säumten

	Imperfect
ich	säumte
du	säumtest
er	säumte
wir	säumten
ihr	säumtet
sie	säumten

Past Time

	Perfect	(*Perf. Subj.*)	(*Pluperf. Subj.*)
ich	habe gesäumt	habe gesäumt	hätte gesäumt
du	hast gesäumt	habest gesäumt	hättest gesäumt
er	hat gesäumt	habe gesäumt	hätte gesäumt
wir	haben gesäumt	haben gesäumt	hätten gesäumt
ihr	habt gesäumt	habet gesäumt	hättet gesäumt
sie	haben gesäumt	haben gesäumt	hätten gesäumt

	Pluperfect
ich	hatte gesäumt
du	hattest gesäumt
er	hatte gesäumt
wir	hatten gesäumt
ihr	hattet gesäumt
sie	hatten gesäumt

Future Time

	Future	(*Fut. Subj.*)	(*Pres. Conditional*)
ich	werde säumen	werde säumen	würde säumen
du	wirst säumen	werdest säumen	würdest säumen
er	wird säumen	werde säumen	würde säumen
wir	werden säumen	werden säumen	würden säumen
ihr	werdet säumen	werdet säumen	würdet säumen
sie	werden säumen	werden säumen	würden säumen

Future Perfect Time

	Future Perfect	(*Fut. Perf. Subj.*)	(*Past Conditional*)
ich	werde gesäumt haben	werde gesäumt haben	würde gesäumt haben
du	wirst gesäumt haben	werdest gesäumt haben	würdest gesäumt haben
er	wird gesäumt haben	werde gesäumt haben	würde gesäumt haben
wir	werden gesäumt haben	werden gesäumt haben	würden gesäumt haben
ihr	werdet gesäumt haben	werdet gesäumt haben	würdet gesäumt haben
sie	werden gesäumt haben	werden gesäumt haben	würden gesäumt haben

Examples: Ich säumte zu lange in den Armen meiner Geliebten und versäumte meinen Flug. *I lingered too long in the arms of my beloved and missed my plane.* **Tausende säumten die Straßen, um die Präsidentin willkommen zu heißen.** *Thousands lined the streets to welcome the president.* All forms are umlauted.

schaden

PRINC. PARTS: **schaden, schadete, geschadet, schadet**
IMPERATIVE: **schade!, schadet!, schaden Sie!**

to damage, hurt

INDICATIVE	SUBJUNCTIVE	
	PRIMARY	SECONDARY

Present Time

	Present	(Pres. Subj.)	(Imperf. Subj.)
ich	schade	schade	schadete
du	schadest	schadest	schadetest
er	schadet	schade	schadete
wir	schaden	schaden	schadeten
ihr	schadet	schadet	schadetet
sie	schaden	schaden	schadeten

	Imperfect
ich	schadete
du	schadetest
er	schadete
wir	schadeten
ihr	schadetet
sie	schadeten

Past Time

	Perfect	(Perf. Subj.)	(Pluperf. Subj.)
ich	habe geschadet	habe geschadet	hätte geschadet
du	hast geschadet	habest geschadet	hättest geschadet
er	hat geschadet	habe geschadet	hätte geschadet
wir	haben geschadet	haben geschadet	hätten geschadet
ihr	habt geschadet	habet geschadet	hättet geschadet
sie	haben geschadet	haben geschadet	hätten geschadet

	Pluperfect
ich	hatte geschadet
du	hattest geschadet
er	hatte geschadet
wir	hatten geschadet
ihr	hattet geschadet
sie	hatten geschadet

Future Time

	Future	(Fut. Subj.)	(Pres. Conditional)
ich	werde schaden	werde schaden	würde schaden
du	wirst schaden	werdest schaden	würdest schaden
er	wird schaden	werde schaden	würde schaden
wir	werden schaden	werden schaden	würden schaden
ihr	werdet schaden	werdet schaden	würdet schaden
sie	werden schaden	werden schaden	würden schaden

Future Perfect Time

	Future Perfect	(Fut. Perf. Subj.)	(Past Conditional)
ich	werde geschadet haben	werde geschadet haben	würde geschadet haben
du	wirst geschadet haben	werdest geschadet haben	würdest geschadet haben
er	wird geschadet haben	werde geschadet haben	würde geschadet haben
wir	werden geschadet haben	werden geschadet haben	würden geschadet haben
ihr	werdet geschadet haben	werdet geschadet haben	würdet geschadet haben
sie	werden geschadet haben	werden geschadet haben	würden geschadet haben

S

Examples: „Das würde mir nichts schaden, wenn ich abends nur ein paar Zigaretten rauchte." „Auch die würden deiner Gesundheit schaden. Schade, dass du das nicht einsehen willst." *"It wouldn't do me any harm if I had just a few cigarettes in the evening." "They, too, would be bad for your health. Pity you refuse to recognize that."* **Schaden** takaes a dative object. See page 27.

375

schaffen

*to create**

PRINC. PARTS: **schaffen, schuf, geschaffen, schafft**
IMPERATIVE: **schaffe!, schafft!, schaffen Sie!**

INDICATIVE	SUBJUNCTIVE	
	PRIMARY	SECONDARY

Present Time

	Present	(*Pres. Subj.*)	(*Imperf. Subj.*)
ich	schaffe	schaffe	schüfe
du	schaffst	schaffest	schüfest
er	schafft	schaffe	schüfe
wir	schaffen	schaffen	schüfen
ihr	schafft	schaffet	schüfet
sie	schaffen	schaffen	schüfen

	Imperfect
ich	schuf
du	schufst
er	schuf
wir	schufen
ihr	schuft
sie	schufen

Past Time

	Perfect	(*Perf. Subj.*)	(*Pluperf. Subj.*)
ich	habe geschaffen	habe geschaffen	hätte geschaffen
du	hast geschaffen	habest geschaffen	hättest geschaffen
er	hat geschaffen	habe geschaffen	hätte geschaffen
wir	haben geschaffen	haben geschaffen	hätten geschaffen
ihr	habt geschaffen	habet geschaffen	hättet geschaffen
sie	haben geschaffen	haben geschaffen	hätten geschaffen

	Pluperfect
ich	hatte geschaffen
du	hattest geschaffen
er	hatte geschaffen
wir	hatten geschaffen
ihr	hattet geschaffen
sie	hatten geschaffen

Future Time

	Future	(*Fut. Subj.*)	(*Pres. Conditional*)
ich	werde schaffen	werde schaffen	würde schaffen
du	wirst schaffen	werdest schaffen	würdest schaffen
er	wird schaffen	werde schaffen	würde schaffen
wir	werden schaffen	werden schaffen	würden schaffen
ihr	werdet schaffen	werdet schaffen	würdet schaffen
sie	werden schaffen	werden schaffen	würden schaffen

Future Perfect Time

	Future Perfect	(*Fut. Perf. Subj.*)	(*Past Conditional*)
ich	werde geschaffen haben	werde geschaffen haben	würde geschaffen haben
du	wirst geschaffen haben	werdest geschaffen haben	würdest geschaffen haben
er	wird geschaffen haben	werde geschaffen haben	würde geschaffen haben
wir	werden geschaffen haben	werden geschaffen haben	würden geschaffen haben
ihr	werdet geschaffen haben	werdet geschaffen haben	würdet geschaffen haben
sie	werden geschaffen haben	werden geschaffen haben	würden geschaffen haben

*In the meaning, *to do, work, accomplish*, **schaffen** is weak. PRINC. PARTS: **schaffen, schaffte, geschafft, schafft.**

Examples: „Ich glaubte, für den Posten geschaffen zu sein. Endlich hatte ich's geschafft, ihn zu bekommen. Aber die Arbeit macht mir zu schaffen. Ich weiß nicht, wie lange ich's noch schaffen kann." *"I thought I was made for the job. I finally managed to get it. But the work is giving me a lot of trouble. I don't know how much longer I'll be able to manage it."*

376

schalten

PRINC. PARTS: **schalten, schaltete, geschaltet, schaltet**
IMPERATIVE: **schalte!, schaltet!, schalten Sie!**

to direct; switch; insert;
shift gears

	INDICATIVE		SUBJUNCTIVE	
			PRIMARY	SECONDARY
			Present Time	
	Present		*(Pres. Subj.)*	*(Imperf. Subj.)*
ich	schalte		schalte	schaltete
du	schaltest		schaltest	schaltetest
er	schaltet		schalte	schaltete
wir	schalten		schalten	schalteten
ihr	schaltet		schaltet	schaltetet
sie	schalten		schalten	schalteten
	Imperfect			
ich	schaltete			
du	schaltetest			
er	schaltete			
wir	schalteten			
ihr	schaltetet			
sie	schalteten			
			Past Time	
	Perfect		*(Perf. Subj.)*	*(Pluperf. Subj.)*
ich	habe geschaltet		habe geschaltet	hätte geschaltet
du	hast geschaltet		habest geschaltet	hättest geschaltet
er	hat geschaltet		habe geschaltet	hätte geschaltet
wir	haben geschaltet		haben geschaltet	hätten geschaltet
ihr	habt geschaltet		habet geschaltet	hättet geschaltet
sie	haben geschaltet		haben geschaltet	hätten geschaltet
	Pluperfect			
ich	hatte geschaltet			
du	hattest geschaltet			
er	hatte geschaltet			
wir	hatten geschaltet			
ihr	hattet geschaltet			
sie	hatten geschaltet			
			Future Time	
	Future		*(Fut. Subj.)*	*(Pres. Conditional)*
ich	werde schalten		werde schalten	würde schalten
du	wirst schalten		werdest schalten	würdest schalten
er	wird schalten		werde schalten	würde schalten
wir	werden schalten		werden schalten	würden schalten
ihr	werdet schalten		werdet schalten	würdet schalten
sie	werden schalten		werden schalten	würden schalten
			Future Perfect Time	
	Future Perfect		*(Fut. Perf. Subj.)*	*(Past Conditional)*
ich	werde geschaltet haben		werde geschaltet haben	würde geschaltet haben
du	wirst geschaltet haben		werdest geschaltet haben	würdest geschaltet haben
er	wird geschaltet haben		werde geschaltet haben	würde geschaltet haben
wir	werden geschaltet haben		werden geschaltet haben	würden geschaltet haben
ihr	werdet geschaltet haben		werdet geschaltet haben	würdet geschaltet haben
sie	werden geschaltet haben		werden geschaltet haben	würden geschaltet haben

S

Examples: „Schalt den neuen Sender ein. Er soll hohe Einschaltquoten haben. Oder schalt's vielleicht lieber ganz aus." „Jawohl! Du kannst mit Radio, Fernsehen, allem frei schalten. Ich lass dich schalten und walten." *"Tune in the new station. It's supposed to have high ratings. Or maybe shut it off entirely." "Yes indeed! You have a free hand with radio, television, everything. I let you do as you please."*

377

schätzen

to value; estimate;　　PRINC. PARTS:　**schätzen, schätzte, geschätzt, schätze**
reckon; respect　　　IMPERATIVE:　**schätze!, schätzt!, schätzen Sie!**

	INDICATIVE	SUBJUNCTIVE	
		PRIMARY	SECONDARY
		Present Time	
	Present	*(Pres. Subj.)*	*(Imperf. Subj.)*
ich	schätze	schätze	schätzte
du	schätzt	schätzest	schätztest
er	schätzt	schätze	schätzte
wir	schätzen	schätzen	schätzten
ihr	schätzt	schätzet	schätztet
sie	schätzten	schätzen	schätzten

	Imperfect
ich	schätzte
du	schätztest
er	schätzte
wir	schätzten
ihr	schätztet
sie	schätzten

			Past Time	
	Perfect	*(Perf. Subj.)*	*(Pluperf. Subj.)*
ich	habe geschätzt	habe geschätzt	hätte geschätzt
du	hast geschätzt	habest geschätzt	hättest geschätzt
er	hat geschätzt	habe geschätzt	hätte geschätzt
wir	haben geschätzt	haben geschätzt	hätten geschätzt
ihr	habt geschätzt	habet geschätzt	hättet geschätzt
sie	haben geschätzt	haben geschätzt	hätten geschätzt

	Pluperfect
ich	hatte geschätzt
du	hattest geschätzt
er	hatte geschätzt
wir	hatten geschätzt
ihr	hattet geschätzt
sie	hatten geschätzt

			Future Time	
	Future	*(Fut. Subj.)*	*(Pres. Conditional)*
ich	werde schätzen	werde schätzen	würde schätzen
du	wirst schätzen	werdest schätzen	würdest schätzen
er	wird schätzen	werde schätzen	würde schätzen
wir	werden schätzen	werden schätzen	würden schätzen
ihr	werdet schätzen	werdet schätzen	würdet schätzen
sie	werden schätzen	werden schätzen	würden schätzen

			Future Perfect Time	
	Future Perfect	*(Fut. Perf. Subj.)*	*(Past Conditional)*
ich	werde geschätzt haben	werde geschätzt haben	würde geschätzt haben
du	wirst geschätzt haben	werdest geschätzt haben	würdest geschätzt haben
er	wird geschätzt haben	werde geschätzt haben	würde geschätzt haben
wir	werden geschätzt haben	werden geschätzt haben	würden geschätzt haben
ihr	werdet geschätzt haben	werdet geschätzt haben	würdet geschätzt haben
sie	werden geschätzt haben	werden geschätzt haben	würden geschätzt haben

Examples: Ich schätze Ihre Meinung sehr, aber ich glaube, Sie haben den Wert des Schatzes zuerst über- dann unterschätzt. *I value your opinion, but I think you first overestimated, then underestimated the value of the treasure.* Sie begann ihre Briefe an ihn mit den Worten „Innig geliebter Schatz." *She began her letters to him with the words "Dearly beloved darling."*

schauen

PRINC. PARTS: **schauen, schaute, geschaut, schaut**
IMPERATIVE: **schaue!, schaut!, schauen Sie!**

to see, look, gaze

INDICATIVE	SUBJUNCTIVE	
	PRIMARY	SECONDARY

Present Time

Present	*(Pres. Subj.)*	*(Imperf. Subj.)*
ich schaue	schaue	schaute
du schauest	schauest	schautest
er schaut	schaue	schaute
wir schauen	schauen	schauten
ihr schaut	schauet	schautet
sie schauen	schauen	schauten

Imperfect		
ich schaute		
du schautest		
er schaute		
wir schauten		
ihr schautet		
sie schauten		

Past Time

Perfect	*(Perf. Subj.)*	*(Pluperf. Subj.)*
ich habe geschaut	habe geschaut	hätte geschaut
du hast geschaut	habest geschaut	hättest geschaut
er hat geschaut	habe geschaut	hätte geschaut
wir haben geschaut	haben geschaut	hätten geschaut
ihr habt geschaut	habet geschaut	hättet geschaut
sie haben geschaut	haben geschaut	hätten geschaut

Pluperfect		
ich hatte geschaut		
du hattest geschaut		
er hatte geschaut		
wir hatten geschaut		
ihr hattet geschaut		
sie hatten geschaut		

Future Time

Future	*(Fut. Subj.)*	*(Pres. Conditional)*
ich werde schauen	werde schauen	würde schauen
du wirst schauen	werdest schauen	würdest schauen
er wird schauen	werde schauen	würde schauen
wir werden schauen	werden schauen	würden schauen
ihr werdet schauen	werdet schauen	würdet schauen
sie werden schauen	werden schauen	würden schauen

Future Perfect Time

Future Perfect	*(Fut. Perf. Subj.)*	*(Past Conditional)*
ich werde geschaut haben	werde geschaut haben	würde geschaut haben
du wirst geschaut haben	werdest geschaut haben	würdest geschaut haben
er wird geschaut haben	werde geschaut haben	würde geschaut haben
wir werden geschaut haben	werden geschaut haben	würden geschaut haben
ihr werdet geschaut haben	werdet geschaut haben	würdet geschaut haben
sie werden geschaut haben	werden geschaut haben	würden geschaut haben

S

Examples: Ich schau in die Zukunft und sehe Sie an meiner Seite. *I look into the future and see you at my side.* Schauen Sie, dass Sie fortkommen! Auf Wiederschauen! *See to it that you get on your way. Good-bye!* Schauen is used everywhere but is more popular than sehen in southern areas, including Austria.

schäumen

to foam

PRINC. PARTS: **schäumen, schäumte, geschäumt, schäumt**
IMPERATIVE: **schäume!, schäumt!, schäumen Sie!**

	INDICATIVE	SUBJUNCTIVE	
		PRIMARY	SECONDARY
		Present Time	
	Present	*(Pres. Subj.)*	*(Imperf. Subj.)*
ich	schäume	schäume	schäumte
du	schäumst	schäumest	schäumtest
er	schäumt	schäume	schäumte
wir	schäumen	schäumen	schäumten
ihr	schäumt	schäumet	schäumtet
sie	schäumen	schäumen	schäumten

	Imperfect
ich	schäumte
du	schäumtest
er	schäumte
wir	schäumten
ihr	schäumtet
sie	schäumten

		Past Time	
	Perfect	*(Perf. Subj.)*	*(Pluperf. Subj.)*
ich	habe geschäumt	habe geschäumt	hätte geschäumt
du	hast geschäumt	habest geschäumt	hättest geschäumt
er	hat geschäumt	habe geschäumt	hätte geschäumt
wir	haben geschäumt	haben geschäumt	hätten geschäumt
ihr	habt geschäumt	habet geschäumt	hättet geschäumt
sie	haben geschäumt	haben geschäumt	hätten geschäumt

	Pluperfect
ich	hatte geschäumt
du	hattest geschäumt
er	hatte geschäumt
wir	hatten geschäumt
ihr	hattet geschäumt
sie	hatten geschäumt

		Future Time	
	Future	*(Fut. Subj.)*	*(Pres. Conditional)*
ich	werde schäumen	werde schäumen	würde schäumen
du	wirst schäumen	werdest schäumen	würdest schäumen
er	wird schäumen	werde schäumen	würde schäumen
wir	werden schäumen	werden schäumen	würden schäumen
ihr	werdet schäumen	werdet schäumen	würdet schäumen
sie	werden schäumen	werden schäumen	würden schäumen

		Future Perfect Time	
	Future Perfect	*(Fut. Perf. Subj.)*	*(Past Conditional)*
ich	werde geschäumt haben	werde geschäumt haben	würde geschäumt haben
du	wirst geschäumt haben	werdest geschäumt haben	würdest geschäumt haben
er	wird geschäumt haben	werde geschäumt haben	würde geschäumt haben
wir	werden geschäumt haben	werden geschäumt haben	würden geschäumt haben
ihr	werdet geschäumt haben	werdet geschäumt haben	würdet geschäumt haben
sie	werden geschäumt haben	werden geschäumt haben	würden geschäumt haben

Examples: Vor Wut schäumend, nannte Karl seine Feinde den Abschaum der Gesellschaft. „Schaumwein ist das, noch lange kein Champagner", klagte er Klara, die versucht hatte, ihn zu beruhigen. *Boiling mad, Karl called his enemies the dregs of society. "This is sparkling wine, but very far from champagne," he said to Klara, who had tried to calm him down.*

380

scheiden

PRINC. PARTS: **scheiden, scheid, gescheiden, scheidet**
IMPERATIVE: **scheide!, scheidet!, scheiden Sie!**

to separate; part;
divide; go away

INDICATIVE	SUBJUNCTIVE	
	PRIMARY	SECONDARY

Present Time

	Present	(*Pres. Subj.*)	(*Imperf. Subj.*)
ich	scheide	scheide	schiede
du	scheidest	scheidest	schiedest
er	scheidet	scheide	schiede
wir	scheiden	scheiden	schieden
ihr	scheidet	scheidet	schiedet
sie	scheiden	scheiden	schieden

	Imperfect
ich	schied
du	schiedst
er	schied
wir	schieden
ihr	schiedet
sie	schieden

Past Time

	Perfect	(*Perf. Subj.*)	(*Pluperf. Subj.*)
ich	habe geschieden	habe geschieden	hätte geschieden
du	hast geschieden	habest geschieden	hättest geschieden
er	hat geschieden	habe geschieden	hätte geschieden
wir	haben geschieden	haben geschieden	hätten geschieden
ihr	habt geschieden	habet geschieden	hättet geschieden
sie	haben geschieden	haben geschieden	hätten geschieden

	Pluperfect
ich	hatte geschieden
du	hattest geschieden
er	hatte geschieden
wir	hatten geschieden
ihr	hattet geschieden
sie	hatten geschieden

Future Time

	Future	(*Fut. Subj.*)	(*Pres. Conditional*)
ich	werde scheiden	werde scheiden	würde scheiden
du	wirst scheiden	werdest scheiden	würdest scheiden
er	wird scheiden	werde scheiden	würde scheiden
wir	werden scheiden	werden scheiden	würden scheiden
ihr	werdet scheiden	werdet scheiden	würdet scheiden
sie	werden scheiden	werden scheiden	würden scheiden

Future Perfect Time

	Future Perfect	(*Fut. Perf. Subj.*)	(*Past Conditional*)
ich	werde geschieden haben	werde geschieden haben	würde geschieden haben
du	wirst geschieden haben	werdest geschieden haben	würdest geschieden haben
er	wird geschieden haben	werde geschieden haben	würde geschieden haben
wir	werden geschieden haben	werden geschieden haben	würden geschieden haben
ihr	werdet geschieden haben	werdet geschieden haben	würdet geschieden haben
sie	werden geschieden haben	werden geschieden haben	würden geschieden haben

Examples: Scheiden und Meiden tut weh, heißt das Sprichwort. Aber Erna ließ sich gern von Kai scheiden. Nur wegen der Kinder konnte sie sich lange nicht dazu entscheiden. Endlich musste sie jede andere Möglichkeit ausscheiden. *"Parting and staying away are painful," says the proverb. But Erna was glad to divorce Kai. Because of the children she couldn't decide to do so for some time. Finally she had to rule out any other possibility.*

S

scheinen

to shine; seem

PRINC. PARTS: **scheinen, schien, geschienen, scheint**
IMPERATIVE: **scheine!, scheint!, scheinen Sie!**

INDICATIVE	SUBJUNCTIVE	
	PRIMARY	SECONDARY

Present Time

Present	*(Pres. Subj.)*	*(Imperf. Subj.)*
ich scheine	scheine	schiene
du scheinst	scheinest	schienest
er scheint	scheine	schiene
wir scheinen	scheinen	schienen
ihr scheint	scheinet	schienet
sie scheinen	scheinen	schienen

Imperfect
ich schien
du schienst
er schien
wir schienen
ihr schient
sie schienen

Past Time

Perfect	*(Perf. Subj.)*	*(Pluperf. Subj.)*
ich habe geschienen	habe geschienen	hätte geschienen
du hast geschienen	habest geschienen	hättest geschienen
er hat geschienen	habe geschienen	hätte geschienen
wir haben geschienen	haben geschienen	hätten geschienen
ihr habt geschienen	habet geschienen	hättet geschienen
sie haben geschienen	haben geschienen	hätten geschienen

Pluperfect
ich hatte geschienen
du hattest geschienen
er hatte geschienen
wir hatten geschienen
ihr hattet geschienen
sie hatten geschienen

Future Time

Future	*(Fut. Subj.)*	*(Pres. Conditional)*
ich werde scheinen	werde scheinen	würde scheinen
du wirst scheinen	werdest scheinen	würdest scheinen
er wird scheinen	werde scheinen	würde scheinen
wir werden scheinen	werden scheinen	würden scheinen
ihr werdet scheinen	werdet scheinen	würdet scheinen
sie werden scheinen	werden scheinen	würden scheinen

Future Perfect Time

Future Perfect	*(Fut. Perf. Subj.)*	*(Past Conditional)*
ich werde geschienen haben	werde geschienen haben	würde geschienen haben
du wirst geschienen haben	werdest geschienen haben	würdest geschienen haben
er wird geschienen haben	werde geschienen haben	würde geschienen haben
wir werden geschienen haben	werden geschienen haben	würden geschienen haben
ihr werdet geschienen haben	werdet geschienen haben	würdet geschienen haben
sie werden geschienen haben	werden geschienen haben	würden geschienen haben

---

Examples: „Heute scheint es, dass ich sterben muss. Aber morgen wird die Sonne wieder auf Gutes und Böses scheinen. Mit eurem Scheingericht wollt ihr euch den Schein der Tugendhaftigkeit geben", sagt der Gefangene im Film. *"Today it seems that I must die. But tomorrow the sun will shine again on good and evil. With your phony court you want to give yourselves the appearance of righteousness," says the prisoner in the film.*

schelten

PRINC. PARTS: **schelten, schalt, gescholten, schilt**
IMPERATIVE: **schilt!, scheltet!, schelten Sie!**

to scold, reproach

	INDICATIVE	PRIMARY SUBJUNCTIVE	SECONDARY

Present Time

	Present	*(Pres. Subj.)*	*(Imperf. Subj.)*
ich	schelte	schelte	schölte
du	schiltst	scheltest	schöltest
er	schilt	schelte	schölte
wir	schelten	schelten	schölten
ihr	scheltet	scheltet	schöltet
sie	schelten	schelten	schölten

	Imperfect
ich	schalt
du	schaltest
er	schalt
wir	schalten
ihr	schaltet
sie	schalten

Past Time

	Perfect	*(Perf. Subj.)*	*(Pluperf. Subj.)*
ich	habe gescholten	habe gescholten	hätte gescholten
du	hast gescholten	habest gescholten	hättest gescholten
er	hat gescholten	habe gescholten	hätte gescholten
wir	haben gescholten	haben gescholten	hätten gescholten
ihr	habt gescholten	habet gescholten	hättet gescholten
sie	haben gescholten	haben gescholten	hätten gescholten

	Pluperfect
ich	hatte gescholten
du	hattest gescholten
er	hatte gescholten
wir	hatten gescholten
ihr	hattet gescholten
sie	hatten gescholten

Future Time

	Future	*(Fut. Subj.)*	*(Pres. Conditional)*
ich	werde schelten	werde schelten	würde schelten
du	wirst schelten	werdest schelten	würdest schelten
er	wird schelten	werde schelten	würde schelten
wir	werden schelten	werden schelten	würden schelten
ihr	werdet schelten	werdet schelten	würdet schelten
sie	werden schelten	werden schelten	würden schelten

Future Perfect Time

	Future Perfect	*(Fut. Perf. Subj.)*	*(Past Conditional)*
ich	werde gescholten haben	werde gescholten haben	würde gescholten haben
du	wirst gescholten haben	werdest gescholten haben	würdest gescholten haben
er	wird gescholten haben	werde gescholten haben	würde gescholten haben
wir	werden gescholten haben	werden gescholten haben	würden gescholten haben
ihr	werdet gescholten haben	werdet gescholten haben	würdet gescholten haben
sie	werden gescholten haben	werden gescholten haben	würden gescholten haben

Examples: „Fang nicht an, mich wieder zu schelten! Du hast mich schon einen Dummkopf gescholten. Hast du noch mehr Scheltnamen für mich?" „Na, da schelt ich halt auf die anderen." *"Don't start scolding me again. You've already called me a blockhead. Have you any more nasty names for me?" "Well then, I'll (start) finding fault with the others."*

383

schenken

to give

PRINC. PARTS: **schenken, schenkte, geschenkt, schenkt**
IMPERATIVE: **schenke!, schenkt!, schenken Sie!**

INDICATIVE	SUBJUNCTIVE	
	PRIMARY	SECONDARY

Present Time

	Present	*(Pres. Subj.)*	*(Imperf. Subj.)*
ich	schenke	schenke	schenkte
du	schenkst	schenkest	schenktest
er	schenkt	schenke	schenkte
wir	schenken	schenken	schenkten
ihr	schenkt	schenket	schenktet
sie	schenken	schenken	schenkten

	Imperfect
ich	schenkte
du	schenktest
er	schenkte
wir	schenkten
ihr	schenktet
sie	schenkten

Past Time

	Perfect	*(Perf. Subj.)*	*(Pluperf. Subj.)*
ich	habe geschenkt	habe geschenkt	hätte geschenkt
du	hast geschenkt	habest geschenkt	hättest geschenkt
er	hat geschenkt	habe geschenkt	hätte geschenkt
wir	haben geschenkt	haben geschenkt	hätten geschenkt
ihr	habt geschenkt	habet geschenkt	hättet geschenkt
sie	haben geschenkt	haben geschenkt	hätten geschenkt

	Pluperfect
ich	hatte geschenkt
du	hattest geschenkt
er	hatte geschenkt
wir	hatten geschenkt
ihr	hattet geschenkt
sie	hatten geschenkt

Future Time

	Future	*(Fut. Subj.)*	*(Pres. Conditional)*
ich	werde schenken	werde schenken	würde schenken
du	wirst schenken	werdest schenken	würdest schenken
er	wird schenken	werde schenken	würde schenken
wir	werden schenken	werden schenken	würden schenken
ihr	werdet schenken	werdet schenken	würdet schenken
sie	werden schenken	werden schenken	würden schenken

Future Perfect Time

	Future Perfect	*(Fut. Perf. Subj.)*	*(Past Conditional)*
ich	werde geschenkt haben	werde geschenkt haben	würde geschenkt haben
du	wirst geschenkt haben	werdest geschenkt haben	würdest geschenkt haben
er	wird geschenkt haben	werde geschenkt haben	würde geschenkt haben
wir	werden geschenkt haben	werden geschenkt haben	würden geschenkt haben
ihr	werdet geschenkt haben	werdet geschenkt haben	würdet geschenkt haben
sie	werden geschenkt haben	werden geschenkt haben	würden geschenkt haben

Examples: Dieses Jahr hat er mir nichts geschenkt. Einst gab er mir schöne Geschenke zu meinem Geburtstag. *This year he didn't give me anything. He used to give me nice presents for my birthday.* **Einem geschenkten Gaul schaut man nicht ins Maul.** *You don't look a gift horse in the mouth.* **Die Präsidentin hat den Mörder begnadigt, ihm das Leben geschenkt. Sie hat ihm aber die Freiheit nicht geschenkt.** *The president pardoned the murderer, spared his life. But she didn't set him free.* **Deine faulen Ausreden kannst du dir schenken.** *You can spare me your lame excuses.*

schichten

to pile up, heap, stratify

PRINC. PARTS: **schichten, schichtete, geschichtet, schichtet**
IMPERATIVE: **schichte!, schichtet!, schichten Sie!**

INDICATIVE		SUBJUNCTIVE	
		PRIMARY	SECONDARY

Present Time

Present		(*Pres. Subj.*)	(*Imperf. Subj.*)
ich	schichte	schichte	schichtete
du	schichtest	schichtest	schichtetest
er	schichtet	schichte	schichtete
wir	schichten	schichten	schichteten
ihr	schichtet	schichtet	schichtetet
sie	schichten	schichten	schichteten

Imperfect	
ich	schichtete
du	schichtetest
er	schichtete
wir	schichteten
ihr	schichtetet
sie	schichteten

Past Time

Perfect		(*Perf. Subj.*)	(*Pluperf. Subj.*)
ich	habe geschichtet	habe geschichtet	hätte geschichtet
du	hast geschichtet	habest geschichtet	hättest geschichtet
er	hat geschichtet	habe geschichtet	hätte geschichtet
wir	haben geschichtet	haben geschichtet	hätten geschichtet
ihr	habt geschichtet	habet geschichtet	hättet geschichtet
sie	haben geschichtet	haben geschichtet	hätten geschichtet

Pluperfect	
ich	hatte geschichtet
du	hattest geschichtet
er	hatte geschichtet
wir	hatten geschichtet
ihr	hattet geschichtet
sie	hatten geschichtet

Future Time

Future		(*Fut. Subj.*)	(*Pres. Conditional*)
ich	werde schichten	werde schichten	würde schichten
du	wirst schichten	werdest schichten	würdest schichten
er	wird schichten	werde schichten	würde schichten
wir	werden schichten	werden schichten	würden schichten
ihr	werdet schichten	werdet schichten	würdet schichten
sie	werden schichten	werden schichten	würden schichten

Future Perfect Time

Future Perfect		(*Fut. Perf. Subj.*)	(*Past Conditional*)
ich	werde geschichtet haben	werde geschichtet haben	würde geschichtet haben
du	wirst geschichtet haben	werdest geschichtet haben	würdest geschichtet haben
er	wird geschichtet haben	werde geschichtet haben	würde geschichtet haben
wir	werden geschichtet haben	werden geschichtet haben	würden geschichtet haben
ihr	werdet geschichtet haben	werdet geschichtet haben	würdet geschichtet haben
sie	werden geschichtet haben	werden geschichtet haben	würden geschichtet haben

Examples: Nachdem die stramme Hulda die mit Kunststoff beschichteten Bretter schon zu einem Stapel geschichtet hatte, befahl ihr der Werkmeister, sie umzuschichten. Sie wünschte, dass andere die Bretter für sie aufschichten könnten. *After stacking the plastic coated boards into a pile, the foreman ordered strapping Hulda to restack them. She wished that others could pile up the boards for her.*

S

385

schicken

to send, dispatch

PRINC. PARTS: **schicken, schickte, geschickt, schickt**
IMPERATIVE: **schicke!, schickt!, schicken Sie!**

	INDICATIVE	SUBJUNCTIVE	
		PRIMARY	SECONDARY
		Present Time	
	Present	*(Pres. Subj.)*	*(Imperf. Subj.)*
ich	schicke	schicke	schickte
du	schickst	schickest	schicktest
er	schickt	schicke	schickte
wir	schicken	schicken	schickten
ihr	schickt	schicket	schicktet
sie	schicken	schicken	schickten
	Imperfect		
ich	schickte		
du	schicktest		
er	schickte		
wir	schickten		
ihr	schicktet		
sie	schickten		
		Past Time	
	Perfect	*(Perf. Subj.)*	*(Pluperf. Subj.)*
ich	habe geschickt	habe geschickt	hätte geschickt
du	hast geschickt	habest geschickt	hättest geschickt
er	hat geschickt	habe geschickt	hätte geschickt
wir	haben geschickt	haben geschickt	hätten geschickt
ihr	habt geschickt	habet geschickt	hättet geschickt
sie	haben geschickt	haben geschickt	hätten geschickt
	Pluperfect		
ich	hatte geschickt		
du	hattest geschickt		
er	hatte geschickt		
wir	hatten geschickt		
ihr	hattet geschickt		
sie	hatten geschickt		
		Future Time	
	Future	*(Fut. Subj.)*	*(Pres. Conditional)*
ich	werde schicken	werde schicken	würde schicken
du	wirst schicken	werdest schicken	würdest schicken
er	wird schicken	werde schicken	würde schicken
wir	werden schicken	werden schicken	würden schicken
ihr	werdet schicken	werdet schicken	würdet schicken
sie	werden schicken	werden schicken	würden schicken
		Future Perfect Time	
	Future Perfect	*(Fut. Perf. Subj.)*	*(Past Conditional)*
ich	werde geschickt haben	werde geschickt haben	würde geschickt haben
du	wirst geschickt haben	werdest geschickt haben	würdest geschickt haben
er	wird geschickt haben	werde geschickt haben	würde geschickt haben
wir	werden geschickt haben	werden geschickt haben	würden geschickt haben
ihr	werdet geschickt haben	werdet geschickt haben	würdet geschickt haben
sie	werden geschickt haben	werden geschickt haben	würden geschickt haben

Examples: Ich schickte nach dem geschickten Mechaniker, um den Wagen reparieren zu lassen. Die Rechnung, die er schickte, war unglaublich. Ich musste mich aber darein schicken und sie bezahlen. *I sent for the skilled mechanic to repair the car. The bill he sent was unbelievable. Yet I had to resign myself and pay it.* **Geschickt** (1) is the past participle used as an adjective with an ending.

PRINC. PARTS: **schieben, schob, geschoben, schiebt**
IMPERATIVE: **schiebe!, schiebt!, schieben Sie!**

to push; shove; move; profiteer

INDICATIVE	SUBJUNCTIVE	
	PRIMARY	SECONDARY
	Present Time	
Present	*(Pres. Subj.)*	*(Imperf. Subj.)*
ich schiebe	schiebe	schöbe
du schiebst	schiebest	schöbest
er schiebt	schiebe	schöbe
wir schieben	schieben	schöben
ihr schiebt	schiebet	schöbet
sie schieben	schieben	schöben

Imperfect
ich schob
du schobst
er schob
wir schoben
ihr schobt
sie schoben

	Past Time	
Perfect	*(Perf. Subj.)*	*(Pluperf. Subj.)*
ich habe geschoben	habe geschoben	hätte geschoben
du hast geschoben	habest geschoben	hättest geschoben
er hat geschoben	habe geschoben	hätte geschoben
wir haben geschoben	haben geschoben	hätten geschoben
ihr habt geschoben	habet geschoben	hättet geschoben
sie haben geschoben	haben geschoben	hätten geschoben

Pluperfect
ich hatte geschoben
du hattest geschoben
er hatte geschoben
wir hatten geschoben
ihr hattet geschoben
sie hatten geschoben

	Future Time	
Future	*(Fut. Subj.)*	*(Pres. Conditional)*
ich werde schieben	werde schieben	würde schieben
du wirst schieben	werdest schieben	würdest schieben
er wird schieben	werde schieben	würde schieben
wir werden schieben	werden schieben	würden schieben
ihr werdet schieben	werdet schieben	würdet schieben
sie werden schieben	werden schieben	würden schieben

	Future Perfect Time	
Future Perfect	*(Fut. Perf. Subj.)*	*(Past Conditional)*
ich werde geschoben haben	werde geschoben haben	würde geschoben haben
du wirst geschoben haben	werdest geschoben haben	würdest geschoben haben
er wird geschoben haben	werde geschoben haben	würde geschoben haben
wir werden geschoben haben	werden geschoben haben	würden geschoben haben
ihr werdet geschoben haben	werdet geschoben haben	würdet geschoben haben
sie werden geschoben haben	werden geschoben haben	würden geschoben haben

S

Examples: „Du hast die Entscheidung von einem Tag auf den anderen geschoben. Jetzt versuchst du, die Schuld auf mich zu schieben." „Auch du wolltest den Termin aufschieben. Deinetwegen wurde er verschoben." *"You kept putting off the decision. Now you're trying to put the blame on me." "You, too, wanted to put off the appointment. It was postponed on account of you."*

schießen

to shoot

PRINC. PARTS: **schießen, schoss, geschossen, schießt**
IMPERATIVE: **schieße!, schießt!, schießen Sie!**

	INDICATIVE	SUBJUNCTIVE	
		PRIMARY	SECONDARY
		Present Time	
	Present	*(Pres. Subj.)*	*(Imperf. Subj.)*
ich	schieße	schieße	schösse
du	schießt	schießest	schössest
er	schießt	schieße	schösse
wir	schießen	schießen	schössen
ihr	schießt	schießet	schösset
sie	schießen	schießen	schössen
	Imperfect		
ich	schoss		
du	schossest		
er	schoss		
wir	schossen		
ihr	schosst		
sie	schossen		
		Past Time	
	Perfect	*(Perf. Subj.)*	*(Pluperf. Subj.)*
ich	habe geschossen	habe geschossen	hätte geschossen
du	hast geschossen	habest geschossen	hättest geschossen
er	hat geschossen	habe geschossen	hätte geschossen
wir	haben geschossen	haben geschossen	hätten geschossen
Ihr	habt geschossen	habet geschossen	hättet geschossen
sie	haben geschossen	haben geschossen	hätten geschossen
	Pluperfect		
ich	hatte geschossen		
du	hattest geschossen		
er	hatte geschossen		
wir	hatten geschossen		
ihr	hattet geschossen		
sie	hatten geschossen		
		Future Time	
	Future	*(Fut. Subj.)*	*(Pres. Conditional)*
ich	werde schießen	werde schießen	würde schießen
du	wirst schießen	werdest schießen	würdest schießen
er	wird schießen	werde schießen	würde schießen
wir	werden schießen	werden schießen	würden schießen
ihr	werdet schießen	werdet schießen	würdet schießen
sie	werden schießen	werden schießen	würden schießen
		Future Perfect Time	
	Future Perfect	*(Fut. Perf. Subj.)*	*(Past Conditional)*
ich	werde geschossen haben	werde geschossen haben	würde geschossen haben
du	wirst geschossen haben	werdest geschossen haben	würdest geschossen haben
er	wird geschossen haben	werde geschossen haben	würde geschossen haben
wir	werden geschossen haben	werden geschossen haben	würden geschossen haben
ihr	werdet geschossen haben	werdet geschossen haben	würdet geschossen haben
sie	werden geschossen haben	werden geschossen haben	würden geschossen haben

Examples: Der Polizist zog den Revolver und schoss. Der Dieb fiel zu Boden. Er schoss immer treffsicher und wusste, dass er den Verbrecher nicht totgeschossen hatte. *The policeman drew his revolver and shot. The thief fell to the ground. He always hit the mark and knew that he hadn't shot the criminal to death.* Er befahl, die Stadt zu beschießen. *He ordered the shelling of the city.*

schlachten

PRINC. PARTS: **schlachten, schlachtete, geschlachtet, schlachtet**
IMPERATIVE: **schlachte!, schlachtet!, schlachten Sie!**

to slaughter, butcher;
massacre

INDICATIVE	SUBJUNCTIVE	
	PRIMARY	SECONDARY

Present Time

Present	*(Pres. Subj.)*	*(Imperf. Subj.)*
ich schlachte	schlachte	schlachtete
du schlachtest	schlachtest	schlachtetest
er schlachtet	schlachte	schlachtete
wir schlachten	schlachten	schlachteten
ihr schlachtet	schlachtet	schlachtetet
sie schlachten	schlachten	schlachteten

Imperfect
ich schlachtete
du schlachtetest
er schlachtete
wir schlachteten
ihr schlachtetet
sie schlachteten

Past Time

Perfect	*(Perf. Subj.)*	*(Pluperf. Subj.)*
ich habe geschlachtet	habe geschlachtet	hätte geschlachtet
du hast geschlachtet	habest geschlachtet	hättest geschlachtet
er hat geschlachtet	habe geschlachtet	hätte geschlachtet
wir haben geschlachtet	haben geschlachtet	hätten geschlachtet
ihr habt geschlachtet	habet geschlachtet	hättet geschlachtet
sie haben geschlachtet	haben geschlachtet	hätten geschlachtet

Pluperfect
ich hatte geschlachtet
du hattest geschlachtet
er hatte geschlachtet
wir hatten geschlachtet
ihr hattet geschlachtet
sie hatten geschlachtet

Future Time

Future	*(Fut. Subj.)*	*(Pres. Conditional)*
ich werde schlachten	werde schlachten	würde schlachten
du wirst schlachten	werdest schlachten	würdest schlachten
er wird schlachten	werde schlachten	würde schlachten
wir werden schlachten	werden schlachten	würden schlachten
ihr werdet schlachten	werdet schlachten	würdet schlachten
sie werden schlachten	werden schlachten	würden schlachten

S

Future Perfect Time

Future Perfect	*(Fut. Perf. Subj.)*	*(Past Conditional)*
ich werde geschlachtet haben	werde geschlachtet haben	würde geschlachtet haben
du wirst geschlachtet haben	werdest geschlachtet haben	würdest geschlachtet haben
er wird geschlachtet haben	werde geschlachtet haben	würde geschlachtet haben
wir werden geschlachtet haben	werden geschlachtet haben	würden geschlachtet haben
ihr werdet geschlachtet haben	werdet geschlachtet haben	würdet geschlachtet haben
sie werden geschlachtet haben	werden geschlachtet haben	würden geschlachtet haben

Examples: „Habt ihr eure Schweine schon geschlachtet?" fragte der Bauer seine Nachbarn.
„Nein. Wir haben kein Schlachtvieh mehr. Unser Schlächter schlachtet im eigenen Schlachthaus."
"Have you slaughtered your pigs yet?" the farmer asked his neighbors. "No, we don't keep animals for slaughtering anymore. Our butcher does his slaughtering in his own slaughterhouse.

schlafen

to sleep

PRINC. PARTS: **schlafen, schlief, geschlafen, schläft**
IMPERATIVE: **schlafe!, schlaft!, schlafen Sie!**

INDICATIVE	SUBJUNCTIVE	
	PRIMARY	SECONDARY
	Present Time	
Present	*(Pres. Subj.)*	*(Imperf. Subj.)*
ich schlafe	schlafe	schliefe
du schläfst	schlafest	schliefest
er schläft	schlafe	schliefe
wir schlafen	schlafen	schliefen
ihr schlaft	schlafet	schliefet
sie schlafen	schlafen	schliefen

Imperfect	
ich schlief	
du schliefst	
er schlief	
wir schliefen	
ihr schlieft	
sie schliefen	

	Past Time	
Perfect	*(Perf. Subj.)*	*(Pluperf. Subj.)*
ich habe geschlafen	habe geschlafen	hätte geschlafen
du hast geschlafen	habest geschlafen	hättest geschlafen
er hat geschlafen	habe geschlafen	hätte geschlafen
wir haben geschlafen	haben geschlafen	hätten geschlafen
ihr habt geschlafen	habet geschlafen	hättet geschlafen
sie haben geschlafen	haben geschlafen	hätten geschlafen

Pluperfect	
ich hatte geschlafen	
du hattest geschlafen	
er hatte geschlafen	
wir hatten geschlafen	
ihr hattet geschlafen	
sie hatten geschlafen	

	Future Time	
Future	*(Fut. Subj.)*	*(Pres. Conditional)*
ich werde schlafen	werde schlafen	würde schlafen
du wirst schlafen	werdest schlafen	würdest schlafen
er wird schlafen	werde schlafen	würde schlafen
wir werden schlafen	werden schlafen	würden schlafen
ihr werdet schlafen	werdet schlafen	würdet schlafen
sie werden schlafen	werden schlafen	würden schlafen

	Future Perfect Time	
Future Perfect	*(Fut. Perf. Subj.)*	*(Past Conditional)*
ich werde geschlafen haben	werde geschlafen haben	würde geschlafen haben
du wirst geschlafen haben	werdest geschlafen haben	würdest geschlafen haben
er wird geschlafen haben	werde geschlafen haben	würde geschlafen haben
wir werden geschlafen haben	werden geschlafen haben	würden geschlafen haben
ihr werdet geschlafen haben	werdet geschlafen haben	würdet geschlafen haben
sie werden geschlafen haben	werden geschlafen haben	würden geschlafen haben

AN ESSENTIAL 55 VERB

390

Prefix Verbs

SEPARABLE

ausschlafen—to sleep off the effects of alcohol.
Du hast wieder einen Rausch. Geh! Schlaf ihn aus!
You're drunk again. Go sleep it off.

(sich) ausschlafen—to get a good night's rest, have a good sleep
Endlich habe ich mich gut ausschlafen können.
I was finally able to get a good night's rest.

einschlafen—to fall asleep
Er schlief sofort ein.
He fell asleep at once.

weiterschlafen—to continue sleeping; go back to sleep
Es war uns nicht möglich weiterzuschlafen.
It was impossible for us to go on sleeping/ go back to sleep.

INSEPARABLE

entschlafen—to pass away; die in one's sleep
Nach langem Leiden ist gestern unser Großvater sanft entschlafen.
After much suffering, our grandfather passed away peacefully yesterday.

überschlafen—to sleep on
Das muss ich erst überschlafen.
I'll have to sleep on that first.

verschlafen—to miss by sleeping, sleep away; sleep through
Du hast wieder den Tag verschlafen.
You've slept the day away again.

Den ganzen Rabatz habe ich verschlafen.
I slept through all that racket.

(sich) verschlafen—to oversleep
Morgenstund' hat Gold im Mund. Wer verschläft sich geht zu Grund. (Sprichwort)
Golden are the morning hours. Oversleepers (literally "who oversleeps") come to grief. (Proverb)

EXAMPLES

„Du siehst heute verschlafener als sonst aus." „Du weißt, ich leide an Schlaflosigkeit." „Ohne deine Schlaftabletten würdest du besser schlafen." „Heute hab ich mich verschlafen aber ich habe mich noch nicht ausgeschlafen. Bei der Vorlesung bin ich fast eingeschlafen." „Alle schlafen bei Professor Trockners Vorlesungen ein."
"You look sleepier than usual today." "You know I suffer from insomnia." "You'd sleep better without your sleeping pills." "I overslept today, but I still haven't had a good sleep. I almost fell asleep during the lecture." "Everybody falls asleep during Professor Trockner's lectures."

Die Schlafwandlerin im Zug erschreckte alle im Schlafwagen."
"The somnambulist on the train frightened everyone in the sleeping car."

Review verbs in Group VI, page 13. Note that English has recourse to Latin for "insomnia; somnambulist," whereas German expands the basic word. **Sich verschlafen** is inseparable. **Ausschlafen** and **einschlafen** are separable.

S

schlagen

to hit; beat; strike

PRINC. PARTS: **schlagen, schlug, geschlagen, schlägt**
IMPERATIVE: **schlage!, schlagt!, schlagen Sie!**

	INDICATIVE		SUBJUNCTIVE	
			PRIMARY	SECONDARY
			Present Time	
	Present		*(Pres. Subj.)*	*(Imperf. Subj.)*
ich	schlage		schlage	schlüge
du	schlägst		schlagest	schlügest
er	schlägt		schlage	schlüge
wir	schlagen		schlagen	schlügen
ihr	schlagt		schlaget	schlüget
sie	schlagen		schlagen	schlügen
	Imperfect			
ich	schlug			
du	schlugst			
er	schlug			
wir	schlugen			
ihr	schlugt			
sie	schlugen			
			Past Time	
	Perfect		*(Perf. Subj.)*	*(Pluperf. Subj.)*
ich	habe geschlagen		habe geschlagen	hätte geschlagen
du	hast geschlagen		habest geschlagen	hättest geschlagen
er	hat geschlagen		habe geschlagen	hätte geschlagen
wir	haben geschlagen		haben geschlagen	hätten geschlagen
ihr	habt geschlagen		habet geschlagen	hättet geschlagen
sie	haben geschlagen		haben geschlagen	hätten geschlagen
	Pluperfect			
ich	hatte geschlagen			
du	hattest geschlagen			
er	hatte geschlagen			
wir	hatten geschlagen			
ihr	hattet geschlagen			
sie	hatten geschlagen			
			Future Time	
	Future		*(Fut. Subj.)*	*(Pres. Conditional)*
ich	werde schlagen		werde schlagen	würde schlagen
du	wirst schlagen		werdest schlagen	würdest schlagen
er	wird schlagen		werde schlagen	würde schlagen
wir	werden schlagen		werden schlagen	würden schlagen
ihr	werdet schlagen		werdet schlagen	würdet schlagen
sie	werden schlagen		werden schlagen	würden schlagen
			Future Perfect Time	
	Future Perfect		*(Fut. Perf. Subj.)*	*(Past Conditional)*
ich	werde geschlagen haben		werde geschlagen haben	würde geschlagen haben
du	wirst geschlagen haben		werdest geschlagen haben	würdest geschlagen haben
er	wird geschlagen haben		werde geschlagen haben	würde geschlagen haben
wir	werden geschlagen haben		werden geschlagen haben	würden geschlagen haben
ihr	werdet geschlagen haben		werdet geschlagen haben	würdet geschlagen haben
sie	werden geschlagen haben		werden geschlagen haben	würden geschlagen haben

AN ESSENTIAL
55 VERB

AN ESSENTIAL
55 VERB

Schlagen

Prefix Verbs

INSEPARABLE

beschlagen—to shoe a horse
Das Fohlen ist noch nicht beschlagen.
The colt hasn't been shod yet.

(sich) beschlagen—to get fogged/steamed up
Die Fenster beschlugen sich langsam.
The windows steamed up slowly.

*durchschlagen—to blow a hole in
**Der Wagen des Gangsters war gepanzert.
Die Bombe hat ihn aber durchschlagen.**
*The gangster's car was armor-plated. But
the bomb blew a hole in it.*

fehlschlagen—to go wrong
All seine Pläne schlugen fehl.
All his plans went wrong.

erschlagen—to slay
Siegfried hat den Drachen erschlagen.
Siegfried slew the dragon.

unterschlagen—to embezzle
**Sie wird verdächtigt, das Geld unter-
schlagen zu haben.**
*She's suspected of having embezzled the
money.*

*überschlagen—to make a rough estimate;
skip
Überschlagen Sie zuerst die Kosten.
First make a rough estimate of expenses.

Dieses Kapitel haben wir überschlagen.
We skipped that chapter.

(sich) überschlagen—to go all out, go head
over heels; turn over (car)
**Das Hotelpersonal überschlug sich vor
Höflichkeit.**
*The hotel personnel fell over themselves to
be polite.*

Der Wagen hat sich überschlagen.
The car turned over.

zerschlagen—to shatter
Wütend zerschlug er all mein Porzellan.
Furious, he smashed all my porcelain.

EXAMPLES

**Hulda hatte Probleme mit ihrem Schläger
und wurde im Tennisturnier geschlagen.
Wütend, schlug sie ihren Mann. Sie schlug
ihm den Schädel ein, schlug ihn tot. Das
hat für Schlagzeilen gesorgt. Alles andere
als niedergeschlagen schlug sie im
Gefängnis die Hilfe eines Geistlichen ab.
„Ihre letzte Stunde hat geschlagen", sagte
der Pastor ihrer Mutter, die kurz nach der
Hinrichtung einen Schlaganfall erlitt.**

*Hulda had problems with her racquet and was
defeated in the tennis tournament. Furious,
she beat her husband. She bashed his skull in,
beat him to death. That made for headlines.
Anything but dejected in jail, she rejected the
help of a clergyperson. "Her last hour has
come," said the pastor to her mother who
suffered a stroke shortly after her daughter's
execution.*

Study the verbs in Group V, page 12. "Slay;
slug," and the "slaw" in "cole slaw" (cabbage
that's been "struck") are related words. German
g is often a "y" in English. A "headline" is
something that "hits" you. Unfortunately, so
is a "stroke." **Totschlagen, niederschlagen,
einschlagen**, and **abschlagen** are separable.

S

Prefix Verbs

SEPARABLE

abschlagen—to cut, chop off; refuse, reject

Maria Stuart und Marie Antoinette schlug man den Kopf ab.
Mary Stuart and Marie Antoinette got their heads chopped off.

Ihren Antrag muss ich leider abschlagen.
I must, unfortunately, refuse your request.

anschlagen—to fix, nail, post

Hat er wirklich die 95 Thesen an die Tür der Schlosskirche angeschlagen?
Did he really post the 95 Theses on the door of the Castle Church?

aufschlagen—to set up, pitch; raise

Hier schlagen wir unser Zelt auf.
Here is where we'll pitch our tent.

Die Preise hat man wieder aufgeschlagen.
They've raised their prices again.

ausschlagen—to knock out; start to bloom, come out, burgeon, bud

„Ich schlag dir die Zähne aus", drohte der Rohling.
"I'll knock your teeth out," threatened that brute.

Schon im März schlugen einige Bäume aus.
Already in March some trees started to bloom.

*durchschlagen—to put through

Die Köchin nahm das Sieb und schlug die Suppe durch.
The cook took the sieve and poured the soup through.

(sich) durchschlagen—to fight one's way, cope with difficulties

Ihre Mutter was eine tapfere Frau, die sich im Leben durchschlagen musste.
Her mother was a brave women who had to struggle along in life.

einschlagen—to bash in

„Und willst du nicht mein Bruder sein, so schlag' ich dir den Schädel ein."

(Proverb derived from French revolutionary: La fraternité ou la mort [*Brotherhood or death*].)
"If you won't be my brother, I'll bash your head in."

nachschlagen—to look up

Das müsste ich erst nachschlagen.
I'd have to look that up first.

niederschlagen—to knock down; suppress

Sie haben den Aufstand blutig niedergeschlagen.
They brutally ("bloodily") suppressed the revolt.

totschlagen—to beat to death, strike down

Mein Mann schlägt mich. Er droht oft, mich totzuschlagen.
My husband beats me. He often threatens to beat me to death.

Du kannst mich totschlagen, ich erinnere mich gar nicht mehr daran.
For the life of me, I don't remember it at all anymore.

*überschlagen—to cross; turn into; crack (voice)

Schlag nicht die Beine über!
Don't cross your legs.

Die Stimmung ist plötzlich in Trauer übergeschlagen.
The mood suddenly became gloomy.

Seine Stimme ist übergeschlagen.
His voice cracked.

umschlagen—to fold/turn back; change

Schlag die Decke um.
Fold the blanket back.

Das Wetter schlägt um.
The weather's changing.

vorschlagen—to suggest

Ich hab's Ihnen nur vorgeschlagen.
I simply suggested it to you.

*Note that durchschlagen and überschlagen can be separable or inseparable. See "Doubtful Prefixes" p. 610.

schleichen

to sneak; creep

PRINC. PARTS: **schleichen, schlich, ist geschlichen, schleicht**
IMPERATIVE: **schleiche!, schleicht!, schleichen Sie!**

	INDICATIVE	SUBJUNCTIVE	
		PRIMARY	SECONDARY
		Present Time	
	Present	*(Pres. Subj.)*	*(Imperf. Subj.)*
ich	schleiche	schleiche	schliche
du	schleichst	schleichest	schlichest
er	schleicht	schleiche	schliche
wir	schleichen	schleichen	schlichen
ihr	schleicht	schleicht	schlichet
sie	schleichen	schleichen	schlichen

	Imperfect
ich	schlich
du	schlichst
er	schlich
wir	schlichen
ihr	schlicht
sie	schlichen

		Past Time	
	Perfect	*(Perf. Subj.)*	*(Pluperf. Subj.)*
ich	bin geschlichen	sei geschlichen	wäre geschlichen
du	bist geschlichen	seiest geschlichen	wärest geschlichen
er	ist geschlichen	sei geschlichen	wäre geschlichen
wir	sind geschlichen	seien geschlichen	wären geschlichen
ihr	seid geschlichen	seiet geschlichen	wäret geschlichen
sie	sind geschlichen	seien geschlichen	wären geschlichen

	Pluperfect
ich	war geschlichen
du	warst geschlichen
er	war geschlichen
wir	waren geschlichen
ihr	wart geschlichen
sie	waren geschlichen

		Future Time	
	Future	*(Fut. Subj.)*	*(Pres. Conditional)*
ich	werde schleichen	werde schleichen	würde schleichen
du	wirst schleichen	werdest schleichen	würdest schleichen
er	wird schleichen	werde schleichen	würde schleichen
wir	werden schleichen	werden schleichen	würden schleichen
ihr	werdet schleichen	werdet schleichen	würdet schleichen
sie	werden schleichen	werden schleichen	würden schleichen

		Future Perfect Time	
	Future Perfect	*(Fut. Perf. Subj.)*	*(Past Conditional)*
ich	werde geschlichen sein	werde geschlichen sein	würde geschlichen sein
du	wirst geschlichen sein	werdest geschlichen sein	würdest geschlichen sein
er	wird geschlichen sein	werde geschlichen sein	würde geschlichen sein
wir	werden geschlichen sein	werden geschlichen sein	würden geschlichen sein
ihr	werdet geschlichen sein	werdet geschlichen sein	würdet geschlichen sein
sie	werden geschlichen sein	werden geschlichen sein	würden geschlichen sein

S

Examples: Dieser Schleicher hat sich in mein Vertrauen geschlichen. Ich wusste nicht, dass er Schleichhändler war. *That sneak wormed his way into my confidence. I didn't know he was a black marketeer.* Study verbs in Group IA, page 9. Review "*Sein* Verbs," pages 17–18.

schleifen

to grind; polish; slide*

PRINC. PARTS: **schleifen, schliff, geschliffen, schleift**
IMPERATIVE: **schleife!, schleift!, schleifen Sie!**

INDICATIVE	SUBJUNCTIVE	
	PRIMARY	SECONDARY

Present Time

	Present	*(Pres. Subj.)*	*(Imperf. Subj.)*
ich	schleife	schleife	schliffe
du	schleifst	schleifest	schliffest
er	schleift	schleife	schliffe
wir	schleifen	schleifen	schliffen
ihr	schleift	schleifet	schliffet
sie	schleifen	schleifen	schliffen

	Imperfect
ich	schliff
du	schliffst
er	schliff
wir	schliffen
ihr	schlifft
sie	schliffen

Past Time

	Perfect	*(Perf. Subj.)*	*(Pluperf. Subj.)*
ich	habe geschliffen	habe geschliffen	hätte geschliffen
du	hast geschliffen	habest geschliffen	hättest geschliffen
er	hat geschliffen	habe geschliffen	hätte geschliffen
wir	haben geschliffen	haben geschliffen	hätten geschliffen
ihr	habt geschliffen	habet geschliffen	hättet geschliffen
sie	haben geschliffen	haben geschliffen	hätten geschliffen

	Pluperfect
ich	hatte geschliffen
du	hattest geschliffen
er	hatte geschliffen
wir	hatten geschliffen
ihr	hattet geschliffen
sie	hatten geschliffen

Future Time

	Future	*(Fut. Subj.)*	*(Pres. Conditional)*
ich	werde schleifen	werde schleifen	würde schleifen
du	wirst schleifen	werdest schleifen	würdest schleifen
er	wird schleifen	werde schleifen	würde schleifen
wir	werden schleifen	werden schleifen	würden schleifen
ihr	werdet schleifen	werdet schleifen	würdet schleifen
sie	werden schleifen	werden schleifen	würden schleifen

Future Perfect Time

	Future Perfect	*(Fut. Perf. Subj.)*	*(Past Conditional)*
ich	werde geschliffen haben	werde geschliffen haben	würde geschliffen haben
du	wirst geschliffen haben	werdest geschliffen haben	würdest geschliffen haben
er	wird geschliffen haben	werde geschliffen haben	würde geschliffen haben
wir	werden geschliffen haben	werden geschliffen haben	würden geschliffen haben
ihr	werdet geschliffen haben	werdet geschliffen haben	würdet geschliffen haben
sie	werden geschliffen haben	werden geschliffen haben	würden geschliffen haben

***Schleifen** is weak in the meaning *to drag, to dismantle*. PRINC. PARTS: **schleifen, schleifte, geschleift, schleift**.

Examples: Hans schleift Edelsteine in Idar-Oberstein. Tinas Vater hält Hans für ungeschliffen, ganz ohne Schliff. „Er gehört in die Bundeswehr. Da wird man ihn ganz schön schleifen", meint er. *Hans cuts gemstones in Idar-Oberstein. Tina's father thinks Hans unpolished, quite without manners. "He belongs in the (German) army. They'll give him plenty of hard drilling there," he thinks.*

schlichten

to make smooth; settle

PRINC. PARTS: **schlichten, schlichtete, geschlichtet, schlichtet**
IMPERATIVE: **schlichte!, schlichtet!, schlichten Sie!**

INDICATIVE	SUBJUNCTIVE	
	PRIMARY	SECONDARY

Present Time

	Present	(*Pres. Subj.*)	(*Imperf. Subj.*)
ich	schlichte	schlichte	schlichtete
du	schlichtest	schlichtest	schlichtetest
er	schlichtet	schlichte	schlichtete
wir	schlichten	schlichten	schlichteten
ihr	schlichtet	schlichtet	schlichtetet
sie	schlichten	schlichten	schlichteten

	Imperfect
ich	schlichtete
du	schlichtetest
er	schlichtete
wir	schlichteten
ihr	schlichtetet
sie	schlichteten

Past Time

	Perfect	(*Perf. Subj.*)	(*Pluperf. Subj.*)
ich	habe geschlichtet	habe geschlichtet	hätte geschlichtet
du	hast geschlichtet	habest geschlichtet	hättest geschlichtet
er	hat geschlichtet	habe geschlichtet	hätte geschlichtet
wir	haben geschlichtet	haben geschlichtet	hätten geschlichtet
ihr	habt geschlichtet	habet geschlichtet	hättet geschlichtet
sie	haben geschlichtet	haben geschlichtet	hätten geschlichtet

	Pluperfect
ich	hatte geschlichtet
du	hattest geschlichtet
er	hatte geschlichtet
wir	hatten geschlichtet
ihr	hattet geschlichtet
sie	hatten geschlichtet

Future Time

	Future	(*Fut. Subj.*)	(*Pres. Conditional*)
ich	werde schlichten	werde schlichten	würde schlichten
du	wirst schlichten	werdest schlichten	würdest schlichten
er	wird schlichten	werde schlichten	würde schlichten
wir	werden schlichten	werden schlichten	würden schlichten
ihr	werdet schlichten	werdet schlichten	würdet schlichten
sie	werden schlichten	werden schlichten	würden schlichten

Future Perfect Time

	Future Perfect	(*Fut. Perf. Subj.*)	(*Past Conditional*)
ich	werde geschlichtet haben	werde geschlichtet haben	würde geschlichtet haben
du	wirst geschlichtet haben	werdest geschlichtet haben	würdest geschlichtet haben
er	wird geschlichtet haben	werde geschlichtet haben	würde geschlichtet haben
wir	werden geschlichtet haben	werden geschlichtet haben	würden geschlichtet haben
ihr	werdet geschlichtet haben	werdet geschlichtet haben	würdet geschlichtet haben
sie	werden geschlichtet haben	werden geschlichtet haben	würden geschlichtet haben

S

Examples: Der Konflikt musste durch ein Schlichtungsverfahren geschlichtet werden. Der Schlichter wird es nicht leicht haben, denn ein schlichtes Ja oder Nein wird nicht genügen. *The conflict must be settled by arbitration. The arbitrator won't have an easy job since a simple yes or no won't do.* Verbs whose stem ends in **-t** add an **e** in certain forms.

schließen

to close; conclude; shut;
lock

PRINC. PARTS: **schließen, schloss, geschlossen, schließt**
IMPERATIVE: **schließe!, schließt!, schließen Sie!**

	INDICATIVE		SUBJUNCTIVE	
			PRIMARY	SECONDARY
			Present Time	
	Present		*(Pres. Subj.)*	*(Imperf. Subj.)*
ich	schließe		schließe	schlösse
du	schließt		schließest	schlössest
er	schließt		schließe	schlösse
wir	schließen		schließen	schlössen
ihr	schließt		schließet	schlösset
sie	schließen		schließen	schlössen
	Imperfect			
ich	schloss			
du	schlossest			
er	schloss			
wir	schlossen			
ihr	schlosst			
sie	schlossen			
			Past Time	
	Perfect		*(Perf. Subj.)*	*(Pluperf. Subj.)*
ich	habe geschlossen		habe geschlossen	hätte geschlossen
du	hast geschlossen		habest geschlossen	hättest geschlossen
er	hat geschlossen		habe geschlossen	hätte geschlossen
wir	haben geschlossen		haben geschlossen	hätten geschlossen
ihr	habt geschlossen		habet geschlossen	hättet geschlossen
sie	haben geschlossen		haben geschlossen	hätten geschlossen
	Pluperfect			
ich	hatte geschlossen			
du	hattest geschlossen			
er	hatte geschlossen			
wir	hatten geschlossen			
ihr	hattet geschlossen			
sie	hatten geschlossen			
			Future Time	
	Future		*(Fut. Subj.)*	*(Pres. Conditional)*
ich	werde schließen		werde schließen	würde schließen
du	wirst schließen		werdest schließen	würdest schließen
er	wird schließen		werde schließen	würde schließen
wir	werden schließen		werden schließen	würden schließen
ihr	werdet schließen		werdet schließen	würdet schließen
sie	werden schließen		werden schließen	würden schließen
			Future Perfect Time	
	Future Perfect		*(Fut. Perf. Subj.)*	*(Past Conditional)*
ich	werde geschlossen haben		werde geschlossen haben	würde geschlossen haben
du	wirst geschlossen haben		werdest geschlossen haben	würdest geschlossen haben
er	wird geschlossen haben		werde geschlossen haben	würde geschlossen haben
wir	werden geschlossen haben		werden geschlossen haben	würden geschlossen haben
ihr	werdet geschlossen haben		werdet geschlossen haben	würdet geschlossen haben
sie	werden geschlossen haben		werden geschlossen haben	würden geschlossen haben

---

Examples: „Sechs Ehen hab ich schon geschlossen. Jetzt habe ich mich entschlossen, dich zu heiraten", sagte der alte Milliardär. „Ganz ausgeschlossen!" antwortete das schöne Mädchen. *"I've already contracted marriage six times. Now I've decided to marry you," said the old billionaire. "Out of the question!" replied the beautiful girl.* Review the verbs in Group II, page 10.

schlingen

PRINC. PARTS: schlingen, schlang, geschlungen, schlingt
IMPERATIVE: schlinge!, schlingt!, schlingen Sie!

to gulp; devour; weave

INDICATIVE	SUBJUNCTIVE	
	PRIMARY	SECONDARY

Present Time

	Present	*(Pres. Subj.)*	*(Imperf. Subj.)*
ich	schlinge	schlinge	schlänge
du	schlingst	schlingest	schlängest
er	schlingt	schlinge	schlänge
wir	schlingen	schlingen	schlängen
ihr	schlingt	schlinget	schlänget
sie	schlingen	schlingen	schlängen

	Imperfect
ich	schlang
du	schlangst
er	schlang
wir	schlangen
ihr	schlangt
sie	schlangen

Past Time

	Perfect	*(Perf. Subj.)*	*(Pluperf. Subj.)*
ich	habe geschlungen	habe geschlungen	hätte geschlungen
du	hast geschlungen	habest geschlungen	hättest geschlungen
er	hat geschlungen	habe geschlungen	hätte geschlungen
wir	haben geschlungen	haben geschlungen	hätten geschlungen
ihr	habt geschlungen	habet geschlungen	hättet geschlungen
sie	haben geschlungen	haben geschlungen	hätten geschlungen

	Pluperfect
ich	hatte geschlungen
du	hattest geschlungen
er	hatte geschlungen
wir	hatten geschlungen
ihr	hattet geschlungen
sie	hatten geschlungen

Future Time

	Future	*(Fut. Subj.)*	*(Pres. Conditional)*
ich	werde schlingen	werde schlingen	würde schlingen
du	wirst schlingen	werdest schlingen	würdest schlingen
er	wird schlingen	werde schlingen	würde schlingen
wir	werden schlingen	werden schlingen	würden schlingen
ihr	werdet schlingen	werdet schlingen	würdet schlingen
sie	werden schlingen	werden schlingen	würden schlingen

Future Perfect Time

	Future Perfect	*(Fut. Perf. Subj.)*	*(Past Conditional)*
ich	werde geschlungen haben	werde geschlungen haben	würde geschlungen haben
du	wirst geschlungen haben	werdest geschlungen haben	würdest geschlungen haben
er	wird geschlungen haben	werde geschlungen haben	würde geschlungen haben
wir	werden geschlungen haben	werden geschlungen haben	würden geschlungen haben
ihr	werdet geschlungen haben	werdet geschlungen haben	würdet geschlungen haben
sie	werden geschlungen haben	werden geschlungen haben	würden geschlungen haben

Examples: Die Mutter schlang eine Serviette um den Hals ihres Jungen. „Schling nicht so hastig!" sagte sie ihm. Bei der Fernsehsendung über Schlangenmenschen wurde er ganz Ohr und Auge. *The mother tied a napkin around her boy's neck. "Don't wolf your food!" she said to him. During a TV program about contortionists he was all eyes and ears.*

schlucken

to swallow, guzzle

PRINC. PARTS: **schlucken, schluckte, geschluckt, schluckt**
IMPERATIVE: **schlucke!, schluckt!, schlucken Sie!**

	INDICATIVE		SUBJUNCTIVE	
			PRIMARY	SECONDARY
			Present Time	
	Present		*(Pres. Subj.)*	*(Imperf. Subj.)*
ich	schlucke		schlucke	schluckte
du	schluckst		schluckest	schlucktest
er	schluckt		schlucke	schluckte
wir	schlucken		schlucken	schluckten
ihr	schluckt		schlucket	schlucktet
sie	schlucken		schlucken	schluckten
	Imperfect			
ich	schluckte			
du	schlucktest			
er	schluckte			
wir	schluckten			
ihr	schlucktet			
sie	schluckten			
			Past Time	
	Perfect		*(Perf. Subj.)*	*(Pluperf. Subj.)*
ich	habe geschluckt		habe geschluckt	hätte geschluckt
du	hast geschluckt		habest geschluckt	hättest geschluckt
er	hat geschluckt		habe geschluckt	hätte geschluckt
wir	haben geschluckt		haben geschluckt	hätten geschluckt
ihr	habt geschluckt		habet geschluckt	hättet geschluckt
sie	haben geschluckt		haben geschluckt	hätten geschluckt
	Pluperfect			
ich	hatte geschluckt			
du	hattest geschluckt			
er	hatte geschluckt			
wir	hatten geschluckt			
ihr	hattet geschluckt			
sie	hatten geschluckt			
			Future Time	
	Future		*(Fut. Subj.)*	*(Pres. Conditional)*
ich	werde schlucken		werde schlucken	würde schlucken
du	wirst schlucken		werdest schlucken	würdest schlucken
er	wird schlucken		werde schlucken	würde schlucken
wir	werden schlucken		werden schlucken	würden schlucken
ihr	werdet schlucken		werdet schlucken	würdet schlucken
sie	werden schlucken		werden schlucken	würden schlucken
			Future Perfect Time	
	Future Perfect		*(Fut. Perf. Subj.)*	*(Past Conditional)*
ich	werde geschluckt haben		werde geschluckt haben	würde geschluckt haben
du	wirst geschluckt haben		werdest geschluckt haben	würdest geschluckt haben
er	wird geschluckt haben		werde geschluckt haben	würde geschluckt haben
wir	werden geschluckt haben		werden geschluckt haben	würden geschluckt haben
ihr	werdet geschluckt haben		werdet geschluckt haben	würdet geschluckt haben
sie	werden geschluckt haben		werden geschluckt haben	würden geschluckt haben

Examples: Lange hatte er einen Schluckauf. Jetzt kann er kaum mehr schlucken. Ach, der arme Schlucker! *He had the hiccups for a long time. Now he can hardly swallow. Oh, the poor wretch/devil!* In der Politik muss man oft Kompromisse schließen und dann und wann eine Kröte schlucken. *In politics one must often make compromises and occasionally accept the unpleasant.* Als ich die Nachricht hörte, musste ich dreimal schlucken. *When I heard the news, I had to hold my breath and count to ten.*

schlüpfen

PRINC. PARTS: **schlüpfen, schlüpfte, ist geschlüpft, schlüpft**
IMPERATIVE: **schlüpfe!, schlüpft!, schlüpfen Sie!**

to slip, glide

INDICATIVE	SUBJUNCTIVE	
	PRIMARY	SECONDARY

Present Time

Present	(*Pres. Subj.*)	(*Imperf. Subj.*)
ich schlüpfe	schlüpfe	schlüpfte
du schlüpfst	schlüpfest	schlüpftest
er schlüpft	schlüpfe	schlüpfte
wir schlüpfen	schlüpfen	schlüpften
ihr schlüpft	schlüpfet	schlüpftet
sie schlüpfen	schlüpfen	schlüpften

Imperfect

ich	schlüpfte
du	schlüpftest
er	schlüpfte
wir	schlüpften
ihr	schlüpftet
sie	schlüpften

Past Time

Perfect	(*Perf. Subj.*)	(*Pluperf. Subj.*)
ich bin geschlüpft	sei geschlüpft	wäre geschlüpft
du bist geschlüpft	seiest geschlüpft	wärest geschlüpft
er ist geschlüpft	sei geschlüpft	wäre geschlüpft
wir sind geschlüpft	seien geschlüpft	wären geschlüpft
ihr seid geschlüpft	seiet geschlüpft	wäret geschlüpft
sie sind geschlüpft	seien geschlüpft	wären geschlüpft

Pluperfect

ich	war geschlüpft
du	warst geschlüpft
er	war geschlüpft
wir	waren geschlüpft
ihr	wart geschlüpft
sie	waren geschlüpft

Future Time

Future	(*Fut. Subj.*)	(*Pres. Conditional*)
ich werde schlüpfen	werde schlüpfen	würde schlüpfen
du wirst schlüpfen	werdest schlüpfen	würdest schlüpfen
er wird schlüpfen	werde schlüpfen	würde schlüpfen
wir werden schlüpfen	werden schlüpfen	würden schlüpfen
ihr werdet schlüpfen	werdet schlüpfen	würdet schlüpfen
sie werden schlüpfen	werden schlüpfen	würden schlüpfen

Future Perfect Time

Future Perfect	(*Fut. Perf. Subj.*)	(*Past Conditional*)
ich werde geschlüpft sein	werde geschlüpft sein	würde geschlüpft sein
du wirst geschlüpft sein	werdest geschlüpft sein	würdest geschlüpft sein
er wird geschlüpft sein	werde geschlüpft sein	würde geschlüpft sein
wir werden geschlüpft sein	werden geschlüpft sein	würden geschlüpft sein
ihr werdet geschlüpft sein	werdet geschlüpft sein	würdet geschlüpft sein
sie werden geschlüpft sein	werden geschlüpft sein	würden geschlüpft sein

S

Examples: Das Kind schlüpfte unter die Decke. *The child slipped under the cover(s).* Die Diebe sind entschlüpft. Sie haben Schlüpfer und Schlupfjacken gestohlen. In ihrem Schlupfwinkel erzählen sie sich schlüpfrige Geschichten. *The thieves have escaped. They stole lingerie. In their hide-out they tell each other spicy stories.*

schmecken

to taste; taste good

PRINC. PARTS: **schmecken, schmeckte, geschmeckt, schmeckt**
IMPERATIVE: **schmecke!, schmeckt!, schmecken Sie!**

	INDICATIVE	SUBJUNCTIVE	
		PRIMARY	SECONDARY
	Present	**Present Time**	
		(Pres. Subj.)	*(Imperf. Subj.)*
ich	schmecke	schmecke	schmeckte
du	schmeckst	schmeckest	schmecktest
er	schmeckt	schmecke	schmeckte
wir	schmecken	schmecken	schmeckten
ihr	schmeckt	schmecket	schmecktet
sie	schmecken	schmecken	schmeckten
	Imperfect		
ich	schmeckte		
du	schmecktest		
er	schmeckte		
wir	schmeckten		
ihr	schmecktet		
sie	schmeckten		
		Past Time	
	Perfect	*(Perf. Subj.)*	*(Pluperf. Subj.)*
ich	habe geschmeckt	habe geschmeckt	hätte geschmeckt
du	hast geschmeckt	habest geschmeckt	hättest geschmeckt
er	hat geschmeckt	habe geschmeckt	hätte geschmeckt
wir	haben geschmeckt	haben geschmeckt	hätten geschmeckt
ihr	habt geschmeckt	habet geschmeckt	hättet geschmeckt
sie	haben geschmeckt	haben geschmeckt	hätten geschmeckt
	Pluperfect		
ich	hatte geschmeckt		
du	hattest geschmeckt		
er	hatte geschmeckt		
wir	hatten geschmeckt		
ihr	hattet geschmeckt		
sie	hatten geschmeckt		
		Future Time	
	Future	*(Fut. Subj.)*	*(Pres. Conditional)*
ich	werde schmecken	werde schmecken	würde schmecken
du	wirst schmecken	werdest schmecken	würdest schmecken
er	wird schmecken	werde schmecken	würde schmecken
wir	werden schmecken	werden schmecken	würden schmecken
ihr	werdet schmecken	werdet schmecken	würdet schmecken
sie	werden schmecken	werden schmecken	würden schmecken
		Future Perfect Time	
	Future Perfect	*(Fut. Perf. Subj.)*	*(Past Conditional)*
ich	werde geschmeckt haben	werde geschmeckt haben	würde geschmeckt haben
du	wirst geschmeckt haben	werdest geschmeckt haben	würdest geschmeckt haben
er	wird geschmeckt haben	werde geschmeckt haben	würde geschmeckt haben
wir	werden geschmeckt haben	werden geschmeckt haben	würden geschmeckt haben
ihr	werdet geschmeckt haben	werdet geschmeckt haben	würdet geschmeckt haben
sie	werden geschmeckt haben	werden geschmeckt haben	würden geschmeckt haben

Examples: „Hat es Ihnen geschmeckt?" fragte die Kellnerin. „Mir will heute nichts schmecken", sagte Klara. „Mir hat alles vortrefflich geschmeckt", behauptete Karl. *"Did you enjoy your meal?" asked the waitress. "Nothing is to my taste today," said Klara. "Everything tasted great to me," declared Karl.*

schmeißen

PRINC. PARTS: **schmeißen, schmiss, geschmissen, schmeißt**
IMPERATIVE: **schmeiße!, schmeißt!, schmeißen Sie!**

to fling, hurl, throw

INDICATIVE	SUBJUNCTIVE	
	PRIMARY	SECONDARY

Present Time

	Present	*(Pres. Subj.)*	*(Imperf. Subj.)*
ich	schmeiße	schmeiße	schmisse
du	schmeißt	schmeißest	schmissest
er	schmeißt	schmeiße	schmisse
wir	schmeißen	schmeißen	schmissen
ihr	schmeißt	schmeißet	schmisset
sie	schmeißet	schmeißen	schmissen

	Imperfect
ich	schmiss
du	schmissest
er	schmiss
wir	schmissen
ihr	schmisst
sie	schmissen

Past Time

	Perfect	*(Perf. Subj.)*	*(Pluperf. Subj.)*
ich	habe geschmissen	habe geschmissen	hätte geschmissen
du	hast geschmissen	habest geschmissen	hättest geschmissen
er	hat geschmissen	habe geschmissen	hätte geschmissen
wir	haben geschmissen	haben geschmissen	hätten geschmissen
ihr	habt geschmissen	habet geschmissen	hättet geschmissen
sie	haben geschmissen	haben geschmissen	hätten geschmissen

	Pluperfect
ich	hatte geschmissen
du	hattest geschmissen
er	hatte geschmissen
wir	hatten geschmissen
ihr	hattet geschmissen
sie	hatten geschmissen

Future Time

	Future	*(Fut. Subj.)*	*(Pres. Conditional)*
ich	werde schmeißen	werde schmeißen	würde schmeißen
du	wirst schmeißen	werdest schmeißen	würdest schmeißen
er	wird schmeißen	werde schmeißen	würde schmeißen
wir	werden schmeißen	werden schmeißen	würden schmeißen
ihr	werdet schmeißen	werdet schmeißen	würdet schmeißen
sie	werden schmeißen	werden schmeißen	würden schmeißen

Future Perfect Time

	Future Perfect	*(Fut. Perf. Subj.)*	*(Past Conditional)*
ich	werde geschmissen haben	werde geschmissen haben	würde geschmissen haben
du	wirst geschmissen haben	werdest geschmissen haben	würdest geschmissen haben
er	wird geschmissen haben	werde geschmissen haben	würde geschmissen haben
wir	werden geschmissen haben	werden geschmissen haben	würden geschmissen haben
ihr	werdet geschmissen haben	werdet geschmissen haben	würdet geschmissen haben
sie	werden geschmissen haben	werden geschmissen haben	würden geschmissen haben

Examples: In der Kneipe schmiss Karl immer mit Geld um sich. Aber jetzt nicht mehr, weil er Angst hat, Klara könnte ihn wieder rausschmeißen. „Schmeiß alles weg, aber nur nicht mich", flehte er sie an. *Karl always threw his money around in the tavern. But not anymore, because he's afraid Klara might throw him out again. "Throw everything away, but not me," he implored her.*

S

403

schmelzen

to melt

PRINC. PARTS: **schmelzen, schmolz, *ist geschmolzen, schmilzt**
IMPERATIVE: **schmilze!, schmelzt!, schmelzen Sie!**

INDICATIVE	SUBJUNCTIVE	
	PRIMARY	SECONDARY

Present Time

	Present	(*Pres. Subj.*)	(*Imperf. Subj.*)
ich	schmelze	schmelze	schmölze
du	schmilzt	schmelzest	schmölzest
er	schmilzt	schmelze	schmölze
wir	schmelzen	schmelzen	schmölzen
ihr	schmelzt	schmelzet	schmölzet
sie	schmelzen	schmelzen	schmölzen

	Imperfect
ich	schmolz
du	schmolzest
er	schmolz
wir	schmolzen
ihr	schmolzt
sie	schmolzen

Past Time

	Perfect	(*Perf. Subj.*)	(*Pluperf. Subj.*)
ich	bin geschmolzen	sei geschmolzen	wäre geschmolzen
du	bist geschmolzen	seiest geschmolzen	wärest geschmolzen
er	ist geschmolzen	sei geschmolzen	wäre geschmolzen
wir	sind geschmolzen	seien geschmolzen	wären geschmolzen
ihr	seid geschmolzen	seiet geschmolzen	wäret geschmolzen
sie	sind geschmolzen	seien geschmolzen	wären geschmolzen

	Pluperfect
ich	war geschmolzen
du	warst geschmolzen
er	war geschmolzen
wir	waren geschmolzen
ihr	wart geschmolzen
sie	waren geschmolzen

Future Time

	Future	(*Fut. Subj.*)	(*Pres. Conditional*)
ich	werde schmelzen	werde schmelzen	würde schmelzen
du	wirst schmelzen	werdest schmelzen	würdest schmelzen
er	wird schmelzen	werde schmelzen	würde schmelzen
wir	werden schmelzen	werden schmelzen	würden schmelzen
ihr	werdet schmelzen	werdet schmelzen	würdet schmelzen
sie	werden schmelzen	werden schmelzen	würden schmelzen

Future Perfect Time

	Future Perfect	(*Fut. Perf. Subj.*)	(*Past Conditional*)
ich	werde geschmolzen sein	werde geschmolzen sein	würde geschmolzen sein
du	wirst geschmolzen sein	werdest geschmolzen sein	würdest geschmolzen sein
er	wird geschmolzen sein	werde geschmolzen sein	würde geschmolzen sein
wir	werden geschmolzen sein	werden geschmolzen sein	würden geschmolzen sein
ihr	werdet geschmolzen sein	werdet geschmolzen sein	würdet geschmolzen sein
sie	werden geschmolzen sein	werden geschmolzen sein	würden geschmolzen sein

***Schmelzen** can also be used transitively. Its auxiliary in the perfect tenses is then **haben**.

Examples: Kunos Vermögen war geschmolzen und er war verbittert. Draußen wollte der Schnee nicht schmelzen. Im Fernsehen sah er sich einen schmalzigen Film an und dabei schmolz ihm das Herz. *Kuno's fortune had melted away and he was embittered. Outside the snow just wouldn't melt. On TV he saw a slushy, sentimental movie and his heart melted.*

schmerzen

PRINC. PARTS: **schmerzen, schmerzte, geschmerzt, schmerzt**
IMPERATIVE: **schmerze!, schmerzt!, schmerzen Sie!**

to hurt, pain,
distress, smart

INDICATIVE	SUBJUNCTIVE	
	PRIMARY	SECONDARY

Present Time

	Present	(*Pres. Subj.*)	(*Imperf. Subj.*)
ich	schmerze	schmerze	schmerzte
du	schmerzt	schmerzest	schmerztest
er	schmerzt	schmerze	schmerzte
wir	schmerzen	schmerzen	schmerzten
ihr	schmerzt	schmerzet	schmerztet
sie	schmerzen	schmerzen	schmerzten

	Imperfect
ich	schmerzte
du	schmerztest
er	schmerzte
wir	schmerzten
ihr	schmerztet
sie	schmerzten

Past Time

	Perfect	(*Perf. Subj.*)	(*Pluperf. Subj.*)
ich	habe geschmerzt	habe geschmerzt	hätte geschmerzt
du	hast geschmerzt	habest geschmerzt	hättest geschmerzt
er	hat geschmerzt	habe geschmerzt	hätte geschmerzt
wir	haben geschmerzt	haben geschmerzt	hätten geschmerzt
ihr	habt geschmerzt	habet geschmerzt	hättet geschmerzt
sie	haben geschmerzt	haben geschmerzt	hätten geschmerzt

	Pluperfect
ich	hatte geschmerzt
du	hattest geschmerzt
er	hatte geschmerzt
wir	hatten geschmerzt
ihr	hattet geschmerzt
sie	hatten geschmerzt

Future Time

	Future	(*Fut. Subj.*)	(*Pres. Conditional*)
ich	werde schmerzen	werde schmerzen	würde schmerzen
du	wirst schmerzen	werdest schmerzen	würdest schmerzen
er	wird schmerzen	werde schmerzen	würde schmerzen
wir	werden schmerzen	werden schmerzen	würden schmerzen
ihr	werdet schmerzen	werdet schmerzen	würdet schmerzen
sie	werden schmerzen	werden schmerzen	würden schmerzen

S

Future Perfect Time

	Future Perfect	(*Fut. Perf. Subj.*)	(*Past Conditional*)
ich	werde geschmerzt haben	werde geschmerzt haben	würde geschmerzt haben
du	wirst geschmerzt haben	werdest geschmerzt haben	würdest geschmerzt haben
er	wird geschmerzt haben	werde geschmerzt haben	würde geschmerzt haben
wir	werden geschmerzt haben	werden geschmerzt haben	würden geschmerzt haben
ihr	werdet geschmerzt haben	werdet geschmerzt haben	würdet geschmerzt haben
sie	werden geschmerzt haben	werden geschmerzt haben	würden geschmerzt haben

Examples: „Es schmerzt mich, dass deine alte Kriegswunde noch schmerzt", „Noch größer ist der Schmerz, den du mir durch deine Abweisung bereitet hast. Das werde ich nie verschmerzen." *"It grieves me that your old war wound is still painful." "Even greater is the pain you caused me by your refusal. I'll never get over that."* The 2nd and 3rd person singular present are the same.

schmieren

to smear; grease;
bribe; scribble

PRINC. PARTS: **schmieren, schmierte, geschmiert, schmiert**
IMPERATIVE: **schmiere!, schmiert!, schmieren Sie!**

	INDICATIVE	SUBJUNCTIVE	
		PRIMARY	SECONDARY

Present Time

	Present	(Pres. Subj.)	(Imperf. Subj.)
ich	schmiere	schmiere	schmierte
du	schmierst	schmierest	schmiertest
er	schmiert	schmiere	schmierte
wir	schmieren	schmieren	schmierten
ihr	schmiert	schmieret	schmiertet
sie	schmieren	schmieren	schmierten

Imperfect

ich	schmierte
du	schmiertest
er	schmierte
wir	schmierten
ihr	schmiertet
sie	schmierten

Past Time

	Perfect	(Perf. Subj.)	(Pluperf. Subj.)
ich	habe geschmiert	habe geschmiert	hätte geschmiert
du	hast geschmiert	habest geschmiert	hättest geschmiert
er	hat geschmiert	habe geschmiert	hätte geschmiert
wir	haben geschmiert	haben geschmiert	hätten geschmiert
ihr	habt geschmiert	habet geschmiert	hättet geschmiert
sie	haben geschmiert	haben geschmiert	hätten geschmiert

Pluperfect

ich	hatte geschmiert
du	hattest geschmiert
er	hatte geschmiert
wir	hatten geschmiert
ihr	hattet geschmiert
sie	hatten geschmiert

Future Time

	Future	(Fut. Subj.)	(Pres. Conditional)
ich	werde schmieren	werde schmieren	würde schmieren
du	wirst schmieren	werdest schmieren	würdest schmieren
er	wird schmieren	werde schmieren	würde schmieren
wir	werden schmieren	werden schmieren	würden schmieren
ihr	werdet schmieren	werdet schmieren	würdet schmieren
sie	werden schmieren	werden schmieren	würden schmieren

Future Perfect Time

	Future Perfect	(Fut. Perf. Subj.)	(Past Conditional)
ich	werde geschmiert haben	werde geschmiert haben	würde geschmiert haben
du	wirst geschmiert haben	werdest geschmiert haben	würdest geschmiert haben
er	wird geschmiert haben	werde geschmiert haben	würde geschmiert haben
wir	werden geschmiert haben	werden geschmiert haben	würden geschmiert haben
ihr	werdet geschmiert haben	werdet geschmiert haben	würdet geschmiert haben
sie	werden geschmiert haben	werden geschmiert haben	würden geschmiert haben

Examples: „Schmiert meine Zaubersalbe gründlich ein! Dann wird euch alles im Leben wie geschmiert laufen" behauptete der Quacksalber. Er versuchte vergebens, die Polizei zu schmieren und musste das Dorf verlassen. *"Rub in my magic ointment thoroughly. Then everything in your lives will run like clockwork," asserted the quack. He tried unsuccessfully to bribe the police and had to leave town.*

schmollen

PRINC. PARTS: **schmollen, schmollte, geschmollt, schmollt**
IMPERATIVE: **schmolle!, schmollt!, schmollen Sie!**

to sulk; pout

INDICATIVE	SUBJUNCTIVE	
	PRIMARY	SECONDARY

Present Time

	Present	*(Pres. Subj.)*	*(Imperf. Subj.)*
ich	schmolle	schmolle	schmollte
du	schmollst	schmollest	schmolltest
er	schmollt	schmolle	schmollte
wir	schmollen	schmollen	schmollten
ihr	schmollt	schmollet	schmolltet
sie	schmollen	schmollen	schmollten

	Imperfect
ich	schmollte
du	schmolltest
er	schmollte
wir	schmollten
ihr	schmolltet
sie	schmollten

Past Time

	Perfect	*(Perf. Subj.)*	*(Pluperf. Subj.)*
ich	habe geschmollt	habe geschmollt	hätte geschmollt
du	hast geschmollt	habest geschmollt	hättest geschmollt
er	hat geschmollt	habe geschmollt	hätte geschmollt
wir	haben geschmollt	haben geschmollt	hätten geschmollt
ihr	habt geschmollt	habet geschmollt	hättet geschmollt
sie	haben geschmollt	haben geschmollt	hätten geschmollt

	Pluperfect
ich	hatte geschmollt
du	hattest geschmollt
er	hatte geschmollt
wir	hatten geschmollt
ihr	hattet geschmollt
sie	hatten geschmollt

Future Time

	Future	*(Fut. Subj.)*	*(Pres. Conditional)*
ich	werde schmollen	werde schmollen	würde schmollen
du	wirst schmollen	werdest schmollen	würdest schmollen
er	wird schmollen	werde schmollen	würde schmollen
wir	werden schmollen	werden schmollen	würden schmollen
ihr	werdet schmollen	werdet schmollen	würdet schmollen
sie	werden schmollen	werden schmollen	würden schmollen

Future Perfect Time

	Future Perfect	*(Fut. Perf. Subj.)*	*(Past Conditional)*
ich	werde geschmollt haben	werde geschmollt haben	würde geschmollt haben
du	wirst geschmollt haben	werdest geschmollt haben	würdest geschmollt haben
er	wird geschmollt haben	werde geschmollt haben	würde geschmollt haben
wir	werden geschmollt haben	werden geschmollt haben	würden geschmollt haben
ihr	werdet geschmollt haben	werdet geschmollt haben	würdet geschmollt haben
sie	werden geschmollt haben	werden geschmollt haben	würden geschmollt haben

S

Examples: „Ich glaube, das Schmollen macht dir Freude. Wenn du wieder mit uns schmollen willst, zieh dich in deinen alten Schmollwinkel zurück und schmoll und groll so viel du willst." *"I think you enjoy sulking. If you want to get into a huff and not speak to us again, go off and sulk in your old corner and sulk and grumble as much as you want."*

schneiden

to cut

PRINC. PARTS: **schneiden, schnitt, geschnitten, schneidet**
IMPERATIVE: **schneide!, schneidet!, schneiden Sie!**

INDICATIVE	SUBJUNCTIVE	
	PRIMARY	SECONDARY

Present Time

	Present	(*Pres. Subj.*)	(*Imperf. Subj.*)
ich	schneide	schneide	schnitte
du	schneidest	schneidest	schnittest
er	schneidet	schneide	schnitte
wir	schneiden	schneiden	schnitten
ihr	schneidet	schneidet	schnittet
sie	schneiden	schneiden	schnitten

	Imperfect
ich	schnitt
du	schnittst
er	schnitt
wir	schnitten
ihr	schnittet
sie	schnitten

Past Time

	Perfect	(*Perf. Subj.*)	(*Pluperf. Subj.*)
ich	habe geschnitten	habe geschnitten	hätte geschnitten
du	hast geschnitten	habest geschnitten	hättest geschnitten
er	hat geschnitten	habe geschnitten	hätte geschnitten
wir	haben geschnitten	haben geschnitten	hätten geschnitten
ihr	habt geschnitten	habet geschnitten	hättet geschnitten
sie	haben geschnitten	haben geschnitten	hätten geschnitten

	Pluperfect
ich	hatte geschnitten
du	hattest geschnitten
er	hatte geschnitten
wir	hatten geschnitten
ihr	hattet geschnitten
sie	hatten geschnitten

Future Time

	Future	(*Fut. Subj.*)	(*Pres. Conditional*)
ich	werde schneiden	werde schneiden	würde schneiden
du	wirst schneiden	werdest schneiden	würdest schneiden
er	wird schneiden	werde schneiden	würde schneiden
wir	werden schneiden	werden schneiden	würden schneiden
ihr	werdet schneiden	werdet schneiden	würdet schneiden
sie	werden schneiden	werden schneiden	würden schneiden

Future Perfect Time

	Future Perfect	(*Fut. Perf. Subj.*)	(*Past Conditional*)
ich	werde geschnitten haben	werde geschnitten haben	würde geschnitten haben
du	wirst geschnitten haben	werdest geschnitten haben	würdest geschnitten haben
er	wird geschnitten haben	werde geschnitten haben	würde geschnitten haben
wir	werden geschnitten haben	werden geschnitten haben	würden geschnitten haben
ihr	werdet geschnitten haben	werdet geschnitten haben	würdet geschnitten haben
sie	werden geschnitten haben	werden geschnitten haben	würden geschnitten haben

Examples: Mackie ist kein Aufschneider, aber er sieht immer schnittig und schneidig aus, weil sein Bruder Schneider ist. Beim Schneidern schnitt er sich in den Finger. *Mackie is no braggart, but he always looks stylish and dashing because his brother is a tailor. While tailoring he cut his finger.* Study verbs in Group I A, page 9.

schneien

to snow

PRINC. PARTS: **schneien,* schneite, geschneit, es schneit**
IMPERATIVE: **schneie!, schneit!, schneien Sie!****

	INDICATIVE	SUBJUNCTIVE	
		PRIMARY	SECONDARY
		Present Time	
	Present	*(Pres. Subj.)*	*(Imperf. Subj.)*
ich			
du			
es	schneit	schneie	schneite
wir			
ihr			
sie			

	Imperfect		
ich			
du			
es	schneite		
wir			
ihr			
sie			

		Past Time	
	Perfect	*(Perf. Subj.)*	*(Pluperf. Subj.)*
ich			
du			
es	hat geschneit	habe geschneit	hätte geschneit
wir			
ihr			
sie			

	Pluperfect		
ich			
du			
es	hatte geschneit		
wir			
ihr			
sie			

		Future Time	
	Future	*(Fut. Subj.)*	*(Pres. Conditional)*
ich			
du			
es	wird schneien	werde schneien	würde schneien
wir			
ihr			
sie			

		Future Perfect Time	
	Future Perfect	*(Fut. Perf. Subj.)*	*(Past Conditional)*
ich			
du			
es	wird geschneit haben	werde geschneit haben	würde geschneit haben
wir			
ihr			
sie			

*Impersonal verb. Forms other than the third person singular of this verb are rarely found, except in poetry. **The imperative *snow* of this verb is as unusual as in English.

Examples: **Schnei uns nicht wieder ins Haus, ohne vorher anzurufen. Du kommst oft zu ungelegener Zeit. Ob's regnet oder schneit, wir wissen nie, wann du auftauchst.** *Don't drop in on us without calling first. You often come at an inconvenient time. It can be raining or snowing, we never know when you'll pop up.* See "Weather Expressions," page 675.

409

S

schnüren

to tie, tighten

PRINC. PARTS: **schnüren, schnürte, geschnürt, schnürt**
IMPERATIVE: **schnüre!, schnürt!, schnüren Sie!**

INDICATIVE	SUBJUNCTIVE	
	PRIMARY	SECONDARY

Present Time

	Present	(*Pres. Subj.*)	(*Imperf. Subj.*)
ich	schnüre	schnüre	schnürte
du	schnürst	schnürest	schnürtest
er	schnürt	schnüre	schnürte
wir	schnüren	schnüren	schnürten
ihr	schnürt	schnüret	schnürtet
sie	schnüren	schnüren	schnürten

	Imperfect
ich	schnürte
du	schnürtest
er	schnürte
wir	schnürten
ihr	schnürtet
sie	schnürten

Past Time

	Perfect	(*Perf. Subj.*)	(*Pluperf. Subj.*)
ich	habe geschnürt	habe geschnürt	hätte geschnürt
du	hast geschnürt	habest geschnürt	hättest geschnürt
er	hat geschnürt	habe geschnürt	hätte geschnürt
wir	haben geschnürt	haben geschnürt	hätten geschnürt
ihr	habt geschnürt	habet geschnürt	hättet geschnürt
sie	haben geschnürt	haben geschnürt	hätten geschnürt

	Pluperfect
ich	hatte geschnürt
du	hattest geschnürt
er	hatte geschnürt
wir	hatten geschnürt
ihr	hattet geschnürt
sie	hatten geschnürt

Future Time

	Future	(*Fut. Subj.*)	(*Pres. Conditional*)
ich	werde schnüren	werde schnüren	würde schnüren
du	wirst schnüren	werdest schnüren	würdest schnüren
er	wird schnüren	werde schnüren	würde schnüren
wir	werden schnüren	werden schnüren	würden schnüren
ihr	werdet schnüren	werdet schnüren	würdet schnüren
sie	werden schnüren	werden schnüren	würden schnüren

Future Perfect Time

	Future Perfect	(*Fut. Perf. Subj.*)	(*Past Conditional*)
ich	werde geschnürt haben	werde geschnürt haben	würde geschnürt haben
du	wirst geschnürt haben	werdest geschnürt haben	würdest geschnürt haben
er	wird geschnürt haben	werde geschnürt haben	würde geschnürt haben
wir	werden geschnürt haben	werden geschnürt haben	würden geschnürt haben
ihr	werdet geschnürt haben	werdet geschnürt haben	würdet geschnürt haben
sie	werden geschnürt haben	werden geschnürt haben	würden geschnürt haben

Examples: Angst schnürte ihnen die Kehle zu, als Osmin drohte ihnen die Hälse zuzuschnüren. *Fear constricted their throats when Osmin threatened to string them up by their necks.* **Du hast das Paket zu eng geschnürt.** *You tied the package too tight.*

schöpfen

PRINC. PARTS:	**schöpfen, schöpfte, geschöpft, schöpft**	*to scoop;*
IMPERATIVE:	**schöpfe!, schöpfe!, schöpfe!**	*obtain, conceive**

	INDICATIVE	SUBJUNCTIVE	
		PRIMARY	SECONDARY

Present Time

	Present	*(Pres. Subj.)*	*(Imperf. Subj.)*
ich	schöpfe	schöpfe	schöpfte
du	schöpfst	schöpfest	schöpftest
er	schöpft	schöpfe	schöpfte
wir	schöpfen	schöpfen	schöpften
ihr	schöpft	schöpfet	schöpftet
sie	schöpfen	schöpfen	schöpften

	Imperfect
ich	schöpfte
du	schöpftest
er	schöpfte
wir	schöpften
ihr	schöpftet
sie	schöpften

Past Time

	Perfect	*(Perf. Subj.)*	*(Pluperf. Subj.)*
ich	habe geschöpft	habe geschöpft	hätte geschöpft
du	hast geschöpft	habest geschöpft	hättest geschöpft
er	hat geschöpft	habe geschöpft	hätte geschöpft
wir	haben geschöpft	haben geschöpft	hätten geschöpft
ihr	habt geschöpft	habet geschöpft	hättet geschöpft
sie	haben geschöpft	haben geschöpft	hätten geschöpft

	Pluperfect
ich	hatte geschöpft
du	hattest geschöpft
er	hatte geschöpft
wir	hatten geschöpft
ihr	hattet geschöpft
sie	hatten geschöpft

Future Time

	Future	*(Fut. Subj.)*	*(Pres. Conditional)*
ich	werde schöpfen	werde schöpfen	würde schöpfen
du	wirst schöpfen	werdest schöpfen	würdest schöpfen
er	wird schöpfen	werde schöpfen	würde schöpfen
wir	werden schöpfen	werden schöpfen	würden schöpfen
ihr	werdet schöpfen	werdet schöpfen	würdet schöpfen
sie	werden schöpfen	werden schöpfen	würden schöpfen

Future Perfect Time

	Future Perfect	*(Fut. Perf. Subj.)*	*(Past Conditional)*
ich	werde geschöpft haben	werde geschöpft haben	würde geschöpft haben
du	wirst geschöpft haben	werdest geschöpft haben	würdest geschöpft haben
er	wird geschöpft haben	werde geschöpft haben	würde geschöpft haben
wir	werden geschöpft haben	werden geschöpft haben	würden geschöpft haben
ihr	werdet geschöpft haben	werdet geschöpft haben	würdet geschöpft haben
sie	werden geschöpft haben	werden geschöpft haben	würden geschöpft haben

*In phrases such as **Atem schöpfen**—*to get one's breath*; **Verdacht schöpfen**—*to become suspicious.*

Examples: Obwohl wir kaum Atem schöpfen konnten, mussten wir unaufhörlich Wasser schöpfen. Das Boot ist trotzdem gesunken, aber wir wollen Mut und neue Hoffnung schöpfen und ein neues bauen. *Although we could scarcely get our breath, we had to keep on bailing water. The boat sank anyway, but we will take courage and hope and build a new one.*

S

411

schreiben

to write

PRINC. PARTS: **schreiben, schrieb, geschrieben, schreibt**
IMPERATIVE: **schreibe!, schreibt!, schreiben Sie!**

INDICATIVE	SUBJUNCTIVE	
	PRIMARY	SECONDARY

Present Time

	Present	(*Pres. Subj.*)	(*Imperf. Subj.*)
ich	schreibe	schreibe	schriebe
du	schreibst	schreibest	schriebest
er	schreibt	schreibe	schriebe
wir	schreiben	schreiben	schrieben
ihr	schreibt	schreibet	schriebet
sie	schreiben	schreiben	schrieben

	Imperfect
ich	schrieb
du	schriebst
er	schrieb
wir	schrieben
ihr	schriebt
sie	schrieben

Past Time

	Perfect	(*Perf. Subj.*)	(*Pluperf. Subj.*)
ich	habe geschrieben	habe geschrieben	hätte geschrieben
du	hast geschrieben	habest geschrieben	hättest geschrieben
er	hat geschrieben	habe geschrieben	hätte geschrieben
wir	haben geschrieben	haben geschrieben	hätten geschrieben
ihr	habt geschrieben	habet geschrieben	hättet geschrieben
sie	haben geschrieben	haben geschrieben	hätten geschrieben

	Pluperfect
ich	hatte geschrieben
du	hattest geschrieben
er	hatte geschrieben
wir	hatten geschrieben
ihr	hattet geschrieben
sie	hatten geschrieben

Future Time

	Future	(*Fut. Subj.*)	(*Pres. Conditional*)
ich	werde schreiben	werde schreiben	würde schreiben
du	wirst schreiben	werdest schreiben	würdest schreiben
er	wird schreiben	werde schreiben	würde schreiben
wir	werden schreiben	werden schreiben	würden schreiben
ihr	werdet schreiben	werdet schreiben	würdet schreiben
sie	werden schreiben	werden schreiben	würden schreiben

Future Perfect Time

	Future Perfect	(*Fut. Perf. Subj.*)	(*Past Conditional*)
ich	werde geschrieben haben	werde geschrieben haben	würde geschrieben haben
du	wirst geschrieben haben	werdest geschrieben haben	würdest geschrieben haben
er	wird geschrieben haben	werde geschrieben haben	würde geschrieben haben
wir	werden geschrieben haben	werden geschrieben haben	würden geschrieben haben
ihr	werdet geschrieben haben	werdet geschrieben haben	würdet geschrieben haben
sie	werden geschrieben haben	werden geschrieben haben	würden geschrieben haben

AN ESSENTIAL
55 VERB

Schreiben

Prefix Verbs

SEPARABLE

abschreiben—to copy; write off
Die Historiker schreiben von einander ab.
Historians copy from each other.

Die Summe ist zu groß. Ich kann sie nicht abschreiben.
The sum is too large. I can't write it off.

aufschreiben—to make a note of, write down
Das hab ich mir aufgeschrieben.
I've made a note of that.

Noch ein Bier! Schreib's bitte auf!
Another beer! Put it on the tab.

gutschreiben—to credit
Der Betrag ist Ihrem Konto gut-geschrieben worden.
The amount has been credited to your account.

*umschreiben—to rewrite
Das Stück muss völlig umgeschrieben werden.
The play will have to be completely rewritten.

INSEPARABLE

beschreiben—to describe
Beschreib's mir genau!
Describe it to me exactly.

überschreiben—to caption, title; write over; sign over
Wie wollen Sie Ihren Artikel über-schreiben?
How to you want to title your article?

Die Diskette wurde überschrieben.
The diskette was written over.

Das Haus hat er auf sie überschrieben.
He signed (made) the house over to her.

*umschreiben—to paraphrase
Sie können's mit anderen Worten sagen. Umschreiben Sie nur etwas.
You can say the same thing in other words. Just paraphrase a bit.

unterschreiben—to sign
Haben Sie's schon unterschrieben?
Have you already signed it?

verschreiben—to prescribe
Der Arzt hat's ihr verschrieben.
The doctor prescribed it for her.

(sich) verschreiben—to write incorrectly
Hat er sich vielleicht verschrieben?
Maybe he didn't write it correctly?

*Note that umschreiben can be separable or inseparable. Please see "Doubtful Prefixes," page 610.

EXAMPLES

Ich konnte dir nicht schreiben aber jetzt beschreibe ich dir alles genau. Den Brief hat der Erpresser nicht unterschrieben aber er wurde auf seiner Schreibmaschine geschrieben. Ich habe ihn genau abgeschrieben. Alles ist zweifellos seiner Bosheit zuzuschreiben.
I couldn't write you, but now I'll describe everything to you exactly. The blackmailer didn't sign the letter but it was typed on his machine. I copied it exactly. Everything is undoubtedly due to his malice.

Wenn ein Arzt ein Medikament verschreibt, muss er achtgeben, sich nicht zu ver-schreiben.
When a doctor prescribes a medication, he must be careful not to make a mistake in writing.

Study the verbs in Group I B page 10. **Besch-reiben, unterschreiben**, and **verschreiben** are inseparable. **Abschreiben** and **zuschreiben** are separable. See "Prefix Verbs."

S

schreien

to shout, scream,
shriek, cry

PRINC. PARTS: **schreien, schrie, geschrie(e)n,* schreit**
IMPERATIVE: **schreie!, schreit!, schreien Sie!**

	INDICATIVE	SUBJUNCTIVE	
		PRIMARY	SECONDARY

Present Time

	Present	(Pres. Subj.)	(Imperf. Subj.)
ich	schreie	schreie	schriee
du	schreist	schreiest	schrieest
er	schreit	schreie	schriee
wir	schreien	schreien	schrieen
ihr	schreit	schreiet	schrieet
sie	schreien	schreien	schrieen

	Imperfect
ich	schrie
du	schriest
er	schrie
wir	schrieen
ihr	schriet
sie	schrieen

Past Time

	Perfect	(Perf. Subj.)	(Pluperf. Subj.)
ich	habe geschrieen	habe geschrieen	hätte geschrieen
du	hast geschrieen	habest geschrieen	hättest geschrieen
er	hat geschrieen	habe geschrieen	hätte geschrieen
wir	haben geschrieen	haben geschrieen	hätten geschrieen
ihr	habt geschrieen	habet geschrieen	hättet geschrieen
sie	haben geschrieen	haben geschrieen	hätten geschrieen

	Pluperfect
ich	hatte geschrieen
du	hattest geschrieen
er	hatte geschrieen
wir	hatten geschrieen
ihr	hattet geschrieen
sie	hatten geschrieen

Future Time

	Future	(Fut. Subj.)	(Pres. Conditional)
ich	werde schreien	werde schreien	würde schreien
du	wirst schreien	werdest schreien	würdest schreien
er	wird schreien	werde schreien	würde schreien
wir	werden schreien	werden schreien	würden schreien
ihr	werdet schreien	werdet schreien	würdet schreien
sie	werden schreien	werden schreien	würden schreien

Future Perfect Time

	Future Perfect	(Fut. Perf. Subj.)	(Past Conditional)
ich	werde geschrieen haben	werde geschrieen haben	würde geschrieen haben
du	wirst geschrieen haben	werdest geschrieen haben	würdest geschrieen haben
er	wird geschrieen haben	werde geschrieen haben	würde geschrieen haben
wir	werden geschrieen haben	werden geschrieen haben	würden geschrieen haben
ihr	werdet geschrieen haben	werdet geschrieen haben	würdet geschrieen haben
sie	werden geschrieen haben	werden geschrieen haben	würden geschrieen haben

*The latest edition of Duden gives the past participle as **geschrien**.

Examples: Während der Fuchsjagd schrie Oskar um Hilfe. *During the foxhunt Oscar cried out for help.* **Sie stießen einen Schrei aus. Sie schrieen aus vollem Halse. Als der Polizist sie befragte, schrieen sie nach ihrer Mutter.** *They uttered a cry. They shouted at the top of their lungs. When the policeman questioned them, they cried for their mother.*

414

schreiten

PRINC. PARTS: **schreiten, schritt, ist geschritten, schreitet**
IMPERATIVE: **schreite!, schreitet!, schreiten Sie!**

to stride; step; walk

INDICATIVE	SUBJUNCTIVE	
	PRIMARY	SECONDARY
	Present Time	
Present	*(Pres. Subj.)*	*(Imperf. Subj.)*
ich schreite	schreite	schritte
du schreitest	schreitest	schrittest
er schreitet	schreite	schritte
wir schreiten	schreiten	schritten
ihr schreitet	schreitet	schrittet
sie schreiten	schreiten	schritten

Imperfect	
ich schritt	
du schrittest	
er schritt	
wir schritten	
ihr schrittet	
sie schritten	

	Past Time	
Perfect	*(Perf. Subj.)*	*(Pluperf. Subj.)*
ich bin geschritten	sei geschritten	wäre geschritten
du bist geschritten	seiest geschritten	wärest geschritten
er ist geschritten	sei geschritten	wäre geschritten
wir sind geschritten	seien geschritten	wären geschritten
ihr seid geschritten	seiet geschritten	wäret geschritten
sie sind geschritten	seien geschritten	wären geschritten

Pluperfect	
ich war geschritten	
du warst geschritten	
er war geschritten	
wir waren geschritten	
ihr wart geschritten	
sie waren geschritten	

	Future Time	
Future	*(Fut. Subj.)*	*(Pres. Conditional)*
ich werde schreiten	werde schreiten	würde schreiten
du wirst schreiten	werdest schreiten	würdest schreiten
er wird schreiten	werde schreiten	würde schreiten
wir werden schreiten	werden schreiten	würden schreiten
ihr werdet schreiten	werdet schreiten	würdet schreiten
sie werden schreiten	werden schreiten	würden schreiten

	Future Perfect Time	
Future Perfect	*(Fut. Perf. Subj.)*	*(Past Conditional)*
ich werde geschritten sein	werde geschritten sein	würde geschritten sein
du wirst geschritten sein	werdest geschritten sein	würdest geschritten sein
er wird geschritten sein	werde geschritten sein	würde geschritten sein
wir werden geschritten sein	werden geschritten sein	würden geschritten sein
ihr werdet geschritten sein	werdet geschritten sein	würdet geschritten sein
sie werden geschritten sein	werden geschritten sein	würden geschritten sein

S

Examples: **Der Soldat schritt einst im gleichen Schritt und Tritt.** *The soldier once walked in the same rhythm.* **Wegen der Ausschreitungen musste die Polizei einschreiten. Die Demonstranten hatten die Grenzen des Erlaubten überschritten.** *The police had to intervene because of the riots. The demonstrators had gone beyond the limits of the permissible.*

415

schwanken

to sway, rock;
fluctuate

PRINC. PARTS: **schwanken, schwankte, geschwankt, schwankt**
IMPERATIVE: **schwanke!, schwankt!, schwanken Sie!**

INDICATIVE	SUBJUNCTIVE	
	PRIMARY	SECONDARY

Present Time

	Present	*(Pres. Subj.)*	*(Imperf. Subj.)*
ich	schwanke	schwanke	schwankte
du	schwankst	schwankest	schwanktest
er	schwankt	schwanke	schwankte
wir	schwanken	schwanken	schwankten
ihr	schwankt	schwanket	schwanktet
sie	schwanken	schwanken	schwankten

	Imperfect
ich	schwankte
du	schwanktest
er	schwankte
wir	schwankten
ihr	schwanktet
sie	schwankten

Past Time

	Perfect	*(Perf. Subj.)*	*(Pluperf. Subj.)*
ich	habe geschwankt	habe geschwankt	hätte geschwankt
du	hast geschwankt	habest geschwankt	hättest geschwankt
er	hat geschwankt	habe geschwankt	hätte geschwankt
wir	haben geschwankt	haben geschwankt	hätten geschwankt
ihr	habt geschwankt	habet geschwankt	hättet geschwankt
sie	haben geschwankt	haben geschwankt	hätten geschwankt

	Pluperfect
ich	hatte geschwankt
du	hattest geschwankt
er	hatte geschwankt
wir	hatten geschwankt
ihr	hattet geschwankt
sie	hatten geschwankt

Future Time

	Future	*(Fut. Subj.)*	*(Pres. Conditional)*
ich	werde schwanken	werde schwanken	würde schwanken
du	wirst schwanken	werdest schwanken	würdest schwanken
er	wird schwanken	werde schwanken	würde schwanken
wir	werden schwanken	werden schwanken	würden schwanken
ihr	werdet schwanken	werdet schwanken	würdet schwanken
sie	werden schwanken	werden schwanken	würden schwanken

Future Perfect Time

	Future Perfect	*(Fut. Perf. Subj.)*	*(Past Conditional)*
ich	werde geschwankt haben	werde geschwankt haben	würde geschwankt haben
du	wirst geschwankt haben	werdest geschwankt haben	würdest geschwankt haben
er	wird geschwankt haben	werde geschwankt haben	würde geschwankt haben
wir	werden geschwankt haben	werden geschwankt haben	würden geschwankt haben
ihr	werdet geschwankt haben	werdet geschwankt haben	würdet geschwankt haben
sie	werden geschwankt haben	werden geschwankt haben	würden geschwankt haben

Examples: Gewöhnlich steckt Fritz voller Schwänke, aber gestern Abend konnte er nur mit schwankenden Schritten nach Hause schwanken. Bei den Börsenschwankungen hat er viel Geld verloren. *Usually Fritz is full of jokes, but last night all he could do was stagger home with unsteady steps. He's lost a lot of money during the stock market fluctuations.*

schwänzen

PRINC. PARTS: **schwänzen, schwänzte, geschwänzt, schwänzt**
IMPERATIVE: **schwänze!, schwänzt!, schwänzen Sie!**

to play hooky,
cut classes

INDICATIVE	SUBJUNCTIVE	
	PRIMARY	SECONDARY
	Present Time	
Present	*(Pres. Subj.)*	*(Imperf. Subj.)*
ich schwänze	schwänze	schwänzte
du schwänzt	schwänzest	schwänztest
er schwänzt	schwänze	schwänzte
wir schwänzen	schwänzen	schwänzten
ihr schwänzt	schwänzet	schwänztet
sie schwänzen	schwänzen	schwänzten

Imperfect
ich schwänzte
du schwänztest
er schwänzte
wir schwänzten
ihr schwänztet
sie schwänzten

	Past Time	
Perfect	*(Perf. Subj.)*	*(Pluperf. Subj.)*
ich habe geschwänzt	habe geschwänzt	hätte geschwänzt
du hast geschwänzt	habest geschwänzt	hättest geschwänzt
er hat geschwänzt	habe geschwänzt	hätte geschwänzt
wir haben geschwänzt	haben geschwänzt	hätten geschwänzt
ihr habt geschwänzt	habet geschwänzt	hättet geschwänzt
sie haben geschwänzt	haben geschwänzt	hätten geschwänzt

Pluperfect
ich hatte geschwänzt
du hattest geschwänzt
er hatte geschwänzt
wir hatten geschwänzt
ihr hattet geschwänzt
sie hatten geschwänzt

	Future Time	
Future	*(Fut. Subj.)*	*(Pres. Conditional)*
ich werde schwänzen	werde schwänzen	würde schwänzen
du wirst schwänzen	werdest schwänzen	würdest schwänzen
er wird schwänzen	werde schwänzen	würde schwänzen
wir werden schwänzen	werden schwänzen	würden schwänzen
ihr werdet schwänzen	werdet schwänzen	würdet schwänzen
sie werden schwänzen	werden schwänzen	würden schwänzen

	Future Perfect Time	
Future Perfect	*(Fut. Perf. Subj.)*	*(Past Conditional)*
ich werde geschwänzt haben	werde geschwänzt haben	würde geschwänzt haben
du wirst geschwänzt haben	werdest geschwänzt haben	würdest geschwänzt haben
er wird geschwänzt haben	werde geschwänzt haben	würde geschwänzt haben
wir werden geschwänzt haben	werden geschwänzt haben	würden geschwänzt haben
ihr werdet geschwänzt haben	werdet geschwänzt haben	würdet geschwänzt haben
sie werden geschwänzt haben	werden geschwänzt haben	würden geschwänzt haben

S

Examples: „Wenn du weiter so die Schule schwänzt, wird nichts aus dir werden." „Viele schwänzten oft und brachten es doch weit später im Leben." *"If you continue playing hooky from school like that, nothing will become of you." "Many cut classes often, yet they later went far in life."* The 2nd and 3rd person singular present are similar.

schwärzen

to blacken, slander, vilify

PRINC. PARTS: **schwärzen, schwärzte, geschwärzt, schwärzt**
IMPERATIVE: **schwärze!, schwärzt!, schwärzen Sie!**

	INDICATIVE	SUBJUNCTIVE	
		PRIMARY	SECONDARY
		Present Time	
	Present	*(Pres. Subj.)*	*(Imperf. Subj.)*
ich	schwärze	schwärze	schwärzte
du	schwärzt	schwärzest	schwärztest
er	schwärzt	schwärze	schwärzte
wir	schwärzen	schwärzen	schwärzten
ihr	schwärzt	schwärzet	schwärztet
sie	schwärzen	schwärzen	schwärzten

	Imperfect
ich	schwärzte
du	schwärztest
er	schwärzte
wir	schwärzten
ihr	schwärztet
sie	schwärzten

		Past Time	
	Perfect	*(Perf. Subj.)*	*(Pluperf. Subj.)*
ich	habe geschwärzt	habe geschwärzt	hätte geschwärzt
du	hast geschwärzt	habest geschwärzt	hättest geschwärzt
er	hat geschwärzt	habe geschwärzt	hätte geschwärzt
wir	haben geschwärzt	haben geschwärzt	hätten geschwärzt
ihr	habt geschwärzt	habet geschwärzt	hättet geschwärzt
sie	haben geschwärzt	haben geschwärzt	hätten geschwärzt

	Pluperfect
ich	hatte geschwärzt
du	hattest geschwärzt
er	hatte geschwärzt
wir	hatten geschwärzt
ihr	hattet geschwärzt
sie	hatten geschwärzt

		Future Time	
	Future	*(Fut. Subj.)*	*(Pres. Conditional)*
ich	werde schwärzen	werde schwärzen	würde schwärzen
du	wirst schwärzen	werdest schwärzen	würdest schwärzen
er	wird schwärzen	werde schwärzen	würde schwärzen
wir	werden schwärzen	werden schwärzen	würden schwärzen
ihr	werdet schwärzen	werdet schwärzen	würdet schwärzen
sie	werden schwärzen	werden schwärzen	würden schwärzen

		Future Perfect Time	
	Future Perfect	*(Fut. Perf. Subj.)*	*(Past Conditional)*
ich	werde geschwärzt haben	werde geschwärzt haben	würde geschwärzt haben
du	wirst geschwärzt haben	werdest geschwärzt haben	würdest geschwärzt haben
er	wird geschwärzt haben	werde geschwärzt haben	würde geschwärzt haben
wir	werden geschwärzt haben	werden geschwärzt haben	würden geschwärzt haben
ihr	werdet geschwärzt haben	werdet geschwärzt haben	würdet geschwärzt haben
sie	werden geschwärzt haben	werden geschwärzt haben	würden geschwärzt haben

Examples: Sie schwärzen nur meinen Ruf, wenn Sie von der Zeit schreiben, wo ich schwarzge-brannten Schnaps auf dem Schwarzmarkt verkaufte. Auch erwischte man mich mehrmals beim Schwarzfahren im Zug. *You're just blackening my reputation in writing about the time when I sold moonshine on the black market. They also caught me traveling without a ticket on the train several times.*

schwatzen

to chatter, prattle

PRINC. PARTS: **schwatzen, schwatzte, geschwatzt, schwatzt**
IMPERATIVE: **schwatze!, schwatzt!, schwatzen Sie!**

	INDICATIVE	SUBJUNCTIVE PRIMARY	SECONDARY

Present Time

	Present	(*Pres. Subj.*)	(*Imperf. Subj.*)
ich	schwatze	schwatze	schwatzte
du	schwatzt	schwatzest	schwatztest
er	schwatzt	schwatze	schwatzte
wir	schwatzen	schwatzen	schwatzten
ihr	schwatzt	schwatzet	schwatztet
sie	schwatzen	schwatzen	schwatzten

	Imperfect
ich	schwatzte
du	schwatztest
er	schwatzte
wir	schwatzten
ihr	schwatztet
sie	schwatzten

Past Time

	Perfect	(*Perf. Subj.*)	(*Pluperf. Subj.*)
ich	habe geschwatzt	habe geschwatzt	hätte geschwatzt
du	hast geschwatzt	habest geschwatzt	hättest geschwatzt
er	hat geschwatzt	habe geschwatzt	hätte geschwatzt
wir	haben geschwatzt	haben geschwatzt	hätten geschwatzt
ihr	habt geschwatzt	habet geschwatzt	hättet geschwatzt
sie	haben geschwatzt	haben geschwatzt	hätten geschwatzt

	Pluperfect
ich	hatte geschwatzt
du	hattest geschwatzt
er	hatte geschwatzt
wir	hatten geschwatzt
ihr	hattet geschwatzt
sie	hatten geschwatzt

Future Time

	Future	(*Fut. Subj.*)	(*Pres. Conditional*)
ich	werde schwatzen	werde schwatzen	würde schwatzen
du	wirst schwatzen	werdest schwatzen	würdest schwatzen
er	wird schwatzen	werde schwatzen	würde schwatzen
wir	werden schwatzen	werden schwatzen	würden schwatzen
ihr	werdet schwatzen	werdet schwatzen	würdet schwatzen
sie	werden schwatzen	werden schwatzen	würden schwatzen

Future Perfect Time

	Future Perfect	(*Fut. Perf. Subj.*)	(*Past Conditional*)
ich	werde geschwatzt haben	werde geschwatzt haben	würde geschwatzt haben
du	wirst geschwatzt haben	werdest geschwatzt haben	würdest geschwatzt haben
er	wird geschwatzt haben	werde geschwatzt haben	würde geschwatzt haben
wir	werden geschwatzt haben	werden geschwatzt haben	würden geschwatzt haben
ihr	werdet geschwatzt haben	werdet geschwatzt haben	würdet geschwatzt haben
sie	werden geschwatzt haben	werden geschwatzt haben	würden geschwatzt haben

Examples: Vergnügt schwatzend, erzählte Winifred allen alles. „Sie schwatzt unaufhörlich. Sie ist mir zu geschwätzig. Ich will mir ihr Geschwätz nicht länger anhören", sagte eine Reporterin. *Chattering happily, Winifred told everything to everybody. "She chatters incessantly. She's too talkative for me. I don't want to listen to her gossip anymore," said a reporter.*

schweben

to soar; hover;
be pending

PRINC. PARTS: **schweben, schwebte, geschwebt, schwebt**
IMPERATIVE: **schwebe!, schwebt!, schweben Sie!**

	INDICATIVE	SUBJUNCTIVE	
		PRIMARY	SECONDARY
		Present Time	
	Present	*(Pres. Subj.)*	*(Imperf. Subj.)*
ich	schwebe	schwebe	schwebte
du	schwebst	schwebest	schwebtest
er	schwebt	schwebe	schwebte
wir	schweben	schweben	schwebten
ihr	schwebt	schwebet	schwebtet
sie	schweben	schweben	schwebten
	Imperfect		
ich	schwebte		
du	schwebtest		
er	schwebte		
wir	schwebten		
ihr	schwebtet		
sie	schwebten		
		Past Time	
	Perfect	*(Perf. Subj.)*	*(Pluperf. Subj.)*
ich	habe geschwebt	habe geschwebt	hätte geschwebt
du	hast geschwebt	habest geschwebt	hättest geschwebt
er	hat geschwebt	habe geschwebt	hätte geschwebt
wir	haben geschwebt	haben geschwebt	hätten geschwebt
ihr	habt geschwebt	habet geschwebt	hättet geschwebt
sie	haben geschwebt	haben geschwebt	hätten geschwebt
	Pluperfect		
ich	hatte geschwebt		
du	hattest geschwebt		
er	hatte geschwebt		
wir	hatten geschwebt		
ihr	hattet geschwebt		
sie	hatten geschwebt		
		Future Time	
	Future	*(Fut. Subj.)*	*(Pres. Conditional)*
ich	werde schweben	werde schweben	würde schweben
du	wirst schweben	werdest schweben	würdest schweben
er	wird schweben	werde schweben	würde schweben
wir	werden schweben	werden schweben	würden schweben
ihr	werdet schweben	werdet schweben	würdet schweben
sie	werden schweben	werden schweben	würden schweben
		Future Perfect Time	
	Future Perfect	*(Fut. Perf. Subj.)*	*(Past Conditional)*
ich	werde geschwebt haben	werde geschwebt haben	würde geschwebt haben
du	wirst geschwebt haben	werdest geschwebt haben	würdest geschwebt haben
er	wird geschwebt haben	werde geschwebt haben	würde geschwebt haben
wir	werden geschwebt haben	werden geschwebt haben	würden geschwebt haben
ihr	werdet geschwebt haben	werdet geschwebt haben	würdet geschwebt haben
sie	werden geschwebt haben	werden geschwebt haben	würden geschwebt haben

Examples: Auf Schwebebahnen in den Alpen glaubten wir zwischen Leben und Tod zu schweben. Wir wissen nicht, wann wir nach Wuppertal zurückkehren. Es ist alles noch in der Schwebe. *On cable rails in the Alps we thought we were hovering between life and death. We don't know when we'll return to Wuppertal. Everything is still up in the air.*

schweigen

PRINC. PARTS: **schweigen, schwieg, geschwiegen, schweigt**
IMPERATIVE: **schweige!, schweigt!, schweigen Sie!**

to be silent

	INDICATIVE	SUBJUNCTIVE	
		PRIMARY	SECONDARY
		Present Time	
	Present	*(Pres. Subj.)*	*(Imperf. Subj.)*
ich	schweige	schweige	schwiege
du	schweigst	schweigest	schwiegest
er	schweigt	schweige	schwiege
wir	schweigen	schweigen	schwiegen
ihr	schweigt	schweiget	schwieget
sie	schweigen	schweigen	schwiegen
	Imperfect		
ich	schwieg		
du	schwiegst		
er	schwieg		
wir	schwiegen		
ihr	schwiegt		
sie	schwiegen		
		Past Time	
	Perfect	*(Perf. Subj.)*	*(Pluperf. Subj.)*
ich	habe geschwiegen	habe geschwiegen	hätte geschwiegen
du	hast geschwiegen	habest geschwiegen	hättest geschwiegen
er	hat geschwiegen	habe geschwiegen	hätte geschwiegen
wir	haben geschwiegen	haben geschwiegen	hätten geschwiegen
ihr	habt geschwiegen	habet geschwiegen	hättet geschwiegen
sie	haben geschwiegen	haben geschwiegen	hätten geschwiegen
	Pluperfect		
ich	hatte geschwiegen		
du	hattest geschwiegen		
er	hatte geschwiegen		
wir	hatten geschwiegen		
ihr	hattet geschwiegen		
sie	hatten geschwiegen		
		Future Time	
	Future	*(Fut. Subj.)*	*(Pres. Conditional)*
ich	werde schweigen	werde schweigen	würde schweigen
du	wirst schweigen	werdest schweigen	würdest schweigen
er	wird schweigen	werde schweigen	würde schweigen
wir	werden schweigen	werden schweigen	würden schweigen
ihr	werdet schweigen	werdet schweigen	würdet schweigen
sie	werden schweigen	werden schweigen	würden schweigen
		Future Perfect Time	
	Future Perfect	*(Fut. Perf. Subj.)*	*(Past Conditional)*
ich	werde geschwiegen haben	werde geschwiegen haben	würde geschwiegen haben
du	wirst geschwiegen haben	werdest geschwiegen haben	würdest geschwiegen haben
er	wird geschwiegen haben	werde geschwiegen haben	würde geschwiegen haben
wir	werden geschwiegen haben	werden geschwiegen haben	würden geschwiegen haben
ihr	werdet geschwiegen haben	werdet geschwiegen haben	würdet geschwiegen haben
sie	werden geschwiegen haben	werden geschwiegen haben	würden geschwiegen haben

S

Examples: Benno, sonst so geschwätzig, wurde ganz schweigsam. Er hörte alles nur schweigend zu. Ich glaube, man gab ihm Schweigegeld, denn er verschwieg die Wahrheit. Auch beim Prozess wird er sich wohl ausschweigen. *Benno, usually so talkative, became very silent. He merely listened to everything in silence. I think they gave him hush money because he concealed (kept silent about) the truth. He'll probably remain silent during the trial, too.*

schwellen

to swell; rise;
increase in size

PRINC. PARTS: **schwellen, schwoll, ist geschwollen, schwillt**
IMPERATIVE: **schwille!, schwellt!, schwellen Sie!**

	INDICATIVE	SUBJUNCTIVE	
		PRIMARY	SECONDARY
		Present Time	
	Present	*(Pres. Subj.)*	*(Imperf. Subj.)*
ich	schwelle	schwelle	schwölle
du	schwillst	schwellest	schwöllest
er	schwillt	schwelle	schwölle
wir	schwellen	schwellen	schwöllen
ihr	schwellt	schwellet	schwöllet
sie	schwellen	schwellen	schwöllen
	Imperfect		
ich	schwoll		
du	schwollst		
er	schwoll		
wir	schwollen		
ihr	schwollt		
sie	schwollen		
		Past Time	
	Perfect	*(Perf. Subj.)*	*(Pluperf. Subj.)*
ich	bin geschwollen	sei geschwollen	wäre geschwollen
du	bist geschwollen	seiest geschwollen	wärest geschwollen
er	ist geschwollen	sei geschwollen	wäre geschwollen
wir	sind geschwollen	seien geschwollen	wären geschwollen
ihr	seid geschwollen	seiet geschwollen	wäret geschwollen
sie	sind geschwollen	seien geschwollen	wären geschwollen
	Pluperfect		
ich	war geschwollen		
du	warst geschwollen		
er	war geschwollen		
wir	waren geschwollen		
ihr	wart geschwollen		
sie	waren geschwollen		
		Future Time	
	Future	*(Fut. Subj.)*	*(Pres. Conditional)*
ich	werde schwellen	werde schwellen	würde schwellen
du	wirst schwellen	werdest schwellen	würdest schwellen
er	wird schwellen	werde schwellen	würde schwellen
wir	werden schwellen	werden schwellen	würden schwellen
ihr	werdet schwellen	werdet schwellen	würdet schwellen
sie	werden schwellen	werden schwellen	würden schwellen
		Future Perfect Time	
	Future Perfect	*(Fut. Perf. Subj.)*	*(Past Conditional)*
ich	werde geschwollen sein	werde geschwollen sein	würde geschwollen sein
du	wirst geschwollen sein	werdest geschwollen sein	würdest geschwollen sein
er	wird geschwollen sein	werde geschwollen sein	würde geschwollen sein
wir	werden geschwollen sein	werden geschwollen sein	würden geschwollen sein
ihr	werdet geschwollen sein	werdet geschwollen sein	würdet geschwollen sein
sie	werden geschwollen sein	werden geschwollen sein	würden geschwollen sein

Examples: Der Wind schwellte die Segel und es schwoll ihm der Mut. Er wollte in den Sturm segeln, aber er fiel hin und verletzte sich den Arm, der gleich angeschwollen ist. *The wind swelled the sails and his courage rose. He wanted to sail into the storm but he fell down and hurt his arm, which swelled up right away.* When used transitively (when it takes a direct object) **schwellen** is weak.

schwimmen

PRINC. PARTS: **schwimmen, schwamm, ist geschwommen, schwimmt**
IMPERATIVE: **schwimme!, schwimmt!, schwimmen Sie!**

to swim; float

INDICATIVE	SUBJUNCTIVE	
	PRIMARY	SECONDARY

Present Time

	Present	*(Pres. Subj.)*	*(Imperf. Subj.)*
ich	schwimme	schwimme	schwömme
du	schwimmst	schwimmest	schwömmest
er	schwimmt	schwimme	schwömme
wir	schwimmen	schwimmen	schwömmen
ihr	schwimmt	schwimmet	schwömmet
sie	schwimmen	schwimmen	schwömmen

	Imperfect
ich	schwamm
du	schwammst
er	schwamm
wir	schwammen
ihr	schwammt
sie	schwammen

Past Time

	Perfect	*(Perf. Subj.)*	*(Pluperf. Subj.)*
ich	bin geschwommen	sei geschwommen	wäre geschwommen
du	bist geschwommen	seiest geschwommen	wärest geschwommen
er	ist geschwommen	sei geschwommen	wäre geschwommen
wir	sind geschwommen	seien geschwommen	wären geschwommen
ihr	seid geschwommen	seiet geschwommen	wäret geschwommen
sie	sind geschwommen	seien geschwommen	wären geschwommen

	Pluperfect
ich	war geschwommen
du	warst geschwommen
er	war geschwommen
wir	waren geschwommen
ihr	wart geschwommen
sie	waren geschwommen

Future Time

	Future	*(Fut. Subj.)*	*(Pres. Conditional)*
ich	werde schwimmen	werde schwimmen	würde schwimmen
du	wirst schwimmen	werdest schwimmen	würdest schwimmen
er	wird schwimmen	werde schwimmen	würde schwimmen
wir	werden schwimmen	werden schwimmen	würden schwimmen
ihr	werdet schwimmen	werdet schwimmen	würdet schwimmen
sie	werden schwimmen	werden schwimmen	würden schwimmen

Future Perfect Time

	Future Perfect	*(Fut. Perf. Subj.)*	*(Past Conditional)*
ich	werde geschwommen sein	werde geschwommen sein	würde geschwommen sein
du	wirst geschwommen sein	werdest geschwommen sein	würdest geschwommen sein
er	wird geschwommen sein	werde geschwommen sein	würde geschwommen sein
wir	werden geschwommen sein	werden geschwommen sein	würden geschwommen sein
ihr	werdet geschwommen sein	werdet geschwommen sein	würdet geschwommen sein
sie	werden geschwommen sein	werden geschwommen sein	würden geschwommen sein

S

Examples: Ist Kleopatra im Nil oder im Mittelmeer geschwommen? *Did Cleopatra swim in the Nile or the Mediterranean?* **Die Aufnahmen, die ich von den Kindern im Schwimmbad gemacht habe, sind leider ganz verschwommen.** *Unfortunately, the photos I took of the children in the swimming pool are all blurred.* Study verbs in Group III B, page 11. See also "*Sein* Verbs," pages 17–18.

schwinden

to fade; wane; dwindle

PRINC. PARTS: **schwinden,* schwand, ist geschwunden, schwindet**

IMPERATIVE: **schwinde!, schwindet!, schwinden Sie!****

INDICATIVE	SUBJUNCTIVE	
	PRIMARY	SECONDARY

Present Time

	Present	*(Pres. Subj.)*	*(Imperf. Subj.)*
ich	schwinde	schwinde	schwände
du	schwindest	schwindest	schwändest
er	schwindet	schwinde	schwände
wir	schwinden	schwinden	schwänden
ihr	schwindet	schwindet	schwändet
sie	schwinden	schwinden	schwänden

	Imperfect
ich	schwand
du	schwandest
er	schwand
wir	schwaanden
ihr	schwandet
sie	schwanden

Past Time

	Perfect	*(Perf. Subj.)*	*(Pluperf. Subj.)*
ich	bin geschwunden	sei geschwunden	wäre geschwunden
du	bist geschwunden	seiest geschwunden	wärest geschwunden
er	ist geschwunden	sei geschwunden	wäre geschwunden
wir	sind geschwunden	seien geschwunden	wären geschwunden
ihr	seid geschwunden	seiet geschwunden	wäret geschwunden
sie	sind geschwunden	seien geschwunden	wären geschwunden

	Pluperfect
ich	war geschwunden
du	warst geschwunden
er	war geschwunden
wir	waren geschwunden
ihr	wart geschwunden
sie	waren geschwunden

Future Time

	Future	*(Fut. Subj.)*	*(Pres. Conditional)*
ich	werde schwinden	werde schwinden	würde schwinden
du	wirst schwinden	werdest schwinden	würdest schwinden
er	wird schwinden	werde schwinden	würde schwinden
wir	werden schwinden	werden schwinden	würden schwinden
ihr	werdet schwinden	werdet schwinden	würdet schwinden
sie	werden schwinden	werden schwinden	würden schwinden

Future Perfect Time

	Future Perfect	*(Fut. Perf. Subj.)*	*(Past Conditional)*
ich	werde geschwunden sein	werde geschwunden sein	würde geschwunden sein
du	wirst geschwunden sein	werdest geschwunden sein	würdest geschwunden sein
er	wird geschwunden sein	werde geschwunden sein	würde geschwunden sein
wir	werden geschwunden sein	werden geschwunden sein	würden geschwunden sein
ihr	werdet geschwunden sein	werdet geschwunden sein	würdet geschwunden sein
sie	werden geschwunden sein	werden geschwunden sein	würden geschwunden sein

*Forms other than the third person are infrequently found. **The imperative is unusual.

Examples: „Der Chef ist spurlos verschwunden." „Ja, seit langem ist sein einst blühendes Unternehmen im Schwinden. Ihm schwand jedes Interesse am Geschäft. *"The boss disappeared without a trace." "Yes, for some time his once flourishing enterprise has been on the wane. He lost all interest in the business."* Review verbs in Group III A, page 11. Review also *"Sein* Verbs," pages 17–18.

PRINC. PARTS: **schwingen, schwang, geschwungen, schwingt**
IMPERATIVE: **schwinge!, schwingt!, schwingen Sie!,**

	INDICATIVE	SUBJUNCTIVE	
		PRIMARY	SECONDARY
		Present Time	
	Present	*(Pres. Subj.)*	*(Imperf. Subj.)*
ich	schwinge	schwinge	schwänge
du	schwingst	schwingest	schwängest
er	schwingt	schwinge	schwänge
wir	schwingen	schwingen	schwängen
ihr	schwingt	schwinget	schwänget
sie	schwingen	schwingen	schwängen
	Imperfect		
ich	schwang		
du	schwangst		
er	schwang		
wir	schwangen		
ihr	schwangt		
sie	schwangen		
		Past Time	
	Perfect	*(Perf. Subj.)*	*(Pluperf. Subj.)*
ich	habe geschwungen	habe geschwungen	hätte geschwungen
du	hast geschwungen	habest geschwungen	hättest geschwungen
er	hat geschwungen	habe geschwungen	hätte geschwungen
wir	haben geschwungen	haben geschwungen	hätten geschwungen
ihr	habt geschwungen	habet geschwungen	hättet geschwungen
sie	haben geschwungen	haben geschwungen	hätten geschwungen
	Pluperfect		
ich	hatte geschwungen		
du	hattest geschwungen		
er	hatte geschwungen		
wir	hatten geschwungen		
ihr	hattet geschwungen		
sie	hatten geschwungen		
		Future Time	
	Future	*(Fut. Subj.)*	*(Pres. Conditional)*
ich	werde schwingen	werde schwingen	würde schwingen
du	wirst schwingen	werdest schwingen	würdest schwingen
er	wird schwingen	werde schwingen	würde schwingen
wir	werden schwingen	werden schwingen	würden schwingen
ihr	werdet schwingen	werdet schwingen	würdet schwingen
sie	werden schwingen	werden schwingen	würden schwingen
		Future Perfect Time	
	Future Perfect	*(Fut. Perf. Subj.)*	*(Past Conditional)*
ich	werde geschwungen haben	werde geschwungen haben	würde geschwungen haben
du	wirst geschwungen haben	werdest geschwungen haben	würdest geschwungen haben
er	wird geschwungen haben	werde geschwungen haben	würde geschwungen haben
wir	werden geschwungen haben	werden geschwungen haben	würden geschwungen haben
ihr	werdet geschwungen haben	werdet geschwungen haben	würdet geschwungen haben
sie	werden geschwungen haben	werden geschwungen haben	würden geschwungen haben

S

Examples: „Ich träume davon, mein Schwert zu schwingen und mich in den Sattel zu schwingen." „Schwing dich jetzt lieber ins Auto und hol mir Butter und Eier zum Kuchenbacken." *"I dream of brandishing my sword and leaping onto my horse." "Instead, jump into the car and get me butter and eggs for baking a cake."* **Werners Frau schwingt den Pantoffel.** *Werner's wife henpecks him.*

schwitzen

to sweat, perspire

PRINC. PARTS: **schwitzen, schwitzte, schwitzt, schwitzt**
IMPERATIVE: **schwitze!, geschwitzt!, schwitzen Sie!**

	INDICATIVE	SUBJUNCTIVE	
		PRIMARY	SECONDARY

Present Time

	Present	(*Pres. Subj.*)	(*Imperf. Subj.*)
ich	schwitze	schwitze	schwitzte
du	schwitzt	schwitzest	schwitztest
er	schwitzt	schwitze	schwitzte
wir	schwitzen	schwitzen	schwitzten
ihr	schwitzt	schwitzet	schwitztet
sie	schwitzen	schwitzen	schwitzten

	Imperfect
ich	schwitzte
du	schwitztest
er	schwitzte
wir	schwitzten
ihr	schwitztet
sie	schwitzten

Past Time

	Perfect	(*Perf. Subj.*)	(*Pluperf. Subj.*)
ich	habe geschwitzt	habe geschwitzt	hätte geschwitzt
du	hast geschwitzt	habest geschwitzt	hättest geschwitzt
er	hat geschwitzt	habe geschwitzt	hätte geschwitzt
wir	haben geschwitzt	haben geschwitzt	hätten geschwitzt
ihr	habt geschwitzt	habet geschwitzt	hättet geschwitzt
sie	haben geschwitzt	haben geschwitzt	hätten geschwitzt

	Pluperfect
ich	hatte geschwitzt
du	hattest geschwitzt
er	hatte geschwitzt
wir	hatten geschwitzt
ihr	hattet geschwitzt
sie	hatten geschwitzt

Future Time

	Future	(*Fut. Subj.*)	(*Pres. Conditional*)
ich	werde schwitzen	werde schwitzen	würde schwitzen
du	wirst schwitzen	werdest schwitzen	würdest schwitzen
er	wird schwitzen	werde schwitzen	würde schwitzen
wir	werden schwitzen	werden schwitzen	würden schwitzen
ihr	werdet schwitzen	werdet schwitzen	würdet schwitzen
sie	werden schwitzen	werden schwitzen	würden schwitzen

Future Perfect Time

	Future Perfect	(*Fut. Perf. Subj.*)	(*Past Conditional*)
ich	werde geschwitzt haben	werde geschwitzt haben	würde geschwitzt haben
du	wirst geschwitzt haben	werdest geschwitzt haben	würdest geschwitzt haben
er	wird geschwitzt haben	werde geschwitzt haben	würde geschwitzt haben
wir	werden geschwitzt haben	werden geschwitzt haben	würden geschwitzt haben
ihr	werdet geschwitzt haben	werdet geschwitzt haben	würdet geschwitzt haben
sie	werden geschwitzt haben	werden geschwitzt haben	würden geschwitzt haben

Examples: „Ich hab mich gerade geduscht; bin aber wieder ganz verschwitzt." „Ja, bei dieser Hitze schwitzt man viel." *"I just took a shower, but I'm all sweaty again." "Yes, in this heat one perspires a lot."* Only **t**, not **st**, is added to form the 2nd person singular present.

schwören

PRINC. PARTS: schwören, schwur, geschworen, schwört
IMPERATIVE: schwöre!, schwört!, schwören Sie!

to curse, swear

INDICATIVE	SUBJUNCTIVE	
	PRIMARY	SECONDARY

Present Time

	Present	**(Pres. Subj.)**	**(Imperf. Subj.)**
ich	schwöre	schwöre	schwüre
du	schwörst	schwörest	schwürest
er	schwört	schwöre	schwüre
wir	schwören	schwören	schwüren
ihr	schwört	schwöret	schwüret
sie	schwören	schwören	schwüren

Imperfect

ich	schwur	schwor
du	schwurst	schworst
er	schwur *or*	schwor
wir	schwuren	schworen
ihr	schwurt	schwort
sie	schwuren	schworen

Past Time

	Perfect	**(Perf. Subj.)**	**(Pluperf. Subj.)**
ich	habe geschworen	habe geschworen	hätte geschworen
du	hast geschworen	habest geschworen	hättest geschworen
er	hat geschworen	habe geschworen	hätte geschworen
wir	haben geschworen	haben geschworen	hätten geschworen
ihr	habt geschworen	habet geschworen	hättet geschworen
sie	haben geschworen	haben geschworen	hätten geschworen

Pluperfect

ich	hatte geschworen
du	hattest geschworen
er	hatte geschworen
wir	hatten geschworen
ihr	hattet geschworen
sie	hatten geschworen

Future Time

	Future	**(Fut. Subj.)**	**(Pres. Conditional)**
ich	werde schwören	werde schwören	würde schwören
du	wirst schwören	werdest schwören	würdest schwören
er	wird schwören	werde schwören	würde schwören
wir	werden schwören	werden schwören	würden schwören
ihr	werdet schwören	werdet schwören	würdet schwören
sie	werden schwören	werden schwören	würden schwören

Future Perfect Time

	Future Perfect	**(Fut. Perf. Subj.)**	**(Past Conditional)**
ich	werde geschworen haben	werde geschworen haben	würde geschworen haben
du	wirst geschworen haben	werdest geschworen haben	würdest geschworen haben
er	wird geschworen haben	werde geschworen haben	würde geschworen haben
wir	werden geschworen haben	werden geschworen haben	würden geschworen haben
ihr	werdet geschworen haben	werdet geschworen haben	würdet geschworen haben
sie	werden geschworen haben	werden geschworen haben	würden geschworen haben

Examples: Obwohl sie dem Tyrannen einen Treueid geschworen hatten, verschworen sie sich gegen ihn. *Although they had sworn an oath of loyalty to the tyrant, they conspired against him.* Die Geschworenen wurden eingeschworen. *The jurors were sworn in.* Er konnte keine Geister beschwören. *He couldn't conjure up any spirits.* Einschwören is separable. Verschwören and beschwören are inseparable.

S

427

segnen

to bless

PRINC. PARTS: **segnen, segnete, gesegnet, segnet**
IMPERATIVE: **segne!, segnet!, segnen Sie!**

INDICATIVE	SUBJUNCTIVE	
	PRIMARY	SECONDARY

Present Time

	Present	*(Pres. Subj.)*	*(Imperf. Subj.)*
ich	segne	segne	segnete
du	segnest	segnest	segnetest
er	segnet	segne	segnete
wir	segnen	segnen	segneten
ihr	segnet	segnet	segnetet
sie	segnen	segnen	segneten

	Imperfect
ich	segnete
du	segnetest
er	segnete
wir	segneten
ihr	segnetet
sie	segneten

Past Time

	Perfect	*(Perf. Subj.)*	*(Pluperf. Subj.)*
ich	habe gesegnet	habe gesegnet	hätte gesegnet
du	hast gesegnet	habest gesegnet	hättest gesegnet
er	hat gesegnet	habe gesegnet	hätte gesegnet
wir	haben gesegnet	haben gesegnet	hätten gesegnet
ihr	habt gesegnet	habet gesegnet	hättet gesegnet
sie	haben gesegnet	haben gesegnet	hätten gesegnet

	Pluperfect
ich	hatte gesegnet
du	hattest gesegnet
er	hatte gesegnet
wir	hatten gesegnet
ihr	hattet gesegnet
sie	hatten gesegnet

Future Time

	Future	*(Fut. Subj.)*	*(Pres. Conditional)*
ich	werde segnen	werde segnen	würde segnen
du	wirst segnen	werdest segnen	würdest segnen
er	wird segnen	werde segnen	würde segnen
wir	werden segnen	werden segnen	würden segnen
ihr	werdet segnen	werdet segnen	würdet segnen
sie	werden segnen	werden segnen	würden segnen

Future Perfect Time

	Future Perfect	*(Fut. Perf. Subj.)*	*(Past Conditional)*
ich	werde gesegnet haben	werde gesegnet haben	würde gesegnet haben
du	wirst gesegnet haben	werdest gesegnet haben	würdest gesegnet haben
er	wird gesegnet haben	werde gesegnet haben	würde gesegnet haben
wir	werden gesegnet haben	werden gesegnet haben	würden gesegnet haben
ihr	werdet gesegnet haben	werdet gesegnet haben	würdet gesegnet haben
sie	werden gesegnet haben	werden gesegnet haben	würden gesegnet haben

Examples: Im gesegneten Alter von 107 Jahren starb unsere Priesterin. Segnend hob sie die Hände, segnete das Leben und uns alle. Ihre letzten Worte waren: „Gesegnete Mahlzeit!" Wir haben lange über diesen Segen nachgedacht. *At the venerable age of 107 our priestess died. She raised her hands in blessing, blessed life and us. Her last words were, "Have a good meal." We thought about that blessing for a long time.*

sehen

PRINC. PARTS: **sehen, sah, gesehen, sieht**
IMPERATIVE: **sieh!, sieht!, sehen Sie!**

INDICATIVE		SUBJUNCTIVE	
		PRIMARY	SECONDARY

Present Time

Present		*(Pres. Subj.)*	*(Imperf. Subj.)*
ich	sehe	sehe	sähe
du	siehst	sehest	sähest
er	sieht	sehe	sähe
wir	sehen	sehen	sähen
ihr	seht	sehet	sähet
sie	sehen	sehen	sähen

Imperfect	
ich	sah
du	sahst
er	sah
wir	sahen
ihr	saht
sie	sahen

Past Time

Perfect		*(Perf. Subj.)*	*(Pluperf. Subj.)*
ich	habe gesehen	habe gesehen	hätte gesehen
du	hast gesehen	habest gesehen	hättest gesehen
er	hat gesehen	habe gesehen	hätte gesehen
wir	haben gesehen	haben gesehen	hätten gesehen
ihr	habt gesehen	habet gesehen	hättet gesehen
sie	haben gesehen	haben gesehen	hätten gesehen

Pluperfect	
ich	hatte gesehen
du	hattest gesehen
er	hatte gesehen
wir	hatten gesehen
ihr	hattet gesehen
sie	hatten gesehen

Future Time

Future		*(Fut. Subj.)*	*(Pres. Conditional)*
ich	werde sehen	werde sehen	würde sehen
du	wirst sehen	werdest sehen	würdest sehen
er	wird sehen	werde sehen	würde sehen
wir	werden sehen	werden sehen	würden sehen
ihr	werdet sehen	werdet sehen	würdet sehen
sie	werden sehen	werden sehen	würden sehen

Future Perfect Time

Future Perfect		*(Fut. Perf. Subj.)*	*(Past Conditional)*
ich	werde gesehen haben	werde gesehen haben	würde gesehen haben
du	wirst gesehen haben	werdest gesehen haben	würdest gesehen haben
er	wird gesehen haben	werde gesehen haben	würde gesehen haben
wir	werden gesehen haben	werden gesehen haben	würden gesehen haben
ihr	werdet gesehen haben	werdet gesehen haben	würdet gesehen haben
sie	werden gesehen haben	werden gesehen haben	würden gesehen haben

S

AN ESSENTIAL
55 VERB

429

Sehen

EXAMPLES

„Du siehst heute besonders schön aus. Ich kann mich an dir nicht sattsehen. Ich sehe endlich ein, dass ich dich zur Frau haben will." „Das sieht dir ähnlich. Du hast dich seit Monaten nicht sehen lassen, aber jetzt, da ich eine reiche Erbin bin, siehst du nach deinem Vorteil." „Ich sehe dich schon als meine Braut an. Wann heiraten wir?" „In absehbarer Zeit ist nicht daran zu denken. Auf Wiedersehen!"

"You look particularly lovely today. I can't get my fill of looking at you. I finally realize that I want you to be my wife." "That's just what I'd expect from you. You haven't put in an appearance for months, but now that I'm a rich heiress you're looking to your own advantage." "I consider you my fiancée already. When are we getting married?" "There can be no thought of that in the foreseeable future. Good-bye!"

Study verbs in Group IV A, page 12. Aussehen, sich sattsehen, einsehen, ansehen, and absehen used above are separable. For additional prefix verbs see the list below.

Prefix Verbs

INSEPARABLE

besehen—to look at
Die Königin besah sich im Spiegel.
The queen looked at herself in the mirror.

ersehen—to see/gather from
Aus Ihrem Brief ersehe ich, dass Sie mit unserem Produckt nicht zufrieden sind.
I gather from your letter that you're not satisfied with our product.

*übersehen—to survey, look out on/over; to overlook
Von hier aus kann man den ganzen See übersehen.
You can look out over the whole lake from here.

Das Umleitungsschild habe ich übersehen.
I missed (overlooked) the sign for the detour.

versehen— to perform a service; provide, supply
Frau Weber versieht den Haushalt bei Oma.
Mrs. Weber keeps house for grandma.

Die Bücherei könnte mit Fachliteratur besser versehen sein.
The library could have a better stock of specialist literature.

(sich) versehen—to make a mistake
Ich glaube, Sie haben sich bei der Zählung versehen.
I think you made a mistake in the count.

*Übersehen is inseparable. Sich übersehen is separable.

SEPARABLE

absehen—to foresee
Es ist nicht leicht abzusehen, wie lange
die Arbeit noch dauern wird.
*It's not easy to (fore)see how long the
work will take.*

absehen von—to disregard
„Abgesehen von einigen Fehlern, ist es
eine glänzende Arbeit." „Von diesen
Fehlern wollen wir aber nicht absehen."
*"Apart from a few mistakes, it's a splen-
did job." "But we don't want to disregard those mistakes."*

ansehen—to look at; consider
„Sieh dir das nur an!" „Ich hab's mir
schon angesehen."
*"Just look at that!" "I've already looked
at it."*

aufsehen—to look up to
Einige im Volk sehen noch zum
Diktator auf.
*Some of those in the population still
admire the dictator.*

aussehen—to look, appear
Trotz allem sieht der alte Rockstar
noch ziemlich gut aus.
*Despite everything, the old rock star is
still pretty good looking.*

durchsehen—to look through/at
Ich habe mir die Akten schnell
durchgesehen.
I took a quick look at the files.

hinwegsehen—to ignore, overlook
Diesmal will ich darüber hinwegsehen.
I'll overlook it this time.

fernsehen—to watch television
Wir sahen fern.
We watched TV.

nachsehen—to take a look at; watch;
gaze
Sieh mal in deiner Handtasche nach.
Take a look in your purse.

schwarzsehen—to be pessimistic; to
watch TV without registering and
paying the fee
Ja, ich weiß, für die Zukunft siehst du
immer schwarz.
*Yes I know, you're always pessimistic
about the future.*

Jahrelang haben wir schwarzgesehen.
*We watched TV without paying the
government-required fee for years.*

*(sich) übersehen—to get tired of look-
ing at something
Diese vier Wände hab ich mir überge-
sehen.
*I'm fed up with looking at these four
walls.*

umsehen—to look around, browse
„Sehen Sie etwas, was Ihnen gefällt?"
„Ich sehe mich nur ein bisschen um."
*"Do you see something you like?" "I'm
just browsing/looking around a bit."*

wiedersehen—to see/meet again
Wir sehen uns bald wieder.
We'll soon meet again.

zusehen—to look on
Sie haben nichts getan, nur zugesehen.
They did nothing, just looked on.

S

sein

*to be; have**

PRINC. PARTS: **sein, war, ist gewesen, ist**
IMPERATIVE: **sei!, scid!, seien Sie!**

INDICATIVE	SUBJUNCTIVE	
	PRIMARY	SECONDARY
	Present Time	
Present	*(Pres. Subj.)*	*(Imperf. Subj.)*
ich bin	sei	wäre
du bist	seist	wärest
er ist	sei	wäre
wir sind	seien	wären
ihr seid	seiet	wäret
sie sind	seien	wären

Imperfect

ich	war
du	warst
er	war
wir	waren
ihr	wart
sie	waren

	Past Time	
Perfect	*(Perf. Subj.)*	*(Pluperf. Subj.)*
ich bin gewesen	sei gewesen	wäre gewesen
du bist gewesen	seiest gewesen	wärest gewesen
er ist gewesen	sei gewesen	wäre gewesen
wir sind gewesen	seien gewesen	wären gewesen
ihr seid gewesen	seiet gewesen	wäret gewesen
sie sind gewesen	seien gewesen	wären gewesen

Pluperfect

ich	war gewesen
du	warst gewesen
er	war gewesen
wir	waren gewesen
ihr	wart gewesen
sie	waren gewesen

	Future Time	
Future	*(Fut. Subj.)*	*(Pres. Conditional)*
ich werde sein	werde sein	würde sein
du wirst sein	werdest sein	würdest sein
er wird sein	werde sein	würde sein
wir werden sein	werden sein	würden scin
ihr werdet sein	werdet sein	würdet sein
sie werden sein	werden sein	würden sein

	Future Perfect Time	
Future Perfect	*(Fut. Perf. Subj.)*	*(Past Conditional)*
ich werde gewesen sein	werde gewesen sein	würde gewesen sein
du wirst gewesen sein	werdest gewesen sein	würdest gewesen sein
er wird gewesen sein	werde gewesen sein	würde gewesen sein
wir werden gewesen sein	werden gewesen sein	würden gewesen sein
ihr werdet gewesen sein	werdet gewesen sein	würdet gewesen sein
sie werden gewesen sein	werden gewesen sein	würden gewesen sein

*When used as auxiliary verb in compound tense with verbs that do not take a direct object, i.e., **sein** verbs.

AN ESSENTIAL
55 VERB

EXAMPLES

„Sein oder Nichtsein" fragte sich Hamlet. Er dachte viel über das Sein nach. Viele fragen sich, ob sie überhaupt eine Daseinsberechtigung haben. „Wir sind weise und können Antworten auf Daseinsfragen geben", behaupteten die Priester und Priesterinnen verschiedener Religionen. Zuerst sangen die drei Nornen von allem, was war, ist und sein wird. Es waren viele Gläubige gekommen, aber der alte Imam war nicht mehr imstande, sie im Gebet zu leiten. „Es ist alles schon einmal da gewesen. Alles, was ist, ist gut", sagten die Rabbiner, Gurus, Mullahs, Derwische und Bonzen."

"To be or not to be," wondered Hamlet. He thought a lot about being. Many ask themselves if they have any right to existence at all. "We are wise and can give answers to existential questions," asserted the priests and priestesses of various religions. First, the three Norns sang of all that was, is, and will be. Many of the faithful had come but the old Imam was no longer able to lead them in prayer. "Everything has existed before. Everything that is, is good," declared the rabbis, gurus, mullahs, dervishes, and Buddhist monks.

„Wo sind die Kinder?" „Ich weiß nicht, wo sie sein könnten. Ich dachte, sie waren bei dir."

"Where are the children?" "I don't know where they could be. I thought they were with you."

Sein is a high frequency verb, not only on its own, but also as the helping verb in the perfect tenses of intransitive verbs. Study *"Sein* Verbs" pages 17–18. Sein itself is a sein verb as in es ist alles schon einmal da gewesen above. Waren gekommen is the pluperfect (past perfect) of kommen.

Das Seiende is a synonym for das Sein (being) used above. Das Dasein is "existence." Das Gewesene is "that which has existed." Das Wesen means "essence." The idiom imstande sein means "to be able."

Das Bewusstsein means "consciousness, awareness, perception of existence."

„Das Sein bestimmt das Bewusstsein" ist die geläufige Verkürzung eines Zitats von Marx. Die Professorin sagte, das sei nicht vollständig. Sie zitierte genau: „Es ist nicht das Bewusstsein der Menschen, das ihr Sein, sondern umgekehrt, ihr gesellschaftliches Sein, das ihr Bewusstwein bestimmt."

"Existence determines perception of existence" is the usual short form of a quote by Marx. The professor said that was incomplete. She quoted precisely: "Perception of existence doesn't determine human existence. On the contrary, their social existence (social status, state) determines how humans perceive their existence."

Note: sei is used above as a subjunctive in Indirect Discourse. Direct Discourse would have been: „Das ist nicht vollständig." There are several idiomatic uses of the subjunctive sei:

In Las Vegas haben wir Geld verloren, aber sei's drum, wir haben uns gut amüsiert.
We lost money in Las Vegas, but so what, we had a good time.

Ich fahre nicht mit, es sei denn, dass Sie darauf bestehen.
I won't come along, unless you insist.

„Es sei, wie es wolle, es war doch so schön." (Goethe)
"No matter how tough things may have been, after all it (existence) was oh so beautiful."

Sei, seid, and seien Sie are the imperative forms.

„Seid umschlungen, Millionen!", ruft Schiller in seiner Ode *An die Freude* aus.
"Be embraced (embrace each other), (you) millions!," Schiller exclaims in his ode To Joy.*"

In stores, customers conclude their purchases with the formulaic: das wär's or das wär's für heute (that's it, that'll be it for today).

S

senden

to send; transmit

PRINC. PARTS: **senden,* sandte, gesandt, sendet**
IMPERATIVE: **sende!, sendet!, senden Sie!**

	INDICATIVE	SUBJUNCTIVE	
		PRIMARY	SECONDARY

Present Time

	Present	*(Pres. Subj.)*	*(Imperf. Subj.)*
ich	sende	sende	sendete
du	sendest	sendest	sendetest
er	sendet	sende	sendete
wir	senden	senden	sendeten
ihr	sendet	sendet	sendetet
sie	senden	senden	sendeten

	Imperfect
ich	sandte
du	sandtest
er	sandte
wir	sandten
ihr	sandtet
sie	sandten

Past Time

	Perfect	*(Perf. Subj.)*	*(Pluperf. Subj.)*
ich	habe gesandt	habe gesandt	hätte gesandt
du	hast gesandt	habest gesandt	hättest gesandt
er	hat gesandt	habe gesandt	hätte gesandt
wir	haben gesandt	haben gesandt	hätten gesandt
ihr	habt gesandt	habet gesandt	hättet gesandt
sie	haben gesandt	haben gesandt	hätten gesandt

	Pluperfect
ich	hatte gesandt
du	hattest gesandt
er	hatte gesandt
wir	hatten gesandt
ihr	hattet gesandt
sie	hatten gesandt

Future Time

	Future	*(Fut. Subj.)*	*(Pres. Conditional)*
ich	werde senden	werde senden	würde senden
du	wirst senden	werdest senden	würdest senden
er	wird senden	werde senden	würde senden
wir	werden senden	werden senden	würden senden
ihr	werdet senden	werdet senden	würdet senden
sie	werden senden	werden senden	würden senden

Future Perfect Time

	Future Perfect	*(Fut. Perf. Subj.)*	*(Past Conditional)*
ich	werde gesandt haben	werde gesandt haben	würde gesandt haben
du	wirst gesandt haben	werdest gesandt haben	würdest gesandt haben
er	wird gesandt haben	werde gesandt haben	würde gesandt haben
wir	werden gesandt haben	werden gesandt haben	würden gesandt haben
ihr	werdet gesandt haben	werdet gesandt haben	würdet gesandt haben
sie	werden gesandt haben	werden gesandt haben	würden gesandt haben

*The weak forms of the past tense **sendete**, etc. and of the past participle **gesendet** are also found, and must be used in the meaning "to broadcast, transmit."

Examples: Ich habe schon einen Scheck für den vollen Betrag gesandt. Letzten Monat hab ich ihn abgesandt. Der Brief wurde mit dem Postvermerk „An den Absender zurück" zurückgesandt. *I already sent a check for the full amount. I sent it off last month. The letter was returned with the postal marking "Return to Sender."* See "Irregular Mixed Verbs," page 14.

sich setzen

PRINC. PARTS: **sich setzen, setzte sich, hat sich gesetzt, setzt sich**
IMPERATIVE: **setze dich!, setzt euch!, setzen sich!**

	INDICATIVE	SUBJUNCTIVE	
		PRIMARY	SECONDARY
		Present Time	
	Present	*(Pres. Subj.)*	*(Imperf. Subj.)*
ich	setze mich	setze mich	setzte mich
du	setzt dich	setzest dich	setztest dich
er	setzt sich	setze sich	setzte sich
wir	setzen uns	setzen uns	setzten uns
ihr	setzt euch	setzet euch	setztet euch
sie	setzen sich	setzen sich	setzten sich
	Imperfect		
ich	setzte mich		
du	setztest dich		
er	setzte sich		
wir	setzten uns		
ihr	setztet euch		
sie	setzten sich		
		Past Time	
	Perfect	*(Perf. Subj.)*	*(Pluperf. Subj.)*
ich	habe mich gesetzt	habe mich gesetzt	hätte mich gesetzt
du	hast dich gesetzt	habest dich gesetzt	hättest dich gesetzt
er	hat sich gesetzt	habe sich gesetzt	hätte sich gesetzt
wir	haben uns gesetzt	haben uns gesetzt	hätten uns gesetzt
ihr	habt euch gesetzt	habet euch gesetzt	hättet euch gesetzt
sie	haben sich gesetzt	haben sich gesetzt	hätten sich gesetzt
	Pluperfect		
ich	hatte mich gesetzt		
du	hattest dich gesetzt		
er	hatte sich gesetzt		
wir	hatten uns gesetzt		
ihr	hattet euch gesetzt		
sie	hatten sich gesetzt		
		Future Time	
	Future	*(Fut. Subj.)*	*(Pres. Conditional)*
ich	werde mich setzen	werde mich setzen	würde mich setzen
du	wirst dich setzen	werdest dich setzen	würdest dich setzen
er	wird sich setzen	werde sich setzen	würde sich setzen
wir	werden uns setzen	werden uns setzen	würden uns setzen
ihr	werdet euch setzen	werdet euch setzen	würdet euch setzen
sie	werden sich setzen	werden sich setzen	würden sich setzen
		Future Perfect Time	
	Future Perfect	*(Fut. Perf. Subj.)*	*(Past Conditional)*
ich	werde mich gesetzt haben	werde mich gesetzt haben	würde mich gesetzt haben
du	wirst dich gesetzt haben	werdest dich gesetzt haben	würdest dich gesetzt haben
er	wird sich gesetzt haben	werde sich gesetzt haben	würde sich gesetzt haben
wir	werden uns gesetzt haben	werden uns gesetzt haben	würden uns gesetzt haben
ihr	werdet euch gesetzt haben	werdet euch gesetzt haben	würdet euch gesetzt haben
sie	werden sich gesetzt haben	werden sich gesetzt haben	würden sich gesetzt haben

S

Examples: Setzen Sie sich in den Sessel! *Sit down in the chair.* **Sie setzten sich mit meinem Feind in Verbindung.** *You contacted my enemy.* **Setz dich wieder auf deinen gewohnten Platz hin!** *Go sit at your accustomed place!* The idiom **sich in Verbindung setzen** is literally "to put oneself into contact."

435

seufzen

to sigh

PRINC. PARTS: **seufzen, seufzte, geseufzt, seufzt**
IMPERATIVE: **seufze!, seufzt!, seufzen Sie!**

INDICATIVE	SUBJUNCTIVE	
	PRIMARY	SECONDARY
	Present Time	
Present	*(Pres. Subj.)*	*(Imperf. Subj.)*
ich seufze	seufze	seufzte
du seufzt	seufzest	seufztest
er seufzt	seufze	seufzte
wir seufzen	seufzen	seufzten
ihr seufzt	seufzet	seufztet
sie seufzen	seufzen	seufzten

Imperfect
ich seufzte
du seufztest
er seufzte
wir seufzten
ihr seufztet
sie seufzten

	Past Time	
Perfect	*(Perf. Subj.)*	*(Pluperf. Subj.)*
ich habe geseufzt	habe geseufzt	hätte geseufzt
du hast geseufzt	habest geseufzt	hättest geseufzt
er hat geseufzt	habe geseufzt	hätte geseufzt
wir haben geseufzt	haben geseufzt	hätten geseufzt
ihr habt geseufzt	habet geseufzt	hättet geseufzt
sie haben geseufzt	haben geseufzt	hätten geseufzt

Pluperfect
ich hatte geseufzt
du hattest geseufzt
er hatte geseufzt
wir hatten geseufzt
ihr hattet geseufzt
sie hatten geseufzt

	Future Time	
Future	*(Fut. Subj.)*	*(Pres. Conditional)*
ich werde seufzen	werde seufzen	würde seufzen
du wirst seufzen	werdest seufzen	würdest seufzen
er wird seufzen	werde seufzen	würde seufzen
wir werden seufzen	werden seufzen	würden seufzen
ihr werdet seufzen	werdet seufzen	würdet seufzen
sie werden seufzen	werden seufzen	würden seufzen

	Future Perfect Time	
Future Perfect	*(Fut. Perf. Subj.)*	*(Past Conditional)*
ich werde geseufzt haben	werde geseufzt haben	würde geseufzt haben
du wirst geseufzt haben	werdest geseufzt haben	würdest geseufzt haben
er wird geseufzt haben	werde geseufzt haben	würde geseufzt haben
wir werden geseufzt haben	werden geseufzt haben	würden geseufzt haben
ihr werdet geseufzt haben	werdet geseufzt haben	würdet geseufzt haben
sie werden geseufzt haben	werden geseufzt haben	würden geseufzt haben

Examples: Casanova seufzte auf, nachdem er die Seufzerbrücke überquert hatte. *Casanova heaved a sigh of relief after crossing the Bridge of Sighs.* Statt die Seufzerspalte zu lesen und so viel zu seufzen, tätest du besser, Arbeit zu suchen. *Instead of reading the lonely hearts column and sighing so much, you'd do better to look for work.*

sichten

PRINC. PARTS: **sichten, sichtete, gesichtet, sichtet**
IMPERATIVE: **sichte!, sichtet!, sichten Sie!**

to sight; sift; examine

INDICATIVE	SUBJUNCTIVE	
	PRIMARY	SECONDARY

Present Time

	Present	*(Pres. Subj.)*	*(Imperf. Subj.)*
ich	sichte	sichte	sichtete
du	sichtest	sichtest	sichtetest
er	sichtet	sichte	sichtete
wir	sichten	sichten	sichteten
ihr	sichtet	sichtet	sichtetet
sie	sichten	sichten	sichteten

	Imperfect
ich	sichtete
du	sichtetest
er	sichtete
wir	sichteten
ihr	sichtetet
sie	sichteten

Past Time

	Perfect	*(Perf. Subj.)*	*(Pluperf. Subj.)*
ich	habe gesichtet	habe gesichtet	hätte gesichtet
du	hast gesichtet	habest gesichtet	hättest gesichtet
er	hat gesichtet	habe gesichtet	hätte gesichtet
wir	haben gesichtet	haben gesichtet	hätten gesichtet
ihr	habt gesichtet	habet gesichtet	hättet gesichtet
sie	haben gesichtet	haben gesichtet	hätten gesichtet

	Pluperfect
ich	hatte gesichtet
du	hattest gesichtet
er	hatte gesichtet
wir	hatten gesichtet
ihr	hattet gesichtet
sie	hatten gesichtet

Future Time

	Future	*(Fut. Subj.)*	*(Pres. Conditional)*
ich	werde sichten	werde sichten	würde sichten
du	wirst sichten	werdest sichten	würdest sichten
er	wird sichten	werde sichten	würde sichten
wir	werden sichten	werden sichten	würden sichten
ihr	werdet sichten	werdet sichten	würdet sichten
sie	werden sichten	werden sichten	würden sichten

Future Perfect Time

	Future Perfect	*(Fut. Perf. Subj.)*	*(Past Conditional)*
ich	werde gesichtet haben	werde gesichtet haben	würde gesichtet haben
du	wirst gesichtet haben	werdest gesichtet haben	würdest gesichtet haben
er	wird gesichtet haben	werde gesichtet haben	würde gesichtet haben
wir	werden gesichtet haben	werden gesichtet haben	würden gesichtet haben
ihr	werdet gesichtet haben	werdet gesichtet haben	würdet gesichtet haben
sie	werden gesichtet haben	werden gesichtet haben	würden gesichtet haben

S

Examples: Einige im Dorf wollen UFOS (unbekannte Flugobjekte) gesichtet haben. Aber nicht allen Einwohnern waren sie sichtbar. Die Unterlagen habe ich genau gesichtet. Aus meiner Sicht sind sie unüberzeugend. *Some in the village claim to have sighted UFOs. But they weren't visible to all the inhabitants. I've examined the documents thoroughly. In my view they're unconvincing.*

sieden

to boil, seethe, simmer   PRINC. PARTS: **sieden, sott** *or* **siedete, gesotten, siedet**
IMPERATIVE: **siede!, siedet!, sieden Sie!**

	INDICATIVE	SUBJUNCTIVE		
		PRIMARY	SECONDARY	
		Present Time		
	Present	*(Pres. Subj.)*	*(Imperf. Subj.)*	
ich	siede	siede	sötte	siedete
du	siedest	siedest	söttest	siedetest
er	siedet	siede	sötte *or*	siedete
wir	sieden	sieden	sötten	siedeten
ihr	siedet	siede	sötten	siedetet
sie	sieden	sieden	sötten	siedeten

	Imperfect			
ich	sott		siedete	
du	sottest		siedetest	
er	sott *or*		siedete	
wir	sotten		siedeten	
ihr	sottet		siedetet	
sie	sotten		siedeten	

		Past Time		
	Perfect	*(Perf. Subj.)*	*(Pluperf. Subj.)*	
ich	habe gesotten	habe gesotten	hätte gesotten	
du	hast gesotten	habest gesotten	hättest gesotten	
er	hat gesotten	habe gesotten	hätte gesotten	
wir	haben gesotten	haben gesotten	hätten gesotten	
ihr	habt gesotten	habet gesotten	hättet gesotten	
sie	haben gesotten	haben gesotten	hätten gesotten	

	Pluperfect			
ich	hatte gesotten			
du	hattest gesotten			
er	hatte gesotten			
wir	hatten gesotten			
ihr	hattet gesotten			
sie	hatten gesotten			

		Future Time		
	Future	*(Fut. Subj.)*	*(Pres. Conditional)*	
ich	werde sieden	werde sieden	würde sieden	
du	wirst sieden	werdest sieden	würdest sieden	
er	wird sieden	werde sieden	würde sieden	
wir	werden sieden	werden sieden	würden sieden	
ihr	werdet sieden	werdet sieden	würdet sieden	
sie	werden sieden	werden sieden	würden sieden	

		Future Perfect Time		
	Future Perfect	*(Fut. Perf. Subj.)*	*(Past Conditional)*	
ich	werde gesotten haben	werde gesotten haben	würde gesotten haben	
du	wirst gesotten haben	werdest gesotten haben	würdest gesotten haben	
er	wird gesotten haben	werde gesotten haben	würde gesotten haben	
wir	werden gesotten haben	werden gesotten haben	würden gesotten haben	
ihr	werdet gesotten haben	werdet gesotten haben	würdet gesotten haben	
sie	werden gesotten haben	werden gesotten haben	würden gesotten haben	

Examples: „Es ist siedend heiß. Ich will nichts essen." „Aber vielleicht doch einen kleinen Salat mit hartgesottenen Eiern?" *"It's boiling hot. I don't want to eat anything." "But maybe a little salad with hard-boiled eggs?"* Study verbs in Group II, page 10.

siegen

PRINC. PARTS: **siegen, siegte, gesiegt, siegt**
IMPERATIVE: **siege!, siegt!, siegen Sie!**

to conquer, triumph,
be victorious

INDICATIVE	SUBJUNCTIVE	
	PRIMARY	SECONDARY

Present Time

	Present	(*Pres. Subj.*)	(*Imperf. Subj.*)
ich	siege	siege	siegte
du	siegst	siegest	siegtest
er	siegt	siege	siegte
wir	siegen	siegen	siegten
ihr	siegt	sieget	siegtet
sie	siegen	siegen	siegten

	Imperfect
ich	siegte
du	siegtest
er	siegte
wir	siegten
ihr	siegtet
sie	siegten

Past Time

	Perfect	(*Perf. Subj.*)	(*Pluperf. Subj.*)
ich	habe gesiegt	habe gesiegt	hätte gesiegt
du	hast gesiegt	habest gesiegt	hättest gesiegt
er	hat gesiegt	habe gesiegt	hätte gesiegt
wir	haben gesiegt	haben gesiegt	hätten gesiegt
ihr	habt gesiegt	habet gesiegt	hättet gesiegt
sie	haben gesiegt	haben gesiegt	hätten gesiegt

	Pluperfect
ich	hatte gesiegt
du	hattest gesiegt
er	hatte gesiegt
wir	hatten gesiegt
ihr	hattet gesiegt
sie	hatten gesiegt

Future Time

	Future	(*Fut. Subj.*)	(*Pres. Conditional*)
ich	werde siegen	werde siegen	würde siegen
du	wirst siegen	werdest siegen	würdest siegen
er	wird siegen	werde siegen	würde siegen
wir	werden siegen	werden siegen	würden siegen
ihr	werdet siegen	werdet siegen	würdet siegen
sie	werden siegen	werden siegen	würden siegen

Future Perfect Time

	Future Perfect	(*Fut. Perf. Subj.*)	(*Past Conditional*)
ich	werde gesiegt haben	werde gesiegt haben	würde gesiegt haben
du	wirst gesiegt haben	werdest gesiegt haben	würdest gesiegt haben
er	wird gesiegt haben	werde gesiegt haben	würde gesiegt haben
wir	werden gesiegt haben	werden gesiegt haben	würden gesiegt haben
ihr	werdet gesiegt haben	werdet gesiegt haben	würdet gesiegt haben
sie	werden gesiegt haben	werden gesiegt haben	würden gesiegt haben

S

Examples: „Gesiegt haben sie! Alle unsere Feinde haben sie besiegt. Siegestrunken begrüßen wir unsere siegreichen Helden zum Siegesfest", sagte der Redner. *"They have conquered. They've vanquished all our enemies. Flushed with victory we greet our victorious heroes at this victory celebration," said the orator.*

singen

to sing

PRINC. PARTS: singen, sang, gesungen, singt
IMPERATIVE: singe!, singt!, singen Sie!

	INDICATIVE	SUBJUNCTIVE	
		PRIMARY	SECONDARY
		Present Time	
	Present	*(Pres. Subj.)*	*(Imperf. Subj.)*
ich	singe	singe	sänge
du	singst	singest	sängest
er	singt	singe	sänge
wir	singen	singen	sängen
ihr	singt	singet	sänget
sie	singen	singen	sängen

	Imperfect
ich	sang
du	sangst
er	sang
wir	sangen
ihr	sangt
sie	sangen

			Past Time	
	Perfect	*(Perf. Subj.)*	*(Pluperf. Subj.)*
ich	habe gesungen	habe gesungen	hätte gesungen
du	hast gesungen	habest gesungen	hättest gesungen
er	hat gesungen	habe gesungen	hätte gesungen
wir	haben gesungen	haben gesungen	hätten gesungen
ihr	habt gesungen	habet gesungen	hättet gesungen
sie	haben gesungen	haben gesungen	hätten gesungen

	Pluperfect
ich	hatte gesungen
du	hättest gesungen
er	hatte gesungen
wir	hatten gesungen
ihr	hattet gesungen
sie	hatten gesungen

			Future Time	
	Future	*(Fut. Subj.)*	*(Pres. Conditional)*
ich	werde singen	werde singen	würde singen
du	wirst singen	werdest singen	würdest singen
er	wird singen	werde singen	würde singen
wir	werden singen	werden singen	würden singen
ihr	werdet singen	werdet singen	würdet singen
sie	werden singen	werden singen	würden singen

			Future Perfect Time	
	Future Perfect	*(Fut. Perf. Subj.)*	*(Past Conditional)*
ich	werde gesungen haben	werde gesungen haben	würde gesungen haben
du	wirst gesungen haben	werdest gesungen haben	würdest gesungen haben
er	wird gesungen haben	werde gesungen haben	würde gesungen haben
wir	werden gesungen haben	werden gesungen haben	würden gesungen haben
ihr	werdet gesungen haben	werdet gesungen haben	würdet gesungen haben
sie	werden gesungen haben	werden gesungen haben	würden gesungen haben

Examples: Wie die Minnesänger will ich von der Liebe singen. Wir Menschen sollten immer nur singen, nicht sprechen, wie Singvögel in einem Zaubergarten! *Like the Minnesingers I want to sing of love. We should always sing, not speak, like songbirds in a magic garden.* See verbs in Group III A, page 11. The pattern of change is the same as in English. The Minnesänger were medieval lyric poets.

sinken

to sink

PRINC. PARTS: sinken, sank, ist gesunken, sinkt
IMPERATIVE: sinke!, sinkt!, sinken Sie!

INDICATIVE	SUBJUNCTIVE	
	PRIMARY	SECONDARY

Present Time

	Present	(Pres. Subj.)	(Imperf. Subj.)
ich	sinke	sinke	sänke
du	sinkest	sinkest	sänkest
er	sinkt	sinke	sänke
wir	sinken	sinken	sänken
ihr	sinkt	sinket	sänket
sie	sinken	sinken	sänken

	Imperfect
ich	sank
du	sankst
er	sank
wir	sanken
ihr	sankt
sie	sanken

Past Time

	Perfect	(Perf. Subj.)	(Pluperf. Subj.)
ich	bin gesunken	sei gesunken	wäre gesunken
du	bist gesunken	seiest gesunken	wärest gesunken
er	ist gesunken	sei gesunken	wäre gesunken
wir	sind gesunken	seien gesunken	wären gesunken
ihr	seid gesunken	seiet gesunken	wäret gesunken
sie	sind gesunken	seien gesunken	wären gesunken

	Pluperfect
ich	war gesunken
du	warst gesunken
er	war gesunken
wir	waren gesunken
ihr	wart gesunken
sie	waren gesunken

Future Time

	Future	(Fut. Subj.)	(Pres. Conditional)
ich	werde sinken	werde sinken	würde sinken
du	wirst sinken	werdest sinken	würdest sinken
er	wird sinken	werde sinken	würde sinken
wir	werden sinken	werden sinken	würden sinken
ihr	werdet sinken	werdet sinken	würdet sinken
sie	werden sinken	werden sinken	würden sinken

Future Perfect Time

	Future Perfect	(Fut. Perf. Subj.)	(Past Conditional)
ich	werde gesunken sein	werde gesunken sein	würde gesunken sein
du	wirst gesunken sein	werdest gesunken sein	würdest gesunken sein
er	wird gesunken sein	werde gesunken sein	würde gesunken sein
wir	werden gesunken sein	werden gesunken sein	würden gesunken sein
ihr	werdet gesunken sein	werdet gesunken sein	würdet gesunken sein
sie	werden gesunken sein	werden gesunken sein	würden gesunken sein

S

Examples: Bei sinkender Sonne stand Karin am Strand, sah das Schiff sinken und sank in Ohnmacht. *As the sun set, Karin stood on the shore, saw the ship sink, and fainted.* Meine Wertpapiere sind im Wert gesunken. Aber den Mut will ich nicht sinken lassen. *My securities have declined in value. But I won't lose heart.*

441

sinnen

to think; reflect; plan

PRINC. PARTS: **sinnen, sann, gesonnen, sinnt**
IMPERATIVE: **sinne!, sinnt!, sinnen Sie!**

	INDICATIVE	SUBJUNCTIVE		
		PRIMARY	SECONDARY	
		Present Time		
	Present	*(Pres. Subj.)*	*(Imperf. Subj.)*	
ich	sinne	sinne	sänne	sönne
du	sinnst	sinnest	sännest	sönnest
er	sinnt	sinne	sänne *or*	sönne
wir	sinnen	sinnen	sännen	sönnen
ihr	sinnt	sinnet	sännet	sönnet
sie	sinnen	sinnen	sännen	sönnen

	Imperfect
ich	sann
du	sannst
er	sann
wir	sannen
ihr	sannt
sie	sannen

		Past Time	
	Perfect	*(Perf. Subj.)*	*(Pluperf. Subj.)*
ich	habe gesonnen	habe gesonnen	hätte gesonnen
du	hast gesonnen	habest gesonnen	hättest gesonnen
er	hat gesonnen	habe gesonnen	hätte gesonnen
wir	haben gesonnen	haben gesonnen	hätten gesonnen
ihr	habt gesonnen	habet gesonnen	hättet gesonnen
sie	haben gesonnen	haben gesonnen	hätten gesonnen

	Pluperfect
ich	hatte gesonnen
du	hattest gesonnen
er	hatte gesonnen
wir	hatten gesonnen
ihr	hattet gesonnen
sie	hatten gesonnen

		Future Time	
	Future	*(Fut. Subj.)*	*(Pres. Conditional)*
ich	werde sinnen	werde sinnen	würde sinnen
du	wirst sinnen	werdest sinnen	würdest sinnen
er	wird sinnen	werde sinnen	würde sinnen
wir	werden sinnen	werden sinnen	würden sinnen
ihr	werdet sinnen	werdet sinnen	würdet sinnen
sie	werden sinnen	werden sinnen	würden sinnen

		Future Perfect Time	
	Future Perfect	*(Fut. Perf. Subj.)*	*(Past Conditional)*
ich	werde gesonnen haben	werde gesonnen haben	würde gesonnen haben
du	wirst gesonnen haben	werdest gesonnen haben	würdest gesonnen haben
er	wird gesonnen haben	werde gesonnen haben	würde gesonnen haben
wir	werden gesonnen haben	werden gesonnen haben	würden gesonnen haben
ihr	werdet gesonnen haben	werdet gesonnen haben	würdet gesonnen haben
sie	werden gesonnen haben	werden gesonnen haben	würden gesonnen haben

Examples: Einst hatte Kuno auf Rache gesonnen. Sinnend betrachtete er Himmel und Erde und sann lange über den Sinn des Lebens nach. Langsam begriff er, dass es sinnlos war, weiter zu hassen. *Once Kuno plotted revenge. Thoughtfully he contemplated heaven and earth and thought for a long time about the meaning of life. Slowly he understood that it was purposeless to continue hating.*

sitzen

to sit; fit (clothing)

PRINC. PARTS: **sitzen, saß, gesessen, sitzt**
IMPERATIVE: **sitze!, sitzt!, sitzen Sie!**

INDICATIVE	SUBJUNCTIVE	
	PRIMARY	SECONDARY

Present Time

	Present	*(Pres. Subj.)*	*(Imperf. Subj.)*
ich	sitze	sitze	säße
du	sitzt	sitzest	säßest
er	sitzt	sitze	säße
wir	sitzen	sitzen	säßen
ihr	sitzt	sitzet	säßet
sie	sitzen	sitzen	säßen

	Imperfect
ich	saß
du	saßest
er	saß
wir	saßen
ihr	saßt
sie	saßen

Past Time

	Perfect	*(Perf. Subj.)*	*(Pluperf. Subj.)*
ich	habe gesessen	habe gesessen	hätte gesessen
du	hast gesessen	habest gesessen	hättest gesessen
er	hat gesessen	habe gesessen	hätte gesessen
wir	haben gesessen	haben gesessen	hätten gesessen
ihr	habt gesessen	habet gesessen	hättet gesessen
sie	haben gesessen	haben gesessen	hätten gesessen

	Pluperfect
ich	hatte gesessen
du	hattest gesessen
er	hatte gesessen
wir	hatten gesessen
ihr	hattet gesessen
sie	hatten gesessen

Future Time

	Future	*(Fut. Subj.)*	*(Pres. Conditional)*
ich	werde sitzen	werde sitzen	würde sitzen
du	wirst sitzen	werdest sitzen	würdest sitzen
er	wird sitzen	werde sitzen	würde sitzen
wir	werden sitzen	werden sitzen	würden sitzen
ihr	werdet sitzen	werdet sitzen	würdet sitzen
sie	werden sitzen	werden sitzen	würden sitzen

S

Future Perfect Time

	Future Perfect	*(Fut. Perf. Subj.)*	*(Past Conditional)*
ich	werde gesessen haben	werde gesessen haben	würde gesessen haben
du	wirst gesessen haben	werdest gesessen haben	würdest gesessen haben
er	wird gesessen haben	werde gesessen haben	würde gesessen haben
wir	werden gesessen haben	werden gesessen haben	würden gesessen haben
ihr	werdet gesessen haben	werdet gesessen haben	würdet gesessen haben
sie	werden gesessen haben	werden gesessen haben	würden gesessen haben

AN ESSENTIAL
55 VERB

Sitzen

EXAMPLES

Klaus hat Ute sitzen lassen. Er hatte kein Sitzfleisch und konnte keine Arbeit behalten. Jetzt sitzt er im Gefängnis. „Die Sträflingsuniform sitzt ihm gut", dachte Ute als sie ihn besuchte. Bald aber saß sie unter dem Apfelbaum mit einem anderen. Wir wollen über sie nicht zu Gericht sitzen.
Klaus jilted Ute. He had no staying power and couldn't keep any job. Now he's in jail. "The convict's uniform fits him well," thought Ute when she visited him. But soon she sat under the apple tree with someone else. We don't want to sit in judgment on them.

Sitzfleisch haben, an obvious anatomical reference, is used for "to sit still; to be able to stick to something." Austrian Emperor Franz Joseph, seated on a hard chair, spent long hours at his desk daily and was famous for his "Sitzfleisch". It's sometimes used humorously nowadays for guests who overstay their welcome and don't get up and go home. Besides the meaning "to jilt," **sitzen lassen** can also mean "to leave waiting, leave in the lurch." **Eine Beleidigung auf sich sitzen lassen** means "to stand for/take an insult." **Diese Beleidigung wollte die Präsidentin nicht auf sich sitzen lassen.** *The president refused to stand for that insult.*

Prefix Verbs

SEPARABLE

absitzen—to serve a prison sentence; sit out; dismount (horse)
Kai sitzt noch seine Strafe ab.
Kai is still doing time.

Der Sheriff saß ab und ging in die Bar.
The sheriff dismounted and entered the bar.

durchsitzen—to wear through/out
Mein Mann, der Sheriff, reitet viel und sitzt sich den Hosenboden durch.
My husband, the sheriff, rides a lot and wears out the seat of his pants.

einsitzen—to be in jail
Wie lange wird Kai noch einsitzen müssen?
For how long will Kai be in the slammer?

festsitzen—to be stuck, stranded
Wir saßen zwei Tage am Flughafen fest.
We were stranded at the airport for two days.

gegenübersitzen—to sit opposite/facing
Wer saß Ihnen gegenüber im Restaurant?
Who was sitting across from you in the restaurant?

herumsitzen—to sit around
„Du tust nichts, sitzt nur den ganzen Tag herum." „Du tust zu viel. Du solltest sitzen und meditieren."
"You don't do anything, you just sit around all day." "You do too much. You should sit and meditate."

nachsitzen—to keep in detention, keep after school
Ich habe ihn oft nachsitzen lassen aber es hilft nichts.
I've often kept him in detention, but it does no good.

stillsitzen—to sit still
Warum kannst du nicht fünf Minuten stillsitzen?
Why can't you sit still for five minutes?

vorsitzen—to preside over
Die Präsidentin saß der Versammlung vor.
The president presided over the meeting.

zusammensitzen—to sit together
Sie haben einige Stunden im Garten zusammengesessen.
They sat together for a few hours in the garden.

See also inseparable **besitzen**.

INDICATIVE	SUBJUNCTIVE	
	PRIMARY	SECONDARY

Present Time

	Present	(*Pres. Subj.*)	(*Imperf. Subj.*)
ich	soll	solle	sollte
du	sollst	sollest	solltest
er	soll	solle	sollte
wir	sollen	sollen	sollten
ihr	sollt	sollet	solltet
sie	sollen	sollen	sollten

	Imperfect
ich	sollte
du	solltest
er	sollte
wir	sollten
ihr	solltet
sie	sollten

Past Time

	Perfect	(*Perf. Subj.*)	(*Pluperf. Subj.*)
ich	habe gesollt	habe gesollt	hätte gesollt
du	hast gesollt	habest gesollt	hättest gesollt
er	hat gesollt	habe gesollt	hätte gesollt
wir	haben gesollt	haben gesollt	hätten gesollt
ihr	habt gesollt	habet gesollt	hättet gesollt
sie	haben gesollt	haben gesollt	hätten gesollt

	Pluperfect
ich	hatte gesollt
du	hattest gesollt
er	hatte gesollt
wir	hatten gesollt
ihr	hattet gesollt
sie	hatten gesollt

Future Time

	Future	(*Fut. Subj.*)	(*Pres. Conditional*)
ich	werde sollen	werde sollen	würde sollen
du	wirst sollen	werdest sollen	würdest sollen
er	wird sollen	werde sollen	würde sollen
wir	werden sollen	werden sollen	würden sollen
ihr	werdet sollen	werdet sollen	würdet sollen
sie	werden sollen	werden sollen	würden sollen

Future Perfect Time

	Future Perfect	(*Fut. Perf. Subj.*)	(*Past Conditional*)
ich	werde gesollt haben	werde gesollt haben	würde gesollt haben
du	wirst gesollt haben	werdest gesollt haben	würdest gesollt haben
er	wird gesollt haben	werde gesollt haben	würde gesollt haben
wir	werden gesollt haben	werden gesollt haben	würden gesollt haben
ihr	werdet gesollt haben	werdet gesollt haben	würdet gesollt haben
sie	werden gesollt haben	werden gesollt haben	würden gesollt haben

S

AN ESSENTIAL 55 VERB

445

AN ESSENTIAL 55 VERB

Sollen

EXAMPLES

„Der Geschäftsführer soll sehr intelligent sein. Aber wie soll man sich sein albernes Benehmen erklären? Sollte er vielleicht krank gewesen sein?" Er sollte nicht nur über Soll und Haben, sondern auch über Soll und Muss wissen." „Ach, Sie hätten die Sache nicht so ernst nehmen sollen. Es sollte nur ein Witz sein."
"The managing director is supposed to be very intelligent. But how is one to explain his fool-ish behavior? Might he have been ill? He shouldn't just know about debits and credits but also about obligations and necessities." "Oh, you shouldn't have taken the matter so seriously. It was just supposed to be a joke."

Study "Modal Auxiliary Verbs."

Der Zug sollte um 18 Uhr ankommen.
The train was supposed to arrive at six P.M.

Ginseng soll gegen Müdigkeit helfen.
Ginseng is supposed to be of help for fatigue.

Vatti sagt, du sollst ihm bei der Gartenarbeit helfen.
Daddy says you should help him with the work in the garden.

Du sollst nicht töten.
Thou shalt not kill. (Confucius, Bible, etc.)

Behüt dich Gott! Es hat nicht sollen sein.
(Scheffel)
God keep you. It wasn't meant to be.

Entbehren sollst du! Sollst entbehren!
(Goethe, *Faust*)
"You are fated to do without. You must renounce." (This expression, somewhat trivi-alized, has entered colloquial language in the sense: "You can't have everything.")

Ich soll dir schöne Grüße von Tante Irma bestellen.
Aunt Irma asked me to give you her best wishes.

Prefix Verbs

SEPARABLE
mitsollen—to be supposed to/intended to (come) along
Wer soll auch noch mit?
Who else is supposed to come along?

weitersollen—to go further/on, advance
Ich hätte weitersollen, aber ich konnte einfach nicht.
I should have continued, but I simply wasn't able.

zurücksollen—to be obligated to return
Wir sollten eigentlich zurück, aber es ist zu spät.
We really should go back, but it's too late.

Niemand soll sagen, dass ich meine Pflicht nicht getan hätte.
Let no one say that I didn't do my duty.

Was soll das nur heißen?
Just what is that supposed to mean?

Sein Bruder soll sehr intelligent sein.
Her brother is said to be/is supposed to be very intelligent.

Was soll dieses Gemälde darstellen?
What's that painting supposed to represent?

Er sollte gestern zum Zahnarzt.
He was supposed to go to the dentist yesterday.

Sollte sie anrufen, sag ihr, dass ich nicht kommen kann.
If she calls, tell her I can't come.

Sie sollten sich schämen!
They should be ashamed of themselves.

Wir hätten früher anfangen sollen.
We should have started earlier.

446

spalten

to split, cleave

	INDICATIVE	SUBJUNCTIVE	
		PRIMARY	SECONDARY

Present Time

	Present	(*Pres. Subj.*)	(*Imperf. Subj.*)
ich	spalte	spalte	spaltete
du	spaltest	spaltest	spaltetest
er	spaltet	spalte	spaltete
wir	spalten	spalten	spalteten
ihr	spaltet	spaltet	spaltetet
sie	spalten	spalten	spalteten

	Imperfect
ich	spaltete
du	spaltetest
er	spaltete
wir	spalteten
ihr	spaltetet
sie	spalteten

Past Time

	Perfect	(*Perf. Subj.*)	(*Pluperf. Subj.*)
ich	habe gespalten	habe gespalten	hätte gespalten
du	hast gespalten	habest gespalten	hättest gespalten
er	hat gespalten	habe gespalten	hätte gespalten
wir	haben gespalten	haben gespalten	hätten gespalten
ihr	habt gespalten	habet gespalten	hättet gespalten
sie	haben gespalten	haben gespalten	hätten gespalten

	Pluperfect
ich	hatte gespalten
du	hattest gespalten
er	hatte gespalten
wir	hatten gespalten
ihr	hattet gespalten
sie	hatten gespalten

Future Time

	Future	(*Fut. Subj.*)	(*Pres. Conditional*)
ich	werde spalten	werde spalten	würde spalten
du	wirst spalten	werdest spalten	würdest spalten
er	wird spalten	werde spalten	würde spalten
wir	werden spalten	werden spalten	würden spalten
ihr	werdet spalten	werdet spalten	würdet spalten
sie	werden spalten	werden spalten	würden spalten

Future Perfect Time

	Future Perfect	(*Fut. Perf. Subj.*)	(*Past Conditional*)
ich	werde gespalten haben	werde gespalten haben	würde gespalten haben
du	wirst gespalten haben	werdest gespalten haben	würdest gespalten haben
er	wird gespalten haben	werde gespalten haben	würde gespalten haben
wir	werden gespalten haben	werden gespalten haben	würden gespalten haben
ihr	werdet gespalten haben	werdet gespalten haben	würdet gespalten haben
sie	werden gespalten haben	werden gespalten haben	würden gespalten haben

*The form **gespaltet** is also found for the past participle.

Examples: Der Kernphysiker hat eine gespaltene Persönlichkeit. Er wollte nicht an der Atomspaltung mitarbeiten, tat es aber trotzdem. Er spaltet oft Holz. Das entspannt ihn.
The nuclear physicist has a split personality. He didn't want to work on splitting the atom, but did so any way. He often chops wood. That relaxes him.

S

sparen

to save (money);
economize

PRINC. PARTS: **sparen, sparte, gespart, spart**
IMPERATIVE: **spare!, spart!, sparen Sie!**

	INDICATIVE	SUBJUNCTIVE	
		PRIMARY	SECONDARY

Present Time

	Present	*(Pres. Subj.)*	*(Imperf. Subj.)*
ich	spare	spare	sparte
du	sparst	sparest	spartest
er	spart	spare	sparte
wir	sparen	sparen	sparten
ihr	spart	sparet	spartet
sie	sparen	sparen	sparten

	Imperfect
ich	sparte
du	spartest
er	sparte
wir	sparten
ihr	spartet
sie	sparten

Past Time

	Perfect	*(Perf. Subj.)*	*(Pluperf. Subj.)*
ich	habe gespart	habe gespart	hätte gespart
du	hast gespart	habest gespart	hättest gespart
er	hat gespart	habe gespart	hätte gespart
wir	haben gespart	haben gespart	hätten gespart
ihr	habt gespart	habet gespart	hättet gespart
sie	haben gespart	haben gespart	hätten gespart

	Pluperfect
ich	hatte gespart
du	hattest gespart
er	hatte gespart
wir	hatten gespart
ihr	hattet gespart
sie	hatten gespart

Future Time

	Future	*(Fut. Subj.)*	*(Pres. Conditional)*
ich	werde sparen	werde sparen	würde sparen
du	wirst sparen	werdest sparen	würdest sparen
er	wird sparen	werde sparen	würde sparen
wir	werden sparen	werden sparen	würden sparen
ihr	werdet sparen	werdet sparen	würdet sparen
sie	werden sparen	werden sparen	würden sparen

Future Perfect Time

	Future Perfect	*(Fut. Perf. Subj.)*	*(Past Conditional)*
ich	werde gespart haben	werde gespart haben	würde gespart haben
du	wirst gespart haben	werdest gespart haben	würdest gespart haben
er	wird gespart haben	werde gespart haben	würde gespart haben
wir	werden gespart haben	werden gespart haben	würden gespart haben
ihr	werdet gespart haben	werdet gespart haben	würdet gespart haben
sie	werden gespart haben	werden gespart haben	würden gespart haben

---

Examples: Im Sommer sang und tanzte der Grashüpfer und sparte nichts für den Winter.
Die Ameise hingegen war ein Muster der Sparsamkeit. Sie zitierte oft das Sprichwort: „Spare in der Zeit, dann hast du in der Not." *In the summer, the grasshopper sang and danced and didn't save anything for the winter. The ant, on the other hand, was a model of thrift. She often quoted the proverb "Waste not, want not."*

spazieren

to walk, stroll

PRINC. PARTS: **spazieren, spaziert, ist spaziert, spaziert**
IMPERATIVE: **spaziere!, spaziert!, spazieren Sie!**

	INDICATIVE	SUBJUNCTIVE	
		PRIMARY	SECONDARY
		Present Time	
	Present	*(Pres. Subj.)*	*(Imperf. Subj.)*
ich	spazierte	spaziere	spazierte
du	spazierst	spazierest	spaziertest
er	spaziert	spaziere	spazierte
wir	spazieren	spazieren	spazierten
ihr	spaziert	spazieret	spaziertet
sie	spazieren	spazieren	spazierten
	Imperfect		
ich	spazierte		
du	spaziertest		
er	spazierte		
wir	spazierten		
ihr	spaziertet		
sie	spazierten		
		Past Time	
	Perfect	*(Perf. Subj.)*	*(Pluperf. Subj.)*
ich	bin spaziert	sei spaziert	wäre spaziert
du	bist spaziert	seiest spaziert	wärest spaziert
er	ist spaziert	sei spaziert	wäre spaziert
wir	sind spaziert	seien spaziert	wären spaziert
ihr	seid spaziert	seiet spaziert	wäret spaziert
sie	sind spaziert	seien spaziert	wären spaziert
	Pluperfect		
ich	war spaziert		
du	warst spaziert		
er	war spaziert		
wir	waren spaziert		
ihr	wart spaziert		
sie	waren spaziert		
		Future Time	
	Future	*(Fut. Subj.)*	*(Pres. Conditional)*
ich	werde spazieren	werde spazieren	würde spazieren
du	wirst spazieren	werdest spazieren	würdest spazieren
er	wird spazieren	werde spazieren	würde spazieren
wir	werden spazieren	werden spazieren	würden spazieren
ihr	werdet spazieren	werdet spazieren	würdet spazieren
sie	werden spazieren	werden spazieren	würden spazieren
		Future Perfect Time	
	Future Perfect	*(Fut. Perf. Subj.)*	*(Past Conditional)*
ich	werde spaziert sein	werde spaziert sein	würde spaziert sein
du	wirst spaziert sein	werdest spaziert sein	würdest spaziert sein
er	wird spaziert sein	werde spaziert sein	würde spaziert sein
wir	werden spaziert sein	werden spaziert sein	würden spaziert sein
ihr	werdet spaziert sein	werdet spaziert sein	würdet spaziert sein
sie	werden spaziert sein	werden spaziert sein	würden spaziert sein

S

Examples: „Willst du mit mir spazieren gehen? Wir könnten herrliche Spaziergänge im Wiener Wald machen", fragte sie der Dichter. „Ich hätte eher Lust spazierenzufahren. Schade, dass du keinen Wagen hast." *"Do you want to go walking with me? We could take wonderful walks in the Vienna Woods," the poet asked her. "I feel more like going for a spin. Too bad you don't have a car."*

spielen

to play; act, perform

PRINC. PARTS: **spielen, spielte, gespielt. spielt**
IMPERATIVE: **spiele!, spielt!, spielen Sie!**

INDICATIVE	SUBJUNCTIVE	
	PRIMARY	SECONDARY
	Present Time	
Present	*(Pres. Subj.)*	*(Imperf. Subj.)*
ich spiele	spiele	spielte
du spielst	spielest	spieltest
er spielt	spiele	spielte
wir spielen	spielen	spielten
ihr spielt	spielet	spieltet
sie spielen	spielen	spieltcn

Imperfect		
ich spielte		
du spieltest		
er spielte		
wir spielten		
ihr spieltet		
sie spielten		

	Past Time	
Perfect	*(Perf. Subj.)*	*(Pluperf. Subj.)*
ich habe gespielt	habe gespielt	hätte gespielt
du hast gespielt	habest gespielt	hättest gespielt
er hat gespielt	habe gespielt	hätte gespielt
wir haben gespielt	haben gespielt	hätten gespielt
ihr habt gespielt	habet gespielt	hättet gespielt
sie haben gespielt	haben gespielt	hätten gespielt

Pluperfect		
ich hatte gespielt		
du hattest gespielt		
er hatte gespielt		
wir hatten gespielt		
ihr hattet gespielt		
sie hatten gespielt		

	Future Time	
Future	*(Fut. Subj.)*	*(Pres. Conditional)*
ich werde spielen	werde spielen	würde spielen
du wirst spielen	werdest spielen	würdest spielen
er wird spielen	werde spielen	würde spielen
wir werden spielen	werden spielen	würden spielen
ihr werdet spielen	werdet spielen	würdet spielen
sie werden spielen	werden spielen	würden spielen

	Future Perfect Time	
Future Perfect	*(Fut. Perf. Subj.)*	*(Past Conditional)*
ich werde gespielt haben	werde gespielt haben	würde gespielt haben
du wirst gespielt haben	werdest gespielt haben	würdest gespielt haben
er wird gespielt haben	werde gespielt haben	würde gespielt haben
wir werden gespielt haben	werden gespielt haben	würden gespielt haben
ihr werdet gespielt haben	werdet gespielt haben	würdet gespielt haben
sie werden gespielt haben	werden gespielt haben	würden gespielt haben

AN ESSENTIAL
55 VERB

Spielen

EXAMPLES

„Meine Kinder spielen nur mit Spielsachen, die den Geist fördern. Der Spieltrieb des Menschen ist die Quelle aller schöpferischen Tätigkeit, meinte Einstein. Unser irdisches Leben ist vielleicht nur ein Vorspiel, aber ich will, dass sie auch in ihrem Spielen auf Erden genügend Spielraum haben, ihre Intelligenz zu entwickeln", behauptete Frau Neu. „Ich sehe, Sie nehmen es mit dem Spielen sehr ernst", entgegnete die Verkäuferin.

"My children play only with toys that stimulate the intellect. The urge to play is the source of all creative activity, Einstein said. Perhaps life on earth is just a prelude, but in their playing on earth I want them to have enough scope to develop their intelligence," asserted Mrs. Neu. "I see you take playing very seriously," replied the salesperson.

Wichtige Interessen standen auf dem Spiel, und du hast sie verspielt, weil du falsch gespielt hast. Du hast jetzt ausgespielt.

Important interests were at stake and you gambled them away, because you played falsely. It's all over with you now.

„Spiel mir etwas auf deiner Geige vor, du Schöner!" bat Tina den Zigeuner. „Du spielst ein gefährliches Spiel", sagte ihre Freundin Ute.

"Play me something on your violin, handsome," Tina asked the gypsy. "You're playing a dangerous game," said her friend Ute.

In example 1, **Spielen** is used twice as a verbal noun, "playing." Notice the many related words: **Spielsachen** (*toys*), **Spieltrieb** (*urge to play*), **Spielraum** (*scope, latitude*), and **Vorspiel** (*prelude*). Several prefix verbs are used in examples 2 and 3. For additional examples see the list below.

Prefix Verbs

INSEPARABLE

überspielen—to tape/record over, dub; cover up, mask
Teile des Films wurden überspielt.
Parts of the film were taped over.

Es gibt wirkliche Probleme, die die Behörden zu überspielen versuchen.
There are real problems the authorities are trying to cover up.

verspielen—to gamble away
Du hast deine letzte Chance verspielt.
You've gambled away your last chance.

Opa hat gelernt, das Spiel auch online zu spielen.
Grandpa has learned how to play the game online too.

Keine Panik auf der Titanic. Die Kapelle spielte weiter.
No panic on the Titanic. *The band played on.*

Paul Linckes „Frau Luna" spielt auf dem Mond.
Paul Lincke's Lady Luna *is set/takes place on the moon.*

S

Mit spielender Leichtigkeit zeichnete Uwe ihr Porträt. Es war ihm ein Kinderspiel.
Uwe drew her portrait with the greatest of ease. It was child's play for him.

Wir hätten das Meisterschaftsspiel gewonnen, wenn die Tormänner besser gespielt hätten.
We would have won the championship match if the goalkeepers had played better.

Was wird heute im Kino gespielt?
What's on at the movies today?

Prefix Verbs

SEPARABLE

abspielen—to play through/from
Tina hat sein neues Stück vom Blatt abgespielt.
Tina sight-read his new piece.

(sich) abspielen—to happen
Was hat sich eigentlich da abgespielt?
Just what really went on there?

anspielen—to allude to [Ludere is Latin for "to play." Compare Vorspiel (prelude)]
Er hat darauf angespielt.
He alluded to it.

aufspielen— to begin to play, strike up
Morgen spielen sie Kreneks Jazzoper „Jonny spielt auf."
Tomorrow they're performing Krenek's jazz opera "Johnny Strikes up the Band."

(sich) aufspielen—to put on airs
Er hat sich vor den Mädchen aufgespielt.
He showed off in front of the girls.

ausspielen—to finish playing; play off against
Der Virtuose hat noch nicht ausgespielt.
The virtuoso hasn't finished playing yet.

Sie versuchen, mich gegen meinen Geschäftspartner auszuspielen.
You're trying to play me off against my business partner.

ausgespielt haben—to be finished with
Bei mir hat er jetzt ausgespielt.
I want nothing more to do with him.
(See also last sent. ex. 2 above.)

durchspielen—to act out, run through (play, scene)
Wir spielten ihr neues Stück durch.
We acted out her new play.

einspielen—to bring in, gross; to record music; to load software/data
Ihr letzter Film hat Millionen eingespielt.
Her last movie grossed millions.

Die Bühnenmusik soll jetzt eingespielt werden.
The stage music is to be recorded now.

Er hat mir das Programm eingespielt.
He loaded the program for me.

(sich) einspielen—to warm/tune up (music)
Kurz vor dem Konzert spielten sich die Musiker des Orchesters ein.
The orchestra members warmed up (instruments, fingers) shortly before the concert.

mitspielen—to play with
Lass ihn doch mitspielen!
Oh, let him play, too!

nachspielen—to rerecord, reproduce, re-create
Viele haben das Lied nachgespielt aber keiner kam ihr gleich.
Many played the song (after its creation), but no one equaled her.

vorspielen—to play for
Spiel mir ein Liebeslied vor!
Play me a love song.

weiterspielen—to continue playing
Spielen Sie ruhig weiter!
Just keep on playing.

zusammenspielen—to play together
Die Kinder haben schön zusammengespielt.
The children played together nicely.

zuspielen—to pass; to leak to the press
Er spielte ihm den Ball zu.
He passed the ball to him.

Wer hat die Geheimnisse der Reporterin zugespielt?
Who leaked the secrets to the reporter?

spinnen

to spin

PRINC. PARTS: **spinnen, spann, gesponnen, spinnt**
IMPERATIVE: **spinne!, spinnt!, spinnen Sie!**

INDICATIVE	SUBJUNCTIVE	
	PRIMARY	SECONDARY
	Present Time	
Present	*(Pres. Subj.)*	*(Imperf. Subj.)*
ich spinne	spinne	spönne
du spinnst	spinnest	spönnest
er spinnt	spinne	spönne
wir spinnen	spinnen	spönnen
ihr spinnt	spinnet	spönnet
sie spinnen	spinnen	spönnen

Imperfect

ich	spann
du	spannst
er	spann
wir	spannen
ihr	spannt
sie	spannen

	Past Time	
Perfect	*(Perf. Subj.)*	*(Pluperf. Subj.)*
ich habe gesponnen	habe gesponnen	hätte gesponnen
du hast gesponnen	habest gesponnen	hättest gesponnen
er hat gesponnen	habe gesponnen	hätte gesponnen
wir haben gesponnen	haben gesponnen	hätten gesponnen
ihr habt gesponnen	habet gesponnen	hättet gesponnen
sie haben gesponnen	haben gesponnen	hätten gesponnen

Pluperfect

ich	hatte gesponnen
du	hattest gesponnen
er	hatte gesponnen
wir	hatten gesponnen
ihr	hattet gesponnen
sie	hatten gesponnen

	Future Time	
Future	*(Fut. Subj.)*	*(Pres. Conditional)*
ich werde spinnen	werde spinnen	würde spinnen
du wirst spinnen	werdest spinnen	würdest spinnen
er wird spinnen	werde spinnen	würde spinnen
wir werden spinnen	werden spinnen	würden spinnen
ihr werdet spinnen	werdet spinnen	würdet spinnen
sie werden spinnen	werden spinnen	würden spinnen

	Future Perfect Time	
Future Perfect	*(Fut. Perf. Subj.)*	*(Past Conditional)*
ich werde gesponnen haben	werde gesponnen haben	würde gesponnen haben
du wirst gesponnen haben	werdest gesponnen haben	würdest gesponnen haben
er wird gesponnen haben	werde gesponnen haben	würde gesponnen haben
wir werden gesponnen haben	werden gesponnen haben	würden gesponnen haben
ihr werdet gesponnen haben	werdet gesponnen haben	würdet gesponnen haben
sie werden gesponnen haben	werden gesponnen haben	würden gesponnen haben

S

Examples: „Du bist mir spinnefeind. Wie eine Giftspinne hast du dein Lügengewebe gesponnen, um mich als Opfer zu fangen. Aber du wirst dir keine Seide spinnen." „Du spinnst." *"You hate me violently. Like a poisonous spider you spun your web of lies to make a victim of me. But it won't do you any good." "You're crazy."* See verbs in Group III B, page 11.

sprechen

to speak, talk

PRINC. PARTS: **sprechen, sprach, gesprochen, spricht**
IMPERATIVE: **sprich!, sprecht!, sprechen Sie!**

	INDICATIVE	SUBJUNCTIVE	
		PRIMARY	SECONDARY
		Present Time	
	Present	*(Pres. Subj.)*	*(Imperf. Subj.)*
ich	spreche	spreche	spräche
du	sprichst	sprechest	sprächest
er	spricht	spreche	spräche
wir	sprechen	sprechen	sprächen
ihr	sprecht	sprechet	sprächet
sie	sprechen	sprechen	sprächen
	Imperfect		
ich	sprach		
du	sprachst		
er	sprach		
wir	sprachen		
ihr	spracht		
sie	sprachen		
		Past Time	
	Perfect	*(Perf. Subj.)*	*(Pluperf. Subj.)*
ich	habe gesprochen	habe gesprochen	hätte gesprochen
du	hast gesprochen	habest gesprochen	hättest gesprochen
er	hat gesprochen	habe gesprochen	hätte gesprochen
wir	haben gesprochen	haben gesprochen	hätten gesprochen
ihr	habt gesprochen	habet gesprochen	hättet gesprochen
sie	haben gesprochen	haben gesprochen	hätten gesprochen
	Pluperfect		
ich	hatte gesprochen		
du	hattest gesprochen		
er	hatte gesprochen		
wir	hatten gesprochen		
ihr	hattet gesprochen		
sie	hatten gesprochen		
		Future Time	
	Future	*(Fut. Subj.)*	*(Pres. Conditional)*
ich	werde sprechen	werde sprechen	würde sprechen
du	wirst sprechen	werdest sprechen	würdest sprechen
er	wird sprechen	werde sprechen	würde sprechen
wir	werden sprechen	werden sprechen	würden sprechen
ihr	werdet sprechen	werdet sprechen	würdet sprechen
sie	werden sprechen	werden sprechen	würden sprechen
		Future Perfect Time	
	Future Perfect	*(Fut. Perf. Subj.)*	*(Past Conditional)*
ich	werde gesprochen haben	werde gesprochen haben	würde gesprochen haben
du	wirst gesprochen haben	werdest gesprochen haben	würdest gesprochen haben
er	wird gesprochen haben	werde gesprochen haben	würde gesprochen haben
wir	werden gesprochen haben	werden gesprochen haben	würden gesprochen haben
ihr	werdet gesprochen haben	werdet gesprochen haben	würdet gesprochen haben
sie	werden gesprochen haben	werden gesprochen haben	würden gesprochen haben

AN ESSENTIAL 55 VERB

Sprechen

EXAMPLES

„Sie haben über die Geheimnisse der Runen gesprochen. Aber ich glaube, Sie könnten sie gründlicher besprechen." „Nicht alles ist aussprechlich", antwortete die Priesterin.
"You've talked about the secrets of the runes. But I think you could discuss them more thoroughly." "Not everything is expressible," answered the priestess.

Anna spricht fließend Deutsch und hat eine gute Aussprache. Neulich las sie Nietzsches *Also sprach Zarathustra*. Sie spricht viele Sprachen, aber manchmal wird sie nervös, wenn sie angesprochen wird. Dann fällt ihr das Sprechen schwer. Ihr bleibt die Sprache weg.
Anna speaks fluent German and her pronunciation is good. She recently read Nietzsche's Thus Spoke Zarathustra. *She speaks many languages but sometimes when people address her she gets nervous. Then, speaking is difficult for her. She's left speechless.*

„Ich muss die Bürgermeisterin sprechen." „Heute ist sie nicht mehr zu sprechen. Morgen hat sie wieder Sprechstunden." „Aber es ist dringend! Sie hat mir Hilfe zugesprochen, dann abgesprochen. Sie hat ihr Versprechen nicht gehalten. Ich werde überall davon sprechen, und was sie getan hat wird sich schnell herumsprechen!"
"I have to see the mayor." "She's no longer available today. She has office hours tomorrow." "But it's urgent. First she agreed to help me, then refused. She didn't keep her promise. I'm going to talk that up and word of what she did will get around fast."

("To talk with" is sprechen mit + dative. But sprechen + accusative [direct object] is "to speak to briefly" [often in a professional capacity]).

See verbs in Group IV B page 12. **Besprechen** (example 1) and **versprechen** (example 3) are inseparable. **Aussprechen** (adjective **aussprechlich** in example 1) and **ansprechen** (example 2) are separable. So are **zusprechen**, **absprechen**, and **herumsprechen** (example 3). See the list below for additional prefix verbs.

Prefix Verbs

INSEPARABLE
besprechen—to discuss
Wir haben's schon besprochen.
We've already discussed it.

entsprechen—to correspond
Das entspricht unseren Anforderungen bei weitem nicht.
That falls far short of meeting our demands.

widersprechen—to contradict
Ihre Aussagen widersprechen der Wahrheit.
Your statements contradict the truth.

See conjugated, inseparable versprechen.

Die Donauschwaben sprechen Dialekt aber die meisten können auch die Schriftsprache sprechen.
The Swabian settlers speak in dialect, but most of them can also speak the written (standard) language.

Ulf ist nicht gut auf die Ausländer zu sprechen.
Ulf doesn't have much good to say about foreigners.

Wie seid ihr auf das heikle Thema zu sprechen gekommen? Sprechen wir von etwas anderem!
How did you get started talking about that touchy subject? Let's talk about something else.

Die Tatsachen sprechen für sich.
The facts speak for themselves.

Alles spricht dafür, dass Tina den Posten bekommt.
There is every indication that Tina will get the job.

Lili hat früh sprechen gelernt.
Lili learned how to speak early.

S

SEPARABLE

absprechen—to refuse, deny; arrange
Sie sprach ihm jede Kompetenz ab.
She denied that he had any competence whatsoever.

Den Preis hab ich schon mit ihm abgesprochen.
He and I have already agreed on the price.

ansprechen—to speak to, address, accost; respond, react
Anna wird nervös, wenn man sie anspricht.
Anna gets nervous when people address her.

Die Bremsen sprechen nicht an.
The brakes aren't reacting.

aussprechen—to pronounce; express
Sprechen Sie bitte das Wort noch einmal aus!
Please pronounce the word again.

Die Staatsanwältin sprach einige Verdächtigung aus.
The DA expressed some suspicion.

(sich) aussprechen—to talk things out, have a heart-to-heart talk
Dir bin ich wie eine Schwester. Mit mir kannst du dich aussprechen.
I'm like a sister to you. You can open your heart to me.

freisprechen—to acquit
Die Angeklagten wurden freigesprochen.
The accused were acquitted.

heiligsprechen—to canonize
Einigen Heiligen wurde die Heiligkeit abgesprochen. Den Heiligen Christophorus z.B. hat man nie selig- oder heiliggesprochen.
Some saints were denied their sainthood. St. Christopher, for example, was never beatified or canonized.

seligsprechen—to beatify (see heiligsprechen)

(sich) herumsprechen—to get around by word of mouth (see example 3)
Ach, wenn das sich herumspricht!
Oh, if word gets out about that!

vorsprechen—to recite; audition
Sprich uns dein Gedicht vor!
Recite your poem for us.

Der Regisseur ließ mich mehrmals vorsprechen.
The director auditioned me several times.

zusprechen—to award, grant custody of; dig into, tank up on
Warum hat man ihm den Preis zugesprochen?
Why did they award the prize to him?

Dem Cognac habe ich im Wartesaal kräftig zugesprochen, aber ich war nicht betrunken.
I tanked up on cognac in the waiting room, but I wasn't drunk.

See conjugated inseparable: versprechen.

sprengen

PRINC. PARTS: **sprengen, sprengte, gesprengt, sprengt**
IMPERATIVE: **sprenge!, sprengt!, sprengen Sie!**

to blow up, blast;
break the bank (gambling)

	INDICATIVE	SUBJUNCTIVE	
		PRIMARY	SECONDARY
	Present	**Present Time**	
		(Pres. Subj.)	*(Imperf. Subj.)*
ich	sprenge	sprenge	sprengte
du	sprengst	sprengest	sprengtest
er	sprengt	sprenge	sprengte
wir	sprengen	sprengen	sprengten
ihr	sprengt	sprenget	sprengtet
sie	sprengen	sprengen	sprengten
	Imperfect		
ich	sprengte		
du	sprengtest		
er	sprengte		
wir	sprengten		
ihr	sprengtet		
sie	sprengten		
	Perfect	**Past Time**	
		(Perf. Subj.)	*(Pluperf. Subj.)*
ich	habe gesprengt	habe gesprengt	hätte gesprengt
du	hast gesprengt	habest gesprengt	hättest gesprengt
er	hat gesprengt	habe gesprengt	hätte gesprengt
wir	haben gesprengt	haben gesprengt	hätten gesprengt
ihr	habt gesprengt	habet gesprengt	hättet gesprengt
sie	haben gesprengt	haben gesprengt	hätten gesprengt
	Pluperfect		
ich	hatte gesprengt		
du	hattest gesprengt		
er	hatte gesprengt		
wir	hatten gesprengt		
ihr	hattet gesprengt		
sie	hatten gesprengt		
	Future	**Future Time**	
		(Fut. Subj.)	*(Pres. Conditional)*
ich	werde sprengen	werde sprengen	würde sprengen
du	wirst sprengen	werdest sprengen	würdest sprengen
er	wird sprengen	werde sprengen	würde sprengen
wir	werden sprengen	werden sprengen	würden sprengen
ihr	werdet sprengen	werdet sprengen	würdet sprengen
sie	werden sprengen	werden sprengen	würden sprengen
	Future Perfect	**Future Perfect Time**	
		(Fut. Perf. Subj.)	*(Past Conditional)*
ich	werde gesprengt haben	werde gesprengt haben	würde gesprengt haben
du	wirst gesprengt haben	werdest gesprengt haben	würdest gesprengt haben
er	wird gesprengt haben	werde gesprengt haben	würde gesprengt haben
wir	werden gesprengt haben	werden gesprengt haben	würden gesprengt haben
ihr	werdet gesprengt haben	werdet gesprengt haben	würdet gesprengt haben
sie	werden gesprengt haben	werden gesprengt haben	würden gesprengt haben

S

Examples: **Erst nach dem Krieg wurden das Berliner Stadtschloss und die Potsdamer Garnisonskirche gesprengt.** *Only after the war were the Berlin City Palace and Potsdam's Garrison Church blown up.* **Die Terroristen versuchten, die Botschaft in die Luft zu sprengen, aber der Sprengstoff versagte.** *The terrorists tried to blow up the embassy but the explosive device failed.* **Er hofft, die Bank in Las Vegas zu sprengen.** *He hopes to break the bank in Las Vegas.*

sprießen

to sprout, bud

PRINC. PARTS: sprießen,* spross, ist gesprossen, sprießt
IMPERATIVE: sprieße!, sprießt!, sprießen Sie!**

	INDICATIVE	SUBJUNCTIVE	
		PRIMARY	SECONDARY
		Present Time	
	Present	*(Pres. Subj.)*	*(Imperf. Subj.)*
ich	sprieße	sprieße	sprösse
du	sprießt	sprieße	sprössest
er	sprießt	sprieße	sprösse
wir	sprießen	sprieße	sprössen
ihr	sprießt	sprieße	sprösset
sie	sprießen	sprieße	sprössen
	Imperfect		
ich	spross		
du	sprossest		
er	spross		
wir	sprossen		
ihr	sprosst		
sie	sprossen		
		Past Time	
	Perfect	*(Perf. Subj.)*	*(Pluperf. Subj.)*
ich	bin gesprossen	sei gesprossen	wäre gesprossen
du	bist gesprossen	seiest gesprossen	wärest gesprossen
er	ist gesprossen	sei gesprossen	wäre gesprossen
wir	sind gesprossen	seien gesprossen	wären gesprossen
ihr	seid gesprossen	seiet gesprossen	wäret gesprossen
sie	sind gesprossen	seien gesprossen	wären gesprossen
	Pluperfect		
ich	war gesprossen		
du	warst gesprossen		
er	war gesprossen		
wir	waren gesprossen		
ihr	wart gesprossen		
sie	waren gesprossen		
		Future Time	
	Future	*(Fut. Subj.)*	*(Pres. Conditional)*
ich	werde sprießen	werde sprießen	würde sprießen
du	wirst sprießen	werdest sprießen	würdest sprießen
er	wird sprießen	werde sprießen	würde sprießen
wir	werden sprießen	werden sprießen	würden sprießen
ihr	werdet sprießen	werdet sprießen	würdet sprießen
sie	werden sprießen	werden sprießen	würden sprießen
		Future Perfect Time	
	Future Perfect	*(Fut. Perf. Subj.)*	*(Past Conditional)*
ich	werde gesprossen sein	werde gesprossen sein	würde gesprossen sein
du	wirst gesprossen sein	werdest gesprossen sein	würdest gesprossen sein
er	wird gesprossen sein	werde gesprossen sein	würde gesprossen sein
wir	werden gesprossen sein	werden gesprossen sein	würden gesprossen sein
ihr	werdet gesprossen sein	werdet gesprossen sein	würdet gesprossen sein
sie	werden gesprossen sein	werden gesprossen sein	würden gesprossen sein

*Forms other than the third person are infrequently found. **The imperative is unusual.

Examples: Als Heine die Sprossen im Garten sah, weinte er vor Freude und sang: „Aus meinen Tränen sprießen viel blühende Blumen hervor", und „Klinge, kleines Frühlingslied . . . Kling hinaus bis an das Haus, wo die Blumen sprießen." *When Heine saw the shoots in the garden he wept for joy and sang, "From my tears spring up many blooming flowers" and "Sing, little spring song . . . sing out to the house where the flowers spring up."*

springen

PRINC. PARTS: **springen, sprang, ist gesprungen, springt**
IMPERATIVE: **springe!, springt!, springen Sie!**

to jump, leap, spring; explode

INDICATIVE	SUBJUNCTIVE	
	PRIMARY	SECONDARY

Present Time

	Present	*(Pres. Subj.)*	*(Imperf. Subj.)*
ich	springe	springe	spränge
du	springst	springest	sprängest
er	springt	springe	spränge
wir	springen	springen	sprängen
ihr	springt	springet	spränget
sie	springen	springen	sprängen

	Imperfect
ich	sprang
du	sprangst
er	sprang
wir	sprangen
ihr	sprangt
sie	sprangen

Past Time

	Perfect	*(Perf. Subj.)*	*(Pluperf. Subj.)*
ich	bin gesprungen	sei gesprungen	wäre gesprungen
du	bist gesprungen	seiest gesprungen	wärest gesprungen
er	ist gesprungen	sei gesprungen	wäre gesprungen
wir	sind gesprungen	seien gesprungen	wären gesprungen
ihr	seid gesprungen	seiet gesprungen	wäret gesprungen
sie	sind gesprungen	seien gesprungen	wären gesprungen

	Pluperfect
ich	war gesprungen
du	warst gesprungen
er	war gesprungen
wir	waren gesprungen
ihr	wart gesprungen
sie	waren gesprungen

Future Time

	Future	*(Fut. Subj.)*	*(Pres. Conditional)*
ich	werde springen	werde springen	würde springen
du	wirst springen	werdest springen	würdest springen
er	wird springen	werde springen	würde springen
wir	werden springen	werden springen	würden springen
ihr	werdet springen	werdet springen	würdet springen
sie	werden springen	werden springen	würden springen

Future Perfect Time

	Future Perfect	*(Fut. Perf. Subj.)*	*(Past Conditional)*
ich	werde gesprungen sein	werde gesprungen sein	würde gesprungen sein
du	wirst gesprungen sein	werdest gesprungen sein	würdest gesprungen sein
er	wird gesprungen sein	werde gesprungen sein	würde gesprungen sein
wir	werden gesprungen sein	werden gesprungen sein	würden gesprungen sein
ihr	werdet gesprungen sein	werdet gesprungen sein	würdet gesprungen sein
sie	werden gesprungen sein	werden gesprungen sein	würden gesprungen sein

S

Examples: Ich ließ eine unbesonnene Bemerkung über die Zunge springen. *I let slip an ill-considered remark.* Ich ließ eine Runde Bier springen. *I stood a round of beers.* Das ist der springende Punkt. *That is the salient point.* Wenn seine reiche Tante einen Wunsch hat, springt er. *When his rich aunt wants something, he jumps to it.*

spritzen

to squirt, gush

PRINC. PARTS: **spritzen, spritzte, gespritzt, spritzt**
IMPERATIVE: **spritze!, spritzt!, spritzen Sie!**

	INDICATIVE	SUBJUNCTIVE	
		PRIMARY	SECONDARY
		Present Time	
	Present	*(Pres. Subj.)*	*(Imperf. Subj.)*
ich	spritze	spritze	spritzte
du	spritzt	spritzest	spritztest
er	spritzt	spritze	spritzte
wir	spritzen	spritzen	spritzten
ihr	spritzt	spritzet	spritztet
sie	spritzen	spritzen	spritzten

	Imperfect
ich	spritzte
du	spritztest
er	spritzte
wir	spritzten
ihr	spritztet
sie	spritzten

		Past Time	
	Perfect	*(Perf. Subj.)*	*(Pluperf. Subj.)*
ich	habe gespritzt	habe gespritzt	hätte gespritzt
du	hast gespritzt	habest gespritzt	hättest gespritzt
er	hat gespritzt	habe gespritzt	hätte gespritzt
wir	haben gespritzt	haben gespritzt	hätten gespritzt
ihr	habt gespritzt	habet gespritzt	hättet gespritzt
sie	haben gespritzt	haben gespritzt	hätten gespritzt

	Pluperfect
ich	hatte gespritzt
du	hattest gespritzt
er	hatte gespritzt
wir	hatten gespritzt
ihr	hattet gespritzt
sie	hatten gespritzt

		Future Time	
	Future	*(Fut. Subj.)*	*(Pres. Conditional)*
ich	werde spritzen	werde spritzen	würde spritzen
du	wirst spritzen	werdest spritzen	würdest spritzen
er	wird spritzen	werde spritzen	würde spritzen
wir	werden spritzen	werden spritzen	würden spritzen
ihr	werdet spritzen	werdet spritzen	würdet spritzen
sie	werden spritzen	werden spritzen	würden spritzen

		Future Perfect Time	
	Future Perfect	*(Fut. Perf. Subj.)*	*(Past Conditional)*
ich	werde gespritzt haben	werde gespritzt haben	würde gespritzt haben
du	wirst gespritzt haben	werdest gespritzt haben	würdest gespritzt haben
er	wird gespritzt haben	werde gespritzt haben	würde gespritzt haben
wir	werden gespritzt haben	werden gespritzt haben	würden gespritzt haben
ihr	werdet gespritzt haben	werdet gespritzt haben	würdet gespritzt haben
sie	werden gespritzt haben	werden gespritzt haben	würden gespritzt haben

Examples: Die Nachbarn ließen ihren Rasen spritzen. *The neighbors had their lawn sprayed.*
Einige Bauern in der Gegend lassen ihre Felder bespritzen. *Some farmers in the area have their fields (chemically) sprayed.* Wir sind sehr umweltbewusst und machen keine Spritztouren mehr. *We're very environmentally conscious and don't go for a spin anymore.*

sprühen

PRINC. PARTS: **sprühen, sprühte, gesprüht, sprüht**
IMPERATIVE: **sprühe!, sprüht!, sprühen Sie!**

to sparkle; scintillate;
spray

INDICATIVE	SUBJUNCTIVE	
	PRIMARY	SECONDARY

Present Time

	Present	*(Pres. Subj.)*	*(Imperf. Subj.)*
ich	sprühe	sprühe	sprühte
du	sprühst	sprühest	sprühtest
er	sprüht	sprühe	sprühte
wir	sprühen	sprühen	sprühten
ihr	sprüht	sprühet	sprühtet
sie	sprühen	sprühen	sprühten

	Imperfect
ich	sprühte
du	sprühtest
er	sprühte
wir	sprühten
ihr	sprühtet
sie	sprühten

Past Time

	Perfect	*(Perf. Subj.)*	*(Pluperf. Subj.)*
ich	habe gesprüht	habe gesprüht	hätte gesprüht
du	hast gesprüht	habest gesprüht	hättest gesprüht
er	hat gesprüht	habe gesprüht	hätte gesprüht
wir	haben gesprüht	haben gesprüht	hätten gesprüht
ihr	habt gesprüht	habet gesprüht	hättet gesprüht
sie	haben gesprüht	haben gesprüht	hätten gesprüht

	Pluperfect
ich	hatte gesprüht
du	hattest gesprüht
er	hatte gesprüht
wir	hatten gesprüht
ihr	hattet gesprüht
sie	hatten gesprüht

Future Time

	Future	*(Fut. Subj.)*	*(Pres. Conditional)*
ich	werde sprühen	werde sprühen	würde sprühen
du	wirst sprühen	werdest sprühen	würdest sprühen
er	wird sprühen	werde sprühen	würde sprühen
wir	werden sprühen	werden sprühen	würden sprühen
ihr	werdet sprühen	werdet sprühen	würdet sprühen
sie	werden sprühen	werden sprühen	würden sprühen

Future Perfect Time

	Future Perfect	*(Fut. Perf. Subj.)*	*(Past Conditional)*
ich	werde gesprüht haben	werde gesprüht haben	würde gesprüht haben
du	wirst gesprüht haben	werdest gesprüht haben	würdest gesprüht haben
er	wird gesprüht haben	werde gesprüht haben	würde gesprüht haben
wir	werden gesprüht haben	werden gesprüht haben	würden gesprüht haben
ihr	werdet gesprüht haben	werdet gesprüht haben	würdet gesprüht haben
sie	werden gesprüht haben	werden gesprüht haben	würden gesprüht haben

S

Examples: Es sprüht den ganzen Tag. Ich habe mir die Haare mit Spray vollgesprüht und es nutzt nichts. *It's been drizzling all day. I've sprayed on quantities of hair spray and it's no use.* Einst bewunderte ich deinen sprühenden Geist. Du sprühtest vor Ideen. *Once I admired your scintillating spirit. You bubbled over with ideas.*

spucken

to spit

PRINC. PARTS: spucken, spuckte, gespuckt, spuckt
IMPERATIVE: spucke!, spuckt!, spucken Sie!

	INDICATIVE	SUBJUNCTIVE	
		PRIMARY	SECONDARY
		Present Time	
	Present	*(Pres. Subj.)*	*(Imperf. Subj.)*
ich	spucke	spucke	spuckte
du	spuckst	spuckest	spucktest
er	spuckt	spucke	spuckte
wir	spucken	spucken	spuckten
ihr	spuckt	spucket	spucktet
sie	spucken	spucken	spuckten

	Imperfect
ich	spuckte
du	spucktest
er	spuckte
wir	spuckten
ihr	spucktet
sie	spuckten

			Past Time	
	Perfect	*(Perf. Subj.)*	*(Pluperf. Subj.)*
ich	habe gespuckt	habe gespuckt	hätte gespuckt
du	hast gespuckt	habest gespuckt	hättest gespuckt
er	hat gespuckt	habe gespuckt	hätte gespuckt
wir	haben gespuckt	haben gespuckt	hätten gespuckt
ihr	habt gespuckt	habet gespuckt	hättet gespuckt
sie	haben gespuckt	haben gespuckt	hätten gespuckt

	Pluperfect
ich	hatte gespuckt
du	hattest gespuckt
er	hatte gespuckt
wir	hatten gespuckt
ihr	hattet gespuckt
sie	hatten gespuckt

			Future Time	
	Future	*(Fut. Subj.)*	*(Pres. Conditional)*
ich	werde spucken	werde spucken	würde spucken
du	wirst spucken	werdest spucken	würdest spucken
er	wird spucken	werde spucken	würde spucken
wir	werden spucken	werden spucken	würden spucken
ihr	werdet spucken	werdet spucken	würdet spucken
sie	werden spucken	werden spucken	würden spucken

			Future Perfect Time	
	Future Perfect	*(Fut. Perf. Subj.)*	*(Past Conditional)*
ich	werde gespuckt haben	werde gespuckt haben	würde gespuckt haben
du	wirst gespuckt haben	werdest gespuckt haben	würdest gespuckt haben
er	wird gespuckt haben	werde gespuckt haben	würde gespuckt haben
wir	werden gespuckt haben	werden gespuckt haben	würden gespuckt haben
ihr	werdet gespuckt haben	werdet gespuckt haben	würdet gespuckt haben
sie	werden gespuckt haben	werden gespuckt haben	würden gespuckt haben

Examples: Nach dem Zahnarzt spuckte er wiederholt aus. Aber er spuckte noch Blut. In der Kneipe versuchte er, in den Spucknapf zu spucken, aber es gelang ihm meistens nicht. *After the dentist he spat out repeatedly. But he was still spitting blood. In the tavern he tried to spit into the spittoon, but usually didn't succeed.* **Ausspucken** is a separable prefix verb.

spülen

PRINC. PARTS: spülen, spülte, gespült, spült
IMPERATIVE: spüle!, spült!, spülen Sie!

to rinse, flush;
wash against, lap

INDICATIVE	SUBJUNCTIVE	
	PRIMARY	SECONDARY

Present Time

	Present	(Pres. Subj.)	(Imperf. Subj.)
ich	spüle	spüle	spülte
du	spülst	spülest	spültest
er	spült	spüle	spülte
wir	spülen	spülen	spülten
ihr	spült	spület	spültet
sie	spülen	spülen	spülten

	Imperfect
ich	spülte
du	spültest
er	spülte
wir	spülten
ihr	spültet
sie	spülten

Past Time

	Perfect	(Perf. Subj.)	(Pluperf. Subj.)
ich	habe gespült	habe gespült	hätte gespült
du	hast gespült	habest gespült	hättest gespült
er	hat gespült	habe gespült	hätte gespült
wir	haben gespült	haben gespült	hätten gespült
ihr	habt gespült	habet gespült	hättet gespült
sie	haben gespült	haben gespült	hätten gespült

	Pluperfect
ich	hatte gespült
du	hattest gespült
er	hatte gespült
wir	hatten gespült
ihr	hattet gespült
sie	hatten gespült

Future Time

	Future	(Fut. Subj.)	(Pres. Conditional)
ich	werde spülen	werde spülen	würde spülen
du	wirst spülen	werdest spülen	würdest spülen
er	wird spülen	werde spülen	würde spülen
wir	werden spülen	werden spülen	würden spülen
ihr	werdet spülen	werdet spülen	würdet spülen
sie	werden spülen	werden spülen	würden spülen

Future Perfect Time

	Future Perfect	(Fut. Perf. Subj.)	(Past Conditional)
ich	werde gespült haben	werde gespült haben	würde gespült haben
du	wirst gespült haben	werdest gespült haben	würdest gespült haben
er	wird gespült haben	werde gespült haben	würde gespült haben
wir	werden gespült haben	werden gespült haben	würden gespült haben
ihr	werdet gespült haben	werdet gespült haben	würdet gespült haben
sie	werden gespült haben	werden gespült haben	würden gespült haben

S

Examples: Die Spülmaschine ist kaputt. Spül du das Geschirr. Ich muss mir den Mund ausspülen. *The dishwasher is broken. You wash the dishes. I've got to rinse my mouth.* Der heftige andauernde Regen hatte die Brücken unterspült. *The heavy, continuing rain had undermined the bridges.*

463

spüren

to feel, perceive; trace,
scent out

PRINC. PARTS: **spüren, spürte, gespürt, spürt**
IMPERATIVE: **spüre!, spürt!, spüren Sie!**

INDICATIVE		SUBJUNCTIVE	
		PRIMARY	SECONDARY

	Present	(*Pres. Subj.*)	(*Imperf. Subj.*)
		Present Time	
ich	spüre	spüre	spürte
du	spürst	spürest	spürtest
er	spürt	spüre	spürte
wir	spüren	spüren	spürten
ihr	spürt	spüret	spürtet
sie	spüren	spüren	spürten

	Imperfect
ich	spürte
du	spürtest
er	spürte
wir	spürten
ihr	spürtet
sie	spürten

	Perfect	(*Perf. Subj.*)	(*Pluperf. Subj.*)
		Past Time	
ich	habe gespürt	habe gespürt	hätte gespürt
du	hast gespürt	habest gespürt	hättest gespürt
er	hat gespürt	habe gespürt	hätte gespürt
wir	haben gespürt	haben gespürt	hätten gespürt
ihr	habt gespürt	habet gespürt	hättet gespürt
sie	haben gespürt	haben gespürt	hätten gespürt

	Pluperfect
ich	hatte gespürt
du	hattest gespürt
er	hatte gespürt
wir	hatten gespürt
ihr	hattet gespürt
sie	hatten gespürt

	Future	(*Fut. Subj.*)	(*Pres. Conditional*)
		Future Time	
ich	werde spüren	werde spüren	würde spüren
du	wirst spüren	werdest spüren	würdest spüren
er	wird spüren	werde spüren	würde spüren
wir	werden spüren	werden spüren	würden spüren
ihr	werdet spüren	werdet spüren	würdet spüren
sie	werden spüren	werden spüren	würden spüren

	Future Perfect	(*Fut. Perf. Subj.*)	(*Past Conditional*)
		Future Perfect Time	
ich	werde gespürt haben	werde gespürt haben	würde gespürt haben
du	wirst gespürt haben	werdest gespürt haben	würdest gespürt haben
er	wird gespürt haben	werde gespürt haben	würde gespürt haben
wir	werden gespürt haben	werden gespürt haben	würden gespürt haben
ihr	werdet gespürt haben	werdet gespürt haben	würdet gespürt haben
sie	werden gespürt haben	werden gespürt haben	würden gespürt haben

Examples: Nach der Anstrengung spürte ich eine große Müdigkeit. *I felt a great weariness after the exertion.* Die Drogenkriminellen waren spurlos verschwunden, aber die Spürhunde spürten sie im Flughafen auf. *The drug dealers had disappeared without a trace, but the track dogs tracked them down in the airport.*

PRINC. PARTS:	stattfinden,* fand statt, stattgefunden, findet statt
IMPERATIVE:	not used

to take place, happen

	INDICATIVE	SUBJUNCTIVE	
		PRIMARY	SECONDARY

Present Time

	Present	(*Pres. Subj.*)	(*Imperf. Subj.*)
ich			
du			
er	findet statt	finde statt	fände statt
wir			
ihr			
sie	finden statt	finden statt	fänden statt

	Imperfect
ich	
du	
er	fand statt
wir	
ihr	
sie	fanden statt

Past Time

	Perfect	(*Perf. Subj.*)	(*Pluperf. Subj.*)
ich			
du			
er	hat stattgefunden	habe stattgefunden	hätte stattgefunden
wir			
ihr			
sie	haben stattgefunden	haben stattgefunden	hätten stattgefunden

	Pluperfect
ich	
du	
er	hatte stattgefunden
wir	
ihr	
sie	hatten stattgefunden

Future Time

	Future	(*Fut. Subj.*)	(*Pres. Conditional*)
ich			
du			
er	wird stattfinden	werde stattfinden	würde stattfinden
wir			
ihr			
sie	werden stattfinden	werden stattfinden	würden stattfinden

Future Perfect Time

	Future Perfect	(*Fut. Perf. Subj.*)	(*Past Conditional*)
ich			
du			
er	wird stattgefunden haben	werde stattgefunden haben	würde stattgefunden haben
wir			
ihr			
sie	werden stattgefunden haben	werden stattgefunden haben	würden stattgefunden haben

*Forms other than the third person are rarely found.

Examples: „Wann soll die Veranstaltung stattfinden?" „Sie hat schon stattgefunden." *"When is the event to take place?" "It's already taken place."* **Die Statt** means "place, stead," as in "homestead." German uses **finden**, not **nehmen**, for "to take place."

staunen

to be astonished,
surprised, or amazed

PRINC. PARTS: **staunen, staunte, gestaunt, staunt**
IMPERATIVE: **staune!, staunt!, staunen Sie!**

	INDICATIVE	SUBJUNCTIVE	
		PRIMARY	SECONDARY

Present Time

	Present	(Pres. Subj.)	(Imperf. Subj.)
ich	staune	staune	staunte
du	staunst	staunest	stauntest
er	staunt	staune	staunte
wir	staunen	staunen	staunten
ihr	staunt	staunet	stauntet
sie	staunen	staunen	staunten

Imperfect

ich	staunte
du	stauntest
er	staunte
wir	staunten
ihr	stauntet
sie	staunten

Past Time

	Perfect	(Perf. Subj.)	(Pluperf. Subj.)
ich	habe gestaunt	habe gestaunt	hätte gestaunt
du	hast gestaunt	habest gestaunt	hättest gestaunt
er	hat gestaunt	habe gestaunt	hätte gestaunt
wir	haben gestaunt	haben gestaunt	hätten gestaunt
ihr	habt gestaunt	habet gestaunt	hättet gestaunt
sie	haben gestaunt	haben gestaunt	hätten gestaunt

Pluperfect

ich	hatte gestaunt
du	hattest gestaunt
er	hatte gestaunt
wir	hatten gestaunt
ihr	hattet gestaunt
sie	hatten gestaunt

Future Time

	Future	(Fut. Subj.)	(Pres. Conditional)
ich	werde staunen	werde staunen	würde staunen
du	wirst staunen	werdest staunen	würdest staunen
er	wird staunen	werde staunen	würde staunen
wir	werden staunen	werden staunen	würden staunen
ihr	werdet staunen	werdet staunen	würdet staunen
sie	werden staunen	werden staunen	würden staunen

Future Perfect Time

	Future Perfect	(Fut. Perf. Subj.)	(Past Conditional)
ich	werde gestaunt haben	werde gestaunt haben	würde gestaunt haben
du	wirst gestaunt haben	werdest gestaunt haben	würdest gestaunt haben
er	wird gestaunt haben	werde gestaunt haben	würde gestaunt haben
wir	werden gestaunt haben	werden gestaunt haben	würden gestaunt haben
ihr	werdet gestaunt haben	werdet gestaunt haben	würdet gestaunt haben
sie	werden gestaunt haben	werden gestaunt haben	würden gestaunt haben

Examples: Lise staunte über die Nachricht, dass ihr Verlobter schon mehrmals verheiratet war. *Lise was astounded by the news that her fiancé was already married to many others.* **Die Kinder bestaunten die Tiere im Tierpark. Mit offenem Munde staunten sie die Krokodile an.** *The children marveled at the animals in the zoo. They gaped in wonder at the crocodiles.*

466

PRINC. PARTS: **stechen, stach, gestochen, sticht**
IMPERATIVE: **stich!, stecht!, stechen Sie!**

to sting; prick; stab

INDICATIVE	SUBJUNCTIVE	
	PRIMARY	SECONDARY

Present Time

	Present	(*Pres. Subj.*)	(*Imperf. Subj.*)
ich	steche	steche	stäche
du	stichst	stechest	stächest
er	sticht	steche	stäche
wir	stechen	stechen	stächen
ihr	stecht	stechet	stächet
sie	stechen	stechen	stächen

	Imperfect
ich	stach
du	stachest
er	stach
wir	stachen
ihr	stacht
sie	stachen

Past Time

	Perfect	(*Perf. Subj.*)	(*Pluperf. Subj.*)
ich	habe gestochen	habe gestochen	hätte gestochen
du	hast gestochen	habest gestochen	hättest gestochen
er	hat gestochen	habe gestochen	hätte gestochen
wir	haben gestochen	haben gestochen	hätten gestochen
ihr	habt gestochen	habet gestochen	hättet gestochen
sie	haben gestochen	haben gestochen	hätten gestochen

	Pluperfect
ich	hatte gestochen
du	hattest gestochen
er	hatte gestochen
wir	hatten gestochen
ihr	hattet gestochen
sie	hatten gestochen

Future Time

	Future	(*Fut. Subj.*)	(*Pres. Conditional*)
ich	werde stechen	werde stechen	würde stechen
du	wirst stechen	werdest stechen	würdest stechen
er	wird stechen	werde stechen	würde stechen
wir	werden stechen	werden stechen	würden stechen
ihr	werdet stechen	werdet stechen	würdet stechen
sie	werden stechen	werden stechen	würden stechen

Future Perfect Time

	Future Perfect	(*Fut. Perf. Subj.*)	(*Past Conditional*)
ich	werde gestochen haben	werde gestochen haben	würde gestochen haben
du	wirst gestochen haben	werdest gestochen haben	würdest gestochen haben
er	wird gestochen haben	werde gestochen haben	würde gestochen haben
wir	werden gestochen haben	werden gestochen haben	würden gestochen haben
ihr	werdet gestochen haben	werdet gestochen haben	würdet gestochen haben
sie	werden gestochen haben	werden gestochen haben	würden gestochen haben

S

Examples: „ . . . Röslein sprach: Ich steche dich . . . Röslein wehrte sich und stach . . . " *"The little rose spoke: I'll prick you . . . The little rose defended itself and pricked."* **Die Bienen haben den Honig suchenden Bären gestochen.** *The bees stung the bear who was looking for honey.* The quote is from Goethe's *Heidenröslein.*

stecken

to set, plant; remain,
be stuck or involved

PRINC. PARTS: **stecken, steckte, gesteckt, steckt**
IMPERATIVE: **stecke!, steckt!, stecken Sie!**

INDICATIVE	SUBJUNCTIVE	
	PRIMARY	SECONDARY

Present Time

	Present	*(Pres. Subj.)*	*(Imperf. Subj.)*	
ich	stecke	stecke	steckte	stäke
du	steckst	steckest	stecktest	stäkest
er	steckt	stecke	steckte *or*	stäke
wir	stecken	stecken	steckten	stäken
ihr	steckt	stecket	stecktet	stäket
sie	stecken	stecken	steckten	stäken

	Imperfect	
ich	steckte	stak
du	stecktest	stakst
er	steckte *or*	stak
wir	steckten	staken
ihr	stecktet	stakt
sie	steckten	staken

Past Time

	Perfect	*(Perf. Subj.)*	*(Pluperf. Subj.)*
ich	habe gesteckt	habe gesteckt	hätte gesteckt
du	hast gesteckt	habest gesteckt	hättest gesteckt
er	hat gesteckt	habe gesteckt	hätte gesteckt
wir	haben gesteckt	haben gesteckt	hätten gesteckt
ihr	habt gesteckt	habet gesteckt	hättet gesteckt
sie	haben gesteckt	haben gesteckt	hätten gesteckt

	Pluperfect
ich	hatte gesteckt
du	hattest gesteckt
er	hatte gesteckt
wir	hatten gesteckt
ihr	hattet gesteckt
sie	hatten gesteckt

Future Time

	Future	*(Fut. Subj.)*	*(Pres. Conditional)*
ich	werde stecken	werde stecken	würde stecken
du	wirst stecken	werdest stecken	würdest stecken
er	wird stecken	werde stecken	würde stecken
wir	werden stecken	werden stecken	würden stecken
ihr	werdet stecken	werdet stecken	würdet stecken
sie	werden stecken	werden stecken	würden stecken

Future Perfect Time

	Future Perfect	*(Fut. Perf. Subj.)*	*(Past Conditional)*
ich	werde gesteckt haben	werde gesteckt haben	würde gesteckt haben
du	wirst gesteckt haben	werdest gesteckt haben	würdest gesteckt haben
er	wird gesteckt haben	werde gesteckt haben	würde gesteckt haben
wir	werden gesteckt haben	werden gesteckt haben	würden gesteckt haben
ihr	werdet gesteckt haben	werdet gesteckt haben	würdet gesteckt haben
sie	werden gesteckt haben	werden gesteckt haben	würden gesteckt haben

Examples: Elfi hat ihr ganzes Vermögen in das neue Unternehmen gesteckt. Die Mikrotechnik steckt noch in den Anfängen. Elfi steckt in Schwierigkeiten und Schulden. Aber sie steckt auch voller Ideen und Energie. *Elfi put all her money into the new undertaking. Microtechnology is still in its early stages. Elfi is in difficulties and has debts. But she's also full of ideas and energy.*

PRINC. PARTS: **stehen, stand, gestanden, steht**
IMPERATIVE: **stehe!, steht!, stehen Sie!**

to stand; be located

INDICATIVE	SUBJUNCTIVE	
	PRIMARY	SECONDARY

Present Time

Present	*(Pres. Subj.)*	*(Imperf. Subj.)*	
ich stehe	stehe	stände	stünde
du stehst	stehest	ständest	stündest
er steht	stehe	stände *or*	stünde
wir stehen	stehen	ständen	stünden
ihr steht	stehet	ständet	stündet
sie stehen	stehen	ständen	stünden

Imperfect
ich stand
du standst
er stand
wir standen
ihr standet
sie standen

Past Time

Perfect	*(Perf. Subj.)*	*(Pluperf. Subj.)*
ich habe gestanden	habe gestanden	hätte gestanden
du hast gestanden	habest gestanden	hättest gestanden
er hat gestanden	habe gestanden	hätte gestanden
wir haben gestanden	haben gestanden	hätten gestanden
ihr habt gestanden	habet gestanden	hättet gestanden
sie haben gestanden	haben gestanden	hätten gestanden

Pluperfect
ich hatte gestanden
du hattest gestanden
er hatte gestanden
wir hatten gestanden
ihr hattet gestanden
sie hatten gestanden

Future Time

Future	*(Fut. Subj.)*	*(Pres. Conditional)*
ich werde stehen	werde stehen	würde stehen
du wirst stehen	werdest stehen	würdest stehen
er wird stehen	werde stehen	würde stehen
wir werden stehen	werden stehen	würden stehen
ihr werdet stehen	werdet stehen	würdet stehen
sie werden stehen	werden stehen	würden stehen

S

Future Perfect Time

Future Perfect	*(Fut. Perf. Subj.)*	*(Past Conditional)*
ich werde gestanden haben	werde gestanden haben	würde gestanden haben
du wirst gestanden haben	werdest gestanden haben	würdest gestanden haben
er wird gestanden haben	werde gestanden haben	würde gestanden haben
wir werden gestanden haben	werden gestanden haben	würden gestanden haben
ihr werdet gestanden haben	werdet gestanden haben	würdet gestanden haben
sie werden gestanden haben	werden gestanden haben	würden gestanden haben

AN ESSENTIAL
55 VERB

EXAMPLES

„Sie stehen noch über mir. Ihnen untersteht die Abteilung. Da ich aber die Staatsprüfung bestanden habe, steht mir ein höherer Posten zu. Offen gestanden, ich will nicht mehr zu Ihren Diensten stehen. Jetzt können Sie mir nicht mehr im Wege stehen. Ich kann Sie nicht ausstehen", sagte Karl dem Vorsteher. „Was unterstehen sie sich! Ich verstehe die Welt nicht mehr!" „Es steht bei Ihnen, ob wir uns gut vertragen oder nicht." „Stehen Sie sofort auf, und verlassen Sie mein Büro!"

"You are still my superior. You're in charge of the department. But since I've passed the Civil Service exam, I'm entitled to a higher position. Quite frankly, I don't want to be at your service anymore. You can no longer stand in my way. I can't stand you," said Karl to the supervisor. "How dare you! I don't understand the world anymore." "It's up to you whether we'll get along or not." "Get up at once and leave my office."

Stehen is used four times by itself above. Unterstehen, bestehen, gestehen, verstehen are inseparable. Zustehen, ausstehen, aufstehen are separable. For further examples, see "Prefix Verbs" below.

Alle wollen die Filmstars sehen. Die ganze Stadt steht Kopf. Die Fans stehen Schlange vor dem Kino.

Everybody wants to see the film stars. The whole city's going wild. The fans are standing in line in front of the movie theater.

Annie stand vor dem Spiegel und dachte: „Ja, der Hut steht mir gut."

Annie stood before the mirror and thought: "Yes, the hat is very becoming to me."

Herr Link stand im Verdacht, Geld unterschlagen zu haben. Trotz allem stand seine Frau ihm bei.

Mr. Link was under suspicion of having embezzled money. Despite everything his wife stood by him.

Prefix Verbs

INSEPARABLE

auferstehen—to rise again, be resurrected
Ihre Dissertation handelt von auferstandenen Gottheiten.
Her dissertation is about divinities that rose again.

entstehen—to emerge, originate; result
Die Stadt ist aus dem Nichts entstanden.
The city grew up out of nothing.

Dadurch würden uns zu viele Unkosten entstehen.
That would result in too many expenses for us.

erstehen—to purchase
Habt ihr viel bei der Versteigerung erstanden?
Did you buy much at the auction?

gestehen—to confess, declare
Ihr muss ich endlich meine Liebe gestehen.
I must finally declare my love to her.

überstehen—to come, get through, survive
Den Krieg haben sie nicht überstanden.
They didn't survive the war.

*unterstehen—to be subordinate to
Alle unterstehen dem Gesetz.
All are subject to the law.

(sich) unterstehen—to dare
Untersteh dich ja nicht, uns zu widersprechen!
Don't you dare contradict us.

*Unterstehen can be separable or inseparable.

See conjugated inseparable bestehen and verstehen.

Prefix Verbs

SEPARABLE

aufstehen—to get up; stand up
Um wie viel Uhr bist du aufgestanden?
What time did you get up?

ausstehen—to put up with
Keiner kann ihn ausstehen.
No on can stand him.

beistehen—to stand by
Sie stand uns immer mit Rat und Tat bei.
She always supported us in both word and deed.

bevorstehen—to approach, be near; be in store for
Der Winter steht bevor.
Winter is coming.

Ihr wisst ja was euch bevorsteht.
You know what's in store for you.

eingestehen—to admit, confess
Er hat alles eingestanden.
He admitted everything.

feststehen—to be certain, have been determined
In dem Mordfall steht bisjetzt wenig fest.
So far, little has been determined in that murder case.

freistehen—to be vacant, empty; be someone's choice
Die Wohnung steht wieder frei.
The apartment is vacant again.

Es steht Ihnen frei, ob Sie mitkommen oder nicht.
It's up to you, whether you want to come along or not.

*unterstehen—to seek cover under a roof
Beim Regen haben wir untergestanden.
We took cover from the rain.

vorstehen—to project, protrude; be in charge of
Sie schalt ihn einen Neandertaler, nicht nur weil er vorstehende Zähne und ein vorstehendes Kinn hat.
She called him a Neanderthal, not just because he has buck teeth and a protruding chin.

Trotz seiner Schönheitsfehler steht er der Firma vor.
Despite his blemishes he's head of the firm.

zustehen—to be entitled to
Es steht dir nicht zu, so etwas zu verlangen.
You're not entitled to ask for anything like that.

S

stehlen

to steal

PRINC. PARTS: **stehlen, stahl, gestohlen, stiehlt**
IMPERATIVE: **stiehle!, stehlt!, stehlen Sie!**

INDICATIVE		SUBJUNCTIVE	
		PRIMARY	SECONDARY
Present		**Present Time**	
		(Pres. Subj.)	*(Imperf. Subj.)*
ich	stehle	stehle	stöhle	stähle
du	stiehlst	stehlest	stöhlest	stählest
er	stiehlt	stehle	stöhle *or* stähle	
wir	stehlen	stehlen	stöhlen	stählen
ihr	stehlt	stehlet	stöhlet	stählet
sie	stehlen	stehlen	stöhlen	stählen

	Imperfect
ich	stahl
du	stahlst
er	stahl
wir	stahlen
ihr	stahlt
sie	stahlen

Perfect		**Past Time**	
		(Perf. Subj.)	*(Pluperf. Subj.)*
ich	habe gestohlen	habe gestohlen	hätte gestohlen
du	hast gestohlen	habest gestohlen	hättest gestohlen
er	hat gestohlen	habe gestohlen	hätte gestohlen
wir	haben gestohlen	haben gestohlen	hätten gestohlen
ihr	habt gestohlen	habet gestohlen	hättet gestohlen
sie	haben gestohlen	haben gestohlen	hätten gestohlen

	Pluperfect
ich	hatte gestohlen
du	hattest gestohlen
er	hatte gestohlen
wir	hatten gestohlen
ihr	hattet gestohlen
sie	hatten gestohlen

Future		**Future Time**	
		(Fut. Subj.)	*(Pres. Conditional)*
ich	werde stehlen	werde stehlen	würde stehlen
du	wirst stehlen	werdest stehlen	würdest stehlen
er	wird stehlen	werde stehlen	würde stehlen
wir	werden stehlen	werden stehlen	würden stehlen
ihr	werdet stehlen	werdet stehlen	würdet stehlen
sie	werden stehlen	werden stehlen	würden stehlen

Future Perfect		**Future Perfect Time**	
		(Fut. Perf. Subj.)	*(Past Conditional)*
ich	werde gestohlen haben	werde gestohlen haben	würde gestohlen haben
du	wirst gestohlen haben	werdest gestohlen haben	würdest gestohlen haben
er	wird gestohlen haben	werde gestohlen haben	würde gestohlen haben
wir	werden gestohlen haben	werden gestohlen haben	würden gestohlen haben
ihr	werdet gestohlen haben	werdet gestohlen haben	würdet gestohlen haben
sie	werden gestohlen haben	werden gestohlen haben	würden gestohlen haben

Examples: Hedis Stehlersucht kennt keine Grenzen. Wo sie auch hingeht, stiehlt sie, was sie kann. Sie hat uns schon viel gestohlen. Das Schlimmste ist die Zeit, die sie uns stiehlt. *Hedi's kleptomania is boundless. Wherever she goes, she steals what she can. She's already stolen much from us. Worst of all is the time she takes away from us.*

steigen

PRINC. PARTS: **steigen, stieg, ist gestiegen, steigt**
IMPERATIVE: **steige!, steigt!, steigen Sie!**

to climb; increase; rise

INDICATIVE	SUBJUNCTIVE	
	PRIMARY	SECONDARY
	Present Time	
Present	*(Pres. Subj.)*	*(Imperf. Subj.)*
ich steige	steige	stiege
du steigst	steigest	stiegest
er steigt	steige	stiege
wir steigen	steigen	stiegen
ihr steigt	steiget	stieget
sie steigen	steigen	stiegen

Imperfect
ich stieg
du stiegst
er stieg
wir stiegen
ihr stiegt
sie stiegen

	Past Time	
Perfect	*(Perf. Subj.)*	*(Pluperf. Subj.)*
ich bin gestiegen	sei gestiegen	wäre gestiegen
du bist gestiegen	seiest gestiegen	wärest gestiegen
er ist gestiegen	sei gestiegen	wäre gestiegen
wir sind gestiegen	seien gestiegen	wären gestiegen
ihr seid gestiegen	seiet gestiegen	wäret gestiegen
sie sind gestiegen	seien gestiegen	wären gestiegen

Pluperfect
ich war gestiegen
du warst gestiegen
er war gestiegen
wir waren gestiegen
ihr wart gestiegen
sie waren gestiegen

	Future Time	
Future	*(Fut. Subj.)*	*(Pres. Conditional)*
ich werde steigen	werde steigen	würde steigen
du wirst steigen	werdest steigen	würdest steigen
er wird steigen	werde steigen	würde steigen
wir werden steigen	werden steigen	würden steigen
ihr werdet steigen	werdet steigen	würdet steigen
sie werden steigen	werden steigen	würden steigen

	Future Perfect Time	
Future Perfect	*(Fut. Perf. Subj.)*	*(Past Conditional)*
ich werde gestiegen sein	werde gestiegen sein	würde gestiegen sein
du wirst gestiegen sein	werdest gestiegen sein	würdest gestiegen sein
er wird gestiegen sein	werde gestiegen sein	würde gestiegen sein
wir werden gestiegen sein	werden gestiegen sein	würden gestiegen sein
ihr werdet gestiegen sein	werdet gestiegen sein	würdet gestiegen sein
sie werden gestiegen sein	werden gestiegen sein	würden gestiegen sein

S

Examples: **Steigen Sie bitte jetzt aus! Sie müssen wieder umsteigen.** *Please get off now. You'll have to change again.* **Bei steigenden Preisen ist uns das Leben schwer. Man hat uns die Miete gesteigert. Wir haben unsere Kunstsammlung versteigern müssen.** *With rising prices, life is difficult for us. They've raised our rent. We had to auction off our art collection.*

stellen

to put, place

PRINC. PARTS: **stellen, stellte, gestellt, stellt**
IMPERATIVE: **stelle!, stellt!, stellen Sie!**

	INDICATIVE		SUBJUNCTIVE	
			PRIMARY	SECONDARY
	Present		**Present Time**	
			(Pres. Subj.)	*(Imperf. Subj.)*
ich	stelle		stelle	stellte
du	stellst		stellest	stelltest
er	stellt		stelle	stellte
wir	stellen		stellen	stellten
ihr	stellt		stellet	stelltet
sie	stellen		stellen	stellten
	Imperfect			
ich	stellte			
du	stelltest			
er	stellte			
wir	stellten			
ihr	stelltet			
sie	stellten			
	Perfect		**Past Time**	
			(Perf. Subj.)	*(Pluperf. Subj.)*
ich	habe gestellt		habe gestellt	hätte gestellt
du	hast gestellt		habest gestellt	hättest gestellt
er	hat gestellt		habe gestellt	hätte gestellt
wir	haben gestellt		haben gestellt	hätten gestellt
ihr	habt gestellt		habet gestellt	hättet gestellt
sie	haben gestellt		haben gestellt	hätten gestellt
	Pluperfect			
ich	hatte gestellt			
du	hattest gestellt			
er	hatte gestellt			
wir	hatten gestellt			
ihr	hattet gestellt			
sie	hatten gestellt			
	Future		**Future Time**	
			(Fut. Subj.)	*(Pres. Conditional)*
ich	werde stellen		werde stellen	würde stellen
du	wirst stellen		werdest stellen	würdest stellen
er	wird stellen		werde stellen	würde stellen
wir	werden stellen		werden stellen	würden stellen
ihr	werdet stellen		werdet stellen	würdet stellen
sie	werden stellen		werden stellen	würden stellen
	Future Perfect		**Future Perfect Time**	
			(Fut. Perf. Subj.)	*(Past Conditional)*
ich	werde gestellt haben		werde gestellt haben	würde gestellt haben
du	wirst gestellt haben		werdest gestellt haben	würdest gestellt haben
er	wird gestellt haben		werde gestellt haben	würde gestellt haben
wir	werden gestellt haben		werden gestellt haben	würden gestellt haben
ihr	werdet gestellt haben		werdet gestellt haben	würdet gestellt haben
sie	werden gestellt haben		werden gestellt haben	würden gestellt haben

AN ESSENTIAL
55 VERB

Stellen

Prefix Verbs

INSEPARABLE

erstellen—to draw up; to construct (officialese)
Wir müssen einen neuen Plan erstellen.
We'll have to draw up a new plan.

Das Gebäude soll jetzt von einem anderen Architekten erstellt werden.
The building is now to be erected by another architect.

*unterstellen—to subordinate, be in charge of; insinuate, allege
Sechs Mitarbeiter sind ihr unterstellt.
She's in charge of six employees.

Was hast du mir unterstellt? So was hab ich nie gesagt!
What have you implied (that I did/said)? I never said anything like that!

verstellen—to alter, change; adjust
In dem Supermarkt werden oft die Haltbarkeitsdaten verstellt.
They often alter the use-by dates in that supermarket.

(sich) verstellen—to pretend, act a part
Sie kann sich gut verstellen.
She knows how to act a part.

*Unterstellen can be separable or inseparable. See "Doubtful Prefixes," page 610.

See conjugated separable ausstellen, umstellen, vorstellen and inseparable bestellen, entstellen.

EXAMPLES

„Die Untersuchung kommt nicht von der Stelle. Die sogenannten zuständigen Stellen haben nichts ans Licht gestellt. Es stellt sich die Frage, ob sie auch nicht alles in ein falsches Licht stellen. Sie wissen sich zu verstellen und stellen nur eine Rolle dar. Sie stellen immer neue Fragen, und es ist jetzt unmöglich, den wahren Tatbestand festzustellen. Das geht über alle Vorstellung! Sie sollten einmal zur Rede gestellt werden." „Beruhige dich! Ich stelle dir die Wohnung zur Verfügung. Stell die Blumen auf den Tisch, dann essen wir."
"The investigation is making no progress. Those so-called proper authorities have revealed nothing. The question arises as to whether they're not also misrepresenting everything. They know how to dissemble and are merely acting a part. They always ask new questions, and it is now impossible to assess the true state of affairs. It's beyond all imagination! They ought to be made to give an account of themselves." "Calm down. I'll make the apartment available for you. Put the flowers on the table, then we'll eat."

"Stall," "stable," and "install" are words related to the basic meaning of stellen, "to put, place," as used in the last sentence. There are many idioms however.

S

Prefix verbs used above are: **darstellen**, **vorstellen**, and **feststellen**, all separable, and the inseparable **verstellen**. For further examples of prefix verbs, see below.

sich stellen—to turn oneself in; pretend, act
Der Mörder hat sich freiwillig der Polizei gestellt. Sie stellten ihm viele Fragen. Er stellte sich verrückt.
The murderer voluntarily gave himself up to the police. They asked him many questions. He pretended to be crazy.

Prefix Verbs

SEPARABLE
abstellen—to turn off, disconnect; park
Das Telefon wurde abgestellt.
The telephone was disconnected.

Wo hast du den Wagen abgestellt?
Where'd you park the car?

anstellen—to act, behave; turn on
Stell dich nicht so dumm an!
Don't be so stupid!

Stell's Radio an!
Turn the radio on.

(sich) anstellen—to stand in line
Wir mussten uns anstellen.
We had to stand in line.

aufstellen—to put up; nominate
Wo soll das Denkmal aufgestellt
werden?
*Where are they going to put up the
monument?*

Sie wurde als Kompromisskandidatin
aufgestellt.
*She was nominated as a compromise
candidate.*

bloßstellen—to unmask
Die Schwindler wurden bloßgestellt.
The swindlers were exposed.

darstellen—to portray, depict; play a role
Können Sie mir das als Graph
darstellen?
Can you show me that on a graph?

Niemand hat diese Rolle so gut
dargestellt wie sie.
*No one has played that role as well as
she.*

einstellen—to employ
Sie stellen wieder ein.
They're hiring again.

feststellen—to establish, determine,
ascertain
Bisjetzt hat die Polizei nichts feststellen
können.
*So far the police haven't been able to
determine anything.*

kaltstellen—to neutralize, isolate,
sideline
Der Präsident versucht, die Opposition
kaltzustellen.
*The president is trying to neutralize the
opposition.*

*unterstellen—to place under, store
Ihr könnt die Möbel bei uns unter-
stellen.
You can store the furniture with us.

*(sich) unterstellen—to take cover, stand
under
Warum hast du dich beim Regen nicht
untergestellt?
Why didn't you take cover from the rain?

Idioms

nicht von der Stelle kommen—to make
  no progress
ans Licht stellen—to bring to light,
  reveal
in ein falsches Licht stellen—to misrep-
  resent
eine Frage stellen—to ask/pose/put a
  question
zur Rede stellen—to take to task, ask for
  an accounting

Additional idioms are:
an den Pranger stellen—to pillory, criti-
  cize severely
in Abrede stellen—to deny
ins Internet/ins Netz stellen—to post on
  the Intenet/Net
in Rechnung stellen—to bill, charge an
  account
eine Prognose stellen—to forecast

PRINC. PARTS: **sterben, starb, ist gestorben, stirbt**
IMPERATIVE: **stirb!, sterbt!, sterben Sie!**

to die

INDICATIVE	SUBJUNCTIVE	
	PRIMARY	SECONDARY

Present Time

Present	*(Pres. Subj.)*	*(Imperf. Subj.)*
ich sterbe	sterbe	stürbe
du stirbst	sterbest	stürbest
er stirbt	sterbe	stürbe
wir sterben	sterben	stürben
ihr sterbt	sterbet	stürbet
sie sterben	sterben	stürben

Imperfect
ich starb
du starbst
er starb
wir starben
ihr starbt
sie starben

Past Time

Perfect	*(Perf. Subj.)*	*(Pluperf. Subj.)*
ich bin gestorben	sei gestorben	wäre gestorben
du bist gestorben	seiest gestorben	wärest gestorben
er ist gestorben	sei gestorben	wäre gestorben
wir sind gestorben	seien gestorben	wären gestorben
ihr seid gestorben	seiet gestorben	wäret gestorben
sie sind gestorben	seien gestorben	wären gestorben

Pluperfect
ich war gestorben
du warst gestorben
er war gestorben
wir waren gestorben
ihr wart gestorben
sie waren gestorben

Future Time

Future	*(Fut. Subj.)*	*(Pres. Conditional)*
ich werde sterben	werde sterben	würde sterben
du wirst sterben	werdest sterben	würdest sterben
er wird sterben	werde sterben	würde sterben
wir werden sterben	werden sterben	würden sterben
ihr werdet sterben	werdet sterben	würdet sterben
sie werden sterben	werden sterben	würden sterben

Future Perfect Time

Future Perfect	*(Fut. Perf. Subj.)*	*(Past Conditional)*
ich werde gestorben sein	werde gestorben sein	würde gestorben sein
du wirst gestorben sein	werdest gestorben sein	würdest gestorben sein
er wird gestorben sein	werde gestorben sein	würde gestorben sein
wir werden gestorben sein	werden gestorben sein	würden gestorben sein
ihr werdet gestorben sein	werdet gestorben sein	würdet gestorben sein
sie werden gestorben sein	werden gestorben sein	würden gestorben sein

S

AN ESSENTIAL
55 VERB

Sterben

Prefix Verbs

SEPARABLE

absterben—to go/grow numb; die
Vor Kälte sind dem Polarforscher Finger und Zehen abgestorben.
The polar explorer's fingers and toes went numb with cold.

austerben—to die out, become extinct
Diese Pflanzenart ist fast ganz ausgestorben.
This botanical species is almost extinct.

wegsterben—to die off
„Meine Männer sterben mir einfach weg. Ich kann nichts dafür", sagte die Witwe der Polizei.
"My husbands just die on me. I can't help it," said the widow to the police.

INSEPARABLE

ersterben (literary)—to die away, die down, fade
In der Ferne erstarben die Festklänge.
The festive sounds died away in the distance.

versterben (elevated)—to pass away
Er verstarb im hohen Alter von 99 Jahren.
He passed away at the advanced age of 99.

Note versterben (adj.; deceased) as used in the last sentence of the passage above, and der/die Verstorbene (n.; the deceased).

EXAMPLES

Ihr Mann starb vor einigen Jahren. Auf seinem Sterbebett sagte er, er wollte den vom Aussterben bedrohten Tierarten helfen. In seinem Namen stiftete seine Witwe einen Tierschutzpark. „Sterblich sind wir alle, aber ich glaube an eine Art Unsterblichkeit", sagte sie. Sie machte eine Flasche Champagner auf und trank auf ihren verstorbenen Mann und auf das Leben.
Her husband died a few years ago. On his deathbed he said he wanted to help animal species in danger of extinction. In his name, his widow endowed a wildlife sanctuary. "We're all mortal, but I believe in a kind of immortality." She opened a bottle of champagne and drank to her deceased husband and life.

See verbs in Group IV B, page 12. Also rev. "*Sein* Verbs" pages 17–18. English "mortal," "extinct," and "deceased" are Latin derived. Ger. expands the basic word. Note that "dead" and "death" are tot and der Tod. "To starve" (verhungern) is also "to be dying of hunger" and is related to sterben.

Wir sterben hier vor Hunger und Durst. Kämpfen wir und sterben wir den Märtyrertod. Das ist besser als den Hungertod sterben.
We're dying of hunger and thirst here. Let us fight and die a martyr's death rather than die of starvation.

Das Märchen wurde verfilmt. Nach den Worten: „Und wenn sie nicht gestorben sind, so leben sie noch heute", sagte der Regisseur: „Gestorben!"
They filmed the fairy tale. After the words: "And they lived happily ever after" (Literally: "And if they haven't died, they're still alive today") the director said: "Cut!/It's a wrap" (used when a take is completed).

stinken

PRINC. PARTS: **stinken, stank, gestunken, stinkt**
IMPERATIVE: **stinke!, stinkt!, stinken Sie!**

to stink

INDICATIVE	SUBJUNCTIVE	
	PRIMARY	SECONDARY

Present Time

Present	(*Pres. Subj.*)	(*Imperf. Subj.*)
ich stinke	stinke	stänke
du stinkst	stinkest	stänkest
er stinkt	stinke	stänke
wir stinken	stinken	stänken
ihr stinkt	stinket	stänket
sie stinken	stinken	stänken

Imperfect
ich stank
du stankst
er stank
wir stanken
ihr stankt
sie stanken

Past Time

Perfect	(*Perf. Subj.*)	(*Pluperf. Subj.*)
ich habe gestunken	habe gestunken	hätte gestunken
du hast gestunken	habest gestunken	hättest gestunken
er hat gestunken	habe gestunken	hätte gestunken
wir haben gestunken	haben gestunken	hätten gestunken
ihr habt gestunken	habet gestunken	hättet gestunken
sie haben gestunken	haben gestunken	hätten gestunken

Pluperfect
ich hatte gestunken
du hattest gestunken
er hatte gestunken
wir hatten gestunken
ihr hattet gestunken
sie hatten gestunken

Future Time

Future	(*Fut. Subj.*)	(*Pres. Conditional*)
ich werde stinken	werde stinken	würde stinken
du wirst stinken	werdest stinken	würdest stinken
er wird stinken	werde stinken	würde stinken
wir werden stinken	werden stinken	würden stinken
ihr werdet stinken	werdet stinken	würdet stinken
sie werden stinken	werden stinken	würden stinken

Future Perfect Time

Future Perfect	(*Fut. Perf. Subj.*)	(*Past Conditional*)
ich werde gestunken haben	werde gestunken haben	würde gestunken haben
du wirst gestunken haben	werdest gestunken haben	würdest gestunken haben
er wird gestunken haben	werde gestunken haben	würde gestunken haben
wir werden gestunken haben	werden gestunken haben	würden gestunken haben
ihr werdet gestunken haben	werdet gestunken haben	würdet gestunken haben
sie werden gestunken haben	werden gestunken haben	würden gestunken haben

Examples: „Ihr Lkw Transportgeschäft blüht und sie stinken nach Geld." „Bei ihnen stinkt's auch nach Treibstoff, denn ihr Haus steht inmitten ihrer Lastkraftwagen." „Aber bekanntlich stinkt Geld nicht." *"Their trucking-hauling business is flourishing and they're filthy rich." "Their place also reeks of fuel, because their house is located in the middle of their trucks." "But, as is well known, money has no foul odor."*

stöhnen

to groan, moan

PRINC. PARTS: **stöhnen, stöhnte, gestöhnt, stöhnt**
IMPERATIVE: **stöhne!, stöhnt!, stöhnen Sie!**

	INDICATIVE	SUBJUNCTIVE	
		PRIMARY	SECONDARY
		Present Time	
	Present	*(Pres. Subj.)*	*(Imperf. Subj.)*
ich	stöhne	stöhne	stöhnte
du	stöhnst	stöhnest	stöhntest
er	stöhnt	stöhne	stöhnte
wir	stöhnen	stöhnen	stöhnten
ihr	stöhnt	stöhnet	stöhntet
sie	stöhnen	stöhnen	stöhnten

	Imperfect
ich	stöhnte
du	stöhntest
er	stöhnte
wir	stöhnten
ihr	stöhntet
sie	stöhnten

		Past Time	
	Perfect	*(Perf. Subj.)*	*(Pluperf. Subj.)*
ich	habe gestöhnt	habe gestöhnt	hätte gestöhnt
du	hast gestöhnt	habest gestöhnt	hättest gestöhnt
er	hat gestöhnt	habe gestöhnt	hätte gestöhnt
wir	haben gestöhnt	haben gestöhnt	hätten gestöhnt
ihr	habt gestöhnt	habet gestöhnt	hättet gestöhnt
sie	haben gestöhnt	haben gestöhnt	hätten gestöhnt

	Pluperfect
ich	hatte gestöhnt
du	hattest gestöhnt
er	hatte gestöhnt
wir	hatten gestöhnt
ihr	hattet gestöhnt
sie	hatten gestöhnt

		Future Time	
	Future	*(Fut. Subj.)*	*(Pres. Conditional)*
ich	werde stöhnen	werde stöhnen	würde stöhnen
du	wirst stöhnen	werdest stöhnen	würdest stöhnen
er	wird stöhnen	werde stöhnen	würde stöhnen
wir	werden stöhnen	werden stöhnen	würden stöhnen
ihr	werdet stöhnen	werdet stöhnen	würdet stöhnen
sie	werden stöhnen	werden stöhnen	würden stöhnen

		Future Perfect Time	
	Future Perfect	*(Fut. Perf. Subj.)*	*(Past Conditional)*
ich	werde gestöhnt haben	werde gestöhnt haben	würde gestöhnt haben
du	wirst gestöhnt haben	werdest gestöhnt haben	würdest gestöhnt haben
er	wird gestöhnt haben	werde gestöhnt haben	würde gestöhnt haben
wir	werden gestöhnt haben	werden gestöhnt haben	würden gestöhnt haben
ihr	werdet gestöhnt haben	werdet gestöhnt haben	würdet gestöhnt haben
sie	werden gestöhnt haben	werden gestöhnt haben	würden gestöhnt haben

Examples: Auf dem Schlachtfeld hörte man nur ein dampfes Stöhnen. Die Verwundeten stöhnten vor Schmerz. *On the battlefield one heard only a dull moaning. The wounded groaned in pain.*

stopfen

to stuff; cram;
constipate; darn

INDICATIVE	SUBJUNCTIVE	
	PRIMARY	SECONDARY

Present Time

	Present	(Pres. Subj.)	(Imperf. Subj.)
ich	stopfe	stopfe	stopfte
du	stopfst	stopfest	stopftest
er	stopft	stopfe	stopfte
wir	stopfen	stopfen	stopften
ihr	stopft	stopfet	stopftet
sie	stopfen	stopfen	stopften

	Imperfect
ich	stopfte
du	stopftest
er	stopfte
wir	stopften
ihr	stopftet
sie	stopften

Past Time

	Perfect	(Perf. Subj.)	(Pluperf. Subj.)
ich	habe gestopft	habe gestopft	hätte gestopft
du	hast gestopft	habest gestopft	hättest gestopft
er	hat gestopft	habe gestopft	hätte gestopft
wir	haben gestopft	haben gestopft	hätten gestopft
ihr	habt gestopft	habet gestopft	hättet gestopft
sie	haben gestopft	haben gestopft	hätten gestopft

	Pluperfect
ich	hatte gestopft
du	hattest gestopft
er	hatte gestopft
wir	hatten gestopft
ihr	hattet gestopft
sie	hatten gestopft

Future Time

	Future	(Fut. Subj.)	(Pres. Conditional)
ich	werde stopfen	werde stopfen	würde stopfen
du	wirst stopfen	werdest stopfen	würdest stopfen
er	wird stopfen	werde stopfen	würde stopfen
wir	werden stopfen	werden stopfen	würden stopfen
ihr	werdet stopfen	werdet stopfen	würdet stopfen
sie	werden stopfen	werden stopfen	würden stopfen

Future Perfect Time

	Future Perfect	(Fut. Perf. Subj.)	(Past Conditional)
ich	werde gestopft haben	werde gestopft haben	würde gestopft haben
du	wirst gestopft haben	werdest gestopft haben	würdest gestopft haben
er	wird gestopft haben	werde gestopft haben	würde gestopft haben
wir	werden gestopft haben	werden gestopft haben	würden gestopft haben
ihr	werdet gestopft haben	werdet gestopft haben	würdet gestopft haben
sie	werden gestopft haben	werden gestopft haben	würden gestopft haben

S

Examples: Die hungrigen Mäuler meiner elf Kinder muss ich stopfen. Auch gibt's immer Socken, Hemden und dergleichen zu stopfen. Manchmal eine Puppe oder einen Teddybär, die ich neu auszustopfen versuche. *I've got to feed the hungry mouths of my eleven children. And there are always socks, shirts, and such to be mended. Sometimes a doll or a teddy bear I try to restuff.*

stören

to disturb

PRINC. PARTS: stören, störte, gestört, stört
IMPERATIVE: störe!, stört!, stören Sie!

INDICATIVE		SUBJUNCTIVE	
		PRIMARY	SECONDARY
		Present Time	
Present		*(Pres. Subj.)*	*(Imperf. Subj.)*
ich	störe	störe	störte
du	störst	störest	störtest
er	stört	störe	störte
wir	stören	stören	störten
ihr	stört	störet	störtet
sie	stören	stören	störten

Imperfect	
ich	störte
du	störtest
er	störte
wir	störten
ihr	störtet
sie	störten

		Past Time	
Perfect		*(Perf. Subj.)*	*(Pluperf. Subj.)*
ich	habe gestört	habe gestört	hätte gestört
du	hast gestört	habest gestört	hättest gestört
er	hat gestört	habe gestört	hätte gestört
wir	haben gestört	haben gestört	hätten gestört
ihr	habt gestört	habet gestört	hättet gestört
sie	haben gestört	haben gestört	hätten gestört

Pluperfect	
ich	hatte gestört
du	hattest gestört
er	hatte gestört
wir	hatten gestört
ihr	hattet gestört
sie	hatten gestört

		Future Time	
Future		*(Fut. Subj.)*	*(Pres. Conditional)*
ich	werde stören	werde stören	würde stören
du	wirst stören	werdest stören	würdest stören
er	wird stören	werde stören	würde stören
wir	werden stören	werden stören	würden stören
ihr	werdet stören	werdet stören	würdet stören
sie	werden stören	werden stören	würden stören

		Future Perfect Time	
Future Perfect		*(Fut. Perf. Subj.)*	*(Past Conditional)*
ich	werde gestört haben	werde gestört haben	würde gestört haben
du	wirst gestört haben	werdest gestört haben	würdest gestört haben
er	wird gestört haben	werde gestört haben	würde gestört haben
wir	werden gestört haben	werden gestört haben	würden gestört haben
ihr	werdet gestört haben	werdet gestört haben	würdet gestört haben
sie	werden gestört haben	werden gestört haben	würden gestört haben

Examples: Wir haben die Sendung in unserem Hotelzimmer störfrei empfangen können. Nur das Zimmermädchen störte uns, obwohl „Bitte Nicht Stören" an der Tür angebracht war. *We were able to receive the broadcast in our hotel room without static. Only the chambermaid disturbed us, although "Please Do Not Disturb" was on the door.* Der Computer ist zur Zeit gestört. *The computer is down right now.*

stoßen

PRINC. PARTS: **stoßen, stieß, gestoßen, stößt**
IMPERATIVE: **stoße!, stoßt!, stoßen Sie!**

to push; shove; thrust

INDICATIVE	SUBJUNCTIVE	
	PRIMARY	SECONDARY

Present Time

	Present	(*Pres. Subj.*)	(*Imperf. Subj.*)
ich	stoße	stoße	stieße
du	stößt	stoßest	stießest
er	stößt	stoße	stieße
wir	stoßen	stoßen	stießen
ihr	stoßt	stoßet	stießet
sie	stoßen	stoßen	stießen

	Imperfect
ich	stieß
du	stießest
er	stieß
wir	stießen
ihr	stießt
sie	stießen

Past Time

	Perfect	(*Perf. Subj.*)	(*Pluperf. Subj.*)
ich	habe gestoßen	habe gestoßen	hätte gestoßen
du	hast gestoßen	habest gestoßen	hättest gestoßen
er	hat gestoßen	habe gestoßen	hätte gestoßen
wir	haben gestoßen	haben gestoßen	hätten gestoßen
ihr	habt gestoßen	habet gestoßen	hättet gestoßen
sie	haben gestoßen	haben gestoßen	hätten gestoßen

	Pluperfect
ich	hatte gestoßen
du	hattest gestoßen
er	hatte gestoßen
wir	hatten gestoßen
ihr	hattet gestoßen
sie	hatten gestoßen

Future Time

	Future	(*Fut. Subj.*)	(*Pres. Conditional*)
ich	werde stoßen	werde stoßen	würde stoßen
du	wirst stoßen	werdest stoßen	würdest stoßen
er	wird stoßen	werde stoßen	würde stoßen
wir	werden stoßen	werden stoßen	würden stoßen
ihr	werdet stoßen	werdet stoßen	würdet stoßen
sie	werden stoßen	werden stoßen	würden stoßen

Future Perfect Time

	Future Perfect	(*Fut. Perf. Subj.*)	(*Past Conditional*)
ich	werde gestoßen haben	werde gestoßen haben	würde gestoßen haben
du	wirst gestoßen haben	werdest gestoßen haben	würdest gestoßen haben
er	wird gestoßen haben	werde gestoßen haben	würde gestoßen haben
wir	werden gestoßen haben	werden gestoßen haben	würden gestoßen haben
ihr	werdet gestoßen haben	werdet gestoßen haben	würdet gestoßen haben
sie	werden gestoßen haben	werden gestoßen haben	würden gestoßen haben

S

Examples: **Ihr Werke stoßen noch auf Ablehnung. Nach der Premiere ihres neuen Stückes weigerte sich Herr Meckbesser, mit der Autorin und den anderen Kritikern anzustoßen. Dabei verstieß er gegen den guten Geschmack.** *Her works still meet with disapproval. After the premiere of her new play, Mr. Meckbesser refused to clink glasses with the author and the other critics. Thereby he infringed on good taste.*

483

strahlen

to radiate; beam

PRINC. PARTS: **strahlen, strahlte, gestrahlt, strahlt**
IMPERATIVE: **strahle!, strahlt!, strahlen Sie!**

INDICATIVE	SUBJUNCTIVE	
	PRIMARY	SECONDARY
	Present Time	
Present	*(Pres. Subj.)*	*(Imperf. Subj.)*
ich strahle	strahle	strahlte
du strahlst	strahlest	strahltest
er strahlt	strahle	strahlte
wir strahlen	strahlen	strahlten
ihr strahlt	strahlet	strahltet
sie strahlen	strahlen	strahlten

Imperfect
ich strahlte
du strahltest
er strahlte
wir strahlten
ihr strahltet
sie strahlten

	Past Time	
Perfect	*(Perf. Subj.)*	*(Pluperf. Subj.)*
ich habe gestrahlt	habe gestrahlt	hätte gestrahlt
du hast gestrahlt	habest gestrahlt	hättest gestrahlt
er hat gestrahlt	habe gestrahlt	hätte gestrahlt
wir haben gestrahlt	haben gestrahlt	hätten gestrahlt
ihr habt gestrahlt	habet gestrahlt	hättet gestrahlt
sie haben gestrahlt	haben gestrahlt	hätten gestrahlt

Pluperfect
ich hatte gestrahlt
du hattest gestrahlt
er hatte gestrahlt
wir hatten gestrahlt
ihr hattet gestrahlt
sie hatten gestrahlt

	Future Time	
Future	*(Fut. Subj.)*	*(Pres. Conditional)*
ich werde strahlen	werde strahlen	würde strahlen
du wirst strahlen	werdest strahlen	würdest strahlen
er wird strahlen	werde strahlen	würde strahlen
wir werden strahlen	werden strahlen	würden strahlen
ihr werdet strahlen	werdet strahlen	würdet strahlen
sie werden strahlen	werden strahlen	würden strahlen

	Future Perfect Time	
Future Perfect	*(Fut. Perf. Subj.)*	*(Past Conditional)*
ich werde gestrahlt haben	werde gestrahlt haben	würde gestrahlt haben
du wirst gestrahlt haben	werdest gestrahlt haben	würdest gestrahlt haben
er wird gestrahlt haben	werde gestrahlt haben	würde gestrahlt haben
wir werden gestrahlt haben	werden gestrahlt haben	würden gestrahlt haben
ihr werdet gestrahlt haben	werdet gestrahlt haben	würdet gestrahlt haben
sie werden gestrahlt haben	werden gestrahlt haben	würden gestrahlt haben

Examples: „Sie strahlen heute große Freude aus." „Bei diesem strahlenden Wetter, warum sollte auch ich nicht strahlend lachen?" *"You're radiantly cheerful today." "In this splendid weather, why shouldn't I beam with laughter, too?"* **Ausstrahlen** (*to broadcast; emit*) is separable.

streben

INDICATIVE	SUBJUNCTIVE	
	PRIMARY	SECONDARY

Present Time

Present	*(Pres. Subj.)*	*(Imperf. Subj.)*
ich strebe	strebe	strebte
du strebst	strebest	strebtest
er strebt	strebe	strebte
wir streben	streben	strebten
ihr strebt	strebet	strebtet
sie streben	streben	strebten

Imperfect		
ich strebte		
du strebtest		
er strebte		
wir strebten		
ihr strebtet		
sie strebten		

Past Time

Perfect	*(Perf. Subj.)*	*(Pluperf. Subj.)*
ich habe gestrebt	habe gestrebt	hätte gestrebt
du hast gestrebt	habest gestrebt	hättest gestrebt
er hat gestrebt	habe gestrebt	hätte gestrebt
wir haben gestrebt	haben gestrebt	hätten gestrebt
ihr habt gestrebt	habet gestrebt	hättet gestrebt
sie haben gestrebt	haben gestrebt	hätten gestrebt

Pluperfect		
ich hatte gestrebt		
du hattest gestrebt		
er hatte gestrebt		
wir hatten gestrebt		
ihr hattet gestrebt		
sie hatten gestrebt		

Future Time

Future	*(Fut. Subj.)*	*(Pres. Conditional)*
ich werde streben	werde streben	würde streben
du wirst streben	werdest streben	würdest streben
er wird streben	werde streben	würde streben
wir werden streben	werden streben	würden streben
ihr werdet streben	werdet streben	würdet streben
sie werden streben	werden streben	würden streben`

Future Perfect Time

Future Perfect	*(Fut. Perf. Subj.)*	*(Past Conditional)*
ich werde gestrebt haben	werde gestrebt haben	würde gestrebt haben
du wirst gestrebt haben	werdest gestrebt haben	würdest gestrebt haben
er wird gestrebt haben	werde gestrebt haben	würde gestrebt haben
wir werden gestrebt haben	werden gestrebt haben	würden gestrebt haben
ihr werdet gestrebt haben	werdet gestrebt haben	würdet gestrebt haben
sie werden gestrebt haben	werden gestrebt haben	würden gestrebt haben

S

Examples: Pauls Mitschüler nannten ihn einen Streber. Aber durch seine Strebsamkeit hat er es weit gebracht. Er strebte immer nach Höherem. Man soll immer die Volkommenheit anstreben.
Paul's fellow students called him pushy and overambitious. But because of his zeal, he went far in the world. He always aimed for higher things. One ought always to strive for perfection.

strecken

to stretch; extend

PRINC. PARTS: **strecken, streckte, gestreckt, streckt**
IMPERATIVE: **strecke!, streckt!, strecken Sie!**

	INDICATIVE	SUBJUNCTIVE	
		PRIMARY	SECONDARY
	Present	**Present Time**	
		(*Pres. Subj.*)	(*Imperf. Subj.*)
ich	strecke	strecke	streckte
du	streckst	streckest	strecktest
er	streckt	strecke	streckte
wir	strecken	strecken	streckten
ihr	streckt	strecket	strecktet
sie	strecken	strecken	streckten

	Imperfect
ich	streckte
du	strecktest
er	streckte
wir	streckten
ihr	strecktet
sie	streckten

	Perfect	**Past Time**	
		(*Perf. Subj.*)	(*Pluperf. Subj.*)
ich	habe gestreckt	habe gestreckt	hätte gestreckt
du	hast gestreckt	habest gestreckt	hättest gestreckt
er	hat gestreckt	habe gestreckt	hätte gestreckt
wir	haben gestreckt	haben gestreckt	hätten gestreckt
ihr	habt gestreckt	habet gestreckt	hättet gestreckt
sie	haben gestreckt	haben gestreckt	hätten gestreckt

	Pluperfect
ich	hatte gestreckt
du	hattest gestreckt
er	hatte gestreckt
wir	hatten gestreckt
ihr	hattet gestreckt
sie	hatten gestreckt

	Future	**Future Time**	
		(*Fut. Subj.*)	(*Pres. Conditional*)
ich	werde strecken	werde strecken	würde strecken
du	wirst strecken	werdest strecken	würdest strecken
er	wird strecken	werde strecken	würde strecken
wir	werden strecken	werden strecken	würden strecken
ihr	werdet strecken	werdet strecken	würdet strecken
sie	werden strecken	werden strecken	würden strecken

	Future Perfect	**Future Perfect Time**	
		(*Fut. Perf. Subj.*)	(*Past Conditional*)
ich	werde gestreckt haben	werde gestreckt haben	würde gestreckt haben
du	wirst gestreckt haben	werdest gestreckt haben	würdest gestreckt haben
er	wird gestreckt haben	werde gestreckt haben	würde gestreckt haben
wir	werden gestreckt haben	werden gestreckt haben	würden gestreckt haben
ihr	werdet gestreckt haben	werdet gestreckt haben	würdet gestreckt haben
sie	werden gestreckt haben	werden gestreckt haben	würden gestreckt haben

---

Examples: Freundschaftlich streckte er die Hand aus. Seine ausgestreckte Hand verschmähte ich und ich streckte ihm die Zunge heraus. *He extended his hand in friendship. I disdained his outstretched hand and stuck my tongue out at him.* **Wir sind arm geworden und müssen uns nach der Decke strecken.** *We're poor and have to make do with what we have.*

streichen

PRINC. PARTS: **streichen, strich, gestrichen, streicht**
IMPERATIVE: **streiche!, streicht!, streichen Sie!**

to strike; cancel; paint

INDICATIVE	SUBJUNCTIVE	
	PRIMARY	SECONDARY

Present Time

	Present	(*Pres. Subj.*)	(*Imperf. Subj.*)
ich	streiche	streiche	striche
du	streichst	streichest	strichest
er	streicht	streiche	striche
wir	streichen	streichen	strichen
ihr	streicht	streichet	strichet
sie	streichen	streichen	strichen

	Imperfect
ich	strich
du	strichst
er	strich
wir	strichen
ihr	stricht
sie	strichen

Past Time

	Perfect	(*Perf. Subj.*)	(*Pluperf. Subj.*)
ich	habe gestrichen	habe gestrichen	hätte gestrichen
du	hast gestrichen	habest gestrichen	hättest gestrichen
er	hat gestrichen	habe gestrichen	hätte gestrichen
wir	haben gestrichen	haben gestrichen	hätten gestrichen
ihr	habt gestrichen	habet gestrichen	hättet gestrichen
sie	haben gestrichen	haben gestrichen	hätten gestrichen

	Pluperfect
ich	hatte gestrichen
du	hattest gestrichen
er	hatte gestrichen
wir	hatten gestrichen
ihr	hattet gestrichen
sie	hatten gestrichen

Future Time

	Future	(*Fut. Subj.*)	(*Pres. Conditional*)
ich	werde streichen	werde streichen	würde streichen
du	wirst streichen	werdest streichen	würdest streichen
er	wird streichen	werde streichen	würde streichen
wir	werden streichen	werden streichen	würden streichen
ihr	werdet streichen	werdet streichen	würdet streichen
sie	werden streichen	werden streichen	würden streichen

Future Perfect Time

	Future Perfect	(*Fut. Perf. Subj.*)	(*Past Conditional*)
ich	werde gestrichen haben	werde gestrichen haben	würde gestrichen haben
du	wirst gestrichen haben	werdest gestrichen haben	würdest gestrichen haben
er	wird gestrichen haben	werde gestrichen haben	würde gestrichen haben
wir	werden gestrichen haben	werden gestrichen haben	würden gestrichen haben
ihr	werdet gestrichen haben	werdet gestrichen haben	würdet gestrichen haben
sie	werden gestrichen haben	werden gestrichen haben	würden gestrichen haben

S

Examples: **Der Landstreicher schlief auf der Parkbank, die frisch gestrichen war. Viel Zeit war verstrichen, aber er konnte die Erinnerung an sein bürgerliches Dasein nicht ganz aus seinem Gedächtnis streichen.** *The vagrant slept on the freshly painted park bench. Much time had passed, but he couldn't completely erase the memory of his bourgeois existence.* See verbs in Group I A, page 9.

streiten

to quarrel, dispute   PRINC. PARTS: **streiten, stritt, gestritten, streitet**
                          IMPERATIVE: **streite!, streitet!, streiten Sie!**

	INDICATIVE	SUBJUNCTIVE	
		PRIMARY	SECONDARY
		Present Time	
	Present	*(Pres. Subj.)*	*(Imperf. Subj.)*
ich	streite	streite	stritte
du	streitest	streitest	strittest
er	streitet	streite	stritte
wir	streiten	streiten	stritten
ihr	streitet	streitet	strittet
sie	streiten	streiten	stritten

	Imperfect
ich	stritt
du	strittst
er	stritt
wir	stritten
ihr	strittet
sie	stritten

		Past Time	
	Perfect	*(Perf. Subj.)*	*(Pluperf. Subj.)*
ich	habe gestritten	habe gestritten	hätte gestritten
du	hast gestritten	habest gestritten	hättest gestritten
er	hat gestritten	habe gestritten	hätte gestritten
wir	haben gestritten	haben gestritten	hätten gestritten
ihr	habt gestritten	habet gestritten	hättet gestritten
sie	haben gestritten	haben gestritten	hätten gestritten

	Pluperfect
ich	hatte gestritten
du	hattest gestritten
er	hatte gestritten
wir	hatten gestritten
ihr	hattet gestritten
sie	hatten gestritten

		Future Time	
	Future	*(Fut. Subj.)*	*(Pres. Conditional)*
ich	werde streiten	werde streiten	würde streiten
du	wirst streiten	werdest streiten	würdest streiten
er	wird streiten	werde streiten	würde streiten
wir	werden streiten	werden streiten	würden streiten
ihr	werdet streiten	werdet streiten	würdet streiten
sie	werden streiten	werden streiten	würden streiten

		Future Perfect Time	
	Future Perfect	*(Fut. Perf. Subj.)*	*(Past Conditional)*
ich	werde gestritten haben	werde gestritten haben	würde gestritten haben
du	wirst gestritten haben	werdest gestritten haben	würdest gestritten haben
er	wird gestritten haben	werde gestritten haben	würde gestritten haben
wir	werden gestritten haben	werden gestritten haben	würden gestritten haben
ihr	werdet gestritten haben	werdet gestritten haben	würdet gestritten haben
sie	werden gestritten haben	werden gestritten haben	würden gestritten haben

Examples: Die streitlustigen Forscher stritten lange um die Übersetzung vieler Stellen. Dieser Streit wurde beigelegt, als Engel ihnen richtige Anweisungen gaben. Jetzt sind sie glücklich und nicht mehr zerstritten. *The quarrelsome scholars disputed for a long time about the translation of many passages. That quarrel was settled when angels gave them correct directions. Now they're happy and no longer at odds.*

stricken

to knit

PRINC. PARTS: **stricken, strickte, gestrickt, strickt**
IMPERATIVE: **strickte!, strickt!, stricken Sie!**

INDICATIVE	SUBJUNCTIVE	
	PRIMARY	SECONDARY

Present Time

	Present	*(Pres. Subj.)*	*(Imperf. Subj.)*
ich	stricke	stricke	strickte
du	strickst	strickest	stricktest
er	strickt	stricke	strickte
wir	stricken	stricken	strickten
ihr	strickt	stricket	stricktet
sie	stricken	stricken	strickten

	Imperfect
ich	strickte
du	stricktest
er	strickte
wir	strickten
ihr	stricktet
sie	strickten

Past Time

	Perfect	*(Perf. Subj.)*	*(Pluperf. Subj.)*
ich	habe gestrickt	habe gestrickt	hätte gestrickt
du	hast gestrickt	habest gestrickt	hättest gestrickt
er	hat gestrickt	habe gestrickt	hätte gestrickt
wir	haben gestrickt	haben gestrickt	hätten gestrickt
ihr	habt gestrickt	habet gestrickt	hättet gestrickt
sie	haben gestrickt	haben gestrickt	hätten gestrickt

	Pluperfect
ich	hatte gestrickt
du	hattest gestrickt
er	hatte gestrickt
wir	hatten gestrickt
ihr	hattet gestrickt
sie	hatten gestrickt

Future Time

	Future	*(Fut. Subj.)*	*(Pres. Conditional)*
ich	werde stricken	werde stricken	würde stricken
du	wirst stricken	werdest stricken	würdest stricken
er	wird stricken	werde stricken	würde stricken
wir	werden stricken	werden stricken	würden stricken
ihr	werdet stricken	werdet stricken	würdet stricken
sie	werden stricken	werden stricken	würden stricken

Future Perfect Time

	Future Perfect	*(Fut. Perf. Subj.)*	*(Past Conditional)*
ich	werde gestrickt haben	werde gestrickt haben	würde gestrickt haben
du	wirst gestrickt haben	werdest gestrickt haben	würdest gestrickt haben
er	wird gestrickt haben	werde gestrickt haben	würde gestrickt haben
wir	werden gestrickt haben	werden gestrickt haben	würden gestrickt haben
ihr	werdet gestrickt haben	werdet gestrickt haben	würdet gestrickt haben
sie	werden gestrickt haben	werden gestrickt haben	würden gestrickt haben

Examples: Madame Lafarge saß vor der Guillotine und strickte. Ihre Strickereien waren sehr berühmt, denn sie verstrickte sich nie beim Stricken. Sie war auch in der Politik verstrickt. *Madame Lafarge sat in front of the guillotine and knitted. Her knitwork was very famous, for she never made a mistake in knitting. She was also mixed up in politics.* Verstricken is inseparable.

studieren

to study; be at college

PRINC. PARTS: **studieren, studierte, studiert, studiert**
IMPERATIVE: **studiere!, studiert!, studieren Sie!**

	INDICATIVE	SUBJUNCTIVE	
		PRIMARY	SECONDARY
		Present Time	
	Present	*(Pres. Subj.)*	*(Imperf. Subj.)*
ich	studiere	studiere	studierte
du	studierst	studierest	studiertest
er	studiert	studiere	studierte
wir	studieren	studieren	studierten
ihr	studiert	studieret	studiertet
sie	studieren	studieren	studierten

	Imperfect
ich	studierte
du	studiertest
er	studierte
wir	studierten
ihr	studiertet
sie	studierten

		Past Time	
	Perfect	*(Perf. Subj.)*	*(Pluperf. Subj.)*
ich	habe studiert	habe studiert	hätte studiert
du	hast studiert	habest studiert	hättest studiert
er	hat studiert	habe studiert	hätte studiert
wir	haben studiert	haben studiert	hätten studiert
ihr	habt studiert	habet studiert	hättet studiert
sie	haben studiert	haben studiert	hätten studiert

	Pluperfect
ich	hatte studiert
du	hattest studiert
er	hatte studiert
wir	hatten studiert
ihr	hattet studiert
sie	hatten studiert

		Future Time	
	Future	*(Fut. Subj.)*	*(Pres. Conditional)*
ich	werde studieren	werde studieren	würde studieren
du	wirst studieren	werdest studieren	würdest studieren
er	wird studieren	werde studieren	würde studieren
wir	werden studieren	werden studieren	würden studieren
ihr	werdet studieren	werdet studieren	würdet studieren
sie	werden studieren	werden studieren	würden studieren

		Future Perfect Time	
	Future Perfect	*(Fut. Perf. Subj.)*	*(Past Conditional)*
ich	werde studiert haben	werde studiert haben	würde studiert haben
du	wirst studiert haben	werdest studiert haben	würdest studiert haben
er	wird studiert haben	werde studiert haben	würde studiert haben
wir	werden studiert haben	werden studiert haben	würden studiert haben
ihr	werdet studiert haben	werdet studiert haben	würdet studiert haben
sie	werden studiert haben	werden studiert haben	würden studiert haben

Examples: Suzanne hat Geologie auf der Universität in Rennes studiert. Oft denkt sie noch an ihre Studienzeit und singt gern frohe Studentenlieder. *Suzanne studied geology at the University of Rennes. She often thinks of her college days and likes to sing jolly student songs.*

stürzen

PRINC. PARTS: stürzen, stürzte, ist gestürzt, stürzt
IMPERATIVE: stürze!, stürzt!, stürzen Sie!

to plunge; fall; hurl;
overthrow

INDICATIVE	SUBJUNCTIVE	
	PRIMARY	SECONDARY

Present Time

	Present	(*Pres. Subj.*)	(*Imperf. Subj.*)
ich	stürze	stürze	stürzte
du	stürzt	stürzest	stürztest
er	stürzt	stürze	stürzte
wir	stürzen	stürzen	stürzten
ihr	stürzt	stürzet	stürztet
sie	stürzen	stürzen	stürzten

	Imperfect
ich	stürzte
du	stürztest
er	stürzte
wir	stürzten
ihr	stürztet
sie	stürzten

Past Time

	Perfect	(*Perf. Subj.*)	(*Pluperf. Subj.*)
ich	bin gestürzt	sei gestürzt	wäre gestürzt
du	bist gestürzt	seiest gestürzt	wärest gestürzt
er	ist gestürzt	sei gestürzt	wäre gestürzt
wir	sind gestürzt	seien gestürzt	wären gestürzt
ihr	seid gestürzt	seiet gestürzt	wäret gestürzt
sie	sind gestürzt	seien gestürzt	wären gestürzt

	Pluperfect
ich	war gestürzt
du	warst gestürzt
er	war gestürzt
wir	waren gestürzt
ihr	wart gestürzt
sie	waren gestürzt

Future Time

	Future	(*Fut. Subj.*)	(*Pres. Conditional*)
ich	werde stürzen	werde stürzen	würde stürzen
du	wirst stürzen	werdest stürzen	würdest stürzen
er	wird stürzen	werde stürzen	würde stürzen
wir	werden stürzen	werden stürzen	würden stürzen
ihr	werdet stürzen	werdet stürzen	würdet stürzen
sie	werden stürzen	werden stürzen	würden stürzen

Future Perfect Time

	Future Perfect	(*Fut. Perf. Subj.*)	(*Past Conditional*)
ich	werde gestürzt sein	werde gestürzt sein	würde gestürzt sein
du	wirst gestürzt sein	werdest gestürzt sein	würdest gestürzt sein
er	wird gestürzt sein	werde gestürzt sein	würde gestürzt sein
wir	werden gestürzt sein	werden gestürzt sein	würden gestürzt sein
ihr	werdet gestürzt sein	werdet gestürzt sein	würdet gestürzt sein
sie	werden gestürzt sein	werden gestürzt sein	würden gestürzt sein

S

Examples: Der alte Tribun riet dem General, nichts zu überstürzen. Aber der General stürzte die Republik. Kurz danach sind die Preise gestürzt, was viele ins Elend stürzte. Der Tribun stürzte sich dann in sein Schwert. *The old tribune advised the general not to rush things. But the republic was overthrown by the general. Shortly thereafter prices plummeted, which ruined many, The tribune then fell upon his sword.*

stutzen

to stop short, be startled;
curtail

PRINC. PARTS: **stutzen, stutzte, gestutzt, stutzt**
IMPERATIVE: **stutze!, stutzt!, stutzen Sie!**

INDICATIVE	SUBJUNCTIVE	
	PRIMARY	SECONDARY

Present Time

	Present	*(Pres. Subj.)*	*(Imperf. Subj.)*
ich	stutze	stutze	stutzte
du	stutzt	stutzest	stutztest
er	stutzt	stutze	stutzte
wir	stutzen	stutzen	stutzten
ihr	stutzt	stutzet	stutztet
sie	stutzen	stutzen	stutzten

	Imperfect
ich	stutzte
du	stutztest
er	stutzte
wir	stutzten
ihr	stutztet
sie	stutzten

Past Time

	Perfect	*(Perf. Subj.)*	*(Pluperf. Subj.)*
ich	habe gestutzt	habe gestutzt	hätte gestutzt
du	hast gestutzt	habest gestutzt	hättest gestutzt
er	hat gestutzt	habe gestutzt	hätte gestutzt
wir	haben gestutzt	haben gestutzt	hätten gestutzt
ihr	habt gestutzt	habet gestutzt	hättet gestutzt
sie	haben gestutzt	haben gestutzt	hätten gestutzt

	Pluperfect
ich	hatte gestutzt
du	hattest gestutzt
er	hatte gestutzt
wir	hatten gestutzt
ihr	hattet gestutzt
sie	hatten gestutzt

Future Time

	Future	*(Fut. Subj.)*	*(Pres. Conditional)*
ich	werde stutzen	werde stutzen	würde stutzen
du	wirst stutzen	werdest stutzen	würdest stutzen
er	wird stutzen	werde stutzen	würde stutzen
wir	werden stutzen	werden stutzen	würden stutzen
ihr	werdet stutzen	werdet stutzen	würdet stutzen
sie	werden stutzen	werden stutzen	würden stutzen

Future Perfect Time

	Future Perfect	*(Fut. Perf. Subj.)*	*(Past Conditional)*
ich	werde gestutzt haben	werde gestutzt haben	würde gestutzt haben
du	wirst gestutzt haben	werdest gestutzt haben	würdest gestutzt haben
er	wird gestutzt haben	werde gestutzt haben	würde gestutzt haben
wir	werden gestutzt haben	werden gestutzt haben	würden gestutzt haben
ihr	werdet gestutzt haben	werdet gestutzt haben	würdet gestutzt haben
sie	werden gestutzt haben	werden gestutzt haben	würden gestutzt haben

Examples: Unsere Nachbarn können das Stutzen nicht lassen. Sie sind immer dabei, Bäume und Büsche zu stutzen. Als ich gestern ihren Hund sah, stutzte ich, denn sie hatten ihm die Ohren und seinen schönen Schwanz gestutzt. *Our neighbors can't stop trimming. They're always at it, trimming trees and bushes. When I saw their dog yesterday, I was startled, for they had cropped his ears and docked his beautiful tail.*

stützen

PRINC. PARTS: **stützen, stützte, gestützt, stützt**
IMPERATIVE: **stütze!, stützt!, stützen Sie!**

to prop; support; peg

	INDICATIVE		SUBJUNCTIVE	
			PRIMARY	SECONDARY
			Present Time	
	Present		*(Pres. Subj.)*	*(Imperf. Subj.)*
ich	stütze		stütze	stützte
du	stützt		stützest	stütztest
er	stützt		stütze	stützte
wir	stützen		stützen	stützten
ihr	stützt		stützet	stütztet
sie	stützen		stützen	stützten
	Imperfect			
ich	stützte			
du	stütztest			
er	stützte			
wir	stützten			
ihr	stütztet			
sie	stützten			
			Past Time	
	Perfect		*(Perf. Subj.)*	*(Pluperf. Subj.)*
ich	habe gestützt		habe gestützt	hätte gestützt
du	hast gestützt		habest gestützt	hättest gestützt
er	hat gestützt		habe gestützt	hätte gestützt
wir	haben gestützt		haben gestützt	hätten gestützt
ihr	habt gestützt		habet gestützt	hättet gestützt
sie	haben gestützt		haben gestützt	hätten gestützt
	Pluperfect			
ich	hatte gestützt			
du	hattest gestützt			
er	hatte gestützt			
wir	hatten gestützt			
ihr	hattet gestützt			
sie	hatten gestützt			
			Future Time	
	Future		*(Fut. Subj.)*	*(Pres. Conditional)*
ich	werde stützen		werde stützen	würde stützen
du	wirst stützen		werdest stützen	würdest stützen
er	wird stützen		werde stützen	würde stützen
wir	werden stützen		werden stützen	würden stützen
ihr	werdet stützen		werdet stützen	würdet stützen
sie	werden stützen		werden stützen	würden stützen
			Future Perfect Time	
	Future Perfect		*(Fut. Perf. Subj.)*	*(Past Conditional)*
ich	werde gestützt haben		werde gestützt haben	würde gestützt haben
du	wirst gestützt haben		werdest gestützt haben	würdest gestützt haben
er	wird gestützt haben		werde gestützt haben	würde gestützt haben
wir	werden gestützt haben		werden gestützt haben	würden gestützt haben
ihr	werdet gestützt haben		werdet gestützt haben	würdet gestützt haben
sie	werden gestützt haben		werden gestützt haben	würden gestützt haben

S

Examples: Sie wollen sich jetzt auf mich stützen. Aber ich kann Sie nicht unterstützen, denn Sie können Ihre Anschuldigungen auf keine Beweise stützen. *You want to count on me now. But I can't support you, because you can't support your accusations with any proof.*

suchen

to seek, look for

PRINC. PARTS: **suchen, suchte, gesucht, sucht**
IMPERATIVE: **suche!, sucht!, suchen Sie!**

	INDICATIVE	SUBJUNCTIVE	
		PRIMARY	SECONDARY
		Present Time	
	Present	*(Pres. Subj.)*	*(Imperf. Subj.)*
ich	suche	suche	suchte
du	suchst	suchest	suchtest
er	sucht	suche	suchte
wir	suchen	suchen	suchten
ihr	sucht	suchet	suchtet
sie	suchen	suchen	suchten

	Imperfect
ich	suchte
du	suchtest
er	suchte
wir	suchten
ihr	suchtet
sie	suchten

		Past Time	
	Perfect	*(Perf. Subj.)*	*(Pluperf. Subj.)*
ich	habe gesucht	habe gesucht	hätte gesucht
du	hast gesucht	habest gesucht	hättest gesucht
er	hat gesucht	habe gesucht	hätte gesucht
wir	haben gesucht	haben gesucht	hätten gesucht
ihr	habt gesucht	habet gesucht	hättet gesucht
sie	haben gesucht	haben gesucht	hätten gesucht

	Pluperfect
ich	hatte gesucht
du	hattest gesucht
er	hatte gesucht
wir	hatten gesucht
ihr	hattet gesucht
sie	hatten gesucht

		Future Time	
	Future	*(Fut. Subj.)*	*(Pres. Conditional)*
ich	werde suchen	werde suchen	würde suchen
du	wirst suchen	werdest suchen	würdest suchen
er	wird suchen	werde suchen	würde suchen
wir	werden suchen	werden suchen	würden suchen
ihr	werdet suchen	werdet suchen	würdet suchen
sie	werden suchen	werden suchen	würden suchen

		Future Perfect Time	
	Future Perfect	*(Fut. Perf. Subj.)*	*(Past Conditional)*
ich	werde gesucht haben	werde gesucht haben	würde gesucht haben
du	wirst gesucht haben	werdest gesucht haben	würdest gesucht haben
er	wird gesucht haben	werde gesucht haben	würde gesucht haben
wir	werden gesucht haben	werden gesucht haben	würden gesucht haben
ihr	werdet gesucht haben	werdet gesucht haben	würdet gesucht haben
sie	werden gesucht haben	werden gesucht haben	würden gesucht haben

Examples: „Ich weiß, er ist ein gesuchter Arzt. Aber ich bin auf der Suche nach einem neuen", sagte die reiche Dame. „Er sucht nur seinen Vorteil, indem er mir Placebos verschreibt. Ich will mir einen jüngeren aussuchen." *"I know he's a much sought-after doctor. But I'm in search of a new one," said the rich lady. "He's just out for his own advantage by prescribing placebos. I want to pick out a younger one."*

tanken

PRINC. PARTS: **tanken, tankte, getankt, tankt**
IMPERATIVE: **tanke!, tankt!, tanken Sie!**

to refuel, get gasoline

INDICATIVE	SUBJUNCTIVE	
	PRIMARY	SECONDARY

Present Time

	Present	*(Pres. Subj.)*	*(Imperf. Subj.)*
ich	tanke	tanke	tankte
du	tankst	tankest	tanktest
er	tankt	tanke	tankte
wir	tanken	tanken	tankten
ihr	tankt	tanket	tanktet
sie	tanken	tanken	tankten

	Imperfect
ich	tankte
du	tanktest
er	tankte
wir	tankten
ihr	tanktet
sie	tankten

Past Time

	Perfect	*(Perf. Subj.)*	*(Pluperf. Subj.)*
ich	habe getankt	habe getankt	hätte getankt
du	hast getankt	habest getankt	hättest getankt
er	hat getankt	habe getankt	hätte getankt
wir	haben getankt	haben getankt	hätten getankt
ihr	habt getankt	habet getankt	hättet getankt
sie	haben getankt	haben getankt	hätten getankt

	Pluperfect
ich	hatte getankt
du	hattest getankt
er	hatte getankt
wir	hatten getankt
ihr	hattet getankt
sie	hatten getankt

Future Time

	Future	*(Fut. Subj.)*	*(Pres. Conditional)*
ich	werde tanken	werde tanken	würde tanken
du	wirst tanken	werdest tanken	würdest tanken
er	wird tanken	werde tanken	würde tanken
wir	werden tanken	werden tanken	würden tanken
ihr	werdet tanken	werdet tanken	würdet tanken
sie	werden tanken	werden tanken	würden tanken

Future Perfect Time

	Future Perfect	*(Fut. Perf. Subj.)*	*(Past Conditional)*
ich	werde getankt haben	werde getankt haben	würde getankt haben
du	wirst getankt haben	werdest getankt haben	würdest getankt haben
er	wird getankt haben	werde getankt haben	würde getankt haben
wir	werden getankt haben	werden getankt haben	würden getankt haben
ihr	werdet getankt haben	werdet getankt haben	würdet getankt haben
sie	werden getankt haben	werden getankt haben	würden getankt haben

Examples: „Wir müssen wieder tanken. Hoffentlich kommt bald eine Tankstelle." „Hast du nicht vor einer Stunde schon vollgetankt?" „Das war vor zwei Stunden, und wir fahren sehr schnell."
"We'll have to get gas again. I hope there'll be a gas station soon." "Didn't you already get a full tank an hour ago?" "That was two hours ago, and we're driving very fast."

T

tanzen

to dance

PRINC. PARTS: **tanzen, tanzte, getanzt, tanzt**
IMPERATIVE: **tanze!, tanzt!, tanzen Sie!**

	INDICATIVE	SUBJUNCTIVE	
		PRIMARY	SECONDARY

Present Time

	Present	(*Pres. Subj.*)	(*Imperf. Subj.*)
ich	tanze	tanze	tanzte
du	tanzt	tanzest	tanztest
er	tanzt	tanze	tanzte
wir	tanzen	tanzen	tanzten
ihr	tanzt	tanzet	tanztet
sie	tanzen	tanzen	tanzten

Imperfect

ich	tanzte
du	tanztest
er	tanzte
wir	tanzten
ihr	tanztet
sie	tanzten

Past Time

	Perfect	(*Perf. Subj.*)	(*Pluperf. Subj.*)
ich	habe getanzt	habe getanzt	hätte getanzt
du	hast getanzt	habest getanzt	hättest getanzt
er	hat getanzt	habe getanzt	hätte getanzt
wir	haben getanzt	haben getanzt	hätten getanzt
ihr	habt getanzt	habet getanzt	hättet getanzt
sie	haben getanzt	haben getanzt	hätten getanzt

Pluperfect

ich	hatte getanzt
du	hattest getanzt
er	hatte getanzt
wir	hatten getanzt
ihr	hattet getanzt
sie	hatten getanzt

Future Time

	Future	(*Fut. Subj.*)	(*Pres. Conditional*)
ich	werde tanzen	werde tanzen	würde tanzen
du	wirst tanzen	werdest tanzen	würdest tanzen
er	wird tanzen	werde tanzen	würde tanzen
wir	werden tanzen	werden tanzen	würden tanzen
ihr	werdet tanzen	werdet tanzen	würdet tanzen
sie	werden tanzen	werden tanzen	würden tanzen

Future Perfect Time

	Future Perfect	(*Fut. Perf. Subj.*)	(*Past Conditional*)
ich	werde getanzt haben	werde getanzt haben	würde getanzt haben
du	wirst getanzt haben	werdest getanzt haben	würdest getanzt haben
er	wird getanzt haben	werde getanzt haben	würde getanzt haben
wir	werden getanzt haben	werden getanzt haben	würden getanzt haben
ihr	werdet getanzt haben	werdet getanzt haben	würdet getanzt haben
sie	werden getanzt haben	werden getanzt haben	würden getanzt haben

Examples: Die Tempeltänzerinnen tanzten, um den Herrn des Tanzes zu ehren. *The temple dancers danced to honor the Lord of the Dance.* **In ihrem Traum begann eine Rose, gespensterhaft zu tanzen.** *In her dream a rose began to dance eerily.* **Eliza sagte, sie hätte die ganze Nacht tanzen können.** *Eliza said she could have danced all night.*

496

taugen

PRINC. PARTS: **taugen, taugte, getaugt, taugt**
IMPERATIVE: **tauge!, taugt!, taugen Sie!**

to be of use or value,
be worth; be good or fit for

INDICATIVE	SUBJUNCTIVE	
	PRIMARY	SECONDARY
	Present Time	
Present	*(Pres. Subj.)*	*(Imperf. Subj.)*
ich tauge	tauge	taugte
du taugst	taugest	taugtest
er taugt	tauge	taugte
wir taugen	taugen	taugten
ihr taugt	tauget	taugtet
sie taugen	taugen	taugten

Imperfect

ich	taugte
du	taugtest
er	taugte
wir	taugten
ihr	taugtet
sie	taugten

	Past Time	
Perfect	*(Perf. Subj.)*	*(Pluperf. Subj.)*
ich habe getaugt	habe getaugt	hätte getaugt
du hast getaugt	habest getaugt	hättest getaugt
er hat getaugt	habe getaugt	hätte getaugt
wir haben getaugt	haben getaugt	hätten getaugt
ihr habt getaugt	habet getaugt	hättet getaugt
sie haben getaugt	haben getaugt	hätten getaugt

Pluperfect

ich	hatte getaugt
du	hattest getaugt
er	hatte getaugt
wir	hatten getaugt
ihr	hattet getaugt
sie	hatten getaugt

	Future Time	
Future	*(Fut. Subj.)*	*(Pres. Conditional)*
ich werde taugen	werde taugen	würde taugen
du wirst taugen	werdest taugen	würdest taugen
er wird taugen	werde taugen	würde taugen
wir werden taugen	werden taugen	würden taugen
ihr werdet taugen	werdet taugen	würdet taugen
sie werden taugen	werden taugen	würden taugen

	Future Perfect Time	
Future Perfect	*(Fut. Perf. Subj.)*	*(Past Conditional)*
ich werde getaugt haben	werde getaugt haben	würde getaugt haben
du wirst getaugt haben	werdest getaugt haben	würdest getaugt haben
er wird getaugt haben	werde getaugt haben	würde getaugt haben
wir werden getaugt haben	werden getaugt haben	würden getaugt haben
ihr werdet getaugt haben	werdet getaugt haben	würdet getaugt haben
sie werden getaugt haben	werden getaugt haben	würden getaugt haben

Examples: Alle glaubten, Lauritz taugte nichts. Er wurde von den Ärzten für militärtauglich befunden. „Er taugt zum Offizier", meinten seine Vorgesetzten. *All thought Lauritz was good for nothing. The doctors found him fit for military service. "He'd make a good officer," declared his superiors.*

T

497

toben

to storm; rage; rave

PRINC. PARTS: **toben, tobte, getobt, tobt**
IMPERATIVE: **tobe!, tobt!, toben Sie!**

INDICATIVE	SUBJUNCTIVE	
	PRIMARY	SECONDARY

Present Time

	Present	(*Pres. Subj.*)	(*Imperf. Subj.*)
ich	tobe	tobe	tobte
du	tobst	tobest	tobtest
er	tobt	tobe	tobte
wir	toben	toben	tobten
ihr	tobt	tobet	tobtet
sie	toben	toben	tobten

	Imperfect
ich	tobte
du	tobtest
er	tobte
wir	tobten
ihr	tobtet
sie	tobten

Past Time

	Perfect	(*Perf. Subj.*)	(*Pluperf. Subj.*)
ich	habe getobt	habe getobt	hätte getobt
du	hast getobt	habest getobt	hättest getobt
er	hat getobt	habe getobt	hätte getobt
wir	haben getobt	haben getobt	hätten getobt
ihr	habt getobt	habet getobt	hättet getobt
sie	haben getobt	haben getobt	hätten getobt

	Pluperfect
ich	hatte getobt
du	hattest getobt
er	hatte getobt
wir	hatten getobt
ihr	hattet getobt
sie	hatten getobt

Future Time

	Future	(*Fut. Subj.*)	(*Pres. Conditional*)
ich	werde toben	werde toben	würde toben
du	wirst toben	werdest toben	würdest toben
er	wird toben	werde toben	würde toben
wir	werden toben	werden toben	würden toben
ihr	werdet toben	werdet toben	würdet toben
sie	werden toben	werden toben	würden toben

Future Perfect Time

	Future Perfect	(*Fut. Perf. Subj.*)	(*Past Conditional*)
ich	werde getobt haben	werde getobt haben	würde getobt haben
du	wirst getobt haben	werdest getobt haben	würdest getobt haben
er	wird getobt haben	werde getobt haben	würde getobt haben
wir	werden getobt haben	werden getobt haben	würden getobt haben
ihr	werdet getobt haben	werdet getobt haben	würdet getobt haben
sie	werden getobt haben	werden getobt haben	würden getobt haben

Examples: **Der Sturm hat sich ausgetobt. Aber du tobst noch wie ein Wilder. Ich habe genug von deinen Tobsuchtsanfällen.** *The storm has spent its fury. But you're still raving like a wild man. I've had enough of your fits of frenzy.*

töten

to kill

PRINC. PARTS: **töten, tötete, getötet, tötet**
IMPERATIVE: **töte!, tötet!, töten Sie!**

INDICATIVE	SUBJUNCTIVE	
	PRIMARY	SECONDARY
	Present Time	
Present	*(Pres. Subj.)*	*(Imperf. Subj.)*
ich töte	töte	tötete
du tötest	tötest	tötetest
er tötet	töte	tötete
wir töten	töten	töteten
ihr tötet	tötet	tötetet
sie töten	töten	töteten

Imperfect

ich	tötete
du	tötetest
er	tötete
wir	töteten
ihr	tötetet
sie	töteten

	Past Time	
Perfect	*(Perf. Subj.)*	*(Pluperf. Subj.)*
ich habe getötet	habe getötet	hätte getötet
du hast getötet	habest getötet	hättest getötet
er hat getötet	habe getötet	hätte getötet
wir haben getötet	haben getötet	hätten getötet
ihr habt getötet	habet getötet	hättet getötet
sie haben getötet	haben getötet	hätten getötet

Pluperfect

ich	hatte getötet
du	hattest getötet
er	hatte getötet
wir	hatten getötet
ihr	hattet getötet
sie	hatten getötet

	Future Time	
Future	*(Fut. Subj.)*	*(Pres. Conditional)*
ich werde töten	werde töten	würde töten
du wirst töten	werdest töten	würdest töten
er wird töten	werde töten	würde töten
wir werden töten	werden töten	würden töten
ihr werdet töten	werdet töten	würdet töten
sie werden töten	werden töten	würden töten

	Future Perfect Time	
Future Perfect	*(Fut. Perf. Subj.)*	*(Past Conditional)*
ich werde getötet haben	werde getötet haben	würde getötet haben
du wirst getötet haben	werdest getötet haben	würdest getötet haben
er wird getötet haben	werde getötet haben	würde getötet haben
wir werden getötet haben	werden getötet haben	würden getötet haben
ihr werdet getötet haben	werdet getötet haben	würdet getötet haben
sie werden getötet haben	werden getötet haben	würden getötet haben

T

Examples: Er behauptete, er hätte sie nicht getötet, obwohl die Polizei sie tot in seiner Wohnung auffand. Vor seinem Tod gestand er aber doch, sie getötet zu haben. *He declared he didn't kill her, although the police found her dead in his apartment. Before his death, however, he confessed to having killed her.*

tragen

to carry, bear; wear PRINC. PARTS: **tragen, trug, getragen, trägt**
IMPERATIVE: **trage!, tragt!, tragen Sie!**

INDICATIVE	SUBJUNCTIVE	
	PRIMARY	SECONDARY
	Present Time	
Present	*(Pres. Subj.)*	*(Imperf. Subj.)*
ich trage	trage	trüge
du trägst	tragest	trügest
er trägt	trage	trüge
wir tragen	tragen	trügen
ihr tragt	traget	trüget
sie tragen	tragen	trügen
Imperfect		
ich trug		
du trugst		
er trug		
wir trugen		
ihr trugt		
sie trugen		
	Past Time	
Perfect	*(Perf. Subj.)*	*(Pluperf. Subj.)*
ich habe getragen	habe getragen	hätte getragen
du hast getragen	habest getragen	hättest getragen
er hat getragen	habe getragen	hätte getragen
wir haben getragen	haben getragen	hätten getragen
ihr habt getragen	habet getragen	hättet getragen
sie haben getragen	haben getragen	hätten getragen
Pluperfect		
ich hatte getragen		
du hattest getragen		
er hatte getragen		
wir hatten getragen		
ihr hattet getragen		
sie hatten getragen		
	Future Time	
Future	*(Fut. Subj.)*	*(Pres. Conditional)*
ich werde tragen	werde tragen	würde tragen
du wirst tragen	werdest tragen	würdest tragen
er wird tragen	werde tragen	würde tragen
wir werden tragen	werden tragen	würden tragen
ihr werdet tragen	werdet tragen	würdet tragen
sie werden tragen	werden tragen	würden tragen
	Future Perfect Time	
Future Perfect	*(Fut. Perf. Subj.)*	*(Past Conditional)*
ich werde getragen haben	werde getragen haben	würde getragen haben
du wirst getragen haben	werdest getragen haben	würdest getragen haben
er wird getragen haben	werde getragen haben	würde getragen haben
wir werden getragen haben	werden getragen haben	würden getragen haben
ihr werdet getragen haben	werdet getragen haben	würdet getragen haben
sie werden getragen haben	werden getragen haben	würden getragen haben

AN ESSENTIAL
55 VERB

Tragen

Prefix Verbs

INSEPARABLE

betragen—to amount to, come to (sums of money)
Der Unterschied beträgt nicht viel.
The difference doesn't amount to much.

(sich) betragen—to behave
Du hast dich wie ein Rohling ihr gegenüber betragen.
You behaved like a brute to her.

ertragen—to endure, bear
Deine Launen ertrage ich nicht länger.
I won't put up with your moods any longer.

übertragen—to transfer, transmit; translate
Sie wusste nicht, dass sie die Krankheit auf so viele übertragen hatte.
She didn't know she'd communicated the disease to so many.

Ihre Hochzeit wurde im Fernsehen übertragen.
Their wedding was televised.

Seine Werke wurden aus dem Griechischen ins Deutsche übertragen.
His works were translated from Greek into German.

Wir übertrugen die Dateien von der Festplatte auf eine CD.
We transferred the files from the hard drive to a CD.

vertragen—to tolerate, endure
Sie kann kein Penizillin vertragen.
She's allergic to penicillin.

(sich) vertragen mit—to get along with
Wir müssen lernen, uns mit einander zu vertragen.
We must learn to get along with one another.

EXAMPLES

Ulla trug ein weißes Brautkleid. Sie und Hanno waren froh, sich als Ehepaar einzutragen. Aber jetzt können sie sich kaum vertragen. Sie wollen die Kosten einer Scheidung nicht tragen. Er sagt, sie trage die Schuld an allem. Sie meint, er trage die Verantwortung dafür. Sie ertragen beide großen Schmerz. Ihre Lage ist unerträglich. Hoffentlich tragen Vernunft und Eintracht den Sieg davon.
Ulla wore a white bridal gown. She and Hanno were happy to register as man and wife. But now they can barely tolerate each other. They don't want to bear the expenses of a divorce. He says she's to blame for everything. She claims he's the one who's responsible. Both are very unhappy. Their situation is unbearable. Hopefully reason and harmony will prevail.

See verbs in Group V, page 12. Prefix verbs used above are: **eintragen** and **davontragen** (separable) and **vertragen** and **ertragen** (inseparable).

Wir tragen Bedenken wegen seines Plans.
We have some doubts about his plan.

Du musst dafür Sorge tragen, dass wir rechtzeitig fertig werden.
You'll have to be concerned about our getting done on time.

So dick bist du nicht. Die Leiter kann dich schon tragen.
You're not that fat. The ladder will support you.

Welches Datum trägt der Brief?
What is the date of the letter?

Die neuen Computer tragen sich leichter.
The newer computers are easier to carry.

T

Prefix Verbs

SEPARABLE

abtragen—to carry away; wear out
Man hat schon die Hälfte vom Büfett abgetragen.
They've already cleared away half of the buffet.

Die Kinder tragen ihre Schuhe schnell ab.
The children wear down their shoes quickly.

auftragen—to apply; instruct/ask to do, commission
Im Alter trage ich mir noch mehr Schminke auf als früher.
In my old age I put on even more makeup than before.

Sie haben mir Grüße an euch aufgetragen.
They asked me to give you their regards.

austragen— to deliver, distribute; carry to term
Ist die Post schon ausgetragen?
Has the mail been distributed yet?

Sie hat das Kind nicht austragen können.
She couldn't carry the child to term.

beitragen—to contribute
Du hast unserer Sache viel beizutragen.
You have much to contribute to our cause.

davontragen—to carry away; to win (victory/prize)
Nach dem Unfall trug man die Verletzten davon.
After the accident they carried the wounded away.

Sie hat wieder den ersten Preis davongetragen.
She won first prize again.

eintragen—to enter, be placed on
Wollen Sie Ihren Namen in die Warteliste eintragen?
Do you want to have your name put on the waiting list?

(sich) eintragen—to register, sign in
Haben Sie sich schon eingetragen?
Have you registered yet?

nachtragen—to follow someone carrying something; to bear a grudge
Die Dienerschaft trugen die Picknickkörbe nach.
The servants followed carrying the picnic baskets.

Trägst du uns das noch nach?
Do you still hold that against us?

vortragen—to recite, perform
Er trägt nur allzu gern seine Gedichte vor.
He's all too fond of reciting his poems.

zutragen—to carry something to somebody; report, repeat
Warum hast du's ihm zugetragen?
Why'd you repeat that to him?

(sich) zutragen (elevated)—to take place
Wo hat sich das alles zugetragen?
Where did all that occur?

trauen

PRINC. PARTS: **trauen, traute, getraut, traut**
IMPERATIVE: **traue!, traut!, trauen Sie!**

to trust, believe in;
venture, dare; marry

	INDICATIVE	SUBJUNCTIVE	
		PRIMARY	SECONDARY
		Present Time	
	Present	*(Pres. Subj.)*	*(Imperf. Subj.)*
ich	traue	traue	traute
du	traust	trauest	trautest
er	traut	traue	traute
wir	trauen	trauen	trauten
ihr	traut	trauet	trautet
sie	trauen	trauen	trauten

	Imperfect
ich	traute
du	trautest
er	traute
wir	trauten
ihr	trautet
sie	trauten

		Past Time	
	Perfect	*(Perf. Subj.)*	*(Pluperf. Subj.)*
ich	habe getraut	habe getraut	hätte getraut
du	hast getraut	habest getraut	hättest getraut
er	hat getraut	habe getraut	hätte getraut
wir	haben getraut	haben getraut	hätten getraut
ihr	habt getraut	habet getraut	hättet getraut
sie	haben getraut	haben getraut	hätten getraut

	Pluperfect
ich	hatte getraut
du	hattest getraut
er	hatte getraut
wir	hatten getraut
ihr	hattet getraut
sie	hatten getraut

		Future Time	
	Future	*(Fut. Subj.)*	*(Pres. Conditional)*
ich	werde trauen	werde trauen	würde trauen
du	wirst trauen	werdest trauen	würdest trauen
er	wird trauen	werde trauen	würde trauen
wir	werden trauen	werden trauen	würden trauen
ihr	werdet trauen	werdet trauen	würdet trauen
sie	werden trauen	werden trauen	würden trauen

		Future Perfect Time	
	Future Perfect	*(Fut. Perf. Subj.)*	*(Past Conditional)*
ich	werde getraut haben	werde getraut haben	würde getraut haben
du	wirst getraut haben	werdest getraut haben	würdest getraut haben
er	wird getraut haben	werde getraut haben	würde getraut haben
wir	werden getraut haben	werden getraut haben	würden getraut haben
ihr	werdet getraut haben	werdet getraut haben	würdet getraut haben
sie	werden getraut haben	werden getraut haben	würden getraut haben

T

Examples: „Sie haben sich nicht in der Kirche trauen lassen." „Ja ich bin mit der Sache vertraut. Sie haben mich in ihr Vertrauen gezogen. Aber jetzt trauen sie mir nicht mehr. Ich traue mich kaum, sie zu besuchen." *"They didn't get married in church." "Yes, I'm familiar with the matter. They took me into their confidence. But now they don't trust me anymore. I hardly dare visit them."*

503

träumen

to dream

PRINC. PARTS: **träumen, träumte, geträumt, träumt**
IMPERATIVE: **träume!, träumt!, träumen Sie!**

INDICATIVE	SUBJUNCTIVE	
	PRIMARY	SECONDARY

Present Time

Present	(Pres. Subj.)	(Imperf. Subj.)
ich träume	träume	träumte
du träumst	träumest	träumtest
er träumt	träume	träumte
wir träumen	träumen	träumten
ihr träumt	träumet	träumtet
sie träumen	träumen	träumten

Imperfect

ich	träumte
du	träumtest
er	träumte
wir	träumten
ihr	träumtet
sie	träumten

Past Time

Perfect	(Perf. Subj.)	(Pluperf. Subj.)
ich habe geträumt	habe geträumt	hätte geträumt
du hast geträumt	habest geträumt	hättest geträumt
er hat geträumt	habe geträumt	hätte geträumt
wir haben geträumt	haben geträumt	hätten geträumt
ihr habt geträumt	habet geträumt	hättet geträumt
sie haben geträumt	haben geträumt	hätten geträumt

Pluperfect

ich	hatte geträumt
du	hattest geträumt
er	hatte geträumt
wir	hatten geträumt
ihr	hattet geträumt
sie	hatten geträumt

Future Time

Future	(Fut. Subj.)	(Pres. Conditional)
ich werde träumen	werde träumen	würde träumen
du wirst träumen	werdest träumen	würdest träumen
er wird träumen	werde träumen	würde träumen
wir werden träumen	werden träumen	würden träumen
ihr werdet träumen	werdet träumen	würdet träumen
sie werden träumen	werden träumen	würden träumen

Future Perfect Time

Future Perfect	(Fut. Perf. Subj.)	(Past Conditional)
ich werde geträumt haben	werde geträumt haben	würde geträumt haben
du wirst geträumt haben	werdest geträumt haben	würdest geträumt haben
er wird geträumt haben	werde geträumt haben	würde geträumt haben
wir werden geträumt haben	werden geträumt haben	würden geträumt haben
ihr werdet geträumt haben	werdet geträumt haben	würdet geträumt haben
sie werden geträumt haben	werden geträumt haben	würden geträumt haben

Examples: Es träumte ihr, dass alle ihre Träume sich in Alpträume verwandelten. *She dreamt that all her dreams were turning into nightmares.* Rainer ist ein Träumer und lebt glücklich in einem verträumten Dörfchen. Jetzt liest er *Traumdeutung. Rainer is a dreamer and is living happily in a dreamy hamlet. Now he's reading* The Interpretation of Dreams.

treffen

PRINC. PARTS: **treffen, traf, getroffen, trifft**
IMPERATIVE: **triff!, trefft!, treffen Sie!**

to meet; hit

INDICATIVE	SUBJUNCTIVE	
	PRIMARY	SECONDARY

Present Time

	Present	(*Pres. Subj.*)	(*Imperf. Subj.*)
ich	treffe	treffe	träfe
du	triffst	treffest	träfest
er	trifft	treffe	träfe
wir	treffen	treffen	träfen
ihr	trefft	treffet	träfet
sie	treffen	treffen	träfen

	Imperfect
ich	traf
du	trafst
er	traf
wir	trafen
ihr	traft
sie	trafen

Past Time

	Perfect	(*Perf. Subj.*)	(*Pluperf. Subj.*)
ich	habe getroffen	habe getroffen	hätte getroffen
du	hast getroffen	habest getroffen	hättest getroffen
er	hat getroffen	habe getroffen	hätte getroffen
wir	haben getroffen	haben getroffen	hätten getroffen
ihr	habt getroffen	habet getroffen	hättet getroffen
sie	haben getroffen	haben getroffen	hätten getroffen

	Pluperfect
ich	hatte getroffen
du	hattest getroffen
er	hatte getroffen
wir	hatten getroffen
ihr	hattet getroffen
sie	hatten getroffen

Future Time

	Future	(*Fut. Subj.*)	(*Pres. Conditional*)
ich	werde treffen	werde treffen	würde treffen
du	wirst treffen	werdest treffen	würdest treffen
er	wird treffen	werde treffen	würde treffen
wir	werden treffen	werden treffen	würden treffen
ihr	werdet treffen	werdet treffen	würdet treffen
sie	werden treffen	werden treffen	würden treffen

Future Perfect Time

	Future Perfect	(*Fut. Perf. Subj.*)	(*Past Conditional*)
ich	werde getroffen haben	werde getroffen haben	würde getroffen haben
du	wirst getroffen haben	werdest getroffen haben	würdest getroffen haben
er	wird getroffen haben	werde getroffen haben	würde getroffen haben
wir	werden getroffen haben	werden getroffen haben	würden getroffen haben
ihr	werdet getroffen haben	werdet getroffen haben	würdet getroffen haben
sie	werden getroffen haben	werden getroffen haben	würden getroffen haben

T

AN ESSENTIAL 55 VERB

Treffen

Prefix Verbs

SEPARABLE

anbetreffen—to concern
Was mich anbetrifft, könnt ihr machen
was ihr wollt.
As far as I'm concerned, you can do what you want.

antreffen—to come across, find, encounter
Leider hab ich sie bei schlechter Laune
angetroffen.
Unfortunately I found her in a bad mood.

eintreffen—to arrive
Vielleicht treffen sie später ein.
Maybe they'll arrive later.

zutreffen—to be correct, be valid; apply
Das trifft nicht für alle zu.
That doesn't apply to everybody.

INSEPARABLE

betreffen—to affect, concern
Betreffen die neuen Regelungen auch
uns?
Do the new regulations affect us, too?

übertreffen—to surpass
Diesmal hast du dich wirklich
übertroffen!
You really outdid yourself this time!

EXAMPLES

Beim Treffen der leitenden Angestellten
wussten sie, dass der Chef zuhörte. Sie
schmierten ihm Honig um den Mund.
„Er trifft immer das richtige Wort." „Er
trifft immer den Nagel auf den Kopf",
sagte einer. „Er trifft immer die richtige
Wahl." „Seine Bemerkungen sind immer
treffend." „Er trifft immer ins Schwarze",
sagten andere. Der Chef untebrach sie
und sagte: "Morgen treffen wir uns um
10 Uhr und ich werde Ihnen sagen welche
Maßnahmen zu treffen sind um die
kriecherische Schmeichelei im
Geschäftsleben zu vermeiden."

*When the top level executives met, they knew
the boss was listening in. They buttered him
up. "He always finds the right words." "He
always hits the nail on the head," said one.
"He always makes the right choice." "His
remarks are always pertinent." "He always
hits the mark," said others. The boss interrupted them and said, "We'll meet tomorrow
at 10 o'clock and I'll tell you what measures
are to be taken to avoid sycophancy in
business."*

See verbs in Group IV B, page 12. Several
idioms with treffen are used above. Ins
Schwarze treffen can also be translated
"to hit the bull's eye." Other idioms are eine
Verabredung treffen—t*o make an appointment*, eine Vereinbarung treffen—t*o reach
an agreement.*

treiben

PRINC. PARTS: **treiben, trieb, getrieben, treibt**
IMPERATIVE: **treibe!, treibt!, treiben Sie!**

to drive; push; pursue

INDICATIVE	SUBJUNCTIVE	
	PRIMARY	SECONDARY

Present Time

	Present	(*Pres. Subj.*)	(*Imperf. Subj.*)
ich	treibe	treibe	triebe
du	treibst	treibest	triebest
er	treibt	treibe	triebe
wir	treiben	treiben	trieben
ihr	treibt	treibet	triebet
sie	treiben	treiben	trieben

	Imperfect
ich	trieb
du	triebst
er	trieb
wir	trieben
ihr	triebt
sie	trieben

Past Time

	Perfect	(*Perf. Subj.*)	(*Pluperf. Subj.*)
ich	habe getrieben	habe getrieben	hätte getrieben
du	hast getrieben	habest getrieben	hättest getrieben
er	hat getrieben	habe getrieben	hätte getrieben
wir	haben getrieben	haben getrieben	hätten getrieben
ihr	habt getrieben	habet getrieben	hättet getrieben
sie	haben getrieben	haben getrieben	hätten getrieben

	Pluperfect
ich	hatte getrieben
du	hattest getrieben
er	hatte getrieben
wir	hatten getrieben
ihr	hattet getrieben
sie	hatten getrieben

Future Time

	Future	(*Fut. Subj.*)	(*Pres. Conditional*)
ich	werde treiben	werde treiben	würde treiben
du	wirst treiben	werdest treiben	würdest treiben
er	wird treiben	werde treiben	würde treiben
wir	werden treiben	werden treiben	würden treiben
ihr	werdet treiben	werdet treiben	würdet treiben
sie	werden treiben	werden treiben	würden treiben

Future Perfect Time

	Future Perfect	(*Fut. Perf. Subj.*)	(*Past Conditional*)
ich	werde getrieben haben	werde getrieben haben	würde getrieben haben
du	wirst getrieben haben	werdest getrieben haben	würdest getrieben haben
er	wird getrieben haben	werde getrieben haben	würde getrieben haben
wir	werden getrieben haben	werden getrieben haben	würden getrieben haben
ihr	werdet getrieben haben	werdet getrieben haben	würdet getrieben haben
sie	werden getrieben haben	werden getrieben haben	würden getrieben haben

T

Examples: „Was treibt ihr Bruder Hans?" „Er betreibt jetzt das Geschäft, da Vater gestorben ist." „ Aber hat Ihr Vater ihm nicht vor Jahren vom Familienhaus fortgetrieben?" *"What's your brother Hans doing?" "He's now carrying on the business since Father died." "But didn't your father drive him away from the family home years ago?"* See Group I B, page 10. Remember that "to drive a vehicle" is **fahren.**

treten

to step; go; kick

PRINC. PARTS: **treten, trat, ist getreten, tritt**
IMPERATIVE: **tritt!, tretet!, treten Sie!**

	INDICATIVE	SUBJUNCTIVE	
		PRIMARY	SECONDARY
		Present Time	
	Present	*(Pres. Subj.)*	*(Imperf. Subj.)*
ich	trete	trete	träte
du	trittst	tretest	trätest
er	tritt	trete	träte
wir	treten	treten	träten
ihr	tretet	tretet	trätet
sie	treten	treten	träten
	Imperfect		
ich	trat		
du	tratst		
er	trat		
wir	traten		
ihr	tratet		
sie	traten		
		Past Time	
	Perfect	*(Perf. Subj.)*	*(Pluperf. Subj.)*
ich	bin getreten	sei getreten	wäre getreten
du	bist getreten	seiest getreten	wärest getreten
er	ist getreten	sei getreten	wäre getreten
wir	sind getreten	seien getreten	wären getreten
ihr	seid getreten	seiet getreten	wäret getreten
sie	sind getreten	seien getreten	wären getreten
	Pluperfect		
ich	war getreten		
du	warst getreten		
er	war getreten		
wir	waren getreten		
ihr	wart getreten		
sie	waren getreten		
		Future Time	
	Future	*(Fut. Subj.)*	*(Pres. Conditional)*
ich	werde treten	werde treten	würde treten
du	wirst treten	werdest treten	würdest treten
er	wird treten	werde treten	würde treten
wir	werden treten	werden treten	würden treten
ihr	werdet treten	werdet treten	würdet treten
sie	werden treten	werden treten	würden treten
		Future Perfect Time	
	Future Perfect	*(Fut. Perf. Subj.)*	*(Past Conditional)*
ich	werde getreten sein	werde getreten sein	würde getreten sein
du	wirst getreten sein	werdest getreten sein	würdest getreten sein
er	wird getreten sein	werde getreten sein	würde getreten sein
wir	werden getreten sein	werden getreten sein	würden getreten sein
ihr	werdet getreten sein	werdet getreten sein	würdet getreten sein
sie	werden getreten sein	werden getreten sein	würden getreten sein

Examples: Ohne Ihnen nahetreten zu wollen, muß ich Ihnen sagen, dass Ihr Söhnchen nie an die Spitze der Klasse treten wird. Er hat nicht einmal gelernt, dass Verbendungen an den Stamm treten. *Without wishing to offend you, I must tell you that your son will never go to the head of the class. He hasn't even learned that verb endings are added to the stem.* See verbs in Group IV A, page 12 and "*Sein* Verbs," pages 17–18.

trinken

PRINC. PARTS: **trinken, trank, getrunken, trinkt**
IMPERATIVE: **trinke!, trinkt!, trinken Sie!**

INDICATIVE		SUBJUNCTIVE

		PRIMARY	SECONDARY
		Present Time	
	Present	(*Pres. Subj.*)	(*Imperf. Subj.*)
ich	trinke	trinke	tränke
du	trinkst	trinkest	tränkest
er	trinkt	trinke	tränke
wir	trinken	trinken	tränken
ihr	trinkt	trinket	tränket
sie	trinken	trinken	tränken

	Imperfect
ich	trank
du	trankst
er	trank
wir	tranken
ihr	trankt
sie	tranken

		Past Time	
	Perfect	(*Perf. Subj.*)	(*Pluperf. Subj.*)
ich	habe getrunken	habe getrunken	hätte getrunken
du	hast getrunken	habest getrunken	hättest getrunken
er	hat getrunken	habe getrunken	hätte getrunken
wir	haben getrunken	haben getrunken	hätten getrunken
ihr	habt getrunken	habet getrunken	hättet getrunken
sie	haben getrunken	haben getrunken	hätten getrunken

	Pluperfect
ich	hatte getrunken
du	hattest getrunken
er	hatte getrunken
wir	hatten getrunken
ihr	hattet getrunken
sie	hatten getrunken

		Future Time	
	Future	(*Fut. Subj.*)	(*Pres. Conditional*)
ich	werde trinken	werde trinken	würde trinken
du	wirst trinken	werdest trinken	würdest trinken
er	wird trinken	werde trinken	würde trinken
wir	werden trinken	werden trinken	würden trinken
ihr	werdet trinken	werdet trinken	würdet trinken
sie	werden trinken	werden trinken	würden trinken

		Future Perfect Time	
	Future Perfect	(*Fut. Perf. Subj.*)	(*Past Conditional*)
ich	werde getrunken haben	werde getrunken haben	würde getrunken haben
du	wirst getrunken haben	werdest getrunken haben	würdest getrunken haben
er	wird getrunken haben	werde getrunken haben	würde getrunken haben
wir	werden getrunken haben	werden getrunken haben	würden getrunken haben
ihr	werdet getrunken haben	werdet getrunken haben	würdet getrunken haben
sie	werden getrunken haben	werden getrunken haben	würden getrunken haben

Examples: „Ich trinke auf Ihr Wohl." „Trinken wir gleich Bruderschaft! Wollen Sie, vielmehr willst du?" „Ja, trink aus und schenk ein. Der Champagner lässt sich gut trinken." *"I drink to your health." "Let's drink to close friendship. Do you (formal) want to, rather do you (familiar) want to?" "Yes, drink up and pour some more. The champagne is easy to drink (goes down easy)."*

T

trocknen

to dry

PRINC. PARTS: **trocknen, trocknete, getrocknet, trocknet**
IMPERATIVE: **trockne!, trocknet!, trocknen Sie!**

	INDICATIVE	SUBJUNCTIVE	
		PRIMARY	SECONDARY
		Present Time	
	Present	(*Pres. Subj.*)	(*Imperf. Subj.*)
ich	trockne	trockne	trocknete
du	trocknest	trocknest	trocknetest
er	trocknet	trockne	trocknete
wir	trocknen	trocknen	trockneten
ihr	trocknet	trocknet	trocknetet
sie	trocknen	trocknen	trockneten
	Imperfect		
ich	trocknete		
du	trocknetest		
er	trocknete		
wir	trockneten		
ihr	trocknetet		
sie	trockneten		
		Past Time	
	Perfect	(*Perf. Subj.*)	(*Pluperf. Subj.*)
ich	habe getrocknet	habe getrocknet	hätte getrocknet
du	hast getrocknet	habest getrocknet	hättest getrocknet
er	hat getrocknet	habe getrocknet	hätte getrocknet
wir	haben getrocknet	haben getrocknet	hätten getrocknet
ihr	habt getrocknet	habet getrocknet	hättet getrocknet
sie	haben getrocknet	haben getrocknet	hätten getrocknet
	Pluperfect		
ich	hatte getrocknet		
du	hattest getrocknet		
er	hatte getrocknet		
wir	hatten getrocknet		
ihr	hattet getrocknet		
sie	hatten getrocknet		
		Future Time	
	Future	(*Fut. Subj.*)	(*Pres. Conditional*)
ich	werde trocknen	werde trocknen	würde trocknen
du	wirst trocknen	werdest trocknen	würdest trocknen
er	wird trocknen	werde trocknen	würde trocknen
wir	werden trocknen	werden trocknen	würden trocknen
ihr	werdet trocknen	werdet trocknen	würdet trocknen
sie	werden trocknen	werden trocknen	würden trocknen
		Future Perfect Time	
	Future Perfect	(*Fut. Perf. Subj.*)	(*Past Conditional*)
ich	werde getrocknet haben	werde getrocknet haben	würde getrocknet haben
du	wirst getrocknet haben	werdest getrocknet haben	würdest getrocknet haben
er	wird getrocknet haben	werde getrocknet haben	würde getrocknet haben
wir	werden getrocknet haben	werden getrocknet haben	würden getrocknet haben
ihr	werdet getrocknet haben	werdet getrocknet haben	würdet getrocknet haben
sie	werden getrocknet haben	werden getrocknet haben	würden getrocknet haben

Examples: Er ist ein trockener Mensch. Ganz trocken empfing er uns und ließ uns mit trockenem Munde sitzen. *He is dry as dust. He received us very coolly and didn't offer us anything to drink.* Liebevoll legte sie das Baby trocken und trocknete es nach dem Bad ab. *Lovingly she changed the baby's diapers and dried it off after the bath.*

tropfen

PRINC. PARTS: **tropfen,* tropfte, getropft, tropft**
IMPERATIVE: **tropfe!, tropft!, tropfen Sie!**

to drip, drop

INDICATIVE	SUBJUNCTIVE	
	PRIMARY	SECONDARY
	Present Time	
Present	*(Pres. Subj.)*	*(Imperf. Subj.)*
ich tropfe	tropfe	tropfte
du tropfst	tropfest	tropftest
er tropft	tropfe	tropfte
wir tropfen	tropfen	tropften
ihr tropft	tropfet	tropftet
sie tropfen	tropfen	tropften

Imperfect
ich tropfte
du tropftest
er tropfte
wir tropften
ihr tropftet
sie tropften

	Past Time	
Perfect	*(Perf. Subj.)*	*(Pluperf. Subj.)*
ich habe getropft	habe getropft	hätte getropft
du hast getropft	habest getropft	hättest getropft
er hat getropft	habe getropft	hätte getropft
wir haben getropft	haben getropft	hätten getropft
ihr habt getropft	habet getropft	hättet getropft
sie haben getropft	haben getropft	hätten getropft

Pluperfect
ich hatte getropft
du hattest getropft
er hatte getropft
wir hatten getropft
ihr hattet getropft
sie hatten getropft

	Future Time	
Future	*(Fut. Subj.)*	*(Pres. Conditional)*
ich werde tropfen	werde tropfen	würde tropfen
du wirst tropfen	werdest tropfen	würdest tropfen
er wird tropfen	werde tropfen	würde tropfen
wir werden tropfen	werden tropfen	würden tropfen
ihr werdet tropfen	werdet tropfen	würdet tropfen
sie werden tropfen	werden tropfen	würden tropfen

	Future Perfect Time	
Future Perfect	*(Fut. Perf. Subj.)*	*(Past Conditional)*
ich werde getropft haben	werde getropft haben	würde getropft haben
du wirst getropft haben	werdest getropft haben	würdest getropft haben
er wird getropft haben	werde getropft haben	würde getropft haben
wir werden getropft haben	werden getropft haben	würden getropft haben
ihr werdet getropft haben	werdet getropft haben	würdet getropft haben
sie werden getropft haben	werden getropft haben	würden getropft haben

*Forms other than the third person are unusual.

Examples: **Draußen tropfte es. Wasser tropfte vom Dach. Rudi war erkältet und seine Nase tropfte. Er tröstete sich mit einem edlen Tropfen. Er hatte seit langem keinen Tropfen getrunken.**
Outside it was spitting rain. Water dripped from the roof. Rudi had a cold and his nose was running. He consoled himself with a fine vintage. He hadn't had a drop to drink for some time.

T

trösten

to console

PRINC. PARTS: **trösten, tröstete, getröstet, tröstet**
IMPERATIVE: **tröste!, tröstet!, trösten Sie!**

INDICATIVE	SUBJUNCTIVE	
	PRIMARY	SECONDARY

Present Time

Present	(*Pres. Subj.*)	(*Imperf. Subj.*)
ich tröste	tröste	tröstete
du tröstest	tröstest	tröstetest
er tröstet	tröste	tröstete
wir trösten	trösten	trösteten
ihr tröstet	tröstet	tröstetet
sie trösten	trösten	trösteten

Imperfect

ich	tröstete
du	tröstetest
er	tröstete
wir	trösteten
ihr	tröstetet
sie	trösteten

Past Time

Perfect	(*Perf. Subj.*)	(*Pluperf. Subj.*)
ich habe getröstet	habe getröstet	hätte getröstet
du hast getröstet	habest getröstet	hättest getröstet
er hat getröstet	habe getröstet	hätte getröstet
wir haben getröstet	haben getröstet	hätten getröstet
ihr habt getröstet	habet getröstet	hättet getröstet
sie haben getröstet	haben getröstet	hätten getröstet

Pluperfect

ich	hatte getröstet
du	hattest getröstet
er	hatte getröstet
wir	hatten getröstet
ihr	hattet getröstet
sie	hatten getröstet

Future Time

Future	(*Fut. Subj.*)	(*Pres. Conditional*)
ich werde trösten	werde trösten	würde trösten
du wirst trösten	werdest trösten	würdest trösten
er wird trösten	werde trösten	würde trösten
wir werden trösten	werden trösten	würden trösten
ihr werdet trösten	werdet trösten	würdet trösten
sie werden trösten	werden trösten	würden trösten

Future Perfect Time

Future Perfect	(*Fut. Perf. Subj.*)	(*Past Conditional*)
ich werde getröstet haben	werde getröstet haben	würde getröstet haben
du wirst getröstet haben	werdest getröstet haben	würdest getröstet haben
er wird getröstet haben	werde getröstet haben	würde getröstet haben
wir werden getröstet haben	werden getröstet haben	würden getröstet haben
ihr werdet getröstet haben	werdet getröstet haben	würdet getröstet haben
sie werden getröstet haben	werden getröstet haben	würden getröstet haben

Examples: Die Witwe fand keinen Trost in ihren Tränen. Bald aber ließ sie sich von vielen und vielem trösten. Sie tröstete sich auch mit der Musik. Später schrieb sie ein *Buch der Tröstungen*. *The widow found no solace in her tears. But soon she permitted herself to be comforted by many people and things. She also consoled herself with music. Later she wrote a* Book of Consolations.

512

trotzen

PRINC. PARTS: **trotzen, trotzte, getrotzt, trotzt**
IMPERATIVE: **trotze!, trotzt!, trotzen Sie!**

to defy

INDICATIVE	SUBJUNCTIVE	
	PRIMARY	SECONDARY
	Present Time	
Present	*(Pres. Subj.)*	*(Imperf. Subj.)*
ich trotze	trotze	trotzte
du trotzt	trotzest	trotztest
er trotzt	trotze	trotzte
wir trotzen	trotzen	trotzten
ihr trotzt	trotzet	trotztet
sie trotzen	trotzen	trotzten

Imperfect
ich trotzte
du trotztest
er trotzte
wir trotzten
ihr trotztet
sie trotzten

	Past Time	
Perfect	*(Perf. Subj.)*	*(Pluperf. Subj.)*
ich habe getrotzt	habe getrotzt	hätte getrotzt
du hast getrotzt	habest getrotzt	hättest getrotzt
er hat getrotzt	habe getrotzt	hätte getrotzt
wir haben getrotzt	haben getrotzt	hätten getrotzt
ihr habt getrotzt	habet getrotzt	hättet getrotzt
sie haben getrotzt	haben getrotzt	hätten getrotzt

Pluperfect
ich hatte getrotzt
du hattest getrotzt
er hatte getrotzt
wir hatten getrotzt
ihr hattet getrotzt
sie hatten getrotzt

	Future Time	
Future	*(Fut. Subj.)*	*(Pres. Conditional)*
ich werde trotzen	werde trotzen	würde trotzen
du wirst trotzen	werdest trotzen	würdest trotzen
er wird trotzen	werde trotzen	würde trotzen
wir werden trotzen	werden trotzen	würden trotzen
ihr werdet trotzen	werdet trotzen	würdet trotzen
sie werden trotzen	werden trotzen	würden trotzen

	Future Perfect Time	
Future Perfect	*(Fut. Perf. Subj.)*	*(Past Conditional)*
ich werde getrotzt haben	werde getrotzt haben	würde getrotzt haben
du wirst getrotzt haben	werdest getrotzt haben	würdest getrotzt haben
er wird getrotzt haben	werde getrotzt haben	würde getrotzt haben
wir werden getrotzt haben	werden getrotzt haben	würden getrotzt haben
ihr werdet getrotzt haben	werdet getrotzt haben	würdet getrotzt haben
sie werden getrotzt haben	werden getrotzt haben	würden getrotzt haben

Examples: Der Junge trotzt ständig. Er ist im Trotzalter. Ich verbot es ihm, mit meinem Computer und dem neuen Auto zu spielen. Aber er tut es trotzdem. Mir zum Trotze tut er das. Er ist trotzköpfig. *The boy defies me all the time. He's at a difficult age. I forbade him to play with my computer and the new car. But he does it anyway. He does it to spite me. He's bullheaded.*

T

513

tun

to do; make; put; act

PRINC. PARTS: **tun, tat, getan, tut**
IMPERATIVE: **tue!, tut!, tun Sie!**

	INDICATIVE	SUBJUNCTIVE	
		PRIMARY	SECONDARY
		Present Time	
	Present	*(Pres. Subj.)*	*(Imperf. Subj.)*
ich	tue	tue	täte
du	tust	tuest	tätest
er	tut	tue	täte
wir	tun	tuen	täten
ihr	tut	tuet	tätet
sie	tun	tuen	täten

	Imperfect
ich	tat
du	tatest
er	tat
wir	taten
ihr	tatet
sie	taten

	INDICATIVE	SUBJUNCTIVE	
		Past Time	
	Perfect	*(Perf. Subj.)*	*(Pluperf. Subj.)*
ich	habe getan	habe getan	hätte getan
du	hast getan	habest getan	hättest getan
er	hat getan	habe getan	hätte getan
wir	haben getan	haben getan	hätten getan
ihr	habt getan	habet getan	hättet getan
sie	haben getan	haben getan	hätten getan

	Pluperfect
ich	hatte getan
du	hattest getan
er	hatte getan
wir	hatten getan
ihr	hattet getan
sie	hatten getan

		Future Time	
	Future	*(Fut. Subj.)*	*(Pres. Conditional)*
ich	werde tun	werde tun	würde tun
du	wirst tun	werdest tun	würdest tun
er	wird tun	werde tun	würde tun
wir	werden tun	werden tun	würden tun
ihr	werdet tun	werdet tun	würdet tun
sie	werden tun	werden tun	würden tun

		Future Perfect Time	
	Future Perfect	*(Fut. Perf. Subj.)*	*(Past Conditional)*
ich	werde getan haben	werde getan haben	würde getan haben
du	wirst getan haben	werdest getan haben	würdest getan haben
er	wird getan haben	werde getan haben	würde getan haben
wir	werden getan haben	werden getan haben	würden getan haben
ihr	werdet getan haben	werdet getan haben	würdet getan haben
sie	werden getan haben	werden getan haben	würden getan haben

AN ESSENTIAL 55 VERB

AN ESSENTIAL 55 VERB

Prefix Verbs

SEPARABLE

abtun—to dismiss; finish with
Unseren Antrag hat der Bürgermeister leichtfertig abgetan.
The mayor thoughtlessly dismissed our request.

Damit ist's noch nicht abgetan!
That doesn't settle the matter.

antun—to do to
Das kannst du mir nicht antun!
You can't do that to me!

auftun—to open
Du warst zu feige, den Mund aufzutun.
You were too cowardly to open your mouth.

großtun—to boast, show off
Du musst immer großtun.
You always have to show off.

kundtun—to make known, proclaim
Es wurde schon öffentlich kundgetan.
It's already been made known publicly.

leidtun—to be sorry
Es tut mir leid, dass er's in der Tat getan hat.
I'm sorry he did indeed do it.

wehtun—to hurt
Tut's noch weh?
Does it still hurt?

INSEPARABLE

vertun—to waste
Walther hätte versungen, und alle Aussicht zu gewinnen vertan, meinte Beckmesser.
Walter messed up his song and wasted any chance of winning, Beckmesser declared.

(sich) vertun—to make a mistake, slip up
Du hast dich in der Reihenfolge vertan.
You made a mistake in the sequence.

EXAMPLES

„Soll ich noch mehr Bier in die Suppe tun?" fragte die Hexe. „Sie können tun und lassen, was Sie wollen. Bei Ihnen esse ich nichts. Es tut mir leid", „Aber was habe ich Ihnen denn angetan?" "Mir ist um meine Gesundheit zu tun und Ihre Küche ist nicht sauber." „Ach, tun Sie nicht so vornehm! Sie tun mir unrecht! Hier, probieren Sie nur einen kleinen Schluck. Tun Sie's mir zuliebe! Sehen Sie, es hat nicht wehgetan. Da haben Sie recht getan!" „Die Zaubersuppe schmeckt fantastisch!" „ Ja, sie tut ihre Wirkung. Sie tut Wunder. Das Unbeschreibliche hier ist's getan! Aber Vorsicht! Sie ist kräftig. Tun Sie des Guten nicht zu viel!"

"Shall I put some more beer into the soup?" asked the witch. "You can do as you please. I'm not eating anything in your house. I'm sorry." "But what have I done to you?" "I'm concerned with my health and your kitchen isn't clean." "Oh don't be so stuffy. You're doing me an injustice. Here, try just a little sip. Do that to please me. You see, that didn't hurt. You did right." "The magic soup tastes fantastic." "Yes, it's having an effect. It works miracles. Indescribable things are done here! But be careful! It's powerful. Don't overdo."

Remember that standard Ger. has no emphatic forms of the pres. and past tenses, or of the imperative as in Cole Porter's *Do do that voodoo that you do so well* (**Tu doch den Wodu, den du tust so gut**). See pages 15–16.

T

The separable prefix verbs **leidtun** and **wehtun** are used above. These are the forms Duden prefers. But you will still encounter the older forms: **Leid tun** (*to be sorry*) and **weh tun** (*to hurt*). **Antun** is also separable.

üben

to exercise, practice

PRINC. PARTS: üben, übte, geübt, übt
IMPERATIVE: übe!, übt!, üben!, üben!

INDICATIVE	SUBJUNCTIVE	
	PRIMARY	SECONDARY

Present Time

	Present	(*Pres. Subj.*)	(*Imperf. Subj.*)
ich	übe	übe	übte
du	übst	übest	übtest
er	übt	übe	übte
wir	üben	üben	übten
ihr	übt	übet	übtet
sie	üben	üben	übten

	Imperfect
ich	übte
du	übtest
er	übte
wir	übten
ihr	übtet
sie	übten

Past Time

	Perfect	(*Perf. Subj.*)	(*Pluperf. Subj.*)
ich	habe geübt	habe geübt	hätte geübt
du	hast geübt	habest geübt	hättest geübt
er	hat geübt	habe geübt	hätte geübt
wir	haben geübt	haben geübt	hätten geübt
ihr	habt geübt	habet geübt	hättet geübt
sie	haben geübt	haben geübt	hätten geübt

	Pluperfect
ich	hatte geübt
du	hattest geübt
er	hatte geübt
wir	hatten geübt
ihr	hattet geübt
sie	hatten geübt

Future Time

	Future	(*Fut. Subj.*)	(*Pres. Conditional*)
ich	werde üben	werde üben	würde üben
du	wirst üben	werdest üben	würdest üben
er	wird üben	werde üben	würde üben
wir	werden üben	werden üben	würden üben
ihr	werdet üben	werdet üben	würdet üben
sie	werden üben	werden üben	würden üben

Future Perfect Time

	Future Perfect	(*Fut. Perf. Subj.*)	(*Past Conditional*)
ich	werde geübt haben	werde geübt haben	würde geübt haben
du	wirst geübt haben	werdest geübt haben	würdest geübt haben
er	wird geübt haben	werde geübt haben	würde geübt haben
wir	werden geübt haben	werden geübt haben	würden geübt haben
ihr	werdet geübt haben	werdet geübt haben	würdet geübt haben
sie	werden geübt haben	werden geübt haben	würden geübt haben

Examples: Ich musste täglich drei Stunden am Klavier sitzen und üben. Der Lehrer übte weder Nachsicht noch Geduld mit mir, wenn ich in den Czerny Übungen einen Fehler machte. *I had to sit at the piano every day and practice for three hours. The teacher showed me no indulgence and had no patience with me when I made a mistake in the Czerny exercises.*

PRINC. PARTS: **überraschen, überraschte, überrascht, überrascht**

IMPERATIVE: **überrasche!, überrascht!, überraschen Sie!**

	INDICATIVE	SUBJUNCTIVE	
		PRIMARY	SECONDARY
		Present Time	
	Present	*(Pres. Subj.)*	*(Imperf. Subj.)*
ich	überrasche	überrasche	überraschte
du	überraschst	überraschest	überraschtest
er	überrascht	überrasche	überraschte
wir	überraschen	überraschen	überraschten
ihr	überrascht	überraschet	überraschtet
sie	überraschen	überraschen	überraschten
	Imperfect		
ich	überraschte		
du	überraschtest		
er	überraschte		
wir	überraschten		
ihr	überraschtet		
sie	überraschten		
		Past Time	
	Perfect	*(Perf. Subj.)*	*(Pluperf. Subj.)*
ich	habe überrascht	habe überrascht	hätte überrascht
du	hast überrascht	habest überrascht	hättest überrascht
er	hat überrascht	habe überrascht	hätte überrascht
wir	haben überrascht	haben überrascht	hätten überrascht
ihr	habt überrascht	habet überrascht	hättet überrascht
sie	haben überrascht	haben überrascht	hätten überrascht
	Pluperfect		
ich	hatte überrascht		
du	hattest überrascht		
er	hatte überrascht		
wir	hatten überrascht		
ihr	hattet überrascht		
sie	hatten überrascht		
		Future Time	
	Future	*(Fut. Subj.)*	*(Pres. Conditional)*
ich	werde überraschen	werde überraschen	würde überraschen
du	wirst überraschen	werdest überraschen	würdest überraschen
er	wird überraschen	werde überraschen	würde überraschen
wir	werden überraschen	werden überraschen	würden überraschen
ihr	werdet überraschen	werdet überraschen	würdet überraschen
sie	werden überraschen	werden überraschen	würden überraschen
		Future Perfect Time	
	Future Perfect	*(Fut. Perf. Subj.)*	*(Past Conditional)*
ich	werde überrascht haben	werde überrascht haben	würde überrascht haben
du	wirst überrascht haben	werdest überrascht haben	würdest überrascht haben
er	wird überrascht haben	werde überrascht haben	würde überrascht haben
wir	werden überrascht haben	werden überrascht haben	würden überrascht haben
ihr	werdet überrascht haben	werdet überrascht haben	würdet überrascht haben
sie	werden überrascht haben	werden überrascht haben	würden überrascht haben

U

Examples: „Ihr habt mich angenehm überrascht. Ihr habt die Aufgaben rasch und gut, überraschend gut, gemacht. Ich hoffe, ihr werdet mich weiterhin so angenehm überraschen", sagte die Lehrerin den Schülern. *"You surprised me pleasantly. You did your assignments quickly and well, surprisingly well. I hope you'll continue to surprise me so pleasantly," said the teacher to the students.*

überwinden

to overcome, conquer

PRINC. PARTS: **überwinden, überwand, überwunden, überwundet**

IMPERATIVE: **überwinde!, überwindet!, überwinden Sie!**

INDICATIVE	SUBJUNCTIVE	
	PRIMARY	SECONDARY

Present Time

	Present	(*Pres. Subj.*)	(*Imperf. Subj.*)
ich	überwinde	überwinde	überwände
du	überwindest	überwindest	überwändest
er	überwindet	überwinde	überwände
wir	überwinden	überwinden	überwänden
ihr	überwindet	überwindet	überwändet
sie	überwinden	überwinden	überwänden

	Imperfect
ich	überwand
du	überwandest
er	überwand
wir	überwanden
ihr	überwandet
sie	überwanden

Past Time

	Perfect	(*Perf. Subj.*)	(*Pluperf. Subj.*)
ich	habe überwunden	habe überwunden	hätte überwunden
du	hast überwunden	habest überwunden	hättest überwunden
er	hat überwunden	habe überwunden	hätte überwunden
wir	haben überwunden	haben überwunden	hätten überwunden
ihr	habt überwunden	habet überwunden	hättet überwunden
sie	haben überwunden	haben überwunden	hätten überwunden

	Pluperfect
ich	hatte überwunden
du	hattest überwunden
er	hatte überwunden
wir	hatten überwunden
ihr	hattet überwunden
sie	hatten überwunden

Future Time

	Future	(*Fut. Subj.*)	(*Pres. Conditional*)
ich	werde überwinden	werde überwinden	würde überwinden
du	wirst überwinden	werdest überwinden	würdest überwinden
er	wird überwinden	werde überwinden	würde überwinden
wir	werden überwinden	werden überwinden	würden überwinden
ihr	werdet überwinden	werdet überwinden	würdet überwinden
sie	werden überwinden	werden überwinden	würden überwinden

Future Perfect Time

	Future Perfect	(*Fut. Perf. Subj.*)	(*Past Conditional*)
ich	werde überwunden haben	werde überwunden haben	würde überwunden haben
du	wirst überwunden haben	werdest überwunden haben	würdest überwunden haben
er	wird überwunden haben	werde überwunden haben	würde überwunden haben
wir	werden überwunden haben	werden überwunden haben	würden überwunden haben
ihr	werdet überwunden haben	werdet überwunden haben	würdet überwunden haben
sie	werden überwunden haben	werden überwunden haben	würden überwunden haben

Examples: Er hat seine Charakterschwächen überwunden. Du wirst auch die deinen überwinden.
He has overcome his character defects. You will overcome yours, too.

umstellen

PRINC. PARTS: umstellen, stellte um, umgestellt, stellt um
IMPERATIVE: stelle um!, stellt um!, stellen Sie um!

to shift; transpose;
change over

	INDICATIVE	SUBJUNCTIVE	
		PRIMARY	SECONDARY

Present Time

	Present	*(Pres. Subj.)*	*(Imperf. Subj.)*
ich	stelle um	stelle um	stellte um
du	stellst um	stellest um	stelltest um
er	stellt um	stelle um	stellte um
wir	stellen um	stellen um	stellten um
ihr	stellt um	stellet um	stelltet um
sie	stellen um	stellen um	stellten um

	Imperfect
ich	stellte um
du	stelltest um
er	stellte um
wir	stellten um
ihr	stelltet um
sie	stellten um

Past Time

	Perfect	*(Perf. Subj.)*	*(Pluperf. Subj.)*
ich	habe umgestellt	habe umgestellt	hätte umgestellt
du	hast umgestellt	habest umgestellt	hättest umgestellt
er	hat umgestellt	habe umgestellt	hätte umgestellt
wir	haben umgestellt	haben umgestellt	hätten umgestellt
ihr	habt umgestellt	habet umgestellt	hättet umgestellt
sie	haben umgestellt	haben umgestellt	hätten umgestellt

	Pluperfect
ich	hatte umgestellt
du	hattest umgestellt
er	hatte umgestellt
wir	hatten umgestellt
ihr	hattet umgestellt
sie	hatten umgestellt

Future Time

	Future	*(Fut. Subj.)*	*(Pres. Conditional)*
ich	werde umstellen	werde umstellen	würde umstellen
du	wirst umstellen	werdest umstellen	würdest umstellen
er	wird umstellen	werde umstellen	würde umstellen
wir	werden umstellen	werden umstellen	würden umstellen
ihr	werdet umstellen	werdet umstellen	würdet umstellen
sie	werden umstellen	werden umstellen	würden umstellen

Future Perfect Time

	Future Perfect	*(Fut. Perf. Subj.)*	*(Past Conditional)*
ich	werde umgestellt haben	werde umgestellt haben	würde umgestellt haben
du	wirst umgestellt haben	werdest umgestellt haben	würdest umgestellt haben
er	wird umgestellt haben	werde umgestellt haben	würde umgestellt haben
wir	werden umgestellt haben	werden umgestellt haben	würden umgestellt haben
ihr	werdet umgestellt haben	werdet umgestellt haben	würdet umgestellt haben
sie	werden umgestellt haben	werden umgestellt haben	würden umgestellt haben

U

Examples: „Heute Abend müssen wir die Uhr auf die Sommerzeit umstellen." „Ich vergesse immer, sie umzustellen." *"Tonight we have to reset the clock to daylight saving time." "I always forget to reset it."*

unterbrechen

to interupt

PRINC. PARTS: **unterbrechen, unterbrach, unterbrochen, unterbricht**

IMPERATIVE: **unterbrich!, unterbrecht!, unterbrechen Sie!**

INDICATIVE	SUBJUNCTIVE	
	PRIMARY	SECONDARY
	Present Time	
Present	*(Pres. Subj.)*	*(Imperf. Subj.)*
ich unterbreche	unterbreche	unterbräche
du unterbrichst	unterbrechest	unterbrächest
er unterbricht	unterbreche	unterbräche
wir unterbrechen	unterbrechen	unterbrächen
ihr unterbrecht	unterbrechet	unterbrächet
sie unterbrechen	unterbrechen	unterbrächen

Imperfect

ich	unterbrach
du	unterbrachst
er	unterbrach
wir	unterbrachen
ihr	unterbracht
sie	unterbrachen

	Past Time	
Perfect	*(Perf. Subj.)*	*(Pluperf. Subj.)*
ich habe unterbrochen	habe unterbrochen	hätte unterbrochen
du hast unterbrochen	habest unterbrochen	hättest unterbrochen
er hat unterbrochen	habe unterbrochen	hätte unterbrochen
wir haben unterbrochen	haben unterbrochen	hätten unterbrochen
ihr habt unterbrochen	habet unterbrochen	hättet unterbrochen
sie haben unterbrochen	haben unterbrochen	hätten unterbrochen

Pluperfect

ich	hatte unterbrochen
du	hattest unterbrochen
er	hatte unterbrochen
wir	hatten unterbrochen
ihr	hattet unterbrochen
sie	hatten unterbrochen

	Future Time	
Future	*(Fut. Subj.)*	*(Pres. Conditional)*
ich werde unterbrechen	werde unterbrechen	würde unterbrechen
du wirst unterbrechen	werdest unterbrechen	würdest unterbrechen
er wird unterbrechen	werde unterbrechen	würde unterbrechen
wir werden unterbrechen	werden unterbrechen	würden unterbrechen
ihr werdet unterbrechen	werdet unterbrechen	würdet unterbrechen
sie werden unterbrechen	werden unterbrechen	würden unterbrechen

	Future Perfect Time	
Future Perfect	*(Fut. Perf. Subj.)*	*(Past Conditional)*
ich werde unterbrochen haben	werde unterbrochen haben	würde unterbrochen haben
du wirst unterbrochen haben	werdest unterbrochen haben	würdest unterbrochen haben
er wird unterbrochen haben	werde unterbrochen haben	würde unterbrochen haben
wir werden unterbrochen haben	werden unterbrochen haben	würden unterbrochen haben
ihr werdet unterbrochen haben	werdet unterbrochen haben	würdet unterbrochen haben
sie werden unterbrochen haben	werden unterbrochen haben	würden unterbrochen haben

Examples: Niemand durfte sie unterbrechen. Er hat sie trotzdem mehrmals unterbrochen. „Unterbrich mich bitte nicht, Liebling!" sagte sie. *No one was permitted to interrupt her. But he interrupted her frequently anyway. "Please don't interrupt me, darling," she said.*

PRINC. PARTS: sich unterhalten, unterhielt sich,
hat sich unterhalten, unterhält sich
IMPERATIVE: unterhalte dich!, unterhaltet euch!,
unterhalten Sie sich!

sich unterhalten

to converse; amuse oneself

INDICATIVE	PRIMARY SUBJUNCTIVE	SECONDARY
	Present Time	
Present	*(Pres. Subj.)*	*(Imperf. Subj.)*
ich unterhalte mich	unterhalte mich	unterhielte mich
du unterhältst dich	unterhaltest dich	unterhieltest dich
er unterhält sich	unterhalte sich	unterhielte sich
wir unterhalten uns	unterhalten uns	unterhielten uns
ihr unterhaltet euch	unterhaltet euch	unterhieltet euch
sie unterhalten sich	unterhalten sich	unterhielten sich

Imperfect

ich	unterhielt mich	
du	unterhieltest dich	
er	unterhielt sich	
wir	unterhielten uns	
ihr	unterhieltet euch	
sie	unterhielten sich	

	Past Time	
Perfect	*(Perf. Subj.)*	*(Pluperf. Subj.)*
ich habe mich unterhalten	habe mich unterhalten	hätte mich unterhalten
du hast dich unterhalten	habest dich unterhalten	hättest dich unterhalten
er hat sich unterhalten	habe sich unterhalten	hätte sich unterhalten
wir haben uns unterhalten	haben uns unterhalten	hätten uns unterhalten
ihr habt euch unterhalten	habet euch unterhalten	hättet euch unterhalten
sie haben sich unterhalten	haben sich unterhalten	hätten sich unterhalten

Pluperfect

ich	hatte mich unterhalten	
du	hattest dich unterhalten	
er	hatte sich unterhalten	
wir	hatten uns unterhalten	
ihr	hattet euch unterhalten	
sie	hatten sich unterhalten	

	Future Time	
Future	*(Fut. Subj.)*	*(Pres. Conditional)*
ich werde mich unterhalten	werde mich unterhalten	würde mich unterhalten
du wirst dich unterhalten	werdest dich unterhalten	würdest dich unterhalten
er wird sich unterhalten	werde sich unterhalten	würde sich unterhalten
wir werden uns unterhalten	werden uns unterhalten	würden uns unterhalten
ihr werdet euch unterhalten	werdet euch unterhalten	würdet euch unterhalten
sie werden sich unterhalten	werden sich unterhalten	würden sich unterhalten

	Future Perfect Time	
Future Perfect	*(Fut. Perf. Subj.)*	*(Past Conditional)*
ich werde mich unterhalten haben	werde mich unterhalten haben	würde mich unterhalten haben
du wirst dich unterhalten haben	werdest dich unterhalten haben	würdest dich unterhalten haben
er wird sich unterhalten haben	werde sich unterhalten haben	würde sich unterhalten haben
wir werden uns unterhalten haben	werden uns unterhalten haben	würden uns unterhalten haben
ihr werdet euch unterhalten haben	werdet euch unterhalten haben	würdet euch unterhalten haben
sie werden sich unterhalten haben	werden sich unterhalten haben	würden sich unterhalten haben

U

Examples: Wir sollten uns zuerst über die Kosten unterhalten. *We should first talk about expenses.* Sie spielten Unterhaltungsmusik aber wir haben uns in dem Lokal nicht gut unterhalten. *They played easy-listening music, but we didn't have a good time in that place.*

521

verachten

to despise, scorn

PRINC. PARTS: **verachten, verachtete, verachtet, verachtet**
IMPERATIVE: **verachte!, verachtet!, verachten Sie!**

INDICATIVE	SUBJUNCTIVE	
	PRIMARY	SECONDARY
	Present Time	
Present	*(Pres. Subj.)*	*(Imperf. Subj.)*
ich verachte	verachte	verachtete
du verachtest	verachtest	verachtetest
er verachtet	verachte	verachtete
wir verachten	verachten	verachteten
ihr verachtet	verachtet	verachtetet
sie verachten	verachten	verachteten
Imperfect		
ich verachtete		
du verachtetest		
er verachtete		
wir verachteten		
ihr verachtetet		
sie verachteten		
	Past Time	
Perfect	*(Perf. Subj.)*	*(Pluperf. Subj.)*
ich habe verachtet	habe verachtet	hätte verachtet
du hast verachtet	habest verachtet	hättest verachtet
er hat verachtet	habe verachtet	hätte verachtet
wir haben verachtet	haben verachtet	hätten verachtet
ihr habt verachtet	habet verachtet	hättet verachtet
sie haben verachtet	haben verachtet	hätten verachtet
Pluperfect		
ich hatte verachtet		
du hattest verachtet		
er hatte verachtet		
wir hatten verachtet		
ihr hattet verachtet		
sie hatten verachtet		
	Future Time	
Future	*(Fut. Subj.)*	*(Pres. Conditional)*
ich werde verachten	werde verachten	würde verachten
du wirst verachten	werdest verachten	würdest verachten
er wird verachten	werde verachten	würde verachten
wir werden verachten	werden verachten	würden verachten
ihr werdet verachten	werdet verachten	würdet verachten
sie werden verachten	werden verachten	würden verachten
	Future Perfect Time	
Future Perfect	*(Fut. Perf. Subj.)*	*(Past Conditional)*
ich werde verachtet haben	werde verachtet haben	würde verachtet haben
du wirst verachtet haben	werdest verachtet haben	würdest verachtet haben
er wird verachtet haben	werde verachtet haben	würde verachtet haben
wir werden verachtet haben	werden verachtet haben	würden verachtet haben
ihr werdet verachtet haben	werdet verachtet haben	würdet verachtet haben
sie werden verachtet haben	werden verachtet haben	würden verachtet haben

Examples: Das Angebot der Regierung war nicht zu verachten. Die Gewerkschaftsführung lehnte es aber verächtlich ab. *The government's offer was not to be sneezed at. But the union leadership rejected it scornfully.* „Erst verachtet, nun ein Verächter . . ." *"First (he was) scorned, now (he is) a scorner."* (Goethe's *Harzreise im Winter*)

verderben

PRINC. PARTS: **verderben, verdarb, verdorben, verdirbt**
IMPERATIVE: **verdirb!, verderbt!, verderben Sie!**

to ruin; spoil; perish

INDICATIVE	SUBJUNCTIVE	
	PRIMARY	SECONDARY
Present	**Present Time**	
	(*Pres. Subj.*)	(*Imperf. Subj.*)
ich verderbe	verderbe	verdürbe
du verdirbst	verderbest	verdürbest
er verdirbt	verderbe	verdürbe
wir verderben	verderben	verdürben
ihr verderbt	verderbet	verdürbet
sie verderben	verderben	verdürben
Imperfect		
ich verdarb		
du verdarbst		
er verdarb		
wir verdarben		
ihr verdarbt		
sie verdarben		
Perfect	**Past Time**	
	(*Perf. Subj.*)	(*Pluperf. Subj.*)
ich habe verdorben	habe verdorben	hätte verdorben
du hast verdorben	habest verdorben	hättest verdorben
er hat verdorben	habe verdorben	hätte verdorben
wir haben verdorben	haben verdorben	hätten verdorben
ihr habt verdorben	habet verdorben	hättet verdorben
sie haben verdorben	haben verdorben	hätten verdorben
Pluperfect		
ich hatte verdorben		
du hattest verdorben		
er hatte verdorben		
wir hatten verdorben		
ihr hattet verdorben		
sie hatten verdorben		
Future	**Future Time**	
	(*Fut. Subj.*)	(*Pres. Conditional*)
ich werde verderben	werde verderben	würde verderben
du wirst verderben	werdest verderben	würdest verderben
er wird verderben	werde verderben	würde verderben
wir werden verderben	werden verderben	würden verderben
ihr werdet verderben	werdet verderben	würdet verderben
sie werden verderben	werden verderben	würden verderben
Future Perfect	**Future Perfect Time**	
	(*Fut. Perf. Subj.*)	(*Past Conditional*)
ich werde verdorben haben	werde verdorben haben	würde verdorben haben
du wirst verdorben haben	werdest verdorben haben	würdest verdorben haben
er wird verdorben haben	werde verdorben haben	würde verdorben haben
wir werden verdorben haben	werden verdorben haben	würden verdorben haben
ihr werdet verdorben haben	werdet verdorben haben	würdet verdorben haben
sie werden verdorben haben	werden verdorben haben	würden verdorben haben

V

Examples: Die meisten Gerichte im Büffett waren verdorben. Das hat uns den ganzen Abend verdorben. *Most of the dishes on the buffet were spoiled. That ruined our whole evening.*

verdichten

to thicken; condense

PRINC. PARTS: **verdichten, verdichtete, verdichtet, verdichtet**
IMPERATIVE: **verdichte!, verdichtet!, verdichten Sie!**

	INDICATIVE	SUBJUNCTIVE	
		PRIMARY	SECONDARY

Present Time

	Present	(*Pres. Subj.*)	(*Imperf. Subj.*)
ich	verdichte	verdichte	verdichtete
du	verdichtest	verdichtest	verdichtetest
er	verdichtet	verdichte	verdichtete
wir	verdichten	verdichten	verdichteten
ihr	verdichtet	verdichtet	verdichtetet
sie	verdichten	verdichten	verdichteten

	Imperfect
ich	verdichtete
du	verdichtetest
er	verdichtete
wir	verdichteten
ihr	verdichtetet
sie	verdichteten

Past Time

	Perfect	(*Perf. Subj.*)	(*Pluperf. Subj.*)
ich	habe verdichtet	habe verdichtet	hätte verdichtet
du	hast verdichtet	habest verdichtet	hättest verdichtet
er	hat verdichtet	habe verdichtet	hätte verdichtet
wir	haben verdichtet	haben verdichtet	hätten verdichtet
ihr	habt verdichtet	habet verdichtet	hättet verdichtet
sie	haben verdichtet	haben verdichtet	hätten verdichtet

	Pluperfect
ich	hatte verdichtet
du	hattest verdichtet
er	hatte verdichtet
wir	hatten verdichtet
ihr	hattet verdichtet
sie	hatten verdichtet

Future Time

	Future	(*Fut. Subj.*)	(*Pres. Conditional*)
ich	werde verdichten	werde verdichten	würde verdichten
du	wirst verdichten	werdest verdichten	würdest verdichten
er	wird verdichten	werde verdichten	würde verdichten
wir	werden verdichten	werden verdichten	würden verdichten
ihr	werdet verdichten	werdet verdichten	würdet verdichten
sie	werden verdichten	werden verdichten	würden verdichten

Future Perfect Time

	Future Perfect	(*Fut. Perf. Subj.*)	(*Past Conditional*)
ich	werde verdichtet haben	werde verdichtet haben	würde verdichtet haben
du	wirst verdichtet haben	werdest verdichtet haben	würdest verdichtet haben
er	wird verdichtet haben	werde verdichtet haben	würde verdichtet haben
wir	werden verdichtet haben	werden verdichtet haben	würden verdichtet haben
ihr	werdet verdichtet haben	werdet verdichtet haben	würdet verdichtet haben
sie	werden verdichtet haben	werden verdichtet haben	würden verdichtet haben

Examples: Der Nebel verdichtete sich. *The fog grew thicker.*

verdienen

PRINC. PARTS: **verdienen, verdiente, verdient, verdient**
IMPERATIVE: **verdiene!, verdient!, verdienen Sie!**

to earn; deserve

	INDICATIVE	SUBJUNCTIVE	
		PRIMARY	SECONDARY

Present Time

	Present	(Pres. Subj.)	(Imperf. Subj.)
ich	verdiene	verdiene	verdiente
du	verdienst	verdienest	verdientest
er	verdient	verdiene	verdiente
wir	verdienen	verdienen	verdienten
ihr	verdient	verdienet	verdientet
sie	verdienen	verdienen	verdienten

	Imperfect
ich	verdiente
du	verdientest
er	verdiente
wir	verdienten
ihr	verdientet
sie	verdienten

Past Time

	Perfect	(Perf. Subj.)	(Pluperf. Subj.)
ich	habe verdient	habe verdient	hätte verdient
du	hast verdient	habest verdient	hättest verdient
er	hat verdient	habe verdient	hätte verdient
wir	haben verdient	haben verdient	hätten verdient
ihr	habt verdient	habet verdient	hättet verdient
sie	haben verdient	haben verdient	hätten verdient

	Pluperfect
ich	hatte verdient
du	hattest verdient
er	hatte verdient
wir	hatten verdient
ihr	hattet verdient
sie	hatten verdient

Future Time

	Future	(Fut. Subj.)	(Pres. Conditional)
ich	werde verdienen	werde verdienen	würde verdienen
du	wirst verdienen	werdest verdienen	würdest verdienen
er	wird verdienen	werde verdienen	würde verdienen
wir	werden verdienen	werden verdienen	würden verdienen
ihr	werdet verdienen	werdet verdienen	würdet verdienen
sie	werden verdienen	werden verdienen	würden verdienen

Future Perfect Time

	Future Perfect	(Fut. Perf. Subj.)	(Past Conditional)
ich	werde verdient haben	werde verdient haben	würde verdient haben
du	wirst verdient haben	werdest verdient haben	würdest verdient haben
er	wird verdient haben	werde verdient haben	würde verdient haben
wir	werden verdient haben	werden verdient haben	würden verdient haben
ihr	werdet verdient haben	werdet verdient haben	würdet verdient haben
sie	werden verdient haben	werden verdient haben	würden verdient haben

Examples: Erna verdient gut und verdient auch ihren Erfolg. *Erna has a good income and deserves her success.*

V

verdrießen

to annoy; displease;
grieve

PRINC. PARTS: **verdrießen, verdross, verdrossen, verdrießt**
IMPERATIVE: **verdrieße!, verdrießt!, verdrießen Sie!**

INDICATIVE	SUBJUNCTIVE	
	PRIMARY	SECONDARY

Present Time

	Present	*(Pres. Subj.)*	*(Imperf. Subj.)*
ich	verdrieße	verdrieße	verdrösse
du	verdrießst	verdrießest	verdrössest
er	verdrießt	verdrieße	verdrösse
wir	verdrießen	verdrießen	verdrössen
ihr	verdrießt	verdrießet	verdrösset
sie	verdrießen	verdrießen	verdrössen

	Imperfect
ich	verdross
du	verdrossest
er	verdross
wir	verdrossen
ihr	verdrosst
sie	verdrossen

Past Time

	Perfect	*(Perf. Subj.)*	*(Pluperf. Subj.)*
ich	habe verdrossen	habe verdrossen	hätte verdrossen
du	hast verdrossen	habest verdrossen	hättest verdrossen
er	hat verdrossen	habe verdrossen	hätte verdrossen
wir	haben verdrossen	haben verdrossen	hätten verdrossen
ihr	habt verdrossen	habet verdrossen	hättet verdrossen
sie	haben verdrossen	haben verdrossen	hätten verdrossen

	Pluperfect
ich	hatte verdrossen
du	hattest verdrossen
er	hatte verdrossen
wir	hatten verdrossen
ihr	hattet verdrossen
sie	hatten verdrossen

Future Time

	Future	*(Fut. Subj.)*	*(Pres. Conditional)*
ich	werde verdrießen	werde verdrießen	würde verdrießen
du	wirst verdrießen	werdest verdrießen	würdest verdrießen
er	wird verdrießen	werde verdrießen	würde verdrießen
wir	werden verdrießen	werden verdrießen	würden verdrießen
ihr	werdet verdrießen	werdet verdrießen	würdet verdrießen
sie	werden verdrießen	werden verdrießen	würden verdrießen

Future Perfect Time

	Future Perfect	*(Fut. Perf. Subj.)*	*(Past Conditional)*
ich	werde verdrossen haben	werde verdrossen haben	würde verdrossen haben
du	wirst verdrossen haben	werdest verdrossen haben	würdest verdrossen haben
er	wird verdrossen haben	werde verdrossen haben	würde verdrossen haben
wir	werden verdrossen haben	werden verdrossen haben	würden verdrossen haben
ihr	werdet verdrossen haben	werdet verdrossen haben	würdet verdrossen haben
sie	werden verdrossen haben	werden verdrossen haben	würden verdrossen haben

Examples: Sein Benehmen hat mich verdrossen. Er ist ein verdrießlicher Mensch. Mit ihm habe ich oft Verdruss. *His behavior irritated me. He's a morose sort. I often get annoyed with him.*

vereinigen

PRINC. PARTS: **vereinigen, vereinigte, vereinigt, vereinigt**
IMPERATIVE: **vereinige!, vereinigt!, vereinigen Sie!**

to unite; join; assemble

INDICATIVE		SUBJUNCTIVE	
		PRIMARY	SECONDARY
		Present Time	
	Present	*(Pres. Subj.)*	*(Imperf. Subj.)*
ich	vereinige	vereinige	vereinigte
du	vereinigst	vereinigest	vereinigtest
er	vereinigt	vereinige	vereinigte
wir	vereinigen	vereinigen	vereinigten
ihr	vereinigt	vereiniget	vereinigtet
sie	vereinigen	vereinigen	vereinigten
	Imperfect		
ich	vereinigte		
du	vereinigtest		
er	vereinigte		
wir	vereinigten		
ihr	vereinigtet		
sie	vereinigten		
		Past Time	
	Perfect	*(Perf. Subj.)*	*(Pluperf. Subj.)*
ich	habe vereinigt	habe vereinigt	hätte vereinigt
du	hast vereinigt	habest vereinigt	hättest vereinigt
er	hat vereinigt	habe vereinigt	hätte vereinigt
wir	haben vereinigt	haben vereinigt	hätten vereinigt
ihr	habt vereinigt	habet vereinigt	hättet vereinigt
sie	haben vereinigt	haben vereinigt	hätten vereinigt
	Pluperfect		
ich	hatte vereinigt		
du	hattest vereinigt		
er	hatte vereinigt		
wir	hatten vereinigt		
ihr	hattet vereinigt		
sie	hatten vereinigt		
		Future Time	
	Future	*(Fut. Subj.)*	*(Pres. Conditional)*
ich	werde vereinigen	werde vereinigen	würde vereinigen
du	wirst vereinigen	werdest vereinigen	würdest vereinigen
er	wird vereinigen	werde vereinigen	würde vereinigen
wir	werden vereinigen	werden vereinigen	würden vereinigen
ihr	werdet vereinigen	werdet vereinigen	würdet vereinigen
sie	werden vereinigen	werden vereinigen	würden vereinigen
		Future Perfect Time	
	Future Perfect	*(Fut. Perf. Subj.)*	*(Past Conditional)*
ich	werde vereinigt haben	werde vereinigt haben	würde vereinigt haben
du	wirst vereinigt haben	werdest vereinigt haben	würdest vereinigt haben
er	wird vereinigt haben	werde vereinigt haben	würde vereinigt haben
wir	werden vereinigt haben	werden vereinigt haben	würden vereinigt haben
ihr	werdet vereinigt haben	werdet vereinigt haben	würdet vereinigt haben
sie	werden vereinigt haben	werden vereinigt haben	würden vereinigt haben

Examples: Die Botschafter der Vereinigten Staaten und des Vereinigten Königreichs sagten, sie hofften, Nord- und Südkorea würden sich bald vereinigen. *The U.S. and U.K. ambassadors said they hoped North and South Korea would soon unite.*

verführen

to seduce

PRINC. PARTS: **verführen, verführte, verführt, verführt**
IMPERATIVE: **verführe!, verführt!, verführen Sie!**

INDICATIVE	SUBJUNCTIVE	
	PRIMARY	SECONDARY

Present Time

	Present	*(Pres. Subj.)*	*(Imperf. Subj.)*
ich	verführe	verführe	verführte
du	verführst	verführest	verführtest
er	verführt	verführe	verführte
wir	verführen	verführen	verführten
ihr	verführt	verführet	verführtet
sie	verführen	verführen	verführten

	Imperfect
ich	verführte
du	verführtest
er	verführte
wir	verführten
ihr	verführtet
sie	verführten

Past Time

	Perfect	*(Perf. Subj.)*	*(Pluperf. Subj.)*
ich	habe verführt	habe verführt	hätte verführt
du	hast verführt	habest verführt	hättest verführt
er	hat verführt	habe verführt	hätte verführt
wir	haben verführt	haben verführt	hätten verführt
ihr	habt verführt	habet verführt	hättet verführt
sie	haben verführt	haben verführt	hätten verführt

	Pluperfect
ich	hatte verführt
du	hattest verführt
er	hatte verführt
wir	hatten verführt
ihr	hattet verführt
sie	hatten verführt

Future Time

	Future	*(Fut. Subj.)*	*(Pres. Conditional)*
ich	werde verführen	werde verführen	würde verführen
du	wirst verführen	werdest verführen	würdest verführen
er	wird verführen	werde verführen	würde verführen
wir	werden verführen	werden verführen	würden verführen
ihr	werdet verführen	werdet verführen	würdet verführen
sie	werden verführen	werden verführen	würden verführen

Future Perfect Time

	Future Perfect	*(Fut. Perf. Subj.)*	*(Past Conditional)*
ich	werde verführt haben	werde verführt haben	würde verführt haben
du	wirst verführt haben	werdest verführt haben	würdest verführt haben
er	wird verführt haben	werde verführt haben	würde verführt haben
wir	werden verführt haben	werden verführt haben	würden verführt haben
ihr	werdet verführt haben	werdet verführt haben	würdet verführt haben
sie	werden verführt haben	werden verführt haben	würden verführt haben

Examples: Der Mann auf der Straße bot uns einen sehr verführerischen Wechselkurs an. Aber wir wussten, dass wir Geld weder ein- noch ausführen durften und ließen uns nicht verführen.
The man on the street offered us a very tempting exchange rate. But we knew that we could neither take in nor take out money and didn't allow ourselves to be led astray.

vergessen

PRINC. PARTS: **vergessen, vergaß, vergessen, vergisst**
IMPERATIVE: **vergiss!, vergesst!, vergessen Sie!**

INDICATIVE	SUBJUNCTIVE	
	PRIMARY	SECONDARY

Present Time

	Present	*(Pres. Subj.)*	*(Imperf. Subj.)*
ich	vergesse	vergesse	vergäße
du	vergisst	vergessest	vergäßest
er	vergisst	vergesse	vergäße
wir	vergessen	vergessen	vergäßen
ihr	vergesst	vergesset	vergäßet
sie	vergessen	vergessen	vergäßen

	Imperfect
ich	vergaß
du	vergaßest
er	vergaß
wir	vergaßen
ihr	vergaßt
sie	vergaßen

Past Time

	Perfect	*(Perf. Subj.)*	*(Pluperf. Subj.)*
ich	habe vergessen	habe vergessen	hätte vergessen
du	hast vergessen	habest vergessen	hättest vergessen
er	hat vergessen	habe vergessen	hätte vergessen
wir	haben vergessen	haben vergessen	hätten vergessen
ihr	habt vergessen	habet vergessen	hättet vergessen
sie	haben vergessen	haben vergessen	hätten vergessen

	Pluperfect
ich	hatte vergessen
du	hattest vergessen
er	hatte vergessen
wir	hatten vergessen
ihr	hattet vergessen
sie	hatten vergessen

Future Time

	Future	*(Fut. Subj.)*	*(Pres. Conditional)*
ich	werde vergessen	werde vergessen	würde vergessen
du	wirst vergessen	werdest vergessen	würdest vergessen
er	wird vergessen	werde vergessen	würde vergessen
wir	werden vergessen	werden vergessen	würden vergessen
ihr	werdet vergessen	werdet vergessen	würdet vergessen
sie	werden vergessen	werden vergessen	würden vergessen

Future Perfect Time

	Future Perfect	*(Fut. Perf. Subj.)*	*(Past Conditional)*
ich	werde vergessen haben	werde vergessen haben	würde vergessen haben
du	wirst vergessen haben	werdest vergessen haben	würdest vergessen haben
er	wird vergessen haben	werde vergessen haben	würde vergessen haben
wir	werden vergessen haben	werden vergessen haben	würden vergessen haben
ihr	werdet vergessen haben	werdet vergessen haben	würdet vergessen haben
sie	werden vergessen haben	werden vergessen haben	würden vergessen haben

V

Examples: Ich habe alles vergessen. Du weißt, wie vergesslich ich bin. *I've forgotten everything. You know how forgetful I am.*

vergewaltigen

to do violence to; rape

PRINC. PARTS: **vergewaltigen, vergewaltigte, vergewaltigt, vergewaltigt**

IMPERATIVE: **vergewaltige!, vergewaltigt!, vergewaltigen Sie!**

	INDICATIVE	SUBJUNCTIVE	
		PRIMARY	SECONDARY

Present Time

	Present	(*Pres. Subj.*)	(*Imperf. Subj.*)
ich	vergewaltige	vergewaltige	vergewaltigte
du	vergwaltigst	vergewaltigest	vergewaltigtest
er	vergwaltigt	vergewaltige	vergewaltigte
wir	vergwaltigen	vergewaltigen	vergewaltigten
ihr	vergwaltigt	vergewaltiget	vergewaltigtet
sie	vergwaltigen	vergewaltigen	vergewaltigten

	Imperfect
ich	vergewaltigte
du	vergewaltigtest
er	vergewaltigte
wir	vergewaltigten
ihr	vergewaltigtet
sie	vergewaltigten

Past Time

	Perfect	(*Perf. Subj.*)	(*Pluperf. Subj.*)
ich	habe vergewaltigt	habe vergewaltigt	hätte vergewaltigt
du	hast vergewaltigt	habest vergewaltigt	hättest vergewaltigt
er	hat vergewaltigt	habe vergewaltigt	hätte vergewaltigt
wir	haben vergewaltigt	haben vergewaltigt	hätten vergewaltigt
ihr	habt vergewaltigt	habet vergewaltigt	hättet vergewaltigt
sie	haben vergewaltigt	haben vergewaltigt	hätten vergewaltigt

	Pluperfect
ich	hatte vergewaltigt
du	hattest vergewaltigt
er	hatte vergewaltigt
wir	hatten vergewaltigt
ihr	hattet vergewaltigt
sie	hatten vergewaltigt

Future Time

	Future	(*Fut. Subj.*)	(*Pres. Conditional*)
ich	werde vergewaltigen	werde vergewaltigen	würde vergewaltigen
du	wirst vergewaltigen	werdest vergewaltigen	würdest vergewaltigen
er	wird vergewaltigen	werde vergewaltigen	würde vergewaltigen
wir	werden vergewaltigen	werden vergewaltigen	würden vergewaltigen
ihr	werdet vergewaltigen	werdet vergewaltigen	würdet vergewaltigen
sie	werden vergewaltigen	werden vergewaltigen	würden vergewaltigen

Future Perfect Time

	Future Perfect	(*Fut. Perf. Subj.*)	(*Past Conditional*)
ich	werde vergewaltigt haben	werde vergewaltigt haben	würde vergewaltigt haben
du	wirst vergewaltigt haben	werdest vergewaltigt haben	würdest vergewaltigt haben
er	wird vergewaltigt haben	werde vergewaltigt haben	würde vergewaltigt haben
wir	werden vergewaltigt haben	werden vergewaltigt haben	würden vergewaltigt haben
ihr	werdet vergewaltigt haben	werdet vergewaltigt haben	würdet vergewaltigt haben
sie	werden vergewaltigt haben	werden vergewaltigt haben	würden vergewaltigt haben

Examples: Der Diktator vergewaltigt nicht nur die Wahrheit. *The dictator does violence to more than the truth.*

sich verhalten

to behave, act; be the case

INDICATIVE	SUBJUNCTIVE	
	PRIMARY	SECONDARY

Present Time

	Present	(Pres. Subj.)	(Imperf. Subj.)
ich	verhalte mich	verhalte mich	verhielte mich
du	verhälst dich	verhaltest dich	verhieltest dich
er	verhält sich	verhalte sich	verhielte sich
wir	verhalten uns	verhalten uns	verhielten uns
ihr	verhaltet euch	verhaltet euch	verhieltet euch
sie	verhalten sich	verhalten sich	verhielten sich

	Imperfect
ich	verhielt mich
du	verhieltest dich
er	verhielt sich
wir	verhielten uns
ihr	verhieltet euch
sie	verhielten sich

Past Time

	Perfect	(Perf. Subj.)	(Pluperf. Subj.)
ich	habe mich verhalten	habe mich verhalten	hätte mich verhalten
du	hast dich verhalten	habest dich verhalten	hättest dich verhalten
er	hat sich verhalten	habe sich verhalten	hätte sich verhalten
wir	haben uns verhalten	haben uns verhalten	hätten uns verhalten
ihr	habt euch verhalten	habet euch verhalten	hättet euch verhalten
sie	haben sich verhalten	haben sich verhalten	hätten sich verhalten

	Pluperfect
ich	hatte mich verhalten
du	hattest dich verhalten
er	hatte sich verhalten
wir	hatten uns verhalten
ihr	hattet euch verhalten
sie	hatten sich verhalten

Future Time

	Future	(Fut. Subj.)	(Pres. Conditional)
ich	werde mich verhalten	werde mich verhalten	würde mich verhalten
du	wirst dich verhalten	werdest dich verhalten	würdest dich verhalten
er	wird sich verhalten	werde sich verhalten	würde sich verhalten
wir	werden uns verhalten	werden uns verhalten	würden uns verhalten
ihr	werdet euch verhalten	werdet euch verhalten	würdet euch verhalten
sie	werden sich verhalten	werden sich verhalten	würden sich verhalten

Future Perfect Time

	Future Perfect	(Fut. Perf. Subj.)	(Past Conditional)
ich	werde mich verhalten haben	werde mich verhalten haben	würde mich verhalten haben
du	wirst dich verhalten haben	werdest dich verhalten haben	würdest dich verhalten haben
er	wird sich verhalten haben	werde sich verhalten haben	würde sich verhalten haben
wir	werden uns verhalten haben	werden uns verhalten haben	würden uns verhalten haben
ihr	werdet euch verhalten haben	werdet euch verhalten haben	würdet euch verhalten haben
sie	werden sich verhalten haben	werden sich verhalten haben	würden sich verhalten haben

V

Examples: Dieter hat sich ganz still verhalten. Ich kann mir sein Verhalten nicht erklären.
Dieter kept quiet. I can't explain his behavior.

verhandeln

to negotiate

PRINC. PARTS: **verhandeln, verhandelte, verhandelt, verhandelt**

IMPERATIVE: **verhandle!, verhandelt!, verhandeln Sie!**

	INDICATIVE	PRIMARY (Pres. Subj.)	SECONDARY (Imperf. Subj.)
	Present	**Present Time**	
ich	verhandele*	verhandele*	verhandelte
du	verhandelst	verhandelst	verhandeltest
er	verhandelt	verhandele*	verhandelte
wir	verhandeln	verhandeln	verhandelten
ihr	verhandelt	verhandelt	verhandeltet
sie	verhandeln	verhandeln	verhandelten

	Imperfect		
ich	verhandelte		
du	verhandeltest		
er	verhandelte		
wir	verhandelten		
ihr	verhandeltet		
sie	verhandelten		

	Perfect	**Past Time** (Perf. Subj.)	(Pluperf. Subj.)
ich	habe verhandelt	habe verhandelt	hätte verhandelt
du	hast verhandelt	habest verhandelt	hättest verhandelt
er	hat verhandelt	habe verhandelt	hätte verhandelt
wir	haben verhandelt	haben verhandelt	hätten verhandelt
ihr	habt verhandelt	habet verhandelt	hättet verhandelt
sie	haben verhandelt	haben verhandelt	hätten verhandelt

	Pluperfect		
ich	hatte verhandelt		
du	hattest verhandelt		
er	hatte verhandelt		
wir	hatten verhandelt		
ihr	hattet verhandelt		
sie	hatten verhandelt		

	Future	**Future Time** (Fut. Subj.)	(Pres. Conditional)
ich	werde verhandeln	werde verhandeln	würde verhandeln
du	wirst verhandeln	werdest verhandeln	würdest verhandeln
er	wird verhandeln	werde verhandeln	würde verhandeln
wir	werden verhandeln	werden verhandeln	würden verhandeln
ihr	werdet verhandeln	werdet verhandeln	würdet verhandeln
sie	werden verhandeln	werden verhandeln	würden verhandeln

	Future Perfect	**Future Perfect Time** (Fut. Perf. Subj.)	(Past Conditional)
ich	werde verhandelt haben	werde verhandelt haben	würde verhandelt haben
du	wirst verhandelt haben	werdest verhandelt haben	würdest verhandelt haben
er	wird verhandelt haben	werde verhandelt haben	würde verhandelt haben
wir	werden verhandelt haben	werden verhandelt haben	würden verhandelt haben
ihr	werdet verhandelt haben	werdet verhandelt haben	würdet verhandelt haben
sie	werden verhandelt haben	werden verhandelt haben	würden verhandelt haben

*'e' preceding 'l' in these forms is usually omitted in colloquial speech. Some authorities, however, (**Duden: Rechtschreibung v.g.**) say it should be retained.

Examples: Sie verhandeln noch über den Zeitplan. *They're still negotiating the schedule.*

verhehlen

PRINC. PARTS: **verhehlen, verhehlte, verhehlt, verhehlt**
IMPERATIVE: **verhehle!, verhehlt!, verhehlen Sie!**

to hide, conceal

INDICATIVE	SUBJUNCTIVE	
	PRIMARY	SECONDARY

Present Time

	Present	*(Pres. Subj.)*	*(Imperf. Subj.)*
ich	verhehle	verhehle	verhehlte
du	verhehlst	verhehlest	verhehltest
er	verhehlt	verhehle	verhehlte
wir	verhehlen	verhehlen	verhehlten
ihr	verhehlt	verhehlet	verhehltet
sie	verhehlen	verhehlen	verhehlten

	Imperfect
ich	verhehlte
du	verhehltest
er	verhehlte
wir	verhehlten
ihr	verhehltet
sie	verhehlten

Past Time

	Perfect	*(Perf. Subj.)*	*(Pluperf. Subj.)*
ich	habe verhehlt	habe verhehlt	hätte verhehlt
du	hast verhehlt	habest verhehlt	hättest verhehlt
er	hat verhehlt	habe verhehlt	hätte verhehlt
wir	haben verhehlt	haben verhehlt	hätten verhehlt
ihr	habt verhehlt	habet verhehlt	hättet verhehlt
sie	haben verhehlt	haben verhehlt	hätten verhehlt

	Pluperfect
ich	hatte verhehlt
du	hattest verhehlt
er	hatte verhehlt
wir	hatten verhehlt
ihr	hattet verhehlt
sie	hatten verhehlt

Future Time

	Future	*(Fut. Subj.)*	*(Pres. Conditional)*
ich	werde verhehlen	werde verhehlen	würde verhehlen
du	wirst verhehlen	werdest verhehlen	würdest verhehlen
er	wird verhehlen	werde verhehlen	würde verhehlen
wir	werden verhehlen	werden verhehlen	würden verhehlen
ihr	werdet verhehlen	werdet verhehlen	würdet verhehlen
sie	werden verhehlen	werden verhehlen	würden verhehlen

Future Perfect Time

	Future Perfect	*(Fut. Perf. Subj.)*	*(Past Conditional)*
ich	werde verhehlt haben	werde verhehlt haben	würde verhehlt haben
du	wirst verhehlt haben	werdest verhehlt haben	würdest verhehlt haben
er	wird verhehlt haben	werde verhehlt haben	würde verhehlt haben
wir	werden verhehlt haben	werden verhehlt haben	würden verhehlt haben
ihr	werdet verhehlt haben	werdet verhehlt haben	würdet verhehlt haben
sie	werden verhehlt haben	werden verhehlt haben	würden verhehlt haben

V

Examples: Sie sagen, Sie hätten nichts zu verhehlen, aber Sie haben uns doch vieles verhehlt.
You say you have nothing to hide, but you've concealed many things from us.

verkaufen

to sell

PRINC. PARTS: **verkaufen, verkaufte, verkauft, verkauft**
IMPERATIVE: **verkaufe!, verkauft!, verkaufen Sie!**

INDICATIVE	SUBJUNCTIVE	
	PRIMARY	SECONDARY
	Present Time	
Present	(*Pres. Subj.*)	(*Imperf. Subj.*)
ich verkaufe	verkaufe	verkaufte
du verkaufst	verkaufest	verkauftest
er verkauft	verkaufe	verkaufte
wir verkaufen	verkaufen	verkauften
ihr verkauft	verkaufet	verkauftet
sie verkaufen	verkaufen	verkauften
Imperfect		
ich verkaufte		
du verkauftest		
er verkaufte		
wir verkauften		
ihr verkauftet		
sie verkauften		
	Past Time	
Perfect	(*Perf. Subj.*)	(*Pluperf. Subj.*)
ich habe verkauft	habe verkauft	hätte verkauft
du hast verkauft	habest verkauft	hättest verkauft
er hat verkauft	habe verkauft	hätte verkauft
wir haben verkauft	haben verkauft	hätten verkauft
ihr habt verkauft	habet verkauft	hättet verkauft
sie haben verkauft	haben verkauft	hätten verkauft
Pluperfect		
ich hatte verkauft		
du hattest verkauft		
er hatte verkauft		
wir hatten verkauft		
ihr hattet verkauft		
sie hatten verkauft		
	Future Time	
Future	(*Fut. Subj.*)	(*Pres. Conditional*)
ich werde verkaufen	werde verkaufen	würde verkaufen
du wirst verkaufen	werdest verkaufen	würdest verkaufen
er wird verkaufen	werde verkaufen	würde verkaufen
wir werden verkaufen	werden verkaufen	würden verkaufen
ihr werdet verkaufen	werdet verkaufen	würdet verkaufen
sie werden verkaufen	werden verkaufen	würden verkaufen
	Future Perfect Time	
Future Perfect	(*Fut. Perf. Subj.*)	(*Past Conditional*)
ich werde verkauft haben	werde verkauft haben	würde verkauft haben
du wirst verkauft haben	werdest verkauft haben	würdest verkauft haben
er wird verkauft haben	werde verkauft haben	würde verkauft haben
wir werden verkauft haben	werden verkauft haben	würden verkauft haben
ihr werdet verkauft haben	werdet verkauft haben	würdet verkauft haben
sie werden verkauft haben	werden verkauft haben	würden verkauft haben

Examples: Der verkäufliche Politiker verkaufte sich sofort an den Diktator. Er sagte: „Ich habe meine Seele nicht verkauft, nur verliehen." *The venal politician sold himself immediately to the dictator. He said, "I haven't sold my soul, just lent it."*

verkehren

PRINC. PARTS: **verkehren, verkehrte, verkehrt, verkehrt**
IMPERATIVE: **verkehre!, verkehrt!, verkehren Sie!**

to trade, traffic; frequent,
visit; reverse, pervert

INDICATIVE	SUBJUNCTIVE	
	PRIMARY	SECONDARY
	Present Time	
Present	*(Pres. Subj.)*	*(Imperf. Subj.)*
ich verkehre	verkehre	verkehrte
du verkehrst	verkehrest	verkehrtest
er verkehrt	verkehre	verkehrte
wir verkehren	verkehren	verkehrten
ihr verkehrt	verkehret	verkehrtet
sie verkehren	verkehren	verkehrten

Imperfect
ich verkehrte
du verkehrtest
er verkehrte
wir verkehrten
ihr verkehrtet
sie verkehrten

	Past Time	
Perfect	*(Perf. Subj.)*	*(Pluperf. Subj.)*
ich habe verkehrt	habe verkehrt	hätte verkehrt
du hast verkehrt	habest verkehrt	hättest verkehrt
er hat verkehrt	habe verkehrt	hätte verkehrt
wir haben verkehrt	haben verkehrt	hätten verkehrt
ihr habt verkehrt	habet verkehrt	hättet verkehrt
sie haben verkehrt	haben verkehrt	hätten verkehrt

Pluperfect
ich hatte verkehrt
du hattest verkehrt
er hatte verkehrt
wir hatten verkehrt
ihr hattet verkehrt
sie hatten verkehrt

	Future Time	
Future	*(Fut. Subj.)*	*(Pres. Conditional)*
ich werde verkehren	werde verkehren	würde verkehren
du wirst verkehren	werdest verkehren	würdest verkehren
er wird verkehren	werde verkehren	würde verkehren
wir werden verkehren	werden verkehren	würden verkehren
ihr werdet verkehren	werdet verkehren	würdet verkehren
sie werden verkehren	werden verkehren	würden verkehren

	Future Perfect Time	
Future Perfect	*(Fut. Perf. Subj.)*	*(Past Conditional)*
ich werde verkehrt haben	werde verkehrt haben	würde verkehrt haben
du wirst verkehrt haben	werdest verkehrt haben	würdest verkehrt haben
er wird verkehrt haben	werde verkehrt haben	würde verkehrt haben
wir werden verkehrt haben	werden verkehrt haben	würden verkehrt haben
ihr werdet verkehrt haben	werdet verkehrt haben	würdet verkehrt haben
sie werden verkehrt haben	werden verkehrt haben	würden verkehrt haben

Examples: **Der Verkehr ist zu stark. Ich nehme den Bus. Er verkehrt alle zwanzig Minuten.**
The traffic's too heavy. I'm taking the bus. It runs every twenty minutes.

verklagen

to accuse; sue

PRINC. PARTS: **verklagen, verklagte, verklagt, verklagt**
IMPERATIVE: **verklage!, verklagt!, verklagen Sie!**

INDICATIVE	SUBJUNCTIVE	
	PRIMARY	SECONDARY

Present Time

	Present	(*Pres. Subj.*)	(*Imperf. Subj.*)
ich	verklage	verklage	verklagte
du	verklagst	verklagest	verklagtest
er	verklagt	verklage	verklagte
wir	verklagen	verklagen	verklagten
ihr	verklagt	verklaget	verklagtet
sie	verklagen	verklagen	verklagten

	Imperfect
ich	verklagte
du	verklagtest
er	verklagte
wir	verklagten
ihr	verklagtet
sie	verklagten

Past Time

	Perfect	(*Perf. Subj.*)	(*Pluperf. Subj.*)
ich	habe verklagt	habe verklagt	hätte verklagt
du	hast verklagt	habest verklagt	hättest verklagt
er	hat verklagt	habe verklagt	hätte verklagt
wir	haben verklagt	haben verklagt	hätten verklagt
ihr	habt verklagt	habet verklagt	hättet verklagt
sie	haben verklagt	haben verklagt	hätten verklagt

	Pluperfect
ich	hatte verklagt
du	hattest verklagt
er	hatte verklagt
wir	hatten verklagt
ihr	hattet verklagt
sie	hatten verklagt

Future Time

	Future	(*Fut. Subj.*)	(*Pres. Conditional*)
ich	werde verklagen	werde verklagen	würde verklagen
du	wirst verklagen	werdest verklagen	würdest verklagen
er	wird verklagen	werde verklagen	würde verklagen
wir	werden verklagen	werden verklagen	würden verklagen
ihr	werdet verklagen	werdet verklagen	würdet verklagen
sie	werden verklagen	werden verklagen	würden verklagen

Future Perfect Time

	Future Perfect	(*Fut. Perf. Subj.*)	(*Past Conditional*)
ich	werde verklagt haben	werde verklagt haben	würde verklagt haben
du	wirst verklagt haben	werdest verklagt haben	würdest verklagt haben
er	wird verklagt haben	werde verklagt haben	würde verklagt haben
wir	werden verklagt haben	werden verklagt haben	würden verklagt haben
ihr	werdet verklagt haben	werdet verklagt haben	würdet verklagt haben
sie	werden verklagt haben	werden verklagt haben	würden verklagt haben

Examples: Der Nachbar droht, uns auf Schadenersatz zu verklagen. *Our neighbor is threatening to sue us for damages.*

verklären

PRINC. PARTS: **verklären, verklärte, verklärt, verklärt**
IMPERATIVE: **verkläre!, verklärt!, verklären Sie!**

to transfigure, glorify,
make radiant

INDICATIVE	SUBJUNCTIVE	
	PRIMARY	SECONDARY

Present Time

	Present	*(Pres. Subj.)*	*(Imperf. Subj.)*
ich	verkläre	verkläre	verklärte
du	verklärst	verklärest	verklärtest
er	verklärt	verkläre	verklärte
wir	verklären	verklären	verklärten
ihr	verklärt	verkläret	verklärtet
sie	verklären	verklären	verklärten

	Imperfect
ich	verklärte
du	verklärtest
er	verklärte
wir	verklärten
ihr	verklärtet
sie	verklärten

Past Time

	Perfect	*(Perf. Subj.)*	*(Pluperf. Subj.)*
ich	habe verklärt	habe verklärt	hätte verklärt
du	hast verklärt	habest verklärt	hättest verklärt
er	hat verklärt	habe verklärt	hätte verklärt
wir	haben verklärt	haben verklärt	hätten verklärt
ihr	habt verklärt	habet verklärt	hättet verklärt
sie	haben verklärt	haben verklärt	hätten verklärt

	Pluperfect
ich	hatte verklärt
du	hattest verklärt
er	hatte verklärt
wir	hatten verklärt
ihr	hattet verklärt
sie	hatten verklärt

Future Time

	Future	*(Fut. Subj.)*	*(Pres. Conditional)*
ich	werde verklären	werde verklären	würde verklären
du	wirst verklären	werdest verklären	würdest verklären
er	wird verklären	werde verklären	würde verklären
wir	werden verklären	werden verklären	würden verklären
ihr	werdet verklären	werdet verklären	würdet verklären
sie	werden verklären	werden verklären	würden verklären

Future Perfect Time

	Future Perfect	*(Fut. Perf. Subj.)*	*(Past Conditional)*
ich	werde verklärt haben	werde verklärt haben	würde verklärt haben
du	wirst verklärt haben	werdest verklärt haben	würdest verklärt haben
er	wird verklärt haben	werde verklärt haben	würde verklärt haben
wir	werden verklärt haben	werden verklärt haben	würden verklärt haben
ihr	werdet verklärt haben	werdet verklärt haben	würdet verklärt haben
sie	werden verklärt haben	werden verklärt haben	würden verklärt haben

V

Examples: Sie spielten Schönbergs *Verklärte Nacht*. They played Schönberg's Transfigured Night.

verkommen

to decay, go bad

PRINC. PARTS: **verkommen, verkam, ist verkommen, verkommt**
IMPERATIVE: **verkomme!, verkommt!, verkommen Sie!**

	INDICATIVE	SUBJUNCTIVE	
		PRIMARY	SECONDARY
		Present Time	
	Present	*(Pres. Subj.)*	*(Imperf. Subj.)*
ich	verkomme	verkomme	verkäme
du	verkommst	verkommest	verkämest
er	verkommt	verkomme	verkäme
wir	verkommen	verkommen	verkämen
ihr	verkommt	verkommet	verkämet
sie	verkommen	verkommen	verkämen

	Imperfect
ich	verkam
du	verkamst
er	verkam
wir	verkamen
ihr	verkamt
sie	verkamen

		Past Time	
	Perfect	*(Perf. Subj.)*	*(Pluperf. Subj.)*
ich	bin verkommen	sei verkommen	wäre verkommen
du	bist verkommen	seiest verkommen	wärest verkommen
er	ist verkommen	sei verkommen	wäre verkommen
wir	sind verkommen	seien verkommen	wären verkommen
ihr	seid verkommen	seiet verkommen	wäret verkommen
sie	sind verkommen	seien verkommen	wären verkommen

	Pluperfect
ich	war verkommen
du	warst verkommen
er	war verkommen
wir	waren verkommen
ihr	wart verkommen
sie	waren verkommen

		Future Time	
	Future	*(Fut. Subj.)*	*(Pres. Conditional)*
ich	werde verkommen	werde verkommen	würde verkommen
du	wirst verkommen	werdest verkommen	würdest verkommen
er	wird verkommen	werde verkommen	würde verkommen
wir	werden verkommen	werden verkommen	würden verkommen
ihr	werdet verkommen	werdet verkommen	würdet verkommen
sie	werden verkommen	werden verkommen	würden verkommen

		Future Perfect Time	
	Future Perfect	*(Fut. Perf. Subj.)*	*(Past Conditional)*
ich	werde verkommen sein	werde verkommen sein	würde verkommen sein
du	wirst verkommen sein	werdest verkommen sein	würdest verkommen sein
er	wird verkommen sein	werde verkommen sein	würde verkommen sein
wir	werden verkommen sein	werden verkommen sein	würden verkommen sein
ihr	werdet verkommen sein	werdet verkommen sein	würdet verkommen sein
sie	werden verkommen sein	werden verkommen sein	würden verkommen sein

Examples: Die ganze Familie, nicht nur ihr Haus, ist verkommen. *The whole family, not just their house, has gone to the dogs.*

sich verlieben
to fall in love

PRINC. PARTS: **sich verlieben, verliebte sich, hat sich verliebt, verliebt sich**
IMPERATIVE: **verliebe dich!, verliebt euch!, verlieben Sie sich!**

INDICATIVE	SUBJUNCTIVE	
	PRIMARY	SECONDARY

Present Time

Present	(*Pres. Subj.*)	(*Imperf. Subj.*)
ich verliebe mich	verliebe mich	verliebte mich
du verliebst dich	verliebest dich	verliebtest dich
er verliebt sich	verliebe sich	verliebte sich
wir verlieben uns	verlieben uns	verliebten uns
ihr verliebt euch	verliebet euch	verliebtet euch
sie verlieben sich	verlieben sich	verliebten sich

Imperfect
ich verliebte mich
du verliebtest dich
er verliebte sich
wir verliebten uns
ihr verliebtet euch
sie verliebten sich

Past Time

Perfect	(*Perf. Subj.*)	(*Pluperf. Subj.*)
ich habe mich verliebt	habe mich verliebt	hätte mich verliebt
du hast dich verliebt	habest dich verliebt	hättest dich verliebt
er hat sich verliebt	habe sich verliebt	hätte sich verliebt
wir haben uns verliebt	haben uns verliebt	hätten uns verliebt
ihr habt euch verliebt	habet euch verliebt	hättet euch verliebt
sie haben sich verliebt	haben sich verliebt	hätten sich verliebt

Pluperfect
ich hatte mich verliebt
du hattest dich verliebt
er hatte sich verliebt
wir hatten uns verliebt
ihr hattet euch verliebt
sie hatten sich verliebt

Future Time

Future	(*Fut. Subj.*)	(*Pres. Conditional*)
ich werde mich verlieben	werde mich verlieben	würde mich verlieben
du wirst dich verlieben	werdest dich verlieben	würdest dich verlieben
er wird sich verlieben	werde sich verlieben	würde sich verlieben
wir werden uns verlieben	werden uns verlieben	würden uns verlieben
ihr werdet euch verlieben	werdet euch verlieben	würdet euch verlieben
sie werden sich verlieben	werden sich verlieben	würden sich verlieben

Future Perfect Time

Future Perfect	(*Fut. Perf. Subj.*)	(*Past Conditional*)
ich werde mich verliebt haben	werde mich verliebt haben	würde mich verliebt haben
du wirst dich verliebt haben	werdest dich verliebt haben	würdest dich verliebt haben
er wird sich verliebt haben	werde sich verliebt haben	würde sich verliebt haben
wir werden uns verliebt haben	werden uns verliebt haben	würden uns verliebt haben
ihr werdet euch verliebt haben	werdet euch verliebt haben	würdet euch verliebt haben
sie werden sich verliebt haben	werden sich verliebt haben	würden sich verliebt haben

V

Examples: Tim verliebte sich in sie auf den ersten Blick. *Tim fell in love with her at first sight.*

verlieren

to lose

PRINC. PARTS: **verlieren, verlor, verloren, verliert**
IMPERATIVE: **verliere!, verliert!, verlieren Sie!**

INDICATIVE	SUBJUNCTIVE	
	PRIMARY	SECONDARY
	Present Time	
Present	*(Pres. Subj.)*	*(Imperf. Subj.)*
ich verliere	verliere	verlöre
du verlierst	verlierest	verlörest
er verliert	verliere	verlöre
wir verlieren	verlieren	verlören
ihr verliert	verlieret	verlöret
sie verlieren	verlieren	verlören

Imperfect

ich	verlor
du	verlorst
er	verlor
wir	verloren
ihr	verlort
sie	verloren

	Past Time	
Perfect	*(Perf. Subj.)*	*(Pluperf. Subj.)*
ich habe verloren	habe verloren	hätte verloren
du hast verloren	habest verloren	hättest verloren
er hat verloren	habe verloren	hätte verloren
wir haben verloren	haben verloren	hätten verloren
ihr habt verloren	habet verloren	hättet verloren
sie haben verloren	haben verloren	hätten verloren

Pluperfect

ich	hatte verloren
du	hattest verloren
er	hatte verloren
wir	hatten verloren
ihr	hattet verloren
sie	hatten verloren

	Future Time	
Future	*(Fut. Subj.)*	*(Pres. Conditional)*
ich werde verlieren	werde verlieren	würde verlieren
du wirst verlieren	werdest verlieren	würdest verlieren
er wird verlieren	werde verlieren	würde verlieren
wir werden verlieren	werden verlieren	würden verlieren
ihr werdet verlieren	werdet verlieren	würdet verlieren
sie werden verlieren	werden verlieren	würden verlieren

	Future Perfect Time	
Future Perfect	*(Fut. Perf. Subj.)*	*(Past Conditional)*
ich werde verloren haben	werde verloren haben	würde verloren haben
du wirst verloren haben	werdest verloren haben	würdest verloren haben
er wird verloren haben	werde verloren haben	würde verloren haben
wir werden verloren haben	werden verloren haben	würden verloren haben
ihr werdet verloren haben	werdet verloren haben	würdet verloren haben
sie werden verloren haben	werden verloren haben	würden verloren haben

Examples: Im Krieg haben sie alles verloren. *They lost everything in the war.*

vermehren

PRINC. PARTS: **vermehren, vermehrte, vermehrt, vermehrt**
IMPERATIVE: **vermehre!, vermehrt!, vermehren Sie!**

to increase

INDICATIVE	SUBJUNCTIVE	
	PRIMARY	SECONDARY

Present Time

	Present	*(Pres. Subj.)*	*(Imperf. Subj.)*
ich	vermehre	vermehre	vermehrte
du	vermehrst	vermehrest	vermehrtest
er	vermehrt	vermehre	vermehrte
wir	vermehren	vermehren	vermehrten
ihr	vermehrt	vermehret	vermehrtet
sie	vermehren	vermehren	vermehrten

	Imperfect
ich	vermehrte
du	vermehrtest
er	vermehrte
wir	vermehrten
ihr	vermehrtet
sie	vermehrten

Past Time

	Perfect	*(Perf. Subj.)*	*(Pluperf. Subj.)*
ich	habe vermehrt	habe vermehrt	hätte vermehrt
du	hast vermehrt	habest vermehrt	hättest vermehrt
er	hat vermehrt	habe vermehrt	hätte vermehrt
wir	haben vermehrt	haben vermehrt	hätten vermehrt
ihr	habt vermehrt	habet vermehrt	hättet vermehrt
sie	haben vermehrt	haben vermehrt	hätten vermehrt

	Pluperfect
ich	hatte vermehrt
du	hattest vermehrt
er	hatte vermehrt
wir	hatten vermehrt
ihr	hattet vermehrt
sie	hatten vermehrt

Future Time

	Future	*(Fut. Subj.)*	*(Pres. Conditional)*
ich	werde vermehren	werde vermehren	würde vermehren
du	wirst vermehren	werdest vermehren	würdest vermehren
er	wird vermehren	werde vermehren	würde vermehren
wir	werden vermehren	werden vermehren	würden vermehren
ihr	werdet vermehren	werdet vermehren	würdet vermehren
sie	werden vermehren	werden vermehren	würden vermehren

Future Perfect Time

	Future Perfect	*(Fut. Perf. Subj.)*	*(Past Conditional)*
ich	werde vermehrt haben	werde vermehrt haben	würde vermehrt haben
du	wirst vermehrt haben	werdest vermehrt haben	würdest vermehrt haben
er	wird vermehrt haben	werde vermehrt haben	würde vermehrt haben
wir	werden vermehrt haben	werden vermehrt haben	würden vermehrt haben
ihr	werdet vermehrt haben	werdet vermehrt haben	würdet vermehrt haben
sie	werden vermehrt haben	werden vermehrt haben	würden vermehrt haben

V

Examples: Der Milliardär wollte sein Vermögen vermehren. *The billionaire wanted to increase his fortune.*

vernichten

to annihilate; nullify

PRINC. PARTS: **vernichten, vernichtete, vernichtet, vernichtet**
IMPERATIVE: **vernichte!, vernichtet!, vernichten Sie!**

	INDICATIVE	SUBJUNCTIVE	
		PRIMARY	SECONDARY

Present Time

	Present	*(Pres. Subj.)*	*(Imperf. Subj.)*
ich	vernichte	vernichte	vernichtete
du	vernichtest	vernichtest	vernichtetest
er	vernichtet	vernichte	vernichtete
wir	vernichten	vernichten	vernichteten
ihr	vernichtet	vernichtet	vernichtetet
sie	vernichten	vernichten	vernichteten

	Imperfect
ich	vernichtete
du	vernichtetest
er	vernichtete
wir	vernichteten
ihr	vernichtetet
sie	vernichteten

Past Time

	Perfect	*(Perf. Subj.)*	*(Pluperf. Subj.)*
ich	habe vernichtet	habe vernichtet	hätte vernichtet
du	hast vernichtet	habest vernichtet	hättest vernichtet
er	hat vernichtet	habe vernichtet	hätte vernichtet
wir	haben vernichtet	haben vernichtet	hätten vernichtet
ihr	habt vernichtet	habet vernichtet	hättet vernichtet
sie	haben vernichtet	haben vernichtet	hätten vernichtet

	Pluperfect
ich	hatte vernichtet
du	hattest vernichtet
er	hatte vernichtet
wir	hatten vernichtet
ihr	hattet vernichtet
sie	hatten vernichtet

Future Time

	Future	*(Fut. Subj.)*	*(Pres. Conditional)*
ich	werde vernichten	werde vernichten	würde vernichten
du	wirst vernichten	werdest vernichten	würdest vernichten
er	wird vernichten	werde vernichten	würde vernichten
wir	werden vernichten	werden vernichten	würden vernichten
ihr	werdet vernichten	werdet vernichten	würdet vernichten
sie	werden vernichten	werden vernichten	würden vernichten

Future Perfect Time

	Future Perfect	*(Fut. Perf. Subj.)*	*(Past Conditional)*
ich	werde vernichtet haben	werde vernichtet haben	würde vernichtet haben
du	wirst vernichtet haben	werdest vernichtet haben	würdest vernichtet haben
er	wird vernichtet haben	werde vernichtet haben	würde vernichtet haben
wir	werden vernichtet haben	werden vernichtet haben	würden vernichtet haben
ihr	werdet vernichtet haben	werdet vernichtet haben	würdet vernichtet haben
sie	werden vernichtet haben	werden vernichtet haben	würden vernichtet haben

---

Examples: Sie hofften, den Feind vernichtend zu schlagen, wurden aber selber vernichtet.
They hoped to inflict a crushing defeat on the enemy but were themselves annihilated.

verraten

PRINC. PARTS: **verraten, verriet, verraten, verrät**
IMPERATIVE: **verrate!, verratet!, verraten Sie!**

INDICATIVE	SUBJUNCTIVE	
	PRIMARY	SECONDARY

Present Time

	Present	*(Pres. Subj.)*	*(Imperf. Subj.)*
ich	verrate	verrate	verriete
du	verrätst	verratest	verrietest
er	verrät	verrate	verriete
wir	verraten	verraten	verrieten
ihr	verratet	verratet	verrietet
sie	verraten	verraten	verrieten

	Imperfect
ich	verriet
du	verrietst
er	verriet
wir	verrieten
ihr	verrietet
sie	verrieten

Past Time

	Perfect	*(Perf. Subj.)*	*(Pluperf. Subj.)*
ich	habe verraten	habe verraten	hätte verraten
du	hast verraten	habest verraten	hättest verraten
er	hat verraten	habe verraten	hätte verraten
wir	haben verraten	haben verraten	hätten verraten
ihr	habt verraten	habet verraten	hättet verraten
sie	haben verraten	haben verraten	hätten verraten

	Pluperfect
ich	hatte verraten
du	hattest verraten
er	hatte verraten
wir	hatten verraten
ihr	hattet verraten
sie	hatten verraten

Future Time

	Future	*(Fut. Subj.)*	*(Pres. Conditional)*
ich	werde verraten	werde verraten	würde verraten
du	wirst verraten	werdest verraten	würdest verraten
er	wird verraten	werde verraten	würde verraten
wir	werden verraten	werden verraten	würden verraten
ihr	werdet verraten	werdet verraten	würdet verraten
sie	werden verraten	werden verraten	würden verraten

Future Perfect Time

	Future Perfect	*(Fut. Perf. Subj.)*	*(Past Conditional)*
ich	werde verraten haben	werde verraten haben	würde verraten haben
du	wirst verraten haben	werdest verraten haben	würdest verraten haben
er	wird verraten haben	werde verraten haben	würde verraten haben
wir	werden verraten haben	werden verraten haben	würden verraten haben
ihr	werdet verraten haben	werdet verraten haben	würdet verraten haben
sie	werden verraten haben	werden verraten haben	würden verraten haben

V

Examples: Die Spione haben die Geheimnisse an eine fremde Macht verraten. Uns hat man nichts von der Sache verraten. *The spies betrayed the secrets to a foreign power. Nobody said anything to us about the matter.*

verrecken

to die, (slang) croak

PRINC. PARTS: **verrecken, verreckte, ist verreckt, verreckt**
IMPERATIVE: **verrecke!, verreckt!, verrecken Sie!**

INDICATIVE	SUBJUNCTIVE	
	PRIMARY	SECONDARY

Present Time

Present	*(Pres. Subj.)*	*(Imperf. Subj.)*
ich verrecke	verrecke	verreckte
du verreckst	verreckest	verrecktest
er verreckt	verrecke	verreckte
wir verrecken	verrecken	verreckten
ihr verreckt	verrecket	verrecktet
sie verrecken	verrecken	verreckten

Imperfect
ich verreckte
du verrecktest
er verreckte
wir verreckten
ihr verrecktet
sie verreckten

Past Time

Perfect	*(Perf. Subj.)*	*(Pluperf. Subj.)*
ich bin verreckt	sei verreckt	wäre verreckt
du bist verreckt	seiest verreckt	wärest verreckt
er ist verreckt	sei verreckt	wäre verreckt
wir sind verreckt	seien verreckt	wären verreckt
ihr seid verreckt	seiet verreckt	wäret verreckt
sie sind verreckt	seien verreckt	wären verreckt

Pluperfect
ich war verreckt
du warst verreckt
er war verreckt
wir waren verreckt
ihr wart verreckt
sie waren verreckt

Future Time

Future	*(Fut. Subj.)*	*(Pres. Conditional)*
ich werde verrecken	werde verrecken	würde verrecken
du wirst verrecken	werdest verrecken	würdest verrecken
er wird verrecken	werde verrecken	würde verrecken
wir werden verrecken	werden verrecken	würden verrecken
ihr werdet verrecken	werdet verrecken	würdet verrecken
sie werden verrecken	werden verrecken	würden verrecken

Future Perfect Time

Future Perfect	*(Fut. Perf. Subj.)*	*(Past Conditional)*
ich werde verreckt sein	werde verreckt sein	würde verreckt sein
du wirst verreckt sein	werdest verreckt sein	würdest verreckt sein
er wird verreckt sein	werde verreckt sein	würde verreckt sein
wir werden verreckt sein	werden verreckt sein	würden verreckt sein
ihr werdet verreckt sein	werdet verreckt sein	würdet verreckt sein
sie werden verreckt sein	werden verreckt sein	würden verreckt sein

Examples: Der Arme ist auf der Straße verreckt. *The poor guy croaked on the street.*

verrichten

PRINC. PARTS: verrichten, verrichtete, verrichtet, verrichtet
IMPERATIVE: verrichte!, verrichtet!, verrichten Sie!

to do, perform, execute

INDICATIVE	SUBJUNCTIVE	
	PRIMARY	SECONDARY

Present Time

	Present	(Pres. Subj.)	(Imperf. Subj.)
ich	verrichte	verrichte	verrichtete
du	verrichtest	verrichtest	verrichtetest
er	verrichtet	verrichte	verrichtete
wir	verrichten	verrichten	verrichteten
ihr	verrichtet	verrichtet	verrichtetet
sie	verrichten	verrichten	verrichteten

	Imperfect
ich	verrichtete
du	verrichtetest
er	verrichtete
wir	verrichteten
ihr	verrichtetet
sie	verrichteten

Past Time

	Perfect	(Perf. Subj.)	(Pluperf. Subj.)
ich	habe verrichtet	habe verrichtet	hätte verrichtet
du	hast verrichtet	habest verrichtet	hättest verrichtet
er	hat verrichtet	habe verrichtet	hätte verrichtet
wir	haben verrichtet	haben verrichtet	hätten verrichtet
ihr	habt verrichtet	habet verrichtet	hättet verrichtet
sie	haben verrichtet	haben verrichtet	hätten verrichtet

	Pluperfect
ich	hatte verrichtet
du	hattest verrichtet
er	hatte verrichtet
wir	hatten verrichtet
ihr	hattet verrichtet
sie	hatten verrichtet

Future Time

	Future	(Fut. Subj.)	(Pres. Conditional)
ich	werde verrichten	werde verrichten	würde verrichten
du	wirst verrichten	werdest verrichten	würdest verrichten
er	wird verrichten	werde verrichten	würde verrichten
wir	werden verrichten	werden verrichten	würden verrichten
ihr	werdet verrichten	werdet verrichten	würdet verrichten
sie	werden verrichten	werden verrichten	würden verrichten

Future Perfect Time

	Future Perfect	(Fut. Perf. Subj.)	(Past Conditional)
ich	werde verrichtet haben	werde verrichtet haben	würde verrichtet haben
du	wirst verrichtet haben	werdest verrichtet haben	würdest verrichtet haben
er	wird verrichtet haben	werde verrichtet haben	würde verrichtet haben
wir	werden verrichtet haben	werden verrichtet haben	würden verrichtet haben
ihr	werdet verrichtet haben	werdet verrichtet haben	würdet verrichtet haben
sie	werden verrichtet haben	werden verrichtet haben	würden verrichtet haben

V

Examples: **Olaf hat seine Arbeit nicht verrichtet.** *Olaf hasn't done his work.*

versagen

to refuse; fail

PRINC. PARTS: **versagen, versagte, versagt, versagt**
IMPERATIVE: **versage!, versagt!, versagen Sie!**

INDICATIVE	SUBJUNCTIVE	
	PRIMARY	SECONDARY
	Present Time	
Present	*(Pres. Subj.)*	*(Imperf. Subj.)*
ich versage	versage	versagte
du versagst	versagest	versagtest
er versagt	versage	versagte
wir versagen	versagen	versagten
ihr versagt	versaget	versagtet
sie versagen	versagen	versagten

Imperfect	
ich versagte	
du versagtest	
er versagte	
wir versagten	
ihr versagtet	
sie versagten	

	Past Time	
Perfect	*(Perf. Subj.)*	*(Pluperf. Subj.)*
ich habe versagt	habe versagt	hätte versagt
du hast versagt	habest versagt	hättest versagt
er hat versagt	habe versagt	hätte versagt
wir haben versagt	haben versagt	hätten versagt
ihr habt versagt	habet versagt	hättet versagt
sie haben versagt	haben versagt	hätten versagt

Pluperfect	
ich hatte versagt	
du hattest versagt	
er hatte versagt	
wir hatten versagt	
ihr hattet versagt	
sie hatten versagt	

	Future Time	
Future	*(Fut. Subj.)*	*(Pres. Conditional)*
ich werde versagen	werde versagen	würde versagen
du wirst versagen	werdest versagen	würdest versagen
er wird versagen	werde versagen	würde versagen
wir werden versagen	werden versagen	würden versagen
ihr werdet versagen	werdet versagen	würdet versagen
sie werden versagen	werden versagen	würden versagen

	Future Perfect Time	
Future Perfect	*(Fut. Perf. Subj.)*	*(Past Conditional)*
ich werde versagt haben	werde versagt haben	würde versagt haben
du wirst versagt haben	werdest versagt haben	würdest versagt haben
er wird versagt haben	werde versagt haben	würde versagt haben
wir werden versagt haben	werden versagt haben	würden versagt haben
ihr werdet versagt haben	werdet versagt haben	würdet versagt haben
sie werden versagt haben	werden versagt haben	würden versagt haben

Examples: **Die Muskelkraft versagte der einstigen Olympia Weltmeisterin.** *The former Olympic world champion's muscle power failed her.*

versehren

PRINC. PARTS: **versehren, versehrte, versehrt, versehrt**
IMPERATIVE: **versehre!, versehrt!, versehren Sie!**

to wound, hurt, damage

INDICATIVE	SUBJUNCTIVE	
	PRIMARY	SECONDARY

Present Time

Present	*(Pres. Subj.)*	*(Imperf. Subj.)*
ich versehre	versehre	versehrte
du versehrst	versehrest	versehrtest
er versehrt	versehre	versehrte
wir versehren	versehren	versehrten
ihr versehrt	versehret	versehrtet
sie versehren	versehren	versehrten

Imperfect
ich versehrte
du versehrtest
er versehrte
wir versehrten
ihr versehrtet
sie versehrten

Past Time

Perfect	*(Perf. Subj.)*	*(Pluperf. Subj.)*
ich habe versehrt	habe versehrt	hätte versehrt
du hast versehrt	habest versehrt	hättest versehrt
er hat versehrt	habe versehrt	hätte versehrt
wir haben versehrt	haben versehrt	hätten versehrt
ihr habt versehrt	habet versehrt	hättet versehrt
sie haben versehrt	haben versehrt	hätten versehrt

Pluperfect
ich hatte versehrt
du hattest versehrt
er hatte versehrt
wir hatten versehrt
ihr hattet versehrt
sie hatten versehrt

Future Time

Future	*(Fut. Subj.)*	*(Pres. Conditional)*
ich werde versehren	werde versehren	würde versehren
du wirst versehren	werdest versehren	würdest versehren
er wird versehren	werde versehren	würde versehren
wir werden versehren	werden versehren	würden versehren
ihr werdet versehren	werdet versehren	würdet versehren
sie werden versehren	werden versehren	würden versehren

Future Perfect Time

Future Perfect	*(Fut. Perf. Subj.)*	*(Past Conditional)*
ich werde versehrt haben	werde versehrt haben	würde versehrt haben
du wirst versehrt haben	werdest versehrt haben	würdest versehrt haben
er wird versehrt haben	werde versehrt haben	würde versehrt haben
wir werden versehrt haben	werden versehrt haben	würden versehrt haben
ihr werdet versehrt haben	werdet versehrt haben	würdet versehrt haben
sie werden versehrt haben	werden versehrt haben	würden versehrt haben

V

Examples: Sie ist versehrt und treibt jetzt Versehrtensport. *She is disabled and engages in sports for the handicapped now.*

versprechen

to promise

PRINC. PARTS: **versprechen, versprach, versprochen, verspricht**
IMPERATIVE: **versprich!, versprecht!, versprechen Sie!**

INDICATIVE	SUBJUNCTIVE	
	PRIMARY	SECONDARY
	Present Time	
Present	*(Pres. Subj.)*	*(Imperf. Subj.)*
ich verspreche	verspreche	verspräche
du versprichst	versprechest	versprächest
er verspricht	verspreche	verspräche
wir versprechen	versprechen	versprächen
ihr versprecht	versprechet	versprächet
sie versprechen	versprechen	versprächen

Imperfect
ich versprach
du versprachst
er versprach
wir versprachen
ihr verspracht
sie versprachen

	Past Time	
Perfect	*(Perf. Subj.)*	*(Pluperf. Subj.)*
ich habe versprochen	habe versprochen	hätte versprochen
du hast versprochen	habest versprochen	hättest versprochen
er hat versprochen	habe versprochen	hätte versprochen
wir haben versprochen	haben versprochen	hätten versprochen
ihr habt versprochen	habet versprochen	hättet versprochen
sie haben versprochen	haben versprochen	hätten versprochen

Pluperfect
ich hatte versprochen
du hattest versprochen
er hatte versprochen
wir hatten versprochen
ihr hattet versprochen
sie hatten versprochen

	Future Time	
Future	*(Fut. Subj.)*	*(Pres. Conditional)*
ich werde versprechen	werde versprechen	würde versprechen
du wirst versprechen	werdest versprechen	würdest versprechen
er wird versprechen	werde versprechen	würde versprechen
wir werden versprechen	werden versprechen	würden versprechen
ihr werdet versprechen	werdet versprechen	würdet versprechen
sie werden versprechen	werden versprechen	würden versprechen

	Future Perfect Time	
Future Perfect	*(Fut. Perf. Subj.)*	*(Past Conditional)*
ich werde versprochen haben	werde versprochen haben	würde versprochen haben
du wirst versprochen haben	werdest versprochen haben	würdest versprochen haben
er wird versprochen haben	werde versprochen haben	würde versprochen haben
wir werden versprochen haben	werden versprochen haben	würden versprochen haben
ihr werdet versprochen haben	werdet versprochen haben	würdet versprochen haben
sie werden versprochen haben	werden versprochen haben	würden versprochen haben

Examples: Der Senator hat mir seine Unterstützung versprochen, hoch und heilig versprochen. Hat aber sein Versprechen nicht gehalten. Das verspricht nichts Gutes. *The senator promised me his support, solemnly promised it to me. But he didn't keep his promise. That's not a good sign.* Er verspricht sich immer wieder. Wir lachen oft über seine freudschen Versprecher. *He makes frequent slips of the tongue. We often laugh at his Freudian slips.*

verstehen

PRINC. PARTS: **verstehen, verstand, verstanden, versteht**
IMPERATIVE: **verstehe!, versteht!, verstehen Sie!**

to understand

	INDICATIVE	SUBJUNCTIVE		
		PRIMARY	SECONDARY	
		Present Time		
	Present	*(Pres. Subj.)*	*(Imperf. Subj.)*	
ich	verstehe	verstehe	verstände	verstünde
du	verstehst	verstehest	verständest	verstündest
er	versteht	verstehe	verstände *or*	verstünde
wir	verstehen	verstehen	verständen	verstünden
ihr	versteht	verstehet	verständet	verstündet
sie	verstehen	verstehen	verständen	verstünden

	Imperfect
ich	verstand
du	verstandest
er	verstand
wir	verstanden
ihr	verstandet
sie	verstanden

		Past Time	
	Perfect	*(Perf. Subj.)*	*(Pluperf. Subj.)*
ich	habe verstanden	habe verstanden	hätte verstanden
du	hast verstanden	habest verstanden	hättest verstanden
er	hat verstanden	habe verstanden	hätte verstanden
wir	haben verstanden	haben verstanden	hätten verstanden
ihr	habt verstanden	habet verstanden	hättet verstanden
sie	haben verstanden	haben verstanden	hätten verstanden

	Pluperfect
ich	hatte verstanden
du	hattest verstanden
er	hatte verstanden
wir	hatten verstanden
ihr	hattet verstanden
sie	hatten verstanden

		Future Time	
	Future	*(Fut. Subj.)*	*(Pres. Conditional)*
ich	werde verstehen	werde verstehen	würde verstehen
du	wirst verstehen	werdest verstehen	würdest verstehen
er	wird verstehen	werde verstehen	würde verstehen
wir	werden verstehen	werden verstehen	würden verstehen
ihr	werdet verstehen	werdet verstehen	würdet verstehen
sie	werden verstehen	werden verstehen	würden verstehen

		Future Perfect Time	
	Future Perfect	*(Fut. Perf. Subj.)*	*(Past Conditional)*
ich	werde verstanden haben	werde verstanden haben	würde verstanden haben
du	wirst verstanden haben	werdest verstanden haben	würdest verstanden haben
er	wird verstanden haben	werde verstanden haben	würde verstanden haben
wir	werden verstanden haben	werden verstanden haben	würden verstanden haben
ihr	werdet verstanden haben	werdet verstanden haben	würdet verstanden haben
sie	werden verstanden haben	werden verstanden haben	würden verstanden haben

V

Examples: Sie haben mich falsch verstanden, weil Sie keinen Spaß verstehen. *You misunderstood me, because you have no sense of humor.*

verstricken

to entangle, ensnare

PRINC. PARTS: **verstricken, verstrickte, verstrickt, verstrickt**
IMPERATIVE: **verstricke!, verstrickt!, verstricken Sie!**

	INDICATIVE	SUBJUNCTIVE	
		PRIMARY	SECONDARY
		Present Time	
	Present	*(Pres. Subj.)*	*(Imperf. Subj.)*
ich	verstricke	verstricke	verstrickte
du	verstrickst	verstrickest	verstricktest
er	verstrickt	verstricke	verstrickte
wir	verstricken	verstricken	verstrickten
ihr	verstrickt	verstricket	verstricktet
sie	verstricken	verstricken	verstrickten

	Imperfect
ich	verstrickte
du	verstricktest
er	verstrickte
wir	verstrickten
ihr	verstricktet
sie	verstrickten

		Past Time	
	Perfect	*(Perf. Subj.)*	*(Pluperf. Subj.)*
ich	habe verstrickt	habe verstrickt	hätte verstrickt
du	hast verstrickt	habest verstrickt	hättest verstrickt
er	hat verstrickt	habe verstrickt	hätte verstrickt
wir	haben verstrickt	haben verstrickt	hätten verstrickt
ihr	habt verstrickt	habet verstrickt	hättet verstrickt
sie	haben verstrickt	haben verstrickt	hätten verstrickt

	Pluperfect
ich	hatte verstrickt
du	hattest verstrickt
er	hatte verstrickt
wir	hatten verstrickt
ihr	hattet verstrickt
sie	hatten verstrickt

		Future Time	
	Future	*(Fut. Subj.)*	*(Pres. Conditional)*
ich	werde verstricken	werde verstricken	würde verstricken
du	wirst verstricken	werdest verstricken	würdest verstricken
er	wird verstricken	werde verstricken	würde verstricken
wir	werden verstricken	werden verstricken	würden verstricken
ihr	werdet verstricken	werdet verstricken	würdet verstricken
sie	werden verstricken	werden verstricken	würden verstricken

		Future Perfect Time	
	Future Perfect	*(Fut. Perf. Subj.)*	*(Past Conditional)*
ich	werde verstrickt haben	werde verstrickt haben	würde verstrickt haben
du	wirst verstrickt haben	werdest verstrickt haben	würdest verstrickt haben
er	wird verstrickt haben	werde verstrickt haben	würde verstrickt haben
wir	werden verstrickt haben	werden verstrickt haben	würden verstrickt haben
ihr	werdet verstrickt haben	werdet verstrickt haben	würdet verstrickt haben
sie	werden verstrickt haben	werden verstrickt haben	würden verstrickt haben

Examples: Wie hast du dich in so etwas verstricken können? *How could you get mixed up in something like that?*

versuchen

PRINC. PARTS: **versuchen, versuchte, versucht, versucht**
IMPERATIVE: **versuche!, versucht!, versuchen Sie!**

to attempt, try; tempt;
sample

INDICATIVE	SUBJUNCTIVE	
	PRIMARY	SECONDARY

Present Time

	Present	(*Pres. Subj.*)	(*Imperf. Subj.*)
ich	versuche	versuche	versuchte
du	versuchst	versuchest	versuchtest
er	versucht	versuche	versuchte
wir	versuchen	versuchen	versuchten
ihr	versucht	versuchet	versuchtet
sie	versuchen	versuchen	versuchten

	Imperfect
ich	versuchte
du	versuchtest
er	versuchte
wir	versuchten
ihr	versuchtet
sie	versuchten

Past Time

	Perfect	(*Perf. Subj.*)	(*Pluperf. Subj.*)
ich	habe versucht	habe versucht	hätte versucht
du	hast versucht	habest versucht	hättest versucht
er	hat versucht	habe versucht	hätte versucht
wir	haben versucht	haben versucht	hätten versucht
ihr	habt versucht	habet versucht	hättet versucht
sie	haben versucht	haben versucht	hätten versucht

	Pluperfect
ich	hatte versucht
du	hattest versucht
er	hatte versucht
wir	hatten versucht
ihr	hattet versucht
sie	hatten versucht

Future Time

	Future	(*Fut. Subj.*)	(*Pres. Conditional*)
ich	werde versuchen	werde versuchen	würde versuchen
du	wirst versuchen	werdest versuchen	würdest versuchen
er	wird versuchen	werde versuchen	würde versuchen
wir	werden versuchen	werden versuchen	würden versuchen
ihr	werdet versuchen	werdet versuchen	würdet versuchen
sie	werden versuchen	werden versuchen	würden versuchen

Future Perfect Time

	Future Perfect	(*Fut. Perf. Subj.*)	(*Past Conditional*)
ich	werde versucht haben	werde versucht haben	würde versucht haben
du	wirst versucht haben	werdest versucht haben	würdest versucht haben
er	wird versucht haben	werde versucht haben	würde versucht haben
wir	werden versucht haben	werden versucht haben	würden versucht haben
ihr	werdet versucht haben	werdet versucht haben	würdet versucht haben
sie	werden versucht haben	werden versucht haben	würden versucht haben

V

Examples: Wir haben's oft versucht. Jetzt machen wir einen letzten Versuch. *We attempted it often.*
Now we'll make a last attempt.

verwalten

to administer, manage

PRINC. PARTS: **verwalten, verwaltete, verwaltet, verwaltet**
IMPERATIVE: **verwalte!, verwaltet!, verwalten Sie!**

	INDICATIVE	SUBJUNCTIVE	
		PRIMARY	SECONDARY
	Present	**Present Time**	
		(*Pres. Subj.*)	(*Imperf. Subj.*)
ich	verwalte	verwalte	verwaltete
du	verwaltest	verwaltest	verwaltetest
er	verwaltet	verwalte	verwaltete
wir	verwalten	verwalten	verwalteten
ihr	verwaltet	verwaltet	verwaltetet
sie	verwalten	verwalten	verwalteten
	Imperfect		
ich	verwaltete		
du	verwaltetest		
er	verwaltete		
wir	verwalteten		
ihr	verwaltetet		
sie	verwalteten		
	Perfect	**Past Time**	
		(*Perf. Subj.*)	(*Pluperf. Subj.*)
ich	habe verwaltet	habe verwaltet	hätte verwaltet
du	hast verwaltet	habest verwaltet	hättest verwaltet
er	hat verwaltet	habe verwaltet	hätte verwaltet
wir	haben verwaltet	haben verwaltet	hätten verwaltet
ihr	habt verwaltet	habet verwaltet	hättet verwaltet
sie	haben verwaltet	haben verwaltet	hätten verwaltet
	Pluperfect		
ich	hatte verwaltet		
du	hattest verwaltet		
er	hatte verwaltet		
wir	hatten verwaltet		
ihr	hattet verwaltet		
sie	hatten verwaltet		
	Future	**Future Time**	
		(*Fut. Subj.*)	(*Pres. Conditional*)
ich	werde verwalten	werde verwalten	würde verwalten
du	wirst verwalten	werdest verwalten	würdest verwalten
er	wird verwalten	werde verwalten	würde verwalten
wir	werden verwalten	werden verwalten	würden verwalten
ihr	werdet verwalten	werdet verwalten	würdet verwalten
sie	werden verwalten	werden verwalten	würden verwalten
	Future Perfect	**Future Perfect Time**	
		(*Fut. Perf. Subj.*)	(*Past Conditional*)
ich	werde verwaltet haben	werde verwaltet haben	würde verwaltet haben
du	wirst verwaltet haben	werdest verwaltet haben	würdest verwaltet haben
er	wird verwaltet haben	werde verwaltet haben	würde verwaltet haben
wir	werden verwaltet haben	werden verwaltet haben	würden verwaltet haben
ihr	werdet verwaltet haben	werdet verwaltet haben	würdet verwaltet haben
sie	werden verwaltet haben	werden verwaltet haben	würden verwaltet haben

Examples: **Frieda ist die Verwalterin, die das Gut verwaltet.** *Frieda is the manager who is administering the property.*

verwechseln

PRINC. PARTS: **verwechseln, verwechselte, verwechselt, verwechselt**

IMPERATIVE: **verwechsle!, verwechselt!, verwechseln Sie!**

to confuse;
change by mistake

INDICATIVE	SUBJUNCTIVE	
	PRIMARY	SECONDARY

Present Time

	Present	*(Pres. Subj.)*	*(Imperf. Subj.)*
ich	verwechsele*	verwechsele*	verwechselte
du	verwechselst	verwechselst	verwechseltest
er	verwechselt	verwechsele*	verwechselte
wir	verwechseln	verwechseln	verwechselten
ihr	verwechselt	verwechselt	verwechseltet
sie	verwechseln	verwechseln	verwechselten

	Imperfect
ich	verwechselte
du	verwechseltest
er	verwechselte
wir	verwechselten
ihr	verwechseltet
sie	verwechselten

Past Time

	Perfect	*(Perf. Subj.)*	*(Pluperf. Subj.)*
ich	habe verwechselt	habe verwechselt	hätte verwechselt
du	hast verwechselt	habest verwechselt	hättest verwechselt
er	hat verwechselt	habe verwechselt	hätte verwechselt
wir	haben verwechselt	haben verwechselt	hätten verwechselt
ihr	habt verwechselt	habet verwechselt	hättet verwechselt
sie	haben verwechselt	haben verwechselt	hätten verwechselt

	Pluperfect
ich	hatte verwechselt
du	hattest verwechselt
er	hatte verwechselt
wir	hatten verwechselt
ihr	hattet verwechselt
sie	hatten verwechselt

Future Time

	Future	*(Fut. Subj.)*	*(Pres. Conditional)*
ich	werde verwechseln	werde verwechseln	würde verwechseln
du	wirst verwechseln	werdest verwechseln	würdest verwechseln
er	wird verwechseln	werde verwechseln	würde verwechseln
wir	werden verwechseln	werden verwechseln	würden verwechseln
ihr	werdet verwechseln	werdet verwechseln	würdet verwechseln
sie	werden verwechseln	werden verwechseln	würden verwechseln

Future Perfect Time

	Future Perfect	*(Fut. Perf. Subj.)*	*(Past Conditional)*
ich	werde verwechselt haben	werde verwechselt haben	würde verwechselt haben
du	wirst verwechselt haben	werdest verwechselt haben	würdest verwechselt haben
er	wird verwechselt haben	werde verwechselt haben	würde verwechselt haben
wir	werden verwechselt haben	werden verwechselt haben	würden verwechselt haben
ihr	werdet verwechselt haben	werdet verwechselt haben	würdet verwechselt haben
sie	werden verwechselt haben	werden verwechselt haben	würden verwechselt haben

V

*'e' preceding 'l' in these forms is usually omitted in colloquial speech.

Examples: Lili hat ihn mit einem anderen verwechselt. *Lili mistook him for someone else.*

verweilen

to stay, stop, linger, tarry

PRINC. PARTS: **verweilen, verweilte, verweilt, verweilt**
IMPERATIVE: **verweile!,* verweilt!, verweilen Sie!**

INDICATIVE	SUBJUNCTIVE	
	PRIMARY	SECONDARY
	Present Time	
Present	*(Pres. Subj.)*	*(Imperf. Subj.)*
ich verweile	verweile	verweilte
du verweilst	verweilest	verweiltest
er verweilt	verweile	verweilte
wir verweilen	verweilen	verweilten
ihr verweilt	verweilet	verweiltet
sie verweilen	verweilen	verweilten

Imperfect	
ich verweilte	
du verweiltest	
er verweilte	
wir verweilten	
ihr verweiltet	
sie verweilten	

	Past Time	
Perfect	*(Perf. Subj.)*	*(Pluperf. Subj.)*
ich habe verweilt	habe verweilt	hätte verweilt
du hast verweilt	habest verweilt	hättest verweilt
er hat verweilt	habe verweilt	hätte verweilt
wir haben verweilt	haben verweilt	hätten verweilt
ihr habt verweilt	habet verweilt	hättet verweilt
sie haben verweilt	haben verweilt	hätten verweilt

Pluperfect	
ich hatte verweilt	
du hattest verweilt	
er hatte verweilt	
wir hatten verweilt	
ihr hattet verweilt	
sie hatten verweilt	

	Future Time	
Future	*(Fut. Subj.)*	*(Pres. Conditional)*
ich werde verweilen	werde verweilen	würde verweilen
du wirst verweilen	werdest verweilen	würdest verweilen
er wird verweilen	werde verweilen	würde verweilen
wir werden verweilen	werden verweilen	würden verweilen
ihr werdet verweilen	werdet verweilen	würdet verweilen
sie werden verweilen	werden verweilen	würden verweilen

	Future Perfect Time	
Future Perfect	*(Fut. Perf. Subj.)*	*(Past Conditional)*
ich werde verweilt haben	werde verweilt haben	würde verweilt haben
du wirst verweilt haben	werdest verweilt haben	würdest verweilt haben
er wird verweilt haben	werde verweilt haben	würde verweilt haben
wir werden verweilt haben	werden verweilt haben	würden verweilt haben
ihr werdet verweilt haben	werdet verweilt haben	würdet verweilt haben
sie werden verweilt haben	werden verweilt haben	würden verweilt haben

*The most famous imperative in German literature, "Verweile doch du bist so schön" occurs in Goethe's *Faust*—a command Faust never really gives.

Examples: **Wir wollen nicht länger hier verweilen.** *We don't want to stay here any longer.*

554

verzehren

PRINC. PARTS: **verzehren, verzehrte, verzehrt, verzehrt**
IMPERATIVE: **verzehre!, verzehrt!, verzehren Sie!**

to consume

INDICATIVE	SUBJUNCTIVE	
	PRIMARY	SECONDARY

Present Time

	Present	*(Pres. Subj.)*	*(Imperf. Subj.)*
ich	verzehre	verzehre	verzehrte
du	verzehrst	verzehrest	verzehrtest
er	verzehrt	verzehre	verzehrte
wir	verzehren	verzehren	verzehrten
ihr	verzehrt	verzehret	verzehrtet
sie	verzehren	verzehren	verzehrten

	Imperfect
ich	verzehrte
du	verzehrtest
er	verzehrte
wir	verzehrten
ihr	verzehrtet
sie	verzehrten

Past Time

	Perfect	*(Perf. Subj.)*	*(Pluperf. Subj.)*
ich	habe verzehrt	habe verzehrt	hätte verzehrt
du	hast verzehrt	habest verzehrt	hättest verzehrt
er	hat verzehrt	habe verzehrt	hätte verzehrt
wir	haben verzehrt	haben verzehrt	hätten verzehrt
ihr	habt verzehrt	habet verzehrt	hättet verzehrt
sie	haben verzehrt	haben verzehrt	hätten verzehrt

	Pluperfect
ich	hatte verzehrt
du	hattest verzehrt
er	hatte verzehrt
wir	hatten verzehrt
ihr	hattet verzehrt
sie	hatten verzehrt

Future Time

	Future	*(Fut. Subj.)*	*(Pres. Conditional)*
ich	werde verzehren	werde verzehren	würde verzehren
du	wirst verzehren	werdest verzehren	würdest verzehren
er	wird verzehren	werde verzehren	würde verzehren
wir	werden verzehren	werden verzehren	würden verzehren
ihr	werdet verzehren	werdet verzehren	würdet verzehren
sie	werden verzehren	werden verzehren	würden verzehren

Future Perfect Time

	Future Perfect	*(Fut. Perf. Subj.)*	*(Past Conditional)*
ich	werde verzehrt haben	werde verzehrt haben	würde verzehrt haben
du	wirst verzehrt haben	werdest verzehrt haben	würdest verzehrt haben
er	wird verzehrt haben	werde verzehrt haben	würde verzehrt haben
wir	werden verzehrt haben	werden verzehrt haben	würden verzehrt haben
ihr	werdet verzehrt haben	werdet verzehrt haben	würdet verzehrt haben
sie	werden verzehrt haben	werden verzehrt haben	würden verzehrt haben

V

Examples: Kai verzehrt zu viel Alkohol, weil er sich nach Tina verzehrt. *Kai consumes too much alcohol, because he's pining for Tina.*

verzeihen

to pardon, forgive, excuse

PRINC. PARTS: **verzeihen, verzieh, verziehen, verzeiht**
IMPERATIVE: **verzeihe!, verzeiht!, verzeihen Sie!**

INDICATIVE	SUBJUNCTIVE	
	PRIMARY	SECONDARY

Present Time

	Present	(*Pres. Subj.*)	(*Imperf. Subj.*)
ich	verzeihe	verzeihe	verziehe
du	verzeihst	verzeihest	verziehest
er	verzeiht	verzeihe	verziehe
wir	verzeihen	verzeihen	verziehen
ihr	verzeiht	verzeihet	verziehet
sie	verzeihen	verzeihen	verziehen

	Imperfect
ich	verzieh
du	verziehst
er	verzieh
wir	verziehen
ihr	verzieht
sie	verziehen

Past Time

	Perfect	(*Perf. Subj.*)	(*Pluperf. Subj.*)
ich	habe verziehen	habe verziehen	hätte verziehen
du	hast verziehen	habest verziehen	hättest verziehen
er	hat verziehen	habe verziehen	hätte verziehen
wir	haben verziehen	haben verziehen	hätten verziehen
ihr	habt verziehen	habet verziehen	hättet verziehen
sie	haben verziehen	haben verziehen	hätten verziehen

	Pluperfect
ich	hatte verziehen
du	hattest verziehen
er	hatte verziehen
wir	hatten verziehen
ihr	hattet verziehen
sie	hatten verziehen

Future Time

	Future	(*Fut. Subj.*)	(*Pres. Conditional*)
ich	werde verzeihen	werde verzeihen	würde verzeihen
du	wirst verzeihen	werdest verzeihen	würdest verzeihen
er	wird verzeihen	werde verzeihen	würde verzeihen
wir	werden verzeihen	werden verzeihen	würden verzeihen
ihr	werdet verzeihen	werdet verzeihen	würdet verzeihen
sie	werden verzeihen	werden verzeihen	würden verzeihen

Future Perfect Time

	Future Perfect	(*Fut. Perf. Subj.*)	(*Past Conditional*)
ich	werde verziehen haben	werde verziehen haben	würde verziehen haben
du	wirst verziehen haben	werdest verziehen haben	würdest verziehen haben
er	wird verziehen haben	werde verziehen haben	würde verziehen haben
wir	werden verziehen haben	werden verziehen haben	würden verziehen haben
ihr	werdet verziehen haben	werdet verziehen haben	würdet verziehen haben
sie	werden verziehen haben	werden verziehen haben	würden verziehen haben

Examples: **Ich habe ihnen schon zu oft verziehen.** *I've already forgiven them too often.*

PRINC. PARTS: **vorkommen, kam vor, ist vorgekommen, kommt vor**

IMPERATIVE: **komme vor!, kommt vor!, kommen Sie vor!**

vorkommen

to occur; seem; come forth

	INDICATIVE	SUBJUNCTIVE PRIMARY	SECONDARY
	Present	**Present Time** *(Pres. Subj.)*	*(Imperf. Subj.)*
ich	komme vor	komme vor	käme vor
du	kommst vor	kommest vor	kämest vor
er	kommt vor	komme vor	käme vor
wir	kommen vor	kommen vor	kämen vor
ihr	kommt vor	kommet vor	kämet vor
sie	kommen vor	kommen vor	kämen vor

	Imperfect
ich	kam vor
du	kamst vor
er	kam vor
wir	kamen vor
ihr	kamt vor
sie	kamen vor

	Perfect	**Past Time** *(Perf. Subj.)*	*(Pluperf. Subj.)*
ich	bin vorgekommen	sei vorgekommen	wäre vorgekommen
du	bist vorgekommen	seiest vorgekommen	wärest vorgekommen
er	ist vorgekommen	sei vorgekommen	wäre vorgekommen
wir	sind vorgekommen	seien vorgekommen	wären vorgekommen
ihr	seid vorgekommen	seiet vorgekommen	wäret vorgekommen
sie	sind vorgekommen	seien vorgekommen	wären vorgekommen

	Pluperfect
ich	war vorgekommen
du	warst vorgekommen
er	war vorgekommen
wir	waren vorgekommen
ihr	wart vorgekommen
sie	waren vorgekommen

	Future	**Future Time** *(Fut. Subj.)*	*(Pres. Conditional)*
ich	werde vorkommen	werde vorkommen	würde vorkommen
du	wirst vorkommen	werdest vorkommen	würdest vorkommen
er	wird vorkommen	werde vorkommen	würde vorkommen
wir	werden vorkommen	werden vorkommen	würden vorkommen
ihr	werdet vorkommen	werdet vorkommen	würdet vorkommen
sie	werden vorkommen	werden vorkommen	würden vorkommen

	Future Perfect	**Future Perfect Time** *(Fut. Perf. Subj.)*	*(Past Conditional)*
ich	werde vorgekommen sein	werde vorgekommen sein	würde vorgekommen sein
du	wirst vorgekommen sein	werdest vorgekommen sein	würdest vorgekommen sein
er	wird vorgekommen sein	werde vorgekommen sein	würde vorgekommen sein
wir	werden vorgekommen sein	werden vorgekommen sein	würden vorgekommen sein
ihr	werdet vorgekommen sein	werdet vorgekommen sein	würdet vorgekommen sein
sie	werden vorgekommen sein	werden vorgekommen sein	würden vorgekommen sein

V

Examples: Wir hoffen, so etwas kommt nie wieder vor. *We hope nothing like that will ever happen again.*

vorstellen

to set in front of;
introduce

PRINC. PARTS: **vorstellen, stellte vor, vorgestellt, stellt vor**
IMPERATIVE: **stelle vor!, stellt vor!, stellen Sie vor!**

	INDICATIVE	SUBJUNCTIVE	
		PRIMARY	SECONDARY
		Present Time	
	Present	*(Pres. Subj.)*	*(Imperf. Subj.)*
ich	stelle vor	stelle vor	stellte vor
du	stellst vor	stellest vor	stelltest vor
er	stellt vor	stelle vor	stellte vor
wir	stellen vor	stellen vor	stellten vor
ihr	stellt vor	stellet vor	stelltet vor
sie	stellen vor	stellen vor	stellten vor
	Imperfect		
ich	stellte vor		
du	stelltest vor		
er	stellte vor		
wir	stellten vor		
ihr	stelltet vor		
sie	stellten vor		
		Past Time	
	Perfect	*(Perf. Subj.)*	*(Pluperf. Subj.)*
ich	habe vorgestellt	habe vorgestellt	hätte vorgestellt
du	hast vorgestellt	habest vorgestellt	hättest vorgestellt
er	hat vorgestellt	habe vorgestellt	hätte vorgestellt
wir	haben vorgestellt	haben vorgestellt	hätten vorgestellt
ihr	habt vorgestellt	habet vorgestellt	hättet vorgestellt
sie	haben vorgestellt	haben vorgestellt	hätten vorgestellt
	Pluperfect		
ich	hatte vorgestellt		
du	hattest vorgestellt		
er	hatte vorgestellt		
wir	hatten vorgestellt		
ihr	hattet vorgestellt		
sie	hatten vorgestellt		
		Future Time	
	Future	*(Fut. Subj.)*	*(Pres. Conditional)*
ich	werde vorstellen	werde vorstellen	würde vorstellen
du	wirst vorstellen	werdest vorstellen	würdest vorstellen
er	wird vorstellen	werde vorstellen	würde vorstellen
wir	werden vorstellen	werden vorstellen	würden vorstellen
ihr	werdet vorstellen	werdet vorstellen	würdet vorstellen
sie	werden vorstellen	werden vorstellen	würden vorstellen
		Future Perfect Time	
	Future Perfect	*(Fut. Perf. Subj.)*	*(Past Conditional)*
ich	werde vorgestellt haben	werde vorgestellt haben	würde vorgestellt haben
du	wirst vorgestellt haben	werdest vorgestellt haben	würdest vorgestellt haben
er	wird vorgestellt haben	werde vorgestellt haben	würde vorgestellt haben
wir	werden vorgestellt haben	werden vorgestellt haben	würden vorgestellt haben
ihr	werdet vorgestellt haben	werdet vorgestellt haben	würdet vorgestellt haben
sie	werden vorgestellt haben	werden vorgestellt haben	würden vorgestellt haben

Examples: Nina hat uns ihren neuen Freund vorgestellt. *Nina introduced her new boyfriend to us.*

wachen

PRINC. PARTS: **wachen, wachte, gewacht, wacht**
IMPERATIVE: **wache!, wacht!, wachen Sie!**

to be awake; keep watch;
guard

INDICATIVE	SUBJUNCTIVE	
	PRIMARY	SECONDARY

Present Time

	Present	(*Pres. Subj.*)	(*Imperf. Subj.*)
ich	wache	wache	wachte
du	wachst	wachest	wachtest
er	wacht	wache	wachte
wir	wachen	wachen	wachten
ihr	wacht	wachet	wachtet
sie	wachen	wachen	wachten

	Imperfect
ich	wachte
du	wachtest
er	wachte
wir	wachten
ihr	wachtet
sie	wachten

Past Time

	Perfect	(*Perf. Subj.*)	(*Pluperf. Subj.*)
ich	habe gewacht	habe gewacht	hätte gewacht
du	hast gewacht	habest gewacht	hättest gewacht
er	hat gewacht	habe gewacht	hätte gewacht
wir	haben gewacht	haben gewacht	hätten gewacht
ihr	habt gewacht	habet gewacht	hättet gewacht
sie	haben gewacht	haben gewacht	hätten gewacht

	Pluperfect
ich	hatte gewacht
du	hattest gewacht
er	hatte gewacht
wir	hatten gewacht
ihr	hattet gewacht
sie	hatten gewacht

Future Time

	Future	(*Fut. Subj.*)	(*Pres. Conditional*)
ich	werde wachen	werde wachen	würde wachen
du	wirst wachen	werdest wachen	würdest wachen
er	wird wachen	werde wachen	würde wachen
wir	werden wachen	werden wachen	würden wachen
ihr	werdet wachen	werdet wachen	würdet wachen
sie	werden wachen	werden wachen	würden wachen

Future Perfect Time

	Future Perfect	(*Fut. Perf. Subj.*)	(*Past Conditional*)
ich	werde gewacht haben	werde gewacht haben	würde gewacht haben
du	wirst gewacht haben	werdest gewacht haben	würdest gewacht haben
er	wird gewacht haben	werde gewacht haben	würde gewacht haben
wir	werden gewacht haben	werden gewacht haben	würden gewacht haben
ihr	werdet gewacht haben	werdet gewacht haben	würdet gewacht haben
sie	werden gewacht haben	werden gewacht haben	würden gewacht haben

W

Examples: Unser Hund wacht über das Haus. *Our dog watches over the house.*

559

wachsen

to grow

PRINC. PARTS: **wachsen, wuchs, ist gewachsen, wächst**
IMPERATIVE: **wachse!, wachst!, wachsen Sie!**

INDICATIVE	SUBJUNCTIVE	
	PRIMARY	SECONDARY

Present Time

	Present	(*Pres. Subj.*)	(*Imperf. Subj.*)
ich	wachse	wachse	wüchse
du	wächst	wachsest	wüchsest
er	wächst	wachse	wüchse
wir	wachsen	wachsen	wüchsen
ihr	wachst	wachset	wüchset
sie	wachsen	wachsen	wüchsen

	Imperfect
ich	wuchs
du	wuchsest
er	wuchs
wir	wuchsen
ihr	wuchst
sie	wuchsen

Past Time

	Perfect	(*Perf. Subj.*)	(*Pluperf. Subj.*)
ich	bin gewachsen	sei gewachsen	wäre gewachsen
du	bist gewachsen	seiest gewachsen	wärest gewachsen
er	ist gewachsen	sei gewachsen	wäre gewachsen
wir	sind gewachsen	seien gewachsen	wären gewachsen
ihr	seid gewachsen	seiet gewachsen	wäret gewachsen
sie	sind gewachsen	seien gewachsen	wären gewachsen

	Pluperfect
ich	war gewachsen
du	warst gewachsen
er	war gewachsen
wir	waren gewachsen
ihr	wart gewachsen
sie	waren gewachsen

Future Time

	Future	(*Fut. Subj.*)	(*Pres. Conditional*)
ich	werde wachsen	werde wachsen	würde wachsen
du	wirst wachsen	werdest wachsen	würdest wachsen
er	wird wachsen	werde wachsen	würde wachsen
wir	werden wachsen	werden wachsen	würden wachsen
ihr	werdet wachsen	werdet wachsen	würdet wachsen
sie	werden wachsen	werden wachsen	würden wachsen

Future Perfect Time

	Future Perfect	(*Fut. Perf. Subj.*)	(*Past Conditional*)
ich	werde gewachsen sein	werde gewachsen sein	würde gewachsen sein
du	wirst gewachsen sein	werdest gewachsen sein	würdest gewachsen sein
er	wird gewachsen sein	werde gewachsen sein	würde gewachsen sein
wir	werden gewachsen sein	werden gewachsen sein	würden gewachsen sein
ihr	werdet gewachsen sein	werdet gewachsen sein	würdet gewachsen sein
sie	werden gewachsen sein	werden gewachsen sein	würden gewachsen sein

Examples: **Schöne Blumen wachsen in unserem Garten. Aber dieses Jahr ist wenig gewachsen.**
Beautiful flowers grow in our garden. But not much grew this year.

wagen

to dare

PRINC. PARTS: **wagen, wagte, gewagt, wagt**
IMPERATIVE: **wage!, wagt!, wagen Sie!**

INDICATIVE	SUBJUNCTIVE	
	PRIMARY	SECONDARY

Present Time

Present	*(Pres. Subj.)*	*(Imperf. Subj.)*
ich wage	wage	wagte
du wagst	wagest	wagtest
er wagt	wage	wagte
wir wagen	wagen	wagten
ihr wagt	waget	wagtet
sie wagen	wagen	wagten

Imperfect

ich	wagte
du	wagtest
er	wagte
wir	wagten
ihr	wagtet
sie	wagten

Past Time

Perfect	*(Perf. Subj.)*	*(Pluperf. Subj.)*
ich habe gewagt	habe gewagt	hätte gewagt
du hast gewagt	habest gewagt	hättest gewagt
er hat gewagt	habe gewagt	hätte gewagt
wir haben gewagt	haben gewagt	hätten gewagt
ihr habt gewagt	habet gewagt	hättet gewagt
sie haben gewagt	haben gewagt	hätten gewagt

Pluperfect

ich	hatte gewagt
du	hattest gewagt
er	hatte gewagt
wir	hatten gewagt
ihr	hattet gewagt
sie	hatten gewagt

Future Time

Future	*(Fut. Subj.)*	*(Pres. Conditional)*
ich werde wagen	werde wagen	würde wagen
du wirst wagen	werdest wagen	würdest wagen
er wird wagen	werde wagen	würde wagen
wir werden wagen	werden wagen	würden wagen
ihr werdet wagen	werdet wagen	würdet wagen
sie werden wagen	werden wagen	würden wagen

Future Perfect Time

Future Perfect	*(Fut. Perf. Subj.)*	*(Past Conditional)*
ich werde gewagt haben	werde gewagt haben	würde gewagt haben
du wirst gewagt haben	werdest gewagt haben	würdest gewagt haben
er wird gewagt haben	werde gewagt haben	würde gewagt haben
wir werden gewagt haben	werden gewagt haben	würden gewagt haben
ihr werdet gewagt haben	werdet gewagt haben	würdet gewagt haben
sie werden gewagt haben	werden gewagt haben	würden gewagt haben

W

Examples: Karla hat es nicht gewagt, ihm die Wahrheit zu sagen. *Karla didn't dare tell him the truth.*

wählen

to choose; vote

PRINC. PARTS: **wählen, wählte, gewählt, wählt**
IMPERATIVE: **wähle!, wählt!, wählen Sie!**

INDICATIVE	SUBJUNCTIVE	
	PRIMARY	SECONDARY

Present Time

Present	*(Pres. Subj.)*	*(Imperf. Subj.)*
ich wähle	wähle	wählte
du wählst	wählest	wähltest
er wählt	wähle	wählte
wir wählen	wählen	wählten
ihr wählt	wählet	wähltet
sie wählen	wählen	wählten

Imperfect
ich wählte
du wähltest
er wählte
wir wählten
ihr wähltet
sie wählten

Past Time

Perfect	*(Perf. Subj.)*	*(Pluperf. Subj.)*
ich habe gewählt	habe gewählt	hätte gewählt
du hast gewählt	habest gewählt	hättest gewählt
er hat gewählt	habe gewählt	hätte gewählt
wir haben gewählt	haben gewählt	hätten gewählt
ihr habt gewählt	habet gewählt	hättet gewählt
sie haben gewählt	haben gewählt	hätten gewählt

Pluperfect
ich hatte gewählt
du hattest gewählt
er hatte gewählt
wir hatten gewählt
ihr hattet gewählt
sie hatten gewählt

Future Time

Future	*(Fut. Subj.)*	*(Pres. Conditional)*
ich werde wählen	werde wählen	würde wählen
du wirst wählen	werdest wählen	würdest wählen
er wird wählen	werde wählen	würde wählen
wir werden wählen	werden wählen	würden wählen
ihr werdet wählen	werdet wählen	würdet wählen
sie werden wählen	werden wählen	würden wählen

Future Perfect Time

Future Perfect	*(Fut. Perf. Subj.)*	*(Past Conditional)*
ich werde gewählt haben	werde gewählt haben	würde gewählt haben
du wirst gewählt haben	werdest gewählt haben	würdest gewählt haben
er wird gewählt haben	werde gewählt haben	würde gewählt haben
wir werden gewählt haben	werden gewählt haben	würden gewählt haben
ihr werdet gewählt haben	werdet gewählt haben	würdet gewählt haben
sie werden gewählt haben	werden gewählt haben	würden gewählt haben

Examples: Viele haben bei den letzten Wahlen nicht gewählt. *Many didn't vote in the last elections.*

PRINC. PARTS: **währen, währte, gewährt, währt**   *to last*
IMPERATIVE: **währe!, währt!, währen Sie!**

	INDICATIVE	SUBJUNCTIVE	
		PRIMARY	SECONDARY

Present Time

	Present	*(Pres. Subj.)*	*(Imperf. Subj.)*
ich	währe	währe	währte
du	währst	währest	währtest
er	währt	währe	währte
wir	währen	währen	währten
ihr	währt	währet	währtet
sie	währen	währen	währten

	Imperfect
ich	währte
du	währtest
er	währte
wir	währten
ihr	währtet
sie	währten

Past Time

	Perfect	*(Perf. Subj.)*	*(Pluperf. Subj.)*
ich	habe gewährt	habe gewährt	hätte gewährt
du	hast gewährt	habest gewährt	hättest gewährt
er	hat gewährt	habe gewährt	hätte gewährt
wir	haben gewährt	haben gewährt	hätten gewährt
ihr	habt gewährt	habet gewährt	hättet gewährt
sie	haben gewährt	haben gewährt	hätten gewährt

	Pluperfect
ich	hatte gewährt
du	hattest gewährt
er	hatte gewährt
wir	hatten gewährt
ihr	hattet gewährt
sie	hatten gewährt

Future Time

	Future	*(Fut. Subj.)*	*(Pres. Conditional)*
ich	werde währen	werde währen	würde währen
du	wirst währen	werdest währen	würdest währen
er	wird währen	werde währen	würde währen
wir	werden währen	werden währen	würden währen
ihr	werdet währen	werdet währen	würdet währen
sie	werden währen	werden währen	würden währen

Future Perfect Time

	Future Perfect	*(Fut. Perf. Subj.)*	*(Past Conditional)*
ich	werde gewährt haben	werde gewährt haben	würde gewährt haben
du	wirst gewährt haben	werdest gewährt haben	würdest gewährt haben
er	wird gewährt haben	werde gewährt haben	würde gewährt haben
wir	werden gewährt haben	werden gewährt haben	würden gewährt haben
ihr	werdet gewährt haben	werdet gewährt haben	würdet gewährt haben
sie	werden gewährt haben	werden gewährt haben	würden gewährt haben

W

Examples: Wie lange wird das noch währen? *How long is that going to go on?*

walten

to rule, govern

PRINC. PARTS: **walten, waltete, gewaltet, waltet**
IMPERATIVE: **walte!, waltet!, walten Sie!**

INDICATIVE	SUBJUNCTIVE	
	PRIMARY	SECONDARY
	Present Time	
Present	*(Pres. Subj.)*	*(Imperf. Subj.)*
ich walte	walte	waltete
du waltest	waltest	waltetest
er waltet	walte	waltete
wir walten	walten	walteten
ihr waltet	waltet	waltetet
sie walten	walten	walteten
Imperfect		
ich waltete		
du waltetest		
er waltete		
wir walteten		
ihr waltetet		
sie walteten		
	Past Time	
Perfect	*(Perf. Subj.)*	*(Pluperf. Subj.)*
ich habe gewaltet	habe gewaltet	hätte gewaltet
du hast gewaltet	habest gewaltet	hättest gewaltet
er hat gewaltet	habe gewaltet	hätte gewaltet
wir haben gewaltet	haben gewaltet	hätten gewaltet
ihr habt gewaltet	habet gewaltet	hättet gewaltet
sie haben gewaltet	haben gewaltet	hätten gewaltet
Pluperfect		
ich hatte gewaltet		
du hattest gewaltet		
er hatte gewaltet		
wir hatten gewaltet		
ihr hattet gewaltet		
sie hatten gewaltet		
	Future Time	
Future	*(Fut. Subj.)*	*(Pres. Conditional)*
ich werde walten	werde walten	würde walten
du wirst walten	werdest walten	würdest walten
er wird walten	werde walten	würde walten
wir werden walten	werden walten	würden walten
ihr werdet walten	werdet walten	würdet walten
sie werden walten	werden walten	würden walten
	Future Perfect Time	
Future Perfect	*(Fut. Perf. Subj.)*	*(Past Conditional)*
ich werde gewaltet haben	werde gewaltet haben	würde gewaltet haben
du wirst gewaltet haben	werdest gewaltet haben	würdest gewaltet haben
er wird gewaltet haben	werde gewaltet haben	würde gewaltet haben
wir werden gewaltet haben	werden gewaltet haben	würden gewaltet haben
ihr werdet gewaltet haben	werdet gewaltet haben	würdet gewaltet haben
sie werden gewaltet haben	werden gewaltet haben	würden gewaltet haben

Examples: Endlich hat man Vernunft walten lassen. *Finally, reason prevailed.*

wälzen

to roll, turn about

INDICATIVE	SUBJUNCTIVE	
	PRIMARY	SECONDARY

Present Time

	Present	*(Pres. Subj.)*	*(Imperf. Subj.)*
ich	wälze	wälze	wälzte
du	wälzt	wälzest	wälztest
er	wälzt	wälze	wälzte
wir	wälzen	wälzen	wälzten
ihr	wälzt	wälzet	wälztet
sie	wälzen	wälzen	wälzten

	Imperfect
ich	wälzte
du	wälztest
er	wälzte
wir	wälzten
ihr	wälztet
sie	wälzten

Past Time

	Perfect	*(Perf. Subj.)*	*(Pluperf. Subj.)*
ich	habe gewälzt	habe gewälzt	hätte gewälzt
du	hast gewälzt	habest gewälzt	hättest gewälzt
er	hat gewälzt	habe gewälzt	hätte gewälzt
wir	haben gewälzt	haben gewälzt	hätten gewälzt
ihr	habt gewälzt	habet gewälzt	hättet gewälzt
sie	haben gewälzt	haben gewälzt	hätten gewälzt

	Pluperfect
ich	hatte gewälzt
du	hattest gewälzt
er	hatte gewälzt
wir	hatten gewälzt
ihr	hattet gewälzt
sie	hatten gewälzt

Future Time

	Future	*(Fut. Subj.)*	*(Pres. Conditional)*
ich	werde wälzen	werde wälzen	würde wälzen
du	wirst wälzen	werdest wälzen	würdest wälzen
er	wird wälzen	werde wälzen	würde wälzen
wir	werden wälzen	werden wälzen	würden wälzen
ihr	werdet wälzen	werdet wälzen	würdet wälzen
sie	werden wälzen	werden wälzen	würden wälzen

Future Perfect Time

	Future Perfect	*(Fut. Perf. Subj.)*	*(Past Conditional)*
ich	werde gewälzt haben	werde gewälzt haben	würde gewälzt haben
du	wirst gewälzt haben	werdest gewälzt haben	würdest gewälzt haben
er	wird gewälzt haben	werde gewälzt haben	würde gewälzt haben
wir	werden gewälzt haben	werden gewälzt haben	würden gewälzt haben
ihr	werdet gewälzt haben	werdet gewälzt haben	würdet gewälzt haben
sie	werden gewälzt haben	werden gewälzt haben	würden gewälzt haben

W

Examples: Wir wälzten uns vor Lachen. *We rolled over with laughter.*

wandern

to wander, hike

PRINC. PARTS: **wandern, wanderte, ist gewandert, wandert**
IMPERATIVE: **wandre!, wandert!, wandern Sie!**

INDICATIVE	SUBJUNCTIVE	
	PRIMARY	SECONDARY

Present Time

	Present	(*Pres. Subj.*)	(*Imperf. Subj.*)
ich	wandere*	wandere*	wanderte
du	wanderst	wanderest	wandertest
er	wandert	wandere*	wanderte
wir	wandern	wandern	wanderten
ihr	wandert	wandert	wandertet
sie	wandern	wandern	wanderten

	Imperfect
ich	wanderte
du	wandertest
er	wanderte
wir	wanderten
ihr	wandertet
sie	wanderten

Past Time

	Perfect	(*Perf. Subj.*)	(*Pluperf. Subj.*)
ich	bin gewandert	sei gewandert	wäre gewandert
du	bist gewandert	seiest gewandert	wärest gewandert
er	ist gewandert	sei gewandert	wäre gewandert
wir	sind gewandert	seien gewandert	wären gewandert
ihr	seid gewandert	seiet gewandert	wäret gewandert
sie	sind gewandert	seien gewandert	wären gewandert

	Pluperfect
ich	war gewandert
du	warst gewandert
er	war gewandert
wir	waren gewandert
ihr	wart gewandert
sie	waren gewandert

Future Time

	Future	(*Fut. Subj.*)	(*Pres. Conditional*)
ich	werde wandern	werde wandern	würde wandern
du	wirst wandern	werdest wandern	würdest wandern
er	wird wandern	werde wandern	würde wandern
wir	werden wandern	werden wandern	würden wandern
ihr	werdet wandern	werdet wandern	würdet wandern
sie	werden wandern	werden wandern	würden wandern

Future Perfect Time

	Future Perfect	(*Fut. Perf. Subj.*)	(*Past Conditional*)
ich	werde gewandert sein	werde gewandert sein	würde gewandert sein
du	wirst gewandert sein	werdest gewandert sein	würdest gewandert sein
er	wird gewandert sein	werde gewandert sein	würde gewandert sein
wir	werden gewandert sein	werden gewandert sein	würden gewandert sein
ihr	werdet gewandert sein	werdet gewandert sein	würdet gewandert sein
sie	werden gewandert sein	werden gewandert sein	würden gewandert sein

*'e' preceding 'r' in these forms is usually omitted in colloquial speech.

Examples: Das Wandern ist nicht mehr des Müllers Lust. *The miller doesn't like hiking anymore.*

warten

PRINC. PARTS: **warten, wartete, gewartet, wartet**
IMPERATIVE: **warte!, wartet!, warten Sie!**

to wait; service

INDICATIVE	SUBJUNCTIVE	
	PRIMARY	SECONDARY

Present Time

	Present	(*Pres. Subj.*)	(*Imperf. Subj.*)
ich	warte	warte	wartete
du	wartest	wartest	wartetest
er	wartet	warte	wartete
wir	warten	warten	warteten
ihr	wartet	wartet	wartetet
sie	warten	warten	warteten

	Imperfect
ich	wartete
du	wartetest
er	wartete
wir	warteten
ihr	wartetet
sie	warteten

Past Time

	Perfect	(*Perf. Subj.*)	(*Pluperf. Subj.*)
ich	habe gewartet	habe gewartet	hätte gewartet
du	hast gewartet	habest gewartet	hättest gewartet
er	hat gewartet	habe gewartet	hätte gewartet
wir	haben gewartet	haben gewartet	hätten gewartet
ihr	habt gewartet	habet gewartet	hättet gewartet
sie	haben gewartet	haben gewartet	hätten gewartet

	Pluperfect
ich	hatte gewartet
du	hattest gewartet
er	hatte gewartet
wir	hatten gewartet
ihr	hattet gewartet
sie	hatten gewartet

Future Time

	Future	(*Fut. Subj.*)	(*Pres. Conditional*)
ich	werde warten	werde warten	würde warten
du	wirst warten	werdest warten	würdest warten
er	wird warten	werde warten	würde warten
wir	werden warten	werden warten	würden warten
ihr	werdet warten	werdet warten	würdet warten
sie	werden warten	werden warten	würden warten

Future Perfect Time

	Future Perfect	(*Fut. Perf. Subj.*)	(*Past Conditional*)
ich	werde gewartet haben	werde gewartet haben	würde gewartet haben
du	wirst gewartet haben	werdest gewartet haben	würdest gewartet haben
er	wird gewartet haben	werde gewartet haben	würde gewartet haben
wir	werden gewartet haben	werden gewartet haben	würden gewartet haben
ihr	werdet gewartet haben	werdet gewartet haben	würdet gewartet haben
sie	werden gewartet haben	werden gewartet haben	würden gewartet haben

W

AN ESSENTIAL
55 VERB

Warten

EXAMPLES

„Warte doch nur noch ein bisschen!" „Ich kann nicht länger warten. Ich hab schon lange genug gewartet."
"Oh, just wait a bit longer." "I can't wait any longer. I've already waited long enough."

Fast zwei Stunden blieb ihr Flugzeug in einer Warteschleife, während ich im Warteraum wartete.
For almost two hours her plane was in a holding pattern, while I was waiting in the waiting room.

Bitte warten!
Hold the line (telephone), please.

Der Wagen muss wieder gewartet werden.
The car needs servicing again.

Aber es hieß, das Gerät sei wartungsfrei.
But they said the appliance was maintenance free.

warten auf—to wait for
Sie warten noch auf Godot.
They're still waiting for Godot.

Sie wartet auf eine Antwort.
She's waiting for an answer.

auf sich warten lassen—to take one's time, to be long in coming
Der Präsident nahm sich Zeit, und ließ lange mit der Entscheidung warten.
The president took his time in making his decision.

INSEPARABLE

erwarten—to expect; wait for
So etwas hätte ich von dir nie erwartet!
I would never have expected anything like that from you.

Die erste Blume im Garten ich kann sie kaum erwarten. (Goethe)
I can hardly wait for the first flower in the garden.

Wider alles Erwarten, hat's doch geklappt.
Contrary to all expectations, the deal worked out.
(die Erwartung = expectation. Das Erwarten is a verbal noun. See page 15.)

Prefix Verbs

SEPARABLE

abwarten—to wait for, wait and see
Das bleibt erst abzuwarten.
That remains to be seen. Only time will tell.

abwarten und Tee trinken—to wait and see what happens, to wait patiently
Nur keine Eile. Erst abwarten und Tee trinken.
Just don't be in a hurry. First wait and see what happens.

aufwarten—to serve, wait on
Bei Ihnen wurde uns großzügig mit Champagner und Kaviar in Hülle und Fülle aufgewartet.
We were lavishly waited on with champagne and caviar galore at their place.

aufwarten können – to be able to offer
Ja, sie haben viel Geld. Damit kann ich nicht aufwarten.
Yes, they've got lots of money. I can't offer anything to compete with that.

zuwarten—to wait out, wait patiently
Weiter zuzuwarten ist uns unmöglich!
It's impossible for us to wait it out any longer!

waschen

to wash

PRINC. PARTS: **waschen, wusch, gewaschen, wäscht**
IMPERATIVE: **wasche!, wascht!, waschen Sie!**

INDICATIVE	SUBJUNCTIVE	
	PRIMARY	SECONDARY
	Present Time	
Present	*(Pres. Subj.)*	*(Imperf. Subj.)*
ich wasche	wasche	wüsche
du wäschst	waschest	wüschest
er wäscht	wasche	wüsche
wir waschen	waschen	wüschen
ihr wascht	waschet	wüschet
sie waschen	waschen	wüschen

Imperfect

ich	wusch
du	wuschest
er	wusch
wir	wuschen
ihr	wuscht
sie	wuschen

	Past Time	
Perfect	*(Perf. Subj.)*	*(Pluperf. Subj.)*
ich habe gewaschen	habe gewaschen	hätte gewaschen
du hast gewaschen	habest gewaschen	hättest gewaschen
er hat gewaschen	habe gewaschen	hätte gewaschen
wir haben gewaschen	haben gewaschen	hätten gewaschen
ihr habt gewaschen	habet gewaschen	hättet gewaschen
sie haben gewaschen	haben gewaschen	hätten gewaschen

Pluperfect

ich	hatte gewaschen
du	hattest gewaschen
er	hatte gewaschen
wir	hatten gewaschen
ihr	hattet gewaschen
sie	hatten gewaschen

	Future Time	
Future	*(Fut. Subj.)*	*(Pres. Conditional)*
ich werde waschen	werde waschen	würde waschen
du wirst waschen	werdest waschen	würdest waschen
er wird waschen	werde waschen	würde waschen
wir werden waschen	werden waschen	würden waschen
ihr werdet waschen	werdet waschen	würdet waschen
sie werden waschen	werden waschen	würden waschen

	Future Perfect Time	
Future Perfect	*(Fut. Perf. Subj.)*	*(Past Conditional)*
ich werde gewaschen haben	werde gewaschen haben	würde gewaschen haben
du wirst gewaschen haben	werdest gewaschen haben	würdest gewaschen haben
er wird gewaschen haben	werde gewaschen haben	würde gewaschen haben
wir werden gewaschen haben	werden gewaschen haben	würden gewaschen haben
ihr werdet gewaschen haben	werdet gewaschen haben	würdet gewaschen haben
sie werden gewaschen haben	werden gewaschen haben	würden gewaschen haben

W

Examples: Sie hat sich das Gesicht gewaschen. Er wird seine Wäsche waschen. *She washed her face. He will do his laundry.*

wechseln

to change, exchange

PRINC. PARTS: **wechseln, wechselte, gewechselt, wechselt**
IMPERATIVE: **wechsle!, wechselt!, wechseln Sie!**

INDICATIVE	SUBJUNCTIVE	
	PRIMARY	SECONDARY
	Present Time	
Present	*(Pres. Subj.)*	*(Imperf. Subj.)*
ich wechsele*	wechsele*	wechselte
du wechselst	wechselest	wechseltest
er wechselt	wechsele*	wechselte
wir wechseln	wechseln	wechselten
ihr wechselt	wechselet	wechseltet
sie wechseln	wechseln	wechselten
Imperfect		
ich wechselte		
du wechseltest		
er wechselte		
wir wechselten		
ihr wechseltet		
sie wechselten		
	Past Time	
Perfect	*(Perf. Subj.)*	*(Pluperf. Subj.)*
ich habe gewechselt	habe gewechselt	hätte gewechselt
du hast gewechselt	habest gewechselt	hättest gewechselt
er hat gewechselt	habe gewechselt	hätte gewechselt
wir haben gewechselt	haben gewechselt	hätten gewechselt
ihr habt gewechselt	habet gewechselt	hättet gewechselt
sie haben gewechselt	haben gewechselt	hätten gewechselt
Pluperfect		
ich hatte gewechselt		
du hattest gewechselt		
er hatte gewechselt		
wir hatten gewechselt		
ihr hattet gewechselt		
sie hatten gewechselt		
	Future Time	
Future	*(Fut. Subj.)*	*(Pres. Conditional)*
ich werde wechseln	werde wechseln	würde wechseln
du wirst wechseln	werdest wechseln	würdest wechseln
er wird wechseln	werde wechseln	würde wechseln
wir werden wechseln	werden wechseln	würden wechseln
ihr werdet wechseln	werdet wechseln	würdet wechseln
sie werden wechseln	werden wechseln	würden wechseln
	Future Perfect Time	
Future Perfect	*(Fut. Perf. Subj.)*	*(Past Conditional)*
ich werde gewechselt haben	werde gewechselt haben	würde gewechselt haben
du wirst gewechselt haben	werdest gewechselt haben	würdest gewechselt haben
er wird gewechselt haben	werde gewechselt haben	würde gewechselt haben
wir werden gewechselt haben	werden gewechselt haben	würden gewechselt haben
ihr werdet gewechselt haben	werdet gewechselt haben	würdet gewechselt haben
sie werden gewechselt haben	werden gewechselt haben	würden gewechselt haben

*'e' preceding 'l' in these forms is usually omitted in colloquial speech.

Examples: **Wir haben nicht genug Geld gewechselt.** *We didn't exchange enough money.*

570

wecken

to wake, rouse

PRINC. PARTS: **wecken, weckte, geweckt, weckt**
IMPERATIVE: **wecke!, weckt!, wecken Sie!**

INDICATIVE	SUBJUNCTIVE	
	PRIMARY	SECONDARY

Present Time

	Present	(*Pres. Subj.*)	(*Imperf. Subj.*)
ich	wecke	wecke	weckte
du	weckst	weckest	wecktest
er	weckt	wecke	weckte
wir	wecken	wecken	weckten
ihr	weckt	wecket	wecktet
sie	wecken	wecken	weckten

	Imperfect
ich	weckte
du	wecktest
er	weckte
wir	weckten
ihr	wecktet
sie	weckten

Past Time

	Perfect	(*Perf. Subj.*)	(*Pluperf. Subj.*)
ich	habe geweckt	habe geweckt	hätte geweckt
du	hast geweckt	habest geweckt	hättest geweckt
er	hat geweckt	habe geweckt	hätte geweckt
wir	haben geweckt	haben geweckt	hätten geweckt
ihr	habt geweckt	habet geweckt	hättet geweckt
sie	haben geweckt	haben geweckt	hätten geweckt

	Pluperfect
ich	hatte geweckt
du	hattest geweckt
er	hatte geweckt
wir	hatten geweckt
ihr	hattet geweckt
sie	hatten geweckt

Future Time

	Future	(*Fut. Subj.*)	(*Pres. Conditional*)
ich	werde wecken	werde wecken	würde wecken
du	wirst wecken	werdest wecken	würdest wecken
er	wird wecken	werde wecken	würde wecken
wir	werden wecken	werden wecken	würden wecken
ihr	werdet wecken	werdet wecken	würdet wecken
sie	werden wecken	werden wecken	würden wecken

Future Perfect Time

	Future Perfect	(*Fut. Perf. Subj.*)	(*Past Conditional*)
ich	werde geweckt haben	werde geweckt haben	würde geweckt haben
du	wirst geweckt haben	werdest geweckt haben	würdest geweckt haben
er	wird geweckt haben	werde geweckt haben	würde geweckt haben
wir	werden geweckt haben	werden geweckt haben	würden geweckt haben
ihr	werdet geweckt haben	werdet geweckt haben	würdet geweckt haben
sie	werden geweckt haben	werden geweckt haben	würden geweckt haben

W

Examples: Ich möchte bitte morgen um sieben geweckt werden. *I'd like a wake-up call at seven tomorrow, please.*

wehren*

to restrain, check; prevent   PRINC. PARTS: **wehren, wehrte, gewehrt, wehrt**
IMPERATIVE: **wehre!, wehrt!, wehren Sie!**

	INDICATIVE	SUBJUNCTIVE	
		PRIMARY	SECONDARY
		Present Time	
	Present	*(Pres. Subj.)*	*(Imperf. Subj.)*
ich	wehre	wehre	wehrte
du	wehrst	wehrest	wehrtest
er	wehrt	wehre	wehrte
wir	wehren	wehren	wehrten
ihr	wehrt	wehret	wehrtet
sie	wehren	wehren	wehrten

	Imperfect
ich	wehrte
du	wehrtest
er	wehrte
wir	wehrten
ihr	wehrtet
sie	wehrten

			Past Time	
	Perfect	*(Perf. Subj.)*	*(Pluperf. Subj.)*
ich	habe gewehrt	habe gewehrt	hätte gewehrt
du	hast gewehrt	habest gewehrt	hättest gewehrt
er	hat gewehrt	habe gewehrt	hätte gewehrt
wir	haben gewehrt	haben gewehrt	hätten gewehrt
ihr	habt gewehrt	habet gewehrt	hättet gewehrt
sie	haben gewehrt	haben gewehrt	hätten gewehrt

	Pluperfect
ich	hatte gewehrt
du	hattest gewehrt
er	hatte gewehrt
wir	hatten gewehrt
ihr	hattet gewehrt
sie	hatten gewehrt

		Future Time	
	Future	*(Fut. Subj.)*	*(Pres. Conditional)*
ich	werde wehren	werde wehren	würde wehren
du	wirst wehren	werdest wehren	würdest wehren
er	wird wehren	werde wehren	würde wehren
wir	werden wehren	werden wehren	würden wehren
ihr	werdet wehren	werdet wehren	würdet wehren
sie	werden wehren	werden wehren	würden wehren

		Future Perfect Time	
	Future Perfect	*(Fut. Perf. Subj.)*	*(Past Conditional)*
ich	werde gewehrt haben	werde gewehrt haben	würde gewehrt haben
du	wirst gewehrt haben	werdest gewehrt haben	würdest gewehrt haben
er	wird gewehrt haben	werde gewehrt haben	würde gewehrt haben
wir	werden gewehrt haben	werden gewehrt haben	würden gewehrt haben
ihr	werdet gewehrt haben	werdet gewehrt haben	würdet gewehrt haben
sie	werden gewehrt haben	werden gewehrt haben	würden gewehrt haben

*The reflexive verb, **sich wehren, wehrte sich, hat sich gewehrt, wehrt sich** means *to defend oneself, to resist*.

Examples: Die Armee wehrt sich noch tapfer. *The army is still resisting bravely.*

weichen

PRINC. PARTS: **weichen, wich, ist gewichen, weicht**
IMPERATIVE: **weiche!, weicht!, weichen Sie!**

to yield, give way

INDICATIVE	SUBJUNCTIVE	
	PRIMARY	SECONDARY

Present Time

	Present	*(Pres. Subj.)*	*(Imperf. Subj.)*
ich	weiche	weiche	wiche
du	weichst	weichest	wichest
er	weicht	weiche	wiche
wir	weichen	weichen	wichen
ihr	weicht	weichet	wichet
sie	weichen	weichen	wichen

	Imperfect
ich	wich
du	wichst
er	wich
wir	wichen
ihr	wicht
sie	wichen

Past Time

	Perfect	*(Perf. Subj.)*	*(Pluperf. Subj.)*
ich	bin gewichen	sei gewichen	wäre gewichen
du	bist gewichen	seiest gewichen	wärest gewichen
er	ist gewichen	sei gewichen	wäre gewichen
wir	sind gewichen	seien gewichen	wären gewichen
ihr	seid gewichen	seiet gewichen	wäret gewichen
sie	sind gewichen	seien gewichen	wären gewichen

	Pluperfect
ich	war gewichen
du	warst gewichen
er	war gewichen
wir	waren gewichen
ihr	wart gewichen
sie	waren gewichen

Future Time

	Future	*(Fut. Subj.)*	*(Pres. Conditional)*
ich	werde weichen	werde weichen	würde weichen
du	wirst weichen	werdest weichen	würdest weichen
er	wird weichen	werde weichen	würde weichen
wir	werden weichen	werden weichen	würden weichen
ihr	werdet weichen	werdet weichen	würdet weichen
sie	werden weichen	werden weichen	würden weichen

Future Perfect Time

	Future Perfect	*(Fut. Perf. Subj.)*	*(Past Conditional)*
ich	werde gewichen sein	werde gewichen sein	würde gewichen sein
du	wirst gewichen sein	werdest gewichen sein	würdest gewichen sein
er	wird gewichen sein	werde gewichen sein	würde gewichen sein
wir	werden gewichen sein	werden gewichen sein	würden gewichen sein
ihr	werdet gewichen sein	werdet gewichen sein	würdet gewichen sein
sie	werden gewichen sein	werden gewichen sein	würden gewichen sein

W

Examples: Sie mussten dem Feind weichen. *They had to yield to the enemy.*

573

weihen

to consecrate; ordain;
devote

PRINC. PARTS: **weihen, weihte, geweiht, weiht**
IMPERATIVE: **weihe!, weiht!, weihen Sie!**

INDICATIVE	SUBJUNCTIVE	
	PRIMARY	SECONDARY

Present Time

	Present	(*Pres. Subj.*)	(*Imperf. Subj.*)
ich	weihe	weihe	weihte
du	weihst	weihest	weihtest
er	weiht	weihe	weihte
wir	weihen	weihen	weihten
ihr	weiht	weihet	weihtet
sie	weihen	weihen	weihten

	Imperfect
ich	weihte
du	weihtest
er	weihte
wir	weihten
ihr	weihtet
sie	weihten

Past Time

	Perfect	(*Perf. Subj.*)	(*Pluperf. Subj.*)
ich	habe geweiht	habe geweiht	hätte geweiht
du	hast geweiht	habest geweiht	hättest geweiht
er	hat geweiht	habe geweiht	hätte geweiht
wir	haben geweiht	haben geweiht	hätten geweiht
ihr	habt geweiht	habet geweiht	hättet geweiht
sie	haben geweiht	haben geweiht	hätten geweiht

	Pluperfect
ich	hatte geweiht
du	hattest geweiht
er	hatte geweiht
wir	hatten geweiht
ihr	hattet geweiht
sie	hatten geweiht

Future Time

	Future	(*Fut. Subj.*)	(*Pres. Conditional*)
ich	werde weihen	werde weihen	würde weihen
du	wirst weihen	werdest weihen	würdest weihen
er	wird weihen	werde weihen	würde weihen
wir	werden weihen	werden weihen	würden weihen
ihr	werdet weihen	werdet weihen	würdet weihen
sie	werden weihen	werden weihen	würden weihen

Future Perfect Time

	Future Perfect	(*Fut. Perf. Subj.*)	(*Past Conditional*)
ich	werde geweiht haben	werde geweiht haben	würde geweiht haben
du	wirst geweiht haben	werdest geweiht haben	würdest geweiht haben
er	wird geweiht haben	werde geweiht haben	würde geweiht haben
wir	werden geweiht haben	werden geweiht haben	würden geweiht haben
ihr	werdet geweiht haben	werdet geweiht haben	würdet geweiht haben
sie	werden geweiht haben	werden geweiht haben	würden geweiht haben

Examples: Sie wurde zur Priesterin geweiht. *She was ordained a priestess.*

weinen

to weep, cry

PRINC. PARTS: **weinen, weinte, geweint, weint**
IMPERATIVE: **weine!, weint!, weinen Sie!**

INDICATIVE	SUBJUNCTIVE	
	PRIMARY	SECONDARY
	Present Time	
Present	*(Pres. Subj.)*	*(Imperf. Subj.)*
ich weine	weine	weinte
du weinst	weinest	weintest
er weint	weine	weinte
wir weinen	weinen	weinten
ihr weint	weinet	weintet
sie weinen	weinen	weinten
Imperfect		
ich weinte		
du weintest		
er weinte		
wir weinten		
ihr weintet		
sie weinten		
	Past Time	
Perfect	*(Perf. Subj.)*	*(Pluperf. Subj.)*
ich habe geweint	habe geweint	hätte geweint
du hast geweint	habest geweint	hättest geweint
er hat geweint	habe geweint	hätte geweint
wir haben geweint	haben geweint	hätten geweint
ihr habt geweint	habet geweint	hättet geweint
sie haben geweint	haben geweint	hätten geweint
Pluperfect		
ich hatte geweint		
du hattest geweint		
er hatte geweint		
wir hatten geweint		
ihr hattet geweint		
sie hatten geweint		
	Future Time	
Future	*(Fut. Subj.)*	*(Pres. Conditional)*
ich werde weinen	werde weinen	würde weinen
du wirst weinen	werdest weinen	würdest weinen
er wird weinen	werde weinen	würde weinen
wir werden weinen	werden weinen	würden weinen
ihr werdet weinen	werdet weinen	würdet weinen
sie werden weinen	werden weinen	würden weinen
	Future Perfect Time	
Future Perfect	*(Fut. Perf. Subj.)*	*(Past Conditional)*
ich werde geweint haben	werde geweint haben	würde geweint haben
du wirst geweint haben	werdest geweint haben	würdest geweint haben
er wird geweint haben	werde geweint haben	würde geweint haben
wir werden geweint haben	werden geweint haben	würden geweint haben
ihr werdet geweint haben	werdet geweint haben	würdet geweint haben
sie werden geweint haben	werden geweint haben	würden geweint haben

W

Examples: Das Kind weinte den ganzen Tag. *The child cried all day.*

weisen

to point out, show

PRINC. PARTS: **weisen, wies, gewiesen, weist**
IMPERATIVE: **weise!, weist!, weisen Sie!**

	INDICATIVE	SUBJUNCTIVE	
		PRIMARY	SECONDARY
		Present Time	
	Present	*(Pres. Subj.)*	*(Imperf. Subj.)*
ich	weise	weise	wiese
du	weist	weisest	wiesest
er	weist	weise	wiese
wir	weisen	weisen	wiesen
ihr	weist	weiset	wieset
sie	weisen	weisen	wiesen
	Imperfect		
ich	wies		
du	wiesest		
er	wies		
wir	wiesen		
ihr	wiest		
sie	wiesen		
		Past Time	
	Perfect	*(Perf. Subj.)*	*(Pluperf. Subj.)*
ich	habe gewiesen	habe gewiesen	hätte gewiesen
du	hast gewiesen	habest gewiesen	hättest gewiesen
er	hat gewiesen	habe gewiesen	hätte gewiesen
wir	haben gewiesen	haben gewiesen	hätten gewiesen
ihr	habt gewiesen	habet gewiesen	hättet gewiesen
sie	haben gewiesen	haben gewiesen	hätten gewiesen
	Pluperfect		
ich	hatte gewiesen		
du	hattest gewiesen		
er	hatte gewiesen		
wir	hatten gewiesen		
ihr	hattet gewiesen		
sie	hatten gewiesen		
		Future Time	
	Future	*(Fut. Subj.)*	*(Pres. Conditional)*
ich	werde weisen	werde weisen	würde weisen
du	wirst weisen	werdest weisen	würdest weisen
er	wird weisen	werde weisen	würde weisen
wir	werden weisen	werden weisen	würden weisen
ihr	werdet weisen	werdet weisen	würdet weisen
sie	werden weisen	werden weisen	würden weisen
		Future Perfect Time	
	Future Perfect	*(Fut. Perf. Subj.)*	*(Past Conditional)*
ich	werde gewiesen haben	werde gewiesen haben	würde gewiesen haben
du	wirst gewiesen haben	werdest gewiesen haben	würdest gewiesen haben
er	wird gewiesen haben	werde gewiesen haben	würde gewiesen haben
wir	werden gewiesen haben	werden gewiesen haben	würden gewiesen haben
ihr	werdet gewiesen haben	werdet gewiesen haben	würdet gewiesen haben
sie	werden gewiesen haben	werden gewiesen haben	würden gewiesen haben

Examples: **Karin hat uns den richtigen Weg gewiesen.** *Karin showed us the right way.*
von sich weisen—to reject. **Alle Vorwürfe wies der Präsident von sich.** *The president rejected all criticism.* See also: **beweisen.**

wenden

PRINC. PARTS: wenden,* wandte, gewandt, wendet
IMPERATIVE: wende!, wendet!, wenden Sie!

to turn

INDICATIVE	SUBJUNCTIVE	
	PRIMARY	SECONDARY

Present Time

Present	(*Pres. Subj.*)	(*Imperf. Subj.*)
ich wende	wende	wendete
du wendest	wendest	wendetest
er wendet	wende	wendete
wir wenden	wenden	wendeten
ihr wendet	wendet	wendetet
sie wenden	wenden	wendeten

Imperfect

ich	wandte
du	wandtest
er	wandte
wir	wandten
ihr	wandtet
sie	wandten

Past Time

Perfect	(*Perf. Subj.*)	(*Pluperf. Subj.*)
ich habe gewandt	habe gewandt	hätte gewandt
du hast gewandt	habest gewandt	hättest gewandt
er hat gewandt	habe gewandt	hätte gewandt
wir haben gewandt	haben gewandt	hätten gewandt
ihr habt gewandt	habet gewandt	hättet gewandt
sie haben gewandt	haben gewandt	hätten gewandt

Pluperfect

ich	hatte gewandt
du	hattest gewandt
er	hatte gewandt
wir	hatten gewandt
ihr	hattet gewandt
sie	hatten gewandt

Future Time

Future	(*Fut. Subj.*)	(*Pres. Conditional*)
ich werde wenden	werde wenden	würde wenden
du wirst wenden	werdest wenden	würdest wenden
er wird wenden	werde wenden	würde wenden
wir werden wenden	werden wenden	würden wenden
ihr werdet wenden	werdet wenden	würdet wenden
sie werden wenden	werden wenden	würden wenden

Future Perfect Time

Future Perfect	(*Fut. Perf. Subj.*)	(*Past Conditional*)
ich werde gewandt haben	werde gewandt haben	würde gewandt haben
du wirst gewandt haben	werdest gewandt haben	würdest gewandt haben
er wird gewandt haben	werde gewandt haben	würde gewandt haben
wir werden gewandt haben	werden gewandt haben	würden gewandt haben
ihr werdet gewandt haben	werdet gewandt haben	würdet gewandt haben
sie werden gewandt haben	werden gewandt haben	würden gewandt haben

W

Examples: Im Frühling hoffte er, dass alles sich zum Besseren wenden würde. *In the spring he hoped that everything would take a turn for the better.*

werben

to recruit; woo;
court; solicit

PRINC. PARTS: **werben, warb, geworben, wirbt**
IMPERATIVE: **wirb!, werbt!, werben Sie!**

INDICATIVE	SUBJUNCTIVE	
	PRIMARY	SECONDARY
	Present Time	
Present	*(Pres. Subj.)*	*(Imperf. Subj.)*
ich werbe	werbe	würbe
du wirbst	werbest	würbest
er wirbt	werbe	würbe
wir werben	werben	würben
ihr werbt	werbet	würbet
sie werben	werben	würben

Imperfect
ich warb
du warbst
er warb
wir warben
ihr warbt
sie warben

	Past Time	
Perfect	*(Perf. Subj.)*	*(Pluperf. Subj.)*
ich habe geworben	habe geworben	hätte geworben
du hast geworben	habest geworben	hättest geworben
er hat geworben	habe geworben	hätte geworben
wir haben geworben	haben geworben	hätten geworben
ihr habt geworben	habet geworben	hättet geworben
sie haben geworben	haben geworben	hätten geworben

Pluperfect
ich hatte geworben
du hattest geworben
er hatte geworben
wir hatten geworben
ihr hattet geworben
sie hatten geworben

	Future Time	
Future	*(Fut. Subj.)*	*(Pres. Conditional)*
ich werde werben	werde werben	würde werben
du wirst werben	werdest werben	würdest werben
er wird werben	werde werben	würde werben
wir werden werben	werden werben	würden werben
ihr werdet werben	werdet werben	würdet werben
sie werden werben	werden werben	würden werben

	Future Perfect Time	
Future Perfect	*(Fut. Perf. Subj.)*	*(Past Conditional)*
ich werde geworben haben	werde geworben haben	würde geworben haben
du wirst geworben haben	werdest geworben haben	würdest geworben haben
er wird geworben haben	werde geworben haben	würde geworben haben
wir werden geworben haben	werden geworben haben	würden geworben haben
ihr werdet geworben haben	werdet geworben haben	würdet geworben haben
sie werden geworben haben	werden geworben haben	würden geworben haben

Examples: **Die Senatorin versucht, uns für ihre Partei zu werben.** *The senator is trying to recruit us for her party.*

werden

PRINC. PARTS: **werden, wurde,* ist geworden,** wird**
IMPERATIVE: **werde!, werdet!, werden Sie!**

to become; shall or
will†; be††

INDICATIVE	SUBJUNCTIVE	
	PRIMARY	SECONDARY

Present Time

Present	(Pres. Subj.)	(Imperf. Subj.)
ich werde	werde	würde
du wirst	werdest	würdest
er wird	werde	würde
wir werden	werden	würden
ihr werdet	werdet	würdet
sie werden	werden	würden

Imperfect

ich wurde
du wurdest
er wurde
wir wurden
ihr wurdet
sie wurden

Past Time

Perfect	(Perf. Subj.)	(Pluperf. Subj.)
ich bin geworden	sei geworden	wäre geworden
du bist geworden	seiest geworden	wärest geworden
er ist geworden	sei geworden	wäre geworden
wir sind geworden	seien geworden	wären geworden
ihr seid geworden	seiet geworden	wäret geworden
sie sind geworden	seien geworden	wären geworden

Pluperfect

ich war geworden
du warst geworden
er war geworden
wir waren geworden
ihr wart geworden
sie waren geworden

Future Time

Future	(Fut. Subj.)	(Pres. Conditional)
ich werde werden	werde werden	würde werden
du wirst werden	werdest werden	würdest werden
er wird werden	werde werden	würde werden
wir werden werden	werden werden	würden werden
ihr werdet werden	werdet werden	würdet werden
sie werden werden	werden werden	würden werden

Future Perfect Time

Future Perfect	(Fut. Perf. Subj.)	(Past Conditional)
ich werde geworden sein	werde geworden sein	würde geworden sein
du wirst geworden sein	werdest geworden sein	würdest geworden sein
er wird geworden sein	werde geworden sein	würde geworden sein
wir werden geworden sein	werden geworden sein	würden geworden sein
ihr werdet geworden sein	werdet geworden sein	würdet geworden sein
sie werden geworden sein	werden geworden sein	würden geworden sein

W

*The past tense form **ward** is sometimes found in poetry. **In the perfect tenses of the passive voice, the past participle is shortened to **worden** after another past participle. †When present tense is used as auxiliary in the future. ††When used as the auxiliary in the passive voice.

AN ESSENTIAL
55 VERB

Werden

EXAMPLES

Noch ist nichts daraus geworden, aber es wird schon werden.
Nothing's come of it yet, but it'll work out.

„Er wurde schon 30 (dreißig), wusste aber noch nicht, was er werden wollte. Was ist denn aus ihm geworden?" „In Australien wurde er reich und berühmt."
"He already turned 30 (thirty) and still didn't know what he wanted to be. Whatever became of him?" "In Australia he got rich and became famous."

Sie tut ihr Bestes, den Anforderungen gerecht zu werden.
She's doing her best to meet the requirements.

Seit der Scheidung ist sie ganz anders geworden.
She's changed a lot since the divorce.

werden zu—to turn into
Einst war er Romantiker, Idealist. Jetzt ist er zum Menschenhasser geworden.
Once he was a romantic idealist. Now he's turned into a misanthrope.

das Werden—being, development
im Werden begriffen sein—to be in a state of development, becoming
Alles Leben ist im endlosen Werden begriffen, lehren Philosophen und Wissenschaftler.
All life is endless becoming, teach philosophers and scientists.

Beim Schmieden singt Siegfried an sein werdendes Schwert: „Werde kalt und hart wie du kannst."
As he forges, Siegfried sings to his sword taking shape: "Become as hard and cold as you can."

Prefix Verbs

SEPARABLE

innewerden (elevated)—to become aware of
Der Ernst des Lebens ist ihm plötzlich innegeworden.
He suddenly became aware of the seriousness of life.

irrewerden—to lose faith, have doubts
Wie kannst du an mir irrewerden?
How can you have doubts about me?

kundwerden (literary)—to become known; learn of
Erst später wurde uns die Entscheidung kund.
Only later did we learn of the decision.

loswerden—to get rid of
Sie ist ihn endlich losgeworden.
She finally got rid of him.

Kafkas Gregor Samsa wurde zu einem ungeheuren Ungeziefer.
Kafka's Gregor Samsa turned into a monstrous bug (vermin).

Aus der Raupe wird ein Schmetterling.
The caterpillar becomes a butterfly.

Stirb und werde! (Goethe)
Die and become!

werfen

PRINC. PARTS: werfen, warf, geworfen, wirft
IMPERATIVE: wirf!, werft!, werfen Sie!

throw, hurl, fling

INDICATIVE	SUBJUNCTIVE	
	PRIMARY	SECONDARY

Present Time

	Present	(Pres. Subj.)	(Imperf. Subj.)
ich	werfe	werfe	würfe
du	wirfst	werfest	würfest
er	wirft	werfe	würfe
wir	werfen	werfen	würfen
ihr	werft	werfet	würfet
sie	werfe	werfen	würfen

	Imperfect
ich	warf
du	warfst
er	warf
wir	warfen
ihr	warft
sie	warfen

Past Time

	Perfect	(Perf. Subj.)	(Pluperf. Subj.)
ich	habe geworfen	habe geworfen	hätte geworfen
du	hast geworfen	habest geworfen	hättest geworfen
er	hat geworfen	habe geworfen	hätte geworfen
wir	haben geworfen	haben geworfen	hätten geworfen
ihr	habt geworfen	habet geworfen	hättet geworfen
sie	haben geworfen	haben geworfen	hätten geworfen

	Pluperfect
ich	hatte geworfen
du	hattest geworfen
er	hatte geworfen
wir	hatten geworfen
ihr	hattet geworfen
sie	hatten geworfen

Future Time

	Future	(Fut. Subj.)	(Pres. Conditional)
ich	werde werfen	werde werfen	würde werfen
du	wirst werfen	werdest werfen	würdest werfen
er	wird werfen	werde werfen	würde werfen
wir	werden werfen	werden werfen	würden werfen
ihr	werdet werfen	werdet werfen	würdet werfen
sie	werden werfen	werden werfen	würden werfen

Future Perfect Time

	Future Perfect	(Fut. Perf. Subj.)	(Past Conditional)
ich	werde geworfen haben	werde geworfen haben	würde geworfen haben
du	wirst geworfen haben	werdest geworfen haben	würdest geworfen haben
er	wird geworfen haben	werde geworfen haben	würde geworfen haben
wir	werden geworfen haben	werden geworfen haben	würden geworfen haben
ihr	werdet geworfen haben	werdet geworfen haben	würdet geworfen haben
sie	werden geworfen haben	werden geworfen haben	würden geworfen haben

W

AN ESSENTIAL
55 VERB

AN ESSENTIAL 55 VERB

Werfen

EXAMPLES
Wirf mir den Ball!
Throw me the ball.

Kai ist Computerfachmann und wirft mit
Anglizismen um sich.
Kai is a computer expert and tosses around many
English words.

Sie konnten den Feind nicht zurückwerfen.
Nach langen Kämpfen unterwarfen sie die
Sieger. Die Besiegten wurden sehr unterwür-
fig und bewarfen ihre Sieger mit Blumen und
Tributgeld. Nur einige im Land wollten das
Joch der Tyrannei abwerfen. Die Rebellen
warfen Granaten und Bomben aber der
Aufstand wurde unterworfen. Die niederge-
worfenen Rebellen mussten das Handtuch
werfen.
They couldn't repel the enemy. After long battles
the victors subjugated them. The conquered
became very servile, and threw flowers and trib-
ute money at their conquerors. Only a few in the
land wanted to cast off the yoke of tyranny. The
rebels threw grenades and bombs but the revolt
was suppressed. The defeated rebels had to
throw in the towel.

The last example contains many prefix verbs. The
following lists include them and additional ones
for your study.

Prefix Verbs

INSEPARABLE
bewerfen—to throw at
„Hat man sie wirklich mit Steinen
beworfen?" „Ja. Viele wollten den
ersten Stein werfen. Die Polizei hinderte
sie daran, sie zu steinigen."
"Did they really throw stones at her?"
"Yes. Many wanted to cast the first stone.
The police prevented them from stoning
her to death."

entwerfen—to draw up, draft
Der Chef entwurf diese Pläne.
The boss drew up these plans.

*(sich) überwerfen—to have a falling out
Sie haben sich wieder überworfen.
They've had a falling out again.

unterwerfen—to subjugate; subject to
Die Römer unterwarfen viele Völker.
The Romans subjugated many peoples.

Ihre Tätigkeit muss einer genauen
Aufsicht unterworfen werden.
Their activity must be subjected to close
surveillance.

verwerfen—to reject, dismiss
Warum hat man ihren Antrag verworfen?
Why did they turn down her application?

(sich) verwerfen—to warp
Die Holzbretter der Gondel hatten sich
verworfen.
The wooden boards of the gondola had
warped.

*Note that überwerfen can be separable or
inseparable.

582

Prefix Verbs

SEPARABLE

abwerfen—to shed; throw/cast off; bring in
Die Bäume werfen schon ihre Blätter ab.
The trees are already shedding their leaves.
Die Aufständischen versuchten, das Joch der Knechtschaft abzuwerfen.
The rebels tried to cast off the yoke of bondage.
Wirf doch endlich die Maske ab!
Take off that mask, will you!
Diese Aktien haben schon viel Profit abgeworfen.
These stocks have already shown a large profit.

aufwerfen—to heap up; fling open; raise (a problem, question)
Der Schneepflug wirft immer viel Schnee vor der Einfahrt auf.
The snow plough always piles up a lot of snow in front of the driveway.
Erna warf die Tür auf und ertappte sie auf frischer Tat.
Erna flung open the door and caught them red-handed.
Warum musstest diese diese Frage aufwerfen?
Why did you have to bring up that issue?

auswerfen—to cast; spew out, eject; pay out; dig out
Die Fischer warfen ihre Netze aus.
The fishermen cast their nets.
Wirft der Ätna noch viel Lava aus?
Is Mt. Etna still spewing much lava?
Dieses Jahr hat die Aktie keine Dividende ausgeworfen.
That stock didn't pay any dividend this year.
Den Graben werfen wir hier aus.
We'll dig the ditch here.

einwerfen—to put in, insert; smash
Zwei Münzen habe ich schon eingeworfen und es passiert nichts.
I've already put in two coins and nothing happens.
Wer von euch hat das Fenster eingeworfen?
Which one of you broke the window?

niederwerfen—to defeat, suppress, put down
Man hat den Aufstand niedergeworfen.
They put down the revolt.

***überwerfen**—to throw on
Sie hat sich schnell ein Kleid übergeworfen.
She threw on a dress quickly.

umwerfen—to knock down/over; stun
Die Nachricht hat uns umgeworfen.
The news bowled us over.
Die alte Hexe hält sich für umwerfend schön. Das finden alle umwerfend komisch.
That old witch thinks she's stunningly beautiful. Everyone thinks that hilariously funny.

vorwerfen—to throw to; reproach
Dem Hund hat er den Knochen vorgeworfen.
He threw the bone to the dog.
Hast du mir noch was vorzuwerfen?
Is there anything else you'd like to reproach me for?

wegwerfen—to throw away, dispose of
Die Umweltschützerin schimpfte auf die Wegwerfgesellschaft und sagte: „Kauft keine Wegwerfflaschen oder Wegwerfwindeln. Das ist nur weggeworfenes Geld."
The environmental protectionist railed against the throw-away society and said: "Don't buy nonreturnable bottles or disposable diapers. That's just money down the drain."

zurückwerfen—to throw back; repulse
Mélisande warf ihr langes Haar zurück.
Melisande threw back her long hair.
Sie versuchten, den Feind zurückzuwerfen.
They tried to repulse the enemy.

zusammenwerfen—to lump together
Das sind unterschiedliche Elemente, die man nicht zusammenwerfen kann.
Those are diverse elements that can't be lumped together.

W

wetzen

to whet; sharpen

PRINC. PARTS: **wetzen, wetzte, gewetzt, wetzt**
IMPERATIVE: **wetze!, wetzt!, wetzen Sie!**

	INDICATIVE		SUBJUNCTIVE	
			PRIMARY	SECONDARY
			Present Time	
	Present		*(Pres. Subj.)*	*(Imperf. Subj.)*
ich	wetze		wetze	wetzte
du	wetzt		wetzest	wetztest
er	wetzt		wetze	wetzte
wir	wetzen		wetzen	wetzten
ihr	wetzt		wetzet	wetztet
sie	wetzen		wetzen	wetzten
	Imperfect			
ich	wetzte			
du	wetztest			
er	wetzte			
wir	wetzten			
ihr	wetztet			
sie	wetzten			
			Past Time	
	Perfect		*(Perf. Subj.)*	*(Pluperf. Subj.)*
ich	habe gewetzt		habe gewetzt	hätte gewetzt
du	hast gewetzt		habest gewetzt	hättest gewetzt
er	hat gewetzt		habe gewetzt	hätte gewetzt
wir	haben gewetzt		haben gewetzt	hätten gewetzt
ihr	habt gewetzt		habet gewetzt	hättet gewetzt
sie	haben gewetzt		haben gewetzt	hätten gewetzt
	Pluperfect			
ich	hatte gewetzt			
du	hattest gewetzt			
er	hatte gewetzt			
wir	hatten gewetzt			
ihr	hattet gewetzt			
sie	hatten gewetzt			
			Future Time	
	Future		*(Fut. Subj.)*	*(Pres. Conditional)*
ich	werde wetzen		werde wetzen	würde wetzen
du	wirst wetzen		werdest wetzen	würdest wetzen
er	wird wetzen		werde wetzen	würde wetzen
wir	werden wetzen		werden wetzen	würden wetzen
ihr	werdet wetzen		werdet wetzen	würdet wetzen
sie	werden wetzen		werden wetzen	würden wetzen
			Future Perfect Time	
	Future Perfect		*(Fut. Perf. Subj.)*	*(Past Conditional)*
ich	werde gewetzt haben		werde gewetzt haben	würde gewetzt haben
du	wirst gewetzt haben		werdest gewetzt haben	würdest gewetzt haben
er	wird gewetzt haben		werde gewetzt haben	würde gewetzt haben
wir	werden gewetzt haben		werden gewetzt haben	würden gewetzt haben
ihr	werdet gewetzt haben		werdet gewetzt haben	würdet gewetzt haben
sie	werden gewetzt haben		werden gewetzt haben	würden gewetzt haben

Examples: Macheath grinste und wetzte sein Messer. *Macheath grinned and sharpened his knife.*

widmen

PRINC. PARTS: **widmen, widmete, gewidmet, widmet**
IMPERATIVE: **widme!, widmet!, widmen Sie!**

to dedicate; devote

INDICATIVE	SUBJUNCTIVE	
	PRIMARY	SECONDARY
	Present Time	
Present	*(Pres. Subj.)*	*(Imperf. Subj.)*
ich widme	widme	widmete
du widmest	widmest	widmetest
er widmet	widme	widmete
wir widmen	widmen	widmeten
ihr widmet	widmet	widmetet
sie widmen	widmen	widmeten

Imperfect

ich	widmete
du	widmetest
er	widmete
wir	widmeten
ihr	widmetet
sie	widmeten

	Past Time	
Perfect	*(Perf. Subj.)*	*(Pluperf. Subj.)*
ich habe gewidmet	habe gewidmet	hätte gewidmet
du hast gewidmet	habest gewidmet	hättest gewidmet
er hat gewidmet	habe gewidmet	hätte gewidmet
wir haben gewidmet	haben gewidmet	hätten gewidmet
ihr habt gewidmet	habet gewidmet	hättet gewidmet
sie haben gewidmet	haben gewidmet	hätten gewidmet

Pluperfect

ich	hatte gewidmet
du	hattest gewidmet
er	hatte gewidmet
wir	hatten gewidmet
ihr	hattet gewidmet
sie	hatten gewidmet

	Future Time	
Future	*(Fut. Subj.)*	*(Pres. Conditional)*
ich werde widmen	werde widmen	würde widmen
du wirst widmen	werdest widmen	würdest widmen
er wird widmen	werde widmen	würde widmen
wir werden widmen	werden widmen	würden widmen
ihr werdet widmen	werdet widmen	würdet widmen
sie werden widmen	werden widmen	würden widmen

	Future Perfect Time	
Future Perfect	*(Fut. Perf. Subj.)*	*(Past Conditional)*
ich werde gewidmet haben	werde gewidmet haben	würde gewidmet haben
du wirst gewidmet haben	werdest gewidmet haben	würdest gewidmet haben
er wird gewidmet haben	werde gewidmet haben	würde gewidmet haben
wir werden gewidmet haben	werden gewidmet haben	würden gewidmet haben
ihr werdet gewidmet haben	werdet gewidmet haben	würdet gewidmet haben
sie werden gewidmet haben	werden gewidmet haben	würden gewidmet haben

W

Examples: Er hat ihr seinen letzten Gedichtband gewidmet. *He dedicated his last volume of poetry to her.*

wiederholen

to repeat

PRINC. PARTS: **wiederholen, wiederholte, wiederholt, wiederholt**
IMPERATIVE: **wiederhole!, wiederholt!, wiederholen Sie!**

INDICATIVE	SUBJUNCTIVE	
	PRIMARY	SECONDARY
	Present Time	
Present	*(Pres. Subj.)*	*(Imperf. Subj.)*
ich wiederhole	wiederhole	wiederholte
du wiederholst	wiederholest	wiederholtest
er wiederholt	wiederhole	wiederholte
wir wiederholen	wiederholen	wiederholten
ihr wiederholt	wiederholet	wiederholtet
sie wiederholcn	wiederholen	wiederholten

Imperfect		
ich wiederholte		
du wiederholtest		
er wiederholte		
wir wiederholten		
ihr wiederholtet		
sie wiederholten		

	Past Time	
Perfect	*(Perf. Subj.)*	*(Pluperf. Subj.)*
ich habe wiederholt	habe wiederholt	hätte wiederholt
du hast wiederholt	habest wiederholt	hättest wiedcrholt
er hat wiederholt	habe wiederholt	hätte wiederholt
wir haben wiederholt	haben wiederholt	hätten wiederholt
ihr habt wiederholt	habet wiederholt	hättet wiederholt
sie haben wiederholt	haben wiederholt	hätten wiederholt

Pluperfect		
ich hatte wiederholt		
du hattest wiederholt		
er hatte wiederholt		
wir hatten wiederholt		
ihr hattet wiederholt		
sie hatten wiedcrholt		

	Future Time	
Future	*(Fut. Subj.)*	*(Pres. Conditional)*
ich werde wiederholen	werde wiederholen	würde wiederholen
du wirst wiederholen	werdest wiederholen	würdest wiederholen
er wird wiederholen	werde wiederholen	würde wicderholen
wir werden wiederholen	werden wiederholen	würden wiederholen
ihr werdet wiederholen	werdet wiederholen	würdet wiederholen
sie werden wiederholen	werden wiederholen	würden wiederholen

	Future Perfect Time	
Future Perfect	*(Fut. Perf. Subj.)*	*(Past Conditional)*
ich werde wiederholt haben	werde wiederholt haben	würde wiederholt haben
du wirst wiederholt haben	werdest wiederholt haben	würdest wiederholt haben
er wird wiederholt haben	werde wiederholt haben	würde wiederholt haben
wir werden wiederholt haben	werden wiederholt haben	würden wiederholt haben
ihr werdet wiederholt haben	werdet wiederholt haben	würdet wiederholt haben
sie werden wiederholt haben	werden wiederholt haben	würden wiederholt haben

Examples: Wiederhole den Satz! *Repeat the sentence!*

PRINC. PARTS: **wiederholen, holte wieder, wiedergeholt, holt wieder**

IMPERATIVE: **hole wieder!, holt wieder!, holen Sie wieder!**

to bring/fetch back

INDICATIVE	SUBJUNCTIVE	
	PRIMARY	SECONDARY

Present Time

	Present	*(Pres. Subj.)*	*(Imperf. Subj.)*
ich	hole wieder	hole wieder	holte wieder
du	holst wieder	holest wieder	holtest wieder
er	holt wieder	hole wieder	holte wieder
wir	holen wieder	holen wieder	holten wieder
ihr	holt wieder	holet wieder	holtet wieder
sie	holen wieder	holen wieder	holten wieder

	Imperfect
ich	holte wieder
du	holtest wieder
er	holte wieder
wir	holten wieder
ihr	holtet wieder
sie	holten wieder

Past Time

	Perfect	*(Perf. Subj.)*	*(Pluperf. Subj.)*
ich	habe wiedergeholt	habe wiedergeholt	hätte wiedergeholt
du	hast wiedergeholt	habest wiedergeholt	hättest wiedergeholt
er	hat wiedergeholt	habe wiedergeholt	hätte wiedergeholt
wir	haben wiedergeholt	haben wiedergeholt	hätten wiedergeholt
ihr	habt wiedergeholt	habet wiedergeholt	hättet wiedergeholt
sie	haben wiedergeholt	haben wiedergeholt	hätten wiedergeholt

	Pluperfect
ich	hatte wiedergeholt
du	hattest wiedergeholt
er	hatte wiedergeholt
wir	hatten wiedergeholt
ihr	hattet wiedergeholt
sie	hatten wiedergeholt

Future Time

	Future	*(Fut. Subj.)*	*(Pres. Conditional)*
ich	werde wiederholen	werde wiederholen	würde wiederholen
du	wirst wiederholen	werdest wiederholen	würdest wiederholen
er	wird wiederholen	werde wiederholen	würde wiederholen
wir	werden wiederholen	werden wiederholen	würden wiederholen
ihr	werdet wiederholen	werdet wiederholen	würdet wiederholen
sie	werden wiederholen	werden wiederholen	würden wiederholen

Future Perfect Time

	Future Perfect	*(Fut. Perf. Subj.)*	*(Past Conditional)*
ich	werde wiedergeholt haben	werde wiedergeholt haben	würde wiedergeholt haben
du	wirst wiedergeholt haben	werdest wiedergeholt haben	würdest wiedergeholt haben
er	wird wiedergeholt haben	werde wiedergeholt haben	würde wiedergeholt haben
wir	werden wiedergeholt haben	werden wiedergeholt haben	würden wiedergeholt haben
ihr	werdet wiedergeholt haben	werdet wiedergeholt haben	würdet wiedergeholt haben
sie	werden wiedergeholt haben	werden wiedergeholt haben	würden wiedergeholt haben

Examples: Hole mir das Buch wieder! *Get the book for me again.*

W

wiegen

to weigh

PRINC. PARTS: **wiegen,* wog, gewogen, wiegt**
IMPERATIVE: **wiege!, wiegt!, wiegen Sie!**

INDICATIVE	SUBJUNCTIVE	
	PRIMARY	SECONDARY
	Present Time	
Present	*(Pres. Subj.)*	*(Imperf. Subj.)*
ich wiege	wiege	wöge
du wiegst	wiegest	wögest
er wiegt	wiege	wöge
wir wiegen	wiegen	wögen
ihr wiegt	wicgct	wöget
sie wiegen	wiegen	wögen

Imperfect
ich wog
du wogst
er wog
wir wogen
ihr wogt
sie wogen

	Past Time	
Perfect	*(Perf. Subj.)*	*(Pluperf. Subj.)*
ich habe gewogen	habe gewogen	hätte gewogen
du hast gewogen	habest gewogen	hättest gewogen
er hat gewogen	habe gewogen	hätte gewogen
wir haben gewogen	haben gewogen	hätten gewogen
ihr habt gewogen	habet gewogen	hättet gewogcn
sie haben gewogen	haben gewogen	hätten gewogen

Pluperfect
ich hatte gewogen
du hattest gewogen
er hatte gewogen
wir hatten gewogen
ihr hattet gewogen
sie hatten gewogen

	Future Time	
Future	*(Fut. Subj.)*	*(Pres. Conditional)*
ich werde wiegen	werde wiegen	würde wiegen
du wirst wiegen	wcrdest wiegen	würdest wiegen
er wird wiegen	werde wiegen	würde wiegen
wir werden wiegen	werden wiegen	würden wiegen
ihr werdet wiegen	werdet wiegen	würdet wiegen
sie werden wiegen	werden wiegen	würden wiegen

	Future Perfect Time	
Future Perfect	*(Fut. Perf. Subj.)*	*(Past Conditional)*
ich werde gewogen haben	werde gewogen haben	würde gewogen haben
du wirst gewogen haben	werdest gewogen haben	würdest gewogen haben
er wird gewogen haben	werde gewogen haben	würde gewogen haben
wir werden gewogen haben	werden gewogen haben	würden gewogen haben
ihr werdet gewogen haben	werdet gewogen haben	würdet gewogen haben
sie werden gewogen haben	werden gewogen haben	würden gewogen haben

***Wiegen** meaning *to rock, sway* is weak. PRINC. PARTS: **wiegen, wiegte, gewiegt, wicgt.**

Examples: „Wieviel wiegst du?" fragte er die Dame im Zirkus. *"How much do you weigh?" he asked the lady in the circus.*

wissen

PRINC. PARTS: wissen, wusste, gewusst, weiß
IMPERATIVE: wisse!, wisst!, wissen Sie!

to know (a fact)

INDICATIVE	SUBJUNCTIVE	
	PRIMARY	SECONDARY

Present Time

Present	*(Pres. Subj.)*	*(Imperf. Subj.)*
ich weiß	wisse	wüsste
du weißt	wissest	wüsstest
er weiß	wisse	wüsste
wir wissen	wissen	wüssten
ihr wisst	wisset	wüsstet
sie wissen	wissen	wüssten

Imperfect		
ich wusste		
du wusstest		
er wusste		
wir wussten		
ihr wusstet		
sie wussten		

Past Time

Perfect	*(Perf. Subj.)*	*(Pluperf. Subj.)*
ich habe gewusst	habe gewusst	hätte gewusst
du hast gewusst	habest gewusst	hättest gewusst
er hat gewusst	habe gewusst	hätte gewusst
wir haben gewusst	haben gewusst	hätten gewusst
ihr habt gewusst	habet gewusst	hättet gewusst
sie haben gewusst	haben gewusst	hätten gewusst

Pluperfect		
ich hatte gewusst		
du hattest gewusst		
er hatte gewusst		
wir hatten gewusst		
ihr hattet gewusst		
sie hatten gewusst		

Future Time

Future	*(Fut. Subj.)*	*(Pres. Conditional)*
ich werde wissen	werde wissen	würde wissen
du wirst wissen	werdest wissen	würdest wissen
er wird wissen	werde wissen	würde wissen
wir werden wissen	werden wissen	würden wissen
ihr werdet wissen	werdet wissen	würdet wissen
sie werden wissen	werden wissen	würden wissen

Future Perfect Time

Future Perfect	*(Fut. Perf. Subj.)*	*(Past Conditional)*
ich werde gewusst haben	werde gewusst haben	würde gewusst haben
du wirst gewusst haben	werdest gewusst haben	würdest gewusst haben
er wird gewusst haben	werde gewusst haben	würde gewusst haben
wir werden gewusst haben	werden gewusst haben	würden gewusst haben
ihr werdet gewusst haben	werdet gewusst haben	würdet gewusst haben
sie werden gewusst haben	werden gewusst haben	würden gewusst haben

W

AN ESSENTIAL
55 VERB

Wissen

EXAMPLES

„Weißt du, wie alt sie ist?" „Nein, ich weiß nicht."
"Do you know how old she is?" "No, I don't know."

„Zwar weiß ich viel, doch möcht' ich alles wissen." (Goethe satirizing a character in his *Faust.*)
"I do indeed know quite a lot, but I'd like to know everything."

Was ich nicht weiß, macht mich nicht heiß. (Proverb)
What I don't know won't hurt me./Ignorance is bliss.

Wissen ist Macht. Wer nichts weiß, muss alles glauben. (Proverb)
Knowledge is power. Whoever knows nothing must believe everything. (The ignorant are credulous/gullible.)

„Dieses Buch über die Graphologie enthält viel Wissenswertes." „Davon will ich nichts wissen. Für mich ist die Graphologie eine Pseudowissenschaft. Sie ist wissenschaftlich nicht haltbar." „Halten aber nicht einige Wissenschaftler viel davon?" „Nicht, das ich wüsste. Vielleicht einige, die sich Wissende wollen, aber keine Wissenschaftler. Meines Wissens gibt es keine ernst zu nehmende Studien darüber. Die Studien die es gibt, mangeln an Wissenschaftlichkeit." „Ich möchte trotzdem mehr davon wissen." „Ja, deine Wissbegierde ist grenzenlos." „Du glaubst, alles über alles zu wissen. Eigentlich weißt du nichts von der Sache."
"This book on graphology contains many things worth knowing." "I don't want anything to do with it. For me graphology is a pseudo science. It's not scientifically tenable." "But don't some scientists have a good opinion of it?" "Not that I know of. Maybe some who think they're in the know, but no scientists. To my knowledge there are no studies on it that can be taken seriously. The existing studies aren't scientific in spirit." "Nevertheless, I'd like to know more about it." "Yes, your thirst for knowledge is limitless." "You think you know everything about everything. But you really know nothing of the matter."

Related Words

wissenswert—worth knowing

die Wissenschaft—science

der Wissenschaftler/die Wissenschaftlerin—scientist

der/die Wissende—someone in the know, an initiate

das Wissen—knowledge

meines Wissens—to my knowledge

die Wissenschaftlichkeit—scientific approach

die Wissbegierde—thirst for knowledge

Wissen von (to know of) and wissen über (to know about) are used above, as well as the idioms:

nichts von etwas wissen wollen—to want nothing to do with

nicht, dass ich wüsste—not that I know of

The last passage contains many words related to wissen.

"Wit" and "wisdom" are related to wissen. A Besserwisser (know-it-all, smart aleck), is someone who thinks he has lots of both.

wohnen

PRINC. PARTS: wohnen, wohnte, gewohnt, wohnt
IMPERATIVE: wohne!, wohnt!, wohnen Sie!

to reside, live, dwell

INDICATIVE	SUBJUNCTIVE	
	PRIMARY	SECONDARY
	Present Time	
Present	*(Pres. Subj.)*	*(Imperf. Subj.)*
ich wohne	wohne	wohnte
du wohnst	wohnest	wohntest
er wohnt	wohne	wohnte
wir wohnen	wohnen	wohnten
ihr wohnt	wohnet	wohntet
sie wohnen	wohnen	wohnten

Imperfect
ich wohnte
du wohntest
er wohnte
wir wohnten
ihr wohntet
sie wohnten

	Past Time	
Perfect	*(Perf. Subj.)*	*(Pluperf. Subj.)*
ich habe gewohnt	habe gewohnt	hätte gewohnt
du hast gewohnt	habest gewohnt	hättest gewohnt
er hat gewohnt	habe gewohnt	hätte gewohnt
wir haben gewohnt	haben gewohnt	hätten gewohnt
ihr habt gewohnt	habet gewohnt	hättet gewohnt
sie haben gewohnt	haben gewohnt	hätten gewohnt

Pluperfect
ich hatte gewohnt
du hattest gewohnt
er hatte gewohnt
wir hatten gewohnt
ihr hattet gewohnt
sie hatten gewohnt

	Future Time	
Future	*(Fut. Subj.)*	*(Pres. Conditional)*
ich werde wohnen	werde wohnen	würde wohnen
du wirst wohnen	werdest wohnen	würdest wohnen
er wird wohnen	werde wohnen	würde wohnen
wir werden wohnen	werden wohnen	würden wohnen
ihr werdet wohnen	werdet wohnen	würdet wohnen
sie werden wohnen	werden wohnen	würden wohnen

	Future Perfect Time	
Future Perfect	*(Fut. Perf. Subj.)*	*(Past Conditional)*
ich werde gewohnt haben	werde gewohnt haben	würde gewohnt haben
du wirst gewohnt haben	werdest gewohnt haben	würdest gewohnt haben
er wird gewohnt haben	werde gewohnt haben	würde gewohnt haben
wir werden gewohnt haben	werden gewohnt haben	würden gewohnt haben
ihr werdet gewohnt haben	werdet gewohnt haben	würdet gewohnt haben
sie werden gewohnt haben	werden gewohnt haben	würden gewohnt haben

W

AN ESSENTIAL 55 VERB

EXAMPLES

„Annie wohnt nicht mehr hier. Ich glaube,
sie wohnt bei ihren Eltern. Wo wohnen sie?
Einst wohnten sie auf dem Lande, nicht
wahr?" „Jetzt wohnen sie wieder in der
Stadt."
*"Annie doesn't live here anymore. I think she's
living at her parents'." "Where do they live?
They used to live in the country, didn't they?"
"They're now living in the city again."*

Sie wohnt nicht mehr bei den Eltern. Sie
wohnt mit einem Freund.
*She doesn't live at her parents' place anymore.
She's living with a friend.*

In examples 1 and 2, note the difference
between **wohnen bei** (to live, stay at someone's
home) and **wohnen mit** (to live with).

Wir wollen nicht mehr in der Stadt wohnen.
Auf dem Lande leben wir glücklicher.
*We don't want to live in the city anymore. We're
happier living in the country.*

Note the distinction between **wohnen** (*to
reside, dwell*) and **leben** (*to live, be alive*).

Wir wohnen in der Lindenstraße. Dort
wohnen wir sehr schön.
*We live on Linden Street. It's very nice living
there.*

Note that "**in**" not "**auf**" is the preposition
usually used for "to live on a street." **Auf der
Straße wohnen** means literally "to live on top
of a street, on it, with no roof over one's head."
When **auf** is used with **Straße** the reference is
to the open street as **auf die Straße gehen** (to
take to the streets, demonstrate), or **auf der
Straße landen** (to wind up on the street). The
constructions **schön/bequem/zentral wohnen**
mean "to live in a nice area/live comfortably/
live in a centrally located area."

Prefix Verbs

SEPARABLE

beiwohnen (elevated)—to be present at
**Viele haben der Veranstaltung beige-
wohnt.**
Many were present at the event.

innewohnen (elevated)—to indwell, be
inherent
Das wohnt der Natur der Sache inne.
That is inherent to the nature of the matter.

INSEPARABLE

abwohnen—to wear out, make shabby; to
stay for the duration of a rental period
**Die Möbel sind alle ganz abgewohnt. Wir
müssen neue kaufen.**
*The furniture's all run down. We've got to
buy new furniture.*

**Jetzt ausziehen? Nein! Wir haben die
Miete nicht abgewohnt.**
*Move out now? No! We haven't used up the
rent.*

bewohnen—to inhabit, live in, occupy
Wie viele bewohnen das Mietshaus?
*How many people live in the apartment
house?*

Lange war ich wohnungslos. Jetzt wohne
ich in einer großen Wohngemeinschaft.
Ich hoffe bald, eine Eigentumswohnung
kaufen zu können.
*I was homeless for a long time. Now I share
a place with a lot of people. I'm hoping to
be able to buy a condo(minium) soon.*

wollen

PRINC. PARTS: **wollen, wollte, gewollt** (**wollen** when immediately
preceded by another infinitive), **will**

IMPERATIVE: **wolle!, wollt!, wollen Sie!**

to want; intend

	INDICATIVE	SUBJUNCTIVE	
		PRIMARY	SECONDARY

Present Time

	Present	*(Pres. Subj.)*	*(Imperf. Subj.)*
ich	will	wolle	wollte
du	willst	wollest	wolltest
er	will	wolle	wollte
wir	wollen	wollen	wollten
ihr	wollt	wollet	wolltet
sie	wollen	wollen	wollten

	Imperfect
ich	wollte
du	wolltest
er	wollte
wir	wollten
ihr	wolltet
sie	wollten

Past Time

	Perfect	*(Perf. Subj.)*	*(Pluperf. Subj.)*
ich	habe gewollt	habe gewollt	hätte gewollt
du	hast gewollt	habest gewollt	hättest gewollt
er	hat gewollt	habe gewollt	hätte gewollt
wir	haben gewollt	haben gewollt	hätten gewollt
ihr	habt gewollt	habet gewollt	hättet gewollt
sie	haben gewollt	haben gewollt	hätten gewollt

	Pluperfect
ich	hatte gewollt
du	hattest gewollt
er	hatte gewollt
wir	hatten gewollt
ihr	hattet gewollt
sie	hatten gewollt

Future Time

	Future	*(Fut. Subj.)*	*(Pres. Conditional)*
ich	werde wollen	werde wollen	würde wollen
du	wirst wollen	werdest wollen	würdest wollen
er	wird wollen	werde wollen	würde wollen
wir	werden wollen	werden wollen	würden wollen
ihr	werdet wollen	werdet wollen	würdet wollen
sie	werden wollen	werden wollen	würden wollen

Future Perfect Time

	Future Perfect	*(Fut. Perf. Subj.)*	*(Past Conditional)*
ich	werde gewollt haben	werde gewollt haben	würde gewollt haben
du	wirst gewollt haben	werdest gewollt haben	würdest gewollt haben
er	wird gewollt haben	werde gewollt haben	würde gewollt haben
wir	werden gewollt haben	werden gewollt haben	würden gewollt haben
ihr	werdet gewollt haben	werdet gewollt haben	würdet gewollt haben
sie	werden gewollt haben	werden gewollt haben	würden gewollt haben

W

AN ESSENTIAL
55 VERB

EXAMPLES

„Wir wollen um die Welt fahren. Willst du
mit?" „Ich will schon. Aber mein Mann
will nicht."
*"We want to go around the world. Do you want
to come along?" "I'd certainly like to. But my
husband doesn't want to."*

Wollen is a modal auxiliary. Study "Modal
Auxiliary Verbs." Modals often take a complementary infinitive, as in the first sentence
above. Often that complementary infinitive is
understood, but not expressed, as in the last
three German, and the last two English sentences above.

Er will mit Außerirdischen verkehrt haben,
und behauptet, sie wollten ihn zu ihrem
Chef machen. Glaub ihm, wenn du willst,
aber ich will nichts mehr darüber hören.
*He claims to have had contact with extraterres-
trials and alleges that they wanted to make
him their chief. Believe him if you want, but
I don't want to hear anything more about
the matter.*

Wollen can be used to cast doubt on
someone's assertion, as in: **er will mit
Außerirdischen verkehrt haben** above, or:
**die Himalajaforscher wollen den Yeti, den
Schneemenschen, gesehen haben** (*the
Himalaya explorers claim to have seen
the yeti, the abominable snowman*), or:
sie will eine Gräfin sein (*she claims to be
a countess*).

Der Wagen will nicht mehr.
The car won't run anymore.

Wir wollten gerade gehen, als Fritz ankam.
We were just about to go when Fritz arrived.

Diesen Roman habe ich immer lesen wollen.
I've always wanted to read that novel.

Prefix Verbs

SEPARABLE
fortwollen—to want to go away
Ich will fort.
I want to go away.

mitwollen—to want to come along
Sie wollte mit.
She wanted to come along.

wegwollen—to want to leave
Wir haben sofort weggewollt, aber wir
konnten nicht.
*We wanted to leave immediately, but we
couldn't.*

zurückwollen—to want to go back
Wollt ihr schon zurück?
Do you want to go back so soon?

Was willst du noch von mir?
What more do you want from me?

Sie will lieber zu Hause bleiben.
She'd rather stay home.

Ohne es zu wollen, hat er sie beleidigt.
Without wanting to, he insulted her.

„Die Informatik will gelernt sein."
„Das will ich meinen!"
*"Computer science has to be learned."
"I absolutely agree!"*

wühlen

PRINC. PARTS: **wühlen, wühlte, gewühlt, wühlt**
IMPERATIVE: **wühle!, wühlt!, wühlen Sie!**

to dig; burrow;
rummage; agitate

INDICATIVE	SUBJUNCTIVE	
	PRIMARY	SECONDARY

Present Time

	Present	*(Pres. Subj.)*	*(Imperf. Subj.)*
ich	wühle	wühle	wühlte
du	wühlst	wühlest	wühltest
er	wühlt	wühle	wühlte
wir	wühlen	wühlen	wühlten
ihr	wühlt	wühlet	wühltet
sie	wühlen	wühlen	wühlten

	Imperfect
ich	wühlte
du	wühltest
er	wühlte
wir	wühlten
ihr	wühltet
sie	wühlten

Past Time

	Perfect	*(Perf. Subj.)*	*(Pluperf. Subj.)*
ich	habe gewühlt	habe gewühlt	hätte gewühlt
du	hast gewühlt	habest gewühlt	hättest gewühlt
er	hat gewühlt	habe gewühlt	hätte gewühlt
wir	haben gewühlt	haben gewühlt	hätten gewühlt
ihr	habt gewühlt	habet gewühlt	hättet gewühlt
sie	haben gewühlt	haben gewühlt	hätten gewühlt

	Pluperfect
ich	hatte gewühlt
du	hattest gewühlt
er	hatte gewühlt
wir	hatten gewühlt
ihr	hattet gewühlt
sie	hatten gewühlt

Future Time

	Future	*(Fut. Subj.)*	*(Pres. Conditional)*
ich	werde wühlen	werde wühlen	würde wühlen
du	wirst wühlen	werdest wühlen	würdest wühlen
er	wird wühlen	werde wühlen	würde wühlen
wir	werden wühlen	werden wühlen	würden wühlen
ihr	werdet wühlen	werdet wühlen	würdet wühlen
sie	werden wühlen	werden wühlen	würden wühlen

Future Perfect Time

	Future Perfect	*(Fut. Perf. Subj.)*	*(Past Conditional)*
ich	werde gewühlt haben	werde gewühlt haben	würde gewühlt haben
du	wirst gewühlt haben	werdest gewühlt haben	würdest gewühlt haben
er	wird gewühlt haben	werde gewühlt haben	würde gewühlt haben
wir	werden gewühlt haben	werden gewühlt haben	würden gewühlt haben
ihr	werdet gewühlt haben	werdet gewühlt haben	würdet gewühlt haben
sie	werden gewühlt haben	werden gewühlt haben	würden gewühlt haben

W

Examples: Emil wühlte in der Schublade herum, ohne seine Socken zu finden. *Emil rummaged around in the drawer without finding his socks.* Er wühlte lange im Bett, bevor er endlich einschlief. *He tossed and turned in bed for a long time before he finally fell asleep.*

wünschen

to wish; desire

PRINC. PARTS: **wünschen, wünschte, gewünscht, wünscht**
IMPERATIVE: **wünsche!, wünscht!, wünschen Sie!,**

	INDICATIVE	SUBJUNCTIVE	
		PRIMARY	SECONDARY
		Present Time	
	Present	(*Pres. Subj.*)	(*Imperf. Subj.*)
ich	wünsche	wünsche	wünschte
du	wünschst	wünschest	wünschtest
er	wünscht	wünsche	wünschte
wir	wünschen	wünschen	wünschten
ihr	wünscht	wünschet	wünschtet
sie	wünschen	wünschen	wünschten
	Imperfect		
ich	wünschte		
du	wünschtest		
er	wünschte		
wir	wünschten		
ihr	wünschtet		
sie	wünschten		
		Past Time	
	Perfect	(*Perf. Subj.*)	(*Pluperf. Subj.*)
ich	habe gewünscht	habe gewünscht	hätte gewünscht
du	hast gewünscht	habest gewünscht	hättest gewünscht
er	hat gewünscht	habe gewünscht	hätte gewünscht
wir	haben gewünscht	haben gewünscht	hätten gewünscht
ihr	habt gewünscht	habet gewünscht	hättet gewünscht
sie	haben gewünscht	haben gewünscht	hätten gewünscht
	Pluperfect		
ich	hatte gewünscht		
du	hattest gewünscht		
er	hatte gewünscht		
wir	hatten gewünscht		
ihr	hattet gewünscht		
sie	hatten gewünscht		
		Future Time	
	Future	(*Fut. Subj.*)	(*Pres. Conditional*)
ich	werde wünschen	werde wünschen	würde wünschen
du	wirst wünschen	werdest wünschen	würdest wünschen
er	wird wünschen	werde wünschen	würde wünschen
wir	werden wünschen	werden wünschen	würden wünschen
ihr	werdet wünschen	werdet wünschen	würdet wünschen
sie	werden wünschen	werden wünschen	würden wünschen
		Future Perfect Time	
	Future Perfect	(*Fut. Perf. Subj.*)	(*Past Conditional*)
ich	werde gewünscht haben	werde gewünscht haben	würde gewünscht haben
du	wirst gewünscht haben	werdest gewünscht haben	würdest gewünscht haben
er	wird gewünscht haben	werde gewünscht haben	würde gewünscht haben
wir	werden gewünscht haben	werden gewünscht haben	würden gewünscht haben
ihr	werdet gewünscht haben	werdet gewünscht haben	würdet gewünscht haben
sie	werden gewünscht haben	werden gewünscht haben	würden gewünscht haben

Examples: Wir wünschen Ihnen alles Gute zum Geburtstag. *We wish you a very happy birthday.*

würzen

PRINC. PARTS: **würzen, würzte, gewürzt, würzt**
IMPERATIVE: **würze!, würzt!, würzen Sie!**

to spice, season

INDICATIVE	SUBJUNCTIVE	
	PRIMARY	SECONDARY

Present Time

	Present	*(Pres. Subj.)*	*(Imperf. Subj.)*
ich	würze	würze	würzte
du	würzt	würzest	würztest
er	würzt	würze	würzte
wir	würzen	würzen	würzten
ihr	würzt	würzet	würztet
sie	würzen	würzen	würzten

	Imperfect
ich	würzte
du	würztest
er	würzte
wir	würzten
ihr	würztet
sie	würzten

Past Time

	Perfect	*(Perf. Subj.)*	*(Pluperf. Subj.)*
ich	habe gewürzt	habe gewürzt	hätte gewürzt
du	hast gewürzt	habest gewürzt	hättest gewürzt
er	hat gewürzt	habe gewürzt	hätte gewürzt
wir	haben gewürzt	haben gewürzt	hätten gewürzt
ihr	habt gewürzt	habet gewürzt	hättet gewürzt
sie	haben gewürzt	haben gewürzt	hätten gewürzt

	Pluperfect
ich	hatte gewürzt
du	hattest gewürzt
er	hatte gewürzt
wir	hatten gewürzt
ihr	hattet gewürzt
sie	hatten gewürzt

Future Time

	Future	*(Fut. Subj.)*	*(Pres. Conditional)*
ich	werde würzen	werde würzen	würde würzen
du	wirst würzen	werdest würzen	würdest würzen
er	wird würzen	werde würzen	würde würzen
wir	werden würzen	werden würzen	würden würzen
ihr	werdet würzen	werdet würzen	würdet würzen
sie	werden würzen	werden würzen	würden würzen

Future Perfect Time

	Future Perfect	*(Fut. Perf. Subj.)*	*(Past Conditional)*
ich	werde gewürzt haben	werde gewürzt haben	würde gewürzt haben
du	wirst gewürzt haben	werdest gewürzt haben	würdest gewürzt haben
er	wird gewürzt haben	werde gewürzt haben	würde gewürzt haben
wir	werden gewürzt haben	werden gewürzt haben	würden gewürzt haben
ihr	werdet gewürzt haben	werdet gewürzt haben	würdet gewürzt haben
sie	werden gewürzt haben	werden gewürzt haben	würden gewürzt haben

W

Examples: Im Elsass genossen wir das gut gewürzte Weihnachtsgebäck und tranken viel
Gewürztraminer. *In Alsace we enjoyed the spicy Christmas cookies and drank lots of Gewürztraminer.*

zahlen

to pay

PRINC. PARTS: zahlen!, zahlte!, gezahlt, zahlt
IMPERATIVE: zahle!, zahlt!, zahlen Sie!

INDICATIVE	SUBJUNCTIVE	
	PRIMARY	SECONDARY
	Present Time	
Present	*(Pres. Subj.)*	*(Imperf. Subj.)*
ich zahle	zahle	zahlte
du zahlst	zahlest	zahltest
er zahlt	zahle	zahlte
wir zahlen	zahlen	zahlten
ihr zahlt	zahlet	zahltet
sie zahlen	zahlen	zahlten
Imperfect		
ich zahlte		
du zahltest		
er zahlte		
wir zahlten		
ihr zahltet		
sie zahlten		
	Past Time	
Perfect	*(Perf. Subj.)*	*(Pluperf. Subj.)*
ich habe gezahlt	habe gezahlt	hätte gezahlt
du hast gezahlt	habest gezahlt	hättest gezahlt
er hat gezahlt	habe gezahlt	hätte gezahlt
wir haben gezahlt	haben gezahlt	hätten gezahlt
ihr habt gezahlt	habet gezahlt	hättet gezahlt
sie haben gezahlt	haben gezahlt	hätten gezahlt
Pluperfect		
ich hatte gezahlt		
du hattest gezahlt		
er hatte gezahlt		
wir hatten gezahlt		
ihr hattet gezahlt		
sie hatten gezahlt		
	Future Time	
Future	*(Fut. Subj.)*	*(Pres. Conditional)*
ich werde zahlen	werde zahlen	würde zahlen
du wirst zahlen	werdest zahlen	würdest zahlen
er wird zahlen	werde zahlen	würde zahlen
wir werden zahlen	werden zahlen	würden zahlen
ihr werdet zahlen	werdet zahlen	würdet zahlen
sie werden zahlen	werden zahlen	würden zahlen
	Future Perfect Time	
Future Perfect	*(Fut. Perf. Subj.)*	*(Past Conditional)*
ich werde gezahlt haben	werde gezahlt haben	würde gezahlt haben
du wirst gezahlt haben	werdest gezahlt haben	würdest gezahlt haben
er wird gezahlt haben	werde gezahlt haben	würde gezahlt haben
wir werden gezahlt haben	werden gezahlt haben	würden gezahlt haben
ihr werdet gezahlt haben	werdet gezahlt haben	würdet gezahlt haben
sie werden gezahlt haben	werden gezahlt haben	würden gezahlt haben

Examples: Herr Ober, wir möchten zahlen, bitte! *Waiter, we'd like the check, please.*

zeichnen

PRINC. PARTS: **zeichnen, zeichnete, gezeichnet, zeichnet**
IMPERATIVE: **zeichne!, zeichnet!, zeichnen Sie!**

	INDICATIVE	SUBJUNCTIVE	
		PRIMARY	SECONDARY
		Present Time	
	Present	*(Pres. Subj.)*	*(Imperf. Subj.)*
ich	zeichne	zeichne	zeichnete
du	zeichnest	zeichnest	zeichnetest
er	zeichnet	zeichne	zeichnete
wir	zeichnen	zeichnen	zeichneten
ihr	zeichnet	zeichnet	zeichnetet
sie	zeichnen	zeichnen	zeichneten
	Imperfect		
ich	zeichnete		
du	zeichnetest		
er	zeichnete		
wir	zeichneten		
ihr	zeichnetet		
sie	zeichneten		
		Past Time	
	Perfect	*(Perf. Subj.)*	*(Pluperf. Subj.)*
ich	habe gezeichnet	habe gezeichnet	hätte gezeichnet
du	hast gezeichnet	habest gezeichnet	hättest gezeichnet
er	hat gezeichnet	habe gezeichnet	hätte gezeichnet
wir	haben gezeichnet	haben gezeichnet	hätten gezeichnet
ihr	habt gezeichnet	habet gezeichnet	hättet gezeichnet
sie	haben gezeichnet	haben gezeichnet	hätten gezeichnet
	Pluperfect		
ich	hatte gezeichnet		
du	hattest gezeichnet		
er	hatte gezeichnet		
wir	hatten gezeichnet		
ihr	hattet gezeichnet		
sie	hatten gezeichnet		
		Future Time	
	Future	*(Fut. Subj.)*	*(Pres. Conditional)*
ich	werde zeichnen	werde zeichnen	würde zeichnen
du	wirst zeichnen	werdest zeichnen	würdest zeichnen
er	wird zeichnen	werde zeichnen	würde zeichnen
wir	werden zeichnen	werden zeichnen	würden zeichnen
ihr	werdet zeichnen	werdet zeichnen	würdet zeichnen
sie	werden zeichnen	werden zeichnen	würden zeichnen
		Future Perfect Time	
	Future Perfect	*(Fut. Perf. Subj.)*	*(Past Conditional)*
ich	werde gezeichnet haben	werde gezeichnet haben	würde gezeichnet haben
du	wirst gezeichnet haben	werdest gezeichnet haben	würdest gezeichnet haben
er	wird gezeichnet haben	werde gezeichnet haben	würde gezeichnet haben
wir	werden gezeichnet haben	werden gezeichnet haben	würden gezeichnet haben
ihr	werdet gezeichnet haben	werdet gezeichnet haben	würdet gezeichnet haben
sie	werden gezeichnet haben	werden gezeichnet haben	würden gezeichnet haben

Z

Examples: Wer hat dieses Bild gezeichnet? *Who drew this picture?* Einige Länder, darunter die Vereinigten Staaten, haben den Kioto-Vertrag über den Umweltschutz nicht gezeichnet. *Some countries, among them the United States, didn't sign the Kyoto Treaty concerning the environment.*

zeigen

to show, indicate,
point out

PRINC. PARTS: **zeigen, zeigte, gezeigt, zeigt**
IMPERATIVE: **zeige!, zeigt!, zeigen Sie!**

INDICATIVE	SUBJUNCTIVE	
	PRIMARY	SECONDARY

Present Time

	Present	*(Pres. Subj.)*	*(Imperf. Subj.)*
ich	zeige	zeige	zeigte
du	zeigst	zeigest	zeigtest
er	zeigt	zeige	zeigte
wir	zeigen	zeigen	zeigten
ihr	zeigt	zeiget	zeigtet
sie	zeigen	zeigen	zeigten

	Imperfect
ich	zeigte
du	zeigtest
er	zeigte
wir	zeigten
ihr	zeigtet
sie	zeigten

Past Time

	Perfect	*(Perf. Subj.)*	*(Pluperf. Subj.)*
ich	habe gezeigt	habe gezeigt	hätte gezeigt
du	hast gezeigt	habest gezeigt	hättest gezeigt
er	hat gezeigt	habe gezeigt	hätte gezeigt
wir	haben gezeigt	haben gezeigt	hätten gezeigt
ihr	habt gezeigt	habet gezeigt	hättet gezeigt
sie	haben gezeigt	haben gezeigt	hätten gezeigt

	Pluperfect
ich	hatte gezeigt
du	hattest gezeigt
er	hatte gezeigt
wir	hatten gezeigt
ihr	hattet gezeigt
sie	hatten gezeigt

Future Time

	Future	*(Fut. Subj.)*	*(Pres. Conditional)*
ich	werde zeigen	werde zeigen	würde zeigen
du	wirst zeigen	werdest zeigen	würdest zeigen
er	wird zeigen	werde zeigen	würde zeigen
wir	werden zeigen	werden zeigen	würden zeigen
ihr	werdet zeigen	werdet zeigen	würdet zeigen
sie	werden zeigen	werden zeigen	würden zeigen

Future Perfect Time

	Future Perfect	*(Fut. Perf. Subj.)*	*(Past Conditional)*
ich	werde gezeigt haben	werde gezeigt haben	würde gezeigt haben
du	wirst gezeigt haben	werdest gezeigt haben	würdest gezeigt haben
er	wird gezeigt haben	werde gezeigt haben	würde gezeigt haben
wir	werden gezeigt haben	werden gezeigt haben	würden gezeigt haben
ihr	werdet gezeigt haben	werdet gezeigt haben	würdet gezeigt haben
sie	werden gezeigt haben	werden gezeigt haben	würden gezeigt haben

Examples: Zeigen Sie mir, wie Sie das gemacht haben! *Show me how you did that.*

zerstören

PRINC. PARTS: **zerstören, zerstörte, zerstört, zerstört**
IMPERATIVE: **zerstöre!, zerstört!, zerstören Sie!**

	INDICATIVE	SUBJUNCTIVE	
		PRIMARY	SECONDARY
		Present Time	
	Present	(*Pres. Subj.*)	(*Imperf. Subj.*)
ich	zerstöre	zerstöre	zerstörte
du	zerstörst	zerstörest	zerstörtest
er	zerstört	zerstöre	zerstörte
wir	zerstören	zerstören	zerstörten
ihr	zerstört	zerstöret	zerstörtet
sie	zerstören	zerstören	zerstörten

	Imperfect
ich	zerstörte
du	zerstörtest
er	zerstörte
wir	zerstörten
ihr	zerstörtet
sie	zerstörten

		Past Time	
	Perfect	(*Perf. Subj.*)	(*Pluperf. Subj.*)
ich	habe zerstört	habe zerstört	hätte zerstört
du	hast zerstört	habest zerstört	hättest zerstört
er	hat zerstört	habe zerstört	hätte zerstört
wir	haben zerstört	haben zerstört	hätten zerstört
ihr	habt zerstört	habet zerstört	hättet zerstört
sie	haben zerstört	haben zerstört	hätten zerstört

	Pluperfect
ich	hatte zerstört
du	hattest zerstört
er	hatte zerstört
wir	hatten zerstört
ihr	hattet zerstört
sie	hatten zerstört

		Future Time	
	Future	(*Fut. Subj.*)	(*Pres. Conditional*)
ich	werde zerstören	werde zerstören	würde zerstören
du	wirst zerstören	werdest zerstören	würdest zerstören
er	wird zerstören	werde zerstören	würde zerstören
wir	werden zerstören	werden zerstören	würden zerstören
ihr	werdet zerstören	werdet zerstören	würdet zerstören
sie	werden zerstören	werden zerstören	würden zerstören

		Future Perfect Time	
	Future Perfect	(*Fut. Perf. Subj.*)	(*Past Conditional*)
ich	werde zerstört haben	werde zerstört haben	würde zerstört haben
du	wirst zerstört haben	werdest zerstört haben	würdest zerstört haben
er	wird zerstört haben	werde zerstört haben	würde zerstört haben
wir	werden zerstört haben	werden zerstört haben	würden zerstört haben
ihr	werdet zerstört haben	werdet zerstört haben	würdet zerstört haben
sie	werden zerstört haben	werden zerstört haben	würden zerstört haben

Z

Examples: Im Krieg wurde die Stadt völlig zerstört. *The city was completely destroyed during the war.* Das Virus hat die Festplatte total zerstört. *The virus completely destroyed the hard drive.*

ziehen

to pull, draw; go, move*

PRINC. PARTS: **ziehen, zog, gezogen, zieht**
IMPERATIVE: **ziehe!, zieht!, ziehen Sie!**

	INDICATIVE	SUBJUNCTIVE	
		PRIMARY	SECONDARY
	Present	**Present Time**	
		(Pres. Subj.)	*(Imperf. Subj.)*
ich	ziehe	ziehe	zöge
du	ziehst	ziehest	zögest
er	zieht	ziehe	zöge
wir	ziehen	ziehen	zögen
ihr	zieht	ziehet	zöget
sie	ziehen	ziehen	zögen

	Imperfect
ich	zog
du	zogst
er	zog
wir	zogen
ihr	zogt
sie	zogen

	Perfect	**Past Time**	
		(Perf. Subj.)	*(Pluperf. Subj.)*
ich	habe gezogen	habe gezogen	hätte gezogen
du	hast gezogen	habest gezogen	hättest gezogen
er	hat gezogen	habe gezogen	hätte gezogen
wir	haben gezogen	haben gezogen	hätten gezogen
ihr	habt gezogen	habet gezogen	hättet gezogen
sie	haben gezogen	haben gezogen	hätten gezogen

	Pluperfect
ich	hatte gezogen
du	hattest gezogen
er	hatte gezogen
wir	hatten gezogen
ihr	hattet gezogen
sie	hatten gezogen

	Future	**Future Time**	
		(Fut. Subj.)	*(Pres. Conditional)*
ich	werde ziehen	werde ziehen	würde ziehen
du	wirst ziehen	werdest ziehen	würdest ziehen
er	wird ziehen	werde ziehen	würde ziehen
wir	werden ziehen	werden ziehen	würden ziehen
ihr	werdet ziehen	werdet ziehen	würdet ziehen
sie	werden ziehen	werden ziehen	würden ziehen

	Future Perfect	**Future Perfect Time**	
		(Fut. Perf. Subj.)	*(Past Conditional)*
ich	werde gezogen haben	werde gezogen haben	würde gezogen haben
du	wirst gezogen haben	werdest gezogen haben	würdest gezogen haben
er	wird gezogen haben	werde gezogen haben	würde gezogen haben
wir	werden gezogen haben	werden gezogen haben	würden gezogen haben
ihr	werdet gezogen haben	werdet gezogen haben	würdet gezogen haben
sie	werden gezogen haben	werden gezogen haben	würden gezogen haben

*In this meaning the perfect tenses are conjugated with sein.

AN ESSENTIAL 55 VERB

Prefix Verbs

SEPARABLE

abziehen—to depart; deduct
Die feindlichen Truppen zogen endlich ab.
The enemy troops finally left.

Die Bank hat ihre Kommission schon
  abgezogen.
*The bank has already deducted its
  commission.*

anziehen—to attract; dress
Lola weiß, die Männer anzuziehen.
Lola knows how to attract men.

Zuerst zog Rose ihre Puppe an, dann zog
  sie sich an.
*First Rose dressed her doll, then she got
  dressed.*

(sich) anziehen—to get dressed
Zieh dich schnell an!
Get dressed fast!

aufziehen—to draw up; wind up; tease
Der Krankenpfleger zog die Spritze auf.
The nurse filled (drew up) the injection.

Du hast vergessen, die Standuhr
  aufzuziehen.
You forgot to wind the grandfather clock.

Sie sollten ihn nicht so aufziehen.
You shouldn't tease him like that.

ausziehen—to move out
Nächsten Monat ziehen wir aus.
We're moving out next month.

(sich) ausziehen—to undress
Sie zogen sich langsam aus.
They undressed slowly.

*durchziehen—to push through
Sie zog den Faden durch, und begann zu
  nähen.
She put the thread through and began to sew.

EXAMPLES

Ute zog eine Rose aus dem Strauß. „Es zieht
  vom Fenster her. Zieh die Vorhänge zu!
  Hilf mir dann, den Weinkorken zu ziehen",
  sagte sie Kai.
*Ute drew a rose from the bouquet. "There's
  a draft coming from the window. Close the
  curtains. Then help me draw the wine cork,"
  she said to Kai.*

„Du hast dieses Computerprogramm
  schwarzgezogen." „Ja, ich kann dir eine
  Kopie davon ziehen, wenn du willst."
*"You pirated that computer program." "Yes,
  I can make you a copy of it if you want."*

Die Schwalben und alle Zugvögel sind
  heimwärts gezogen.
*The swallows and all the migratory birds have
  flown home.*

Lass den Tee noch länger ziehen.
Let the tea steep longer.

ZIEHEN und DRÜCKEN sollten auf diesen
  Türen stehen.
PULL and PUSH should be on these doors.

Die Kidnapperin zog das Kind mit Gewalt in
  den Wagen.
*The kidnapper dragged the child into the car by
  force.*

Lili hat die Perlen auf eine Schnur gezogen.
Lily threaded the pearls on a string.

Es zog ihn in die Ferne. Er wurde Seemann.
*He had a desire to see far away places. He
  became a sailor.*

Ziehen Sie das Auto nach rechts!
Pull the car over to the right.

Sie haben ihre Kinder schlecht erzogen. Wir
  müssen versuchen, sie umzuerziehen.
*They brought up their children badly. We
  must try to reeducate them.*

Z

In the last example, note that **erziehen** is an
inseparable prefix verb whereas **umerziehen** is
separable. Study the many prefix verbs listed
for **ziehen**.

SEPARABLE (continued)

Die Chefin hat ihren Plan durchgezogen.
The boss pushed her plan through.

Diese feuchte Kälte zieht wirklich durch.
This humid cold (weather) really penetrates.

einziehen—to move in; draw in; draft, conscript
Sind sie schon eingezogen?
Have they moved in yet?

Zieh dir diese frische Luft ein!
Breathe in that fresh air!

Mit 18 Jahren wurde er eingezogen.
He was drafted at 18.

großziehen—to raise, bring up
Die Kinder wurden von Pflegeeltern großgezogen.
The children were raised by foster parents.

hinterziehen—to evade; misappropriate
Er verneint, Steuern hinterzogen zu haben.
He denies that he evaded taxes.

Jahrelang unterzog der Bürgermeister Geld.
For years the mayor embezzled money.

hochziehen—to raise
Die Zöllner zogen den Schlagbaum hoch.
The customs officials raised the toll bar.

nachvollziehen—to comprehend
Wer kann so was nachvollziehen?
Who can understand something like that?

*****überziehen**—to put clothes on
Zieh dir den neuen Pulli an.
Put on your new pullover.

*****umziehen**—to move, relocate
Wir ziehen nach Honolulu um.
We're moving to Honolulu.

*****(sich) umziehen**—to change clothes
In den Tropen mussten wir uns täglich mehrmals umziehen.
In the tropics we had to change clothes several times a day.

*****unterziehen**—to put on underneath
Heute musst du dich warm unterziehen.
Today you'll have to wear warm underwear.

vorbeiziehen—to march past, file in front of
Der Festzug zog an uns vorbei.
The parade passed before us.

vorziehen—to move; prefer
Neue Truppen sind vorgezogen.
New troops have been moved up.

Viele, nicht nur Goethe, ziehen die Ordnung der Freiheit vor.
Many, not just Goethe, prefer order to liberty.

weiterziehen—to move on
Die Pilger sind weitergezogen.
The pilgrims have moved on.

zurückziehen—to withdraw
Ihren Antrag haben sie zurückgezogen.
They've withdrawn their request.

(sich) zurückziehen—to retire
Die Chefin schlug ihm vor, sich zurückzuziehen.
The boss suggested he retire.

zuziehen—to draw; contract; consult
Zieh den Vorhang zu!
Draw the curtain.

Er hat sich eine schwere Krankheit zugezogen. Man musste viele Fachärzte zuziehen, um eine Diagnose zu stellen.
He contracted a severe illness. They had to call in many specialists to make a diagnosis.

Prefix Verbs

INSEPARABLE

beziehen—to cover (furniture), change sheets; string an instrument; move in to; relate; subscribe to; receive regularly
Das Bett hab ich frisch bezogen.
I've just put clean sheets on.

Sie will die Saiten ihrer Geige neu beziehen lassen.
She wants new strings put on her violin.

Wir beziehen eine Wohnung in der Kochstraße.
We're moving into an apartment on Koch Street.

Das brauchst du nicht auf dich zu beziehen.
You don't have to take that personally.

Wir beziehen immer weniger Zeitschriften.
We subscribe to fewer and fewer periodicals.

Sie beziehen Sozialhilfe.
They receive public assistance.

(sich) beziehen—to cloud over; refer to
Plötzlich bezog sich der Himmel.
The sky suddenly clouded over.

Worauf bezieht sich das?
What does that refer to?

*durchziehen—to pass through, go through
Belgien haben wir nur schnell durchzogen, als wir von Paris nach Köln fuhren.
We just passed through Belgium quickly when we drove from Paris to Cologne.

entziehen—to take away; to break a habit/addiction
Ihm wurde der Führerschein entzogen.
They took away his driver's license.

Den Ärzten ist es nicht gelungen, ihn seiner Heroinsucht zu entziehen.
The doctors didn't succeed in curing his heroin addiction.

(sich) entziehen—to avoid, shirk
Seinen Pflichten hat er sich wieder entzogen.
He's avoided his duties again.

erziehen—to bring up, raise
Sie haben ihre Kinder schlecht erzogen.
They brought up their children badly.

*überziehen—to overdraw
Hast du dein Konto wieder überzogen?
Have you overdrawn your account again?

(sich) überziehen—to become covered
Der Himmel überzog sich.
The sky grew overcast.

*umziehen (elevated)—to surround
Er glaubt sich von Feinden umzogen.
He thinks he's surrounded by enemies.

*unterziehen—to subject to
Leider muss ich Sie noch einer Prüfung unterziehen.
Unfortunately, I'll have to subject you to another test.

*(sich) unterziehen—to undergo
Er musste sich einer schweren Operation unterziehen.
He had to undergo a serious operation.

verziehen—to grimace, twist; move away
Sie verzog ihr Gesicht zu einem schelmischen Lächeln.
She put on a mischievous smile.

Der Brief kam mit dem Postvermerk zurück: VERZOGEN.
The letter came back with the postal marking: NO LONGER AT THIS ADDRESS.

(sich) verziehen—to scram
Zieh dich schnell!
Clear out fast!

*Durchziehen, überziehen, umziehen, and unterziehen can be separable or inseparable. See "Doubtful Prefixes," page 610.

See (sich) anziehen, (sich) ausziehen.

Z

zwingen

to force, compel

PRINC. PARTS: **zwingen, zwang, gezwungen, zwingt**
IMPERATIVE: **zwinge!, zwingt!, zwingen Sie!**

	INDICATIVE	SUBJUNCTIVE	
		PRIMARY	SECONDARY
		Present Time	
	Present	*(Pres. Subj.)*	*(Imperf. Subj.)*
ich	zwinge	zwinge	zwänge
du	zwingst	zwingest	zwängest
er	zwingt	zwinge	zwänge
wir	zwingen	zwingen	zwängen
ihr	zwingt	zwinget	zwänget
sie	zwingen	zwingen	zwängen

	Imperfect
ich	zwang
du	zwangst
er	zwang
wir	zwangen
ihr	zwangt
sie	zwangen

		Past Time	
	Perfect	*(Perf. Subj.)*	*(Pluperf. Subj.)*
ich	habe gezwungen	habe gezwungen	hätte gezwungen
du	hast gezwungen	habest gezwungen	hättest gezwungen
er	hat gezwungen	habe gezwungen	hätte gezwungen
wir	haben gezwungen	haben gezwungen	hätten gezwungen
ihr	habt gezwungen	habet gezwungen	hättet gezwungen
sie	haben gezwungen	haben gezwungen	hätten gezwungen

	Pluperfect
ich	hatte gezwungen
du	hattest gezwungen
er	hatte gezwungen
wir	hatten gezwungen
ihr	hattet gezwungen
sie	hatten gezwungen

		Future Time	
	Future	*(Fut. Subj.)*	*(Pres. Conditional)*
ich	werde zwingen	werde zwingen	würde zwingen
du	wirst zwingen	werdest zwingen	würdest zwingen
er	wird zwingen	werde zwingen	würde zwingen
wir	werden zwingen	werden zwingen	würden zwingen
ihr	werdet zwingen	werdet zwingen	würdet zwingen
sie	werden zwingen	werden zwingen	würden zwingen

		Future Perfect Time	
	Future Perfect	*(Fut. Perf. Subj.)*	*(Past Conditional)*
ich	werde gezwungen haben	werde gezwungen haben	würde gezwungen haben
du	wirst gezwungen haben	werdest gezwungen haben	würdest gezwungen haben
er	wird gezwungen haben	werde gezwungen haben	würde gezwungen haben
wir	werden gezwungen haben	werden gezwungen haben	würden gezwungen haben
ihr	werdet gezwungen haben	werdet gezwungen haben	würdet gezwungen haben
sie	werden gezwungen haben	werden gezwungen haben	würden gezwungen haben

Examples: Man hat uns dazu gezwungen. *They forced us to do it.* Aber die Begeisterung lässt sich nicht zwingen. *But enthusiasm can't be compelled.*

Appendixes

Prefix Verbs

Many prefix verbs, such as **anfangen**, **aufhalten**, **bedeuten**, and **empfinden**, are conjugated in this book. They represent, however, just a small fraction of the prefix verbs that exist in German. Basic verbs can use prefixes to extend and/or modify their meaning. Verb prefixes are grouped into separable, inseparable, and doubtful prefixes.

Separable prefixes: Most of these are words in their own right, usually prepositions or adverbs, such as **ab-**, **an-**, **auf-**, **aus-**, **bei-**, **ein-**, **her-**, **hin-**, **mit-**, **nach-**, **weg-**, **vor-**, **wahr-**, **zu-**, and **zurück**. In English we can say either "I turn (turned) on the light" or "I turn (turned) the light on." German, in the present and imperfect of simple sentences, has no choice and always puts the prefix at the end of the sentence or clause. Thus: **ich mache (machte) das Licht an** (*I turn [turned] the light on*). Separable prefix verbs separate the prefix in the present and imperfect of simple sentences only. In all other tenses and in dependent clauses, the prefix is not separated, as in the following dependent clauses: **sieh, wie ich das Licht anmache** (*see how I turn on the light*) and **ich will, dass du das Licht anmachst** (*I want you to turn the light on*). In the present perfect, we write: **ich habe das Licht angemacht** (no separation).

Many grammars and dictionaries list the infinitives of separable prefix verbs with a hyphen between the prefix and the basic verb to let you know that the prefix is separable. Normally, however, such infinitives are written without a hyphen. When an infinitive is used with **zu**, the infinitive comes between the prefix and the basic word. Contrast: **ich will das Licht anmachen** (*I want to turn on the light*) with **ich versuchte, das Licht anzumachen.**

For examples of the complete conjugation of separable prefix verbs see **ankommen**, **sich anziehen**, **auskommen**, **ausstellen**, and **sich ausziehen**. **Steigen** (*to climb*) is conjugated, but its many prefix verbs are not. Among these are **einsteigen** (*to get into a vehicle*), **aussteigen** (*to get off*), **umsteigen** (*to change [train, bus, etc.]*), and **zusteigen** (*to get on*). **Besteigen** and **ersteigen** also exist, but they have inseparable prefixes.

Inseparable prefixes: These are **be-**, **emp-**, **ent-**, **er-**, **ge-**, **miß-**, **ver-**, and **zer**. They are never detached from their verbs and are not stressed. No **ge-** is added to form the past participle. These prefixes can affect the meaning of the basic verb in a variety of ways. A few of the more common ones, such as those listed below, should be noted.

Be- can make an intransitive verb transitive. That is, the verb will take a direct object instead of using a preposition to complete its meaning: sie beantwortet die Fragen instead of sie antwortet auf die Fragen (she answers the questions).

Ent- denotes separation or the start of something, as in **entfernen** (*to remove*), **entkommen** (*to escape*), and **entstehen** (*to originate*). It is sometimes translated by "dis-," as in **entdecken** (*to discover*).

Er- sometimes emphasizes the effort involved in the action: **erlernen** (*to learn; to master*), **ergründen** (*to get to the bottom of*).

Miss- has negative weight, as in **missglücken** (*to fail*), **missraten** (*to turn out badly*), and **missbrauchen** (*to misuse*).

Ver- has a variety of functions. The most common have been described as making a verb "wrong" or "strong." For example, **versprechen** (*to promise*) is an intensification of **sprechen**. **Sich versprechen**, however, is "to misspeak." Note other reflexive uses in the meaning "wrong," such as **sich verwählen** (*to dial a wrong number*) and **sich verlaufen/verfahren** (*to lose one's way walking/ driving*). Both meanings are used in this sentence: **Wenn ein Arzt ein Medikament verschreibt, muss er acht geben, sich nicht zu verschreiben** (*when a doctor prescribes [writes a prescription] he must be careful not to make a mistake [in writing]*).

Zer- indicates ripping or breaking apart, as in **zerreißen** (*to tear up*) and **zer-brechen** (*to break into pieces; to shatter*).

Doubtful prefixes: Prefixes in this category, such as **durch-, hinter-, uber-, um-, wieder-**, and **zwischen-**, can be used either as separable or as inseparable prefixes. They are separable when used literally and pronounced with the stress on the prefix, not the basic verb. Used figuratively, with the stress on the verb, not on the prefix, they are inseparable. See **wiederholen** (*to repeat*), an insepara-ble prefix verb, and **wiederholen** (*to bring back*), a separable prefix verb, for complete contrasting conjugations (pages 586–587). "To translate" derives from Latin "to carry across." German uses **übersetzen** in both senses. Note the literal, separable prefix usage in: **der unterirdische Fährmann hat sie übergesetzt** (*the subterranean ferryman carried them across*). Contrast this with the insepara-ble prefix usage in: **Joseph Campbell hat gerne seine Werke ins Deutsche übersetzt** (*Joseph Campbell liked to translate his works into German*).

Modal auxiliaries: The word *modal* is related to "mood." Modal verbs describe an attitude to an action, rather than an action itself. Usually, modal verbs are followed by a complementary or "completing" infinitive.

Er will jetzt nach Hause gehen.
He wants to go home now.

Note that **zu** is not used with modals, and in simple sentences such as the exam-ple above, the complementary infinitive is placed at the end. In subordinate claus-es, the modal is last.

Er sagt, dass er jetzt nach Hause gehen will.
He says (that) he wants to go home now.

The principal parts of the six modal verbs are given on page 13. See also each verb where it occurs alphabetically in the book. In German, **müssen, können**, and the other modals can be completely conjugated, in all tenses. In English, forms such as "can/could" exist only in the present and past. "Must" is used only in the present. In the present indicative, modal verbs do not show the verb endings that you have learned. It is necessary to memorize them.

Omission of the infinitive: Often an infinitive is understood but not expressed with modal verbs. The two examples above could read: **er will jetzt nach Hause** and: **er sagt, dass er jetzt nach Hause will**. **Gehen** is implied and German speakers have no trouble recognizing it, just as speakers of English recognize the old-fashioned forms "let us away" or "we must away," in which "go" is under-stood but not expressed. German frequently omits the infinitive. It is colloquial to do so, because the verb is apparent from the context. For instance, **ich kann jetzt**

nicht (*I can't now*) could refer to a variety of contexts: **ich kann jetzt nicht sprechen/gehen/schreiben/tanzen/singen/sagen/kochen** (*I can't speak/go/write/dance/sing/say/cook now*).

The double infinitive construction: When a complementary infinitive is used in the future and in the present and past perfect (pluperfect), modal verbs use a construction called the "double infinitive." The future of modals is formed by the present tense of **werden**, the infinitive of the complementary verb, plus the infinitive of the modal verb.

Er wird bald nach Hause gehen wollen.
He will soon want to go home.

If **gehen** is omitted, the above reads: **er wird bald nach Hause wollen.**

Similarly, the present perfect and past perfect (pluperfect) of modal verbs are formed with a form of **haben**, the infinitive of the complementary verb, plus the infinitive of the modal verb.

Er hat (hatte) früh nach Hause gehen wollen.
He has (had) wanted to go home early.

If **gehen** were omitted, but understood, the sentence would read:

Er hat (hatte) früh nach Hause gewollt.

Modals, therefore, can be said to have two past participles, one with **ge-** when no complementary infinitive is present, and the infinitive that serves grammatically as a past participle when a complementary infinitive is present.

Word Order

As in English, the verb comes first in the imperative. German imperatives are usually written with an exclamation point.

Bringe/bringt/bringen Sie mir meine Geige!
Bring me my violin.

In simple questions, the verb also comes first.

Reisen Sie mit Ihrer Geige?
Do you travel with your violin?

Indirect questions are introduced by interrogatives (question words), such as **ob, wann, wie,** and **wo.** They require *transposed* or *subordinate/dependent* clause word order. See 3c below.

Ich weiß nicht, ob Sie mit Ihrer Geige reisen.
I don't know if you travel with your violin.

Types of Word Order

1. *Normal* or *subject-verb* word order is used when a simple, declarative sentence (not a command or question) begins with the subject. No matter if the subject is short or long, the verb is the second unit of simple (noncompound) sentences. This is true for normal and inverted word order (see 2 below). Normal word order should pose no problem, because usage is as in English.

   Der Geiger spielte in der neuen Konzerthalle.
   The violinist played in the new concert hall.

   Der Geiger und alle Mitglieder des Orchesters spielten in der neuen Konzerthalle.
   The violinist and all the members of the orchestra played in the new concert hall.

2. *Inverted word order* or *verb-subject word order* is used when the sentence starts with some element other than the subject, a prepositional phrase, for example.

   In der neuen Konzerthalle spielt jetzt der Geiger.
   In the new concert hall the violinist is now playing.

   As in *normal* or *subject-verb word order,* (see 1 above), the verb is the second unit or element in the sentence.

3. *Transposed word order* is used in subordinate (dependent) clauses. A subordinate clause is one introduced by:

   a. a subordinating conjunction (**als, da, dass, nachdem, seitdem, wo,** and others)
   b. a relative pronoun
   c. a question word

In transposed word order, the verb is placed at the end of the clause. If it is a compound tense—that is, one with a helping verb (auxiliary)—then the helping verb is placed at the end, after the infinitive in the future tense, or after the past participle in the present perfect and past perfect (pluperfect) tenses.

Ich hoffe, dass der Geiger hier spielen wird.
I hope the violinist will play here.

Der Geiger, den sie so liebt, wird uns besuchen.
The violinist whom she loves so much will visit us.

Ich weiß nicht, ob der Geiger schon gespielt hat (hatte).
I don't know if the violinist has (had) already played.

Verb Drills and Tests with Answers Explained

Sentence Completion

Directions: *Each of the following sentences contains a missing verb form. From the choices given, select the verb form of the tense that is required, according to the sense of the sentence, and write the letter of your choice in pencil on the line. Answers and explanations begin on page 653. The brief explanations will often refer you to conjugated verbs and more detailed grammatical explanations in this book for study and review. If you find that you made some incorrect choices, erase and fill in the correct letter. Then say the entire correct sentence aloud. Usually only one answer is possible, but occasionally two answers will be correct.*

Tips: Look carefully at each sentence to determine basics. What is the subject? Is it 1st, 2nd, or 3rd person? Is it singular or plural? Remember that German sentences, more often than English ones, may start with some element other than the subject. In addition, keep an eye out for key words, such as today, tomorrow, yesterday, and next week. They will help you determine the tense.

1. Im Sommer _____ das Gras schneller als im Herbst.
   A. wachsen   B. wachse   C. wachst   D. wächst

2. Zur Wintersonnenwendfeier hat die ganze Klasse „O Tannenbaum" _____ .
   A. gesungen   B. singt   C. singen   D. sangen

3. Nach dem Theater _____ Uwe allein nach Hause gefahren.
   A. wird   B. hat   C. ist   D. soll

4. Als Kind _____ ich oft Käsekästchen.
   A. gespielt   B. spielte   C. spielen   D. spielst

5. Die anderen _____ schon alles getan, bevor ich ankam.
   A. haben   B. waren   C. sind   D. hatten

6. Der Zug _____ schon abgefahren, als wir den Bahnhof erreichten.
   A. ist   B. hatte   C. war   D. wird

7. Ich arbeite in einer Fabrik; mein Bruder _____ in einem Büro.
   A. arbeitet   B. arbeit   C. arbeiten   D. arbeite

8. Vor Jahren _____ er bei Volkswagen.

    A. arbeitet   B. arbeiten   C. arbeite   D. arbeitete

9. Wann _____ ihr zu uns kommen?

    A. werdet   B. werden   C. seid   D. wird

10. Der Angeklagte sagte, er _____ nichts von dem Verbrechen.

    A. weiß   B. wissen   C. gewusst   D. wüsste

11. Sie versprach mir, sie _____ es so schnell wie möglich tun.

    A. würde   B. werden   C. wird   D. würdet

12. Komm, _____ mit mir!

    A. tanzen Sie   B. tanz   C. tanzt   D. getanzt

13. Die Katze hat ihre Milch nicht _____ .

    A. getrunken   B. saufen   C. trinken   D. gesoffen

14. Der Baum hat schon seine Blätter _____ .

    A. verlieren   B. verlor   C. verloren   D. verliert

15. Wenn wir nur mehr Geld und Zeit _____ !

    A. hätten   B. haben   C. hatten   D. gehabt

16. Meine Schwester hat viele schöne Geburtstagsgeschenke _____ .

    A. bekommt   B. bekomme   C. bekommen   D. bekam

17. Ich will die Arbeit jetzt nicht _____ .

    A. gemacht   B. machen   C. mache   D. machte

18. Was _____ ich deinen Eltern sagen?

    A. soll   B. sollen   C. solle   D. sollte

19. Bis dann wird er es schon _____ .

    A. findet   B. gefunden haben   C. finden   D. gefunden

20. Sie hätten uns früher schreiben _____ .

    A. sollen   B. gesollt   C. sollte   D. sollten

Dialogue

Directions: *The blank spaces in the following dialogue indicate missing verb forms. Choose the appropriate verb form according to the sense of what the speakers are saying and fill in the blanks. The situation is given below. Read the entire selection twice. After the second reading, make your choice. Then read the entire dialogue aloud with the correct forms.*

Situation: You have arrived at Frankfurt International Airport and a customs official makes a spot check of your luggage.

Der Zöllner: **Was gibt es in diesen zehn Flaschen?**
Sie: **Das ist Schnaps. Mein Opa in Tennessee hat ihn selbst _____ .**

  1. A. brennt   B. brannte   C. brennen   D. gebrannt

Der Zöllner: **Sie dürfen nicht so viel Schnaps einführen.**
Sie: **Aber ich will die Flaschen nicht _____ .**

  2. A. verkaufen   B. verkauft   C. verkaufte   D. verkaufe

Der Zöllner: **Wozu brauchen Sie so viele?**
Sie: **Ich _____ sie für meine Freunde in Deutschland mitgebracht.**

  3. A. haben   B. habe   C. sein   D. werde

Der Zöllner: **Das ist unmöglich! Das geht nicht!**
Sie: **_____ Sie nicht einen Schluck davon kosten?**

  4. A. Möchten   B. Mag   C. Mochten   D. Möchtet

Der Zöllner: **Ich nehme Ihnen die Flaschen weg.**
Sie: **Wie schade! Meine deutschen Freunde _____ unglücklich sein.**

  5. A. wird   B. wurden   C. werden   D. geworden

Pattern Responses

Directions: Answer the following questions in complete sentences in the affirmative, using a pronoun for the subject. Add *auch (also).*

Model: **Suse lernt gut? Und deine Schwestern?**
You write: **Sie lernen auch gut.**

1. Hans versteht gut. Und deine Schwestern?

_____

2. Lise schreibt schön. Und ihr Bruder?

_____

3. Wir haben schon gewählt. Und Sie?

_____

4. Elke geht es gut. Und ihren Freunden?

_____

5. Ich lese jeden Tag die Zeitung. Und Sie?

_____

6. Trude kann tanzen. Und ihre Brüder?

_____

7. Kai ist ins Kino gegangen. Und seine Freunde?

_____

8. Wir haben gut gegessen. Und Sie?

_____

9. Erna singt viele Lieder. Und Luise?

_____

10. Nina hat sich schon gewaschen. Und Dieter?

_____

11. Ursula hat sich die Haare gewaschen? Und ihre Schwestern?

_____

12. Uwe sucht Arbeit. Und sein Bruder?

_____

13. Meine Tante trinkt gern Tee. Und ihr Mann?

_____

14. Hans kann Auto fahren. Und seine Schwester?

_____

15. Hulda wusste die Antwort. Und die anderen Studenten?

_____

16. Ich habe gut geschlafen. Und du?

_____

17. Ute hat lange getanzt. Und ihre Schwestern?

_____

18. Die Kinder haben jetzt großen Hunger. Und ihre Eltern?

_____

19. Tina hat sich ein neues Kleid gekauft. Und ihre Schwester?

_____

20. Frau Weber hat den Armen geholfen. Und ihr Mann?

_____

Verb Test 4

Sentence Completion

Directions: _Each of the following sentences contains a missing verb form. From the choices given, select the form required, according to the sense of the sentence. After checking the answers, erase any wrong choice(s) you may have made, enter the correct form, and read the sentence aloud._

1. Morgen wird die Sonne wieder _____ .
    A. scheint   B. scheinen   C. geschienen   D. scheine

2. In Salzburg _____ es viel.
    A. regnen   B. geregnet   C. regne   D. regnet

3. Die Dichterin schlief ein und _____ von einem Paradiesgarten.
    A. träumte   B. träumen   C. geträumt   D. träumt

4. Um wie viel Uhr ist Elke _____ ?
    A. ankommen   B. ankam   C. angekommen   D. ankommt

5. Kai hat Ute Blumen _____ .
    A. schicken   B. schickte   C. schickt   D. geschickt

6. Ich möchte diese Bücher _____ .

    A. gekauft   B. kaufen   C. kauften   D. kauft

7. Mutter hat uns einen schönen Kuchen _____ .

    A. backen   B. bäckt   C. gebacken   D. buk

8. Vater _____ jetzt die Zeitung.

    A. lest   B. lesen   C. liest   D. gelesen

9. Ingolf _____ noch oft an Kopfschmerzen.

    A. gelitten   B. litt   C. leidet   D. leiden

10. Suzanne hat viele schöne Bilder _____ .

    A. malen   B. malte   C. malt   D. gemalt

11. Willi sagt, er _____ es jetzt nicht machen.

    A. konnte   B. könne   C. kann   D. können

12. _____ Sie sonst noch etwas?

    A. Wünschen   B. Wünscht   C. Gewünscht   D. Wünsche

13. _____ sie die Wahrheit gesagt?

    A. Haben   B. Hat   C. Hatte   D. Hatten

14. Im Sommer _____ Mutter wieder nach Deutschland.

    A. gefahren   B. fahren   C. fahrt   D. fährt

15. Die böse Königin fragte, wer die schönste im ganzen Land _____ .

    A. sei   B. wäre   C. ist   D. sind

16. Der Lehrer sagte, unser Sohn _____ nichts gelernt.

    A. hat   B. haben   C. habe   D. gehabt

17. Hast du meinen Bruder _____ ?

    A. gesehen   B. sahen   C. sehen   D. sahst

18. Die Richterin versuchte, recht zu _____ .

    A. handelt   B. handle   C. handeln   D. gehandelt

19. Wieviel _____ die Bananen?

    A. kosten   B. kostet   C. gekostet   D. kosteten

20. Sie hatte Angst, den Brief zu _____ .

    A. öffne   B. öffnete   C. öffnet   D. öffnen

Dialogue

Directions: *In the following dialogue, blank spaces indicate missing verb forms. Pick the appropriate verb form according to the sense of the conversation and enter the letter of your choice on the line. Read the dialogue twice before making your choices.*

Ulrike: Morgen habe ich nur noch eine Prüfung. Dann beginnen die Ferien.
Sie: Meine letzt Prüfung _____ übermorgen _____ .

1. A. fand ... statt   C. würde ... stattfinden
   B. findet ... statt   D. hat ... stattgefunden

Ulrike: Hoffentlich mache ich ein gutes Examen.
Sie: _____ keine Angst! Du bekommst immer gute Noten.

2. A. Haben Sie   B. Habt   C. Hab   D. Hätte

Ulrike: Im Sommer fahren meine Familie und ich nach Österreich.
Sie: Ich habe viel Arbeit und muss leider zu Hause _____ .

3. A. bleibe   B. bleiben   C. bleibst   D. blieb

Ulrike: Letzten Sommer sind wir in die Schweiz gefahren.
Sie: Ihr _____ auch jeden Sommer eine Urlaubsreise.

4. A. macht   B. machen   C. gemacht   D. machtet

Ulrike: Ich wünsche dir viel Glück bei der Prüfung.
Sie: Und ich _____ euch eine gute Reise.

5. A. wünschen   B. wünsche   C. wünschte   D. wünscht

Changing From One Verb To Another

Directions: The verb forms in the following commands are all in the imperative. Replace each verb with the proper command (imperative) form of the verb in parentheses. The imperative form you write must be in the same person as the one you are replacing. Remember that German has three ways of saying "you." Therefore it has three command forms.

Model: **Lesen Sie den Satz! (schreiben)**
You write: **Schreiben Sie den Satz!**

1. Sagen Sie das Wort! (lernen)

2. Schreibe das Gedicht! (lesen)

3. Kommen Sie sofort! (gehen)

4. Öffne die Tür! (schließen)

5. Lesen wir den Brief! (schreiben)

6. Stell(e) den Koffer dort! (nehmen)

7. Spielen Sie das Lied! (singen)

8. Lerne das Stück! (spielen)

9. Esst nicht so viel! (trinken)

10. Schauen wir uns den Text an! (ansehen)

11. Zieht euch schnell an! (ausziehen)

12. Empfiehl es deinen Freunden! (geben)

13. Kaufe das Haus! (verkaufen)

_____

14. Frühstücke nicht zu spät! (essen)

_____

15. Tanze mit ihr! (sprechen)

_____

16. Kochen Sie nicht zu viel! (bringen)

_____

17. Beeilen Sie sich! (sich bedienen)

_____

18. Sprecht lauter! (beten)

_____

19. Verlier deinen Regenschirm nicht! (vergessen)

_____

20. Macht eure Yogaübungen! (lernen)

_____

Verb Test 7

Changing From One Verb To Another

Directions: The following sentences are all in the future tense. Change them to the conditional, keeping the same subject and adding: , wenn ...

Model: Ich werde mehr Zeit haben.
You write: Ich würde mehr Zeit haben, wenn ....

1. Ich werde mit Paula gehen.

_____

2. Ich werde mit Paula tanzen.

_____

3. Ich werde Glück haben.

_____

4. Du wirst das Kätzchen lieben.

_____

5. Du wirst es gut machen.

6. Er wird Geld haben.

7. Sie wird reich werden.

8. Man wird es tun.

9. Ich werde das Buch lesen.

10. Sie wird es nicht trinken.

11. Wir werden das Geld leihen.

12. Ihr werdet das Geschenk bekommen.

13. Sie werden es sagen.

14. Sie werden es wählen.

15. Er wird es brauchen.

16. Sie wird uns besuchen.

17. Sie werden es wissen.

18. Ich werde morgen kommen.

19. Es wird besser werden.

20. Wir werden essen.

21. Ihr werdet lachen.

22. Du wirst tanzen.

_____

23. Man wird es nicht glauben.

_____

24. Alle werden es kaufen.

_____

25. Er wird den Baum pflanzen.

_____

26. Die Blume wird blühen.

_____

Verb Test 8

Pattern Responses

Directions: _Answer the following questions in the negative in complete German sentences. In answer (a), use_ **nein.** _In answer (b), use_ **auch nicht** _(either). Substitute a pronoun for the noun in your answers._

Models: **(a) Tanzen Sie?**   **You write:**   **(a) Nein, ich tanze nicht.**
            (Do you dance?)   _(No, I don't dance.)_
         (b) Und Otto?   **You write:**   **(b) Er tanzt auch nicht.**

1. (a) Arbeiten Sie?

_____

   (b) Und Eberhard?

_____

2. (a) Studiert Hulda?

_____

   (b) Und ihre Brüder?

_____

3. (a) Fährt Frieda jetzt nach Hause?

_____

   (b) Und du?

_____

_____

4. (a) Schreien die Kinder?

_____

(b) Und du und deine Freunde?

_____

5. (a) Kommt das Flugzeug an?

_____

(b) Und die Züge?

_____

6. (a) Bist du beschäftigt?

_____

(b) Und deine Eltern?

_____

7. (a) Hast du deine Hausaufgaben schon gemacht?

_____

(b) Und deine Schwester?

_____

8. (a) Haben Sie den neuen Film gesehen?

_____

(b) Und Ihre Freunde?

_____

9. (a) Ist Herr Braun zum Supermarkt gegangen?

_____

(b) Und seine Frau?

_____

10. (a) Ist Frau Weber zum Schwimmbad gegangen?

_____

(b) Und die Kinder?

_____

Dialogue

Directions: Fill in the blank spaces with the letter indicating the correct verb form. After reading the dialogue twice, enter your selections.

Situation: You are seated in an Inter City Express about to leave Munich for Hamburg. A young man approaches and asks if the seat next to you is taken.

Der junge Mann. Ist hier noch frei?
Sie: Ja, _____ Sie sich!

   1. A. sitzen   B. setzen   C. saßen   D. gesessen

Der junge Mann: Um wievel Uhr _____ der Zug ab?

   2. A. fährt   B. fuhr   C. gefahren   D. abfahren

Sie: Ich _____, in fünf Minuten, um neun Uhr.

   3. A. glauben   B. glaubte   C. glaube   D. geglaubt

Der junge Mann: Wann _____ wir in Hamburg an?

   4. A. kamen   B. gekommen   C. kommen   D. ankommen

Sie: Ich _____ nicht genau.

   5. A. wusste   B. wissen   C. gewusst   D. weiß

Der junge Mann: Es _____ jetzt zu regnen.

   6. A. begann   B. beginnt   C. beginnen   D. begonnen

Sie: Hoffentlich _____ wir schönes Wetter in Hamburg haben.

   7. A. werden   B. würden   C. wird   D. worden

Der junge Mann: Ich glaube, wir _____ schon.

   8. A. rollten   B. rollen   C. gerollt   D. rollte

Sie: Ja, es _____ schon neun Uhr zehn.

   9. A. war   B. wird   C. ist   D. werden

Sentence Completion

Directions: Each of the following sentences contains a missing verb form. Select one from the choices given and write the letter on the line.

1. Willst du heute Fisch oder Fleisch _____ ?
   A. esst   B. essen   C. isst   D. gegessen

2. Er hätte anders handeln _____ .
   A. sollen   B. gesollt   C. soll   D. sollte

3. Als wir in Regensburg waren, _____ es viel.
   A. geregnet   B. regnen   C. regnet   D. regnete

4. Als wir da waren, _____ die Sonne.
   A. schien   B. scheint   C. scheinen   D. geschienen

5. Hier ist Seife, wenn du dich _____ willst.
   A. gewaschen   B. waschen   C. wäschst   D. wasche

6. Wer hat diese Blumen _____ ?
   A. bringen   B. bringt   C. gebracht   D. brachte

7. Sie _____ im Garten.
   A. wuchsen   B. wächst   C. gewachsen   D. wachse

8. Hast du gut _____ ?
   A. schlafen   B. geschlafen   C. schläfst   D. schliefst

9. Wenn ich deine Uhr finde, _____ ich dich an.
   A. rufen   B. gerufen   C. rief   D. rufe

10. Herr Ober, eine Tasse Tee für meine Freundin. Ich _____ gerne ein Bier, bitte.
    A. hätte   B. hatte   C. haben   D. gehabt

11. Können Sie heute kommen? Nein, ich _____ nicht.
    A. kann   B. könnte   C. konnte   D. können

12. Wenn ich die Antwort gewusst hätte, _____ ich sie gesagt.
    A. gehabt   B. haben   C. hatte   D. hätte

13. Wenn ich mehr Zeit hätte, _____ ich die Arbeit machen.
    A. werden   B. wird   C. würde   D. geworden

14. Wenn ich mehr Zeit gehabt hätte, _____ ich die Arbeit gemacht haben.
    A. würde   B. geworden   C. werden   D. wird

15. „Koste es, was es ___, ich muss das Gemälde haben.”
    A. wollen   B. wollte   C. wolle   D. will

16. _____ es dir in der neuen Heimal gut gehen!
    A. Möge   B. Mögen   C. Mag   D. Mochte

17. „Ich kann dir nicht helfen.” „Du ____, wenn du wolltest.”
    A. kannst   B. könntest   C. konntest   D. gekonnt

18. Sie glaubt, sie ____ einen interessanteren Roman schreiben können.
    A. hätte   B. hatte   C. gehabt   D. haben

19. Nach der Revolution schrie das Volk: „Es _____ die Republik!”
    A. leben   B. lebte   C. lebe   D. gelebt

20. Du _____ besser tanzen, wenn du mehr übtest.
    A. würdest   B. wirst   C. werdest   D. werdet

Verb Test 11

Changing From One Tense To Another

Directions: All the following verb forms are in the present tense, indicative. Change them to the present perfect, keeping the same subject. Remember that to form the present perfect—and all the other perfect tenses—English and German require a helping verb + the past participle. The helping verb is "to have" (haben) in modern English. German, however, uses sein in addition to haben. See "Present Perfect," page 21, and "Sein Verbs," pages 17–18.

Model: **Du spielst.**
You write: **Du hast gespielt.**

1. Du stellst.

   _____

2. Du studierst.

   _____

3. Er stirbt.

_____

4. Wir freuen uns.

_____

5. Sie kommt.

_____

6. Wir verstehen nicht.

_____

7. Ich laufe.

_____

8. Ihr nehmt.

_____

9. Wir lernen.

_____

10. Sie geht.

_____

11. Er fängt an.

_____

12. Man darf.

_____

13. Du hast.

_____

14. Sie sind.

_____

15. Er setzt sich.

_____

16. Du verlierst.

_____

17. Sie gehen.

_____

18. Sie interpretiert.

_____

19. Ich spreche.

_____

20. Sie tanzen.

_____

21. Man weiß.

_____

22. Wir kommen an.

_____

23. Du kannst.

_____

24. Er träumt.

_____

25. Sie isst.

_____

26. Ihr glaubt.

_____

27. Ich drücke.

_____

28. Sie stellt aus.

_____

29. Wir bringen.

_____

30. Sie sagt.

_____

Verb Test 12

Completion of Verb Forms

Directions: *Some forms of the present and imperfect add an extra e. Complete each verb form by writing the correct letter or letters on the blank lines. The infinitive and the stem are given. No strong (vowel changing) verbs are given in the imperfect.*

Present Indicative

1. (sagen) Man sag___

2. (zeichnen) Du zeich___

3. (überraschen) Ihr__

4. (tanzen) Du tanz__

5. (bringen) Unsere Freunde bring__

6. (reiten) Wer reit__

7. (antworten) Er antwort__

8. (lernen) Du lern__

9. (arbeiten) Sie arbeit__

10. (sitzen) Die Kinder__

11. (streiten) Er streit__

12. (schießen) Du schieß__

13. (nützen) Es nütz__

14. (besuchen) Die Klasse besuch__

15. (scherzen) Du scherz__

Imperfect Indicative (Past)

1. (ducken) Er duck__

2. (frühstücken) Die Eltern frühstück__

3. (zeichnen) Die Lehrerin zeichn__

4. (tanzen) Du tanz__

5. (schwänzen) Ihr schwänz__

6. (antworten) Inge und Karin antwort__

7. (arbeiten) Ich arbeit__

8. (streben) Ihr streb__

9. (grollen) Ich groll__

10. (bedeuten) Das bedeut__

11. (spalten) Sie spalt__

12. (öffnen) Ich öffn__

13. (stöhnen) Die Soldaten stöhn__

14. (pachten) Uli und Olaf pacht__

15. (schmerzen) Es schmerz__

The Imperfect

Directions: *In this crossword puzzle (**Kreuzworträtsel**) write the 1st person singular of the imperfect for each of the verbs given below. They are a small mix of regular (weak) and, mostly, strong verbs.*

Senkrecht
1. biegen
2. atmen
3. hassen
4. sehen
5. gehen
7. lieben
10. tun
11. sein
12. lügen

Waagerecht
1. brechen
4. singen
6. messen
7. liegen
8. haben
9. bitten
11. wollen
13. geben

Drilling the Perfect Tenses

Directions: *Fill in the blanks with the correct auxiliary and past participle of the verbs given, in the tenses indicated.*

I. Present Perfect Indicative

1. Ich _____ den Hund _____ . (bürsten)

2. Die ganze Familie _____ aufs Land _____ . (fahren)

3. Wir _____ unsere Tante _____. (besuchen)

4. Luise und Rolf _____ lange _____. (tanzen)

5. Ich _____ es nicht _____ . (wollen)

6. Ich _____ es nicht tun _____ . (wollen)

7. Vor zwei Jahren _____ ihr Mann _____ . (sterben)

8. Man _____ uns alles _____ . (erzählt)

9. Uns _____ man nichts davon _____ . (sagen)

10. Die Lehrerin _____ lange auf der Universität _____ . (studieren)

11. Warum _____ ihr so früh _____ ? (gehen)

12. Ich weiß nicht, wer dieses Gemälde _____ _____ . (malen)

II. The Pluperfect

1. Die anderen _____ zu Hause_____ . (bleiben)

2. Dora _____ oft _____ . (lachen)

3. Niemand _____ etwas davon _____ . (wissen)

4. Der Gangster _____ die Polizei _____ . (schmieren)

5. Die Professorin _____ das Gedicht anders _____ . (interpretieren)

6. Im Winter _____ der Teich _____ . (frieren)

7. Olaf _____ schon _____ . (ankommen)

8. Der Kritiker _____ das Buch gar nicht _____ . (lesen)

III. The Future Perfect Indicative

1. Die Kinder _____ _____ schon _____ _____ . (sich anziehen)

2. Den Tadsch Mahal _____ Sie bei Ihrer Indienreise wohl _____ _____ (sehen).

3. Bis dann _____ er es schon _____ _____ . (tun)

4. Der Hund _____ wohl _____ _____ , als er den Einbrecher hörte. (bellen)

IV. Subjunctive Forms

1. Sie sagte, sie _____ es gern getan, wenn sie Zeit _____ _____ . (haben)

2. Ich _____ es gerne getan haben, wenn es mir möglich _____ _____ . (sein)

3. Er sagt, er _____ nichts davon _____ . (wissen)

4. Du hättest dich beeilen _____ . (sollen)

Verb Test 15

Working with *Werden* in the Passive

Directions: The following sentences are all in the active voice. Change them to the passive, keeping the same tense. Remember that in English and German, the object in the active voice becomes the subject in the passive voice. Geliebt werden, page 196, is fully conjugated in the passive.

Model: **Der Kellner bringt das Essen.**
You write: **Das Essen wird vom Kellner gebracht.**

1. Die Schneiderin wird das Kleid machen.

2. Die Reporterin berichtete darüber im Fernsehen.

3. Wir haben diese Waren nicht bestellt.

4. Man hatte den Wald gelichtet.

5. Die Klasse liest jetzt das Buch.

6. Er schrieb den Brief.

7. Ich werde die Rechnung bezahlen.

8. Die Schüler haben ihre Hausaufgaben gemacht.

9. Die Pianistin hat die Sonate gespielt.

10. Die Polizei hielt ihn auf.

11. Der Gärtner pflanzt die Bäume.

12. Der Hund hat das Steak gestohlen.

13. Dora zog die Puppe aus.

_____

14. Die Katze trank die Milch.

_____

15. Die Tänzer tanzen den Walzer.

_____

16. Die drei Tenöre sangen die Arie.

_____

Verb Test 16

Changing From One Tense To Another

**Directions:** The following verb forms are all in the imperfect. Some are weak, many are strong verbs. Change them to the present perfect, keeping the same subject. You will need to review "**Sein** Verbs," pages 17–18, and the principal parts of strong verbs, as conjugated individually, and also as systematized in the tables on pages 9–13. Some strong verbs have the same vowel in the past participle and in the imperfect. Others do not.

Model: **Du schliefst.**
You write: **Du hast geschlafen.**

1. Wir tanzten.

_____

2. Du stelltest.

_____

3. Sie schrieen.

_____

4. Irma rauchte.

_____

5. Alle lachten.

_____

6. Wir lasen.

_____

7. Ich trug.

_____

8. Wer fragte?

_____

9. Ich aß.

_____

10. Du gingst.

_____

11. Wir blieben.

_____

12. Ich träumte.

_____

13. Wir wünschten.

_____

14. Ihr wart.

_____

15. Keiner schrieb.

_____

16. Es regnete.

_____

17. Er wollte.

_____

18. Ihr aßt.

_____

19. Keiner kam.

_____

20. Die Katze soff.

_____

21. Ich lief.

_____

22. Er brauchte.

_____

23. Wann starb er?

_____

24. Du brachtest.

_____

25. Sie sangen.

_____

26. Es gelang.

_____

27. Ich setzte mich.

_____

28. Sie fiel.

_____

29. Du fuhrst.

_____

30. Es geschah.

_____

Verb Test 17

Sentence Completion

Directions: Fill in the missing verb form in each of the following sentences.

1. Gestern hatten Sie keine Zeit für mich. _____ Sie heute Zeit?
A. Hatten   B. Gehabt   C. Haben   D. Hätten

2. Wenn ich ein Vöglein _____ , flög ich zu dir.
A. war   B. wäre   C. bist   D. sei

3. Ich _____ die Arbeit gemacht haben, wenn ich Zeit gehabt hätte.
A. würde   B. werde   C. bin   D. habe

4. Er hat es nicht machen _____ .
A. kann   B. konnte   C. gekonnt   D. können

5. Um wie viel Uhr sollen wir _____ .
A. ankommen   B. ankamen   C. angekommen   D. kamen an

6. _____ Sie den Ball!
A. Warfen   B. Geworfen   C. Werfen   D. Werft

7. Wissen Sie, wer diesen Brief geschrieben _____ ?
A. haben   B. hat   C. hatte   D. hattet

8. Ich glaube, dass er schon gegangen _____ .
A. ist   B. sei   C. war   D. sein

9. Sie tut alles, um ihrem Mann zu _____ .

    A. geholfen   B. hilft   C. halfen   D. helfen

10. Sie hat Angst vor dem _____ .

    A. Fliegen   B. geflogen   C. fliegt   D. flogen

Verb Test 18

Present Participles

Directions: In this word puzzle, find the present participle of each of the 19 verbs listed alphabetically below and draw a line around each one. To start you off, the first verb on the list (**beten**), whose participle is **betend**, is already done. The present participles are written horizontally, vertically, or backwards.

beten		naschen
braten		sehen
dienen		sein
drücken		singen
ehren		tanzen
fliegen		tun
fließen		wachen
haben		weinen
lachen		wollen
leiden		

```
S F T F A W O L L E N D
I L A C H E N D S L I N
N I N F L I E G E N D E
G E Z L S N O C I V K K
E ß E Q R E H R E N D C
N E N B P N A Z N O I Ü
D N D R N D B M D S E R
Z D W A C H E N D E N D
B G I T U E N D T H E G
B E T E N D D V Q E N R
M R P N A S C H E N D Z
L E I D E N D J G D B L
```

Verb Test 19

Dialogue

Directions: Fill in the letter of each missing verb form by selecting the form appropriate to the sense of what the speakers are saying.

Situation: A ticket agent *(Schalterbeamter)* in Hamburg informs you that your rail pass is no longer valid and that you must buy a ticket.

Der Schalterbeamte: **Ihr Bahnpass ist nicht mehr gültig. Sie müssen eine Fahrkarte lösen. Wohin wollen Sie fahren?**

Sie: _____ ich mit dem IC (Intercityzug) nach Bruchhausen-Vilsen fahren?

1. A. Konnte   B. Können   C. Kann   D. Könnte

Er: Mit dem IC können Sie nur bis nach Bremen fahren.
Sie: _____ der Zug nicht in Bruchhausen-Vilsen?

2. A. Hält   B. Haltet   C. Hielt   D. Halte

Er: In Bremen müssen Sie einen Bus nehmen.
Sie: _____ Sie mir bitte eine Bahn- und Busfahrkarte!

3. A. Gibt   B. Geben   C. Gebt   D. Gegeben

Er: Eine Rückfahrkarte oder einfach?
Sie: Ich weiß nicht, ob ich Sie richtig _____ habe.

4. A. verstehen   B. verstanden   C. versteht   D. verstand

Er: Einfach ist nur die Hinreise. Mit einer Rückfahrkarte können Sie hin- und zurückfahren.
Sie: Einfach, bitte. Zweiter Klasse. Wie viel _____ das?

5. A. kostete   B. kosten   C. kostet   D. kosteten

Verb Test 20

Changing from One Verb to Another

Directions: All the verb forms in the following statements are in the present perfect. Substitute the verb in parentheses for the verb given in the sentence. Rewrite the statement or question, keeping the same subject and tense (the present perfect).

Model: Wir *sind* nach Deutschland *gereist.* (fahren)
You write: Wir *sind* nach Deutschland *gefahren.*

Model: Wer *hat* die Tür *geöffnet?* (schließen)
You write: Wer *hat* die Tür *geschlossen?*

1. Karla *ist gegangen.* (kommen)

---

2. Trude *hat* den Apfelstrudel *gebacken.* (essen)

_____

3. Paula *hat* die Aufgabe *geschrieben.* (lernen)

_____

4. Uta *ist* in Berlin *geblieben.* (sein)

_____

5. Wir *haben* nichts davon *gewusst.* (verstehen)

_____

6. Das Kind *ist* nach Hause *gerannt.* (laufen)

_____

7. *Hast* du das Paket *geschickt?* (bekommen)

_____

8. Ich *habe* das Glas *gewaschen.* (brechen)

_____

9. Was *hat* er *gewünscht?* (wollen)

_____

10. Erna *hat sich* darauf *gefreut.* (sich setzen)

_____

11. Sie *haben* den Brief noch nicht *gelesen.* (erhalten)

_____

12. *Hast* du die Arbeit *getan?* (machen)

_____

13. Seine Großeltern *sind angekommen.* (sterben)

_____

14. Wir *haben* das Haus *gekauft.* (verkaufen)

_____

15. Sie *hat* Wien *gesehen.* (besuchen)

_____

16. Sie *sind* nach Deutschland *geflohen.* (fliegen)

_____

17. Es *hat* gestern *geschneit.* (regnen)

_____

18. *Haben* Sie diese Waren *genommen*? (bestellen)

_____

19. Sie *hat* ihre Puppe *gebadet.* (waschen)

20. Ich *habe* viel *gearbeitet.* (schlafen)

Verb Test 21

Practice with Some Tricky Translations

The translations of some verb forms are "tricky" because: (a) several translations are possible, depending on the context; (b) it may be better, or necessary, for example, in questions and negative commands, to use "progressive" or "emphatic" verb forms in English, forms that are not used in German (see pages 15–16); and (c) some verbs, notably modal auxiliaries (see page 13) and impersonal verbs (see page 675), often cannot be translated literally.

Directions: Translate each of the following sentences in more than one way.

Model: **Sie tanzt.**
You write: She dances. She does dance. She is dancing.

1. Es gefällt mir.

2. Wir haben es gesehen.

3. Ich ging oft.

4. Wer hätte es wissen können?

5. Er hat das Bier getrunken.

6. Es freut mich.

7. Schreiben Sie uns doch!

8. Er sollte es tun.

9. Sie hat den Brief geschrieben.

_____

10. Ich muss es tun.

_____

11. Wir konnten es nicht sagen.

_____

12. Sie arbeitete.

_____

13. Sie rauchten.

_____

14. Was ist geschehen?

_____

15. Er besuchte uns oft.

_____

16. Die Kinder spielten im Garten.

_____

17. Es blitzt.

_____

18. Er ist schon hier gewesen.

_____

19. Hast du gegessen?

_____

20. Sie haben nichts mitgebracht. (see: bringen)

_____

21. Sie wusste nichts davon.

_____

22. Susanne hat ihre Gemälde ausgestellt.

_____

23. Wir haben uns die Zähne geputzt.

_____

24. Mutter suchte uns überall.

_____

25. Sie hat ihm das Leben gerettet.

_____

26. Darf ich bitte sehen?

____

27. Vater sprach sehr streng mit uns.

____

28. Das Gras ist schnell gewachsen.

____

29. Er hat sein Zimmer gereinigt.

____

30. Ich habe etwas anderes gewählt.

____

Verb Test 22

Finding Past Participles

Directions: *Find the past participle of each of the infinitives listed. When you find them, draw a line around each one. Bear in mind that some of the verbs included are separable and inseparable prefix verbs. See "Prefix Verbs," page 609. Also review the perfect tenses, as well as the individual verbs, all conjugated in this book.* ***Angekommen,*** *the past participle of* ***ankommen****, the first verb on the list, has already been done to get you started. The past participles are written horizontally, vertically, diagonally, or backwards.*

ankommen
ausstellen
befreien
besuchen
brauchen
entführen
erfinden
erhalten
erklären

G	E	G	E	B	E	N	N	A	T	E	G
E	N	E	G	E	R	H	A	L	T	E	N
B	T	G	E	S	T	E	L	L	T	E	E
R	F	A	H	U	C	N	F	I	D	R	M
A	Ü	N	Ö	C	Z	V	E	N	G	K	M
U	H	G	R	H	I	R	U	E	E	L	O
C	R	E	T	T	F	F	G	S	L	Ä	K
H	T	N		E	R	L	H	E	E	R	E
T	A	O	B	E	N	X	Y	W	B	T	G
V	R	S	G	E	R	E	D	E	T		N
A	T	L	L	E	T	S	E	G	S	U	A

geben
gehen
gehören
leben
reden
sein
stellen
tun

Translating Verb Forms (English into German)

Directions: *Translate the following sentences into German. In Test 21 you did the opposite. This is good practice because it helps you to master verb forms in German and English. Sometimes you can use either the imperfect or the present perfect. At other times, one or the other will be preferable.*

1. I like it.

_____

2. We've seen it.

_____

3. I used to go often.

_____

4. Who could have known it?

_____

5. He drank the beer.

_____

6. I'm glad.

_____

7. Do write us.

_____

8. He was supposed to do it.

_____

9. She wrote the letter.

_____

10. I've got to do it.

_____

11. We couldn't say it.

_____

12. She was working.

_____

13. They used to smoke.

_____

14. What has happened?

15. He used to visit us often.

16. The children played in the garden.

17. There was lightning.

18. He's already been here.

19. Have you eaten?

20. They didn't bring anything along.

21. She knew nothing about it.

22. Susanne exhibited her paintings.

23. We have brushed our teeth.

24. Mother was looking for us everywhere.

25. She saved his life.

26. May I see, please?

27. Father spoke very sternly to us.

28. The grass has grown fast.

29. He cleaned his room.

30. I have chosen something else.

Practicing Modals and Irregular Mixed Verbs

Directions: *Supply the correct form of the verb in parentheses in the tense indicated.*

Model: **Er (können) arbeiten.**
You write: **Er kann arbeiten.**

I. Present Indicative

1. Die Kinder (wollen) spielen.

    _____

2. Ich (mögen) jetzt nicht.

    _____

3. Wir (können) singen.

    _____

4. Ich weiß nicht, ob er tanzen (können).

    _____

5. (Dürfen) man so etwas?

    _____

6. Warum (wollen) du nicht?

    _____

7. Du (sollen) nicht töten.

    _____

8. Ihr (müssen) fort.

    _____

9. Das (dürfen) Sie nicht.

    _____

10. Ich weiß, wo er wohnt, aber ich (kennen) ihn nicht.

    _____

II. Imperfect Indicative

1. Sie (können) nicht kommen.

   _____

2. Er (denken) an die Heimat.

   _____

3. Das Feuer (brennen) lange.

   _____

4. Inge (wenden) sich an ihre Freunde.

   _____

5. Ich (dürfen) es nicht versuchen.

   _____

6. Die Soldaten (dürfen) alles.

   _____

7. Die Astronomen (können) den neuen Planeten sehen.

   _____

8. Wer (bringen) den Wein?

   _____

9. Die Zeitung (nennen) Namen.

   _____

10. Tatjana (senden) ihm einen Liebesbrief.

    _____

III. Change the sentences in Group II to the present perfect. Remember that modal auxiliaries sometimes require a double infinitive construction.

1. Sie haben nicht _____ _____ .

2. Er hat an die Heimat _____ .

3. Das Feuer hat lange _____ .

4. Inge hat sich an ihre Freunde _____ .

5. Ich habe es nicht _____ _____ .

6. Die Soldaten haben alles _____ .

7. Die Astronomen haben den neuen Planeten _____ _____ .

8. Wer hat den Wein _____ ?

9. Die Zeitung hat Namen _____ .

10. Tatjana hat ihm einen Liebesbrief _____ _____ .

Verb Test 25

Practicing Verbs with Vowel Changes in the 2nd and 3rd Person Singular of the Present Indicative

Directions: Review the strong verbs in Groups IV (A and B), V, and VI, pages 12–13. Then write the correct form of the verb in parentheses for each of the sentences below.

Model: Paul (schlafen) noch.
You write: Paul schläft noch.

1. (Backen) du mir einen Kuchen heute abend?

   _____

2. Die Professorin (lesen) sehr schnell.

   _____

3. Mein Mann (essen) zu viel.

   _____

4. Der General (befehlen) den Soldaten zu schießen.

   _____

5. Die Lehrerin (helfen) mir viel.

   _____

6. Luise (tragen) ein neues Kleid.

   _____

7. (Sehen) du den Mond und die Sterne?

   _____

8. Er (waschen) sich oft.

   _____

9. Der Wind (blasen) kalt.

_____

10. Diese Blume (wachsen) nicht bei uns.

_____

11. (Geben) du mir das Geld dafür?

_____

12. Paula (schlagen) ihre Kinder.

_____

13. So etwas (geschehen) nicht oft.

_____

14. Mutter (raten) mir immer gut.

_____

15. Du (fahren) zu schnell.

_____

16. Es (brechen) mir das Herz, wenn ich an sie denke.

_____

17. Der Schnee (fallen) langsam.

_____

18. Der Professor (vergessen) oft seinen Regenschirm.

_____

19. Die Lehrerin (sprechen) immer freundlich mit uns.

_____

20. Am Ende (sterben) Hamlet.

_____

The *Du* Imperative (Familiar Singular Command Form)

Note: *The verbs in Group IV, page 12, show the same vowel change in the du imperative as they do in the 2nd and 3rd person singular of the present indicative. The du imperative forms you are asked to supply in this puzzle are all from Group IV, A and B, and will therefore serve to reinforce what you studied for in Test 25.*

Senkrecht

1. verderben
2. sprechen
3. brechen
4. treffen
5. messen
   (backwards)
10. lesen
11. werben

Waagerecht

1. vergessen
2. sterben
6. geben
7. essen
8. helfen
9. befehlen
11. werfen
12. sehen
13. bergen
14. nehmen

Identifying Verb Forms

Directions: *Read the following literary passage twice. Then, identify the verb forms with their subject printed in **boldface** by giving (a) the infinitive of the verb form, (b) the name of the tense, and (c) the person and number of the verb form.*

Example: **Sie haben**

You write: (a) **haben**
(b) present indicative
(c) 3rd person plural

„**Haben Sie** nichts zu lesen?" fragte Lotte. **Werther hatte** nichts. „**Ich habe** Ihre Übersetzung einiger Gesänge Ossians noch nicht **gelesen,** denn **ich hoffte** immer, sie von Ihnen zu hören." Nachdem **Werther gelesen hatte, brach ein Strom** von Tränen aus Lottes Augen. **Werther warf** das Papier **hin, fasste** ihre Hand und **weinte** die bittersten Tränen. **Sie fühlten** ihr eigenes Elend, und **ihre Tränen vereinigten sich. Die Lippen** und **die Augen** Werthers **glühten. Werther hob** das Blatt **auf** und **las** halb gebrochen: „Warum **weckst du** mich, Frühlingsluft? **Du sprichst:** Morgen **wird der Wanderer kommen, wird** mich **suchen,** und **wird** mich nicht **finden."**

Adapted from Goethe's *Die Leiden des jungen Werther*

1. haben Sie
   a. _____
   b. _____
   c. _____

2. Werther hatte
   a. _____
   b. _____
   c. _____

3. ich habe gelesen
   a. _____
   b. _____
   c. _____

4. ich hoffte
   a. _____
   b. _____
   c. _____

5. Werther gelesen hatte
   a. _____
   b. _____
   c. _____

6. brach ein Strom
   a. _____
   b. _____
   c. _____

7. Werther warf hin
   a. _____
   b. _____
   c. _____

8. Werther fasste
   a. _____
   b. _____
   c. _____

9. Werther weinte
   a. _____
   b. _____
   c. _____

10. Sie fühlten
    a. _____
    b. _____
    c. _____

11. ihre Tränen vereinigten
    a. _____
    b. _____
    c. _____

12. Lippen und Augen glühten
    a. _____
    b. _____
    c. _____

13. Werther hob auf

   a. _____

   b. _____

   c. _____

14. Werther las

   a. _____

   b. _____

   c. _____

15. weckst du

   a. _____

   b. _____

   c. _____

16. du sprichst

   a. _____

   b. _____

   c. _____

17. wird der Wanderer kommen

   a. _____

   b. _____

   c. _____

18. der Wanderer wird suchen

   a. _____

   b. _____

   c. _____

19. der Wanderer wird finden

   a. _____

   b. _____

   c. _____

Test 1

1. **D** The grass grows faster in the summer than in the fall.
   Wächst is the only correct form, since 3rd person sing. **Gras** is the subject. The unumlauted **wachst** is not 3rd person sing. but the **ihr** form (2nd person pl.). **Wachsen** belongs to those verbs whose 2nd and 3rd person sing. forms are umlauted in the present indicative. Similar verbs are **fahren**, **schlagen**, **tragen**, and **waschen**. You will find them listed under Groups V and VI in the table **Principal Parts of Some Strong Verbs—Arranged According to Pattern of Change** (pages 12–13). Please review them there.

2. **A** At the winter solstice party the whole class sang *O Tannenbaum* (*"O Fir Tree"/"Christmas Tree"*).
   The past participle is clearly what is required here. English and German both use the past participle with an auxiliary. The helping (auxiliary) verb **haben** is in the 3rd person sing. because the subject is **Klasse**. German past participles often begin with **ge-** and this makes them easy to identify. Review past participles (page 16).

3. **C** After the theater, Uwe drove home alone.
   Fahren is one of the many verbs conjugated with **sein** in the perfect tenses. This sentence, like the preceding one, is also in the present perfect tense, but the auxiliary is **sein**, not **haben**. Please review "*Sein* Verbs" (pages 17–18). Notice that in sentences two and three, the German present perfect was translated by an English past. This is often necessary, although sometimes a German present perfect can be translated as an English present perfect.

4. **B** As a child, I often played tic-tac-toe.
   The imperfect is used for repeated action in the past. Review the imperfect indic. on pages 20–21. A is not correct because the past participle must have a helping verb to form a perfect tense, as in English.

5. **D** The others had already done everything before I arrived.
   The pluperfect (or past perfect) is used for a past action completed before another past action. See page 22.

6. **C** The train had already left when we reached the station.
   Again, the pluperfect is necessary. Both **fahren** and sep. prefix **abfahren** are **sein** verbs.

7. **A** I work in a factory; my brother works in an office.
   If the verb stem ends in **t**, an **e** is inserted before the **t** ending of the 3rd person sing. and the 2nd person of the pres. tense, as well as before all the past (imperfect) endings beginning with **te**. This facilitates pronunciation and makes audible the distinction between the present and the past.

8. **D** Years ago, he used to work for Volkswagen.
   Because his working at Volkswagen was a repeated, habitual action in the past, the imperfect is the correct tense. See pages 20–21. Also recall the explanation for the last sentence and see the conjugated verb on page 41.

9. **A**   When will you come to us?
Review the future on page 22. The present can also be used with a future implication. **Wann kommt ihr zu uns** (when are you coming/will you come to us) is synonymous. But the correct form of the auxiliary **werden** is what is required in the test sentence.

10. **D**   The accused said he knew nothing about the crime.
Review **wissen** and "Irregular Mixed Verbs" on page 14, as well as the subjunctive in "Indirect Discourse," page 26.

11. **A**   She promised me she would do it as fast as possible.
Both English and German use the conditional, also known playfully as the "would shelf," here. Review it on page 22. Remember that both the future and the conditional use the infinitive, placed at the end of the clause.

12. **B**   Come, dance with me!
A is the formal imperative. You know that isn't right because **komm**, not **kommen Sie**, is the preceding imperative and both are addressed to the same person.

13. **D**   The cat hasn't drunk its milk.
B and C are wrong because they are infinitives and the sentence has a helping verb, a sign that we want the perfect. Remember that **saufen**, not **trinken**, is used for animals, and for humans who guzzle.

14. **C**   The tree has already lost its leaves.
Remember that **ver-** is an insep. prefix and insep. prefix verbs never form the past participle with **ge-**.

15. **A**   If we only had more time and money!
This is a contrary to-fact condition and the subjunctive is required. Review the subjunctive on page 25.

16. **C**   My sister got (received) many nice birthday presents.
Be- is an insep. prefix and therefore its past participle does not begin with **ge-**. The past part. is the same as the infinitive. But we have a helping verb here to form the pres. perf. tense.

17. **B**   I don't want to do the work now.
C and D are conjugated forms. In the future, in German and in English, we need the infinitive. Review the future on page 22.

18. **A**   What shall I (am I supposed to) tell your parents?
D is also possible. But then the translation would be "What was I supposed to tell your parents." Modals have many idiomatic meanings and irregular forms that have to be memorized. Review them on page 13.

19. **B**   By then he will have already found it.
C would not quite fit, because we'd have to translate it as "By then he will already find it," which is somewhat awkward. Therefore the future perfect is preferable to the future. Review both on pages 22–23.

20. **A**   They (you) should have written us sooner.
Modals have two past participles. When used with a complementary (completing) infinitive, the past participle beginning with **ge-** is not used; instead, one that is identical to the infinitive is required. Review "Modal Auxiliaries," page 13.

Test 2

1. **D** The helping verb **hat** tells you that the present perfect is necessary. Review **brennen**, page 14, and irregular mixed verbs, page 14.
2. **A** **Verkaufen** is a complementary infinitive after the modal **will**. Review "Modal Auxiliaries," page 13.
3. **B** **Mitbringen** is transitive (takes a direct obj.). Therefore the correct auxiliary with the past participle is **habe** here.
4. **A** The imperfect subjunctive frequently substitutes for the conditional. As a matter of fact, the conditional of **mögen** is rarely used. **Möchten** (would you like) is frequently heard. The past tense, C, is not correct here.
5. **C** Here the reference is to future time. Review the future on page 22.

Test 3

Note: Remember that unlike "also," German **auch** precedes adverbs and predicate adjectives (those that come after the nouns they modify). In addition, **auch** is never placed after the infinitive or the past participle. **Auch**, and **nicht**, are often moved around in German sentences to modify a particular element in the sentence. Therefore, every sentence below could start with **auch** preceding the subject. In that case you'd sometimes have to translate with "too," when "also" is awkward. German word order is not affected if you start with **auch**. Do so, as a supplemental exercise. There are sometimes subtle semantic (meaning) distinctions. For example, **sie können auch tanzen** (#6) means "they can also dance," which implies that dancing is one more thing they can do, whereas **auch sie können tanzen** means "they, too, can dance."

1. **Sie verstehen auch gut.** Study the forms of **verstehen**.
2. **Er schreibt auch schön.** Study the forms of **schreiben**.
3. **Ich habe auch schon gewählt.**
4. **Ihnen geht es auch gut.** Study the forms of **gehen**.
5. **Ich lese die Zeitung jeden Tag auch.** Study the forms of **lesen**.
6. **Sie können auch tanzen.** The pl. differs from the sing. only by the addition of an umlaut. You had to pay attention to that and also to the plural ending **e** on the possessive adj. **ihr**.
7. **Sie sind auch ins Kino gegangen.** Here again, it was necessary to recognize the pl. **seine Freunde** as distinct from the sing. **sein Freund**.
8. **Ich habe auch gut gegessen.** Study the forms of **essen**.
9. **Sie singt auch viele Lieder.** Study the forms of **singen**.
10. **Er hat sich auch schon gewaschen.** Study the forms of **waschen**.
11. **Sie haben sich die Haare auch gewaschen.** Note that German uses the definite article (the) for parts of the body and articles of clothing when it is clear who the subject is.
12. **Er sucht Arbeit auch.** **Suchen** is weak (regular).
13. **Er trinkt auch gern Tee.** Study forms of **trinken**.

14. **Sie kann auch Auto fahren.** Study forms of **können**.
15. **Sie wussten die Antwort auch.** Study forms of **wissen**.
16. **Ich habe auch gut geschlafen.** Study forms of **schlafen**.
17. **Sie haben auch lange getanzt.** See **tanzen**. Only an **n** in the plural makes the distinction between sing. **ihre Schwester** and pl. **ihre Schwestern**, so you had to look closely.
18. **Sie haben großen Hunger auch.** Study forms of **haben**.
19. **Sie hat sich ein neues Kleid auch gekauft.**
20. **Er hat den Armen auch geholfen.** Study forms of **helfen**.

Test 4

1. **B** **Morgen** and **wird**, the auxiliary for the future, make it clear the future is required. Review the future on page 22.
2. **D** The sentence makes a general statement about the rain in Salzburg. Therefore the present is necessary.
3. **A** Both verbs, "fell asleep" and "dreamt," are in the imperfect, the tense used for narrating connected past events.
4. **C** The presence of the auxiliary indicates that this is in the pres. perf. Review "Prefix Verbs," page 609, and "*Sein* Verbs," pages 17–18.
5. **D** Here, too, the auxiliary **hat** means that we need the past part. to form the present perfect.
6. **B** The infinitive is used here as a complement (completion) to modal **möchte**. See **mögen** and "Modal Auxiliaries," page 13.
7. **C** **Backen** has alternative forms in the present and imperfect, but the past participle, in the meaning "to bake," is always **gebacken**.
8. **C** **Jetzt** is the key word here. It tells you that father is reading the newspaper "now," in the present.
9. **C** The key word here is **noch** (still). Therefore the present is necessary. Without it, the present, or the imperfect (B), is possible (Ingolf suffers from/suffered from).
10. **D** The auxiliary **hat** is a sign that we need the past participle to form the present perfect tense.
11. **B** The best choice is B, because Willi is not being quoted directly. See "Subjunctive in Indirect Discourse," page 26. Many are less grammatical in colloquial speech, however. Therefore, the indicative C (**kann**) is also heard.
12. **A** The verb comes first when asking direct questions. If **sie** had not been capitalized, B would also have been correct and the translation would be "does she want/wish anything more." Since **Sie** is capitalized, only A is correct.
13. **A/B** Two choices are possible. For A, the translation is "have they told the truth?" B translates as "has she told the truth?" Because **sie** is not capitalized, "you" is not a translation possibility. See explanation for 12. Strictly speaking, C and D are also possible, though not likely. They are the pluperfect and mean "had." Therefore, if you wanted to argue the point, you couldn't lose on an incorrect choice here.

14. **D** English and German both use the present with a future implication. German does so more often. The key word is **wieder**. Mother will be traveling to Germany "again" that is, she hasn't already done so.
15. **A/B** The subjunctive is used in indirect discourse (see # 11) and in indirect questions. What the wicked queen asked directly, in the indicative, was „**Spieglein, Spieglein an der Wand, wer ist die Schönste im ganzen Land?**"
16. **C** For explanations, see numbers 11 and 15.
17. **A** The present perfect is the only possible choice.
18. **C** This is the infinitive used in an infinitive phrase with **zu**.
19. **A** Usually, you inquire in the present about how much something costs, but if you wanted to know how much the bananas "used to cost," the imperfect (D) would be used.
20. **D** Note that infinitives in infinitive phrases come at the end of the sentence or clause.

Test 5

1. **B** **Stattfinden**, is a separable prefix verb. You want the present tense with a future implication here. The key word is **übermorgen** (the day after tomorrow). The future **wird übermorgen stattfinden** could also be used, but it wasn't one of the choices. Besides, two school friends would be likely to use the more colloquial present.
2. **C** The formal imperative (A) is inappropriate and so is the familiar plural imperative (B). There is no need for the subjunctive (D). The familiar singular imperative often drops the **e** ending in colloquial speech.
3. **B** The complementary infinitive after the modal **muss** is required here. Review "Modal Auxiliaries," page 13.
4. **A** The subject is **Ihr**, the familiar plural. The present is used, as in English, for general statements.
5. **B** Only the 1st person sing. of the present is correct.

Test 6

1. **Lernen Sie das Wort! Lernen** and **sagen** are weak (regular) verbs. The **Sie** imperative (command form) consists of the infinitive + **Sie.**
2. **Lesen Sie das Gedicht!** Study the forms of **lesen** and **schreiben.**
3. **Gehen Sie sofort!** Study the forms of **gehen** and **kommen.**
4. **Schließe die Tür!** Study the forms of **öffnen** and **schließen.**
5. **Schreiben wir den Brief!** Study the forms of **lesen** and **schreiben.**
6. **Nimm den Koffer dort!** Study the forms of **nehmen** and **stellen.**
7. **Singen Sie das Lied!** Study the forms of **singen** and **spielen.**
8. **Spiele das Stück!** Study the forms of **spielen** and **lernen.**
9. **Trinkt nicht so viel!** Study the forms of **trinken** and **essen.**
10. **Sehen wir uns den Text an!** Study the forms of **sehen** and **schauen.** Both **ansehen** and **anschauen** are separable prefix verbs, and the prefix **an** is treated as in **anfangen** and **ankommen.**

11. **Zieht euch schnell aus!** Study forms of **anziehen** and **ausziehen**.
12. **Gib es deinen Freunden!** Study forms of **geben** and **empfehlen**.
13. **Verkaufe das Haus!** Study forms of **verkaufen** and **kaufen**.
14. **Iss nicht zu spät!** Study forms of **frühstücken** and **essen**.
15. **Sprich mit ihr!** Study forms of **tanzen** and **sprechen**.
16. **Bringen Sie nicht zu viel!** Study forms of **kochen** and **bringen**.
17. **Bedienen Sie sich!** Study forms of **sich bedienen** and **sich beeilen**.
18. **Betet lauter!** Study forms of **beten** and **sprechen**.
19. **Vergiss deinen Regenschirm nicht!** Study forms of **vergessen** and verlieren.
20. **Lernt eure Yogaübungen!** Study forms of lernen and **machen**.

Test 7

Note: Please review the future and conditional on pages 22–23. **Wenn** does not always follow a conditional. Sentences in the conditional can be complete on their own, but a clause introduced by **wenn** and containing the subjunctive is a frequent use of the conditional, as you will see later in Test 10 (#12, 13, 14, 20).

1. Ich würde mit Paula gehen, wenn …
2. Ich würde mit Paula tanzen, wenn …
3. Ich würde Glück haben, wenn …
4. Du würdest das Kätzchen lieben, wenn …
5. Du würdest es gut machen, wenn …
6. Er würde Geld haben, wenn …
7. Sie würde reich werden, wenn …
8. Man würde es tun, wenn …
9. Ich würde das Buch lesen, wenn …
10. Sie würde es nicht trinken, wenn …
11. Wir würden das Geld leihen, wenn …
12. Ihr würdet das Geschenk bekommen, wenn …
13. Sie würden es sagen, wenn …
14. Sie würden es wählen, wenn …
15. Er würde es brauchen, wenn …
16. Sie würde uns besuchen, wenn …
17. Sie würden es wissen, wenn …
18. Ich würde morgen kommen, wenn …
19. Es würde besser werden, wenn …
20. Wir würden essen, wenn …
21. Ihr würdet lachen, wenn …
22. Du würdest tanzen, wenn …
23. Man würde es nicht glauben, wenn …
24. Alle würden es kaufen, wenn …
25. Er würde den Baum pflanzen, wenn …
26. Die Blume würde blühen, wenn …

Note: When **nicht** negates the entire sentence, not a particular element in it, it goes at the end. But it is essential to remember that **nicht** precedes (a) infinitives and past participles, (b) adverbs and predicate adjectives, (c) prepositional phrases, and (d) separable verb prefixes. Remember also that English "do" is not used in German negatives. See also the "Note" preceding the answers to Test 3.

1. (a) **Nein, ich arbeite nicht.**
   (b) **Er arbeitet auch nicht.**
   An **e** is added in some forms of the present because the verb stem ends in **t**. Study forms of **arbeiten**.
2. (a) **Nein, sie studiert nicht.**
   (b) **Sie studieren auch nicht.**
3. (a) **Nein, sie fährt nicht nach Hause.**
   (b) **Ich fahre auch nicht nach Hause.**
   As noted in (c) above, **nicht** precedes prepositional phrases.
4. (a) **Nein, sie schreien nicht.**
   (b) **Wir schreien auch nicht.**
5. (a) **Nein, es kommt nicht an.**
   (b) **Sie kommen auch nicht an.**
   Ankommen is a separable prefix verb. See (d) in "Note" above.
6. (a) **Nein, ich bin nicht beschäftigt.**
   (b) **Sie sind auch nicht beschäftigt.**
   Beschäftigt is the past participle of **beschäftigen** (to busy). It is used here as a predicate adjective, that is, one that comes after the noun or pronoun it modifies. See (a) and (b) in "Note" above.
7. (a) **Nein, ich habe sie nicht gemacht.**
   (b) **Sie hat sie auch nicht gemacht.**
   Gemacht is the past participle. See (a) above.
8. (a) **Nein, ich habe ihn nicht gesehen.**
   (b) **Sie haben ihn auch nicht gesehen.**
   Once again, (a) above applies.
9. (a) **Nein, er ist nicht zum Supermarkt gegangen.**
   (b) **Sie ist auch nicht hingegangen.**
   (a) and (c) in the "Note" above apply.
10. (a) **Nein, sie ist nicht zum Schwimmbad gegangen.**
    (b) **Sie sind auch nicht zum Schwimmbad hingegangen.**
    Again, as in #9, (a) and (c) in the "Note" above apply. Also as in the preceding sentence, **hingehen** is used. With verbs of motion German often indicates "place to which" with **hin** and "place from which" by **her**.

Test 9

1. **B** Review forms of **sich setzen**. Both the exclamation point and the sense of the sentence indicate that the imperative is necessary here. English "set" and German **sitzen** are the causative verbs of "to sit" and **setzen**. That is, if you "set" something someplace, you cause it to "sit" there.
2. **A** The present is used with a future implication here. Reread the remarks concerning prefix verbs and note that **abfahren** is the first verb listed in the English Verb Index. Study forms of **fahren**.
3. **C** The situation is in the present and the subject is **ich**; therefore only C is correct.
4. **C** Once again, the present with a future implication is necessary. You can translate as "when do we" or "when will we arrive in Hamburg?" Study separable prefix **ankommen**.
5. **D** Study forms of **wissen** and review "Irregular Mixed Verbs."
6. **B** Study forms of **beginnen**.
7. **A** Instead of the present with a future implication, we have the future itself here. Review its formation. There is no reason to use the conditional (would) here (B). Since the subject is **wir**, C (**wird**) is wrong.
8. **B** Here the present translates as the present, "we are already rolling," not the future. **Schon** is the key word.
9. **C** You have just consulted your watch and you are saying what the time *is,* not what it "will be" (D) or what it was (A). You are also talking about what the time *is,* not what it is "becoming." Therefore the two forms of **werden**, B and D, are wrong.

Test 10

1. **B** The complementary infinitive after a modal is necessary here. Review "Modal Auxiliaries," page 13.
2. **A** Remember that modals have two past participles, one that begins with **ge-**, **gesollt** (B) here, and one that resembles the infinitive. It is the latter that must be used when there is a complementary infinitive in a perfect tense.
3. **D** **Als** is used for "when" to refer to a specific event in the past. Since the time is past, the imperfect (past) must be used. Review "Weather Expressions and Impersonal Verbs," page 675.
4. **A** See the previous explanation. The past participle (A) cannot be used as a verb without an auxiliary. Study forms of **scheinen** and review verbs like it in Group I B, page 10.
5. **B** Complementary infinitives after modals are placed at the end of the clause except in subordinate clauses, such as the one here introduced by **wenn**. In a subordinate clause the finite (conjugated) verb goes at the end.
6. **C** Study forms of **bringen**, page 14, and review irregular mixed verbs.

7. **A** If you were thinking of this sentence in context with the preceding one, then the imperfect is correct. The flowers grew in the garden and someone brought them to someone. The sentence by itself could also mean "it grows in the garden." Therefore B is also possible. **Sie** has many meanings. When using it, pay attention to the context and the ending on the verb.

8. **B** The presence of the auxiliary clearly indicates that the present perfect is required. Review **schlafen** and verbs like it in Group VI, page 13.

9. **D** The subject is **ich** and the tense necessary is the present (with a future implication). Study forms of **rufen**.

10. **A** **Ich hätte gern**(e) means "I would like to have." It, and **ich möchte** (I would like) are widely used in restaurants when ordering.

11. **A** This is a straight answer to a simple question. There is no need for the subjunctive and therefore the indicative is used.

12. **D** The subjunctive is required here because it is a contrary-to-fact condition. Subjunctive II (imperfect subjunctive) forms can substitute for the conditional. The forms **hätte** and **wäre** are very commonly used for the conditional or, here, for the conditional perfect. The sentence could have been expressed as follows: **Wenn ich die Antwort gewusst hätte, würde ich sie gesagt haben**.

13. **C** German and English use the conditional (would) here. What you have to be careful of is the use of the subjunctive in the first clause "If I had" (but I don't have). Therefore a contrary-to-fact condition exists, and the subjunctive is required. See pages 25–26.

14. **A** German and English both use the conditional perfect here (would have). The first clause uses the subjunctive for a contrary-to-fact condition. See explanation for #13 above. The sentence could also have been expressed this way: **Wenn ich mehr Zeit gehabt hätte, hätte ich die Arbeit gemacht**. See explanation for #12.

15. **C** This is the so-called "hortatory" (urging someone to do something) or "optative" (expressing a wish or desire) subjunctive, often translated by "may" or "let." Its use is mainly literary, as in the quote from *Faust* on page 24. But #15 is a commonly used phrase and means "whatever it costs" or "no matter what the cost." More literally it translates as "Let it cost what it will (may)."

16. **A** "May" is related to German **mögen**. German **Tag**, **sagen**, **Weg**, **Honig** (honey), and many more words show the same g>y relationship. The optative subjunctive is used here to express a wish. See the explanation for 15 above.

17. **B** The subjunctive is necessary here. German, unlike English, distinguishes between **konnte** ("could" in the meaning "I was able" [the indicative used to state a fact]) and the subjunctive **könnte** ("could" in the sense "I might/would be able"). The 1st speaker here (#17) makes a statement in the indicative. The 2nd speaker uses the subjunctive, saying "You could (would be able to), if you wanted to."

18. **A**   As in #14, the conditional perfect is used here. See the explanation for it. See also #2 above and "Modal Auxiliaries" for a discussion of the "double infinitive" construction. Remember that modals are "defective" verbs in English; that is, forms like "must," "should," and "can/ could" do not exist in all the tenses.

19. **C**   This is the hortatory/optative subjunctive, as discussed in the explanation for #15 and 16 above.

20. **A**   This sentence, though similar to #12, 13, and 14, does not begin with the **wenn** (if) clause. The conditional is used in the 1st clause. It is possible to use it again in the 2nd **wenn** clause, but it would be a little awkward, though still correct, to have two conditionals: **Du würdest besser tanzen, wenn du mehr üben würdest**. As mentioned in #12, the imperfect subjunctive is often used instead of the conditional.

Note: For additional practice, return to Test 7 and complete the sentences on your own.

Test 11

1. **Du hast gestellt. Stellen** is a weak (regular) verb and should give you no difficulties.
2. **Du hast studiert. Studieren** does not use **ge-** to form the past participle. Most verbs ending in **-ieren** are of Greek or Latin origin. You will be able to recognize many of them easily: **telephonieren, kapitulieren, interpretieren**. Their past participles do not begin with **ge-**.
3. **Er ist gestorben.** See **sterben**.
4. **Wir haben uns gefreut.** See **sich freuen**.
5. **Sie ist gekommen.** See **kommen**.
6. **Wir haben nicht verstanden. Verstehen** is an inseparable prefix verb. Such verbs do not form their past participles with **ge-**. See "Prefix Verbs." Reread the "Note" preceding the answers to Test 8 and recall that **nicht** is placed before, not after, infinitives and past participles.
7. **Ich bin gelaufen.** See **laufen**.
8. **Ihr habt genommen.** See **nehmen**.
9. **Wir haben gelernt.** See **lernen**.
10. **Sie ist gegangen.** See **gehen**.
11. **Er hat angefangen.** See **anfangen** and "Prefix Verbs," page 610.
12. **Man hat gedurft.** See **dürfen** and "Modal Auxiliaries," page 13. Because no complementary infinitive is present, the past participle beginning with ge- is used.
13. **Du hast gehabt.** See **haben**.
14. **Sie sind gewesen.** See **sein**.
15. **Er hat sich gesetzt.** See **sich setzen**.
16. **Du hast verloren.** See **verlieren** and #6 above.
17. **Sie sind gegangen.** See **gehen** and contrast with #10 above.

18. **Sie hat interpretiert.** See **interpretieren** and answer #2 above.
19. **Ich habe gesprochen.** See **sprechen**.
20. **Sie haben getanzt.** See **tanzen**.
21. **Man hat gewußt.** See **wissen** and review "Irregular Mixed Verbs."
22. **Wir sind angekommen.** See **ankommen** and "Prefix Verbs.".
23. **Du hast gekonnt.** See **können** as well as the answer to #12 above. Also review "Modal Auxiliaries."
24. **Er hat geträumt.** See **träumen**.
25. **Sie hat gegessen.** See **essen**. Do not confuse with **sie ist**.
26. **Ihr habt geglaubt.** See **glauben**.
27. **Ich habe gedrückt.** See **drücken**.
28. **Sie hat ausgestellt.** See **ausstellen** and review "Prefix Verbs."
29. **Wir haben gebracht.** See **bringen** and review "Irregular Mixed Verbs."
30. **Sie haben gesagt.** See **sagen**.

Test 12

Note: Regular endings in the indicative of the present tense are:

ich ... e	wir ... en
du ... st	ihr ... t
er, sie, es ... t	sie, Sie ... en

These endings are added to the verb stem of most German verbs, with the exceptions of **sein**, **wissen**, and the modal auxiliaries. Weak verbs add the following endings to form the imperfect (past).

ich ... te	wir ... ten
du ... test	ihr ... tet
er, sie, es ... te	sie, Sie ... ten

But note the following:

a. If the verb stem ends in **-d**, **-t**, **-m**, or **-n**, the vowel **e** is inserted in the 2nd and 3rd person sing. and the 2nd person pl. of the present. Such verbs also add an **e** in every form of the imperfect: **sie atmet** (*she breathes*); **sie atmete** (*she breathed*). This rule should be remembered primarily for verbs whose stem ends in **t**, because many verbs with a stem ending in **m** or **n** are exceptions: **er filmt**; **du lernst**.

b. In the present tense of verbs whose stem ends in a sibilant (**s** sound), the **s** in the ending of the 2nd person sing. is omitted. This applies to verbs with a stem ending in **-s**, **-ß**, **-x**, or **-z**. The 2nd and 3rd person sing. are thus identical: **du isst**; **er isst**.

Present Indicative

1. **Man sagt.**
2. **Du zeichnest.** (See a. in "Note" above.)
3. **Ihr überrascht.**
4. **Du tanzt.** (See b. in "Note" above.)
5. **Unsere Freunde bringen.**
6. **Wer reitet?** (See a. in "Note" above.)
7. **Er antwortet.** (See a. in "Note" above.)
8. **Du lernst.** (This is one of the exceptions noted in a. above.)
9. **Sie arbeitet.**
10. **Die Kinder sitzen.** (This ending is regular. But, as noted in b., the 2nd (**du sitzt**) and 3rd persons sing. (**er/sie/es sitzt**) are identical.
11. **Er streitet.**
12. **Du schießt.**
13. **Es nützt.**
14. **Die Klasse besucht.**
15. **Du scherzt.**

Imperfect Indicative (Past)

1. **Er duckte.**
2. **Die Eltern frühstückten.**
3. **Die Lehrerin zeichnete.** (Compare with #2 in the answers for the present.
4. **Du tanztest.** (The ending is regular.)
5. **Ihr schwänztet.** (Again, a regular ending.)
6. **Inge und Karin antworteten.** (If no e had been inserted, then the imperfect would be indistinguishable from the present: **Inge und Karin antworten.**)
7. **Ich arbeitete.**
8. **Ihr strebtet.**
9. **Ich grollte.**
10. **Das bedeutete.**
11. **Sie spaltete** (she split) *or* **Sie spalteten** (you/they split). (**Sie** begins the sentence and is capitalized. Therefore, and because there is no context, several meanings for **sie** are possible. All forms of the imperfect add an **e**. See a. in "Note" above.
12. **Ich öffnete.**
13. **Die Soldaten stöhnten.** (Although the stem ends in **n**, no extra **e** is inserted.)
14. **Uli und Olaf pachteten.**
15. **Es schmerzte.**

Test 13

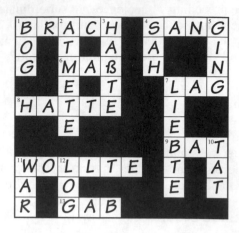

The 1st person (**ich**) forms of the imperfect are identical to the 3rd person forms. This is true of all verbs: weak, strong, irregular mixed verbs, and modal auxiliaries. Therefore all the forms in the puzzle are both 1st and 3rd person sing. forms. To review strong and irregular verbs, consult the table "Principal Parts of Some Strong Verbs Arranged According to Pattern of Change," pages 9–11. For weak verb endings, see the note preceding the answers to Test 12.

Test 14

Review "Past Participles," pages 16–17 and "*Sein* Verbs," pages 17–18. Review also the several perfect tenses discussed on pages 21–22. Each verb used is also fully conjugated among the 501 verbs. Refer to them in the main body of this book.

I. Present Perfect Infinitive
1. **Ich habe den Hund gebürstet.** Note the extra **e** in the past participle. Review the information given about verbs whose stem ends in **t** in Note a. preceding the answers to Test 12.
2. **ist ... gefahren**
3. **haben ... besucht**
4. **haben ... getanzt**
5. **Ich habe es nicht gewollt.**
6. **Ich habe es nicht tun wollen.** Remember that modals have two past participles. The one identical to the infinitive is used when there is a complementary infinitive, as here (6), but not in the preceding sentence (5). See "Modal Auxiliaries," page 13.
7. **ist ... gestorben**
8. **hat ... erzählt.** Remember that **er-** is an inseparable prefix and does not have **ge-** in the past participle.
9. **hat ... gesagt**
10. **hat ... studiert**
11. **seid ... gegangen**

12. **gemalt … hat.** The participle is usually placed at the end of the clause or sentence, as in the preceding 11 sentences. In subordinate clauses, however, such as the one here, introduced by **wer**, the auxiliary is at the end, immediately preceded by the past participle. In a direct question, the past part. would be at the end: **Wer hat dieses Gemälde gemalt?**

II. The Pluperfect
1. **waren … geblieben**
2. **hatte … gelacht**
3. **hatte … gewusst**
4. **hatte … geschmiert.** As pointed out in the answer for #2 in Test 11, most verbs ending in -ieren do not use ge- to form the past participle, as in #10 above. **Schmieren** and **frieren** (#6 below), however, are of Germanic origin and do use **ge-**.
5. **hatte … interpretiert.** See preceding answer.
6. **war … gefroren**
7. **war … angekommen**
8. **hatte … gelesen**

III. The Future Perfect Indicative
1. **Die Kinder werden sich schon angezogen haben.**
2. **Den Tadsch Mahal werden Sie bei Ihrer Indienreise wohl gesehen haben.**
3. **Bis dann wird er es schon getan haben.**
4. **Der Hund wird wohl gebellt haben, als er den Einbrecher hörte.**

IV. Subjunctive Forms
1. **Sie sagte, sie hätte es gern getan, wenn sie Zeit gehabt hätte.**
2. **Ich würde es gerne getan haben, wenn es mir möglich gewesen wäre.**
3. **Er sagt, er habe/hätte nichts davon gewusst.** (Both **habe** and **hätte** are possible here. See "Indirect Discourse," page 26.)
4. **Du hättest dich beeilen sollen.** In the "double infinitive construction" the infinitive is used as a past participle. See #6 in the first group above and "Modal Auxiliaries," page 13.

Test 15

Note: The passive in English and German always has a past participle, but German uses **werden** (not **sein**) as the auxiliary. Personal agent is expressed by **von** (by). As you should know, it is one of the prepositions that take the dative. Remember, too, that an **n** is added to most nouns in the dative plural. In addition to **geliebt werden**, see also **werden**, and note the two footnotes referring to the passive.

1. **Das Kleid wird von der Schneiderin gemacht werden.**
2. **Darüber wurde von der Reporterin im Fernsehen berichtet.**
3. **Diese Waren sind von uns nicht bestellt worden.**
4. **Der Wald war gelichtet worden.**

5. Das Buch wird jetzt von der Klasse gelesen.
6. Der Brief wurde von ihm geschrieben.
7. Die Rechnung wird von mir bezahlt werden.
8. Die Hausaufgaben sind von den Schülern gemacht worden.
9. Die Sonate ist von der Pianistin gespielt worden.
10. Er wurde von der Polizei aufgehalten.
11. Die Bäume werden vom Gärtner gepflanzt.
12. Das Steak ist vom Hund gestohlen worden.
13. Die Puppe wurde von Dora ausgezogen.
14. Die Milch wurde von der Katze getrunken.
15. Der Walzer wird von den Tänzern getanzt.
16. Die Arie wurde von den drei Tenören gesungen.

Test 16

1. Wir haben getanzt.
2. Du hast gestellt.
3. Sie haben geschrieen.
4. Irma hat geraucht.
5. Alle haben gelacht.
6. Wir haben gelesen.
7. Ich habe getragen.
8. Wer hat gefragt?
9. Ich habe gegessen.
10. Du bist gegangen.
11. Wir sind geblieben.
12. Ich habe geträumt.
13. Wir haben gewünscht.
14. Ihr seid gewesen.
15. Keiner hat geschrieben.
16. Es hat geregnet.
17. Er hat gewollt.
18. Ihr habt gegessen.
19. Keiner ist gekommen.
20. Die Katze hat gesoffen.
21. Ich bin gelaufen.
22. Er hat gebraucht.
23. Wann ist er gestorben?
24. Du hast gebracht.
25. Sie haben gesungen.
26. Es ist gelungen.
27. Ich habe mich gesetzt.
28. Sie ist gefallen.
29. Du bist gefahren.
30. Es ist geschehen.

Test 17

1. **D** The two sentences contrast the indicative and the subjunctive. The first states a fact (you had no time). The second translates as "would you [might you] have time." Refer to the answers in Test 10 for other examples of the imperfect subjunctive used for the conditional.
2. **B** Again, see the answer for #12 in Test 10. This is clearly a contrary-to-fact condition. A folk song begins this way: **Wenn ich ein Vöglein wär', und auch zwei Flüglein hätt', flög' ich zu dir.** (If I were a little bird and had two wings, I would fly to you.) Note that English, too, uses the subjunctive "were" here.
3. **A** See the explanations for #12 and 20 in Test 10.
4. **D** The double infinitive construction is required here. See "Modal Auxiliaries," page 13.
5. **A** Review "Modal Auxiliaries," page 13.
6. **C** The exclamation point indicates that this is the imperative.
7. **B** See the answer for #12 in Test 14.

8. A **Dass** is a subordinating conjunction and the auxiliary is therefore at the end.

9. D This is an infinitive phrase. Note that **helfen** is a verb that takes a dative object. See page 27.

10. A This is the infinitive used as a verbal noun. Whenever an infinitive is so used, it is capitalized, like all German nouns.

Test 18

```
S F T F A W O L L E N D
I L A C H E N D S L I N
N I N F L I E G E N D E
G E Z L S N O C I V K K
E ß E Q R E H R E N D C
N E N B P N A Z N O I Ü
D N D R N D B M D S E R
Z D W A C H E N D E N D
B G I T U E N D T H E G
B E T E N D D V Q E N R
M R P N A S C H E N D Z
L E I D E N D J G D B L
```

Note: The present participle always ends in **d**. Almost all German verbs form the present participle by adding **d** to the infinitive. Two that don't are **sein** and **tun**. Both figure in the solution of the puzzle above. The present participle is used only as an adverb (adverbs never have endings) or an adjective and can therefore take endings like any other adjective, as for example in the idiom **mit einem lachenden und einem weinenden Auge** (with mixed feelings). **Lachend** and **weinend** both appear above. Do not confuse present participles with verbal nouns. Review both. See also #10 A in the preceding test (17).

Test 19

1. C D is also possible. But, as in English, indicative "can I" is preferable to subjunctive "could I." Review "Modal Auxiliaries."

2. A You're asking "does the train stop?" This is a pres. indicative. Review **halten** and the strong verbs in Group VI, page 13.

3. B The ticket agent has addressed you in the polite (**Sie**) form, and you use that form with him. The polite imperative is not difficult, since it is the infinitive + **Sie**. The exclamation point at the end also indicates that you want the imperative.

4. B This is the past participle, used in the present perfect tense. The participle is usually at the end, but **ob** is a subordinating conjunction that introduces a subordinate clause. Therefore the auxiliary is at the end, preceded by the participle.

5. **C** The verb stem ends in -t. Therefore an extra **e** is added in the 1st and 2nd person sing. and the 2nd person pl. of the present indicative. See Note a. preceding the answers to Test 12.

Test 20

Note: All the verbs used in this test are listed alphabetically in *501 German Verbs*. Review their conjugations. Review also *"Sein* Verbs," pages 17–18. Many of the verbs used are inseparable prefix verbs, with no **ge-** in the past participle. See "Prefix Verbs," page 609.

1. Karla ist gekommen.
2. Trude hat den Apfelstrudel gegessen.
3. Paula hat die Aufgabe gelernt.
4. Uta ist in Berlin gewesen.
5. Wir haben nichts davon verstanden.
6. Das Kind ist nach Hause gelaufen.
7. Hast du das Paket bekommen?
8. Ich habe das Glas gebrochen.
9. Was hat er gewollt? (There is no complementary infinitive here. Obviously, therefore, this is not the "double infinitive construction." See "Modal Auxiliaries," page 13.)
10. Erna hat sich darauf gesetzt.
11. Sie haben den Brief noch nicht erhalten.
12. Hast du die Arbeit gemacht?
13. Seine Großeltern sind gestorben.
14. Wir haben das Haus verkauft.
15. Sie hat Wien besucht.
16. Sie sind nach Deutschland geflogen.
17. Es hat gestern geregnet.
18. Haben Sie diese Waren bestellt?
19. Sie hat ihre Puppe gewaschen.
20. Ich habe viel geschlafen.

Test 21

Note: Reread pages 19–21 to remind yourself of the following:
a. The present and imperfect can sometimes be translated by English progressive forms using "to be" and emphatic forms with "to do."
b. The imperfect is used to narrate connected events in the past. It is also used for repeated, habitual events, commonly rendered by progressive forms in "-ing" or by "used to (do something)."
c. The present perfect must often be translated as a simple past in English. Sometimes, as in the following, a present perfect can also be used, and may fit better, especially if **schon** (already) is present.

1. It pleases me. It is pleasing to me. It does please me. I like it.
2. We have seen it. We saw it. We did see it.
3. I often went. I often used to go. (Note that **oft** indicates repeated, habitual action, for which the imperfect is used.)
4. Who could have known? Who would have been able to know?
5. He has drunk the beer. He drank the beer. He did drink the beer.
6. It pleases me. It is pleasing to me. It makes me glad. I'm glad.
7. Write us. Do write us. **Note:** Here, the "flavoring particle" **doch** intensifies the meaning of the verb. Therefore, the intensive form with "do" is the best translation.
8. He should do it. He ought to do it. He was supposed to do it.
9. She has written the letter. She wrote/did write the letter.
10. I must do it. I have to do it.
11. We couldn't say it. We weren't able to say it.
12. She worked. She was working. She did work.
13. They smoked. They used to smoke. They were smoking. They did smoke.
14. What has happened? What happened? What did happen?
15. He visited us often. He often used to visit us (see #3 above). He did visit us often. **Note:** If **oft** were not present, we could also say: "He was visiting us." But the presence of "often" makes that translation awkward.
16. The children played in the garden. The children were playing/did play/used to play in the garden.
17. There is lightning. Lightning flashes. "It lightnings" and "it is lightning" are not good English.
18. He has already been here. He was already here.
19. Have you eaten? Did you eat?
20. They haven't brought anything along. They've brought nothing along. They brought nothing along. They didn't bring anything (along).
21. She knew nothing about it. She didn't know anything about it.
22. Susanne has exhibited her paintings. Susanne exhibited/did exhibit her paintings.
23. We have brushed our teeth. We brushed our teeth. We did brush our teeth.
24. Mother looked for us everywhere. Mother was looking for us everywhere. Mother did look for us everywhere.
25. She has saved his life. She saved/did save his life.
26. May I see, please? Am I permitted/allowed to see, please?
27. Father spoke very severely with us. Father did speak/was speaking very severely with us.
28. The grass has grown quickly. The grass grew fast. The grass did grow fast.
29. He's cleaned his room. He cleaned/did clean his room.
30. I have chosen something else. I chose something else. I did choose something else.

Test 23

Note: Refer to the explanations given in the Note and in the answers for Test 21. These answers are not always the same as the sentences in Test 21, because the English past can be either a German imperfect (past) or present perfect.

1. Es gefällt mir.
2. Wir haben es gesehen.
3. Ich ging oft.
4. Wer hätte es wissen können?
5. Er hat das Bier getrunken. *or* Er trank das Bier.
6. Ich freue mich. *or* Es freut mich.
7. Schreiben Sie uns doch!
8. Er sollte es tun.
9. Sie schrieb den Brief. *or* Sie hat den Brief geschrieben.
10. Ich muss es tun.
11. Wir konnten es nicht sagen. *or* Wir haben es nicht sagen können.
12. Sie arbeitete.
13. Sie rauchten.
14. Was ist geschehen?
15. Er besuchte uns oft.
16. Die Kinder haben im Garten gespielt. *or* Die Kinder spielten im Garten.
17. Es blitzte.
18. Er ist schon hier gewesen.
19. Hast du gegessen?
20. Sie haben nichts mitgebracht.
21. Sie wusste nichts davon. *or* Sie hat nichts davon gewusst.
22. Susanne hat ihre Gemälde ausgestellt. *or* Susanne stellte ihre Gemälde aus.
23. Wir haben uns die Zähne geputzt.
24. Mutter suchte uns überall.
25. Sie hat ihm das Leben gerettet. *or* Sie rettete ihm das Leben.

26. Darf ich bitte sehen?
27. Vater hat sehr streng mit uns gesprochen. *or* Vater sprach sehr streng mit uns.
28. Das Gras ist schnell gewachsen.
29. Er hat sein Zimmer gereinigt. *or* Er reinigte sein Zimmer.
30. Ich habe etwas anderes gewählt.

Test 24

Note: Review the principal parts of modal auxiliaries and of irregular mixed verbs on pages 13–14. Review also the forms of each verb as they occur in this book.

I. Present Indicative
1. wollen
2. mag
3. können
4. kann
5. Darf
6. willst
7. sollst
8. müsst
9. dürfen
10. kenne

II. Imperfect Indicative
1. konnten
2. dachte
3. brannte
4. wandte
5. durfte
6. durften
7. konnten
8. brachte
9. nannte
10. sandte

III. Present Perfect Indicative
1. kommen können
2. gedacht
3. gebrannt
4. gewandt
5. versuchen dürfen
6. gedurft
7. sehen können
8. gebracht
9. genannt
10. gesandt

Test 25

1. Bäckst
2. liest
3. isst
4. befiehlt
5. hilft
6. trägt
7. Siehst
8. wäscht
9. bläst
10. wächst
11. Gibst
12. schlägt
13. geschieht
14. rät
15. fährst
16. bricht
17. fällt
18. vegisst
19. spricht
20. stirbt

Note: All the verbs above are strong verbs that also change the stem vowel in the imperfect and in the past participle. Study the principal parts of each individually as they occur among the 501 verbs in this book and review them in the groups on pages 9–13. Then, for further practice on you own, rewrite each of the 20 sentences in this test, first in the imperfect, then in the present perfect. Be careful to use the right form of **haben** or **sein**.

Test 26

Test 27

Note: The imperfect is used to describe connected events in the past and is therefore much used in literature. See pages 20–21. Remember that in the present and imperfect, the separable prefix in verbs such as **hinwerfen** (7) and **aufheben** (13) is placed at the end. See "Prefix Verbs," page 609. See also the explanation for #10 in Test 8. You are not asked to identify the infinitive **hören** that appears in the passage, used after **hoffen** in an infinitive phrase with **zu**. (See the answers for #18 and 20 in Test 4.) **Gebrochen** also appears. The past participle of the verb **brechen**, it is used here not as a verb, but as an adverb modifying **las**. Past participles can be used as adjectives or adverbs.

1. a. **haben**
   b. present indicative
   c. 3rd person pl.
2. a. **haben**
   b. imperfect indicative
   c. 3rd person sing.
3. a. **lesen**
   b. present perfect indicative
   c. 1st person sing.
4. a. **hoffen**
   b. imperfect indicative
   c. 1st person sing.

5. a. **lesen**
   b. pluperfect
   c. 3rd person sing.
6. a. **brechen**
   b. imperfect indicative
   c. 3rd person sing.
7. a. **hinwerfen**
   b. imperfect indicative
   c. 3rd person sing.
8. a. **fassen**
   b. imperfect indicative
   c. 3rd person sing.
9. a. **weinen**
   b. imperfect indicative
   c. 3rd person sing.
10. a. **fühlen**
    b. imperfect indicative
    c. 3rd person pl.
11. a. **vereinigen**
    b. imperfect indicative
    c. 3rd person pl.
12. a. **glühen**
    b. imperfect indicative
    c. 3rd person pl.
13. a. **aufheben**
    b. imperfect indicative
    c. 3rd person sing.
14. a. **lesen**
    b. imperfect indicative
    c. 3rd person sing.
15. a. **wecken**
    b. present indicative
    c. 2nd person sing.
16. a. **sprechen**
    b. present indicative
    c. 2nd person sing.
17. a. **kommen**
    b. future
    c. 3rd person sing.
18. a. **suchen**
    b. future
    c. 3rd person sing.
19. a. **finden**
    b. future
    c. 3rd person sing.

Weather Expressions and Impersonal Verbs

Weather Expressions

Weather-related expressions are usually impersonal, i.e., they are used primarily in the third person singular.

Ist Ihnen kalt? Mir ist warm.
Are you cold? I'm warm.

Es blitzt.
There is lightning.

Es donnert.
It is thundering. There is thunder.

Es regnet.
It is raining.

Es schneit.
It is snowing.

Es hagelt.
It is hailing.

Es ist sonnig (windig, wolkig).
It is sunny (windy, cloudy).

Other examples of common weather expressions are:

Wie ist das Wetter heute?
How is the weather today?

Das Wetter ist schön (schlecht).
The weather is nice (bad).

Heute haben wir schönes (herrliches, schlechtes, scheußliches) Wetter.
Today we have nice (splendid, bad, awful) weather.

Der Wettergott ist uns (un)gnädig.
The god of the weather is (un)gracious to us.

In English we say, "It's raining cats and dogs." German expressions that are somewhat comparable are:

Das ist ein Hundewetter! Ein Sauwetter.
The weather is beastly (not fit to turn a dog out into).

Impersonal Verbs

In German weather expressions, the impersonal pronoun **es** usually is translated as "it" in English. Other expressions use the impersonal pronoun **es** in German but often have to be translated by a personal pronoun (I, you, we, they) in English. Some verbs used with impersonal constructions are:

fehlen	*to be lacking*	**gelingen**	*to be successful*
gefallen	*to be pleasing*	**gelten**	*to be valid, applicable*

The following example illustrates their usage.

„Es gefällt uns hier nicht mehr. Nichts ist uns hier gelungen. Es fehlt uns an Zeit und Geld. Jetzt gilt es, ein neues Leben anderswo aufzubauen," klagten sie.
"We don't like it here anymore. We didn't succeed in anything here. We lack time and money. What must be done (we must do) now is to construct a new life somewhere else," they complained.

There are numerous other idiomatic constructions that are impersonal.

„Wie geht es Ihrer Mutter?"
"How is your mother doing?"

„Es geht ihr besser."
"She's feeling better."

Es klopft.
There is a knocking.

Es brennt.
Fire!

Es zieht hier.
There is a draft here.

Other idiomatic impersonal constructions with **sich** and in the passive are common. Generally, literal translations are not possible.

„Dieser Wein trinkt sich sehr leicht," sagte er.
„Jetzt wird nicht mehr getrunken," befahl seine Frau.
"This wine is easy to drink," he said.
"There'll be no more drinking now," ordered his wife.

In Bills Hallhaus in Bilbao tanzte es sich gut. Dort wurde oft die ganze Nacht getanzt.
Bill's ballroom in Bilbao was a great place for dancing. Often there was dancing there all night long.

Da wurde einem was geboten für sein Geld. (Brecht)
They really gave you something for your money there.

Proverbs and Idiomatic Expressions

Proverbs are worth pondering, even—perhaps especially—when they are contradictory. As the poet Paul Heyse put it: „**Wenn sich die Sprüche widersprechen/ Ist's eine Tugend und kein Verbrechen./Du lernst nur wieder von Blatt zu Blatt,/Dass jedes Ding zwei Seiten hat.**" (*"If proverbs contradict themselves./ It's a virtue, not a crime./You learn as you turn each page/That everything has two sides."*)

Because they make generalizations, proverbs are often in the Present Tense:

Jugend ist Betrunkenheit ohne Wein.
Youth is intoxication without wine.

Wer liebt nicht Wein, Weib und Gesang bleibt ein Narr sein Leben lang.
Who loves not wine, women, and song remains a fool his life long.

Was Hänschen nicht lernt, lernt Hans nimmermehr.
What Johnny doesn't learn, John will never learn. (You can't teach an old dog new tricks.)

Man lernt nie aus.
One is never done learning.

Unverhofft kommt oft.
The unhoped for comes often. (Expect the unexpected.)

Proverbs (**Sprichwörter**) can be classified according to grammatical or linguistic features. In the table of "Principal Parts of Some Strong Verbs—Arranged According to Pattern of Change" (page 9) verbs in Groups V and VI add an umlaut to the "a" of the Infinitive in the second and third person singular of the present tense. The following proverbs are examples:

Der Apfel fällt nicht weit vom Baum.
The apple doesn't fall far from the tree. (Like father, like son.)

Wer andern eine Grube gräbt, fällt selbst hinein.
Who digs a ditch for others will fall in himself.

Morgenstund' hat Gold im Mund. Wer verschläft sich geht zu Grund.
Morning's hours are golden mouthed. Who oversleeps will come to grief. (Early to bed and early to rise make a man healthy, wealthy, and wise.)

The following idiomatic expressions use rhyme, alliteration (repetition of the same sound), or both. The first three examples are Infinitives, or Infinitives used as nouns:

sich schmiegen und biegen
to cringe, be submissive

auf Biegen oder Brechen
by hook or by crook

Scheiden und Meiden tut weh.
Going away and staying away are painful.

mit Kind und Kegel (Haus und Hof) ankommen
to arrive with bag and baggage (kith and kin)

Eile mit Weile
make haste slowly

A modern update of the same sentiment is: **Raste nie. Doch haste nie. Dann hast du nie die Neurasthenie.** *(Rest not. Yet haste not. Then you'll never have neurasthenia.)*

Stein und Bein schwören
to swear an oath by stone and bone (allusions to Thor's stone hammer and to bones associated with gods, and latter, with saints' relics)

außer Rand und Band sein
to behave wildly

Das hat kei' Kraft und kei' Saft.
That has no force and no juice. (That's insipid.)

unter Dach und Fach
safe and sound

Hülle und Fülle haben
to have great abundance

in Saus und Braus leben
to live riotously

Das ist nicht Fisch, nicht Fleisch.
That is neither fish nor fowl (flesh).

mit Rat und Tat
by word and deed

Because most Past Participles begin with **ge** and because all end in either **en** or **t**, they readily provide sound similarities (alliteration and assonance) and rhyme. Numerous proverbs, idioms, and expressions therefore pair Past Participles, as in:

Wie gewonnen, so zerronnen.
Easy come, easy go.

Aufgeschoben is nicht aufgehoben.
Put off is not put away.

Besser aufgeschoben als aufgehoben.
Better late than never.

gestriegelt und gebügelt
all spruced up

mit gefangen, mit gehangen
caught with, hanged with (guilty by association)

Gut begonnen ist halb gewonnen.
Well begun is half won (done).

Gesagt, getan.
No sooner said than done.

In the following expressions, the verbs are understood but not expressed:

Wie du mir, ich dir.
As you do (act, behave) to me, I do to you.

Ende gut, alles gut.
All's well that ends well.

Ich muss fort.
I must (go) away.

Ein Mann, ein Wort.
A man is as good as his word.

The modal auxiliary **können** (*to be able*) can also mean "to know" (a language), as in **Sie kann Japanisch.** (*She knows Japanese.*) It is possible, but less idiomatic, to say: **Sie kann Japanisch sprechen.** (*She can speak Japanese.*) More common is: **Sie kann Japanisch (Griechisch, Deutsch, Italienisch).**

Another idiomatic use of **können** is "to be knowledgeable or capable" and **tun** (*to do*) is understood but not expressed:

Was kann er?
What is he capable (of doing)?

Er kann alles.
He can (do) everything.

Nein, er kann nicht viel.
No, he's not very knowledgeable.

When translating proverbs, it is often necessary to take many liberties in order to convey the basic idea. For instance, **"Eulen nach Athen tragen"** (*to carry owls to Athens*) is best translated as "to carry coal to Newcastle." The German proverb alludes to the owl as an emblem of the Goddess of Wisdom, Pallas Athena. Owls figured prominently on ancient Greek (Athenian) coinage and on the Acropolis.

Cobblers, miners, tradesmen, tailors, butchers, bakers, candlestick makers, and makers of most everything else—all have sayings idiomatic to their occupation. Some of these sayings have entered the language, even though the original connection with a particular pursuit may no longer be remembered by most speakers. You may enjoy compiling further lists of German proverbs, classified along grammatical or language lines, according to subject (many relate to eating, drinking, marriage, animals), or according to the idea or concept they convey.

English-German Verb Index

All the verbs conjugated in this book are listed in this index. In addition, a large number of the many possible prefix verb compounds of basic verbs are also included. Many prefix verbs like **bekommen**—*to receive*, and **ankommen**—*to arrive*, have been conjugated in this book and the student may refer to them in their alphabetical order. Those which have not been conjugated are followed by the basic verb in parentheses after it. Thus, **einatmen**—*to inhale* and **ausatmen**—*to exhale*, are both followed by **atmen**—*to breathe*.

To aid the student in identifying them, the pedagogical convention of indicating separable prefix verbs by placing a hypen (-) between the prefix and the basic verb has been followed. Thus, the Infinitive **ankommen**—*to arrive*, appears in the index as **an-kommen**.

Verbs may have both separable and inseparable prefixes, for example **aussprechen**—*to pronounce* (separable) and **versprechen**—*to promise* (inseparable). In both cases the student is referred to **sprechen**.

Reflexive verbs have been listed alphabetically under the first letter of the verb itself and not under the reflexive pronoun **sich**.

The *to* of the English Infinitive has been omitted.

A

abandon **verlassen** (lassen)
abduct **entführen**
(be) able **können**
accept **an-nehmen** (nehmen)
accompany **begleiten**
accuse **beschuldigen, verklagen**
(become) accustomed **sich gewöhnen**
adjust **richten**
administer **verwalten**
admit **zu-geben** (geben)
advise **raten**
agree **zu-sagen** (sagen)
annihilate **vernichten**
annoy **verdrießen**
answer **antworten, beantworten** (antworten)
appear **erscheinen** (scheinen)
applaud **klatschen**
arm **rüsten**
arrive **an-kommen**
ascertain **fest-stellen**
ask (a question) **fragen**
ask for **bitten** (um)
assent **bejahen**
(be) astonished **staunen**
attack **an-greifen** (greifen)
attempt **versuchen**
avenge **rächen**
avoid **meiden, vermeiden** (meiden)

(be) awake **wachen**

B

bake **backen**
bark **bellen**
bathe **baden**
be **sein; sich befinden**
beat **schlagen**
become **werden**
begin **beginnen; an-fangen**
behave **sich betragen** (tragen); **sich benehmen** (nehmen) **sich verhalten**
believe **glauben**
belong **gehören**
bend **biegen**
betray **verraten**
bind **binden**
(give) birth) **gebären**
bite **beißen**
blacken **schwärzen**
bleed **bluten**
bless **segnen**
bloom **blühen**
blow **blasen**
blow up **sprengen**
boil **sieden**
book **buchen**
break **brechen**
(eat) breakfast **frühstücken**

breathe **atmen**
brew **brauen**
bribe **bestechen** (stechen)
bring **bringen**
bring back **wieder-holen**; **zurück-bringen**
(bringen)
brush **bürsten**
build **bauen**
burn **brennen**
burst **bersten**
busy **beschäftigen**
buy **kaufen**; **einkaufen**

C

calculate **rechnen**
call **rufen**
carry **tragen**
carry out **vollziehen** (ziehen); **hinaus-tragen**
(tragen)
catch **fangen**
change **wechseln**; **ändern**
chatter **schwatzen**
cheat **betrügen**
chew **kauen**
choke **ersticken**
choose **wählen**
circumcise **beschneiden** (schneiden)
clean **putzen**; **reinigen**
clean away **räumen**
climb **steigen**
close **schließen**; **zu-machen**
(catch a) cold **sich erkälten**
come **kommen**
come out **aus-kommen**
command **befehlen**; **gebieten** (bieten)
commit **begehen** (gehen)
commit (a crime) **verbrechen** (brechen)
comprehend **begreifen** (greifen)
conceal **verhehlen**; **verbergen** (bergen)
confess **gestehen** (stehen); **bekennen**
(kennen)
confuse **verwechseln**
conquer **siegen**
consecrate **weihen**
consider **erwägen**; **bedenken** (denken); **sich
überlegen** (legen)
consist (of) **bestehen** (aus)
console **trösten**
consume **verzehren**
contain **enthalten**
contradict **widersprechen** (sprechen)
converse **sich unterhalten**
convert **bekehren**
cool **kühlen**
cook **kochen**
cost **kosten**

cover **decken**
create **schaffen**
creep **kriechen**
croak **krächzen**
cross-examine **verhören** (hören)
curse **fluchen**
cut **schneiden**
cut (classes, etc.) **schwänzen**

D

damage **schaden**
dance **tanzen**
dare **wagen**
darken **trüben**
decide **entscheiden**
decay **verkommen**
dedicate **widmen**
defy **trotzen**
delay **säumen**
deliver **liefern**
depart **ab-fahren** (fahren)
describe **beschreiben** (schreiben)
designate **bezeichnen**
despise **verachten**
destroy **zerstören**
devour **verschlingen** (schlingen)
die **sterben**; **verrecken**
dig **graben**; **wühlen**
diminish **ab-nehmen** (nehmen)
disappear **schwinden**; **verschwinden**
(schwinden)
discuss **besprechen** (sprechen)
disfigure **entstellen**
dissolve **lösen**
distinguish **unterscheiden** (scheiden)
disturb **stören**
do **tun**
draw **zeichnen**
dream **träumen**
(get) dressed **sich anziehen**
drink **trinken**; **saufen**
drive **treiben**
drop **tropfen**
drown **ertrinken** (trinken); **ersaufen**
(saufen)

E

earn **verdienen**
eat **essen**; **fressen**
educate **erziehen** (ziehen)
(feel) embarrassed **sich genieren**
endeavor **versuchen**
endure **aus-halten** (halten); **aus-stehen**
(stehen); **ertragen** (tragen)
enjoy **genießen**
enliven **beleben**

entangle   verstricken
entice   locken
erect   errichten
escape   entkommen; entgehen (gehen);
  entfliehen (fliehen)
estimate   schätzen
exaggerate   übertreiben (treiben)
examine   untersuchen
exclude   aus-schließen (schließen)
excuse   entschuldigen
execute (an order)   aus-führen (führen)
exercise   üben
exhale   aus-atmen (atmen)
exhaust   erschöpfen
exhibit   aus-stellen
exist   bestehen
expel   vertreiben (treiben); aus-stoßen
  (stoßen)
experience   erfahren (fahren); erleben (leben)
explain   erklären
exploit   aus-nutzen (nützen)
(become) extinguished   erlöschen

F
fail   versagen
fall   fallen
fear   fürchten
feel   fühlen
ferment   gären
fight   fechten; kämpfen
fill   füllen
find   finden
find out   heraus-finden (finden); erfahren
  (fahren)
fit   passen
flash   blitzen
flee   fliehen
fling   schmeißen
flow   fließen; rinnen
fly   fliegen
foam   schäumen
follow   folgen
forbid   verbieten (bieten)
force   zwingen
forget   vergessen
forgive   vergeben (geben)
form   bilden
found   gründen
freeze   frieren
(be) frightened   erschrecken

G
gain   gewinnen; zu-nehmen (nehmen)
gape   glotzen
get   kriegen
get into (a vehicle)   ein-steigen (steigen)

get out of (a vehicle)   aus-steigen (steigen)
give   geben; schenken
(be) glad   sich freuen
glide   gleiten
glitter   glänzen
glow   glühen; glimmen
gnaw   nagen
go   gehen
grasp   fassen
greet   grüßen
grind   mahlen
groan   ächzen; stöhnen
grow   wachsen
gulp   schlingen
gush   quellen

H
hang   hängen
happen   geschehen; passieren; vorkommen;
  sich zu-tragen (tragen)
hate   hassen
have   haben
have to (must)   müssen
heap   schichten
hear   hören
heat   heizen
help   helfen
help one's self   sich bedienen
hit   hauen; schlagen
hold   halten
honor   ehren
hop   hüpfen
hope   hoffen
hurry   sich beeilen
hurt   schmerzen

I
imagine   sich vor-stellen (vor-stellen)
impress   beeindrucken
incite   hetzen
include   ein-schließen (schließen)
increase   vermehren
indicate   hin-weisen (weisen); an-zeigen
  (zeigen)
induce   bewegen
influence   beeinflussen
inhale   ein-atmen (atmen)
insist   bestehen (auf)
insult   beleidigen
intend   vor-haben (haben)
(be) interested   sich interessieren
interpret   interpretieren
interrupt   unterbrechen
introduce   vor-stellen
invent   erfinden
invite   ein-laden

J

jump springen

K

keep behalten
kill töten, um-bringen (bringen)
kiss küssen
knit stricken
knock klopfen
know wissen; kennen

L

lack entbehren
lament klagen
land landen
last währen
laugh lachen
lay legen
lead führen
learn lernen; erfahren
lease pachten
leave weg-gehen (gehen); ab-fahren (fahren); lassen
lend leihen
let lassen
liberate befreien
lick lecken
lie (be situated) liegen
(tell a) lie lügen
lift heben
lighten lichten
like gefallen, mögen, gern haben (haben)
listen to lauschen
live leben
load laden
look blicken, gucken
loosen lösen
lose verlieren
love lieben
(be) loved geliebt werden (passive of lieben)
(fall in) love sich verlieben

M

make machen
manufacture her-stellen (stellen)
marry heiraten
(get) married sich verheiraten (heiraten)
mean bedeuten
measure messen
meet treffen, begegnen, kennenlernen
melt schmelzen
mention erwähnen
move bewegen, rücken, um-ziehen
muffle dämpfen

N

name nennen
(be) named heißen
need brauchen
negotiate verhandeln
nibble naschen
nod nicken
note merken
nourish nähren

O

object ein-wenden (wenden), aus-setzen (setzen)
obtain erhalten, bekommen
offer bieten
omit aus-lassen (lassen); unterlassen (lassen)
open öffnen, auf-machen, auf-schließen (schließen)
operate (a business, etc.) betreiben (treiben)
order befehlen; bestellen (goods)
originate entstehen (stehen)
overcome überwinden
owe verdanken (danken)

P

pack packen
paint malen
pardon verzeihen
participate teil-nehmen (nehmen)
paste kleben
pay zahlen; bezahlen
penetrate dringen
perceive spüren, vernehmen (nehmen), wahrnehmen (nehmen)
perform verrichten (richten); auf-führen (führen)
permit erlauben
(be) permitted dürfen
pick up abholen
pinch kneifen
(take) place statt-finden
plague plagen
plant pflanzen
play spielen
plunge stürzen
point out weisen
polish schleifen
possess besitzen
pour gießen
pout schmollen
praise loben, rühmen, preisen
pray beten
prefer vor-ziehen (ziehen)
press drücken

print   drucken
promise   versprechen
pronounce   aus-sprechen (sprechen)
prove   beweisen, nach-weisen (weisen)
pull   ziehen
push   schieben
put   stellen

Q

quarrel   streiten

R

radiate   strahlen
rage   toben
rain   regnen
rape   vergewaltigen
reach   reichen; erreichen
read   lesen
receive   empfangen, bekommen, erhalten
recognize   erkennen (kennen); anerkennen
  (erkennen)
recommend   empfehlen
recover   genesen
recruit   werben
refer to   sich beziehen auf (ziehen)
refuel (get gasoline)   tanken
refute   widerlegen (legen)
reject   verwerfen (werfen); zurück-weisen
  (weisen)
remain   bleiben
remember   sich erinnern (erinnern)
remind   erinnern
remove   entfernen
rent   mieten, vermieten (mieten)
repeat   wiederholen
reply   entgegnen
report   berichten
represent   dar-stellen (stellen), vertreten
  (treten)
rescue   retten
resemble   gleichen
(be) resentful   grollen
reside   wohnen
respect   achten
rest   ruhen
restrain   wehren
reward   lohnen
ride (a horse)   reiten
ring   klingen
rinse   spülen
roar   brüllen
roast   rösten, braten
roll   rollen, wälzen
rub   reiben
ruin   verderben
rule   walten

run   rennen, laufen
rustle   rauschen

S

salvage   bergen
save   sparen, retten
say   sagen
scold   schelten
scoop   schöpfen
scorn   verachten (achten)
scratch   kratzen
season   würzen
seduce   verführen
see   sehen, schauen
seek   suchen
seem   scheinen
seize   greifen
select   aus-suchen (suchen), aus-lesen (lesen)
sell   verkaufen
send   schicken, senden
separate   scheiden
serve   dienen
set   stecken
set up   auf-stellen (stellen)
settle   schlichten
shift   um-stellen (stellen)
shine   scheinen, leuchten
shoot   schießen
shop   ein-kaufen (kaufen)
shorten   kürzen
shout   schreien
shove   stoßen
show   zeigen
sift   sichten
sigh   seufzen
(be) silent   schweigen
sing   singen
sink   sinken
sit   sitzen
sit down   sich setzen
sketch   entwerfen (werfen)
slaughter   schlachten
sleep   schlafen
slip   schlüpfen
smear   schmieren
smell   riechen
smile   lächeln
smoke   rauchen
smolder   glimmen
sneak   schleichen
snow   schneien
soar   schweben
sparkle   sprühen
speak   sprechen
spend (money)   aus-geben
spend (time)   verbringen (bringen)

spin spinnen
spit spucken
split spalten
spoil verwöhnen
sprout sprießen
squirt spritzen
stand stehen
stand stehen
(be) startled stutzen
steal stehlen
step treten
stimulate reizen
sting stechen
stink stinken
stir rühren
stop auf-halten, stehen-bleiben (bleiben),
  an-halten (halten), auf-hören (hören)
storm brausen
stretch strecken
stride schreiten
strike streichen
strive streben
struggle kämpfen, ringen
study studieren
stuff stopfen
subjugate unterwerfen
succeed gelingen
succumb unterliegen (liegen)
suck saugen, lutschen
suffer leiden
suggest vor-schlagen (schlagen)
supply versehen mit (sehen)
support stützen, unterstützen (stützen)
(be) supposed to sollen
surprise überraschen
survive überleben (leben)
swallow schlucken
swear schwören
sweat schwitzen
sweep kehren
swell schwellen
swim schwimmen
swing schwingen
switch schalten

T

take nehmen
taste schmecken, kosten
teach lehren, unterrichten (richten)
tear reißen
tease necken
tell erzählen
thank danken
thicken verdichten
think denken, sinnen, meinen

thrive gedeihen
throw werfen, schmeißen
thunder donnern
tie schnüren, knüpfen
torture quälen
trade handeln
traffic verkehren
transfer versetzen (sich setzen)
transfigure verklären
translate übersetzen (sich setzen),
  übertragen (tragen)
travel fahren, reisen
treat behandeln (handeln)
tremble beben
trust trauen, vertrauen (trauen)
turn wenden
turn out (well or badly) geraten

U

understand verstehen
(get) undressed sich ausziehen
unite vereinigen
use verwenden (wenden), gebrauchen
  (brauchen), nutzen
(be of) use taugen

V

(be) valid gelten
visit besuchen
vomit sich erbrechen (brechen), kotzen

W

wait warten
wake wecken
walk spazieren
wander wandern
want wollen
wash waschen
weep weinen
weigh wiegen
whet wetzen
whistle pfeifen
win gewinnen
wish wünschen
work arbeiten
wound versehren
write schreiben
write poetry dichten

Y

yawn gähnen
yield weichen, nach-geben (geben),
  ergeben (geben)

German-English Verb Index

A

ab-fahren (fahren)   depart
ab-holen   pick up
ab-nehmen (nehmen)   diminish
achten   respect
ächzen   groan
ändern   change
anerkennen (kennen)   recognize
an-fangen   begin
an-greifen (greifen)   attack
an-halten (halten)   stop
an-kommen   arrive
an-nehmen (nehmen)   accept
antworten   answer
an-zeigen (zeigen)   indicate
sich an-ziehen   get dressed
arbeiten   work
atmen   breathe
auf-führen (führen)   perform
auf-halten   stop
auf-heben (heben)   pick up
auf-hören (hören)   stop
auf-machen   open
auf-schließen (schließen)   open
auf-stellen (stellen)   set up
aus-atmen (atmen)   exhale
aus-führen (führen)   execute (an order)
aus-geben   spend (money)
aus-halten (halten)   endure
aus-kommen   come out, make do
aus-lassen (lassen)   omit
aus-lesen (lesen)   select
aus-nutzen (nutzen)   exploit
aus-schließen (schließen)   exclude
aus-sehen (sehen)   resemble
aus-setzen (setzen)   object
aus-sprechen (sprechen)   pronounce
aus-stehen (stehen)   endure
aus-steigen (steigen)   get out of (a vehicle)
aus-stellen   exhibit
aus-stoßen (stoßen)   expel
aus-suchen (suchen)   select
sich aus-ziehen   get undressed

B

backen   bake
baden   bathe
bauen   build
beantworten (antworten)   answer
beben   tremble

bedenken (denken)   consider
bedeuten   mean
sich bedienen   help one's self
sich beeilen   hurry
beeindrucken   impress
beeinflussen   influence
befehlen   order
sich befinden   be, feel
befreien   liberate
begegnen   meet
begehen (gehen)   commit
beginnen   begin
begleiten   accompany
begreifen (greifen)   comprehend
behalten   keep
beißen   bite
bejahen   assent
bekehren   convert
bekennen (kennen)   confess
bekommen   receive
beleben   enliven
beleidigen   insult
bellen   bark
sich benehmen (nehmen)   behave
bergen   salvage
berichten   report
bersten   burst
beschäftigen   occupy; busy
beschneiden (schneiden)   circumcise
beschreiben (schreiben)   describe
beschuldigen   accuse
besitzen   possess
besprechen (sprechen)   discuss
bestechen (stechen)   bribe
bestehen (auf)   insist
bestehen (aus) (stehen)   consist of
bestellen   order (goods)
besuchen   visit
beten   pray
sich betragen (tragen)   behave
betreiben (treiben)   operate
betrügen   cheat
bewegen   move
bewegen   induce
beweisen (weisen)   prove
bezahlen   pay
bezeichnen   designate
sich beziehen auf (ziehen)   refer to
biegen   bend
bieten   offer

bilden   form; educate
binden   bind
bitten (um)   ask for
blasen   blow
bleiben   remain
blicken   look
blitzen   flash
blühen   bloom
bluten   bleed
braten   roast
brauchen   need
brauen   brew
brausen   storm
brechen   break
brennen   burn
bringen   bring
brüllen   roar
buchen   book
bürsten   brush

D

dämpfen   muffle
danken   thank
dar-stellen (stellen)   represent
decken   cover
denken   think
dichten   write poetry
dienen   serve
donnern   thunder
dringen   penetrate
drucken   print
drücken   press
dürfen   (to be) permitted

E

ein-atmen (atmen)   inhale
ein-kaufen   buy; purchase
ein-laden (laden)   invite
ein-schließen (schließen)   include
ein-steigen (steigen)   get into (a vehicle)
ein-wenden (wenden)   object
ehren   honor
empfangen   receive
empfehlen   recommend
entbehren   lack
entfernen   remove
entfliehen (fliehen)   escape
entführen   abduct
entgegnen   reply
entgehen (gehen)   escape
enthalten   contain
entkommen   escape
entscheiden   decide
entschuldigen   excuse
entstehen (stehen)   originate
entstellen   disfigure
entwerfen (werfen)   sketch

erfahren   experience, find out
erfinden   invent
ergeben (geben)   yield
erhalten   obtain
erinnern   remind
sich erkälten   catch a cold
erkennen (kennen)   recognize
erklären   explain
erlauben   permit
erleben (leben)   experience
erlöschen   to become extinguished
erreichen   reach; attain
errichten   erect
erscheinen (scheinen)   appear
erschöpfen   exhaust
erschrecken   to be frightened
ersticken   choke
ertragen (tragen)   endure
ertrinken (trinken)   drown
erwägen   consider
erwähnen   mention
erzählen   tell
erziehen (ziehen)   educate
essen   eat

F

fahren   travel
fallen   fall
fangen   catch
fassen   grasp
fechten   fight
fest-stellen   ascertain
finden   find
fliegen   fly
fliehen   flee
fließen   flow
fluchen   curse
folgen   follow
fragen   ask (a question)
fressen   eat
sich freuen   be glad
frieren   freeze
frühstücken   eat breakfast
fühlen   feel
führen   lead
füllen   fill
fürchten   fear

G

gähnen   yawn
gären   ferment
gebären   give birth
geben   give
gebieten (bieten)   command
gebrauchen   use
gedeihen   thrive
gefallen   like

gehen   go
gehören   belong
geliebt werden   be loved
gelingen   succeed
gelten   be valid
genesen   recover
sich genieren   feel embarrassed
genießen   enjoy
geraten   turn out (well or badly)
geschehen   happen
gestehen (stehen)   confess
gewinnen   gain, win
sich gewöhnen   to become accustomed
gießen   pour
glänzen   glitter
glauben   believe
gleichen   resemble
gleiten   glide
glimmen   smolder; glow
glotzen   gape
glühen   glow
graben   dig
greifen   seize
grollen   be resentful
gründen   found
grüßen   greet
gucken   look

H

haben   have
halten   hold
handeln   trade
hängen   hang
hassen   hate
hauen   hit
heben   lift
heiraten   marry
heißen   be named
heizen   heat
helfen   help
heraus-finden (finden)   find out
her-stellen (stellen)   manufacture
hetzen   incite
hinaus-tragen (tragen)   carry out
hin-weisen (weisen)   indicate
hin-werfen (werfen)   throw down
hoffen   hope
hören   hear
hüpfen   hop

I

sich interessieren (für)   be interested (in)
interpretieren   interpret

K

kämpfen   struggle
kauen   chew

kaufen   buy
kehren   sweep
kennen   know (a person), be familiar with
kennenlernen   meet
klagen   lament
klatschen   applaud
kleben   paste
klingen   ring
klopfen   knock
kneifen   pinch
knüpfen   tie
kochen   cook
kommen   come
können   be able
kosten   cost, taste
kotzen   vomit
krächzen   croak, caw
kratzen   scratch
kriechen   creep
kriegen   get
kühlen   cool
kürzen   shorten
küssen   kiss

L

lächeln   smile
lachen   laugh
laden   load
landen   land
lassen   let
laufen   run
lauschen   listen to
leben   live
lecken   lick
legen   lay
lehren   teach
leiden   suffer
leihen   lend
lernen   learn
lesen   read
leuchten   shine
lichten   thin out, lighten
lieben   love
liefern   deliver
liegen   lie (be situated)
loben   praise
locken   entice
lohnen   reward
lösen   loosen
lügen   tell a lie
lutschen   suck

M

machen   make
mahlen   grind
malen   paint
meiden   avoid

meinen   think
merken   note
messen   measure
mieten   rent
mit-bringen (bringen)   bring along
mögen   like
müssen   have to (must)

N

nach-geben (geben)   yield
nach-weisen (weisen)   prove
nagen   gnaw
nähren   nourish
naschen   nibble
necken   tease
nehmen   take
nennen   name
nicken   nod
nutzen   use

O

öffnen   open

P

pachten   lease
packen   pack, grab
passen   fit
passieren   happen
pfeifen   whistle
pflanzen   plant
plagen   plague
preisen   praise
putzen   clean

Q

quälen   torture
quellen   gush

R

rächen   avenge
raten   advise
rauchen   smoke
räumen   clear away
rauschen   rustle
rechnen   calculate
regnen   rain
reiben   rub
reißen   tear
reiten   ride (a horse)
rennen   run
retten   rescue
reichen   reach
reisen   travel
reinigen   clean
reizen   stimulate
richten   adjust

riechen   smell
ringen   struggle
rinnen   flow
rollen   roll
rösten   roast
rücken   move
rufen   call
ruhen   rest
rühmen   praise
rühren   stir
rüsten   arm

S

sagen   say
saufen   drink
saugen   suck
säumen   delay
schaden   damage
schaffen   create
schalten   switch
schätzen   estimate
schauen   see
schäumen   foam
scheiden   separate
scheinen   seem
schelten   scold
schenken   to give
schichten   heap
schicken   send
schieben   push
schießen   shoot
schlachten   slaughter
schlafen   sleep
schlagen   beat
schleichen   sneak
schleifen   polish
schlichten   settle
schließen   close
schlingen   gulp
schlucken   swallow
schlüpfen   slip
schmecken   taste
schmeißen   fling
schmelzen   melt
schmerzen   hurt
schmieren   smear
schmollen   pout
schneiden   cut
schneien   snow
schnüren   tie
schöpfen   scoop
schreiben   write
schreien   scream
schreiten   stride
schwanken   sway
schwänzen   cut classes

German-English Verb Index

schwärzen   blacken, slander
schwatzen   chatter
schweben   soar
schweigen   be silent
schwellen   swell
schwimmen   swim
schwinden   disappear
schwingen   swing
schwitzen   sweat
schwören   swear
segnen   bless
sehen   see
sein   be, have (with 'sein' verbs)
senden   send
sich setzen   sit down
seufzen   sigh
sichten   sift
sieden   boil
siegen   conquer
singen   sing
sinken   sink
sinnen   think
sitzen   sit
sollen   be supposed to, should
spalten   split
sparen   save (money)
spazieren   walk
spielen   play
spinnen   spin
sprechen   speak
sprengen   blow up
sprießen   sprout
springen   jump
spritzen   squirt
sprühen   sparkle
spucken   spit
spülen   rinse
spüren   perceive
statt-finden   take place
staunen   be astonished
stechen   sting
stecken   set, stick
stehen   stand
stehen-bleiben (bleiben)   stop
stehlen   steal
steigen   climb
stellen   put
sterben   die
stinken   stink
stöhnen   groan
stopfen   stuff
stören   disturb
stoßen   shove
strahlen   radiate
streben   strive
strecken   stretch
streichen   strike

streiten   quarrel
stricken   knit
studieren   study
stürzen   plunge
stutzen   be startled
stützen   support
suchen   seek

T

tanken   refuel
tanzen   dance
taugen   be of use
teil-nehmen (nehmen)   participate
toben   rage
töten   kill
tragen   carry
trauen   trust
träumen   dream
treffen   meet, hit
treiben   drive
treten   step
trinken   drink
trocknen   dry
tropfen   drip
trösten   console
trotzen   defy
tun   do

U

üben   exercise
überleben (leben)   survive
sich überlegen (legen)   consider
überraschen   surprise
übersetzen (sich setzen)   translate
übertragen (tragen)   translate
übertreiben (treiben)   exaggerate
überwinden   overcome
um-bringen (bringen)   kill
um-stellen   shift
um-ziehen   move
unterbrechen   interrupt
sich unterhalten (halten)   converse
unterlassen (lassen)   omit
unterliegen (liegen)   succumb
unterscheiden (scheiden)   distinguish
unterstützen (stützen)   support
untersuchen (suchen)   examine
unterwerfen (werfen)   subjugate

V

verachten   despise
verbieten (bieten)   forbid
verbrechen (brechen)   commit a crime
verbringen (bringen)   spend (time)
verdanken (danken)   owe
verderben   ruin

verdichten   thicken
verdienen   earn
verdrießen   annoy
vereinigen   unite
verführen   seduce
vergeben   forgive
vergessen   forget
vergewaltigen   rape
sich verhalten   behave
verhandeln   negotiate
verhehlen   conceal
sich verheiraten (heiraten)   get married
verhören (hören)   cross-examine
verkaufen   sell
verkehren   traffic
verklagen   accuse
verklären   transfigure
verkommen   decay
verlassen (lassen)   abandon
sich verlieben   fall in love
verlieren   lose
vermehren   increase
vermeiden (meiden)   avoid
vernehmen (nehmen)   perceive
vernichten   annihilate
verraten   betray
verrecken   die
verrichten   perform
versagen   fail
verschlingen (schlingen)   devour
verschwinden (schwinden)   disappear
versehen (sehen)   supply
versehren   wound
versetzen (sich setzen)   transfer
versprechen   promise
verstehen   understand
verstricken   entangle
versuchen   attempt
vertreiben (treiben)   expell
vertreten (treten)   represent
verwalten   administer
verwechseln   confuse
verweilen   linger
verwenden (wenden)   use
verwerfen (werfen)   reject
verwöhnen (sich gewöhnen)   spoil, pamper
verzehren   consume
verzeihen   pardon
vollziehen (ziehen)   carry out
vor-haben (haben)   intend
vor-kommen   occur
vor-schlagen (schlagen)   suggest
vor-stellen (stellen)   introduce
sich vor-stellen (stellen)   imagine
vor-ziehen (ziehen)   prefer

W

wachen   be awake
wachsen   grow
wagen   dare
wählen   choose
währen   last
wahr-nehmen (nehmen)   perceive
walten   rule
wälzen   roll
wandern   wander
warten   wait
waschen   wash
wechseln   change
wecken   wake
weg-gehen (gehen)   leave
wehren   restrain
weichen   yield
weihen   consecrate
weinen   weep
weisen   point out
wenden   turn
werben   recruit
werden   become
werfen   throw
wetzen   whet
widerlegen (legen)   refute
widersprechen (sprechen)   contradict
widmen   dedicate
wiederholen   repeat
wieder-holen   bring back
wiegen   weigh
wissen   know (a fact)
wohnen   reside
wollen   want
wühlen   dig
wünschen   wish
würzen   season

Z

zahlen   pay
zählen   (like zahlen but umlauted) count
zeichnen   draw
zeigen   show
zerstören   destroy
ziehen   pull
zu-geben (geben)   admit
zu-machen (machen)   close
zu-nehmen (nehmen)   gain (weight)
zurück-bringen (bringen)   bring back
zurück-weisen (weisen)   reject
zu-sagen (sagen)   agree
zu-sehen (sehen)   look on
sich zu-tragen (tragen)   happen
zwingen   force

German-English Verb Index

Index of Verb Forms Identified by Infinitive

A

aß   essen

B

band   binden
barg   bergen
barst   bersten
bat   bitten
befahl   befehlen
befiehlt   befehlen
befohlen   befehlen
begann   beginnen
begonnen   beginnen
betrog   betrügen
bewog   bewegen
bin   sein
birgt   bergen
birst   bersten
biss   beißen
bist   sein
blies   blasen
blieb   bleiben
bog   biegen
bot   bieten
brach   brechen
brachte   bringen
brannte   brennen
bricht   brechen
briet   braten
buk   backen

D

dachte   denken
darf   dürfen
drang   dringen

E

empfahl   empfehlen
empfiehlt   empfehlen
empfing   empfangen
empfohlen   empfehlen
erschrak   erschrecken
erschrickt   erschrecken
erschrocken   erschrecken
erwog   erwägen

F

fand   finden
ficht   fechten
fiel   fallen
fing   fangen
flog   fliegen
floh   fliehen
floss   fließen
focht   fechten
fraß   fressen
frisst   fressen
fror   frieren
fuhr   fahren

G

galt   gelten
gab   geben
gebeten   bitten
gebiert   gebären
gebissen   beißen
geblieben   bleiben
gebogen   biegen
geboren   gebären
geborgen   bergen
geborsten   bersten
geboten   bieten
gebracht   bringen
gebrochen   brechen
gebunden   binden
gedacht   denken
gedrungen   dringen
geflogen   fliegen
geflohen   fliehen
geflossen   fließen
gefochten   fechten
gefroren   frieren
gefunden   finden
gegangen   gehen
gegoren   gären
gedieh   gedeihen
gefiel   gefallen
geglichen   gleichen
geglitten   gleiten
gegolten   gelten
gegossen   gießen
gegriffen   greifen
gehoben   heben
geholfen   helfen
geklungen   klingen
gekrochen   kriechen
gelang   gelingen
gelegen   liegen

geliehen   leihen
gelitten   leiden
gelogen   lügen
gelungen   gelingen
gemieden   meiden
genannt   nennen
genas   genesen
genommen   nehmen
genoss   genießen
gepfiffen   pfeifen
gequollen   quellen
gerieben   reiben
geriet   geraten
gerissen   reißen
geritten   reiten
gerochen   riechen
geronnen   rinnen
gerungen   ringen
gerufen   rufen
gesandt   senden
geschah   geschehen
geschieden   scheiden
geschienen   scheinen
geschliffen   schleifen
geschlossen   schließen
geschlungen   schlingen
geschmissen   schmeißen
geschmolzen   schmelzen
geschnitten   schneiden
geschoben   schieben
gescholten   schelten
geschossen   schießen
geschrieben   schreiben
geschrieen   schreien
geschritten   schreiten
geschwiegen   schweigen
geschwollen   schwellen
geschwommen   schwimmen
geschwunden   schwinden
geschwungen   schwingen
gesessen   sitzen
gesoffen   saufen
gesogen   saugen
gesonnen   sinnen
gesotten   sieden
gesponnen   spinnen
gesprochen   sprechen
gesprossen   sprießen
gesprungen   springen
gestanden   stehen
gestiegen   steigen
gestochen   stechen
gestohlen   stehlen
gestorben   sterben
gestrichen   streichen
gestritten   streiten

getroffen   treffen
gesungen   singen
gesunken   sinken
getan   tun
getrieben   treiben
getrunken   trinken
gewann   gewinnen
gewesen   sein
gewichen   weichen
gewiesen   weisen
gewogen   wiegen
gewonnen   gewinnen
geworben   werben
geworden   werden
geworfen   werfen
gewusst   wissen
gezogen   ziehen
gezwungen   zwingen
gibt   geben
gilt   gelten
ging   gehen
glich   gleichen
glitt   gleiten
griff   greifen
grub   graben
gor   gären
goss   gießen

H

half   helfen
hast   haben
hat   haben
hieb   hauen
hielt   halten
hieß   heißen
hilft   helfen
hing   hängen
hob   heben

I

ist   sein
isst   essen

K

kam   kommen
kann   können
kannte   kennen
klang   klingen
kroch   kriechen

L

lag   liegen
las   lesen
lief   laufen
lieh   leihen

ließ   lassen
liest   lesen
litt   leiden
log   lügen
lud   laden

M
mag   mögen
maß   messen
mied   meiden
misst   messen
mochte   mögen

N
nahm   nehmen
nannte   nennen
nimmt   nehmen

P
pfiff   pfeifen
pries   preisen

Q
quillt   quellen
quoll   quellen

R
rang   ringen
rann   rinnen
rannte   rennen
rieb   reiben
rief   rufen
riet   raten
riss   reißen
ritt   reiten
roch   riechen

S
sah   sehen
sandte   senden
sang   singen
sank   sinken
sann   sinne
saß   sitzen
schalt   schelten
schied   scheiden
schien   scheinen
schilt   schelten
schlang   schlingen
schlief   schlafen
schliff   schleifen
schloss   schließen
schlug   schlagen
schmilzt   schmelzen
schmiss   schmeißen

schmolz   schmelzen
schnitt   schneiden
schob   schieben
scholt   schelten
schoss   schießen
schrie   schreien
schrieb   schreiben
schritt   schreiten
schuf   schaffen
schwamm   schwimmen
schwand   schwinden
schwang   schwingen
schwieg   schweigen
schwillt   schwellen
schwoll   schwellen
schwur   schwören
sieht   sehen
sind   sein
soff   saufen
sog   saugen
sott   sieden
spann   spinnen
sprach   sprechen
sprang   springen
spricht   sprechen
spross   sprießen
stach   stechen
stahl   stehlen
stak   stecken
stand   stehen
starb   sterben
stieg   steigen
sticht   stechen
stiehlt   stehlen
stieß   stoßen
stirbt   sterben
strich   streichen
stritt   streiten

T
tat   tun
traf   treffen
trank   trinken
trat   treten
trieb   treiben
trifft   treffen
tritt   treten
trug   tragen

U
überwand   überwinden
überwunden   überwinden
unterbrach   unterbrechen
unterbricht   unterbrechen
unterbrochen   unterbrechen

V

verdarb   verderben
verdirbt   verderben
verdorben verderben
verdross   verdrießen
vergass   vergessen
vergisst   vergessen
verlor   verlieren
verstand   verstehen
verzieh   verzeihen

W

wandte   wenden
war   sein
wäre   sein
warb   werben
ward   werden

warf   werfen
weiß   wissen
wich   weichen
wies   weisen
will   wollen
wirbt   werben
wird   werden
wirft   werfen
wirst   werden
wog   wiegen
wurde   werden
wusch   waschen
wusste   wissen

Z

zog   ziehen
zwang   zwingen

Minimum Systems Requirement for the Flash Standalone Executable

Windows:
- Pentium II or higher recommended
- Windows 98, ME, NT4, 2000, XP
- 64 MB of installed RAM, 128 MB recommended
- 1024 × 768 color display

Apple:
- Power Macintosh Power PC processor (G3 or higher recommended)
- Mac OS® X 10.2–10.4 64 MB of installed RAM
- 128 MB recommended
- CD-ROM drive
- 1024 × 768 color display

Launching Instructions for the PC

Windows Users:
Insert the CD-ROM into your CD-ROM drive. The application should start in a few moments. If it doesn't, follow the steps below.

1. Click on the Start button on the Desktop and select Run.
2. Type "D:/501Verbs" (where D is the letter of your CD-ROM drive).
3. Click OK.

Launching Instructions for the Mac

Macintosh Users:
The CD will open to the desktop automatically when inserted into the CD drive. Double click the 501 Verbs Flash icon to launch the program.